现代教育学教程

（第三版）

李娟华　刘彦文　都丽萍　主编

知识产权出版社
全国百佳图书出版单位
—北京—

图书在版编目（CIP）数据

现代教育学教程/李娟华，刘彦文，都丽萍主编. —3 版. —北京：知识产权出版社，2020.3
ISBN 978 - 7 - 5130 - 6784 - 3

Ⅰ.①现… Ⅱ.①李… ②刘… ③都… Ⅲ.①教育学—高等师范院校—教材 Ⅳ.①G40

中国版本图书馆 CIP 数据核字（2020）第 029017 号

内容提要

本书是《现代教育学教程》的最新版本。全书以习近平新时代中国特色社会主义思想为指导，吸收了新时代中国教育事业发展及教师教育工作的最新实践经验和最新研究成果，增加了新的教育法律法规，对促进新时代中国的教育事业有积极指导意义。

责任编辑：石红华　　　　　　　　　　责任印制：刘译文
封面设计：臧　磊

现代教育学教程（第三版）
李娟华　刘彦文　都丽萍　主编

出版发行	知识产权出版社有限责任公司	网　址	http://www.ipph.cn
社　址	北京市海淀区气象路 50 号院	邮　编	100081
责编电话	010 - 82000860 转 8130	责编邮箱	shihonghua@sina.com
发行电话	010 - 82000860 转 8101/8102	发行传真	010 - 82000893/82005070/82000270
印　刷	北京九州迅驰传媒文化有限公司	经　销	各大网上书店、新华书店及相关专业书店
开　本	787mm×1092mm　1/16	印　张	26
版　次	2020 年 3 月第 1 版	印　次	2020 年 3 月第 1 次印刷
字　数	580 千字	定　价	50.00 元

ISBN 978-7-5130-6784-3

前言（第三版）

《现代教育学教程》（第二版）自 2013 年 7 月出版至今，已使用 6 年有余。其间，我国进入新时代中国特色社会主义建设时期。2014 年以来，习近平总书记对教育工作多次发表重要讲话，对我国教育事业发展以及教师教育工作产生了非常重要的引领作用。

我们始终认为，教育学课程教材要与时俱进，及时反映我国教育理论和实践的发展变化；同时，也要适当考虑我院师范生的实际需要。为此，我们对《现代教育学教程》（第二版）进行了修订，增加了第七章教育法律法规，删除了与我院师范生未来就业无关的职业教育章节，更新了某些章节的内容，并修正了书中出现的一些纰漏。

在本教材编写过程中，我们参考了诸多教育专家和同仁的研究成果，在本书第三次修订之际，我们再次表示深深的谢意！

李娟华

2019 年 10 月于北京

前言（第二版）

《现代教育学教程》自 2008 年 7 月出版至今，已使用 5 年有余。其间，我国社会的政治、经济及教育均有长足的发展。特别是 2010 年 7 月，我国召开了全国教育工作会议，并发布了《国家中长期教育改革和发展规划纲要（2010—2020 年）》，该纲要指明了今后一个时期我国教育改革和发展的指导思想、工作方针、战略目标等重要内容，标志着我国要从人力资源大国迈向人力资源强国。

我们认为，教育学课程教材要与时俱进，及时反映我国教育的发展变化。为此，在《现代教育学教程》修订时，我们对某些章节的内容进行了更新，同时也修正了书中出现的一些纰漏。

在本教材编写过程中，我们参考了诸多教育专家和同仁的研究成果，在本书修订之际，再次表示我们深深的谢意！

李娟华
2013 年 5 月于北京

前　言

　　教育学是教育科学的基础学科，也是教师职前培养和在职教师培训的基础课程。改革开放以来，我国教育理论界迎来百花齐放、百家争鸣的良好学术氛围，许多优秀的教育学教材相继面世，大大促进了我国教育学的发展。

　　在二十余年的教学实践中，我们深深感到，尽管有许多优秀的教育学教材可供选择，但是在使用过程中总有这样或那样的缺憾。为此，我们从 2005 年开始编写这本教材。本书结合近年来教育科学研究的最新成果和广大教师的优秀经验，突出了基础性、实用性、可读性和引导性等特点，尽可能将相关的教育理论与实例结合，旨在不断提高学生运用教育理论分析实际问题的能力。

　　本书从六个方面阐述教育学的体系框架。

　　绪论：重点阐述了教育学是什么、教育学的历史发展阶段、教育学的研究方法和学习教育学的意义等问题。

　　第一编教育基本理论。在本编，我们除了系统介绍基本教育理论及其最新发展情况外，还重点介绍国内外教育改革、课程改革的生动实践，引导学生关注教育、关注教育热点问题，帮助其形成正确的教育观。

　　第二编教学论。在本编，我们除了系统介绍基本教学理论之外，还力求反映最新改革研究成果，强调了教学过程中教师和学生两个主体的积极互动，重视学生的自觉性、独立性、创造性，为教学工作提供必要的理论支撑和实践体验。

　　第三编教育主体。本编进一步强调教师、学生及班主任作为教育主体的特点及基本要求，通过学习，可以坚定教师职业信念，养成正确的学生观，不断提高职业修养。

　　第四编职业教育。本编主要为学生发展和就业提供多种方向而设计，通过本编的学习，可以对职业教育有一个基本认识，可以为到职业学校从事教育教学工作奠定基础。

　　第五编德育概论。德育课题是学校教育和教师的一个永恒主题。通过本章学习，可以进一步增强德育工作的自觉性，坚定育人为本的教师职业信念。

　　本书既可作为师范院校本科生教材，也可供教育理论研究者、教育工作者以及教育类研究生参考学习。

　　在本教材编写过程中，我们参考了诸多教育专家和同仁的研究成果，在此一并表示我们深深的谢意！

李娟华
2008 年 5 月于北京

目　录

第二编　教学论

第三编　教育主体

第四编 德育论

绪　论

教育伴随着人类的起源而产生，随着人类社会的发展而不断地发展。它通过对人的培养而服务于社会和个体，是一种培养人的社会实践活动。不同社会历史时期的教育活动尽管各有差别，但是教育活动总是有规律可循的。教育学的任务就在于揭示教育活动的客观规律、原理及方法，从而指导丰富多彩的教育实践活动。教育学是教育科学中重要的基础学科之一。

一、教育学的研究对象

（一）研究对象

一门学科如果没有专门的客观现象领域作为研究对象，那么它在学科之林中就无立足之地。研究对象的确定性和科学性，是衡量这门学科成熟的重要标志。如何确定教育学的研究对象？毛泽东同志指出："对于某一现象的领域所特有的某一种矛盾的研究，就构成某一门科学的对象。"[1] 社会科学的一切领域都离不开对人与人性的认识，对人与人性的解读是社会科学各个学科最基础、最本质、最重要的任务。[2] 教育学是一门社会科学，它是从人的培养的角度来研究教育领域所特有的矛盾，从而探索教育规律的一门学科。

概括而言，教育学就是研究教育事实和教育问题，揭示教育规律的科学。

教育事实是指正在进行的各种教育实践活动，包括各种形式、类型、模式的教育活动，还包括教与学过程中教育因素和教育行为。例如，各国现行的学校教育制度；各种教学模式；教学工作的基本环节；教学目标确立的基本原则等。

教育问题是指当教育实践积累到一定程度，与社会要求和学习者要求不一致，被教育工作者议论、评说，被当作一个个问题被提出来进行回答、解释时，就成为教育问题。例如，我国高等学校招生制度的改革、中小学生学业负担过重、大学英语的教学改革等问题都是在教育实践过程中，出现了难以满足社会和个体发展的现实矛盾，需要进行改革以适应社会和个体发展的要求。

通过对教育事实和教育问题的研究，探索教育规律，从而指导丰富多彩的教育实践活动。那么什么是规律？规律就是物质运动过程本身所具有的本质的必然的联系。它具有客观性、重复性和普遍性的特点。人类认识和掌握的规律越多，改造自然界的能力就越强。教育规律是教育内部诸因素之间、教育与其他事物之间具有本质性的联系，以及教育发展变化的必然趋势。例如，在教育过程中，教育的三要素

---

[1] 毛泽东选集 ［M］. 北京：人民出版社，1964：284.
[2] 刘志伟. 论政治人理性："从经济人理性"比较分析的角度 ［M］. 北京：中国社会科学出版社，2005：1.

教育者、学习者、教育措施之间的关系；教学过程中学生掌握知识必须经历的几个阶段及相互关系；教育活动与各种外部因素之间的本质性联系，如经济、政治、文化、人口之间的相互关系等都存在着规律性联系。这些规律是人们在开展教育工作过程中所必须遵循的。教育学的任务就是对各种教育事实和教育问题进行研究与探讨，揭示教育规律，指导丰富多彩的社会教育实践活动，从而满足教育实践不断发展的需要。

（二）教育学的研究对象与教育方针、政策及教育经验汇编的关系

教育学的研究离不开对教育方针、政策及教育经验的正确把握，要从教育经验、政策中总结出教育规律，从而丰富和发展教育学。但不能将两者混为一谈，正确区分两者的关系，有助于我们正确认识教育学的研究对象和研究目的。正确地理解教育学的研究目的和研究对象，有必要分清其与教育方针、政策、教育经验汇编的不同。

教育方针、政策是由政府根据一定的需要制定的对教育工作的行政措施和指导方针，它具有较强的时代性和主观性，同时也具有行政效力和法律效力；同时教育方针和政策的制定都要依据科学的教育理论，并反映教育的客观规律。因此教育方针政策并不是教育学研究的主要对象和最终目的。

教育经验是人们在教育实践过程中总结出来的，用以解决实际问题的知识和技能。它具有一定的表面性、局部性，在一定程度上反映着教育规律。但教育经验汇编还不能揭示出教育规律。因此，教育学的研究对象并不是教育经验的汇编。

二、教育学发展历程

自从有了人类社会以来，教育就担负起培养年轻一代的历史重任。人们在教育活动中不断地积累教育经验，伴随着教育实践活动的日益丰富和发展，逐步将教育经验提升为教育理论，进而揭示教育活动规律，在这个历史过程中，教育学产生了。这是一个长期的历史过程，这个历史过程也是教育学对自身研究对象的逐步明确和研究方法逐步完善的过程。

教育学的发展经历了萌芽、独立形态、学科发展多样化、教育理论深化四个阶段。

（一）萌芽阶段

教育学的萌芽阶段是指自从教育成为人类独立的社会活动之后，伴随教育实践的不断发展和教育经验的日益增多，一些哲学家、思想家开始对教育实践经验进行总结和概括。教育学的萌芽时期主要是在奴隶社会和封建社会。奴隶社会时期，统治阶级出于培养统治者的需要，在客观上推动了学校教育的产生，同时文字的出现及文化的累积，也为学校教育提供了充足的学习内容。世界范围内的各奴隶制国家为维护本阶级的统治都相继建立了各种类型的学校，这些多样的学校类型丰富和发展了当时的教育实践活动。因此，尽管这一时期的教育具有鲜明的阶级性和等级性，但却为教育学的形成奠定了坚实的理论与实践基础。

1. 我国主要代表人物及著作

孔子、孟子、荀子、朱熹等，他们在阐述各种社会现象时同时阐述了教育现象，

他们在提出其哲学、政治观点的同时，也提出了一些教育观点。主要的代表作品有《大学》《论语》《中庸》《孟子》《学记》；韩愈的《师说》、朱熹关于读书法的《语录》、颜元的《存学篇》等，对师生关系、如何读书与学习，都作了精湛的论述。下面介绍有深远影响的著作。

（1）《论语》

论语是孔子及其弟子言论的汇编，由孔子门生及再传弟子集录整理，是儒家重要经典之一。《论语》的思想，融政治、道德与教育为一体，而中心是做人的道理，其中包含了许多有普遍意义的原则。在这本著作中也集中反映了孔子的教育思想。

①关于教育的指导思想。孔子说："性相近也，习相远也。"（《论语·阳货》）他认为人的本性是相近的，每个正常的人都具有接受教育的可能性。根据这种天赋平等的人性论为理论依据，孔子提出了"有教无类"的主张。即受教育者不应分贵贱、贤愚，应该机会均等。"有教无类"是孔子的办学方针，它规定了孔子办私学的教育对象，是孔子的教育实践和教育理论的主要组成部分。这一思想打破了教育的等级界限，扩大了教育对象，使教育扩及于广大平民，这在当时无疑具有重大的进步意义。

②关于教育的基本方法。孔子主张"因材施教"，"中人以上，可以语上也；中人以下，不可以语上也"。为贯彻这一思想，孔子很注意对自己学生的观察了解，对学生的智能、志趣和个性有比较深入的了解。如"柴也愚，参也鲁，师也辟，由也"。（《论语·先进》）孔子尊重学生的个性差异，除了在道德上提出基本要求外，他并不要求学生改变自己的个性特点，而是根据学生的个性特点施以不同的教育。《论语》中记载子路、子张、子夏、子贡、仲弓等学生都曾向孔子"问政"，而孔子则根据他们对政治的态度和个性特长的不同，给他们作了各不相同的回答。可以说，孔子是世界上最早明确提出并实行"因材施教"的教育家。孔子还重视诱导式的启发教育，不要求学生死读书，而贵在触类旁通，如"不愤不启，不悱不发，举一隅不以三隅反，则不复也"。（《论语·述而》）

③关于教育的基本内容。孔子的教育内容十分广泛，即诗、书、礼、乐、易、春秋。从《论语》的许多思想中可以看出，《诗》《礼》是孔子教学的主要课程。子曰："不学《诗》，无以言。"（《论语·季氏》）这些内容对于丰富中国古代的教育内容有着重要的意义。

④关于教育的培养目标。在孔子看来，进行教育的目的除了用仁义礼净化人们的灵魂，协调人们的社会行为之外，其重要目的在于培养具有仁义之心的"仕""君子"，以为当时的社会服务，这就是他著名的"学而优则仕"思想。（《子张》）

此外，《论语》中还包含着终身教育、全面发展教育、教学相长、对教师的要求等教育思想，这些对于当代的教育仍具有指导意义。

（2）《学记》

《学记》是《礼记》中的一篇，它是我国古代最早也是世界最早的成体系的古代教育学著作。写作年代约在战国晚期，据郭沫若考证，作者为孟子的学生乐正克。它是世界上最早专门论述教育问题的著作，全文只有1229个字。其文字言简意赅，比喻生动，系统而全面地阐明了教育的作用和目的任务，教育和教学的制度、原则和方法，教师的地位和作用，在教育过程中的师生关系以及同学之间关系。其教育思想是丰富的，如设计从基层到中央的完整的教育体制，提出了严密的视导制度和考试制度；提出了教学相长的辩证关系，师严然后道尊的教师观；在教学方面提出反对死记硬背，主张启发式教学等，这些丰富的教育思想不仅指导着当时教育实践活动，同时也因其包含着一定的科学性，对以后的教育科学研究有着深远的意义。因此在教育学学科发展史中具有重要的学术价值。例如，"虽有嘉肴，弗食，不知其旨也；虽有至道，弗学，不知其善也。是故，学然后知不足，教然后知困。知不足，然后能自反也；知困，然后能自强也。故曰：教学相长也。""道而弗牵，强而弗抑，开而弗达"，"不凌节而施"，"长善而救其失"，"禁于未发"，"教学相长"等，都在一定程度上揭示了教育的规律，成为千古传诵的教育格言。

《学记》总结了先秦儒家教学经验的基础上提出的教学原理、教学原则与方法，以及尊师重道的思想，是研究中国古代教育思想和实践的宝贵资料。它对中国后续的教育产生了重大影响，是中国也是世界珍贵的教育遗产之一。

2. 古代欧洲的教育家及其教育思想

在古希腊和古罗马的文化遗产中，也有着丰富的教育思想和教育经验，主要的代表人物有苏格拉底、柏拉图、亚里士多德、昆体良等人。代表作品有古希腊柏拉图（前427—前347）的《理想国》、古罗马昆体良（35—95）的《雄辩术原理》以及中世纪和文艺复兴以后许多教育家的教育著作等。

（1）苏格拉底

苏格拉底（Socrates，前469—前400年）是著名的古希腊哲学家，他和他的学生柏拉图及柏拉图的学生亚里士多德被并称为"希腊三贤"。他被后人广泛认为是西方哲学的奠基者。苏格拉底终生从事教育工作，具有丰富的教育实践经验并有自己的教育理论。对教育的意义、目的、内容和方法，都提出了自己的主张。苏格拉底认为教育目的是造就治国人才。治国人才必须要受过良好的教育，主张通过教育来培养治国人才。关于教育的内容，他主张首先要培养人的美德，教人学会做人，成为有德行的人。其次要教人学习广博而实用的知识。他认为，治国者必须具有广博的知识、强壮的身体；在教学的方法上，苏格拉底通过长期的教学实践，形成了一套自己独特的教学法，人们称之为"苏格拉底方法"，亦称为"产婆术"。这种教学方法自始至终是以师生问答的形式进行，苏格拉底在教学生获得某种概念时，不是把这种概念直接告诉学生，而是先向学生提出问题，让学生回答，如果学生回答错了，他也不直接纠正，而是提出另外的问题引导学生思考，从而一步一步得出正确的结论。苏格拉底提出的这种教学方法主要源于其哲学思想，"他的根据是，哲学家和教师的任务，并不是要臆造和传播真理，而是做一个新生思想的"产婆"。真理存在于每个人的心灵中，每一个人都能在自己身上发现真理。"哲学家是智慧的导师，帮助人们去发现存在于自己内心的真理是他们的任务。"❶苏格拉底倡导的"产婆术"对后世影响很大，直到今天，这仍然是一种重要的教学方法。卢梭、布鲁纳等人提倡的"发现法"，也明显受到苏格拉底方法的启发。

（2）柏拉图

柏拉图（Platon，前427—前347）是古代希腊的著名哲学家，客观唯心主义创

❶ 王天一，夏之莲，朱美玉. 外国教育史：上册［M］. 北京：北京师范大学出版社，1984：41.

始人。柏拉图确定教育的最终目的，就是要培养哲学家和军人，即培养奴隶主国家的最高统治者和保卫者。柏拉图非常重视教育的作用，他认为"教育就是对儿童的习惯所给予的影响和培养"，通过这种影响"把快乐、友谊、痛苦和憎恨都适当地植根于儿童心灵中"，引导他们"恨你所应恨的，爱你所应爱的"，使"心灵的和谐达到完善的境地"❶。他的主要代表作《理想国》，总结了当时的雅典和斯巴达的教育经验，提出了一个比较系统的教育制度，规定了不同阶级的人的不同的教育内容。

（3）亚里士多德

亚里士多德（Aristoteles，前384—前322）是古代希腊最著名的哲学家，他对于当时尚未分类的科学部门如政治、逻辑、伦理、历史、物理（自然学科）、心理学、美学等都有研究。马克思称他为"古代最伟大的思想家"❷。对于教育的作用，亚里士多德认为：教育是国家的责任，必须由奴隶制国家统一管理。根据对青少年的身心自然发展特点的观察研究，亚里士多德首次提出了按年龄划分受教育者的阶段，并提出了在各年龄阶段教育的要求、组织、内容和方法等具体措施。亚里士多德首次提出教育要与人的自然发展相适应，亚里士多德也是最早从理论上论证了和谐发展教育的可能性和必要性的思想家。他提出的教育应与人的心理活动特点相适应的思想，受到文艺复兴以来资产阶级进步教育思想的广泛重视。

（4）昆体良

古罗马的教育家昆体良（Marcus Fabius Quintilian，35—96）是古罗马教育理论家，也是著名的演说家。古罗马帝国初期，演说雄辩仍很盛行，因此，培养雄辩家仍是当时教育的主要任务。昆体良结合当时的教育实践，约于公元90年前后，写成了《雄辩术原理》，这本书比较系统地论述了有关儿童教育的问题，被称为世界上第一本研究教学法的书。他强调应根据学生的能力、资质进行教学，教师应了解每个学生的特长，根据每个学生的特点进行教学，学生的才能就可能得到发展。昆体良认为教育的最终目的就是要培养演说家、雄辩家。结合当时罗马学校教育的实际情况，昆体良提出了培养雄辩家，应经过从初级学校（相当于小学）到文法学校（相当于中等学校）到修辞学校（相当于专门学校）三个阶段的学校教育；同时昆体良也对不同阶段的教育设计了相应的课程。（欧洲第一部教育专著，书中系统地论述了培养演说家的教学方法。）

昆体良在着重阐述演说辩论家的培养问题时，对教育、教学方法提出了一些有价值的见解，为文艺复兴以来西方教学理论的发展打下基础。昆体良是古代西方世界第一个专门论述教育问题的思想家。他的教育思想有许多有价值的东西，对今天的教育实践仍有指导意义。

3. 萌芽阶段教育学学科特点

以上这些教育家和教育著作中记载了当时的教育活动，以及对理想教育目的和作用的构思，对教育原则的概括、合理教学方法的描述；同时也包含了对教师品行、学识、职责和儿童特点、学习的分析，反映了不同作者的教育观及当时丰富的教育经验与思想，为后来的研究者提供了丰富的思想资源。但学科的研究内容主要集中

❶ 王天一，夏之莲，朱美玉. 外国教育史：上册［M］. 北京：北京师范大学出版社，1984：45.
❷ 同上，51.

在教育经验和教育思想的产生，并且这些教育思想多混杂于哲学、政治、伦理乃至宗教之中，有关教育问题的论述还大量停留在经验概括或直觉式的结论状态，表述的形式也以对话、语录或短论为主，缺乏严密的论证与内在的逻辑结构，没有形成完整的学科体系，因此只能说是教育学的萌芽或雏形。

（二）独立形态阶段

教育学独立形态的形成阶段主要是在资本主义时期，这个阶段前后经历了二百多年的时间。这一时期形成独立形态阶段主要有以下原因：首先，由于资本主义的产生和发展，教育实践日益丰富，出现了许多新型的实用学校，这些学校的发展迫切需要教育科学研究的指导，这在一定程度上促进了教育学的创立。其次，随着自然科学和社会科学的进一步发展，科学的研究方法日益丰富，为人们认识教育这一复杂问题提供了哲学的和多学科的方法，从而使人们能够在高度抽象的基础上认识教育的本质。

1. 主要代表人物及著作

首先在科学分类中把教育学作为一门独立科学提出来的是英国的哲学家培根（F. Bacon，1561—1626）。1623 年，他发表了《论科学的价值和发展》的论文，在对科学的分类中，首次把教育学作为一门独立的科学提了出来，与其他学科并列。

首先写成系统的教育理论著作的是夸美纽斯（Johann Amos Comenius，1592—1670），他是捷克著名的教育家。1632 年他出版了《大教学论》一书，在书中他提出了"泛智"教育思想，探讨"把一切事物教给一切人类的全部艺术"。在这本著作中，他提出要普及初等教育，主张建立适应学生年龄特征的学校教育制度，论证了班级授课制度，规定了广泛的教学内容，提出了教学的便利性、彻底性与迅捷性的原则，高度地评价了教师的职业，强调了教师的作用。这些主张，在反对封建教育，建立新的教育科学方面，都起了积极的作用。它开创了对教育学这门科学进行专门研究的先河，初步勾勒了这门学科的研究范围和知识框架。一般认为这是教育学成为一门独立学科的开始。这本著作也被称为"西方第一部系统论述教育问题的专著"，对教育学学科体系的构建作出了重要贡献。

英国哲学家洛克（John Locke，1632—1704），经验主义的开创人。他于 1693 年出版了《教育漫话》，提出了完整的绅士教育理论体系。法国思想家卢梭（Jean Jacques Rousseau，1712—1778）于 1762 年出版了《爱弥尔》，这部著作通过小说的形式来探讨教育问题，深刻地表达了卢梭的资产阶级教育思想，在教育学的发展历程中也占有重要地位。瑞士伟大的民主主义教育家裴斯泰洛齐（Johann Heinrich Pestalozzi，1746—1827），在他的著作《林哈德和葛笃德》一书中提出了全面、和谐地发展人的一切天赋力量和能力的教育目的，实现这个教育目的途径是教育必须与生产劳动相结合，必须要符合学生的本性；他还明确提出"使人类教育心理学化"口号，这些宝贵的教育思想对于推动教育活动的科学化及教育学的诞生都起到了重要的作用。

把教育学作为一门学科在大学正式讲授的是康德（Immanuel Kant，1724—1804），他是德国著名的哲学家、天文学家、星云说的创立者之一，德国古典唯心主义创始人。1776 年康德在哥尼斯堡大学期间，先后四次讲授教育学。这是教育学列入大学课程的开端。

在卢梭的思想体系和裴斯泰洛齐的经验的基础上对教育学的科学基础进行探索，即初步建立教育学体系的是赫尔巴特（Johann Friedrich Herbart，1776—1841），他是德国哲学家、教育家和心理学家，现代教育心理学创始人，是康德的哲学教席的继承者，是近代德国著名的心理学家和教育学家，在世界教育学史上被认为是"现代教育学之父"或"科学教育学的奠基人"。他在教育学领域上的突出贡献在于：一是把教育学建立在心理学的基础之上，使教育学开始走上科学的道路；二是提出了一套比较完整的课程体系，为近代课程论的建立奠定了基础；三是在教学方法上提出"形成阶段"理论，是当时教学方法的重大革新，为近代教学法的建立奠定了基础。他把课堂教学划分为四个阶段：明了、联合、系统、方法，这一理论后来被他的学生发展为"五段教学法"。他的学生席勒（Tursken Ziller，1817—1882）把第一阶段"明了"分解为"分析""综合"两个阶段。席勒的学生莱因（Williem Rein，1847—1929）又把这五个阶段重新命名为"预备""提示""联想""总结""应用"，使这五个阶段的表达更加清楚，意思更加明确；四是提出"教育性教学"的概念，在历史上首先从理论上明确地把教育与教学作为一个整体来考虑。赫尔巴特认为，没有"无教学的教育"，也没有"无教育的教学"，教育与教学应该统一起来。他把传授知识和道德教育看成统一的过程。

赫尔巴特的教育思想主要记载于其 1806 年出版的《普通教育学》之中，它被公认为第一本现代教育学著作。在这本著作中，赫尔巴特构建了比较严密的教育学的逻辑体系，界定了教育学的学科基础为哲学和心理学，形成了一系列教育学的基本概念和范畴。所有这些，在教育史上都有一定的价值，这些最终促使教育学从哲学中独立出来，成为一门独立的学科。

赫尔巴特对人类教育事业的发展作出了巨大的贡献。但是他的教育思想里也存在着保守落后的东西，主要表现在过分强调教师、书本、课堂的作用，并把他的教学方法绝对化、形式主义化，认为在任何学科、任何教材中都同样适用，这样就在一定程度上限制了学生主动性、积极性的发挥。

2. 学科发展特点

这一时期教育学成为一门独立学科，形成了教育学自身的体系，有一定的科学和系统性。

（三）学科发展多样化阶段

教育学学科多样化阶段的形成时期在 19 世纪中叶至 20 世纪中叶。伴随着现代各门科学的不断发展，如自然科学、心理学、社会学、法律学、伦理学、政治学等经验学科逐渐兴起，给教育学的研究注入了新的活力，同时实证的方法也被引入教育学研究之中。美国著名教育史学家孟禄在其主编的《教育百科全书》中，也将近代西方教育学说的演变概括为七大思潮的相继问世。❶

---

❶ 瞿世英. 西洋教育思想史［M］. 北京：商务印书馆，1931：26.

1. 有代表性的教育思想及教育流派

（1）斯宾塞的教育思想❶

英国资产阶级思想家、社会学家、实证主义哲学家斯宾塞（Herbert Spencer，1820—1903），于1861年出版了《教育论》。他反对思辨，主张科学只是对经验事实的描写和记录。他运用实证的方法来研究知识的价值问题，提出科学知识具有最大的价值，认为最有价值的课程应具备和实现两个方面的作用：不仅能获得有用的知识，而且能发展智力；教育的任务在于教导人们怎样生活。在教学方法方面，他主张启发学生学习的自觉性，反对形式主义的教学。他的教育思想，不仅在英国产生了强烈的反响，而且对于19世纪的科学教育运动，也作出了积极的贡献。

（2）实验主义教育

实验主义教育是教育史上第一个强调运用客观的、实验的这样一些自然科学的研究方式来研究教育问题的教育流派。它是由20世纪初欧洲，特别是德国和美国的教育研究人员在实证主义哲学和实验精神的影响下，对教育领域中实际存在的问题，采用"实验研究法""归纳的方法"以及"客观化的方法"进行研究而促成的。它的出现使得自然科学中广为采用的实验、归纳和统计的方法开始出现在教育研究之中。

"实验教育学"概念是德国的梅伊曼（Ernst Meumann，1862—1915，德国实验心理学家，德国教育心理学和实验教育学的创始人）于1901年提出来的。梅伊曼批评从前的教育学是概念化，认为教师用以指导工作的理论往往与实际相抵触，提出必须借助生理学、解剖学、精神病学，以及实验心理学的研究成果与方法对儿童生活及学习活动进行实验。他把教育学分为研究教育目的的普通教育学和研究儿童身心发展及教育方法的实验教育学。后者研究的主要内容有：儿童身心发展的特征、儿童与成人身心发展的差异性及使教材教法心理化；儿童身心发展的过程及其个性禀赋的差异，使教育教学活动个性化；儿童学习与疲倦即儿童在完成学校及家庭作业时身心疲倦程度，研究怎样创造在学习上费力少而收效多的条件，使"学习经济化"；关于学校中的一些实际问题，如通过实验进行心理的与教育的统计，比较各科教学法的优劣；依据对儿童各科成绩的测测，确定教学理论及方法；关于男女儿童同校问题，以及对待特殊儿童的教育问题等。梅伊曼主张在上述研究的基础上改革课程，确定教师的工作以及教育教学方法等。1903年由赖伊所著的《实验教育学》一书的出版，标志对实验教育特别是德国的实验教育学系统论述的完成。实验教育学者们注意教育研究的"客观性""科学性"。从而运用"实验法"研究教育问题并将数学、统计学应用于结果分析，极大地推动了教育学的发展，为教育学理论研究走向科学化的道路指明了方向。但由于时代和理论的局限，他们所进行的研究是以机械主义心理学和简单的生物遗传学为指导的，因此其许多理论观点依据不足，结论科学性不强。

实验教育学的影响几乎遍及欧美主要资本主义国家，法国和美国尤甚。法国、美国、苏联、日本等国家翻译出版了《实验教育学》，有些国家建立了教育研究所和实验学校。欧美一些国家，在实验教育学的影响下还发展了儿童学和智力测验等学科。法国实验教育学的代表人物是A. 比内和T. 西蒙。他们认为，儿童从5～13

❶　邹群，王琦. 现代教育学［M］. 大连：辽宁师范大学出版社，2001：12－13.

岁每个年龄都有相当的智慧程度，并可通过测验来推断和确定。他们制定了《比内－西蒙智力测验量表》，用以测定儿童"智力年龄"。别的实验教育学者还把实验方法推广应用于课程编制、教学方法改革和班级教学中。

（3）实用主义教育

实用主义教育是 20 世纪 20～30 年代在美国兴起的一股教育流派。其代表人物是美国的约翰·杜威（John Dewey，1859—1952）、克伯屈（1871—1965）等人。主要代表作品有杜威的《民主主义与教育》（1916 年）、《经验与教育》（1938 年），克伯屈的《设计教学法》（1918 年）等。

杜威不仅是 20 世纪的一位哲学家、教育家、心理学家，而且在美国国内，也是一位积极推动社会改革的人士，他的思想不仅形成了实用主义哲学体系，而且也间接影响到新教育——所谓进步主义教育的实施与理论。杜威用哲学、伦理学、社会学、心理学作为武器，在批判传统学校教育的基础上提出了"教育即生活""学校即社会""教育无目的""从做中学"等观点。杜威强调指出，教育过程是儿童和教师共同参与的过程，也是儿童和教师真正合作的相互作用的过程。在这个过程中，儿童和教师双方都是作为平等者和学习者来参与的。这种教育过程也许意味着比在传统学校里更复杂和更亲密的儿童和教师之间的接触，其结果是儿童更多地而不是更少地受到指导。学校教育、教学过程应按照真正协作的民主的方式进行，教师要参与学生的活动。

杜威是现代西方教育史上最有影响的代表人物。作为一位著名教育家，杜威的实用主义教育思想不仅在美国，而且在其他国家也产生过最广泛和最深刻的影响。因此，《美国百科全书》指出："无论在国内，还是在国外，杜威在所有美国教育家中无疑是最著名的。"在 20 世纪前半叶的整个时期，杜威的实用主义教育思想统治了教育舞台。实用主义教育思想的传播，对以赫尔巴特为代表的传统的教育学进行了彻底的抨击，极大地冲击了传统学校教育，也使得整个教育理论和实践发生了变革，它的出现为整个教育理论和实践带来了一场革命，它从根本上打破了"传统教育"封闭保守的局面。自此，在教育学领域就出现了以赫尔巴特为代表的"传统教育学派"和杜威为代表的"现代教育学派"的对立局面。但实用主义教育家过分注重儿童的兴趣与自由，过分重视直接经验在知识获得中的重要作用等，都直接导致了学校组织的松散及学生缺乏系统的、逻辑的知识和技能的训练，致使教育质量下降。20 世纪 50 年代以后，实用主义教育理论日渐衰微。

（4）永恒主义教育

永恒主义教育是 20 世纪 30 年代在美国产生的一个非常有影响的教育流派。它以实在论的哲学观为依据，提倡古典主义教育传统，是 20 世纪 30 年代反对实用主义教育观和进步主义教育运动诸流派中的一支生力军。它在批判实用主义教育理论及其实践中发挥了十分重要的作用。其主要代表人物是美国教育家赫钦斯（R. M. Hutchis，1899—1977）、法国的阿兰（Alain，1868—1951）、英国的利文斯通（Rlwingstone，1880—1960）。

永恒主义教育理论是在批判进步主义教育运动给教育实践造成的不良影响中发展起来的，它以古典实在主义哲学为基础，指责进步主义教育存在着以下几个方面的问题：第一，忽视受教育者对绝对的基础知识的学习和永恒道德的掌握，将教育看作是没有目标的不确定的过程；第二，忽视儿童智力和理性的发展，过于强调儿童生活中的直接经验，仅把教育看作一种生长、活动和个人经验的满足；三是只注重眼前得失和学生对现实的一味适应，而忽视了教育对人类宝贵精神遗产进行传递的使命。永恒主义认为，既然人性是不变的，那么教育的性质也是不变的。永恒是教育的基本原则；教育的根本目的就在于培养人们运用理性的能力；教育的任务是传授真理性知识，为生活而做准备；在教育内容上，选择一定的基础科目教给儿童，使他们了解世界的永久性，以发展其理性。如历史、语言、数学、逻辑、文学、人文和自然学科这样一些含有永恒性研究内容的课程。永恒主义者十分重视完备的课程体系，他们提出了一个几乎"包括人类知识总和"的课程体系，通过它来教授学生以基础科目，使他们认识世界的永恒性，并发展他们自己的理性。为实现此目标，永恒主义者提出"回到古人、回到柏拉图"的口号，他们提出读"百部名著"的计划。

该流派的许多重要观点和看法直接或间接地对欧美许多国家的教育理论的发展产生了一定程度的影响。但由于其看待教育问题过于僵化、死板，对于教育问题所作出的结论缺乏坚实的心理学和社会学基础，而不被人们所接受。

（5）要素主义教育

20 世纪 30 年代美国出现的与进步主义教育对立的教育思想流派，又称传统主义教育、保守主义教育。主要代表人物是美国教育家巴格莱（1874—1946）、科南特（1893—1978）等人。要素主义者对进步主义教育持批评态度，认为进步主义教育由于强调学习者的兴趣、自由、目前需要、个人经验、心理组织和学生主动性，忽视努力、纪律、长远目标、种族经验、逻辑联系和教师主动性，完全放弃了以学业成绩的严格标准作为升级的依据，轻视学习的系统性和顺序性，因而降低了教育质量。要素主义教育的目标则要纠正上述弊端，从而使美国教育重新走上正常的轨道。要素主义者虽在哲学观点上各不相同，但在教育问题上则一致强调"种族经验"或"文化遗产"的重要性，认为经过历史检验的多数人的经验比个人经验有意义，在人类遗产中有"文化上的各式各样最好的东西"，有"一种知识的基本核心"，即共同的、不变的文化要素，其中包括各种基本知识、各种技艺及传统的态度、理想等，这些要素是人人必须学习的。学校的主要任务是将这些文化的共同要素传授给青年一代。强调以学科为中心和学习的系统性，主张恢复各门学科在教育过程中的地位，严格按照逻辑系统编写教材。认为拉丁语、代数、几何等一些对学生心灵训练具有特殊价值的科目应作为中等学校共同的必修科目。重视智力的陶冶，主张提高智力标准，充分发挥教师的权威作用，对要素学习不感兴趣的学生应强制学习。要素主义强调教师要把握教育的主动权；注重严格的学术性教育和训练；强调教育的核心任务是吸收指定教材的内容。

要素主义教育的主张在 20 世纪 40 年代因进步主义教育的声势浩大而处于劣势。第二次世界大战后，尤其是 1957 年苏联人造卫星上天，使美国政府大为震惊，并把科技落后归结为教育质量问题，要素主义重视系统知识传授的教育主张受到了人们的重视。20 世纪 50 年代美国中小学实行课程改革，强调新三艺（数学、自然科学、外国语），并按"学术标准"，推行"能力分组"。这些方面主要就是以这一时期要素主义的主要代表人物科南特等人的教育理论为依据的。

要素主义教育立足社会现实和教育实际，对统治美国教育近半个世纪并在国际上产生广泛影响的实用主义教育提出了有力的挑战。但由于过分强调书本知识、教师的权威作用，加重学生负担，脱离实际，轻视学生的实践活动，忽视学生自主性在教学中的价值，在一定程度上有碍于教育、教学效率的提高，并没有达到预期的效果，给教育带来了新的矛盾，20 世纪 60 年代末，在美国也逐渐失去统治地位。

（6）凯洛夫的《教育学》

凯洛夫（1893—1978）是苏联著名的教育家，莫斯科大学的教授，俄罗斯联邦教育部部长。他的教育活动在苏联教育界影响颇大，曾起过积极作用。他提出教育学是一门科学，他说："作为青年一代的教育、教养和教学的科学之教育学，也是社会科学。"他认为，教育学应当根据人类社会教育的产生、发展，研究教育的一般规律，指导社会主义教育的发展。在苏联二十多年的教育实践的积累下，1939 年苏联出版了凯洛夫主编的《教育学》。它是当时师范教育的丛书之一。该书以马克思列宁主义为指导，总结当时苏联社会主义学校教育经验，并吸收了历史上进步教育家的思想，对教育基本原理、教学论、德育论、学校管理四方面进行了全面的论述，成为社会主义国家培养人民教师的基本教材。他在教育学科学化的历史上作出了可贵的贡献。该书 1950 年传入我国，1951 年开始出中文版，多次出版发行，曾作为我国高等师范教育的教科书或必读参考书。先后发行量超过百万册，对我国 20世纪 50～60 年代教育的影响颇大。

《教育学》是在总结十月社会主义革命后 30 年来教育正反经验的基础上写出来的，也是凯洛夫教育思想的集中反映，曾在苏联教育事业上起过积极作用。该书运用马克思主义的观点和方法解释社会主义的教育规律，重视知识系统性，强调课堂教学和教师的主导作用。凯洛夫的《教育学》对我国教育学体系的构建产生了重大的影响。

2. 学科发展特点

这一时期教育学发展的主要特点是研究视角的多样化，"而且也逐渐利用社会学所常用的实证方法和心理学所采用的实验方法来研究教育问题，使教育学不再仅仅是根据一定的理想和规范去考察教育，而是从教育事实出发，对其进行客观的分析与研究，从而使教育学向着实证的社会科学转化，在科学化的道路上前进了一步"。[1] 因而也出现了众多的教育流派，不同流派的教育学此消彼长，凡是能适应时代发展，真正为解决现实教育问题作出贡献的教育流派存在的时间就比较长，反之则被其他新的教育流派所取代。

（四）教育理论深化阶段

进入 20 世纪 50 年代以来，科技迅猛发展，教育作用日益重要，各国都在大力进行教育改革，促进了教育学的发展。研究内容上主要侧重如何在减轻学生负担的前提下，促使学生掌握更多的知识，并不断地提高教育质量。围绕这一主题，不同国家的教育家都进行了深入的教学实践，并在此基础上出版了相应的教育著作。

1. 主要人物及著作

美国心理学家布卢姆于 1956 年出版了《教育目标分类学》，开创性地把教育目

---

[1]　邹群，王琦. 现代教育学 ［M］. 大连：辽宁师范大学出版社，2001：12.

标分解为认知、情感、动作技能三大类，并对三个领域的目标进一步给予了分类。这种分类有助于教师明确教学的目的、任务及评价角度。但由于分类目标过于烦琐，不便于教师很好地掌握。详细内容可参见本书"教学目标"一章。

1963 年美国教育心理学家布鲁纳出版了《教育过程》一书。他重视学生学习能力的培养，提倡在发现中学习，认为"不论我们选教什么学科，务必使学生理解该学科的基本结构"。他的思想对于发展学生的学习能力、提高教学质量，有一定的积极意义。

苏联的教育心理学家、教育家赞科夫在近二十年教学实践的基础上，于 1975 年出版了《教学与发展》一书。全面地阐述了他的教学理论的体系，系统地叙述了学生的发展过程，提出了高速度、高难度、理论知识起指导作用的教学原则。对苏联的教学改革产生了一定的影响。

1972 年，苏联教育科学院院士巴班斯基出版了《教学过程最优化》。他认为要从系统的、联系的、动态的角度来考察教学，以便达到最佳的教学效果。他将系统论的观点引入教学论的研究之中，进一步促进了教学论的发展。

2. 学科发展特点

这一时期由于科学的综合化趋势明显，学科交叉、渗透突出，"三论"的产生与发展也为教育学科的研究提供了新的思路和方法，运用教育理论指导教育改革成为这一时期教育学科的主要特点，教育改革的重点放在提高教学质量和减轻学生学业负担等方面。

三、当代教育学的发展及近代中国教育学的发展

（一）当代教育学的发展❶

随着教育问题研究领域的扩大，教育学的研究与教育实践改革关系日益密切，当代的教育学已发生了高度的分化和综合，出现了许多子学科和边缘学科，进而发展成为初步的教育学科体系。20 世纪末的教育学发生了许多变化，主要体现在如下几个方面。

1. 教育学研究的问题领域急剧扩大

在 20 世纪初，教育学研究主要集中在对学校教育问题的研究，而且主要集中在对学校教育教学过程中出现的问题的研究上。到 20 世纪末教育学研究的问题领域已经从微观的教育教学过程扩展到宏观的教育规划，从教育的内部关系扩展到教育的外部关系，从基础教育扩展到高等教育，从正规教育扩展到非正规教育，从学校教育扩展到社会教育，从正常儿童的教育扩展到一些有特殊需要的儿童的教育，从儿童青少年的教育扩展到成人教育、老年教育等。

2. 教育学研究基础和研究模式的多样化

在赫尔巴特时代，教育学的基础主要是哲学和心理学，当代教育学的基础则是更加广阔的学科领域，如生理学、脑科学、社会学、经济学、政治学、法学、人类学、文化学、科学哲学、技术、管理学等。不同的人从不同的理论基础出发进行研

❶　全国十二所重点师范大学. 教育学基础：第 3 版［M］. 北京：教育科学出版社，2014：22 – 24.

究，从而形成不同的教育学流派，它们之间相互批评、借鉴，相互吸收，出现了一个教育史上少有的百家争鸣的时代，推动了教育学术和教育实践的发展。有的从科学主义的角度进行研究，强调对教育活动中数量关系的描述；从人文主义的角度进行研究，强调对教育活动中非数量关系的质的东西进行分析；还有的介于两者之间，或偏向一方，或两者结合，就教育学研究的层次而言，也出现了基础研究、应用研究、行动研究、咨询研究、开发研究等多种层次类型，彼此之间相互依赖、渗透、推动，构成教育学研究的完整体系。

3. 教育学发生了细密的分化，形成了初步的教育学科体系

近代以来的教育学是无所不包的，所有关于教育问题的研究都是在教育学的名义下进行的。20 世纪以来，特别 20 世纪中叶以来，随着教育问题领域的扩展以及研究基础和模式的多样化，教育学也发生了快速的学科分化，教育学一个个组成部分纷纷发展为独立的学科，与此同时，这些相对独立的学科又与其他学科进行交叉，出现了许多子学科、边缘学科。20 世纪后半叶的教育学在发生高度分化的同时又出现了高度综合的现象，出现了许多新的教育知识的增长点。例如，教学论是从教育学中分化出来的，分化出来的教学论与哲学和教育哲学综合，产生教学哲学；与技术学和教育技术学综合，产生教学技术学等。由于这种多层次、多类型、多形式的学科综合，打破了传统学科的界限，扩展了研究视野，深化了问题研究。

4. 教育学研究与教育实践改革的关系日益密切

教育学的研究之初，研究者注重的是从自己的某种哲学或伦理学或政治学的观点出发，来提出一些有关教育的规范性要求，对教育实际活动中所面临的问题关注不够，所发表的见解也就与教育活动的改进关系不大。这也是传统教育学长期受到批评的重要原因。当代教育学研究的主要问题是教育实践中到底存在着哪些问题。教育理论研究正日益与教育实践相结合，研究一些重大的社会关注的热点问题已成为研究者的首选课题。同时也应当注意到，当代教育实践的发展也日益呼唤着教育理论的指导，这就为教育学理论方面的发展提供了强大的社会动力。

5. 教育学加强了对自身的反思，形成了教育学的元理论

教育学的发展与其对自身的反思是分不开的，当代教育发展的一个重要特征就是出现了自觉的教育学反思。这种反思是对教育研究的研究，也就是对教育的无研究，其目的不是要形成教育理论，而是要检讨教育研究活动本身的目的、性质、价值、知识结构等形成教育学观。有关教育学自身的反思研究结果就形成了教育的元理论，即关于教育学学科自身的知识体系。如关于教育学研究的知识、逻辑起点的知识、发展史和历史分期的知识、教育学理论与教育实践关系的知识、教育学知识结构的知识等。这些教育学元理论的提出，会极大地提高教育学者的理论自觉性，从而促进教育学的发展，使之在当代和未来教育改革中产生更大的作用。

（二）近代以来中国教育学的发展

我国教育学作为一门课程开设，最早是在 1904 年的《奏定学堂章程》中规定，初级师范学堂和优级师范学堂（以及大学堂中的政法大学）都设置教育学课程。后来历次学制改革，师范院校都把教育学作为重要的专业课程。1949 年以前，中国教育学著作已有百余部，最有影响的代表作应是吴俊升、王西征合编的《教育概论》，该书

由正中书局出版。中国教育学科的百年发展大致分为两大时期，即以新中国成立为界；两大时期又可根据教育学科发展呈现出的基本状态和主要特征分为六个阶段。

1. 第一阶段从 1901 年到 1919 年（或 1915 年）

从翻译、介绍日本学者编写的教育学开始，到国人自己编著教育学。这是直接从日本"引进"以介绍赫尔巴特教育理论为主的发展阶段，是近代教育学在中国的初建阶段。从 1896 年到 1911 年，中国共译日本教育类书籍 76 种。其中流行面广、影响面大的是 1901 年刊载于《教育世界》上，由日本立花铣三郎讲述、王国维翻译的《教育学》。同时我国的一些学者也编写了一些教育专著，如 1913 年蒋维乔著的《教授法讲义》，1914 年张子和编著的《大教育学》，同年张毓骢编著的《教育学》等，尽管这些著作不可避免地有对外国教育学内容的迁移，但在编著自己的教育学方面，毕竟迈出了第一步，我国开始有了自己的教育科学。

2. 第二阶段从 1919 年到 1949 年

这是中国教育学界由向日本学习转为向欧美学习的阶段，也是中国教育学界开始形成教育学研究的专门队伍和代表人物，同时出现结合中国教育实际与问题展开独立研究的阶段。主要代表人物如蔡元培、陶行知、杨贤江等。这其中由杨贤江著的《新教育大纲》，是中国最早以马克思主义观点拟定的教育著作，论述了教育与政治、经济的关系，批判了教育"清高说""神圣说""独立说"等观点。他认为要改变当时不合理的社会制度，只有进行革命，在革命中，教育应当作为革命的武器之一；革命胜利后，教育便应当促进建设社会主义社会。这一根本观点对教育理论发展具有全面的指导意义。

3. 第三阶段从 1949 年到 1957 年（或 1956 年）

以凯洛夫著的《教育学》为代表的苏联教育学的传入与传播。这是教育学界批判杜威、批判解放前国内"资产阶级教育思潮"的时期，也是全面引进苏联教育学科领域教科书的时期。1949 年中华人民共和国成立以后，由于确定的建国方针是"以俄为师"，我国教育界开展了学习苏联社会主义建设经验的活动。教育界除了直接介绍苏联办学经验以外，还大量地翻译了苏联的教育理论著作。1949 年 11 月 14 日《人民日报》发表了节译的凯洛夫著的《教育学》（1948 年俄文版）第 21 章"国民教育制度"。继后，1950 年 3 月 28 日的《人民日报》又发表了节译的凯洛夫著的《教育学》第 12 章"劳动教育"；1950 年 4 月 3 日的《人民日报》又发表了凯洛夫著的《教育学》第 1 章"教育学的对象与方法"中的第 5 节"教育学是科学"。随后，1950 年 12 月、1951 年 5 月，人民教育出版社先后出版了凯洛夫著的《教育学》（上、下册）。同时或稍后，又由正风出版社出版了奥戈罗德尼柯夫、史姆比辽夫著的《教育学》，由人民教育出版社出版了叶希波夫、冈查洛夫著的《教育学》（上、下册）等教育学著作。

根据苏联教育学的结构和内容，结合中国教育实际情况，中国教育学者在这段时间内也编写了许多版本的教育学。代表性的著作是 1952 年由教育部师范司和人民教育出版社邀请张凌光、丁浩川等十多位教育学家编写的师范学校课本《教育学》（四册），由人民教育出版社出版。后经修改，合为二册，1956 年出版印刷发行。作为高等师范院校公共教育学的教材，由北京师范大学教育系教育学教研室所编，北京出版社于 1955 年出版的《教育学讲义》（上、下册）可作为代表。

4. 第四阶段从 1957 年到 1966 年

本阶段以 1958 年的"教育革命"为重要事件，出现了教育学作为党的教育方针、政策解释和毛泽东有关教育语录的诠释的独特意识形态化的现象。1956 年，中华人民共和国基本上完成了生产资料私有制的社会主义改造，确立了社会主义公有制度，开始了社会主义的建设。虽然从 1953 年起开始执行第一个五年计划的经济建设，但是采用了苏联的经验，而苏联在社会主义建设中已暴露出了一些缺点和错误。在这种背景下，中国的教育也要改变"教条主义"地照搬苏联模式的做法，改正在"一定程度"忽视政治、忽视党的领导、脱离生产劳动、脱离实际的错误，探索一条适合中国国情的中国化教育的道路。这种探索的集中表现，就是 1958 年所开展的以教育与生产劳动相结合为中心的"教育大革命"。1961 年 9 月 15 日，中共中央批准试行《教育部直属高等学校暂行工作条例（草案）》（简称"高校六十条"）。1963 年 3 月 23 日，中共中央批转试行《全日制小学暂行工作条例（草案）》及《全日制中学暂行工作条例（草案）》（简称"小学四十条""中学五十条"）。这样做的目的，都是力图使教育发展摆脱苏联的影响，探索走自己的路，建立适合中国国情的独特模式。1957 年到 1966 年，教育学的变化大体可分作两段：一是 1958 年"教育大革命"时期。这个时期所编的各种教育学教材，实际是中国教育方针政策的汇编，或对中国教育方针政策的诠释。这类教材的代表作有北京师范大学于 1958 年 9 月编印的《教育学教学大纲》和 1959 年华东师范大学、上海师范学院编写的《教育学讲义》（上、下册）等。二是 1961 年 4 月，中共中央宣传部召开高等学校文科教材会议以后，所编写的教育学教材。这时期的代表作，是文科教材会议上确定的，由华东师范大学校长刘佛年教授所主编的《教育学》（讨论稿）。这本书从 1962 年到 1964 年曾四次内部印刷。1979 年后，又由人民教育出版社公开再版，累计印刷 50 余万册，影响较大。

5. 第五阶段从 1966 年到 1976 年

"文化大革命"使教育学领域遭受毁灭性破坏。

6. 第六阶段从 1977 年至今

总体而言，这一阶段学科建设不断加强，学术观点趋向多元，学术视野日渐拓展，国际交流日益加强，且形成了教育学科的当代体系。中国教育学科建设因"元研究"的出现而开始进入"自为时期"。这是中国教育学科建设从恢复到繁荣并开始走向独立化的时期。改革开放以来，伴随着我国教育实践活动的不断发展，我国的教育研究与教育实践日益相结合，教育学科的发展也日益丰富，教育学自身的研究也向着微观和宏观两个层面不断拓展，对影响和制约我国教育改革中的热点和难点问题给予了更多的关注。

综上所述，教育学在中国作为一门学科的出现，仅有一百年的时间，与其他学科相比，它还是一门年轻的学科。教育学在中国的出现与成型，一开始就是从国外引进的，人们形象地称它为"舶来品"。❶ 因此，将教育学本土化，正确处理民族传统与国外借鉴两者的关系，从而构建中国自己的教育学体系，是 21 世纪中国教育学发展必须解决的一个历史性课题。

---

❶ 张忠华. 教育学中国化百年反思（一）[J]. 高等教育研究，2006（6）.

四、教育学的研究方法

任何一门学科研究方法的多样化，将直接推动本学科研究的深度和广度。正确的研究方法有助于研究工作的深入开展，提高研究工作的效率，确保研究成果的有效性。为了更好地推动教育学的发展，不断地运用和探索新的研究方法是教育学自身发展永恒的使命。教育学的发展史实际上就是其研究方法不断丰富和发展的历史。

按常用方法来划分❶，教育学的研究方法主要有历史法、调查法、实验法、统计法等。

（一）历史法

任何事物的发展都有自身的历史，要认识它就必须了解历史，因此历史研究法早就成为人们进行科学认识的一种方法。在教育学的研究中，这也是一种非常重要的研究方法。

1. 定义

历史研究法是指通过收集某种教育现象发生、发展和演变的历史事实，加以系统的分析研究，从而揭示其发展规律的一种研究方法。用历史法研究涉及的主要内容有：研究教育活动的历史；研究教育事实和教育理论发生、发展、演变的历史规律。如各历史发展阶段的文教政策、教育制度的发展演变、教育家的教育实际活动等；历代教育家的教育思想、理论、教育思潮以及教育流派的理论观点。

2. 作用

采用历史研究法要揭示一定时期的教育实际和教育理论如何受当时社会、政治、经济、哲学、宗教、科技等条件的制约和影响，同时又继承以往时期的教育传统而形成一个时代一个时期教育发展的独特模式的传统。在一定意义上说，没有科学的历史研究，就不会产生真正的科学，任何一门学科要想成为真正的科学，就必须运用历史研究法来认识它的过去，研究现在和预测未来，尤其是作为社会科学的教育学，在它向现代化科学化发展的进程中，历史研究法必将发挥其应有的作用。

3. 研究的主要步骤

第一步，分析研究课题性质、所要达到的目标以及有关的资料条件。

第二步，史料的搜集与鉴别。在广泛搜集资料的同时，要对资料的真实性进行鉴别。通过史实再现与反映教育问题历史发展的本来面目，为下一步提供确凿可信的历史事实。

第三步，对史料的分析研究。要用历史唯物主义观点对史料进行分析探讨，以深入考察教育演进的内在成因和机理，弄清不同时期教育具体发展的所以然和为什么，从而揭示教育规律。

4. 适用范围

①各个时期教育发展情况的研究，包括中外教育史从古代、近代到现代教育实践与理论发展的研究。如中国教育的历史研究，道德教育、课程教材的发展、考试选拔制度的改革、科技发展与教育改革的关系等。

---

❶　裴娣娜. 教育科学研究方法［M］. 合肥：安徽教育出版社，1995.

②对历史上教育思想家、教育思想理论观点的研究，西方从柏拉图、亚里士多德、赫尔巴特、杜威等；我国从孔子到朱熹、王夫之以至陶行知，历代涌现出的重要的教育家，以及他们的学术观点。

③对一个时期教育流派、教育思潮的分析研究，以及对不同教育流派的比较研究；目的在于揭示各历史阶段思想流派的特点，对教育实践所起的作用和对后世教育制度以及教育理论发展的影响。

④对一定时期教育制度，如法令、计划、政策等的评判分析。

⑤对外国教育发展状况的分析。

⑥开拓新的研究领域。

5. 局限性

历史资料常常是滞后、分散的，不系统的；历史文献的理论内容，是经过加工的抽象形态，保留了加工者的主观认识；对历史资料的分析与取舍又受研究者主观因素的影响，包括研究人员的学识、能力、价值观，对史料的掌握程度以及方法论水平；因为"任何一个学者，没有能够超出他们自己的时代所给予他们的限制"。历史法研究中无法做精确的量的分析。

（二）调查法

1. 定义

调查研究法是在教育理论指导下，通过运用观察、列表、问卷、访谈、个案研究以及测验等科学方式，搜集教育问题的资料，从而对教育的现状做出科学的分析认识并提出具体工作建议的一整套实践活动。

2. 分类

按调查对象的选择范围，分为典型调查（选择能反映研究对象特征的单位进行调查，如我院家庭经济差的学生学习情况调查）、普遍调查（对事物的全面情况进行了解，如对高校师资情况的调查等）、抽样调查（从一定范围在相应标准之上，随机抽取作为调查对象。如从入学新生中随机抽取 200 人，调查对大学生活的认识等）、个案调查和专家调查（德尔菲法）；按调查的内容划分为学科性的典型调查（如少年儿童心理健康状况的调查，关于大学生学习动机的调查，关于制定新的课程计划的调查等）。这种调查带有探索性，重在研究某种教育现象或过程内部多种因素的关系及发展的多种特点。反馈性的普遍调查（多为制定政策和检查政策执行过程中的问题而进行的，一般由教育行政部门或教育研究机构来承担。主要目的在于了解现状，解决当前存在的问题以及提出决策办法而进行的。如关于中小学生课业负担过重问题的调查，高等职业教育实施现状的调查等）和预测性的抽样调查（主要用于对某一时期的教育发展趋势的动向进行预测研究。如对今后十年内适应社会主义市场经济的改革，我国办学体制的发展前景研究）。

3. 研究的一般步骤

①根据研究课题的性质、目的任务，确定调查对象、调查地点，选择相应的调查类型和调查方法。

②拟定调查计划。

③做好各种技术、事务和组织准备，包括资料及器材的准备；进行试测，从而

修改调查提纲及工作方案。

④制定调查表格，观察、问卷、访谈提纲及编制测验试题。

⑤实施调查。

⑥整理调查材料，分析调查结果，并得出调查结论。

⑦写出调查报告。

当然这种教育研究方法也存在着局限性，调查问卷设计的科学与否将影响教育结论的科学性。

（三）实验法

实验法在自然科学中被广泛使用，在教育科学研究中也是一种重要的研究方法。为了实现教育理论的科学化，必须积极开展各种教育实验，通过教育实验研究，来探索教育规律，验证和检验教育基本原理的研究假设。这种实验一般是在教育活动的自然状态下进行的实验，而不是在实验室里进行的实验，也可称为教育实验法。

1. 定义

教育实验法指研究者根据对改善教育问题的设想，创设某种环境，控制一定条件，所进行的一种教育实践活动。由此来探索所设想的教育制度、内容、方法或形式的效果，检验其科学价值。

2. 基本结构及设计

教育实验涉及三个基本的要素，即实验要改变的教育要素或教育条件、要控制的不被改变的相对稳定的要素和条件、要观测的结果。这三个基本要素分别被称为自变量、因变量和无关变量。教育实验的基本结构是由操纵自变量、控制无关变量、观测因变量三个相互联系的部分构成的。

教育实验设计是在理论假说的引导下，确定实验研究的目标、思路和步骤，将理论假说转化为可供操作的材料、程序和方法等，形成关于解决教育问题、检验理论假说的切实可行的研究计划的过程。一般包括以下几个主要环节：实验目标任务的设计、实验自变量的操作设计、实验因变量的观测设计、无关变量的控制设计、实验组织管理设计。

3. 分类

教育实验的方法基本上有三种，即单组实验法、等组实验法和循环实验法。

单组实验法是向一个或一组研究对象，施加某一个或数个实验因子，然后测量其所生的一种或数种变化，借以确定实验因子的效果如何。

等组实验是以不同的实验因子分别施行于两个或几个情况基本相同或相等的组，然后比较其所发生的变化。

循环实验法是把各实验因子（不管是几个），轮换施行于各组（各组不必均等），然后根据每个实验因子所发生变化的总和来决定实验的结果。

（四）统计法

通过实验、调查可以得到大量的数字资料，对于这些数字资料所蕴含的特征和规律，只有运用统计的方法，才能揭示出这些数据背后的本质。马克思认为："一种科学只有在成功地运用了数学时，才算达到了真正完善的地步。"教育统计法是运用统计学的原理和方法探索教育规律、制订教育方案、检查教育质量、评价教育效率的一种数量化的研究方法。

例如，我们要研究两个班的数学成绩，如果不运用统计的方法，求出两个班学生成绩的平均分数和标准差，就很难科学地说明两个班数学成绩的集中情况和分散情况。再如要研究学生的数学成绩和物理成绩的相关情况，不用统计的方法求出其相关系数，也不能科学地说明问题。

教育统计法包括对教学资料的搜集、整理、计算和分析等一系列的方法，由于统计分析需要进行繁杂的计算，随着计算机技术的发展，人们也已经研制出了相应的计算机软件，如 SPSS（社会科学统计软件包）和 SAS（统计分析系统），从而提高了教育统计的科学性和简捷性。

（五）教育行动研究法

随着教育改革与实践的日益丰富，教育实践与教育理论的结合越来越紧密。中小学教师也迫切需要投入到教育改革之中。因为参与教育科研是其提高自身素质、提高教育教学质量的重要途径。著名教育家苏霍姆林斯基说过："如果你想让教师的劳动能够给教师带来乐趣，使天天上课不至于成为一种单调乏味的义务，那就应当引导教师走上从事研究这条幸福之路上来。"中小学教师怎样做科研？哪种科研方法最适合于中小学教师？也因此产生了一种新的研究方法，即教育行动研究方法。

行动研究（action research）起源于 20 世纪 40 年代美国的社会科学研究。20 世纪 50 年代以来它被应用于教育研究之中，20 世纪 70 年代以来越来越受到教育研究工作者的欢迎。目前，也已成为广大教育实践工作者从事教育研究的主要方式。教育研究引入这种方法的主要原因在于：在教育研究领域中，长期以来存在着"行动"与"研究"分离的状态，许多教育研究者选择的研究课题过于抽象，研究结果缺乏现实指导意义；而在教育工作一线的教师在实践中积累了大量的经验，同时也积累了丰富的实践性研究课题。如果能将两个方面有机地结合起来，一方面将有助于提高教育实践者的教育理论水平，有助于研究成果及时运用于自己的实际工作中；另一方面教育研究者深入到教育实践之中，指导一线教师进行研究，有助于克服脱离实践的研究弊端。

1. 行动研究的基本内涵

由与问题有关的所有人员共同参与研究和实践，对问题情境进行全程干预，并在此实践活动中找到有关理论依据及解决问题的研究方法。它是由教育理论工作者和实践工作者，以研究解决教育教学的实际问题为根本目的，以"对行动进行研究，以研究促进行动"为基本方法的教育教学实践研究法。它是以工作在一线的教师为研究主体，针对教师在教学一线和班级管理过程中遇到的问题，在校外专业人士的指导下进行诊断和分析，并对实施结果进行评估的一种研究方法。

2. 具体实施步骤

①问题的确定，即提出所解决的问题。

②问题的分析，即分析问题与决定某些具有持久性的影响因素。

③形成研究假设。

④进行实验与行动。

⑤评鉴，即评鉴行动的结果。

从研究的性质来看，教育行动研究是介于理论研究与实验研究之间的一种研究方法。因研究课题来源于实践，在教学实践中开展研究，研究主体为一线的教师，也可以将其特点概括为：为行动而研究，在行动中研究，由行动者研究；它有利于解决理论与实践脱节的倾向，有利于改进学校工作，提高教育教学质量，也比较简单易行，是一种切合中小学教师实际的研究方式，能较好地体现出中小学教育科研"问题即课题、教学即研究、成长即成果"的特点。

3. 应用实例

春游的车上，学生吵闹严重，李老师考虑校内也有噪声，于是决定开始一个教育行动的研究。

研究步骤：

①确定教室内外存在着噪声。

②分析存在噪声的来源及原因。

③提出降低噪声的策略。

④进行实践检验，提出降低噪声的策略。

⑤评价策略的效果，撰写研究报告。

总之，教育行动研究是"教师即研究者"这一现代教育理念的具体实践，是教师专业发展的具体途径，它能把教师从局限的经验中解放出来，不断提升教育经验，形成教育理论，指导教育实践。它对于教师的专业发展、思维转变和教育质量的改进是一种强有力的促进力量。它的广泛应用必将推动一线教师参与教育科研的积极性，提升教师的科研素质，加强教育理论与实践的进一步联系。

此外教育科学研究方法还有许多，如三论的诞生对教育的影响和渗透而出现的系统论、控制论、信息论的研究法，在此不赘述。总之，各种方法都有各自的优势和不足，关键是结合实际需要，综合运用各种方法，为教育研究服务。

五、教育学的价值

人类的任何活动都打着价值的烙印，人们对活动的价值认识得越深刻、越清晰，就越能够克服种种困难，追求并实现活动的目的。因此，从事新课程的学习和研究，有必要了解这门课程的价值。《教育学》是一门师范教育专业必修的课程，它是以《心理学》课程知识为基础，要求学生在二年本专业学习基础上，学习有关教师教育教学的理论知识和技能技巧，使学生形成教师需要的教育教学知识结构、能力结构以及崇高的教育工作情感，并对他们今后的学科教学论、教育见习、实习有重要的理论指导作用。

（一）掌握教育理论，遵循教育规律，指导教育实践活动

马克思主义认为："一个民族想要站在科学的最高峰，就一刻也不能没有理论思维。"教育理论是人们在长期的教育实践过程中总结、归纳、抽象、概括而形成的理性认识，它反映了教育活动现象背后的必然的联系。作为一名中小学教师，为提高工作的自觉性，避免盲目性，更好地贯彻我国的教育方针，培养更多的社会主义建设人才，就必须掌握基本的教育理论，按照教育规律和青少年儿童身心发展的规律设计教育活动，指导教育实践，调整控制教育行为。当我们学习了社会经济发

展与教育发展关系原理时，我们就能够深刻地认识到我国各地区教育发展不平衡的社会原因。特别是我国正处于教育改革的高潮时期，作为一名21世纪的教师有广阔的天地大有可为，通过教育理论的学习，自觉地指导教学，不断积累教学经验，并将其上升为理论，以推广使用，让更多的学生和教师受益。

（二）为进一步学习教育科学领域打下坚实的基础

随着教育学科的不断分化与综合，现代教育学已形成了一个庞大的教育体系，而教育学这门课程，是这个学科的入门课程，它对于后续深入地学习教育学科的其他课程，起着奠基性的作用。教育学的基本内容经过不断的发展，大多已细化为一门具体的课程，因此，这门课程具有基础性、先导性的作用。学好这门课程，才能更好学习教育学科的其他课程。

（三）树立正确的教学观，遵循教学规律，提高教学质量

在课堂教学过程中，"教"与"学"都有自身的规律，各门学科自身又有各自的特点与规律，要想达到良好的教学效果，就需要对诸多的教学因素进行综合、协调，使其发挥整体效应。遵循教学规律，科学而巧妙地将教学规律应用于教学实践，将能极大地提高教学的质量。教育学这门课程中除了教育基本理论之外，还有一个非常重要的部分就是教师教学技能，例如如何学习编写教案、备课，如何确定教学目标等。这是从事教学工作必须具备的基本教学技能，掌握这些基本教学技能与技巧，有助于形成科学规范的教学技能，提高教学质量，从而形成个人的教学风格。

第一编

教育基本原理

　　教育基本原理是教育学的重要理论组成部分，是教育学的核心理论内容，在这一编里，将分七章对教育的基本问题进行探讨，将回答什么是教育，教育的个体与社会功能、教育目的是什么，教育制度是如何建立的，教育内容即课程是如何确定和实施的，并对教育法规进行解读。

第一章　教育概述

探讨教育的基本问题，首先不能回避的就是对教育的界定。本章将对教育起源、教育概念及教育的发展历程和未来发展趋势等问题进行论述。

第一节　教育的本质

人类经历了漫长的历史发展，在人类进行社会物质生产和自身生产的过程中，伴随着各种各样的活动，包括经济活动、政治活动、文化活动以及教育活动等，那么，人类最初的教育活动是怎样产生的呢？这是一个令人感兴趣的问题。

一、关于教育的起源

教育的起源是教育本体的研究，站在今天，探讨教育起源，只能是理论的推演，我们不可能返回到人类史前期的原始社会做实地考察。关于教育起源有许多讨论，在教育史上有四个最主要的观点。

（一）神话起源论

教育的神话起源是源于宗教的一种观点，这种观点认为万物皆出自造物主——神（上帝或上天）之手，教育也不例外。教育就是为了体现神的意志，使人更趋同于神的意志，更服从于神。这种观点显然是错误的，是非科学的。但需要指出的是，这是人类关于教育起源的最古老的一种观点，它反映出当时人类认识事物水平的局限性。

（二）生物起源论

这种观点的代表人物是法国学者勒图尔诺（C. Letourneau，1831—1902）和英国学者沛·西能（T. P. Nunn，1870—1944）。勒图尔诺1900年出版的著作《各人种的教育演化》中提出，教育是超出人类社会范围以外，在人类出现之前产生的。他认为生存竞争的本能就是教育的基础。动物为保存自己的种群会由于自然赋予其固有本能而把自己的"知识"和"技巧"传授给幼小的动物。人类社会的教育是对动物界教育的继承、改善和发展。❶沛·西能在1923年不列颠协会教育科学组的大会上以《人民的教育》为题说"教育从它的起源来说，是一个生物学的过程"，他还说"生物的冲动就是教育"。生物起源论者的主要错误是把人类活动的社会性予以抹杀，人类与动物最主要的区别是人类活动的社会性，即人类活动的有意识、有目的性。尽管用生物的冲动解释教育现象显然是片面的，将人类的教育活动简单化了，

---

❶ 夏之莲. 外国教育发展史料选粹［M］. 北京：北京师范大学出版社，1999：3-4.

但是这一学说却是教育史上首次把教育起源作为一个学术研究的课题提出来，应该说是人类对教育本体的理性思考的开始，具有重要意义。

（三）心理起源论

教育心理起源论的代表人物被认为是美国学者孟禄（P. Monroe，1869—1941），孟禄在 1923 年撰写的《教育史课本》的第一章《原始社会》中这样写道："在实践这一方面，除了在偶然情况下和最高发展阶段以外，原始人的教育过程从来没有表现出有意识的过程。即使给予训练，最好也不过仅仅把要做的事和对做的过程做简单指示，不企图去说明和解释，而绝大部分纯粹是无意识的模仿。儿童仅凭观察和'尝试成功'的方法，学习如何用弓箭去射击……"❶ 孟禄把人类教育看成是源于模仿、盲目的尝试，但他忽视了人类教育活动的有意识性和有目的性，因此有失偏颇。

（四）劳动起源论

持这种观点的主要是苏联和我国的学者。该观点是以马克思主义的历史唯物史观为基础，以恩格斯的《家庭、私有制和国家的起源》和《劳动在从猿到人转变过程中的作用》的思想为依据，提出教育起源于劳动。马克思主义认为教育是一种人类特有的社会现象，是人类特有的传递经验的方式。动物传递经验是依靠本能，即遗传；而人类的实践活动，积累了丰富的经验，这些外化的经验是无法依靠本能传递的，只能通过教育才能传递。正如恩格斯在《劳动在从猿到人转变过程中的作用》中所说"劳动创造了人本身"。人类在生产劳动中，为了自身的生存和发展，传递社会生产经验和社会生活经验，就产生了教育活动。

二、教育本质

教育本质是教育学领域中的核心问题，是探讨其他教育命题的基础，教育学理论中其他问题都与之有极其密切的联系。

（一）教育的概念

教育是人类社会生活的主要活动之一，教育与人们的生活息息相关，因此人们对教育的认识和理解也是多种多样的。从习俗水平的角度看，有的人把教育理解为一种教育过程，也有的把教育理解为一种教育方法，还有的把教育理解为一种教育制度。这种习俗的理解对教育的认识是不严谨和不科学的，那么从科学的角度如何认识教育呢？

1. 中国"教育"词源的考察

从中国古老的历史发展中，我们去探察教育的含义。在我国较早的甲骨文中可以看到"教"和"育"。据考察，甲骨文的"教"，根据象形文字的特点，可以理解为成年人手拿木棍，站在小孩旁边，以防小孩越轨。"育"是指妇女生育孩子。从中国古老的文字可以看出"教"的意思与今天的教育的意义有些接近。

据考证，我国历史上最早把"教"和"育"连在一起使用的是儒学创始人之一的孟子。在《孟子·尽心上》中有这样一段话："君子有三乐，而王天下不与存焉。父母俱存，兄弟无故，一乐也；仰不愧于天，俯不怍于人，二乐也；得天下英才而

---

❶　夏之莲. 外国教育发展史料选粹［M］. 北京：北京师范大学出版社，1999：12.

教育之，三乐也。"

东汉许慎所著《说文解字》中，是这样解释"教"和"育"的："教，上所施，下所效也。""育，养子使作善也。"

由于我国古代社会，人们普遍重视修身养性，盛行行重于知、学重于教，因此形成"以学为本"的话语系统；加之古代所用的"教"也与我们今天有别，"教"常指"受教"，即"学"。因此，我国古代的"教育"一词主要意义可以理解为涵养道德。

19世纪末，清政府开始学习西方的科学技术，兴办新"学"，培养新型人才。人们开始直接从日本学习新教育，或通过翻译日文的西方教育著作间接学习西方的教育，因此，"教育"一词开始取代传统的"教"与"学"。西方人发明了现代意义上"教育"概念，日本人创造了近代汉语"教育"的意蕴。无论如何"教育"一词的使用，折射出中国已从"以学为本"向"以教为本"转变。

2. 西方"教育"词源考察

西方"教育"一词，如英语的"education"、法语的"éducation"、德语的"erziehung"均出自拉丁文"educare"，拉丁文动词的"教育"是"educěre"，这个词中，前缀"e"有"出"的意思，"ducěre"则是"引导"的意思，二部分合起的意思应该是"引出"或"导出"。因此，在西方，"教育"是将人固有的潜智或人的天赋引发出来，变成现实的状态。

（二）"教育"的定义

给"教育"下定义，首先要明确教育活动的特殊性，也就是教育的本质。"任何运动形式，其内部包含着本身特殊的矛盾。这种特殊的矛盾，就构成一事物区别于他事物的特殊的本质。"❶ 教育作为一种社会现象，它与其他社会现象的区别就在于——它是一种培养人的活动。教育活动要解决的特殊矛盾就是要促使个体社会化，它要通过教育活动完成个体从无知到有知，促使个体了解和掌握人类社会生活知识和社会生产知识。但是，也应该看到个体在社会化的过程中，其自身也得到发展和完善。因此培养人的活动是教育质的规定性。

有关教育的定义存在不同的阐释：

1928年出版的《中国教育辞典》表述为"教育之定义，有广、狭二种：从广义言，凡足以影响人类之种种活动，俱可称为教育；就狭义而言，则唯用一定方法以实现一定之改善目的者，始可称为教育"❷。

1930年出版的《教育大辞书》定义为"广而言之，凡足感化身心之影响，均得云教育。只称其结果，不计其方法"；"狭而言之，则惟具有目的，出以一定方案者，始云教育。此中亦分二类：（1）对象及期限有定，其功效又可以明确表出者；（2）反是，前者指学校教育，后者指社会教育"。❸

1985年《中国大百科全书·教育》界定为"从广义上说，凡是增进人们的知识和技能、影响人们的思想品德的活动，都是教育"；"狭义的教育，主要指学校教

❶ 毛泽东选集：第2卷［M］．北京：人民出版社，1952：775.
❷ 中国教育辞典：第6版［M］．北京：中华书局，1940：642~643.
❸ 教育大辞书：缩本版［M］．北京：商务印书馆，1933：1014.

育，其涵义是教育者根据一定社会（或阶级）的要求，有目的、有计划、有组织地对受教育者的身心施加影响，把他们培养成为一定社会（阶级）所需要的人的活动"。❶

近些年最常见的有以下几种：

对教育最广义的理解：凡是有目的地增进人的知识技能，影响人的思想品德，增强人的体质的活动，不论是有组织的或是无组织的，系统的或是零散的，有教育者教导的或是自我教育的都是教育。❷

对教育狭义的理解在教科书中最有代表性的：主要指学校教育，即教育者根据一定的社会或阶级要求和受教育者身心发展规律，有目的、有计划、有组织地对受教育者的身心施加影响，以便把他们培养成适应一定社会或阶级的需要和促进社会发展的人的活动。

目前，还有一种对教育的定义，认为教育是在一定社会背景下发生的促使个体社会化和社会的个性化的实践活动。在这个定义中，首先认为教育是实践活动，从而明确了教育活动的目的性；其次明确教育活动既实现个体的社会化，也同时实现着社会的个性化；再次提出教育活动是促进个体发展的过程；最后界定教育活动必然发生在一定的社会背景下，教育活动不能脱离一个社会的政治、经济文化等的影响，教育具有社会性、历史性和文化特征。

综上我们认为，教育就是有意识的、以影响人的身心发展为直接和首要目标的社会实践活动。学校教育就是由专门的机构所承担的，由专门的教职人员所实施的有目的、有计划、有组织的，以影响学生身心发展为直接和首要目标的社会活动。

延伸阅读：

关于"教育本质"问题的论争述评

1978 年，于光远在《重视培养人的研究》一文中，率先对于把教育归结为上层建筑的论断提出质疑。从 1979 年开始，教育界就所谓"教育本质"问题开展讨论，至今余绪不绝。

1. "教育一部分属于上层建筑，一部分不属于上层建筑"说

这是这次讨论中首先提出的观点。持这种观点者又有三种不同的见解：

（1）"教育一部分属于上层建筑，一部分不属于上层建筑，但整个说来，不能说教育就是上层建筑。"这是于光远的观点。于光远谈到，认为教育完全是上层建筑，这是不完全确切的。上层建筑建立在经济基础之上，是反映经济基础、为经济基础服务的东西，教育不等同于上层建筑，只有人们关于教育的政治观点和哲学思想才是上层建筑，只有作为国家和政治机构、政治制度中一部分的某些教育机构和教育制度才是上层建筑，只有政治、哲学、道德等教育才是上层建筑；教育中有许多东西就不建立在经济基础之上，不反映经济基础、不是为经济基础服务的，它并不随经济基础的变化而变化，因此就不属于上层建筑。（于光远：《重视培养人的研究》，《学术研究》1978 年第 3 期。）

---

❶ 中国大百科全书·教育［M］. 北京：中国大百科全书出版社，1985：1.
❷ 王道俊，郭文安. 教育学：第 7 版［M］. 北京：人民教育出版社，2016：16.

（2）关于教育中所谓"不属于上层建筑的部分"属于什么性质，于光远没有明确判定。有些人则把这部分教育定性为"生产力"，并认为"一般而论，生产力方面应该占有主导地位"。如沙鞠英谈道：从教育在社会发展中的作用来看，它既有生产力的性质，也有上层建筑的性质；从教育的内部结构来看，它既有生产力的成分和因素，又有上层建筑的成分和因素。"这两方面谁是主要的？一般而论，生产力方面应该占有主导地位"。因为这方面影响到整个社会的生存和发展，但这种情况并不是固定不变的。（沙鞠英：《教育是特殊范畴》，见《关于教育本质问题的论争》，人民教育出版社1980年版，第97页。）

（3）学校教育的基本因素里面，有相当的、不可忽视的一部分不是上层建筑，因此学校教育"不完全是上层建筑"，但"学校教育基本上仍是上层建筑"。因为教育同生产关系的关系是"直接的，无条件的"，教育同生产力的关系是"间接的，有条件的"。（邓鹰扬：《学校教育基本上属于上层建筑》，见《关于教育本质问题的论争》，人民教育出版社1980年版，第57～66页。）

2. "教育属于生产力"说

如果说于光远在1978年承认教育"一部分属于上层建筑"，而对于"不属于上层建筑的部分"并未定性，那么1980年他明确提出了"关于教育是生产力的问题"。他提出：教育是不是生产力，或者说"作为传授知识和技能的手段的教育"是不是生产力？他认为"教育变为直接生产力的过程就是教育本身，就是培养作为生产力的要素的人"，教育是作用于人的，教育的产品就是教育者的劳动转化为受教育者的智慧、才能、品德、性格，经过这么转化，人就成为生产力的一个要素，而教育也就成为直接的生产力。（于光远：《关于教育是生产力的问题》，《教育研究》1980年第5期。）

3. "教育属于上层建筑"说

持这种见解者如郭笙认为，从影响和决定教育发展的矛盾的主导方面看，教育具有上层建筑的性质。因为按照历史唯物主义的基本原理，生产力和生产关系的矛盾统一运动制约着社会政治、意识形态的发展，也制约着教育的发展。教育的发展一方面必须以生产力发展的需要和它所提供的物质条件为基础，另一方面以生产关系为核心的社会关系又直接影响以至决定着教育的发展。生产力是决定社会生产方式从而也是决定整个社会的存在（包括教育在内）和发展的最终的决定力量，但是"最终的决定力量不等于直接决定的力量"；然而，在肯定教育属于上层建筑的同时，还需具体研究教育各个方面的特点，"不能把一切教育现象完全等同于上层建筑，抹杀教育不同方面的矛盾的特殊性，否认教育发展史上各社会共同创造的教育经验"。（郭笙：《辩证地认识教育同生产力和生产关系的联系》，见《关于教育本质问题的论争》，人民教育出版社1980年版，第11～31页。）

4. "教育属于特殊的社会实践活动"说

这种观点是作为"教育属于上层建筑"说的悖论提出来的。其立论根据大抵是：我国以往常常以毛泽东在《新民主主义论》中关于文化（当作观念形态的文化）与政治、经济的关系的基本观点作为"教育属于上层建筑"说的理论根据，而"教育不等于文化，文化也不等于教育，把对文化的基本观点硬说成是对教育的基本观点，恐怕是不确当的"；同时，也不能把教育只看成是观念形态。唯物主义认为观念形态是属于第二性的，而"教育是由教育对象和教育内容所组成的一种社会实践活动"，它与教育观点、教育思想是两码事。（邹光威：《教育是不属于上层建筑的社会现象》，《教育研究》1979 年第 2 期。）

虽然在教育必然具有并与同类社会现象区别开来的属性意义上，没有充分理由把教育本质简单地归结为上层建筑、经济基础或生产力，但教育在同上层建筑、经济基础或生产力发生本质联系中不可避免地会形成某种关系属性，如政治属性、社会属性、生产属性。唯这种属性是在教育同相关社会现象发生必然联系时才会形成。（摘编自陈桂生著《教育原理》（第二版），华东师范大学出版社 2000 年版，第 352～362 页。）

第二节　教育的基本要素

教育活动作为一个系统，是由若干个因素构成的，每个因素都有其作用，在这些因素中，有些因素是构成教育系统或教育活动过程不可缺少的，这些因素就是教育的基本要素。

一、教育者

教育者是指对个体能起到教育影响作用的人。包括家庭中的父母、学校教师和其他工作人员以及社会中师傅等。教育者对个体在知识、智力、技能、品德、审美等方面产生影响，使个体在上述方面得到某种发展。在学校教育中，教育者一般指从事教育、教学工作的教师和其他工作人员。

教育者在教育过程中，是教育实践的主体，他把学习者作为教育对象，以教育影响作为手段，把促进学习者身心发展作为自己教育实践活动的最终目的，对学习者的学习活动起着重要的导向作用。首先，教育者对整个教育活动起领导作用；其次，教育者对学习者的学习活动有指导、评价、校正的作用；最后，教育者控制着教育活动进程和内容，直接影响教育质量。因此，教育者在教育活动中起主导作用。

二、学习者

学习者是指教育活动中从事学习的人。这里用"学习者"取代"受教育者"，主要原因有两个方面：其一，学习者强调学习主体在教育活动中主动地、能动地、创造性地学习，而"受教育者"容易给人产生"被动"学习的意味；其二，"受教育者"易使人与未成年人联系起来，但在当代教育中，全民教育和终身教育已成为教育发展的趋势，"受教育者"已包含从幼年到老年的各年龄阶段的人群。因此"学习者"能够更好地体现教育活动中进行学习活动的人。

在教育活动中，学习者虽然是教育者的教育对象，但是他却是学习活动的主体。学习者主体性主要表现在，一是学习者在学习过程中，具有主动性、积极性和创造性。他对自己的学习活动有自主性，他可以依靠自己的独立思维对学习活动进行选择和安排。正如教育家卢梭所说："他比任何人都更应依靠他自身。"● 二是学习者在学习过程中，不仅要继承人类优秀文化遗产，学习人类已有的知识经验，还要在继承中不断重组和创新。三是学习者在学习过程中，不仅依赖于智力因素，还有赖于非智力因素。在某些情况下，非智力因素起着比智力因素还要大的作用。例如当学习者遇到学习困难时，相同的智力水平下，谁的意志品质强，谁克服困难的决心就大，谁学习成功的几率就高。因此，交易过程中，要充分尊重学习者的主体地位。

三、教育措施

在教育活动中，教育者和学习者之间的互动需要一定的内容和手段作为媒介，这个媒介可以理解为教育措施，教育措施包括教育内容和教育手段。

教育内容是指教育者作用于学习者的各种教育影响。在教育活动中，教育影响主要体现在两个方面，第一是人，即教育者。在教育过程中，教育者的才识、经验、思想品质、言谈、举止、治学态度、工作作风等都会对学习者产生影响。其次是物，包括教科书、其他信息载体（主要指广播、影视、报刊和网络）和具有教育作用的环境。教科书是学习者主要的学习材料，教科书的内容又是经过精心编写的，且对学习者有积极的教育意义；其他信息载体（主要指广播、影视、报刊和网络）在现代化的社会中，由于信息的开放性，使学习者对信息的获得越来越便捷，因此，这些信息载体对学习者产生的影响不可小视；具有教育作用的环境是指经过选择和布置的环境，包括明亮的教室、整洁优美且学习气氛浓厚的校园、安静的阅览室等都对学习者产生潜移默化的影响。

教育手段是指教育者和学习者在教育过程中采用的方式和方法，包括讲、练、读、实验、演示等，还包括运用一些教具、实验器材、电化教育器材等。

教育措施虽然是教育者和学习者作用的客体，但它却是连接二者的媒介，是维持一个教育活动必要的因素，无论是教育者还是学习者都离不开它。要使教育活动取得良好的教育效果，教育措施必须具备相应的条件：第一，教育措施必须符合一个国家或社会的教育目的或满足教学目标的要求；第二，教育措施必须满足学习者身心发展规律和需要，有利于促进学习者发展；第三，教育措施必须随着社会科学技术的发展和进步与时俱进，不断发展。

总之，在教育活动中，教育者要充分发挥其主导作用，重视学习者的主体地位；学习者则要发挥主观能动性，促进自身发展；教育措施则成为教育者和学习者成功活动的中介。总之，在教育过程中只有三个要素有机结合、有效配合和作用，才能保证教育活动成功进行，才能获得良好的教育效果。

第三节　教育的历史形态

教育的历史形态是教育在人类社会的历史发展中，其三个基本要素的不同变化形式，或者说是三个基本要素的不同存在状态。总体上说，教育主要经历了三个历

● 卢梭. 爱弥儿［M］. 北京：人民教育出版社，1985：271.

史形态。

一、原始的教育形态

原始社会是人类社会的低级阶段，目前我们还无法找到记录这一时期人类活动的文字材料。根据一些研究表明，相对于自然界中的其他猛兽而言，人类是比较脆弱的高级动物，要在恶劣的自然界中完成人类自身和群体的生存和发展，就必须团结起来过群居生活，共同劳动和生活，从而形成原始社会特有的教育形态。

（一）教育内容简单，教育活动与生产和生活高度一体化

原始社会，人类的生产力水平很低，教育还没有从社会实践活动中分化出来。人类的教育活动完全在日常的生产和生活中进行，仅仅由年长的、有经验的成年人向年轻的一代传授社会生产和社会生活的知识经验，教育仅仅是围绕生产劳动进行的制造和使用生产工具技能以及从事渔猎、采集和原始手工业劳动经验等方面比较简单的内容。

我国原始社会的教育内容主要是"教人取火""教民以渔""教民以猎""教民农耕"。这些在我国古籍中有记载，如《韩非子·五蠹》记载："上古之世，……有圣人作，钻燧取火，以化腥臊，而民说之，使王天下，号之曰燧人氏。"[1] 这反映了原始时期的人们已经懂得如何取火和火的用途，对火已具有一定的感性知识，并由长辈们在日常用火中，把这些道理和知识教给年轻一代。渔猎也是原始教育的重要组成部分，《尸子》[2] 记载："燧人上观辰星，下察五木。燧人之世，天下多水，故教民以渔。"《尸子》还记载："伏羲氏之世，天下多兽，故教民以猎。"最初的狩猎只是用木棍、石块，后来改用标枪、石球，还发明了弓箭，表明了狩猎技术也在逐步提高。随着原始农业的产生，教民农作的教育也相应产生，《易经·系辞下》载："包牺氏没，神农氏作。斫木为耜，揉木为耒，耒耨之利，以教天下。"[3] 另据《孟子·滕文公上》载："后稷教民稼穑，树艺五谷，五谷熟而民人育。"[4] 这说明原始社会里，人们已经掌握了一定的农作技术，并成为重要的教育内容。

国外也有一些关于原始社会的研究，从中可以看出原始社会教育的内容。恩格斯在《家庭、私有制和国家起源》里，根据美国人类学家摩尔根把人类历史划分为蒙昧、野蛮、文明三个时代的分期法，将原始社会的蒙昧时代概括为"以采集现成的天然产物为主的时期，人类的制造品主要是用作这种采集的辅助工具"[5]。说明人类最初的教育活动是从原始人群的生产和生活开始的。这一时期人类从打制第一个石器到采集野果的各种劳动中，不仅是为了自身生存，也在这个过程中进行着劳动技能的传递，这就是原始社会教育的开始。到了原始社会晚期，即新石器时代，人类进入野蛮时代，"是学会经营畜牧业和农业时期，是学会靠人类的活动来增加天

---

[1] 陈文礼，等.百子全书——韩非子译注［M］.沈阳：辽宁民族出版社，1996：545.
[2] 战国时法家尸佼著.《汉书·艺文志》著录《尸子》20篇。
[3] 管曙光，陈明.四书五经：精华本［M］.北京：宗教文化出版社，1999：349.
[4] 杜宏博，等.百子全书——四书译注［M］.沈阳：辽宁民族出版社，1996：348.
[5] 马克思恩格斯选集：第4卷［M］.北京：人民出版社，1972：23.

然物生产的方法的时期"❶。可见，原始社会的教育内容简单，且均与生产和生活紧密联系。

（二）教育权利平等，教育无阶级性

由于原始社会所有制的形式是公有制，氏族成员之间的关系是平等的，因此，无论是男童还是女童都享有平等受教育的权利。同时，由于原始社会是没有私有制的社会，是没有阶级压迫和阶级剥削的社会，所以，教育也不带有阶级性。

（三）教育手段和方法单一、落后

在原始社会中，由于生产力水平低下，文化知识贫乏，所以没有专门的教育机构，也没有专门的教师和教材。由于教育内容都是生产和生活中积累的经验，教育活动通常是在生产劳动、政事、宗教和艺术等活动中由年长者通过口耳相传方式言传身教。因此，当时的教育手段和方法单一、落后。

原始社会进入氏族公社末期之后，由于社会经济、政治与文化的发展，交易活动进入新的状态。首先，教育目的更加明确，就是把年轻一代培养成合格的氏族成员；其次，教育内容更加丰富，包括生产技术、氏族内部的信仰和风俗习惯、军事训练；最后，教育形式更加多样，除口头传授外，还有谚语、歌谣、故事、神话等形式传授，并开始滋生了学校的萌芽。

二、古代学校教育形态

原始社会后期，随着社会生产力的发展，人类出现了第一次社会大分工，即以农耕为主的生产方式从原始的渔猎采集方式分化出来，这时人类进入了以使用金属手工工具的古代社会，主要包括奴隶社会和封建社会。人类教育活动在漫长的古代社会中，形成以下的特征。

（一）古代学校的产生与发展

古代学校的产生是有一定条件的。它是人类社会发展到一定历史阶段的产物，是人类社会教育发展的一次重大的质的飞跃。首先，社会生产力发展水平的提高，为学校的产生提供了必要的物质基础。由于社会生产力发展，使得社会出现一定数量的剩余产品，这可以使一些人脱离生产劳动而从事专门的教育活动。其次，脑体劳动的分离，为学校提供可以专门进行教育活动的知识分子。在我国，巫、史、卜、贞是最早脱离生产劳动的知识分子。再次，文字的产生，使得一些人的活动或思想能够记载下来，这些记载下来的人类整理和总结的知识，使得人类间接经验的传递成为可能，形成最初的学校教育内容。文字是记载人类总结知识经验的唯一工具。我国是世界上最早产生文字的国家之一，巴比伦和亚述约在公元前3000年左右产生最古的象形文字，埃及也在公元前2000年左右产生文字，印度则在公元前2000年左右产生图画文字，而古代学校正是在这些古国相继出现。最后，统治阶级需要教育培养官吏和知识分子。国家建立在私有制的基础上，意味着阶级问题更加严重，统治阶级迫切需要培养自己的继承者，也需要培养有利于统治的知识分子，以进行思想统治。正是在这种主客观条件下，催生了古代学校的产生。

❶　马克思恩格斯选集：第4卷［M］．北京：人民出版社，1972：23．

据我国古代文献记载，最早的学校类型有两种，第一种是"成均"，传说中"五帝"时代的学校。"成均"解释为平坦、宽阔的场地，并且是经过人工整修的。"成均"可能指原始氏族部落内的广场，一方面，它在夏秋收获季节可用于堆积收获物；另一方面，是全体氏族成员聚会、娱乐、举行某种规模较大的宗教祭祀活动，或向氏族成员宣告氏族首领教令及决定的场所。"成均"的教育内容，以乐教为主，音乐又是氏族举行祭祀典礼所必需的。可见学校由社会公共活动和宣教场所演进而来，意味着后来广义的社会教化。第二种是"庠"，传说是虞舜时代的学校，兼做养老、储存谷物的地方。养老是氏族社会在生产有剩余产品后的必然举措。氏族将富有生产经验和社会生活知识的老人集中起来，由集体供养。夏代是最早的奴隶制王朝。夏代的学校，有"序""校"两种，都非常重视军事教育。"序"即射，是习射之所。"校"，原义为"木囚"，为养马之所，后来演变成习武和比武的场所。贵族子弟在这里受到严格的军事训练。商代是我国奴隶制的发展时期，已有了成熟系统的文字以及成文的典册，出现了"瞽宗"这种学校形式。习礼（学习祭祀和乐歌）、习武是商代学校的主要教育内容。西周学校已有较完备的制度（见图1－1），从设置上看，一类是国学，另一类是乡学。国学设于王城及诸侯国都。按学生的年龄与程度可分大学与小学。天子所设的大学，规模较大，有"五学"之称，即辟雍、成均、上庠、东序、瞽宗。其中辟雍是中心，四面环水。诸侯所设的大学，规模比较简单，仅有一学，半面临水，称"泮宫"。乡学是地方学校，按地方行政区划设立，有闾塾、党庠、州序、乡校等。《孟子·滕文公上》说："设为庠序学校以教之。庠者，养也；校者，教也；序者，射也。夏曰校，殷曰序，周曰庠；学则三代共之，皆所以明人伦也。"❶ 因此，我国古代学校大约是在奴隶社会出现的。到封建社会，我国已有相当完备的学校体系。

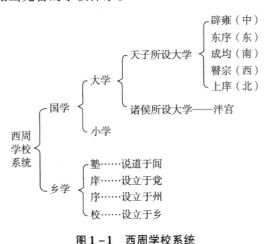

图1－1　西周学校系统

从世界范围看，西方古希腊的斯巴达和雅典产生了文法学校、弦琴学校、体操学校和青年军训团等教育机构。古埃及王朝末期，产生了宫廷学校。在欧洲封建社会，还出现了教会学校、世俗封建主的宫廷学校和后来的城市大学及行会学校。

---

❶ 杜宏博，等. 百子全书——四书译注［M］. 沈阳：辽宁民族出版社，1996：344.

（二）学校教育与生产劳动脱离

当教育从生产劳动中分离出来，就成为统治阶级的特权。在古代学校中，其教育目标主要是培养统治阶级所需要的统治人才和管理人员，因此学校中的教育内容多是反映治人之术。例如，中国古代学校最初的教育内容包括礼、乐、射、御、书、数，一般称"六艺"，后来"四书""五经"成为古代学校教育的主要教育内容，并一直成为我国封建社会科举考试的主要内容。欧洲古代学校教育的主要内容是传统的文法、修辞、辩证法、算术、几何、天文和音乐；中世纪的学校主要是骑士教育和教会学校，前者以骑马、游泳、投枪、击剑、打猎、下棋、吟诗为主要教育内容，后者则是传统的七艺即文法、修辞、辩证法、算术、几何、天文和音乐。由于古代社会人们仍然是以手工工具为生产工具，生产方面的知识经验、技能比较简单，在日常生产过程中以口耳相传的方式进行，因此，在古代学校教育中不反映生产知识经验的教育内容，学校教育与生产劳动严重脱离。

（三）学校教育具有阶级性和等级性

古代社会中，人类社会已出现阶级，在学校教育中也突出体现阶级属性。尤其表现受教育权利。无论是在奴隶社会还是封建社会，只有统治阶级的子女才有接受教育的机会。在我国就有"学在官府"之说，"学在官府"是西周教育制度的主要特征。官方把持学术和教育，国家有文字记录的法制规章、典籍文献以及祭祀典礼用的礼器全都掌握在官府手中，普通百姓根本无缘接触到。民间无学术，也就无学校教育可言，这说明统治阶级的官吏和豢养的学者垄断了教育大权。我国封建社会的官学有鲜明的等级性，以我国唐朝为例，在唐朝由中央直接设立的学校有六学二馆，其中六学是：国学，文武三品以上官员的子孙；太学，文武五品以上官员的子孙；四门学，文武七品以上官员的子孙。二馆指东宫的崇文馆和门下省的弘文馆，此二馆专收皇帝、皇后的近亲及宰相、大臣的儿子。地方设立的学校有州学、府学、县学，由于名额有限只有地方官吏和富豪地主的子弟才有入学的机会。尽管也存在一些私学，但由于学费的束缚，贫困的农民和手工业者的子弟很难进入。在西方，古希腊雅典和斯巴达的学校也是专门为贵族子弟设立，劳动人民子弟只有在生产和生活中，接受言传身教和大自然教育。

（四）教育方法呆读死记，实施个别施教的组织形式

古代学校中比较崇尚书本知识。在我国古代教育方法就是死读书、读死书，而且学校普遍存在着体罚，教师管束学生采取棍棒纪律。古代学校的教学组织形式是以个别教育为主，无论是私学、官学还是私塾，几乎都采用个别教学。西方的宫廷学校也基本如此。

（五）学校数量少、规模小，发展缓慢

由于古代学校面向少数特权阶层，学校主要培养统治阶级所需要的管理人才和知识分子。因此，古代学校设置比较单一，主要进行有关治人之术或修身养性等人文知识教育；学校数量少，规模小。例如，西方封建社会主要是教会学校和宫廷学校，到了12～13世纪，才随着手工业和工商业发展，有了行会学校（基尔特学校）。总体上说，古代社会学校发展比较缓慢。

三、现代学校教育形态

现代社会是以现代大机器作为生产工具的人类社会，一般认为包括工业社会和信息社会。在这期间，人类历史先后发生了三次工业革命，从而推动社会生产力快速发展，使现代社会的生产力以前所未有的速度发展。在社会生产力发展的同时，现代社会政治、经济、文化、教育等诸多领域均获得发展。学校教育凸显出以下特征。

（一）现代学校产生和发展

现代学校的产生与现代社会的工业生产具有高度相关性。现代生产对劳动者的知识和技能有较高的要求，要求劳动者掌握一定的科学文化知识和生产知识，并具有一定生产技能。显然，作为以教授古典治人之术的古代学校的教育内容已远远不能满足现代工业生产的需要，所以现代学校应运而生。最早的现代学校产生于 18 世纪的欧洲，主要以实科学校、职业技术学校为主，教育内容是讲授现代工业生产所需要的科学技术知识，培训工业生产所需的各种劳动技能。同时，现代学校以班级教学的组织形式替代了个别教学，大大提高了教学效率。

随着工业社会的发展，一些古典文科中学也发生变化，增加一些反映现代科学技术的课程；同时，一些国家的政府开始接管和购买教会学校。通过这些活动，使工业社会的学校逐渐世俗化，也使学校的类型更加多样、体制更加完整。

进入信息社会，学校理念有进一步改变，"以学生为本"成为共识。职业准备不再是学校教育的唯一目的，满足学习者多元化的学习需要成为信息社会学校教育目的之一。同时学校的教学方法和手段更加智能化、电脑化、个性化。

总之，现在已经形成一个完整的教育体系，在纵向上，包括学前教育、初等教育、中等教育、高等教育；在横向上，包括普通教育、成人教育、职业教育、特殊教育、继续教育、远程教育等各种形式的教育。

（二）教育与生产劳动由脱离重新走向融合，教育的生产性日益突出

随着工业革命，学校教育走出中世纪的象牙塔和经院主义教育模式已成为必然，为适应现代社会生产对人才培养的需求，学校教育必须承担起造就现代工业生产者的使命，因此，学校教育内容必然反映社会生产方面的知识和技能。需要指出的是，现代学校教育中的这种结合，与原始社会中教育与生产劳动结合的性质完全不同，这是一种全新意义的高级形式的结合。

教育与生产劳动相结合是现代社会发展和教育自身发展的必然趋势和规律。一方面，社会生产和社会经济发展要求教育与生产劳动相结合。马克思、恩格斯曾经指出，"大工业的本性决定了劳动的变换、职能的更动和工人的全面流动性"[1]。由此，可以看出现代大工业对劳动者提出全面发展的要求。现代社会生产也证明，劳动者所受教育程度越高，他的劳动熟练程度和工艺水平就越高，劳动生产率也高，为社会创造的价值也越大。另一方面，实现人的全面发展也需要教育与生产劳动的结合。马克思曾说："……未来教育对所有已满一定年龄的儿童来说，就是生产劳

---

[1] 马克思恩格斯全集：第 23 卷 [M]. 北京：人民出版社，1972：535.

动同智育和体育相结合，它不仅是提高社会生产的一种方法，而且是造就全面发展的人的惟一方法。"❶ 在当代社会，通过教育与生产劳动相结合，不仅可以促进人的体力和智力的发展，也可以培养年轻一代的劳动技能和劳动习惯，培养他们的劳动态度和珍惜劳动成果的美德，因此，现代社会必然要实现教育与生产劳动的结合。

在现代社会中，由于教育的经济功能非常突出，教育已不只为一个社会的上层建筑服务，它必须要服务于一个社会的经济基础。因此人们越来越认识到明日的经济依赖于今日的教育，教育为社会物质生产和精神生产培养着各级各类人才，教育与社会生产的关系越来越密切，教育的生产性表现明显。

（三）教育的公共性和普及性

在现代社会中，要求劳动者不仅具有普通的科学文化素质，而且具有职业和专业素质，社会生产要求学校教育必须承担着这一历史使命，将广大劳动者作为学校教育对象。因此，在现代社会里，教育已不再是少数人的特权，它日益成为一种具有服务性质的公共事业，具有公共性。同时，所有劳动成员都直接或间接地成为教育对象，因此教育具有普及性。

最早颁布义务教育法的国家是德国。16世纪后半期，少数公国颁布强迫教育法令，如1559年、1580年威登堡和萨克森先后公布。17世纪，魏玛在1619年颁布学校法令，规定8~12岁儿童都要到学校读书。到了18世纪，普鲁士邦在1717年和1763年先后两次颁布强迫教育的法令，规定5~12岁儿童必须到学校接受教育。这一时期，西方其他国家也通过面向全体民众普及初等教育的法令。如奥地利在1774年、法国在1793年先后颁布普及初等教育法令。进入19世纪，英国在1870年颁布"初等教育法"，对5~12岁的儿童进行强迫教育。法国1881年颁布法令，规定实施普及义务初等教育。美国在1852年由马萨诸塞州首先颁布义务教育法，规定8~14岁儿童每年上课12周；至1898年，美国已有32个州实施强迫义务教育。到20世纪50年代，西方发达国家义务教育年限延长为11年或12年。随着现代社会民主化进程的推进，普及教育已经从少数经济利益服务为主导演变为提高全体国民素质的国家行为。

（四）教育走向终身化和全民化

教育终身化是指人们在一生中都应当和需要受到各种教育培养。主张教育不是单纯知识的传递，应贯彻人的全面发展的精神，培养社会所需的各种能力和素质。

在信息社会，由于科学技术更新的周期越来越短，人们需要不断学习，才能适应不断发展的社会。因此，终身学习成为社会成员的一种需要，终身教育应运而生。终身教育是由联合国教科文组织成人教育专家保罗·朗格朗（P. Lengrand, 1910—）在1965年出版的《终身教育导论》提出的。他提出，把人生分成两半，前半生用于接受教育，后半生用于工作的观点是毫无科学根据的。终身教育思想的提出，被誉为"可以与哥白尼日心说带来的革命相媲美，是教育史上最惊人的事件之一"❷。

❶ 马克思恩格斯全集：第23卷［M］. 北京：人民出版社，1972：530.
❷ 查尔斯·赫梅尔. 今日的教育为了明日的世界［M］. 王静，赵穗生，译. 北京：中国对外翻译出版公司，1983：22.

终身教育的提出和实施，使人们对于教育有了全新的理解和认识。最初，终身教育只是成人教育的一个新术语，随后这种思想应用到职业教育，并逐渐涉及整个教育活动范围。"终身教育并不是一个教育体系，而是建立一个体系的全面组织所根据的原则，而这个原则又是贯彻在这个体系的每个部分的发展过程之中的。到了现在，终身教育这个概念，从个人和社会的观点来看，已经包括整个教育过程了。它首先关心儿童教育，帮助儿童过着他应有的生活。同时，它的主要使命是培养未来的成年人，使他准备去从事各种形式的自治和自学。"❶ 现在，终身教育正在世界各国实践着，它以本身所具有的统合性、灵活性和机动性，适合不同教育需要的人。因此，终身教育已成为世界各国共同倡导的理念。

教育全民化是指必须面向所有人开放，人人都有接受教育的权利，并且必须接受一定程度的教育。1948 年 12 月 10 日联合国大会通过的《世界人权宣言》第 26 条指出："人人享有受教育权利。"❷ 1990 年 3 月联合国教科文组织、儿童基金会等机构在泰国召开世界全民教育大会，通过《世界全民教育宣言》和《满足基本学习需要的行动纲领》两个文件。这两份文件提出，要消除性别、民族和地区差别，普及儿童基础教育、成人扫盲教育的目标，全民教育的最终目标是"要满足全体儿童、青年和成年人的基本学习需要"❸。自此，全民教育已成为当代各国教育的重要理念，各国都采取各种措施应对全民教育的挑战，包括普及入学机会并促进平等，扩大基础教育的范围，改善学习者的学习环境等。

总之，在当代社会里，教育已不再是青少年的专利，受教育权作为个体生存和发展权的公民权利的一部分，也从法理走向社会实践。全民教育已受到各国的重视，而且也日益从教育理念走向教育现实。

（五）教育的可持续发展❹

可持续发展的理念是人类在追求发展过程中，带来环境的急剧恶化、资源的日益短缺等问题的背景下提出的。可持续发展（sustainable development）作为一个概念提出，最早是在 1980 年的《世界自然资源保护大纲》中。1987 年 2 月，世界环境与发展委员会在《我们共同的未来》报告中，作为一个关键概念进行了阐发。1989 年 5 月，第 15 届联合国环境署理事会通过了《关于可持续发展的声明》，指出："可持续发展，系指满足当前需要，而又不削弱子孙后代满足其需要之能力的发展，而且绝不包含侵犯国家主权的含义……可持续发展还意味着维护、合理使用并且提高自然资源基础，这种基础支撑着生态抗压力及经济的增长。"

教育的可持续发展包括两方面含义：一是指教育的规模、布局、比例、结构要合理，才能使教育发展形成良性循环，才能使教育与社会的需要、教育与人的需要相协调；二是指教育要强调学生的可持续性、用终身教育的观念关照学校教育，注重学生学习动机、学习兴趣、学习方法、创造性学习品格的培养，包括创新意识、

---

❶ 国际教育发展委员会. 学会生存［M］. 上海：上海译文出版社，1979：196.

❷ 赵建中. 教育的使命——面向 21 世纪的教育宣言和行动纲领［M］. 北京：教育科学出版社，1996：13.

❸ 同上。

❹ 袁振国. 当代教育学：第 4 版［M］. 北京：教育科学出版社，2018：51 - 53.

创新能力、创新人格的培养。

教育可持续发展对社会的可持续发展是可以作出贡献的，通过教育，培养社会可持续发展意识，构筑可持续发展的主要力量。包括环境教育，它是使个人或社团理解人类活动与生态环境的相互储存的关系，获得相关的知识、态度、技能和面向未来的生态伦理观。人口教育，它是使人们形成从关于人口的数量观念向质量观念转变，形成健康的生育文化的教育。国际理解教育，即建立以宽容、尊重的态度与别国沟通协商、共同行动，增加理解和促进和平的教育。

（六）教育的变革性与未来性

由于现代生产、现代科学与现代教育有着直接的联系，因而生产和科学的高速发展和迅速变革就决定了现代教育也必然具有高速发展和迅速变革的特点。从 18 世纪后期到 19 世纪中期，发达国家相继建立起从初等学校到高等学校的完整教育体系，建立义务教育制度，改革中等教育体制，兴办新的中等学校；进入 20 世纪，各发达国家又根据现代生产、现代科学发展的要求，普遍延长义务教育年限，大力发展职业教育，并普遍建立了研究生制度；到 20 世纪 50 年代以后，随着新的科学技术革命的出现，各国又普遍建立终身教育制度，成人教育、继续教育、回归教育迅速崛起，教育规模和范围不断加大。可见，现代教育产生尽管仅有二三百年的时间，但其变化大、发展迅速的特点显现无遗。相反，由于古代小生产和古代社会发展的缓慢性和停滞性，古代教育往往几百年也难于显现其变化。

现代教育的未来性是由现代生产技术的不断改革和创新所决定的。今日的教育就是明日的经济，已经越来越成为各国政府的共识。现代生产技术的不断改革和创新，要求教育培养能解决未来生产、科技问题的人才。因此，现代教育要面向未来，具有超前性。

第二章　教育的个体功能

教育功能问题是教育理论中的一个重要课题，深入探讨教育功能问题，可以提高人们对教育这一培养人的社会活动的认识，形成正确的教育功能观，从而促进社会和人的发展。

第一节　教育功能

一、教育功能含义

功能是指事物所具有的一种能力、力量和影响、作用，它体现着"是什么"，"具有什么作用"。教育功能就是指教育这一社会现象本身所具有的作用和影响，是教育活动所固有的、客观存在的一种属性，是不以人的主观意志为转移的。

最早提出教育功能概念并对教育的社会功能进行专门且系统研究的学者是法国的涂尔干（Emile Durkheim, 1858—1917），他认为，教育具有三个方面的功能：其一，教育在于使年轻一代系统地社会化，即教育在于使每个人实现由"个体我"向"社会我"的转变；其二，教育的功能在于促使个体所隐藏并竭力想要表现出来的能力得到显示，在此基础上培养个体遵守社会秩序、服从政治权威等品质；其三，教育还可以将个体适应社会生活所必需的各种能力，进行代际间的传递。此外，塔尔科特·帕森斯（T. Parsons, 1902—1979, 美国社会学家，结构功能主义的代表人物），通过对社会结构功能的深入研究，构架出一系列功能理论分析框架，揭示了功能的一般原理，创设了具体的功能作用模式，从而为教育功能研究进行了理论填补。他进一步指出：学校班级具有社会化和选拔两种主要功能。"二战"之后，有关教育功能的研究得到广泛发展并对教育功能从不同的角度进行了分类界定。

二、教育功能的种类

教育的各种功能因分类角度的不同，而有不同划分结果。

（一）个体发展功能与社会发展功能

从教育作用的对象上进行划分，教育既具有个体发展功能又具有社会发展功能。

个体发展的功能是指教育对个体的生存与发展所产生的作用，从总体上说它对个体发展起着主导的作用。教育史上诸多的教育家都对教育对个体发展的作用有过明确的论述。如英国哲学家罗素（B. Rusell）在 1932 年所写的《教育与社会秩序》一文中指出：教育最神圣的使命就是充实人性，培养具有创造的、建设的、独立的、和平的和完善的人。教育"最重要的是关于人的情况和每个人必须做的选择，在于发展关于自我选择以及对选择的意义和责任的认识过程"❶。夸美纽斯也认为，教育在于发展健全的个人。蔡元培认为，教育是发展人的能力和完善人格等。

社会发展功能是指教育对于社会大系统中其他各子系统，如经济、科技、文化、人口等子系统的作用，从而维系社会运行、促进社会变革与发展，这部分内容我们将在后续章节详细介绍。第二次世界大战后教育同国家的政治、科技、经济联系更加紧密，西方各国均采取相应的措施促进本国教育的发展。

教育的功能从根本上说在于培养人，通过人这个中介，对社会各方面产生作用，从而出现了教育的经济功能、政治功能、文化功能、科技功能等。

（二）显性功能与隐性功能

这是从教育功能的呈现形式划分的。教育的显性功能是依照教育目的，在实际运行中所出现的与之相符合的结果。如促进人的全面和谐发展、促进社会的进步，就是显性教育功能的表现。教育的隐性功能是伴随显性功能所出现的非预期的功能，如教育复制了现有的社会关系，再现了社会的不平等，学校照管儿童的功能等，都是隐性功能的表现。显性与隐性的区分是相对的，一旦隐性的潜在功能被有意识地开发、利用，就转变成了显性教育功能。

伴随着终身教育的发展、学习化社会的出现，教育将进一步渗透到社会生活的方方面面，教育的功能也将进一步拓展，如在个体的娱乐、休闲等方面发挥着重要的作用。教育将满足人们多方面的需要，成为促进个体和社会发展的重要元素。

第二节　影响人身心发展的基本因素及其作用

一、个体身心发展的含义、关系

（一）个体身心发展的含义

所谓个体的发展，通常指的是个体从出生到成人期身心有规律的变化过程，特别是指个体的身心特点向积极的方面变化的过程。个体的发展包括两个方面的内容，即身体发展与心理发展两个方面。个体的发展是一种随着时间的推移连续不断变化的过程，这种变化既有量的积累，也有质的变化。

1. 身体的发展

身体的发展是指机体的各种组织系统（骨骼、肌肉、心脏、神经系统、呼吸系统等）的发育及其机能的增长，是指人生理方面的发展。它包括机体的正常发育和体质增强两个方面。这两个方面是相互促进的，正常的机体发育有利于体质的增强，而体质的增强又有利于机体的健康发育。

2. 心理的发展

心理的发展是指感觉、知觉、注意、记忆、思维、想象、情感、意志、性格等

---

❶　［美］A.C. 奥恩斯坦. 美国教育学基础［M］. 北京：人民教育出版社，1984：113.

方面的发展，是指人精神方面的发展。它包括认知的发展和意向的发展两个方面。这两方面的发展是分不开的。人在认识客观事物的同时，形成了对待这些事物的意向和态度，而不同的意向和态度对于认识活动的发展能起到很大的作用。

（二）个体身心发展的关系

个体的生理与心理的发展是怎样的关系呢？

身体发展与心理发展是相互联系、相互依赖的，它们变化的整合就构成了个体发展的全部内容。一方面，生理发展是心理发展的基础。身体的良好发展就为心理的健康发展打下了一个良好的基础。一个体质弱、经常生病的人，就容易产生消极的心理情绪；另一方面，心理的发展也影响着生理的发展。一个人的精神经常处于高度的悲伤、焦虑、恐慌中，容易患风湿、纤维组织炎、偏头痛、神经性皮炎、胃溃疡等身体疾病，更为严重地发展成为心理疾病，不能正常地生活和参与社交活动；而积极、乐观的心理特征也将促使着身体的良好发展。四肢发达、头脑简单，心理成熟过早，身体羸弱的个体都不是正常的个体发展。因此关注个体两个方面的和谐发展是十分必要的。

二、影响个体身心发展诸因素

个体是如何实现发展的？影响个体发展有哪些基本因素？这是教育学一直思考的问题。关于个体身心发展的动力，学术界有多种观点。

1. 内发论

内发论强调个体的身心发展的力量源于人自身的内在需要，身心发展的顺序也是由机体成熟机制决定的。主要代表人物如，中国的孟子，西方的柏拉图、弗洛伊德、格塞尔等。这种观点注意个体发展与心理发展的关系、人的成熟与学习的关系，是值得我们关注的方面，但其忽视外部因素和人的能动性，推崇人的自然性，是应予以批判的。

2. 外铄论

外铄论认为个体的身心发展主要靠外在的力量，如环境的压力、刺激或要求，以及他人的影响等。主要代表人物如中国的荀子、美国心理学家华生。这种观点与内发论完全相反，过分强调外界因素对人的作用。

3. 互动论

互动论认为个体的身心发展是个体的内在因素与外部环境相互作用的结果。

4. 主体实践论

主体实践论认为各种实践活动是推动人发展的根本力量。没有主体的实践，任何发展都不可能实现。

现代教育学将影响个体发展的因素归结为四个方面，即遗传、环境、教育、个体的主观能动性。

（一）遗传

1. 含义

遗传是生物界的普遍现象，我国汉代学者王充对这种生物现象有过恰当的概括，即"物生自类本种"。意思就是说：一个物体的个体产生同一物种的后代，每一物种的个体都继承前代的各种基本特征。概括地说，所谓遗传，是指从上代继承下来的生理解剖上的特点，如机体的结构、形态、感官和神经系统等的特点，也叫遗传素质。它是人身心发展的物质基础和自然条件。没有从遗传获得的机体，也就没有个体的发展。

2. 遗传对个体身心发展的影响

（1）遗传素质是个体身心发展的生理前提，为个体的身心发展提供了可能性

遗传素质是个体身心发展的一个前提条件，它直接影响儿童个体体质方面的发育和发展，由于心理或行为的发展归根结底离不开体质因素，所以遗传间接地成为儿童许多方面的心理发展或行为发展的基础；遗传是个体赖以发展为成人的物质基础和生物前提，离开了"肉体"的遗传，就谈不上人的发展。根据专家调查研究：儿童身高的70%、体重的63%、胸围的64%、肺活量的65%是由遗传决定的。但遗传素质只是为个体的身心发展奠定了一个生理学的基础，并不决定个体发展的结果；良好的遗传因素和生理发育是儿童认知发展的物质基础，没有这个条件认知将失去发展的自然前提。但无论多么优良的遗传因素都只提供了认知发展的可能性，而环境和教育才能把这种可能性变成现实。没有正常的生活环境和教育，人的遗传特质便不会得到正常的发展。个体的知识、才能、思想、观点、性格、爱好、道德品质都是在后天环境和教育的影响下形成的，如果离开后天的环境、教育和主观努力，个体的身心是不能得到充分发展的。离开了后天的社会生活和教育，遗传素质所给予人的发展的可能性便不能变为现实。

（2）遗传素质的成熟过程制约着人身心发展的过程和阶段

身心机制的成熟是某些行为、能力产生的必需条件，是身心发展的一种准备状态。在某些人体机能的生理结构未成熟之前，学习和训练的成效是很差的，甚至是不可能进行的，只有在某一行为出现的机体发育临近或达到成熟状态时，学习和训练才能奏效。

人的遗传素质是逐步成熟的，身心发展随着遗传素质的成熟而发展。人体的各种器官和机能都是一个不断完善的发展过程，它们随着年龄的增长而有规律地成熟。遗传素质的成熟过程制约着人身心发展的过程和阶段，它既为一定年龄阶段的儿童某些身心特点的出现提供了可能，也为它的超越性发展提供了限制。儿童心理学研究证明，儿童的思维发展与他们大脑的重量、脑电波和脑神经结构的发展有关。例如，人的平均脑重的发展新生儿为390克，八九个月为660克，二三岁为990～1011克，九岁儿童为1350克，这与儿童思维的发展在这些时段的智力加速期是一致的。又如婴儿三个月会翻身，六个月会坐，八个月会爬，十个月会喊"爸爸"，这反映遗传素质的成熟过程。如果对六个月的婴儿进行步行训练，不仅无益，而且有碍其他方面的发展。如果在成熟即将出现时，提供适宜的学习和训练，将促使成熟的到来，加速个体的身心发展，反之，无视成熟、试图超越成熟或消极地适应成熟，也会影响和阻碍个体身心发展的水平。

（3）遗传素质的差异性，对人的身心发展有一定的影响

遗传素质的差异性是客观存在的，影响着人的身心发展。表现在人体的结构、形态、感官和神经系统等多方面。如人的大脑的高级神经活动的类型不同，在一定程度上会影响人的才能发展的方向。有的人善于抽象逻辑思维，属思维型；有的人

形象思维占优势，属艺术型；多数人属综合型。由于人的高级神经活动的兴奋与抑制过程，在强度、均衡性、灵活性方面的特点不同，就使人有不同的气质和性格。例如，多血质和胆汁质的人，生性活泼，精力旺盛，容易激动，表现为外倾性（外向）性格。黏液质和抑郁质的人，生性安静，动作迟缓，不易激动，表现为内倾性（内向）性格。遗传素质的差异性，体现了个体的个别差异。

（4）遗传素质具有可塑性

遗传素质具有变异性。变异性是指遗传素质在某种因素的刺激下能够发生变化。即随着环境、教育和实践活动的作用，人的遗传素质会逐渐地发生变化。后天的训练和长期环境的改变，可以改变遗传素质。"如果一个人的双手用来打铁，那么必定是手指粗壮却不灵活；相反，如果双手被用来弹钢琴，那手指必定修长而灵活。"

在人类历史上，有的学者认为：遗传决定了人的发展，也称为"遗传决定论"。认为认知发展由先天的遗传基因所决定，人的发展过程只不过是这些内在的遗传因素自我展开的过程，环境的作用仅在于引发、促进或延缓这种过程的实现。遗传决定论的鼻祖是优生学的创始人英国的高尔顿（F. Galton，1822—1911）。遗传决定论强调遗传在人的发展中的决定作用，认为人的发展及其个性品质早在生殖细胞的基因中就决定了，发展只是这些内在因素的自然展开，环境与教育只是一个引发的作用。高尔顿（1869）曾在《天才的遗传》一书中写道："一个人的能力乃由遗传得来，其受遗传的程度如同机体的形态和组织之受遗传决定一样。"为此，他曾做了一个有趣的试验，他从英国的名人（包括政治家、法官、军官、文学家、科学家和艺术家等）中选出977人，调查他们的亲属（有血缘关系）中有多少人与他们同样著名。结果发现，他们的父子兄弟中有332人也同样出名。而另一个对照组，即所谓的一般的平常人（人数相等），他们的父子兄弟中只有1个名人。由此，他得出名人家族中出名人的比率大大超过一般人，从而认为这就是能力受遗传决定的证据。

遗传决定论过分强调先天的遗传因素在儿童认知发展中的作用，而忽视环境和教育对儿童认知发展的重要作用，因此是片面的、错误的。

（二）环境

1. 环境的概念

在环境科学领域，环境的含义是指，以人类社会为主体的外部世界的总体，既包括未经人类改造过的众多自然要素，如阳光、空气、陆地、天然水体、天然森林和草原、野生生物等，也包括经过人类改造和创造出的事物，如水库、农田、园林、村落、城市、工厂、港口、公路、铁路等。在教育学中，环境是指环绕着人们周围的一切生活条件，即是生物学家所说的有机体的生活圈。环境包括自然环境和社会环境，环境对人的影响，主要是通过社会环境实现的。

2. 对个体身心发展的作用

（1）自然环境

自然环境是指生物有机体所共有的维护生存所必需的自然条件，主要指有机体生活的土壤、水、阳光、气候等。它不仅是人类摄取生存的物质资料的场所，也是向人类提供生产原料的基地，是人类生存和发展的必要条件之一。

它对个体身心发展的影响，越是人类早期其影响程度越大。人类社会早期由于生产力水平低，人类的生存更多地要依靠良好的自然环境，因此，人类早期群居的地方，多是水源和气候比较适宜的地方。如两河流域、黄河流域、尼罗河流域等都是古代人类的主要聚居区，这些地区也是人类早期文明的主要发祥地。随着人类生产能力的增强，这种依赖程度有所减轻。自然环境在一定程度上影响人的形体、外貌及典型的性格特征。如南方人体形矮小、皮肤黑、大鼻子，性情温和等；北方人体形高大、趴鼻，性格率直、开朗等；同时，自然环境对人的发展起到加速或延缓的作用。如沿海地区地形开放，人的思想也较为活跃；老少边穷地区，地形相对封闭，人的思想也相对落后，经济发展水平也相对落后一些。

（2）社会环境

社会环境包括人类赖以生存和发展的物质条件及所有的精神条件即各种复杂的社会关系（主要指）及社会意识形态。社会环境是人发展的外部客观条件，对人的发展有制约作用。社会环境包括社会文明的整体水平、社会生产力的发展水平、社会物质生活条件以及社会的政治经济制度和道德水准，其中最主要的是社会发展的程度和个体所拥有的社会关系。

社会发展程度主要是指生产力发展水平、物质生活条件、政治经济制度和道德水准等。个体所拥有的社会关系主要指民族关系（一个民族的传统文化、风俗习惯、生活方式以及某些心理特征等）、家庭关系、亲友关系、社会关系等，这些因素为个体的发展提供现实的物质基础，为个体的发展提供了多种可能，包括机遇、条件等，深刻地影响着人的思想观念、生活方式、行为方式。

在教育史上也有"环境决定论"的观点。环境决定论认为：真正在儿童的发展中起着绝对影响作用的力量，是儿童生活环境和后天所获得的教育引导。其主要代表人物是美国行为主义心理学家华生（John Bradus Watson，1878—1958），他在《行为主义》一书中写道："给我一打健康的婴儿，一个由我支配的特殊的环境，让我在这个环境里养育他们，我可担保，任意选择一个，不论他父母的才干、倾向、爱好如何，他父母的职业及种族如何，我都可以按照我的意愿把他们训练成为任何一种人物——医生、律师、艺术家、大商人，甚至乞丐或强盗。"在华生的眼中，儿童生活于其中的环境，就像一个模具，儿童个体的发展，完全取决于这个模具的形状。而这一模具的形状，则取决于提供给儿童的、完全可被控制的学习与训练的内容。18 世纪的环境决定论者也认为：一个民族的个性和兴衰，取决于"生于斯，长于斯"的自然环境的特性和优劣。把环境对人类的制约作用推到了极限。

应该看到人在接受环境影响和作用时，并不是消极的、被动的。人能主动改造环境，人在改造环境的实践中发展着自身。环境决定论由于过分强调外部行为及其强化和反馈，忽视了人的主观能动性，已与遗传决定论一样渐渐为新的理论所批判和代替。

（三）个体的实践活动中表现出的主观能动性

实践活动是指人类在一定的知识和动机指导下旨在改变自然、社会或他人的实在活动（不是纯粹的思想），如生产、社会管理、教育、科学实验等，由于以上的任何活动都是在一定的社会关系下进行的，所以，也称为社会实践。在社会实践中人总是表现出一定的个体主观能动性。

1. 个体主观能动性的含义

个体的主观能动性也叫自觉能动性，是人类特有的能力与活动。它是指个体积极主动地认识世界、改造世界的心理倾向和实际行动。其主要表现为：第一，人类认识世界的能力以及人们在社会实践的基础上能动地认识世界的活动，突出表现为我们通常说的"想"；第二，人类改造世界的能力以及人们在认识的指导下能动地改造世界的活动，即通常所说的"做"；第三，人类在认识世界和改造世界的活动中所具有的精神状态，即通常所说的决心、意志、干劲等。概括地说，人的主观能动性是一种积极主动的自觉性，是在有意识、有目的、有计划地能动地认识世界和改造世界中表现出来的。具体表现在想、做和精神状态三个方面。个体要正确地认识世界和改造世界，就必须发挥主观能动性，以客观规律为指导，以客观条件为基础，透过事物的现象认识事物的本质和规律，充分利用规律和条件并创造新的条件去改造世界。因此，发挥个体的主观能动性是取得认识世界和改造世界活动胜利的唯一途径。

2. 个人主观能动性对个体身心发展的作用

尽管遗传和环境对个体产生着诸多的影响，但人不是消极地接受外部的影响，而是能动地反应，这个能动的反应就是个人的主观能动性在发挥作用。人作为主体是通过他自身的实践活动来参与和接受客观的影响，从而获得主体自身的发展。在实践中，他不仅能动地认识世界，更为重要的是在主动地改造世界，并在认识和改造客观世界的过程中，不断地加深对自身的认识和改造。人们能把环境中的不利因素改变为有利因素，把逆境改变为有利于人的发展的动力，他能够按照自己的认识、经验以及需要、兴趣等来对客观事物做出反应。由于人们对待环境的主观态度不同，人们就有不同的发展和成就。"自古英雄多磨难""逆境出人才"就是个体对待环境采用了不同的主观态度。

个人的主观能动性是个体身心发展的决定性因素。如果说环境、教育是个体发展的外部因素，那么主观能动性则是个体发展的内部因素。外因是变化的条件，内因是变化的根据，外因只有通过内因才能起作用。在同样的环境和教育条件下，每个学生发展的特点和成就，主要取决于自身的态度，决定于他在各种学习活动中所付出的精力。

离开了人的主观性的社会实践，单纯的客观环境不能决定一个人的发展和成就。那种忽视人的主观能动性，或片面夸大人的主观能动性都是错误的。

（四）教育

1. 教育的含义

教育是人类社会特有的现象，由于教育在社会生活中诸多方面的作用，人们对于教育的界定也是多种多样。综合教育的各个定义，我们认为：教育是有意识的、以影响人的身心发展为直接和首要目标的社会实践活动。学校教育就是由专门的机构所承担的，由专门的教职人员所实施的有目的、有计划、有组织的，以影响学生身心发展为直接和首要目标的社会活动。教育从本质上讲"是一种培养人的社会实践活动"。教育是一种有目的的培养人的活动，它规定着人的发展方向。

2. 教育对个体身心发展的作用

关于教育对个体身心发展的作用，许多哲人都有过精辟的论述。如 18 世纪中叶的自然主义教育家卢梭认为：教育就是让儿童的天性率性发展。清末国学大师王国维说："教育之宗旨何在，在使人为完全之人物而已。"德国康德说："人只有靠教育才能成人，人完全是教育的成果。"现代教育家蔡元培也曾指出："要有良好的社会，必先有良好的个人，要有良好的个人，就要有良好的教育。"等等。根据上述关于影响个体发展的因素的静态的分析和动态的综合来看，教育不再作为与环境、遗传并列的一个影响个体发展的基本因素，它是一种综合性因素，教育对于个体发展的作用主要在于：它是促进个体的社会化和社会的个体化的主要手段。

个体的社会化是指个体适应社会的要求，在与社会的交互作用过程中，通过学习与内化社会文化而胜任社会所期待、承担的角色，并相应地发展自己个性的过程。❶

学术界一般都把社会化界定为个人赖以习得价值观、习俗等社会知识和社会观念，接纳其周围的文化和亚文化，从而由自然人生长发展成为社会人的过程。总的来说，社会化是一个从出生开始直至死亡贯穿个人生命始终的过程，因为只要人的生命过程没有结束，人作为个人存在和社会存在的存在方式二重性的矛盾就一定存在，协调这种存在方式二重性的社会化过程自然也不会终止。

社会的个性化是指把社会的各种观念、制度和行为方式内化到需要、兴趣和素质各不相同的人体身上，从而形成他们独特的个性心理特征，这是把社会观念及行为方式内化为个体的价值观及行为方式的过程。人的社会化过程并非意味着人的个性的消失，相反，它意味着人的个性的真正形成。实际上，如果抽去人的所有社会性，纯粹的自然人之间的相互差别是很小的，甚至在一定意义上我们可以说纯粹的自然人与动物的差别也是有限的，人的个性其实是在社会化的过程中才真正形成的。

人的社会化与个性化是人的发展同一过程辩证统一的两个方面：个体一方面要使自己的行为、态度符合社会的要求并与社会达成一致；另一方面又总是会使自己有别于他人，表现出自己的个性。社会化与个性化是贯穿人的一生的相辅相成的过程，它们相互联系，密不可分。教育之所以能够起到促进个体的社会化和社会的个性化主要原因在于教育的特殊性。

（1）教育是一种有目的的培养人的活动，它对个体的发展起着主导的作用

从人的身心发展的整个历程上看，与环境中的自发影响或一般的活动（如认识活动、交往活动或其他实践活动）相对而言，教育对人的身心发展是起着主导作用的。教育是一种有目的、有计划、有组织、系统地培养人的活动。特别是学校教育，它根据一定社会发展的要求，根据青少年身心发展的规律，选择适当的教育内容，采取有效的教育方法，对人进行系统的教育和训练，保证了人的发展方向，从根本上消除了环境对人的影响的自发性和盲目性。教育能有目的地传授经过选择的人类历史文化经验，激发人对发展自身的需要和理想；教育活动有计划、有组织地安排有利于学生发展自身的活动环境和条件，使学生习得一定的知识和技能，形成相应的品质和情感，从而适应社会的需要。教育目的的明确性、内容的简约性、方式的

❶ 鲁洁. 教育社会学 [M]. 北京：人民教育出版社，1990：574.

引导性、环境的特殊性、活动的自主性，才使它对个体的发展起到一种主导的作用，从而有意识地高效地促进人自觉和有效地发展。

教育的这种主导作用主要体现在三个方面。一是定向。教育作为一种有目的的培养人的社会活动，在一定程度上规定着人的发展方向。教育区别于自然影响的最大特点就在于其目的性，即教育施加于人的这种影响有着较为明确的方向性；二是强化。即教育对人的发展起着一定的强化作用。自发的环境影响只为人的发展提供了各种各样的条件和便利，但是教育特别是学校教育是根据一定的要求，按照一定的目的，选择适当的内容，有计划、有组织、有系统地向学生施加影响的，对人的发展能够起到其他因素所无法起到的推进作用；三是加速。即教育能够加速人的一般发展进程。学校作为一个组织机构，选择精华的教学内容，通过专业化程度较高的教师来引导学生掌握知识技能，极大地提高了学生的学习效率和教学效果。

同时，我们也应当看到，教育对个体发展的这种主导作用也需要一定的条件，对外部环境来说，它要求社会的发展为个体的发展提供相应的前提，既要有相应物质条件，同时也应具备相应的精神条件；对教育系统内部来说，它要求教育要遵循个体的身心发展规律，积极协调各方面的教育影响，使之成为适合个体需要的合力。因此，在肯定教育主导作用的同时，也应认识到教育对人的身心发展来讲都不是万能的，人的身心发展是内外因素综合作用的结果。教育作为一种按照社会的要求，由教育者精心设计和组织的、符合儿童发展需要的特殊环境和活动，对人的发展只起到一种自觉、有效的促进作用。

（2）教育是在受过专门训练和有经验的教师的指导下进行的

教师受社会的委托，明确教育目的，懂得教育规律，学有专长，精于教技，他们肩负着国家的使命，按照国家所制定的方针、政策以至法令为国家育才，对青少年施加影响，能使学生的身心得到健康发展，促进他们获得全面发展。教师的职责和工作特点保证了青少年发展的正确方向。

（3）学校教育给人的影响比较全面、系统和深刻

教育对象主要是青少年，在人的一生中，青少年时期是最需要受教育也是最适宜受教育的时期，这一时期他们有较强求知欲，但社会经验不足，独立思考问题的能力和判断是非的能力还不强，需要正确教育的引导。教育能够根据科学的要求，发挥遗传和环境的积极影响，消除不良影响，正确地引导学生的发展。

但要注意的是教育对人的发展的作用也不是万能的，教育既不能超越它所依存的社会条件，凌驾于社会之上去发挥它的主导作用；也不能违背青少年自身发展的客观规律而随意开展教育活动。在实践过程中我们要反对两种错误倾向：一是片面强调个体社会化，强调个体发展需要和社会发展需要的一致性，而忽视了个性心理特征和个性培养，就会出现机械地灌输；二是片面地强调个性心理特征和个性发展的需要，忽视社会的一般要求，就会导致个体自身的随心所欲。

在教育发展史上也存在着"教育万能论"的观点。这种观点最早可以追溯到英国著名的哲学家、教育思想家洛克（J. Locke，1632—1704）。他在全面系统地批驳了当时广泛流行的"天赋观念论"时，提出了著名的"白板论"。他说，在获得感觉经验之前，"人心如同白纸似的，没有一切标记，没有一切观念"，"如同一张白纸或一块蜡，可以任人模铸"。根据"白板论"，洛克认为，人生而有相同的智力，

有享受教育的平等权利。人的发展，取决于他从环境中获得多少经验，受到多少教育。他说："我敢说我们日常所见的人中，他们之所以或好或坏，或有用或无用，十分之九都是他们的教育决定的。人类之所以千差万别，便是由于教育之故。"严格说来，完整的、系统的"教育万能论"是由法国启蒙思想家和哲学家爱尔维修（C. A. Helvétius, 1715—1771）提出的，他认为：人们在生下来的时候，或者是根本没有任何倾向，或者是带有各种趋于一切对立的罪恶和美德倾向。因此他们只是他们教育的产物。教育的力量的最有力的证明，是经常看到教育的不同与它们的不同的产物或结果有关。"教育使我们成为现在这个样子的。"在爱尔维修看来，人们的种种好的和坏的品质，都不是世袭继承得来的，是人在其中成长和接受教育的环境对他们施加影响的结果。教育万能论过分夸大了教育在个体身心发展过程中的作用，是错误的。

（五）关于影响个体身心发展诸因素的小结

综上所述，影响人的发展的主要因素有四种，即遗传、环境和教育及个人在社会实践中的主观能动性。由于对各因素作用认识的差异，也出现了各种因素论。

1."单因素论"

各种"万能论"的观点就是单因素的观点。

2."二因素论"

这种观点把影响人发展的因素分为生物因素和社会因素。认为生物因素包括遗传素质、不属于遗传素质的某些生理特点、健康状况等；社会因素包括学生所处的家庭、学校、社会等环境因素。

3."三因素论"

这种观点认为遗传素质是人的发展的物质前提，环境和教育对人的发展起决定作用，相对于环境影响来说，教育在人的发展中起主导作用。这就是所谓的影响人发展的"三因素论"。

4."四因素论"

"四因素论"认为"三因素论"只分析了儿童身心发展的外因，而任何事物的发展，其决定因素是内因，所以将人的主观心理因素即个体的主观能动性，列入影响儿童身心发展的基本因素之内，这就成了"四因素论"。

5."五因素论"

其中又分为两类：一类是认为在上述的"四因素"之外，还应加上"反馈调节"，因为调节是控制儿童个性发展的重要方面；另一类是把影响人发展的因素分为生理因素（遗传、变异）、心理因素（认知、情感、意志、个性）、社会因素（狭义的环境、教育）、自然因素（自然环境）和实践活动。

6."综合因素论"

这种观点认为，可以从不同的角度，对影响人发展的因素进行不同的分析：物质的、精神的；内部的、外部的；自然的、社会的；生理的、心理的；客观的、主观的；等等。各因素之间相互依存、相互制约，构成完整的整体而对人的发展产生影响。总而言之，影响人发展的因素，从整体上看，乃是多系统、多层次的，错综复杂、明暗相间的。

7. "二层次三因素论"

"二层次三因素论"是由我国著名教育家叶澜提出的。该决定论认为：影响人的发展因素分为"可能性因素""现实性因素"，这两个因素对人的发展的影响不在一个层次上，称为"二层次"。第一层次是对个体发展的潜在可能产生影响的因素，简称"可能性因素"；第二层次是对个体发展从潜在可能转化为现实产生影响的因素，简称"现实性因素"，指的是发展主体的体现着个人主观能动性的个体活动。在二层次中，共含有三大类的影响因素：可能性层次中，可分为个体自身条件（包括先天与后天）和环境条件（包括自然环境、社会环境）；现实性因素是指发展主体所进行的各种类型的活动。

持这种观点的研究者认为，要想进一步认识影响人发展的因素问题，就不能只在因素分类标准及数量的增减上做文章，必须突破静态的、行而上学的思维模式，抓住人的发展的特殊性，用动态的、系统的、辩证的思维方式重新认识影响人发展的因素。

综合上述各种观点，我们认为：影响人发展的因素是一个系统，在人的发展过程中，每一要素并非单独地起作用，而是相互渗透、转化，互为因果，互相作用，它们之间性质的差异，力量的强弱，不同组合，不断发展变化，使人具有不同的水平和特色，因此要以系统的和动态的观点来把握各因素。

第三节　教育要适应年轻一代身心发展的规律

从本质上看，教育是一种培养人的活动。人只有通过教育才能成人。教育，特别是学校教育在个体身心发展过程中起着主导的作用。因为学校教育能够按照社会对个体的基本要求对个体发展的方向做出社会性规范，使个体朝着固定的方向发展；同时学校教育具有加速个体发展的特殊功能。苏联心理学家维果茨基认为儿童发展存在两个水平：已有水平和可能达到的水平，中间为"最近发展区"，教学只要目标恰当，就可能走在成熟前面，加速学生的发展。

教育的对象是人，主要是正在成长的年轻一代，为了保证教育能够顺利实现社会的需求，有效地促进年轻一代身心的健康成长和发展，就必须从年轻一代的身心实际出发，适应他们的身心发展规律，从而开展各种教育活动。因此，社会需求和个体身心发展的规律是我们开展教育活动的根本依据。教育者只有了解这些规律，才能更好地遵循规律，指导教育实践，促进学习者身心的健康发展。

一、教育要适应年轻一代身心发展的顺序性，循序渐进地促进个体身心的发展

（一）个体身心发展具有顺序性

顺序性是指个体身心的发展在整体上具有一定的顺序。人的身心发展是一个由低级到高级，由量变到质变的连续过程。身体发展的顺序性遵循着从上到下、从中间到四肢、从骨骼到肌肉的生长发展顺序；心理发展方面在思维上则表现出由具体

思维到形象思维再到抽象思维的发展过程；以人的认识特点为例，儿童时期，其认识能力已发展到了可以了解和掌握事物间联系的程度，但是这种联系的建立，在一定程度上还要依赖于具体事物的帮助；而到了青年时期，人的认识能力才开始以抽象概念为基础，逻辑思维成为人的认识能力的重要特点。在情感上表现为从喜怒哀乐的一般情感到理智感、道德感、美感等复杂情感。美国心理学家柯尔柏格认为个体道德水平的发展顺序呈现为前世俗水平—世俗水平—后世俗水平，等等。

（二）相应的教育措施

教育工作要适应这种顺序性，必须遵循由具体到抽象，由浅入深，由简到繁，由低级到高级的顺序来进行。教学内容的难易、量的多少、教育方法的选择等，都要根据学生的身心发展水平来确定。不能拔苗助长、凌节而施。因此，要认真研究个体身心发展的顺序性，以此来指导我们的教育实践，否则，就不能收到应有的效果，甚至损害学生的身体和心理健康发展。

二、教育要适应年轻一代身心发展的阶段性，针对不同年龄阶段的学生，在教育内容和方法上应有所不同

（一）个体身心发展具有阶段性

阶段性是指个体在不同的年龄阶段表现出的某些稳定的、共同的典型特点。也可以理解为个体在不同的年龄阶段表现出身心发展不同的总体特征及主要矛盾，面临着不同的发展任务。现代心理学将人的发展阶段性概括为：婴儿期（出生至3岁），幼儿期（3~6岁），儿童期（6~11、12岁），少年期（11、12岁~14、15岁），青年期（14、15岁~17、18岁），成年期（18岁以后）。成年期又可分为壮年期和老年期。不同的年龄阶段，表现出身心发展的不同特征。以思维为例，童年期的思维特点是以具体的形象思维为主，对抽象的事物不易理解；少年期则以抽象思维为主，能进行理论逻辑推断。阶段性一般是不能跨越的，各个阶段是互相衔接的，每一个阶段都是前一个阶段的延续，又是后一个阶段的准备。因此，人生的每一阶段对于人的发展来说，不仅具有本阶段的意义，而且具有人生全过程性的意义。

（二）相应的教育措施

个体身心发展的阶段性要求我们的教育工作必须要从教育对象的实际出发，针对不同年龄段学生的身心特点，提出不同的教育任务，采用不同的教育内容和方法。如童年期的学生，在教学内容上应该多讲一些具体的知识和浅显的道理，在教学方法上应多采用直观教具；对少年期的学生，在教学上要特别注意理论与实际的结合；对青年期的学生，则注意培养抽象的逻辑思维能力。如果不顾学生的年龄特征和接受能力，就会欲速则不达。

三、教育要适应年轻一代身心发展的差异性，做到因材施教

（一）个体身心发展具有差异性

个体发展是一种变化的过程，这种变化是在发展主体与周围环境积极地相互作用中，通过主体的各种活动实现的。事实上，个体发展总是涉及个体自身、周围环

境以及活动等多方面因素，不仅是由于个人的先天素质、内在机能的差异造成的，它还受到环境、教育及发展主体在发展过程中的努力程度和自我意识的水平、自主选择的方向的影响。因此，不同个体的具体发展总是呈现出一定的差异性。个体身心发展的差异性是指在个体发展具有整体共同特征的前提下，个体与整体、个体与个体相比之下，每个人的身心发展，在表现形式、内容和水平方面存在的差异性。这种差别从群体的角度看，首先，表现为男女性别的差异，它不仅是自然属性上的差异，还包括由性别带来的社会属性上的差异；其次，个别差异表现在身、心的所有构成方面，其中有些是发展水平的差异，有些是心理特征的表现方式上的差异。

（二）相应的教育措施

青少年身心发展的这一特点，要求教育工作者必须深入学生实际，了解他们各自的发展背景和水平，了解他们的兴趣、爱好、特长，因材施教。现代心理学研究表明：儿童的智力差异是巨大的，这给全世界的学校教学实践带来了许多实际问题。教育工作者都在探讨如何使教育更加适合学生的个别差异（也包括个体内的不同能力差异），如在教学组织形式上先后探索过按成绩、能力、兴趣等多种分组形式，来满足对个别差异的尊重。目前，这种探索仍在进行之中。

举例：

孔子的教育方法：因材施教

《论语·颜渊》：颜渊问仁。子曰："克己复礼为仁。一日克己复礼，天下归仁焉。为仁由己，而由人乎哉？"颜渊曰："请问其目。"子曰："非礼勿视，非礼勿听，非礼勿言，非礼勿动。"颜渊曰："回虽不敏，请事斯语矣。"

仲弓问仁。子曰："出门如见大宾，使民如承大祭。己所不欲，勿施于人。在邦无怨，在家无怨。"仲弓曰："雍虽不敏，请事斯语矣。"

司马牛问仁。子曰："仁者其言也讱。"曰："其言也讱，斯谓之仁已乎？"子曰："为之难，言之得无讱乎？"

孔子的因材施教，表现在对于不同的对象，考虑其不同的素质、优点和缺点、进德修业的具体情况，给予不同的教诲。

四、教育要适应年轻一代身心发展的不平衡性，把握教育时机，抓住学生发展的关键期

（一）个体身心发展具有不平衡性

个体身心发展的不平衡性一方面表现为身心同一方面的发展速度在不同的年龄阶段变化是不平衡的。例如，人的身高和体重的发展一生中有两个生长旺盛期：身高体重出生后一年发展最快，以后缓慢，到青春期又高速发展；又如脑的快速发展期主要是三个年龄段：分别是出生后的第五至十个月，五六岁，十三四岁，其他阶段则发展较慢。在心理发育上，感知成熟在先，思维成熟在后，情感成熟更后。身心发展的不平衡另一方面表现为身心不同方面发展的不平衡性，有的方面在较早阶段就能达到较高水平，有些方面则要成熟得晚些。例如，感觉、知觉在少年期之前已发展到相当水平，而逻辑思维则要到青年期才有相当程度的发展；在艺术才能中，

音乐的才能表现得较早，绘画、雕刻才能则表现得较晚。

（二）相应的教育措施

根据个体身心发展的不平衡性，教育活动的开展一定要适时、恰当。正如《学记》所言："当其可之谓时，时过然后学则勤苦而难成。"由于身心发展的不平衡性，心理学家提出了"发展关键期"或"最佳期"的概念。所谓"发展关键期"，是指身体或心理的某一方面机能和能力最适宜于形成的时期。如 2～3 岁是儿童学习口语的关键年龄，4～5 岁是开始学习书面语言的关键年龄。在这一时期中，对个体某一方面的训练可以获得最佳成效，并能充分发挥个体在这一方面的潜能。而错过了"关键期"或"最佳期"，训练的效果就会降低，甚至无法补偿。因此，应该在学生发展关键期开展与其相应的教育活动，从而获得最佳的教育效果，促进个体身心更好地发展。

五、教育要适应年轻一代身心发展的互补性，发挥其优势，扬长避短

（一）个体身心发展具有互补性

个体身心发展的互补性反映个体身心发展各组成部分的相互关系。它首先指机体某一方面的机能受损甚至缺失后，可通过其他方面的超常发展得到部分补偿。如失明者通过听觉、触觉、嗅觉等方面的超常发展得到补偿。机体各部分存在着互补的可能，使人在自身某方面缺失的情况下依然能与环境协调，从而为人能继续生存与发展提供了条件。互补性也存在于心理机能与生理机能之间。人的精神力量、意志、情绪状态对整个机体能起到调节作用，帮助人战胜疾病和残缺，使身心依然得到发展。相反，如果一个人的心理承受能力太差，缺乏自我调节能力和坚强的意志，那么，即使不很严重的疾病或磨难也会把他击倒。

（二）相应的教育措施

教育活动的开展应充分利用互补性的规律，充分发挥个体的身心发展的优势资源，从而弥补其他方面的不足与缺陷，如对身体有残疾的学生应培养个体自信、努力的品质和积极向上的态度来应对生活与工作。

上述几个方面个体身心发展的规律指导着我们的教育工作，但这不等于迁就学生身心发展的现有水平，而是从学生身心发展的实际出发，善于向他们提出经过他们努力能够达到的要求，促进他们的身心发展，不断地提高他们身心发展的水平，教育工作才会达到较好的效果，才会促进学生身心的健康发展。

第三章　教育的社会功能

教育的社会功能与社会系统中经济、政治、科技、文化、人口等的相互作用原理，对这一领域的研究，有助于人们从社会系统的不同角度来界定教育，加深对教育本质的认识。一方面，教育活动受相关因素的制约；另一方面，教育并不是被动地受社会其他子系统的制约，它通过培养人的中介形式对社会的其他子系统产生作用，表现出自身的相对独立性。

第一节　社会诸现象对教育的制约作用

按照系统论❶的观点：任何事物都处在一个相互联系的统一体中，世界上每一事物的存在和发展变化，都和其他事物是联系的。所以我们要认识事物、解决问题，必须从整体上把握事物各方面的联系。

教育既是整个社会系统的一个组成部分，同时又是一个相对独立的社会子系统。因此，教育与社会的互动关系，既是一种部分与整体的关系，也是一种系统与环境的关系。从部分与整体的关系来看，整个社会系统的性质，决定了教育及其子系统的性质；同时由于系统内部子系统间的相互作用，教育本身的性质又受到整个系统及其他子系统的制约和影响。从系统与环境的关系来看，教育系统只有不断地与社会环境进行物质、能量和信息的交换，才能维持和保证其自身不断地进化和发展，实现其自身的价值、功能和目标。

社会的概念有具体的物质表现形态，现代社会至少包括五个社会子系统：经济子系统、政治子系统、科技子系统、文化子系统和教育子系统。在教育与社会的复杂互动中，教育通过对科技、文化、经济和政治的作用和影响，成为社会发展的重要因素，促进和推动整个社会系统的变革和发展。

一般说来，教育对社会发展发生作用有两条基本途径：一是使不同子系统所累积和创新的产品、制度、规范、知识、方法、技艺和观念等进行传承与创新，并通过它们的关联、渗透和融合，而为整个社会系统及其他子系统的存在和发展奠定客观基础，为其提供直接的构成因素和必要的环境条件；二是根据社会发展的需要，通过培养和造就各种专门人才，通过全民族科学文化水平的提高，直接推进社会的发展和变革。从教育的本质来看，教育是培养人的社会实践活动，因此，教育对社会发展最重要的作用和最根本的机制就在于为社会发展、各种社会目标的实现，培养和造就所需要的各种人才，以及使社会系统优化运行的合格社会公民。

---

❶　附后。

这就要求在研究教育与社会发展的关系时，不能脱离人的发展考虑问题，任何把人摒除在外的观点都将导致理论的迷惑和实践的失误。按照大教育的社会观，教育与社会发展、与人的发展关系应当是统一的、协同作用的。教育既要满足社会发展的需要，又要满足人的发展的需要；不能离开人的发展去谈社会发展，反之亦然，两者相互促进、互为目的、互为因果；忽视社会发展需要的"人本位观"和忽视人的发展需要的"社会本位观"都是片面的。

因此，按照系统论的观点，教育就必然要与社会的其他系统发生相互作用，主要表现为与经济、政治、文化、人口、环境、科学技术等要素之间发生联系，相互作用，从而形成自己多方面的职能。1972年联合国教科文组织发表其著名报告《学会生存》指出："自从第二次世界大战结束以来，就全部经费而言，教育已经成为世界上最重大的事业了……人们正在要求教育执行日益广泛而繁重的任务，这和过去所分配给它的任务是不可同日而语的。教育是人类在发展与前进过程中所做努力的一个重要组成部分，而且在制定国家政策和国际政策时占日益重要的地位。"

一、经济对教育的制约作用

经济具有多种含义，可以指各种经济活动（投资、生产、消费、分配）；可以指国民经济的各个部门；或节约或节省等诸多意义。经济对教育的制约作用表现为：为教育的发展提供必要的物质基础及就业市场，它通过投入教育以大量的人力、物力和财力作为教育发展的物质基础。

（一）经济的发展水平决定着受教育的人口数量、教育程度及教育年限

任何社会实践活动的进行都要有相应的物质条件作为基础，经济的发展为教育提供必要的物质条件，从而决定着教育的发展速度、规模、体系和结构。

1. 经济发展水平与受教育人口数量具有依存关系

经济发展水平决定了社会所能提供的受教育人口数量。当经济发展水平、社会生产力发展程度低下，社会不可能提供较多的资金、用更多的人力去办教育，全社会教育发展规模就会受限制，教育的发展速度就会缓慢。例如，我国现阶段经济发展水平，决定了现阶段教育发展面临的基本矛盾是人民群众不断增长的教育需求同优质教育供给不足之间的矛盾。

2. 经济发展水平与教育程度、教育年限具有依存关系

一个国家经济发展水平低，没有较为雄厚的经济实力，就不可能延长义务教育年限，提高中等和高等教育程度。这样普及教育程度就会下降，中等和高等教育发展的规模和速度就会受到限制。相反一个国家经济发展的水平越高，人均受教育的年限也就越长。国际上一般选用15岁和15岁以上人口平均受教育年限作为判断国民受教育水平的依据。截至2017年，我国15岁及以上人口平均受教育年限达到9.6年，劳动年龄人口平均受教育年限达到10.5年。

各国在普及义务教育进程中都尽力地贯彻免费教育的原则，但何时实施免费教育及免费包含的具体内容都应以本国及地区经济发展水平为依据，不能脱离实际。

3. 经济发展水平与教育投入之间具有依存关系

一般地说，经济实力较强、生产力比较发达的国家，在教育投入方面不仅数量

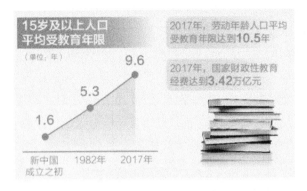

图 3 – 1　我国 15 岁及以上人口受教育年限历史变化

（资料来源：http：//news. workercn. cn/32843/201906/04/190604041120337. shtml）

多，而且在主要经济指标中所占的比重也较高。公共教育经费占国民生产总值比重的大小，既可以反映政府对教育的"努力程度"，又能较准确地反映出教育在国家发展中的战略地位，教育经费支付的数量直接影响着教育发展的规模和速度。主要市场经济国家公共教育支出占 GNP 比例年平均值大体在 4% ~6%。根据 2018 年中国教育经费统计快报显示，2018 年全国教育经费总投入为 46135 亿元，比上年增长 8. 39%，2018 年我国财政性教育经费占 GDP 比例为 4. 11%，这是连续第 7 年超过 4%。（见图 3 –2）

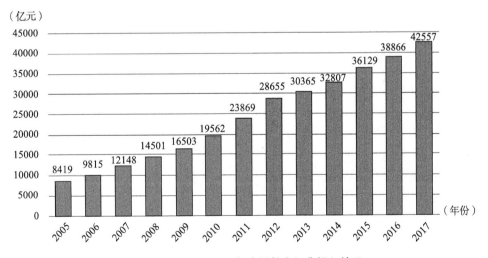

图 3 – 2　2005—2017 年我国教育经费投入情况

（资料来源：http：//www. chyxx. com/industry/201808/664168. html）

（二）经济的发展水平制约着教育结构

教育在向社会各部门输送人才时，也要做到适销对路、学用结合、人尽其才，避免人才的浪费。这就要求教育培养的人才在类型、级别和数量上合乎社会各部门的需要，适应产业结构、技术结构、行业结构、就业结构的变革。因此，不同类别（文、理、工、农、医、师范）、级别（初、中、高）学校数量的多少、专业设置的变化都要根据社会经济的发展变化而有所调整。

以发达国家为例。20世纪六七十年代以后，西方国家先后进入以计算机技术为代表的第三次科技革命时期，经济水平和经济结构发生了变化，社会劳动力从劳动密集型产业转向知识密集型产业。与此相适应，对劳动者的智力要求也大大提高，教育的普及层次上移，高等教育由精英阶段教育向大众化阶段发展。

（三）经济的发展水平制约着教育的内容和手段

20世纪90年代以来，发达国家的经济增长中，技术的贡献率已达到60%～80%，知识经济已初见端倪。我国经济增长中技术的贡献只有35%，面对知识经济的挑战，中国必须建立和完善国家创新体系。实施知识创新工程、技术创新工程，从而使知识经济在国民经济的比例有较大的提高。教育是知识创新、传播和应用的主要基地，也是培养创新精神和人才的摇篮。因此，大力发展创新教育体系成为教育的迫切任务，必须树立终身教育、继续教育的观念；学校教育开始注重对学生的创新意识、创新精神、创新思维等的培养，创新教育内容纳入到现有的教学内容之中。

另外随着经济的发展，科技进步所创造的现代技术成果也必然被引进教育领域，促使教育手段的更新与提高。最突出的表现就是随着计算机技术的日益成熟，学校教育中的教学手段也不断更新，多媒体教学设备的应用、网络教学、互动式远程教学的开展都是技术发展的结果。

二、政治对教育的制约

政治一词，英文为politics。原文来自古希腊文的polis，为城邦之意。politics按字源说，是polis与tic（science）合组而成，意为关于城邦的科学。政治是人类历史发展到一定时期所产生的一种重要的社会现象，是上层建筑领域中各种权力主体为维护自身利益的特定行为以及由此结成的特定关系。在阶级社会，主要表现为阶级斗争和公共事务管理，它既包含对国内事务的管理，也包含对国际事务的管理。任何一个时代，任何一个国家的统治者（统治阶级的政治代表），为了实现其阶级利益，都希望社会呈现有序的状态，使社会按其既定的目标发展。因此，一切统治者都要求社会的稳定，即所谓"长治久安"。同时，一切统治者也都不希望社会停滞不前，而是要求社会不断地进步与发展。只有这样，统治阶级的利益才能得到维护，其阶级目标也才能实现。

教育作为一项社会事业，深受政治的制约，任何社会的教育都体现着该社会的政治特征，教育作为政治的一种工具，在影响社会政治生活、维护社会稳定、促进社会发展方面起着不容忽视的作用。政治对教育的制约主要表现在教育目的、教育制度、教育财政和受教育权力等方面。

（一）政治影响着教育目的❶

教育目的是教育实践的出发点和归宿，它决定着教育的性质，决定着教育为哪个阶级和集团服务。因此，任何社会的教育目的，必然要反映统治阶级的经济利益和政治利益。

---

❶ 鲁洁，吴康宁. 教育社会学 [M]. 北京：人民教育出版社，1990：96-97.

1. 统治阶级利用其拥有的立法权，颁布一系列教育法律、政策和规章，借此来合法地强制教育部门贯彻执行教育目的

我国的教育目的是以《中华人民共和国教育法》（2015 年 12 月 27 日第十二届全国人民代表大会常务委员会第十八次会议《关于修改〈中华人民共和国教育法〉的决定》第二次修正））的形式来规范的。其中第一章总则中第五条：教育必须为社会主义现代化建设服务、为人民服务，必须与生产劳动和社会实践相结合，培养德、智、体、美等方面全面发展的社会主义建设者和接班人。

2. 统治阶级利用其拥有的组织人事权控制教育人员的教育行为，以使之符合教育目的的要求

学校教育机构是实现教育目的的重要载体，学校教育能否按教育目的规定的方向运行，最终取决于学校教育人员对教育目的持何种态度，诚如列宁所说：在任何学校里最重要的是课程的思想政治方向，这个方向是由什么决定的呢？完全只能由教学人员来决定，……任何监督，任何领导，任何教学大纲、章程等，绝不能改变教学人员所决定的课程方向。因此教学人员的任用，对于实现教育目的至关重要。世界各国对教师任职标准尽管各有不同，但几乎所有国家都把"政治上的忠诚"作为录用的首要标准。凡不符合这一标准的，都将被拒用。《中华人民共和国教师法》第三条规定：国务院教育行政部门主管全国的教师工作。教师是履行教育教学职责的专业人员，承担教书育人，培养社会主义事业建设者和接班人、提高民族素质的使命。教师应当忠诚于人民的教育事业。

（二）政治对受教育权利的制约

由于社会经济条件的制约，各国在不同的历史时期都存在着优质教育资源的不足、教育机会不均等的问题，导致受教育机会不完全、不充分。在有限教育资源的条件下，就存在着对有限教育资源的分配问题。一个阶级或集团成员受教育程度越高，他在社会中经济、政治、文化、思想等领域的优势也就越明显。正如 S. 鲍尔斯 H. 金蒂斯所言：当今教育系统雄辩地证明了，在机会均等的名义下，富有阶级有能力使一个始终一贯地为富有阶级带来与自身不相称的利益的，而同时又使美国劳动人民的希望和需要得不到满足的制度，永久地保存下去。❶ 因此，不同的阶级或利益集团都力争本阶层的成员能够获得更多的受教育机会和受教育权利。拥有更多政治权利的阶级，总会运用手中的政治权利来确保本阶级获得更多的受教育机会；或通过国家法律明文规定，或是通过受教育者的经济能力及其他条件来决定。

实际上学校的产生即表明了统治阶级的特权。在西方，"学校"一词源于拉丁语的"Schla"，它又源于意为"闲暇""休息"的希腊语"Skhole"。这表明学校起初属于摆脱了劳动的贵族阶级的一种特权。在古代中国，"设为庠、序、学、校以教之"，这些机构往往不都是专门的教育机构，而兼为习射、养老的场所。夏、商、西周"学在官府"，限定只有公爵大夫以上子弟才能入学，乡学也只收奴隶主子弟，古希腊斯巴达和雅典的学校专为贵族阶级而设。古代的学校教育最鲜明的特点就是

---

❶ ［美］S. 鲍尔斯，H. 金蒂斯. 美国：经济生活与教育改革［M］. 王佩雄等，译. 上海：上海教育出版社，1990：44.

它的阶级性，是一种背离于劳动者之外的贵族阶级的特权。到了资本主义社会，废除了封建教育的等级性，明确规定了受教育权利平等的法律，但并没有产生教育中的机会均等。近代西欧社会采用的却是双轨制教育：劳工阶级只能受较低等的教育，中上层阶级才能接受中高等教育。

进入20世纪以来，世界各国都尝试采用各种措施扩大教育机会，确保教育的公平。例如采用为处境不利者提供补偿教育；延长普通教育年限；推广综合性中等学校；实行"积极的差别待遇"以防止差生的学业失败；建立多种通向高等教育的途径；等等。尽管这些措施取得了很大的成效，但是，教育的不平等并未完全消除。

（三）政治影响着教育制度❶

1. 政治制度的形式决定了教育制度的形式

一个国家有什么样的政治制度即有什么样的教育制度。世界范围内有代表性的政治制度形式是中央集权制和地方分权制。与中央集权制的政治制度相对应的便是中央集权制的教育制度；而与地方分权制的政治制度相对应的便是地方分权制的教育制度。

2. 政治对教育制度的改革起着定向、驱动和支持的作用

由于教育是社会系统中的一个子系统，受到来自社会经济、政治、文化、科技及人口等诸多因素的影响，教育系统以外的决策机构在很大程度上左右着教育系统内部的事情。由政府来推动教育制度变革的主要原因在于教育制度在一定程度上与社会其他各子系统的现实需求不相适应，政府根据社会要求、经济要求及国际竞争的要求，做出改革教育制度的政治决策。

三、文化对教育的影响

文化是在特定的环境中由人类在劳动实践中创造的，自它产生起，一直处于动态变化之中。在社会系统中，由于文化现象的复杂性和多样性，时至今日人们对文化的定义尚没有统一。根据《辞海》中文化的定义来看，"文化从广义来说，指人类社会历史实践过程中所创造的物质财富和精神财富的总和；从狭义来说，指社会的意识形态，以及与之相适应的制度和组织机构。文化是一种社会现象，每一社会都有与之相适应的文化，是一定社会的政治和经济的反映，又给予巨大影响和作用于一定社会的政治和经济"。❷ 还有的学者认为文化是"一个群体或社会所共有的价值观和意义体系，包括使用这些价值观和意义体系具体化的物质实体"❸。

文化具有多种特征，如时代性、民族性、地域性、可变性等。

文化对教育的影响，可谓复杂而深刻。一方面，文化的可变性和民族性决定了不同国家的多样化教育。"教育体系是每个民族的民族意识，文化与传统的最高表现，既然各个国家之间具有不同的语言、地理、文化和社会——职业环境没有一个

❶ 鲁洁，吴康宁. 教育社会学 [M]. 北京：人民教育出版社，1990：100－101.

❷ 覃光广，冯利，陈朴. 文化学辞典 [M]. 北京：中央民族学院出版社，1988：109－110.

❸ 戴维·波普诺. 社会学：上册 [M]. 刘云德，宁王戈，译. 沈阳：辽宁人民出版社，1987：97.

国家与其他国家完全相同，那么世界教育的多样化就是必然的。"❶ 另一方面，教育本身就是一种社会文化现象，在一定程度上包含在文化系统之中，教育领域中的方方面面都受着特定社会文化的影响。"过去的传统把前代的创获传给我们，每一世代的文化成就都是人类精神对全部以往遗产的接受和转化，因此传统是每一时代精神活动的前提。"❷ 从教育观念、学校教育培养目标的设定、教育内容的选择、教育方式及手段、教育管理体制以及师生的关系等涉及教育过程的各个方面都从特定的文化中吸取着养分和精髓。以教育内容为例：一定社会特有的文化传统如一定的政治指导思想、道德观念、价值取向、风俗习惯、思维方式等贯穿于人的社会生活的方方面面，规范着人们的生活，约束着人们的行为，若想成为这个社会的成员，就必须掌握这些基本规范。因此文化传统必然要制约着教育内容选择。不同国家都把自己民族的语言、文字、风俗规范等作为必要的教育内容传递给后代；我国封建社会的伦理道德如"三纲""五常"等也是封建社会主要的教育内容。

四、教育的相对独立性

教育尽管受诸多的社会因素所制约，但并不代表教育自身完全要服从于外部社会，教育作为一种独特的社会现象，有着自身的相对独立性。教育的相对独立性是指教育具有自身独特的发展规律和能动性。正确认识教育的相对独立性有助于正确处理教育与社会各因素关系，否则，教育将永远处于仆从的地位，或依附于政治，或追随经济，如此，则教育将永无自己的根基，没有自己的本源生长点。

（一）教育是一种转化活动的过程

教育是培养人的一种社会活动，它要解决的问题是把人类积累的生产劳动经验和社会生活经验转化为学习者个体的精神财富，形成学习者的个性，这是教育所独有的特点。这一转化活动的过程中应采取的步骤与人们的精神活动的规律有密切的联系，它应采取相应的步骤，如从感知到理解、巩固和运用所学的东西，要遵循人的认识规律及身心发展规律来安排教育活动。这些教育规律不会因政治制度、生产力的变化而被否定，是独立于社会政治、经济与生产力发展之外的。

（二）教育的发展具有历史继承性

人类历史上后来的教育总是在以前教育的基础上向前发展，都与以往的教育有着深刻的历史渊源。教育制度、思想、内容、方法等尽管受当时的政治经济制度和生产力发展水平所制约，但它们同时又是从过去的教育发展而来的，具体表现在：首先教育内容的继承；其次教育方式的继承；再次教育理论与教育经验的继承等。诸如教育活动中的"教学相长""因材施教""循序渐进"等教学规律、原则；文字、算术教育内容；谈话法、班级授课制等，在不同的社会、国家和时空条件下，不因政党的轮换而变换，不因意识形态的改变而改变，是在以前教育遗产的基础上发展起来的，都是具有历史继承性的。

---

❶ 联合国教育科文组织教育发展委员会. 学会生存［M］. 上海师范大学外国教育研究室，译. 上海：上海译文出版社，1979：235.

❷ 陈来. 孔子与当代中国［J］. 读书，2007（11）：13.

（三）教育具有与生产力和政治制度发展的不平衡性

教育具有自身的规律，对政治经济制度和生产力具有能动作用。教育与政治制度和生产力的发展并非完全同步。一种是教育落后于社会政治经济制度。当新的社会政治经济诞生以后，与之相应的教育思想和内容并不立即随之消亡，还会残存一个时期；这些原有的、旧的教育思想、观念仍长期存于人们的观念之中，从而阻碍社会的发展，阻止教育的进步，教育就需要变革，以适应社会发展的需要。例如，尽管我们已进入社会主义国家，原来的封建意识仍然存在我们的意识之中，"学而优则仕"，鄙薄职业技术教育，仍是制约我国职业教育发展的一个主要因素，这就要求人们转变教育观念。另一种是教育超前于社会政治经济的发展，由于认识了社会发展的规律，根据社会发展的趋势，预见到教育发展的方向，在旧的政治、经济制度下也可能出现新的教育思想。如在资本主义社会经济政治制度中，诞生了马克思主义教育观。

第二节　教育的社会发展功能

教育在社会系统中的作用日益明显，现代社会与教育的联系越来越紧密，现代社会的发展越来越离不开教育。正如 S. 鲍尔斯和 H. 金蒂斯所言："教育系统（也许还包括其他现代的社会机构）已经成为一个实验室和斗争舞台，在那里，各种可供选择的解决个人解放和社会平等的方法将得到检验，各种社会斗争将一决雌雄。"[1] 教育是一种培养人的社会实践活动，它通过培养的人作为中介客体，进而推动社会各方面的发展。

一、教育的政治功能

"世界上没有脱离政治的教育，教育总是服务于一定的政治目标的。"[2] 列宁的正确论断表达了教育与政治之间的密切联系。教育的政治功能主要表现在发展社会政治关系；帮助社会成员内化社会政治目标，促使人的政治社会化。

（一）培养政治人才，发展社会政治关系

"学校教育通过对现存的统治阶级支配地位及社会政治关系格局加以'合理化'并以传受系统化、理论化知识的形式向学生灌输相应的思想意识，使这些未来的社会成员认同、服从并适应统治阶级的支配与社会政治关系的格局。"[3] 学校教育还通过为统治阶级培养接班人，培养政治人才，来补充统治阶级的力量，从而维护现有的社会政治关系，提高政治管理的科学化水平。

---

[1] ［美］S. 鲍尔斯，H. 金蒂斯. 美国：经济生活与教育改革［M］. 王佩雄等，译. 上海：上海教育出版社，1990：7.

[2] 在全俄省、县国民教育厅政治教育委员会工作会议上的讲话［M］//列宁全集：第28卷. 北京：人民出版社，1990：69.

[3] 鲁洁. 教育社会学［M］. 北京：人民教育出版社，1990：114.

（二）推动社会成员的政治社会化

在推进社会成员纳入政治社会的诸多因素中，诸如学校、家庭、同辈、大众传播媒介等，学校教育系统是最强有力的影响因素。首先学校是有目的、有计划、有组织地向学生灌输传播主流政治文化，有助于使未来社会成员获取政治知识，形成比较完整的、稳定的政治思想体系，形成相应的政治情感和政治信仰，从而培养具有一定政治素质的社会公民，推动社会成员的政治社会化。

（三）促进社会的政治变革

现代社会教育的普及化是现代社会政治变革的重要标志，同时教育又是推进社会政治变革的重要力量。教育的普及，表明社会政治的平等与开放。教育的普及，深深地蕴藏着一种变革社会、促进社会发展的力量，这种力量业已在现代社会政治领域中得以展现。教育普及化水平的不断提高将更有力地推动社会政治的变革与进步。从总体上看，社会政治变革不断趋于前进与进步；教育则是促进社会政治变革的主要因素之一；教育对于社会政治变革具有强烈的反作用。

二、教育的经济功能

经济的发展越来越离不开教育的发展和进步，现代生产日益成为科学的生产，成为科学物化的过程，而科技进步、科技人才的培养基础在教育。教育对经济增长的重要作用早已被经济学家所认识。一是美国经济学家西奥多·W. 舒尔茨（Theodore W. Schultz，1902—1998）比较完整、系统地提出了人力资本理论：认为人力投资是经济增长的主要源泉；他采用收益率法测算了人力资源投资中最重要的教育投资对美国 1929—1957 年间经济增长的贡献，其比例高达 33%，并为此获得了 1979 年的诺贝尔经济学奖；二是爱德华·丹尼森（Edward F. Denison，1915—）通过精细的分解计算，论证出 1929—1982 年间的美国经济增长中，有 13.7% 的份额要单独归因于美国教育的发展。

教育的经济功能在现代社会得以加强。现代物质生产的发展，尤其是现代社会的发展与变革又强烈地反作用于现代物质生产的进一步发展，这是一种良性循环。关于教育的经济功能，主要应立足于现代教育对现代经济发展所发挥的作用进行分析。教育担负着培养劳动力的任务，是社会再生产的必要条件，也是经济增长的必要条件。社会再生产主要依靠劳动力再生产而实现。劳动力再生产最基本的因素是教育和训练。教育与社会再生产的关系主要体现在通过教育培养、训练生产所需要的熟练劳动者和各级各类专业人才上。教育正是通过向各种生产部门输送经过培训的更加熟练的劳动力和专门人才以促进经济发展，实现经济的增长。

（一）教育的基础经济功能是培养劳动力，提高劳动生产率

劳动力即是指人的劳动能力，是人们在劳动过程中所运用的体力和脑力的总和。人的劳动能力的获得主要源于两个途径：一是社会劳动实践；二是社会的教育与培养。在人类社会早期，人的劳动能力的获取主要依靠劳动实践，体力成分较多；随着当代科学技术和社会生产力的发展，人的劳动能力越来越依靠教育而获得，脑力成分比重上升，劳动者受教育程度的高低、知识的多寡，在相当程度上决定着劳动力的劳动能力。因此，通过教育掌握知识、技能，这已成为现代劳动力的必经之途，

教育以其规模大、效率高、质量高等优势，而成为培养劳动力的基本途径。教育经济学中现有的研究已证实，受过教育的人劳动生产率会提高。苏联学者的研究表明：一个受过高等教育的工人，可以提高劳动生产率的30%；一个熟练工人进修一年，可以提高劳动生产率1.6倍。1990年斯坦福大学刘遵义教授，对1965—1985年58个国家影响国内生产总值的因素进行分析，得出结论是教育对总产出作出了较大的贡献，人均受教育每增加一年，可使国内生产总值提高3%，❶等等。

通过教育所获取的劳动能力具有长期的效用，它不会在今后的使用中像其他物质资源那样会越来越少甚至消失了；相反会在多次的使用中用之不尽甚至是越来越熟练。同时在生产劳动过程中往往可以生产出新的知识和新技能，成百倍地提高劳动能力。早在1776年，亚当·斯密就在其巨著《国富论》中指出：学习是一种才能，须受教育，须进学校，须做徒弟，所费不少。这样费去的资本，好多已实现并固定在学习者的身上。这些才能，对于他个人自然是财富的一部分，对于他所属的社会，也是财富的一部分。工人增进熟练的程度，可和便利劳动、节省劳动的机器和工具同样看作是社会上的固定资本。舒尔茨也指出：人力资本投资的消费部分的实质是耐用性，在作为消费品对待时，依附在人身上的人力资本甚至比物质的耐用性消费品更加经久耐用。

（二）推动科学技术发展的功能

在现代经济中，科学技术是第一生产力，是现代经济增长的决定性因素。科学技术是知识形态的社会生产力，当它渗透于生产力诸种实体的因素之中，如劳动力、劳动资料、劳动对象时，能够创造出更高的劳动生产率和巨大的社会生产力。教育的推动作用主要表现在：

1. 教育是科学技术大规模有效传递和传播的基本途径

科学技术是人类认识自然和改造自然的智慧结晶，它的发展也是一个不断积累、传承的过程。通过教育这个特殊途径，有计划、有系统、有目的地将科学知识、技术世代相传，并由专业教师来指导完成，具有高效性、简捷性、引导性的诸多特点。教育在传播科学知识和技术的同时，还在原有的基础上进行创新，从而形成新的科学知识和技能，因此教育对科学技术而言是一种"扩大的再生产"，确保了人类科学知识的不断传播与发展。

2. 教育是使科学技术转变为现实生产力的媒介

马克思指出："生产力里面也包括科学在内。"❷但科学技术应用于生产，才能转变为现实的生产力，要实现这种转变，必须通过教育。

科学技术转化为现实的生产力的重要途径是要有大批掌握科学技术的技术人员和熟练劳动力的队伍，教育所造就出的高质量的科学家和科学技术人才正是技术转化的基础。现代教育中的中等和高等职业教育及各种社会职业培训担负着这样的任务，它们实施着不同层次、不同内容的专业性、技术性的教育，培养劳动者掌握一定职业技术和职业技能。通过他们将科学转变为技术，由技术变为直接的生产力，

❶　秦保庭. 教育与经济增长［M］. 南昌：江西教育出版社，1992：35－39，42.
❷　马克思恩格斯论科学技术［M］. 北京：人民出版社，1979：29.

推动经济不断增长。在世界发达国家中，日本和德国经济在"二战"后的快速增长，主要得益于独具特色的职业教育模式。

（三）教育对于经济运行具有直接调节作用

教育对于经济运行的调节作用主要表现在两个方面：第一，教育以自身的消费能力影响市场需求，教育事业是一项庞大的社会消耗事业，学校的基本建设、教材供应、学生基本消费等，都对市场需求产生重大影响，创造较多的生产岗位和社会价值。有的国家将其作为一个产业来经营，美国、澳大利亚等国都把教育作为一个产业来抓，其创造的产值在国民生产总值中排位较前。第二，由于教育的特殊性，教育对于劳动力供给具有"蓄水池"功能，当劳动力总体上供大于求时，各级教育可以通过扩大招生、提高层次、储备人才，通过提供教育与培训，提高劳动者的素质与技能，以推迟新增劳动力和求职者的就业时间、减轻就业压力；当劳动力不足、经济不景气之时，教育可利用自身优势，提供短期培训，将储备的人才投入劳动力市场之中，为经济发展提供充足的人力资源。

总之，教育受经济制约，教育又通过培养劳动力的中介形式对经济发展产生着影响。任何国家要推动经济增长必须适度发展教育，一方面教育落后于经济的后果就是：教育不能为经济发展提供足够的智力支持，包括技术的创新和各级各类人才，造成经济发展的速度放慢；另一方面如果不顾经济发展的客观需要，超越发展教育的后果即是出现"过度教育"。

延伸阅读：

过度教育

"二战"以后，西方发达国家加大了对教育的投入，使得各级教育得以迅速发展。受过较高教育的劳动力供给过度增加，导致了越来越多的高学历劳动力从事低学历者就可以完成的工作，这一现象被西方学者称为"过度教育"。

过度教育的表现：一是相对于历史上较高水平者而言，受过教育者的经济地位下降；二是指受过教育者未能实现其对事业成就之期望；三是指工人拥有比他的工作要求较高的教育技能，这些技能没有得到充分发挥。简要的较科学的界定是：教育所培养的劳动力和专门人才在总量和水平上超过了经济和社会发展的需求。

过度教育的测量方法：

第一种方法是根据工人的自我评估。这既可以由工人直接明确地说出其所处工作岗位所需的教育水平，也可以采取间接的方式，即由工人对他们自身实际教育水平与工作所需的教育水平作比较，判断前者大于、小于还是等于后者。

第二种方法是根据职业分类中所确定的不同工作所需的教育水平与工人实际的教育程度的比较，确定其是过度教育、教育不足或与工作所需教育相匹配。

第三种方法：某类工作岗位所需的教育水平通常与工人所接受的教育水平的平均数和分布有关，因而可对某一特定职业中工人实际的教育水平和平均的教育水平相比较，当一个工人的实际教育水平超过（或低于）平均教育水平之上（或之下）一个标准差时，称之为过度教育（或教育不足），而落入平均教育水平的正/负一个标准差之内的工人的教育程度与工作所需的相匹配。

根据上述过度教育的测量方法，西方学者相继对一些发达国家和地区的过度教育及教育不足的发生率（incidence）作了估算，研究结论表明：20世纪六七十年代以来，在西方发达国家劳动力市场上普遍存在着过度教育，过度教育与教育不足的发生率之和占了一半左右，说明这些国家和地区教育与工作需求的不相匹配现象比较严重。❶

过度教育出现的主要及负面效应：出现的原因在于，当受过教育的劳动力供给增加超过经济发展速度时，过度教育就发生了。因而"二战"后西方发达国家教育规模，尤其是高等教育入学率的迅猛发展是过度教育发生的主要原因。受过教育的劳动力供大于求的现象为过度教育的发生提供了客观的条件。其负面效应：一是教育过度发展培养出过多的毕业生，而国家经济发展的现实又不能给他们提供相应的和足够的工作岗位，出现无法就业、社会不安定的因素，同时也容易出现人才、智囊外流，造成教育资源的流失和浪费；二是劳动者的素质与生产中的技术水平不能相适应，造成人才浪费；三是大批高学历的人才没有流向相当的职位，而被迫在第一线消极工作，有碍于劳动生产率的提高。

西方经济学家对过度教育的研究对于认识我国教育发展有重要的意义。目前我国正处在经济转型期，我国政府确立了"科教兴国"战略，在高等教育上又出台了"高校扩招"的政策，使得教育规模迅速扩大，各级教育入学率有了很大的提高，这与西方国家在"二战"后的教育发展很相似。我国目前出现的大学生就业难、失业率高、人才高消费刚好符合西方学者提出的"过度教育"的三种含义，因此，学者们推导出我国存在过度教育，至少是存在高等教育过度化。但要确认过度教育的事实存在还需要科学的过度教育的实证研究。总之，加强对过度教育理论与实践的深刻认识有助于正确处理好教育与经济增长的关系，确保教育在一个适度的水平上发展。

三、教育的文化功能

教育的文化功能是教育社会功能的另一表现。教育作为社会文化的一个重要组成部分，必然受到社会文化的制约。社会文化构成教育生长的土壤和条件，教育唯有适应社会文化环境方能生存与发展。然而，教育在受制于社会文化的同时，又反作用于社会文化。教育具有传承文化、创新文化及融合文化等功能。

社会文化从广义上说只有靠教育才能显示出它的活力和历史长度。教育是文化传承的手段和工具，它具有保存、选择整理、创新文化传统的功能。文字产生以后，人们靠文字记载学习前人的物质文化和非物质文化。专门教育机构出现后，人们在学校接受文化教育，使前人积累下的文化得以传播和发展。文化的积累—承传、承传—积累的过程，也是一个学习、发展的过程，这本身就是人类的教育过程，没有这个过程，文化便停滞不前，社会也不能进步。一方面，教育对传统文化的传承总是着眼于古为今用，传承文化的过程也是文化更新的过程；另一方面，现代社会的急剧变革，现代科技的迅猛发展，必然要求教育突破原有的文化范式，实现对文化的创造、拓展与更新。教育要对文化进行筛选、加工、选择，取其精华，去其糟粕，使文化中的精华得以不断传播于后世，从而推动人类文化的不断丰富和发展。加之

---

❶ 孙志军. 过度教育：西方研究与经验［OL］. http：//epc. swu. edu. cn/cyber/200603/cc. htm.

学校教育由于其具有计划性、系统性等特点，在文化的传播过程中具有简捷、高效的特殊优势，这是其他文化传播途径所无法比拟的。因此，教育已成人类文化传承的最主要手段。

第三节 教育与我国社会主义现代化建设的关系

教育在我国社会主义现代化建设中占有极为重要的地位。正确认识教育在我国社会发展中的地位和作用，是增强国家综合国力、落实科教兴国战略、促进社会和谐发展的基本依据。

国际上关于教育与社会经济发展的关系主要有三种观点：一是在发展经济后发展教育，可称教育后行论；二是教育和经济同步发展，可称教育并行论；三是先发展教育后发展经济，可称教育先行论。后行模式是绝大多数国家教育发展的基本模式。诚如联合国教科文组织在 1998 年年度报告中指出的："多少世纪以来，特别在发生产业革命的欧洲国家，教育发展一般是在经济增长之后发生的。"随着对教育在社会经济发展和国际竞争中重要地位与作用认识的逐渐深入，20 世纪 70 年代以来，许多国家在制定国民经济和国家长远发展规划时，都把教育放在优先发展的战略地位。1972 年出版的《学会生存》一书中，曾明确指出了这一变革趋势："现在，教育在全世界的发展正倾向于先于经济的发展，这在人类历史上大概还是第一次。"[1]

一、教育在我国社会主义现代化建设中的地位和作用

我国对于教育在社会主义现代化建设中重要作用的认识也经历了一个不断深化的过程。与世界许多国家一样，我国长期以来一直奉行的是"一工交，二财贸，腾出手来抓文教"这种教育后行模式。党的十一届三中全会后，我党逐渐认识到发展社会主义教育事业，必须从社会主义初级阶段实际出发。社会主义初级阶段的主要矛盾是人民日益增长的物质文化需要同落后的社会生产之间的矛盾，这个主要矛盾贯穿我国社会主义初级阶段的整个过程和社会生活的各个方面。这就决定了我们必须把经济建设作为全党全国工作的中心，发展社会主义教育事业必须服从和服务于这个中心，推进社会生产力的发展，不断满足人民的物质文化生活需要。1982 年党的十二大把教育确定为我国社会主义经济建设的三大战略重点之一；1987 年党的第十三次全国代表大会提出"百年大计，教育为本"，"必须坚持把发展教育事业放在突出的战略地位"。党的十九大报告中提出了"建设教育强国是中华民族伟大复兴的基础工程"等重要论述。

（一）邓小平同志对教育地位和作用的认识

邓小平同志强调发展教育在中国现代化建设中的重要性，把教育摆在优先发展的战略地位。他指出：要以战略眼光来认识教育问题，"搞好教育和科学工作，我

---

[1] 联合国教科文组织. 学会生存——教育世界的今天和明天 [M]. 上海译文出版社，1982：38.

看是关键"。❶ 科学技术人才的培养，基础在教育。强调中央必须要以极大的努力抓教育，不这样做，"就会误大事，就要负历史的责任"，各级领导要高度重视抓教育工作，"忽视教育的领导者，是缺乏远见的、不成熟的领导，就领导不了现代化建设"。❷ 1988 年，邓小平明确指出了"教育优先发展"的观点。他指出：教育必须超前考虑，率先发展，重点保证，"我们要千方百计，在别的方面忍耐一些，甚至于牺牲一点速度，把教育问题解决好"。❸1992 年党的第十四次全国代表大会正式提出，"必须把教育摆在优先发展的战略地位"，全党全社会对教育在社会发展与现代化建设中重要地位与作用认识的逐步深入，教育的地位也随之日益提高，并最终确立了其优先发展的战略地位。1993 年 2 月 13 日，中共中央、国务院颁布了《中国教育改革和发展纲要》，确定了 20 世纪末我国教育改革与发展的基本目标和任务，这是将教育提升到"优先发展的战略地位"的重要举措。1995 年 3 月 18 日八届全国人大三次会议通过了《中华人民共和国教育法》，对教育在社会发展中的地位和作用作了充分肯定，指出："教育是社会主义现代化建设的基础，国家保障教育事业的优先发展。"从而在法律上确立了教育优先发展的地位。

所谓教育先行又称为教育优先发展，主要表现在两个方面：一是教育发展要适当超越于现有经济发展程度，表现在教育的投入上就是教育经费的增长幅度应该比财政收入的增长幅度大；二是在发展教育时，教育要优先优惠于其他部门而发展。即首先发展、重点发展。正如王逢贤教授所认为的："教育先行是指不仅含有在同一时期同等条件下，教育要超前于其他行业先行发展的意义；而且还包括在长远的多种事务不能齐头并进时，在排序上使教育先行的内涵其中。"❹

（二）江泽民同志对教育地位和作用的认识

党中央、国务院在 1995 年 5 月作出的《关于加速科学技术进步的决定》中明确提出了要实施科教兴国战略。江泽民同志深刻阐明了科教兴国的内涵，他指出："科教兴国，是指全面落实科学技术是第一生产力的思想，坚持教育为本，把科技和教育摆在经济社会发展的重要位置，增强国家的科技实力及向现实生产力转化的能力，提高全民族的科技文化素质，把经济建设转到依靠科技进步和提高劳动者素质的轨道上来，加速实现国家繁荣强盛。"1996 年全国人大四次会议将实施科教兴国战略确定为我国的基本国策。党的十五大提出："发展教育和科学是文化建设的基础工程。培养同现代化要求相适应的数以亿计高素质的劳动者和数以千万计的专门人才，发挥我国巨大的人力资源的优势，关系 21 世纪社会主义事业的全局。要切实把教育摆在优先发展的战略地位。"正式把教育优先发展为核心的科教兴国战略列为党和国家跨世纪的基本战略之一，并对落实科教兴国战略做了全面部署。2002年 11 月，党的十六大报告系统阐述了教育在实现全面建设小康社会宏伟目标中的战略地位和世纪初教育的目标、任务及要求，明确指出："教育是发展科学技术和培养人才的基础，在现代化建设中具有先导性全局性作用，必须摆在优先发展的战略

---

❶ 邓小平文选：第 3 卷 [M]. 北京：人民出版社，1994：9.

❷ 同上，121.

❸ 同上，275.

❹ 王逢贤. 对教育优先发展的战略的再认识 [J]. 中国教育学刊，1998 (1).

地位。"❶

教育在现代化建设中的先导性作用，主要体现为教育在经济发展中的先行性和教育在"两个文明"建设中的导向性。教育的长期性、迟效性特点，决定了教育培养未来人才和为未来经济发展储备人才的超前性。着眼于明天经济的发展，培养人才的教育必须优先经济的发展，教育必须先行；教育在物质文明建设中的导向性，主要表现在教育不仅能够培养出物质生产所必需的人才，而且通过智力开发，其还能创造和开发出新的科学技术，孕育和催生新的产业和新的经济增长，从而促进生产力的发展，推动社会主义物质文明建设的发展。建设社会主义现代化不仅要有高度的物质文明，而且还要有高度的精神文明，教育在社会主义精神文明建设中也起着重要的导向作用。教育的全局性作用主要表现为，社会主义现代化建设是一项复杂的社会系统工程，涉及政治、经济、文化、法律、社会结构等诸多领域。教育在现代化建设的各个领域、各条战线都发挥着积极的功效，它渗透于现代化建设的一切领域，贯穿于一切环节，是现代化建设发展和社会进步的奠基工程。教育事业落后，经济和社会发展的全局势必也会受到严重影响。教育事业的发展是关系到社会主义现代化建设的全局与成败的重大问题。

（三）胡锦涛同志在十七大报告中对教育作用的认识

党的十七大报告强调"优先发展教育，建设人力资源强国"，对教育事业发展和改革进行了新的全面部署，充分体现了以胡锦涛同志为总书记的党中央立足社会主义初级阶段基本国情和新的历史起点谋划教育发展的战略思路，明确提出在社会建设中，要把优先发展教育、建设人力资源强国放在首位。十七大报告重点提出要优化教育结构、促进义务教育均衡发展、加快普及高中阶段教育、大力发展职业教育、提高高等教育质量、重视学前教育等一系列对教育工作的基本要求，不仅体现了我们党的教育政策的连续性，而且报告对教育工作的论述有几个突出和鲜明的亮点：一是指出教育是民族振兴的基石，二是强调教育公平是社会公平的重要基础，三是坚持教育的公益性，四是强调加大财政对教育投入，五是进一步明确建设全民学习、终身学习的学习型社会。这些对我国的长远发展将具有非常重要的意义。

（四）习近平总书记关于建设教育强国的重要论述

习近平总书记指出："教育是民族振兴、社会进步的重要基石，是功在当代、利在千秋的德政工程，对提高人民综合素质、促进人的全面发展、增强中华民族创新创造活力、实现中华民族伟大复兴具有决定性意义。"习近平总书记在党的十九大报告中指出，"建设教育强国是中华民族伟大复兴的基础工程"。在全国教育大会上，习总书记进一步提出了"加快推进教育现代化、建设教育强国"的新要求。

关于教育强国的论述是习近平新时代教育新理念新思想新观点的重要组成部分，是新时代建设教育强国的行动指南。"教育兴则国家兴，教育强则国家强。"习近平总书记指出：教育强国是现代化强国的重要内容，也是建设现代化强国的基础。没

---

❶　江泽民.全面建设小康社会，开创中国特色社会主义社会主义事业新局面——在中国共产党第十六次全国代表大会上的报告［M］.北京：人民出版社，2002：40.

有现代化的教育，就不会有现代化的事业。

综上所述，从"教育是一个民族最根本的事业"，到"百年大计，教育为本"，再到"教育是民族振兴的基石"，可以看出，坚持教育优先发展，是我党一以贯之、与时俱进的战略思路，以这种战略作为指导，我国的教育事业必将得到更大的发展。

二、我国社会主义的教育改革成就

1949 年 10 月中华人民共和国成立以后，我国的教育事业进入了新的历史发展阶段。新中国的教育面临双重任务，一方面彻底变革旧教育中不适应社会主义发展的部分；另一方面也要从中国的国情出发，吸收和借鉴发达国家的经验，从而建立一套具有中国特色的社会主义的教育体系。为此我们进行了长期的探索，自党的十一届三中全会以来，在党中央和国务院的领导下，对教育在社会主义现代化建设中的地位和作用的认识日益深刻，确立了教育的先导性全局性地位，切实贯彻落实教育优先发展的战略，并以此为指导不断深化教育改革。"以邓小平同志、江泽民同志为核心的党中央领导集体、以胡锦涛同志为总书记的党中央关于教育的重大决策，推动教育改革发展不断迈上新的台阶。党的十八大以来，以习近平同志为核心的党中央统筹推进'五位一体'总体布局、协调推进'四个全面'战略布局，高度重视教育事业发展，深化教育领域综合改革，促使教育为社会主义现代化建设所需的人力资源开发打下坚实基础。"❶ 改革开放 40 多年来，我国各级各类教育的发展和改革取得了十分显著的成绩，以基础教育为例，突出表现在：

"九年义务教育全面普及，进入均衡发展乃至城乡一体化新阶段，2017 年全国小学学龄儿童净入学率达到 99.91%，初中和高中阶段毛入学率分别达到 103.5% 和 88.3%，高中阶段教育已经基本普及，学前教育毛入园率也创下 79.6% 的历史新高，每年全国新增劳动力的平均受教育年限超过 13 年，可以说，这一全球规模最大的基础教育体系，为培养竞争力持续增强的劳动力大军做好了必要准备……改革开放 40 年，我国构建了基本完善的现代化教育体系，初步形成了多层次、宽领域、全方位的教育对外开放格局，基本实现了从人口大国到人力资源大国的历史性转变。"❷

注释：

系统论：贝塔朗菲（1901—1972）奥地利出生的加拿大籍理论生物学家，一般系统论的创始人。贝塔朗菲的重要贡献之一是建立关于生命组织的机体论，并从生命组织的机体概念出发，形成生物学的一般理论，最后发展成一般系统论。早在 1937 年，贝塔朗菲就在芝加哥大学 C. 莫尔斯哲学研讨班上提出关于一般系统论的初步框架，但当时没有发表。1945 年 3 ~ 4 月在《德国哲学周刊》18 期上发表《关于一般系统论》的文章，但不久毁于战火，也未被人们注意。直到第二次世界大战结束，1947—1948 年他在美国讲学时才又提出系统论思想。1949 年发表《关于一般系统论》，1950 年发表《物理学和生物学中的开放系统理论》，1955 年出版专著《一般系统论》（1969 年第二版，1973 年第三版）。

❶ 张力. 改革开放 40 年的中国基础教育：成就卓著再创辉煌 [J]. 中国教育学刊，2018（11）：3.
❷ 同上，3.

第四章　教育目的

众所周知，目的性是教育活动的重要特征，直接影响教育结果。本章所讨论的教育目的实际上反映人们对教育的质量要求。

第一节　教育目的概述

学校教育模式是指一个国家或社会对教育活动进行的宏观控制系统。这个系统包括国家教育目的、教育制度和教育内容。在这个系统中教育目的决定着国家教育的方向，可见教育目的在教育活动中地位十分重要。

一、教育目的的概念

对于教育目的的概念有不同的理解，但都离不开人们对教育的价值判断，因此，教育目的与教育价值密切相关。价值是人们对事物的是非、真假、美丑、善恶的一种主观判断。教育价值是人们对教育活动客观属性的一种主观判断。教育目的体现了人们对教育价值的选择。

目前主要的教育目的定义有这样一些表述：

教育目的指社会对教育所要造就的社会个体的质量规格的总的设想或规定。

人们在进行教育活动之前，在头脑中预先观念存在的教育活动结束时所取得的结果。

教育目的即指教育要达到的预期结果，反映对教育在人的培养规格标准、努力方向和社会倾向性等方面的要求。[1]

联合国教科文组织在《学会生存》报告中作出这样表述"每一项教育行动都是指向某个目的的一个过程的一部分，这些目的是受普遍的和最终的目的所制约的，而这些普遍的和最终的目的基本上又是由社会确定下来的"，"某些形势的客观现实必然制约着每一个国家根据其特殊背景所制定的当前教育目的，但这种教育目的，同社会的一般目的一样，也是那些参加教育活动的个人意志行为与主观选择的结果"。[2]

《中国大百科全书（教育）》把教育目的定义为"把受教育者培养成为一定社会需要的人的要求。教育目的是根据一定社会的政治、经济、生产、文化科学技术发展的要求和受教育者身心发展的状况确定的。它反映了一定社会对受教育者的要求，

---

[1]　全国十二所重点师范大学联合编写. 教育学基础［M］. 北京：教育科学出版社，2014：66.

[2]　联合国教科文组织. 学会生存［M］. 北京：教育科学出版社，1996：183.

是教育工作的出发点和最终目标，也是确定教育内容、选择教育方法、检查和评价教育效果的根据"❶。

人们对教育目的界定时，有的是从社会需求的角度关注教育的质量规格，这种观点侧重国家或社会对教育的要求，具有强制性。也有的从人的发展需要的角度进行阐述，主要是针对学习者的发展而言。还有的是从参与教育活动的不同当事人的角度，对教育活动的结果的设想。

概括而言，教育目的是人们对教育质量规格的期望结果。这里的人们既包括社会期望，也包括教育主体的期望。

教育目的作为一个国家或社会教育宗旨，是由不同层次构成的。最高层次是国家教育目的，体现国家对教育质量的要求；国家教育目的的具体化就是各级各类学校的培养目标，这是各级各类学校根据其性质、任务等对培养人才的特殊要求；培养目标进一步具体化就是课程目标和教学目标，每一个学校的培养目标是依靠每一门课程的课程目标和教学目标完成的，课程目标或教学目标是学校在完成某一阶段教学工作时，期望学习者达到的要求或产生的变化结果。因此，教育目的是一个多层次目标构成的体系。教育目的三个层次是总体要求与具体要求、一般与特殊、普遍与个别的关系，国家教育目的制约着学校的培养目标和课程或教学目标。

教育目的作为教育活动的质量要求，其组成成分首先表现为对学习者基本的身心素质的规定，这是教育目的的核心因素。学习者身心基本素质表现为知识、智力、品德、审美、身体等，这是学习者个性结构的主要内容。在教育活动中追求的最终落脚点是学习者，教育的目的是使学习者身心全面、和谐地发展。因此，学习者身心素质的规格是第一位的。学习者身心素质发展固然重要，但学习者的发展和成长不可能在真空中完成，必须与社会发生联系，这就是教育目的的第二个组成部分，即人的社会价值的规定。它规定一个国家或社会教育的性质和教育活动的方向。教育受社会政治、经济、文化等方面因素的制约是客观事实，社会需求必然要体现在教育中。人的社会价值规定了学习者的发展要符合现实社会的需要，能够为社会服务，在阶级社会中，要为统治阶级的利益服务。可以说，人的社会价值规定对一个国家或社会的教育起着定向作用。可见，教育目的正是通过上述两重组成集中体现出社会与学习者发展之间的关系。

二、教育目的的分类

由于教育目的提出者既有国家或社会统治者，也有教育家或学者，更有直接参与教育过程的活动主体，他们从不同角度提出教育目的，因此无法用单一的标准对教育目的进行分类。在此，我们依据不同的标准尝试对教育目的进行分类。

（一）按价值取向进行分类

这是比较常见的分类方法。最主要的两种观点就是个体本位论和社会本位论。

1. 个体本位论

个体本位论主张教育目的的确定应该以人的本性及学习者个体的需要为根据。

---

❶　中国大百科全书（教育）［M］．北京：中国大百科全书出版社，1985：172.

持这一论点的主要代表人物是法国教育家卢梭、瑞士教育家裴斯塔洛齐和德国教育家福禄倍尔。卢梭在著名教育论著《爱弥儿》开篇就说："在人的心灵中根本没有什么生来就有的邪恶"，"出自造物主之手的东西都是好的，而一到人的手里，就全变坏了"。❶ 瑞士教育家裴斯塔洛齐认为，"为人在世，可贵者在于发展，在于发展各人天赋的内在力量，使其经过锻炼，使人能尽其才，能在社会上达到他应有的地位。这就是教育的最终目的"❷。德国教育家福禄倍尔曾说："只有对人和人的本性的彻底的、充足的、透彻的认识，根据这种认识加以勤勤恳恳的探索，自然也得出有关养护和教育人所必需的其他一切知识以后……才能使真正的教育开花结果。"❸

概括而言，个体本位论认为教育的个人价值高于社会价值，教育的目的就在于把学习者培养成人，充分挖掘和发展学习者的个性，不断增强学习者的个人价值。个体本位论具有浓重的人道主义色彩，18 世纪、19 世纪是其鼎盛时期。个体本位论注重学习者的个性等观点，在反对封建、宗教等思想影响的欧洲中世纪教育具有非常重要的意义，对于今天倡导"以学生为本"教育思想也有一定的影响，但这种观点过分强调个人价值，忽视社会价值，不免有失偏颇。

2. 社会本位论

社会本位论相对于个体本位论而言，主张教育目的要根据社会需要而确定，教育应该造就社会化的人。这一论点的主要代表人物是法国的涂尔干、德国的凯因斯泰纳（George Kerschenteiner）等。涂尔干说："教育在于使青年社会化，——在我们每一个人之中，造就一个社会的我。这便是教育目的。"❹ 凯因斯泰纳认为："一切教育的目的——是教育有用的公民。"❺ 他还说："我十分明确地把培养有用的国家公民当作国家国民学校的教育目标，并且是国民教育的根本目标。"❻

社会本位论认为教育的社会价值高于个人价值，个体只是教育加工的材料，个体的生存和发展只能依赖于社会。他们认为对教育进行评价主要是看教育的社会功能如何，是否促进社会的进步和发展是衡量教育好坏的标准。社会本位论的全盛时期是 19 世纪至 20 世纪初，他们强调教育要满足社会需要，教育要以社会的稳定和发展为目的，学习者的生存和发展均不能脱离社会的要求等观点是客观和合理的。但是也必须指出，社会是由个体组成的，离开个体社会就不存在，个体只有借助教育实现个人价值，才有可能实现社会价值。因此，过分强调教育的社会价值是不可取的。

（二）按照文字的表述方式进行分类

按照文字的表述方式可将教育目的分为：一元化教育目的和多元化教育目的。

1. 一元化教育目的

一元化教育目的是指以理想的人的培养为教育追求的目标，表现为静态统一和

---

❶ ［法］卢梭. 爱弥儿［M］. 北京：商务印书馆，1978：5，95.

❷ ［瑞士］裴斯塔洛齐. 西方资产阶级教育论著选［M］. 北京：人民教育出版社，1964：173.

❸ ［德］福禄倍尔. 人的教育. 西方资产阶级教育论著选［M］. 北京：人民教育出版社，1964：305.

❹ 吴俊生. 教育哲学大纲［M］. 北京：商务印书馆，1943：149.

❺ 瞿葆奎. 教育学文集·教育目的［M］. 北京：人民教育出版社，1989：462.

❻ ［德］凯因斯泰纳. 凯因斯泰纳教育论著选［M］. 北京：人民教育出版社，1984：15.

方向单一的特点。苏联和印度的教育目的都属此类。苏联《国民教育立法纲要》中规定："苏联国民教育的目的，是以马克思列宁主义思想的教育、尊重苏联法律社会主义法律的教育、共产主义劳动态度的教育，培养学识渊博的、全面发展的、积极的共产主义劳动建设者。"印度的《国家教育政策草案》规定："教育的目的在于不损害社会福利、社会进步以及我们尊重的自由、平等、社会主义的理念，通过正直的人生，谋求个人的发展。"从上述事例可以看出，一元化教育目的表述较概括和笼统，在实践中操作较有难度。

2. 多元化教育目的

多元化教育目的是指把笼统、概括的教育目的分解为若干个教育目标的表述形式。这种教育目的以美国最为突出。比较有代表性的是1938年全美教育协会教育政策委员会在《美国民主中的教育意图》中这样表述："美国民主主义教育目的，可分为四个主要方面来考虑：①自我实现的目标；②人际关系的目标；③经济效率的目标；④公民责任的目标。"其中人际关系的目标有可分解为尊重人性、友好、协作、礼仪等。❶ 多元化教育目的最大的特点就是在教育实践中的操作性较强，但对教育目的进行目标分解的依据和标准是否科学值得研究。

（三）按实践中重视程度进行分类

按实践中重视程度将教育目的分为正式决策的教育目的和非正式决策的教育目的。

1. 正式决策的教育目的

正式决策的教育目的是指被政府等权力机构确定并要求教育机构贯彻执行的教育目的。这种教育目的往往会体现在国家或政府的法律和教育文件中，对国家的各级各类教育机构的教育活动具有广泛的指导意义。目前各国法律和教育纲要中规定的教育目的都属此类。

2. 非正式决策的教育目的

非正式决策的教育目的顾名思义是指非政府等权力机构确定的教育目的。这种教育目的主要是指一些教育家或学者根据自己的思考和研究，提出的有关教育目的的见解，尽管他们提出的教育目的没有被官方采用，但由于他们提出的思想和理论不乏真知灼见，因此在社会上会产生一定的影响。此外，还有一种非正式决策的教育目的是借助一定的社会功利心理和观念而存在的教育目的，也具有一定的社会影响。例如我国目前存在的追求升学率的问题，实际上是社会功利心理和观念的存在，导致社会、学校及家庭均以升学率高低来评价学校教育活动的成败。这种功利性的对教育目的的理解，对国家或政府的教育目的是一种干扰，对教育实践也会产生不利的影响，应该加以预防和纠正。

三、教育目的的社会制约性

教育是人类特有的一种社会现象，教育活动的目的必然要受到社会多方面的作用和影响。主要表现为以下两个方面。

---

❶ 李剑萍，魏薇. 教育学导论［M］. 北京：人民教育出版社，2000：128.

（一）社会关系对教育目的的制约

社会关系是指人们在共同活动的过程中彼此间结成的关系。一切社会关系中最主要的是生产关系，即经济关系，其他政治、法律等关系的性质都决定于生产关系。❶ 可见，教育作为人类的一种社会活动，在人类社会发展的各个阶段中必然会受到所处社会的生产关系的影响，教育目的也不例外。在阶级社会，统治阶级利用其在经济、政治上的统治权力对教育目的的制定实施控制。以我国为例，我国古代儒学创始人孔子提出培养"君子"和感化"小民"的教育目的，其继承者孟子也提出"明人伦"的教育目的，他们的这些思想被我国历代封建王朝的统治者尊为维护其统治的法宝，"明人伦"一直是我国封建社会的教育目的，统治阶级以此培养顺民来维护封建制度。又譬如在 19 世纪末 20 世纪初欧洲形成的双轨学校教育制度，体现出统治阶级既要培养其统治所需要的各种管理人才，又要培养有一定知识和技能、满足大机器生产需要的普通劳动者的教育目的。

（二）社会生产和科学技术发展对教育目的的制约

社会生产和科学技术发展状况和水平是一个社会教育发展的物质基础，同时也对教育目的产生重要的影响。在社会生产力相对落后、科技不发达的社会，社会生产的劳动知识和技能只需要在日常劳动中通过口耳相传的形式就可以完成，因此学校教育的主要目的就是培养能够管理国家的人才。然而进入工业社会以后，大机器生产的技术基础就是科学技术，要求不仅是管理人员，普通劳动者也必须掌握科学文化知识和生产技能，学校教育必须培养以这两方面的人才为目的，要体现教育与生产劳动的结合。在今天 21 世纪的信息时代，各国都认识到综合国力的高低是体现一个国家发展水平的重要标志。而综合国力竞争就是科学技术水平的竞争，科学技术水平的竞争往往是人才素质的竞争，人才素质竞争实际上是教育的竞争，所以，各国都把培养身心和谐发展、具有创新素质的人才作为教育目的。例如，日本提出要在 50 年内培养出 30 个获诺贝尔奖的科学家。

四、教育目的受人的身心发展水平和需要的制约

教育目的体现了国家或社会的质量观，这个质量是指向教育活动中的学习者，任何教育活动的落脚点都是学习者，教育活动最终要促进学习者的发展，因此确立教育目的时，必然要考虑学习者身心发展水平和需要。

（一）人的身心发展水平的制约

人的身心发展水平对教育目的的制约主要体现在各级各类学校培养目标的确立上。各级各类学校必须依据学习者身心发展规律，确立其培养目标，才能使学校教育符合不同教育阶段学习者的发展需要，使教育内容和教育方法、手段更具有针对性。例如，顺序性和阶段性是青少年身心发展的规律之一，小学和中学教育在确立培养目标时，既体现其各阶段的自身的教育要求，同时也要考虑到两个阶段之间教育的衔接性。

---

❶　现代汉语词典：2002 年增补本［M］. 北京：商务印书馆，2002：1116.

（二）人的发展需要的制约

人的发展需要是多方面的，既包括物质需要，也包括精神需要；既有现实需要，也有未来需要；既有生存需要，也有发展需要。随着社会发展和进步，人的发展需要愈来愈多元化，人们的需要往往会通过接受教育来满足。因此在制定教育目的时，既考虑社会发展的要求，更要兼顾人的发展需要，才可能使教育目的更体现教育主体的要求，更能使学习者在教育活动中发挥其主动性、积极性和创造性。

五、教育目的的价值取向

教育目的的价值取向是指人们对教育活动目的的价值进行选择时，所表现出的主观倾向性。人们对教育活动目的进行价值选择时，会存在不同的见解和主张。这与人们的社会背景、经济地位、社会和生活感受、文化背景、实践经验和认识水平、社会理想、政治倾向以及利益和价值观念等方面的差异有关。历史上争论影响最大的有关教育价值取向的两大派别就是个体本位的价值取向和社会本位的价值取向，这两派的观点前面已经介绍过了。

应该说在科学技术迅猛发展的今天，人们对教育目的价值取向更加多样化，但在教育目的的社会价值取向上更趋全面性和综合性，特别要考虑以可持续发展的理念为指导。同时教育目的的社会价值取向也要处理好适应与超越问题、功利价值与人文价值问题以及民族性与世界性问题。

在涉及教育目的人的价值取向时，也不能不考虑人的社会化和个性化问题，人的理性和非理性问题，科技素质与人文素质问题。

第二节　当代中国的教育目的

一、中华人民共和国成立前中国教育目的的回顾

（一）清末近代教育宗旨

在我国，以国家形式颁布的教育目的，较早见于清政府学部（1906 年）规定的教育宗旨："忠君、尊孔、尚公、尚武、尚实。"

清末近代教育宗旨的提出是清政府制定新学制体系的重要教育管理措施之一。1906 年（光绪二十三年）3 月 25 日由学部奉上谕公布教育宗旨：即"忠君、尊孔、尚公、尚武、尚实"，这个教育宗旨仍然体现"中学为体，西学为用"的精神。学部在《奏请宣示教育宗旨折》中，解释五项宗旨的重要性，指出"忠君""尊孔"是"中国政教之所固有，而亟宜发明以距异说者"，这在实质上即以"中学为体"；"尚公""尚武""尚实"则是"中国民质之所最缺，而亟宜针砭以图振起者"，事实上这就是"西学为用"。"尚公"是要"务使人人皆能视人犹己，爱国如家"；"尚武"是要求"凡中小学堂各种教科书，必寓军国民主义"，并设体操一科，使"幼稚者以游戏体操发育其身体，稍长者以兵式体操严整其纪律"；"尚实"则要求教育能"勖之以实行，课之以实用，……以期发达实科学派"，"必人人有可农可工

可商之才"。可以说，这个教育宗旨的颁行，对于当时各级各类学堂的办学方向、课程设置、人才培养都起到了导向作用。

（二）民国时期的教育方针

1911 年，孙中山推翻半殖民地、半封建的清王朝，建立中华民国，并在南京成立临时政府时，聘请蔡元培担任第一任教育总长。1912 年 1 月蔡元培出任南京临时政府教育总长，对文化教育进行一系列改革。他发表《对于教育方针之意见》，批评清末的教育宗旨，宣布废除忠君、尊孔、读经，改革学制，修订课程，实行小学男女同校，推行义务教育和社会教育等。特别是提出了以军国民教育、实利主义教育、公民道德教育、世界观教育、美感教育"五育"并举的教育方针。后经全国临时教育会议通过，正式颁布了新的教育方针"注重道德教育，以实利教育，军国民教育辅之，更以美感教育完成其道德"。这一教育方针体现了资产阶级关于人的德、智、体、美和谐发展的思想，否定了清朝教育宗旨的实质，并在教育方针上清除了封建专制教育的影响，为促进中国近代教育观念和教育实践从片面走向全面，从缺乏科学性逐渐走向科学化发挥了不可磨灭的作用。

1927 年南京国民政府成立之初，依旧沿用广州国民政府所施行的"党化教育"方针，但在实施中引起教育界进步人士的强烈不满，于是在 1929 年 3 月召开的国民党三大会议上，经过大会讨论，将"方针"改为"宗旨"，将教育宗旨确定为："中华民国教育，根据三民主义，以充实人民生活，扶植社会生存，发展国民生计，延续民族生命为目的；务期民族独立，民权普遍，民生发展，以促进世界大同。"并于当年 4 月 26 日由南京国民政府通令公布。

1946 年当时国民政府颁布宪法，第 158 条提出教育文化宗旨：教育文化应发展国民之民族精神，自治精神，国民道德，健全体格与科学之生活智能。

二、中华人民共和国成立后中国的教育方针

教育方针是中华人民共和国成立后教育目的常用的表述形式。那么教育方针与教育目的之间是何种关系呢？应该说这个问题一直有争论，对其之间关系的讨论在 20 世纪 50 年代末就已经开始。1958 年中共中央和国务院《关于教育工作的指示》曾经明确指出，"党的教育工作方针，是教育为无产阶级政治服务，教育与生产劳动相结合"；"教育目的，是培养有社会主义觉悟的有文化的劳动者"。基于此，有的教育学者认为，教育目的是培养什么人的问题，而教育方针是实现教育目的的手段。❶ 但也有一些学者认为"方针"即"目的"。改革开放以来，这种争论仍然没有停止。

要解决这个问题首先要明确教育方针的概念，一般认为教育方针是"国家根据政治经济需要，为实现教育目的所规定的教育工作的总方向"❷。据此看来，教育方针和教育目的尚不能完全等同。目前更多的学者倾向于将二者区别看待，认为二者的区别主要表现在：第一，出发点不同。教育目的是在个人需要和社会需要之间作

❶　瞿葆奎 . 教育基本理论之研究（1978—1995）[M]. 福建：福建教育出版社，1998：608.

❷　辞海：教育、心理分册 [M]. 北京：商务印书馆，1980：2.

出的教育价值选择；而教育方针是国家根据政党或统治阶级对教育的价值选择而制定的在一定时期内教育工作的总方向，是对教育基本政策的总概括。第二，作用对象不同。教育目的的作用指向是个体或学习者；而教育方针指向是整个社会的教育事业，包括各级各类教育机构。因此教育目的反映的是教育培养人的质量规格，是理论术语、学术概念；教育方针更侧重反映一定时期内政党或国家对教育发展的基本指导思想，是工作术语、政治性概念。

中华人民共和国成立初期，也曾提出过一些教育方针，例如《共同纲领》中提出，"中华人民共和国的文化教育为新民主主义的、民族的、科学的、大众的文化教育……应以提高人民的文化水平，培养国家建设人才，肃清封建的、买办的、法西斯主义的思想，发展为人民服务的思想为主要任务"。很显然，这个教育方针是相对于我国当时由新民主主义向社会主义过渡这一历史特殊时期提出的，重点明确了这一时期我国教育的性质和任务，但对学习者身心素质没有涉及。

（一）毛泽东提出的教育方针

我国于 1956 年完成三大改造，顺利实现新民主主义向社会主义过渡，从此，社会主义制度在我国建立。此时，社会主义教育方针的确立成为我国教育迫切需要解决的重要任务。1957 年毛泽东依据当时我国社会经济发展和社会政治现实状况，发表《关于正确处理人民内部矛盾》，首次提出"我们的教育方针应该使受教育者在德育、智育、体育几方面都得到发展，成为有社会主义觉悟的有文化的劳动者"。应该说，这是中华人民共和国成立后第一次比较全面体现教育目的的内涵的方针。这个教育方针的核心是培养劳动者，这是新中国教育区别于中国以往任何历史时期而对教育价值进行的一种选择。劳动者既包括体力劳动者，也包括脑力劳动者。德育、智育、体育几方面都得到发展体现了马克思主义关于人的全面发展学说的思想，是对青少年身心素质的要求。有社会主义觉悟、有文化体现了社会主义教育的性质和方向。毛泽东提出的教育方针是符合当时中国社会政治、经济等方面发展要求的，对新中国教育的发展产生了深远的影响，这个方针一直延续到 20 世纪 70 年代末。但不可否认，这个方针在理解和贯彻过程中，特别是我国意识形态影响严重时期曾经被曲解和歪曲，在教育实践中严重背离了这个方针的初衷，产生了一定的消极影响，但这个教育方针的重要地位是不容置疑的。

（二）我国教育目的的发展

"文革"结束后，我国社会生活的各个领域全面处于拨乱反正之中，确立了以经济建设为中心的工作方针，围绕这一中心工作，我国开始对教育进行整顿。首先要解决的是我国的教育目的。

1981 年中共中央《关于建国以来若干历史问题的决议》中提出，我国教育要"坚持德智体全面发展，又红又专、知识分子与工人农民相结合、体力劳动和脑力劳动相结合的方针"。这是对 1957 年教育方针的第一次修正，目的是强调全面理解劳动者的含义。

1982 年第五届全国人民代表大会第 5 次会议通过《中华人民共和国宪法》，其中第四十六条指出："中华人民共和国公民有受教育的权利和义务。国家培养青年、少年、儿童在品德、智力、体质等方面全面发展。"这是对我国教育目的的比较明确的规定。

1985 年中共中央《关于教育体制改革的决定》对我国教育目的进行了这样的表述：教育要为我国经济建设和社会发展培养各级各类合格人才，"所有这些人才，都应有理想、有道德、有文化、有纪律，热爱社会主义祖国和社会主义事业，具有为国家富强和人民富裕而艰苦奋斗的献身精神，都应该不断追求新知、具有实事求是、独立思考、勇于创造的科学精神"。这段表述简称为"四有、两热爱、两精神"，它曾被当作我国教育目的的最新表述，直到我国《教育法》颁布。

1986 年第六届全国人民代表大会第 4 次会议通过了中华人民共和国成立后第一部专门的教育法，即《中华人民共和国义务教育法》，第 3 条规定"义务教育必须贯彻国家的教育方针，努力提高教育质量，使儿童、少年在品德、智力、体质等方面全面发展，为提高全民族的素质，培养有理想、有道德、有文化、有纪律的社会主义建设人才奠定基础"。这里尽管是针对义务教育阶段提出的教育性质和任务，但其中又对我国的教育目的进行了表述，并且首次把提高全民族素质写入教育目的中。

1990 年，《中共中央关于制定国民经济和社会发展十年规划和"八五"计划的建议》中，将教育方针和教育目的表述为"教育必须为社会主义现代化建设服务，必须与生产劳动相结合，培养德、智、体全面发展的建设者和接班人"。这个表述后来出现在我国《教育法》中。

1993 年《中国教育改革和发展纲要》第 27 条提出："教育改革和发展的根本目的是提高民族素质，多出人才，出好人才。各级各类学校要认真贯彻'教育为社会主义现代化建设服务，必须与生产劳动相结合，培养德、智、体全面发展的建设者和接班人'的方针，努力使教育质量在九十年代上一个新台阶。"

1995 年第八届全国人民代表大会第 3 次会议通过《中华人民共和国教育法》，第 5 条规定我国现阶段的教育方针是："教育必须为社会主义现代化建设服务，必须与生产劳动相结合，培养德、智、体等方面全面发展的社会主义事业的建设者和接班人。"该方针规定了我国新时期教育的性质、任务、途径和目的。自此，教育法中的表述取代 1985 年的教育目的，成为我国现阶段教育目的的最新表述。

1999 年 6 月第三次全国教育工作会议，出台《中共中央国务院关于深化教育改革，全面推进素质教育的决定》，提出"以提高国民素质为根本宗旨，以培养学生的创新精神和实践能力为重点，造就'有理想、有道德、有文化、有纪律'的、德智体美等全面发展的社会主义事业建设者和接班人"。这个表述概括了我国当前教育改革中应确立的指导思想。

2001 年 6 月《国务院关于基础教育改革与发展的决定》颁布，提出"要高举邓小平理论伟大旗帜，以邓小平同志'教育要面向现代化，面向世界，面向未来'和江泽民同志'三个代表'重要思想为指导，坚持教育必须与生产劳动和社会实践相结合，培养德智体美等全面发展的社会主义事业建设者和接班人"。

三、我国现行的教育方针

我国教育方针的表述较多，但近二十年来，最初依据 1995 年颁布的《中华人民共和国教育法》的表述作为我国现行的教育方针；2010 年 7 月，我国召开全国教育工作会议，中共中央国务院颁布了《国家中长期教育改革和发展规划纲要（2010—2020 年)》，对我国教育方针进行了新的表述；2015 年，第十二届全国人民代表大会常务委员会第十八次会议《关于修改〈中华人民共和国教育法〉的决定》（第二次修正）其中对教育方针的表述被认为是我国现行教育方针的最新表述。

1995 年 3 月 18 日第八届全国人民代表大会第 3 次会议通过《中华人民共和国教育法》，同年 9 月 1 日起施行。其中第一章总则第 5 条是："教育必须为社会主义现代化建设服务，必须与生产劳动相结合，培养德、智、体等方面全面发展的社会主义事业的建设者和接班人。"这一段话是我国通过立法首次完整地规定了国家的教育方针，指出了我国新时期教育的性质、任务、途径和目的。

2010 年 7 月 30 日，《人民日报》刊登了《国家中长期教育改革和发展规划纲要（2010—2020 年)》，该纲要在第一章"指导思想和工作方针"中指出："全面贯彻党的教育方针，坚持教育为社会主义现代化建设服务，为人民服务，与生产劳动和社会实践相结合，培养德智体美全面发展的社会主义建设者和接班人。"该纲要提出的教育方针在有些内容方面阐述得更具体，与教育法里规定的教育方针基本精神是一致的。

2015 年 12 月 27 日，第十二届全国人民代表大会常务委员会第十八次会议通过《关于修改〈中华人民共和国教育法〉的决定》（第二次修正），其中第一章总则第 5 条："教育必须为社会主义现代化建设服务、为人民服务，必须与生产劳动和社会实践相结合，培养德、智、体、美等方面全面发展的社会主义建设者和接班人。"这一段表述被公认为是我国现阶段教育方针的最新表述。

我国现阶段教育方针是我国依据教育规律和总结中华人民共和国成立以来教育发展的经验和教训的基础上提出的，体现了以下基本精神。

（一）强调教育必须为社会主义现代化建设服务，规定我国教育工作的性质和任务

无论是一个国家还是社会，教育目的或教育方针必然要体现或反映该社会的教育价值选择。《中华人民共和国宪法》第一章总纲第一条明确规定："中华人民共和国是工人阶级领导的、以工农联盟为基础的人民民主专政的社会主义国家。社会主义制度是中华人民共和国的根本制度。"可见，社会主义是我国社会的重要特征，我国教育工作必须体现社会主义的方向，为社会主义社会发展和巩固培养各级各类人才，从这个意义上说，该方针明确规定了我国教育工作的性质。

同时，我国正处在社会主义现代化建设时期，社会领域的任何活动都必须服从和服务于社会主义现代化建设这一中心工作。社会主义现代化建设包括物质文明建设、精神文明建设以及上层建筑和意识形态建设，涉及我国政治、经济、文化、科学等诸多领域，这些领域的现代化建设都需要大量人才，教育必然要承担起培养人才的任务。因此，我国教育担负着为社会主义现代化建设全方位服务的任务。

（二）坚持教育与生产劳动相结合是实现我国教育方针的根本途径

教育与生产劳动相结合是马克思主义的重要教育思想。马克思明确指出："生产劳动同智育和体育相结合，它不仅是提高社会生产的一种方法，而且是造就全面发展的人的惟一方法。"教育与社会生产相结合，既是全面实现脑力劳动与体力劳

动的内在有机联系的基本途径，也是贯穿于培养全面发展的人的全过程的指导思想。

在当今社会中，生产、科技、教育在本质上是紧密相连的。科技、文化、教育因素在经济发展中的作用越来越大，必然导致教育与经济的一体化。现代社会每个成员直接或间接地与生产发生联系，教育也必然与生产劳动结合。在教育活动中，教育者通过传授生产劳动所需要的科学技术知识，以培养能够适应现代化生产需要的劳动者。可见，教育与生产劳动的结合过程，既具有促进生产力发展的作用，又适应社会进步对人的发展要求，因此，教育与生产劳动相结合成为现代社会教育的一种必然趋势，各个国家都给予普遍重视。在不少发达国家，都把生产劳动列入教学计划，使其成为整个教育系统中的重要环节，也有的国家把加强生产劳动教育作为学校同生活联系的纽带，探索"合作教育"的形式，这些充分体现教育与生产劳动相结合这一社会发展的客观规律。

中华人民共和国成立以来，我国教育工作长期坚持教育与生产劳动相结合，在学校中普遍实施劳动生产教育。在我国教育与生产劳动相结合的实施过程中，尽管有成功经验和失败教训，但实践证明无论如何，教育与生产劳动相结合，是培养和造就德智体等方面全面发展的建设者和接班人的根本途径。教育与生产劳动相结合，首先有利于端正青少年学习现代生产技术和劳动经验的态度，树立为国家现代化建设做贡献的使命感，形成他们正确的人生观和世界观；其次有利于青少年了解社会生产劳动的基本过程，掌握使用日常生产工具的基本技能和技巧，培养他们解决实际问题的实践能力；再次有利于青少年的身体健康发展，通过生产劳动的实践，使学生的体力受到锻炼，体魄得到增强；最后有利于青少年劳动情感的培养，在学习现代生产技术和生产劳动中，培养学生热爱劳动、珍惜劳动成果、尊重和热爱劳动人民的感情。因此，教育与生产劳动相结合是实现我国教育方针的根本途径。

（三）培养德、智、体等方面全面发展的社会主义建设者和接班人，规定了我国人才培养的素质要求和历史使命

德、智、体等方面全面发展是我国教育目的的重要内容，集中体现了我国教育所要培养的人的基本素质。德是个体在生活和工作中，对待自己、对待他人、对待集体、对待社会、对待自然界所表现出的态度、行为，是一个人价值观、人生观、世界观的体现。对青少年而言，德主要表现为道德素质、心理素质、法纪素质、思想素质和政治素质。智是个体在生活和工作中，应具有的驾驭自然和社会的能力。对青少年而言，表现在应掌握丰富的科学文化知识，具有较好的知识水平；具有较高的智力水平和较强的能力，包括一般能力如注意能力、观察能力、思维能力外，还应包括基本的社会交往能力、语言表达能力、写作能力以及参与社会公益活动的能力等；逐渐养成科学的态度和探索的精神。体是个体在工作和生活中应具有身体活动机能、能量、体质和体力等。对青少年而言，包括机体的正常发育和良好身体素质。美是个体对于自然界和社会中有关人和物的美的感受和表现能力。对青少年而言，包括健康的审美观念、审美情趣和审美能力以及创造美的能力。要求受教育者德智体全面发展是对受教育者所应该具备的素质的整体性规定，而不是仅仅局限于对受教育者进行德育、智育、体育几方面的教育。

我国教育在注重学生德、智、体等全面发展的同时，也要重视学生独立个性的

培养。作为有独立个性的人，应该是追求主宰自己的人，是有理想，懂得自尊、自立、自强、自制的人，同时还应该具有开拓精神和创造才能，这些都是现代人必备的品质。在教育活动中，学生独立个性表现为德、智、体、美在每个学生身上的不同组合。全面发展的教育目的要求学生的素质能够得到多方面的充分发挥，同时也强调全面发展在不同个体身上的不同表现，体现出不同的特点，也就是个性发展。

德、智、体、美等方面在青少年发展过程中互相联系、互相影响、互相作用，是青少年健康成长的基础，也是我国现代化建设必备的基本素质。

培养社会主义建设者和接班人是我国教育工作承担的历史重任，"建设者"和"接班人"体现教育目的所作的功能分析，它是对学习者统一要求的两个方面。"建设者"提出，一方面是为了避免我国长期以来把"劳动者"片面理解为体力劳动者的误区；另一方面更加明确我国教育是培养现代化建设所需要的各行各业的初、中、高级的各类建设人才，这些人才，既有从事体力的工作者，也有脑力劳动的工作者。"接班人"则更加明确了我国教育所要培养的人，不仅是现代化社会的建设者，同时又是社会主义事业的接班人，是中国共产党的事业的接班人。

（四）提高全民族素质是我国教育方针蕴涵的重要内容

由于我国人口数量众多，而且文化水平偏低，这无疑将成为我国现代化建设的一个沉重负担。为了避免我国未来可能出现的人口危机，除控制人口的总数增长外，必须全面提高我国人口的素质，提高人的文化水平。只有当整体劳动者的素质得到充分提高，我国才能使人口的压力变为推动经济发展的动力。而提高劳动者素质的任务，自然地就落到了教育身上。此外，由于科学技术的迅速发展，未来社会经济的发展将越来越依赖于技术和知识的水平。在未来的世界发展中，经济的竞争、综合国力的竞争实际上就是科学技术和民族素质的竞争。所以，从这个意义上说，谁掌握了面向未来的教育，谁就能在未来的国际竞争中占据战略的主动地位。因此，我国社会发展和进步离不开全体国民素质的提高，全民素质的提高离不开教育，教育担负着提高我国全民族文化素质的重要职责，教育在推动我国经济发展战略的过程中具有不可替代的重要作用。

四、我国全面发展教育的基本组成部分

（一）德育

德育是培养学生正确的价值观、人生观和世界观，使学生具有良好的道德、心理、法纪、思想和政治素质的教育。我们的教育必须立德树人，德育是中国特色社会主义教育的集中体现，对学生全面发展起着定向作用。

我国小学阶段的德育目标是使学生初步具有爱祖国、爱人民、爱劳动、爱科学、爱社会主义和爱中国共产党的思想感情，初步具有关心他人、关心集体、诚实、勤俭、不怕困难等良好品德，以及初步具有分辨是非的能力，养成讲文明、懂礼貌、守纪律的行为习惯。

我国初中阶段的德育目标是使学生具有爱祖国、爱社会主义、爱中国共产党的思想感情，初步树立辩证唯物主义、历史唯物主义的基本观点，初步具有为人民服务的思想和集体主义观点，具有良好的品德，以及一定的分辨是非和抵制不良影响

的能力，养成文明礼貌、遵纪守法的行为习惯。

我国高中阶段的德育目标是使学生热爱社会主义祖国，拥护中国共产党，了解中国历史和国情，对国家和民族具有责任感，初步形成正确的世界观、人生观和价值观。具有民主和法制精神，学习行使公民权利和履行公民义务；积极参与社会公益活动；具有自觉保护环境的意识和行为；具有集体意识和合作精神；具有参与国际活动和国际竞争的意识；具有独立生活的能力；形成健全的人格。

（二）智育

智育是授予学生系统的科学文化知识、技能，发展他们的智力的教育。通过智育，帮助学生认识自然规律和社会规律，使学生了解和懂得自然界和社会发展的规律，提高他们分析问题和解决问题的能力，这对于学生掌握从事社会主义现代化建设实际本领和个性全面发展起着重要作用。所以智育同样是全面发展教育的重要组成部分。

我国小学阶段的智育目标是使学生具有阅读、书写、表达、计算的基础知识和基本技能，掌握一些自然、社会和生产常识，培养观察、思想、思维、动手操作和自学能力，以及有较广泛的兴趣和爱好，养成良好的学习习惯。

我国初中阶段的智育目标是使学生掌握必要的文化科学基础知识和基本技能，具有一定的自学能力，运用所学知识分析问题、解决问题的能力和动手操作能力，培养学生实事求是的科学态度和不断追求新知识的精神。

我国高中阶段的智育目标是使学生具有适应学习化社会所需要的文化科学知识，形成独立思考、自主学习的能力；具有科学精神，形成科学态度，学会科学方法；能够利用现代信息技术手段进行学习，解决问题；进一步发展创新精神和实践能力，逐步形成适应学习化社会需要进行终身学习的能力。

（三）体育

体育是授予学生有关健康的知识、技能，发展他们体力，增强他们自我保健的意识和体质的教育。体力和体质的发展是学生全面发展的生理基础。通过体育，培养学生参加身体锻炼活动的需要和习惯，增强他们的意志力。人们在生活、工作、学习等各种活动中，都依赖于健康的身体，因此，体育在我国全面发展教育中占有重要位置。

我国小学阶段的体育目标是培养学生锻炼身体和讲究卫生的习惯，具有健康的体魄。

我国初中阶段的体育目标是使学生初步掌握锻炼身体的基础知识和正确方法，养成讲卫生的习惯，具有健康的体魄。

我国高中阶段的体育目标是使学生具有健康体魄和身心保健能力，养成自觉锻炼身体的习惯，掌握科学的锻炼方法；具有良好的心理素质；形成文明健康、积极向上的生活方式。

（四）美育

美育是培养学生健康的审美观，发展他们鉴赏美、创造美的能力，培养他们具有良好的审美情趣、高尚情操和文明素养的教育。美育担负着提高学生感受美、培养学生鉴赏美和形成学生创造美的能力的任务，在学生全面发展中起着不可缺少的作用。

我国小学阶段的美育目标是培养学生爱美的情趣，具有初步的审美能力。

我国初中阶段的美育目标是使学生具有一定的审美能力，初步形成健康的志趣和爱好。

我国高中阶段的美育目标是使学生树立健康的审美观，养成健康的审美情趣，对自然美、社会美、科学美和艺术美具有一定的感受力、鉴赏力、表现力和创造力。

（五）劳动技术教育

劳动技术教育是引导学生掌握现代信息技术和现代生产的知识和技能，形成劳动观点、劳动态度和习惯，具有初步创业精神和人生职业规划能力的教育。通过劳动技术教育，传授劳动知识，培养学生劳动意识、劳动态度，训练学生劳动技能，规划学生职业生涯，是学生全面、和谐发展的重要内容。

我国小学阶段的劳动技术教育目标是培养学生良好的劳动习惯，会使用几种简单的劳动工具，具有初步的生活自理能力。

我国初中阶段的劳动技术教育目标是使学生掌握一些生产劳动的基础知识和基本技能，了解择业的一般常识，具有正确的劳动观点、劳动态度和良好的劳动习惯。

我国高中阶段的劳动技术教育目标是使学生具有与社会生活相适应的职业意识、创业精神和一定的择业能力，形成一定的劳动技能和现代生活技能，能够对自己的生活和发展作出恰当的选择。

五育之间既是相互独立又是相互联系的，它们的关系具有在活动中相互渗透的特征，在教育实践中，应坚持使学生在体、智、德、美、劳诸方面都得到发展，防止和克服重此轻彼、顾此失彼的片面性，坚持全面发展的教育质量观。

九年义务教育的培养目标：按照国家对义务教育的要求，小学和初中对儿童、少年实施全面的基础教育，使他们在品德、智力、体质等方面生动活泼地主动地发展，为提高全民族的素质，培养有理想、有道德、有文化、有纪律的社会主义建设者和接班人奠定基础。

普通高中教育的培养目标：普通高中教育是与九年义务教育相衔接的高一层次的基础教育。普通高中教育要进一步提高学生的思想道德、文化科学、劳动技能、审美情趣和身体心理素质，培养学生创新精神、实践能力、终身学习的能力和适应社会生活的能力，促进学生个性的健康发展，为高等学校和社会各行各业输送素质良好的普通高中毕业生。

五、贯彻教育方针，端正教育思想

1999年6月全国教育工作会议出台的《中共中央国务院关于深化教育改革，全面推进素质教育的决定》和2001年6月《国务院关于基础教育改革与发展的决定》都提出我国要大力实施素质教育，进一步深化教育教学改革。因此，实施素质教育是我国教育教学改革的核心，也是贯彻教育分针、端正教育思想之所在。

（一）素质教育的概念

20世纪80年代中期以来，我国教育理论界就素质教育问题展开了激烈的争论，给素质教育以各种界定。目前关于素质教育概念的表述不下十余种。所谓素质教育，是指教育者以符合规律的教育措施，对新一代素质按现代化需要实现开发、完善、提高和再创造的过程。换言之，素质教育，就是教育者科学地运用人类自身创造的物质文明和精神文明成果去开发、塑造和完善青少年身心结构与功能，以达到全面提高公民素质质量的教育实践过程。其实质是一种对青少年个性素质的再生产和再创造的社会实践过程。❶

我国实施素质教育的根本目的，就是全面地提高学生的素质。所谓全面，一是指所有学生的素质都要得到提高，达到学生所受教育阶段所提出的素质教育标准与要求；二是指学生各种素质都要有所提高，不能重此轻彼，或重彼轻此。只有这两个"全面"都付诸实施，才能全面地提高学生的素质。

实施素质教育的根本目的，第一个层次是做人。做人是素质教育的起码要求，只有学会了做人的学生，他们才算是养成了一定的素质。第二个层次是成才。做人是成才的基础，成才是做人的升华。

（二）素质教育的组成

素质教育应该由哪几部分组成，也有不同的观点。例如，比较传统的划分是从德、智、体、美、劳几方面划分素质，提出素质教育由五部分构成；也有把素质教育分成身体素质教育、政治素质教育、思想素质教育、道德素质教育、文化素质教育、智能素质教育、审美素质教育、劳技素质教育、心理素质教育等。

显然这种划分过于细化，且层次不清。还有的研究者将素质教育分为文化素质教育、心理素质教育和健康素质教育，等等。

我们认为素质教育应该包括八个方面的教育，即思想政治素质教育、道德素质教育、文化素质教育、生理素质教育、心理素质教育、审美素质教育、劳动素质教育和交往素质教育。

当然，素质教育的组成问题还有待进一步深化研究，将随着我国素质教育的实施而不断发展和完善。

（三）素质教育的特点

1. 主体性

素质教育重视学生的主体性，注重开发学生的智慧潜能，形成学生的精神力量，促进学生生动活泼地成长，帮助学生创造自信、谦虚和朝气蓬勃的人生。也就是说，素质教育更重视把学生看作生命体，而不是仅仅看作认知体，它更注重指导学生如何做人，如何完整人生。所以，素质教育是兼顾了人的发展与社会的发展相统一的教育。

2. 全体性

素质教育是充分重视每一个学生，抓好每一个学生的素质的全面发展。力求使所有学生都在其原有的基础上，在其天赋允许的范围内得到充分发展。素质教育其实质上是一种有差别的全体教育。

3. 全面性

素质教育要求学生德智体全面发展。但这种全面发展不是均衡发展，而是一种

❶　傅道春. 教育学——情景与原理［M］. 教育科学出版社，1999：346.

"一般发展"和"特殊发展"的统一。

4. 普通性

素质教育既不是就业教育，也不是升学教育，而是指导学生形成独立的人格，培养学生具有现代思想意识、思维方式和公民意识的公民教育。这种教育不具有专门定向的性质，而是适应未来社会广泛需要的教育，要求素质教育既为每个学生步步发展打好基础，也为每个未来公民的终身发展打好基础，因此注重基础性和普通性。

5. 内化性

素质教育注重把外在教育影响和要求内化为学生个体的素质。所谓内化，是指被个体接受外界刺激影响后，将内在信息经过大脑加工而转化为某种心理因素的过程。教育要求和影响是外在的东西，不等于是学生的内在具有，只有外在的东西内化为心理的成分，即形成心理因素，才能称为学生的东西，因此，素质教育必须强化内化过程。

6. 综合性

素质教育不仅涉及学校和学生，还涉及家庭、社会等因素。因此，学校在努力强化、优化内部条件，创造最佳教育环境的同时，也需要整个社会重视并切实优化社会大环境，创造良好的外部教育氛围，因此，素质教育是一个综合工程。

（四）素质教育与应试教育的区别

我们在正确认识素质教育的同时，还需研究和分析素质教育与应试教育的不同，以便更准确地把握素质教育。表4-1所列内容可以更清楚地表述二者的不同。

表4-1 素质教育与应试教育的区别❶

表现 ＼ 类别	素质教育	应试教育
教育目的	提高国民整体素质，为实现"四化"培养跨世纪人才	只是为适应上一级学校的选拔需要，单纯追求分数和升学率
培养目标	全面发展加特长的社会主义建设者和接班人	培养少数高分加听话的书生型人才
教育体系	构建以人的全面发展为中心的教育体系	构建以学科知识系统为中心的教育体系
教育对象	面向全体学生，不求人人升学，但求个个成才	面向少数升学有望的学生，淘汰多数学生
学习动力	学生以国家和民族的振兴、社会的发展和体现个人价值为学习动力	学生以分数、升学和个人得失为学习动力
教育内容	全面贯彻教育方针，按国家计划全面开设课程，重视双基，发展智力，培养能力，使学生德智体全面发展	偏重考试科目，轻视非考试科目，忽视德、体、美、劳等学科
教育方法	方法灵活，重在"启发"，鼓励创造性地发挥，使学生生动活泼地主动地发展	方法单调，重在"灌输"，强调背诵，忽视实践能力和创造性思维的培养
教育过程	发展学生的兴趣爱好，重视学生个性的健康发展，提倡因材施教	强调统一性和同步性，加重课业负担，用应考压抑学生的个人兴趣和才能的发挥

---

❶ 张俊晨，等. 素质教育实施指要［M］. 黑龙江科学技术出版社，1998：33.

续表

表现 \ 类别	素质教育	应试教育
教育评价	注意从实际出发，综合评价学生、评价教育教学工作	以考试分数作为评定学生学习质量和教育教学工作的唯一标准
师生地位	以教师为主导、学生为主体，尊重学生的主人地位，引导学生参与教学过程，教学相长	以教师为中心，把学生当成被加工的对象，使之处于被动和从属地位
人际关系	强调平等、合作、和谐的师生关系以及教育工作者之间的团结、合作关系	为了追求高分数和升学率，形成一种保守的、强迫性和不正常的竞争关系
教育结果	培养出更多更好的适应时代需要的，具有良好素质的建设者和接班人	虽然培养出少数人才，但多数人是以失败者的心态走向社会

（五）实施素质教育的基本策略

现阶段我国实施全面提高学生素质的教育时，要变应试教育为素质教育，主要从以下几方面入手：第一，端正教育思想，转变教育观念。首先要树立正确的人才观，这是教育观念的核心。第二，要进行教育整体改革。变应试教育为素质教育是一项系统工程，必须对现行的基础教育包括教育体制、教育内容、教育途径、教育方法等进行整体改革，使我国的基础教育逐步转移到全面提高学生素质的轨道上来。第三，建立科学的教育评估制度。要客观、公正、全面地评价学校办学的标准，要以提高全体学生的素质作为评估标准的核心，制定科学的评估制度，发挥正确的导向作用。第四，进一步改革考试制度。要淡化升学考试的选拔功能，取消小学毕业生升初中的升学考试制度，在全国范围内实行普通高中和初中毕业会考制度，改革中考和高考的考试科目。第五，要大力提高校长和教师的素质。教育者必须先受教育。校长和教师的素质是实施素质教育的关键。教育者的素质直接影响应试教育向素质教育转轨。因此，要采取有力的措施，提高教师素质。

总之，在我国实施素质教育是一个长期的过程，也是一个系统的工程，学校、社会、家庭必须密切配合，共同努力。

第五章　教育制度

　　教育的个体功能和社会功能的实现，教育目的的贯彻与落实，必须要通过相应的物质载体来完成。这个物质载体一般包括两个方面的内容：一是教育机构，通过教育机构实施教育行为，培养社会发展所需要的各级各类人才，实现国家教育目的；二是对教育机构的管理，规范各类教育机构的教育行为，对现有的教育规章、法令予以完善，提高教育机构的工作效率及质量，从而推动教育机构满足社会对教育的多方面需要，促进社会的稳定和发展。

第一节　教育制度概述

一、教育制度的含义和特点

（一）含义

1. 制度

　　要明确教育制度的含义，首先要明确"制度"的含义。在汉语中，"制度"❶一词有两种意思：一是要求成员共同遵守的、按一定规程办事的规则，如规章制度、作息制度等；二是在一定条件下形成的政治、经济、文化等的体系，如资本主义制度、社会主义制度等。制度的建立与变迁是人类理性的结晶，它不仅包括以法律、法规等为核心的正式制度安排，也包括以道德、信念、习俗、习惯等为核心的非正式制度安排。二者共同构成了人类社会生活行为由国家规定的正式约束和由社会认可的非正式约束，进而形成了制度规范人类社会生活行为——良好社会生活秩序的过程。❷制度一词应当包括两个方面的内容：一是机构或组织的系统；二是机构或组织系统的运行规则。这两个方面是密不可分的。一个机构能够有效地运转，离不开一套明确的、具有约束力的运行和协调规则；一定的制度或规则总是以一定的机构或组织系统为对象，起到制约和协调机构或组织之间及其内部的各种关系的作用。一个完整的制度不仅包括各种规则或约束，还包括实施机制。制度实施机制是否健全，是否具有强制性，反映了一个国家制度的有效性。不存在没有制度的机构或组织，同样也不存在没有实施对象的制度。

---

　　❶ 张宇燕. 经济科学文库 经济发展与制度选择——对制度的经济分析 ［M］. 北京：中国人民大学出版社，1992：146.

　　❷ 刘志伟. 政治人理性：从"经济人理性"比较分析的角度 ［M］. 北京：中国社会科学出版社，2005：122.

2. 教育制度

教育制度是指一个国家各级各类教育机构与组织体系及其管理规则。它包括互相联系的两个基本方面：一是各级各类教育机构与组织体系即教育的各种施教机构与组织（学校教育机构与组织、幼儿教育机构与组织、校外儿童教育机构、成人教育机构与组织、教育科研机构）、各种管理机构（各级政府教育管理机构、教育督导机构）等。二是教育机构与组织体系赖以存在和运行的一整套规则。各级是指：初、中、高三级；各类是指普通教育、职业教育、成人教育等教育机构及管理机构；运行的规则是指各种各样的教育法律、规则、条例等。教育制度可分为三个层次：一是教育根本制度，主要指国家教育方针；二是教育基本制度，包括教育体制、学制和各种教育政策、法律与法规等；三是教育具体制度，指各种具体的教育行为规范、办事程序和运作机制。如教学管理制度、考试制度、评价制度等。❶

在教育学里，通常把教育机构与组织的管理规则当作教育管理学或教育行政学的问题来论述，教育学中讨论的重点是各级各类教育机构与组织的体系。

（二）特点

教育制度作为社会文化的一个重要组成部分，它继承了制度本身所具有的多种特点。

1. 历史性

早期制度主义理论的奠基人美国经济学家托斯丹·凡勃伦（Thor‑stein Veblen，1857—1929）就曾指出：制度是以往过程的产物，是同过去的环境相适应的，随着人口、技能、知识等环境情况的变化，制度也会相应发生变化，深深打上"历史"的烙印。教育制度首先是一定时代的人们在不同的文化背景下，根据一定的社会需要及个体需求而制定的，它的具体内容是随着社会历史时期的发展而不断发展变化的，因此在不同的社会历史时期就有不同的教育制度。

原始社会时期，由于生产力水平很低，教育还没有从社会生活中分化成为专门的事业，没有专门的教育机构和专职教育人员，它是在生产劳动过程中和人们日常生活中进行的，由于儿童公有公育的传统，原始社会的所有儿童都享有平等的教育权利，都在氏族的平等的教导下，成长为合格的成员，它的教育对象是面向所有的儿童和青年；它的教育内容主要是原始的生产劳动经验，农业、畜牧业、军事技术等方面的简单知识，如狩猎、捕鱼、制造工具、种植庄稼、建筑房舍、骑马、射箭以及原始社会生活中的规范、准则、禁忌、氏族部落的传统等。依靠这种简单的教育来维持人类自身的生存和发展。

奴隶社会时期，由于生产力的发展，有了剩余产品，生产资料和剩余产品被少数人所垄断，教育作为社会不可分割的组成部分必然要反映这种生产关系，于是就出现了不同等级享受不同教育权利的现象。社会等级森严，只有私有者、剥削者、统治者、脑力劳动者才得到受教育的机会。学校教育的大门只向奴隶主、贵族的子弟开放。学校被统治阶级利用成为压迫人民的工具，广大劳动者子女依然在生产、生活中受教育，学习手工劳动的经验和技能。奴隶主为维护自己的统治，在奴隶制

---

❶ 顾明远. 教育大辞典［M］. 上海：上海教育出版社，1997：798.

官学中把自己的子弟培养成政治的、军事的和宗教的骨干分子，以管辖奴隶制国家。这一时期出现了专门的教师职业和学校教育机构，学校的教育内容与生产经验是完全相脱离的，如中国古代学校教育的主要内容是六艺：礼（别上下、分尊卑，维持世袭等级制的典章制度和道德规范）、乐（祭祀天地鬼神，颂扬祖先，鼓舞军心的音乐舞蹈）、射、御（射箭、驾车等作战技术）、书（语言文字的读、写及文学历史方面的知识）、数（计算及历法天文等自然科学方面的知识）。

因此，不同社会历史时期的教育制度都为当时的社会发展状况所制约，它恰好满足当时社会的经济的和文化的要求，进而为当时社会发展而服务。

表5-1　不同社会历史时期教育制度的对比（以原始社会与奴隶社会为例）

	教育状况	教育对象	教育内容
原始社会	生产力水平很低，教育还没有从社会生活中分化成为专门的事业，没有专门的教育机构和专职教育人员，它是在生产劳动过程中和人们日常生活中进行的	面向所有的儿童和青年	原始的生产劳动经验和社会生活经验
奴隶社会	有了剩余产品，出现了专门的教师职业和学校教育机构	奴隶主阶级子弟	教育内容与生产劳动相脱离

2. 强制性

1993年诺贝尔经济学奖获得者美国经济学家道格拉斯·诺思（Douglass C. North，1920—2015）曾经指出："制度是一个社会的游戏规则，更规范地说，它们是为决定人们的相互关系而人为设定的一些制约。"❶ 制度包括一系列约束人类社会行为的规则，这些规则有的是由国家规定、强制执行的，有些是社会约定俗成的，它们都不同程度地约束着人们的社会行为。制度的主要特征之一在于其具有强制性或约束性，维护和施行制度意味着某种"外在"权力或权威的存在，表现为制度通过法律法规、组织安排和政策等形式表现出来。

教育制度作为教育系统活动的规范是面向整个教育系统的，是由国家法律来规定的，它对教育系统内的分工与责任、可以做与不可以做的以及对错误的教育行为予以实施惩罚都作了明确的界定。教育制度规范着教育系统内人们的行为规范，要求人们予以遵守，具有较高的法律效力和强制性，如果违反了相应的教育制度，不分个人还是集体都要受到不同形式的处罚。例如，学校考试制度规定：任何学生和教师在考试过程中都不能有舞弊行为，否则，一经查实，都要给予相应的处分。考试制度对学生和教师来说都是要无条件服从的。

3. 文化性

"文化的真正要素有它相当的永久性、普遍性及独立性的，是人类活动有组织的体系，就是我们所谓'社会制度'。"❷ 制度作为人类调适社会环境的产物，是同特定的文化模式和社会过程密切相关的，任何一种制度都是在特定的社会文化背景下制定的，人类各种管理制度本身就是非物质文化的一种类型。汉密尔顿指出，一种制度意味着一种思维方式或某种广为流行的、经久不衰的行动，制度是植根于人

---

❶ ［美］道格拉斯·诺思. 制度、制度变迁与经济绩效［M］. 上海：上海三联书店，1994：3.
❷ ［英］马林诺夫斯基. 文化论［M］. 北京：中国民间文艺出版社，1987：14-18.

群的习惯或风俗。教育制度一方面作为社会文化载体，在文化的传承、发展与创新过程中承担着不可推卸的责任；另一方面教育制度的建立与发展又是在特定的社会文化背景下进行的，不可避免地受社会文化的影响。

书院是中国古代与官学并立的一种重要的教育制度，兴于五代，盛于"两宋"。它是中国封建社会从事教学活动与学术研究相结合的高等教育机构。从唐末五代至清末，书院这种教育制度存在了约一千多年，它对于我国封建社会的教育产生了重要的影响，在办学形式、管理制度、教学原则与方法等方面积累了大量的宝贵经验，是具有重要研究价值的一种古代教育制度。

中国传统文化对书院的发展有着深刻的影响，同时书院对于中国传统文化思想的弘扬与发展起到了重要的推动作用。

①从书院的产生来看，中国古代占统治地位的思想即佛道儒三家学说的融合，"……这种融合的产品便是宋明理学"❶，它对于书院制度的形成有非常大的影响。书院兴盛时期的南宋，学者多是研究理学的，书院也多是讲授理学的，当时理学的著名学者差不多都是书院的主持人或主讲。理学的研究和讲授是书院教育教学的基本内容，书院的教育和教学又是理学传播和发展的重要途径。

②书院地点的选择符合道观与寺庙设置的原则，多选择在山林茂盛之地，远离尘嚣。如宋初比较有代表性的书院：白鹿洞书院、岳麓书院、应天府书院、嵩阳书院、石鼓书院、茅山书院都设在山清水秀之宝地；同时当时理学研究盛行的地区，也是书院最集中的地区。

③在教学方法上采用"讲会"，即允许不同学派进行会讲，开展争辩，在一定程度上体现了"百家争鸣"的精神。实际上是发展了禅林讲道中讲经的形式；从学的方面看，禅宗讲究坐禅入定，以求顿悟成佛，而书院提倡静坐内省的修善方法，静坐澄心是书院的学生为学和修养的主要方法等，以上这几方面都体现了佛道儒三家交融与书院发展的密切联系。

总之，教育制度是指一个社会赖以传授知识和文化遗产以及影响个人、社会活动和智力增长的那些正式机构或组织的总格局。它应当包括一个国家或地区教育系统以及相应的教育管理制度和考试制度的体系。在教育学中，教育制度通常主要是讨论一个国家或地区的教育系统，这个教育系统包括学校教育、家庭教育、成人教育和社会教育，是一个终身教育系统。

二、制约教育制度的因素

不同的社会历史时期，由于社会需要及人的身心发展规律的影响造成了教育制度的变化与发展，若要充分发挥教育制度的功能，研究教育制度的制约因素就十分有意义且必要。

（一）社会因素

1. 政治因素

马克思主义认为，政治是经济的集中表现，以一定的经济为基础，给予经济发

---

❶ 傅维利. 文化变迁与教育发展［M］. 成都：四川教育出版社，1988：155.

展以巨大的影响。政治的内容因政治体系的不同而有所不同，政治体系由两大部分组成：一是意识部分，包括政治观念、政治态度、政治信念、政治标准等；二是物质部分，包括各种政治权力、政治制度及其实施机关等。一切政治活动都是围绕着政治体系展开的。凡是与政治体系发生关系的活动都是政治活动。一个国家的政治发展对教育制度有着决定性的作用。

（1）政治制度的形式决定了教育制度的形式

一个国家有什么样的政治制度即有什么样的教育制度。世界范围内有代表性的政治制度形式是中央集权制和地方分权制。与中央集权制的政治制度相对应的便是中央集权制的教育制度；而与地方分权制的政治制度相对应的便是地方分权制的教育制度。在中央集权的国家中，通常设有教育部或教育委员会的中央政府机构，掌管着各地区教育的组织、行政、经费和监督大权；同时又在很大程度上决定着教育法令、学校课程编制、人事安排以及教材和教学法的审核等。世界范围内比较有代表性的国家为法国、日本；在地方分权制的国家中，教育则由各个行政区分别管理，代表性国家有美国、加拿大。如美国在教育行政上实施分权制，下级机构和地方政府在其管辖范围内有完全的独立权力，中央政府对其在权限内的事项不加干涉；联邦政府强调"自治办教育"的思想，主张把办教育的权限和责任留给州和地方学区。中央教育机构即美国联邦教育部没有实权，处于指导和资助的地位，其职能是服务性的。

当一个国家的政治制度发生变革后，该国的教育制度也会随之发生变化。如比利时原来是君主立宪制的中央集权制国家，1993年完成国家体制改革，正式实行联邦制。原中央教育部的职责发生了变化：在教育方针及政策、财政与公共支出等方面做出规划；同时不再控制大学的课程设置；以法律的形式规定大学必须有质量保障系统；员工的任命变为大学的特权；除了在教育体制、国际合作方面，联邦政府起主导作用以外，其余方面都由大区政府根据自己的实际情况和战略目标来制定自己的预算和活动。

（2）政治对教育制度的改革起着定向、驱动和支持的作用

由于教育是社会系统当中的一个子系统，受到来自社会经济、政治、文化、科技及人口等诸多因素的影响，教育系统以外的决策机构在很大程度上左右着教育系统内部的事情。由政府来推动教育制度变革的主要原因在于教育制度在一定程度上与社会其他各子系统的现实需求不相适应，政府根据社会要求、经济要求及国际竞争的要求，做出改革教育制度的政治决策。近年来，随着国际竞争的日益激烈，世界各国都意识到国际综合实力的竞争最终是人才的竞争，而多出人才，出好人才，关键在教育领域的变革，因此纷纷在本国政府领导下推进教育改革，出台了一系列教育法令及改革措施，培养创新型人才，提高国际竞争实力。以我国为例：1984年10月党的十二届三中全会通过的《中共中央关于经济体制改革的决定》中就指出："随着经济体制的改革，科技体制和教育体制的改革越来越成为迫切需要解决的战略性任务。中央将专门讨论这方面的问题，并做出相应的决定。"在这样的时代背景下，1985年5月中共中央颁布了《中共中央关于教育体制改革的决定》，对于不同层次教育的体制改革做出了明确的指示。

2. 经济因素

一方面，经济为教育制度的建立提供了相应的物质基础（各种教育机构、设施、设备、教育经费的投入等）。不同的国家通过生产力的不断发展，进而不断改善教育的办学条件，加强对教育设施的建设，增加教育投入。国家的经济发展水平越高，就越有机会为教育投入更多的财力，提高教育水平与质量；反之，则会影响教育的正常发展。

另一方面，经济的发展为教育制度的发展提供了相应的客观需求。生产领域出现了对专门人才的客观需求，就要求教育领域培养相适应的人才，从而满足各行各业对人力资源的需求，否则将严重影响经济发展的进程。从教育与经济的关系原理中我们可以了解到，学校规模与数量的多少最终是由生产力发展水平决定的；其他教育领域中诸如人才培养的质量与数量、专业设置、学校类型等都是由社会经济发展所决定的。

3. 文化因素

文化一词来源于拉丁文 Cultra（意为耕作、培养、教育、发展、尊重），最初是指人对自然界的有目的的影响，以及人自身的培养和训练。文化有众多的定义，其丰富的内容也因不同的学术流派而有不同的解释。一般认为英国人类学家爱德华 E. B. 泰勒（Edward B. Tylor）在《原始文化》一书中为文化下的定义具有经典性意义，他认为："文化是一个复合的整体，其中包括知识、信仰、艺术、道德、法律、风俗以及人作为社会成员而获得的任何其他的能力和习惯。"以后的专家学者在探讨文化问题时，一般都要参考泰勒对文化下的这个定义。从这个角度来看，教育制度本身就是社会文化的一个重要方面。文化对于教育制度的影响，主要表现在以下两个方面。

（1）不同的社会文化背景必然会影响到学校教育的类型，从而影响教育制度

例如，美国是一个移民国家，多文化熔炉的社会文化背景要求学校教育中存在着双语教育以满足其他国家移民学习本民族语言的需要，早在 1968 年美国政府就颁布了《双语教育法》，相应的各州开始出现了双语教育，这对于唯英语教育是一种有意义的补充（直至 2002 年小布什总统签署了一项文件，将 2001 年通过两院的《英语习得法》正式确立为美国联邦政府的法律，标志着实行三十四年的双语教育寿终正寝。这本质上具有深刻的政治内涵，目的在于同化少数民族）。❶

（2）我国"大一统"的传统文化观念影响着教育管理制度，教育管理与领导上强调统一与集权

公元前 221 年秦王朝统一了中国，建立了中央集权的统一国家。千余年来，王朝虽有更迭，但是我国始终保持着一个牢固的大一统的整体。这种政治制度上的"大一统"，形成了我国"大一统"的民族文化心理，"事在四方，要在中央""天下之事无大小皆决于上""君者，国之隆也"等观念具有很深的根基。在这种思想影响下，我国教育管理制度也具有十分明显的大一统特点。我国从夏商开始实行的就是学在官府的政策。学校与政权机构合而为一，国家推行文教政策。如汉代的独尊儒术、罢黜百家、兴太学等文化政策，以及隋唐以后所推行的科举制度等，也是

---

❶ 蔡永良. 谁不需要双语教育［J］. 读书，2003（11）：68.

利用了我国传统文化的大一统观念。各种学校，包括私学在内都受到国家政权的强有力的控制，尽管书院为私人所办，但从元代开始书院官学化倾向十分明显，至清代达到极点。书院主持人、经费、教学内容、教学人员、生徒等都经官府审批，书院完全失去了独立性和自主性。

4. 人口因素

人口是指在一定地域和时间范围内的人的群体，它不仅是由数量组成的一个整体，而且具有多样的规定性和关系。如人有性别规定性、教育程度的规定性；人有婚姻关系、经济关系等，多种规定性和多种关系组成了人口。

人口对教育制度的影响表现如下。

（1）人口对教育结构的影响

教育结构是指构成教育总体系的各个部分的比例关系及其结合方式。主要包括教育纵向结构、教育横向结构和教育地区布局结构等。以教育的纵向结构为例，人口中的学龄结构比例直接影响初中高三级教育的构成比例及教育经费的投入。不同国家由于人口年龄的结构差异，教育纵向结构也有所不同。在学龄人口的年龄构成中，低龄人口比重大，则在教育体系中初中教育和中等教育所占的比例就越大；低龄人口比重小，教育体系中高等教育所占的比例就越大，而初等教育和中等教育在教育体系中所占的比例就会相对减少。相应教育经费的投入，也会随着学龄人口数量的变化而变动。

（2）人口分布密度影响学校的数量及布局

人口分布地区不均衡和城乡分布不均衡是我国人口分布的显著特点。地区分布上以华东地区人口最为密集，中南和西南地区次之，西北最少；城市人口密度大于乡村人口密度。这些都导致了我国地区和城乡教育不能平衡发展。人口密度大，学龄人口相对集中的地区和城市，学校的布点相应多，在校生人数多，教育事业也就发达；而人口密度小的地区和乡村，学龄人口少，学校相应就少，教育事业相对落后。

（3）人口流动对教育系统产生相应的影响

人口流动是社会发展的一种必然现象，随着社会经济的发展，经济发达地区和城市对外来劳动力的吸纳能力日益增强，人口的不断流动，促进了文化教育事业的发展与交流，但也给教育带来新的矛盾和问题。从流入地来看，原有人口布局发生了变化，必然会引起当地教育需求的改变，教育事业的规模要做出相应的扩展，加之流入地教育经费投入的相对紧张，难以吸收大量涌入的农村青少年入学。从流出地来看，原有学龄人口不断减少，学校规模缩小，许多学校裁撤、合并，学校很难有效地组织教学，更为重要的是学校数量的减少意味着学校对流出地文化教育的影响力越来越弱，而在我国，大多数人口流出地都是经济文化相对落后地区，这对于改善落后的现状十分不利。流动人口的教育问题也是当前教育界讨论的热点问题，解决好这个问题需要国家在教育经费划拨机制上给予全面的改革，确保流动人口的子女在流入地能够上得起学、上得好学。

（二）人的身心发展规律的制约

人的身心发展表现为阶段性和顺序性等特点，它对于教育制度的影响主要表现在学校的纵向分段上。如学生的入学年龄、修业年限、各级各类学校的分段，都要考虑人的身心发展特点，使不同级别的教育能切合学生的智力和体力的发展水平。

总之，教育制度不但被生产力发展水平和科学技术发展水平所制约，而且还被政治经济制度、文化传统所制约；同时也要考虑人的身心发展规律的制约，而最终的决定因素还是社会生产力发展的水平。因为政治经济制度的变革和文化传统的变革，最终还是由社会生产力发展水平所决定的。大量的事实证明，生产力发展水平和政治经济制度大致相近的国家，教育制度也比较相近，它们之所以表现出差别，主要是由于文化传统不同而造成的。

三、教育制度的历史发展

由于教育制度受到各种社会因素的制约，所以它必然会随着社会的发展变化而变化，在不同的社会历史发展阶段表现出不同的发展状况。

（一）原始社会时期

在漫长的原始社会历史时期，教育随着社会的发展而发展，随着原始社会的演进而改变。由于生产力水平较低，教育还处于萌芽状态，但是早期和晚期则有所不同。晚期则较复杂、较丰富，并开始有多方面性，如出现了青年礼。❶ 但由于教育尚未从生产劳动中分离出来，所以这时的教育是在生产劳动过程中进行、与生产劳动紧密结合的；没有成为一种专门的活动，没有专门的学校和老师，因此，原始社会时期没有教育制度。

（二）古代阶级社会

随着阶级和私有财产的出现，教育则被统治者所独占，具有鲜明的阶级性。由于教育从社会生产和社会生活中第一次分离出来，产生了古代学校，甚至还有了简单的学校系统，因此就产生了古代教育制度。但无论是学校类型还是层次都比较简单，阶级性鲜明。如中国只有蒙学和大学；古埃及的学校类型相对丰富些，有宫廷学校和祭司学校。宫廷学校设立在国王所在地的宫廷内，专供王子或高级官吏（大臣）子弟就学，以培养奴隶主国家的高级文武官吏为主要任务，所以也可以说是高级官吏养成所；祭司学校设在大寺庙（院）里，专供高级僧侣人员子弟就学，主要任务是训练未来的高级僧侣，所以又称僧侣学校。宫廷学校和祭司学校都是早期奴隶主国家最高级的学校。一般人家的子弟或中级以下的官吏和僧侣人员的子弟是不能到这类学校学习的。神庙学校，就学校的程度来说，神庙学校比宫廷学校和祭司学校的地位要低，神庙学校的培养目标较为广泛，它既培养一般官吏、一般僧职人员，也培养为皇家修建宫殿、陵墓、寺庙及医治疾病的人员。文士学校，一般是比较初级的和启蒙的教学，主要教一些识字、阅读、书写和基本计算方面的知识，对少数程度较高的学生，可加授天文、医学和法律方面的知识等。

古罗马共和国时期（公元前 6 世纪初），学校类型是比较丰富的，初级学校（招收 7~12 岁的男女儿童，学习拉丁语，私立收费）、文法学校（招收 12~16 岁的男童入学，学习希腊语、希腊文法、希腊文学等，私立收费）、修辞学校（招收

---

❶ 王天一，夏之莲，朱美玉 . 外国教育史：上册 ［M］. 北京：北京师范大学出版社，1984：11.

16～20岁的男性，学习修辞学、希腊语、希腊文学、哲学、历史、法律、数学和音乐等，培养未来的政治家）到了罗马共和国后期（公元前3世纪初），出现拉丁文法学校，后来发展成为罗马的主要的中等学校类型，拉丁修辞学校（公元前94年）发展成为罗马高等教育的重要学校类型，从而相应地形成了相对完善的学校教育系统。但是总体而言，古代社会的教育制度是在特定的历史的社会政治条件下产生和发展起来的，是与当时的社会政治经济制度相适应的一种教育制度。古代文明社会的自然经济、手工劳动和生产劳动依靠经验和手艺的性质，就决定了古代社会不会有以学习文化科学知识为内容的群众性学校。对劳动人民统治的需要决定了当时只有对剥削阶级子弟进行统治术训练的少数学校。因此，接受教育的对象全部来自显贵人家，而非穷苦人家，学生入学年龄不固定，没有明显的分段、没有严格的程度划分、没有严格的教学年限的规定，没有完整的学校系统，因而也不会出现完善的教育制度。

（三）现代教育制度

现代教育制度是人类进入现代社会之后的产物。由于社会的进一步大分化，教育从社会生产和社会生活中第二次分离出来。现代学校不仅担负着培养政治统治人才和管理人才的重要任务，同时还肩负着培养大量科学技术人才、文化教育人才、经济管理人才和众多有生产经验工作者的任务，这就决定了现代学校教育多种类型和多种层次、内容上的科学性、学校规模上的群众性和普及性，从而决定了现代教育制度的系统性和完善性。随着现代社会的不断发展，教育制度已经由过去的现代学校教育机构与组织系统发展为以现代学校教育机构与组织系统为主体，包括幼儿教育制机构与组织系统、校外教育机构与组织系统和成人教育机构与组织系统的一个庞大体系。它的发展方向是终身教育制度。

终身教育是当代重要的国际性教育思潮，它始于20世纪60年代，以1965年法国成人教育家保罗·朗格朗的《终身教育导论》（*An Introduction to Life – Long Education*）的发表为契机，以1972年联合国教科文组织发表的《学会生存——教育世界的今天和明天》的报告为推动力，以1973年联合国经济合作与发展组织提出的回归教育理论为实施终身教育新的策略，从而形成了具有一套理论体系、影响广泛而强大的国际教育思想。查尔斯·赫梅尔等在《今日的教育为了明日的世界》一书中指出："可以与哥白尼学说带来的革命相媲美的终身教育概念的发展，是教育史上最惊人的事件之一。"❶

1. 终身教育思想产生的必要性

①各国适应教育民主化的需要。20世纪50年代以来，世界各国教育民主化运动高涨，要求教育面向各阶层各年龄的所有人开放，提供真正的民主、平等的教育机会。

②人们适应社会生活的需要。20世纪60年代以来，技术革命日新月异，知识的更新速度加快，随着知识的高度综合和相互渗透，出现更多的新兴科学知识、交叉学科知识，导致产业结构、就业结构、体力劳动者和脑力劳动者的比例也发生了

---

❶ 张斌贤. 西方教育思想史［M］. 成都：四川教育出版社，1994：765.

重大变化。人们需要不断学习新技术和新技能以适应职业岗位不断变换的需要。

2. 终身教育思想产生的可能性

①闲暇时间的出现。由于技术在生产和生活领域的广泛应用，生活、工作自动化水平的不断提高，大大缩短了人们的工作时间，使人们利用更多的时间充实自己的精神生活成为可能。

②人的寿命和健康水平得以延长和提高。随着社会生产力水平的提高，人类的医疗保健水平也得到了提高，人们的健康观念和保健意识日益增强，人的寿命也得以延长。

③科学技术促进了大众传播媒介的发展和教学手段的现代化。广播、电视、录音录像、卫星通信、激光排版、电脑、互联网等先进设备为终身教育学习提供物质条件，使人们可以突破时空限制获取新的知识，并且可以使人们根据个人的需要和学习特点自由地选择教育的内容和形式。

3. 终身教育思想的含义

终身教育有特定的含义，保罗·朗格朗在第一篇关于终身教育的重要文献中指出："教育，不能停止在儿童期和青年期，只要人还活着，就应该是继续的。教育必须以这样的做法，来适应个人和社会的连续性的要求。"1973 年 8 月，"巴黎全国讨论会"给终身教育下了一个明确的定义："是从幼儿期到死亡的不间断的学校及校外教育，不存在青少年、成年之区别，与培养人格和职业生活的训练相结合。"由此可见终身教育是指人从出生到死亡的而并不限于在学校进行的教育，是"人们在一生中所受到的各种培养的总和"。

4. 终身教育思想的意义

保罗·朗格朗认为，在飞速发展的今天，凭借某种固定知识和技能就能度过终生的观念已成为历史，教育不再是仅仅为了传播知识，而主要是促进人的发展。第一，终生教育思想冲破了旧的传统教育的束缚，扩大了人们对教育研究的视野，改变过去家庭教育、学校教育和包括成人教育在内的社会教育等各个领域之间互相隔绝的状态；第二，通过回归教育的策略，沟通了教育世界与劳动世界，确保教育的连续性；第三，实现教育机会均等，推动了教育民主化的进程，给公民和儿童以同等受教育的机会；第四，为社会提供了多种多样可供选择的学习机会，促进了教育的个性化发展；第五，推动了学习型社会的构建。"学习社会"一词是赫钦斯（Hutcllins R. M.）于 1968 年发表的《学习社会》一书中提出的。1972 年，联合国教科文组织国际教育发展委员会刊行的《学会生存》报告中，把"学习社会"作为指向未来社会形态的概念使用。学习型社会是终身教育思想落实的物质载体；第六，推动了终身教育制度的体系化。终身教育谋求不同层次教育的培养目标、教育内容的有机统一；同时也要求家庭教育、学校教育和社会教育的空间系列上谋求教育的有机统一。确立终身教育制度的体系化，要改变过去对学校教育的观念，学校教育是终身教育的一个环节，学校不再是最后完成教育的场所，也不是孤立地进行教育的地方。

终身教育思想是当代世界影响最大的重要教育思潮之一，已愈来愈为世界许多国家所接受和发展，已成为各国教育改革的指导思想和教育实践的指导原则。

第二节　现代学校教育制度

一、现代学校教育制度的形成及类型

（一）现代学校教育制度的形成

因学校教育肩负着培养社会生产劳动者的主要任务，所以学校教育制度就成为了现代教育制度的核心。

1. 学制的含义

学校教育制度也简称为学制，是指一个国家各级各类学校的系统及其管理规则，它规定着各级各类学校的性质、任务、入学条件、修业年限及它们之间的关系。

2. 现代学的形成与发展

现代文明发源于西欧，最早传播于北美，从而现代学校和现代学制也最早产生和形成于西欧和北美。现代学校的产生和发展促成了现代学校教育制度的形成与发展，现代学校是随着资本主义在欧洲产生与发展而发展起来的，其产生是按两条线索发展的：一条是自上而下地发展，以最早的中世纪大学及后来的大学为顶端，逐渐向下发展成为升入大学的中学；另一条是自下而上地发展，由小学（及职业学校）向上发展而成为中学。伴随着社会生产发展及人的教育需求的增加，现代学校的类型与层次也有了新的发展，按学校的类型划分，主要有幼儿教育机构、小学、中学、职业学校、短期大学、大学、研究生教育机构、成人教育机构；按教育程度划分，有学前教育、初等教育、中等教育、高等教育机构；按教育性质划分，有普通教育、专业教育、特殊教育；按学习者的时间划分，有全日制、半日制、业余教育等机构等。终身教育思想的提出，推动了这些教育机构之间的联系也越来越紧密，建构横向联合纵向沟通的、层次合理的、有利于人才培养和社会发展要求的终身教育体系已成为各国教育制度改革的方向。

（二）现代学制的类型

从发展的情况来看，现代学制的类型可分为以下三类。

1. 双轨学制

在18、19世纪，由于西欧的经济发展及特定的历史文化条件下，由古代学校演变而来的带有等级特权痕迹的现代学校和新产生的供劳动人民子女入学的群众性的现代学校，同时都得到了比较充分的发展，一轨是自上而下由最早的中世纪大学及后来的大学为顶端，向下伸延，产生大学预科性质的中学，经长期演变，形成现代教育的大学和中学；另一轨是自下而上发展，由小学（及职业学校）到中学（及职业学校），并上延至今天的短期大学。前者是贵族教育后演变为学术性的现代教育系统，后者是贫民教育后演变为群众性的现代教育系统，于是就形成了现代教育的双轨学制。

英、法、德等西欧国家的学制多属这种双轨学制，它是西方近代教育的典型特征。从产生原因来看，群众性教育的产生有几个方面的主要原因：一是资产阶级在与封建贵族斗争中争取民众的需要；二是近代工业发展对工人基本知识和技能的需要；三是资产阶级为了维护统治对贫民进行道德教育的需要。学术性教育这一轨道的产生有以下几方面的原因：一是培养资产阶级领导人的需要；二是现代科学和技术发展对资产阶级领导者的需要；三是贵族教育传统的需要。

双轨制是西欧特定社会制度的反映，是西方近代缓和社会阶级冲突的产物。这种学制两轨互为独立，等级分明，不利于教育的普及。因此，在现代社会初期，欧洲教育改革的一个重要任务就是加强初等教育和中等教育的衔接，建立统一的教育制度。

2. 单轨学制

单轨制最早产生于美国。其自下而上的结构是：小学、中学、大学，特点是一个系，多种分段，六三三、五三四、四四四、八四、六六等多种分段，在形式上，任何儿童、少年和青年都可以由小学而升入中学，直到升入大学。北美地区最初都曾沿用欧洲的双轨学制。18 世纪末，美国北部各州都有了在城镇设立初等学校的法令。1830 年以后，小学得到了蓬勃的发展。由于产业革命和电气化的推动，美国由农业社会向工业社会急剧地发展，于是在小学的蓬勃发展之后，从 1870 年起，中学也得到了大发展，在经济急剧发展和美国没有特权的文化历史背景下，导致双轨学制中的学术性教育的一轨并没有得到充分的发展，却被短期内迅速发展起来的群众性小学和群众性中学所淹没，从而形成了美国的单轨学制。

美国单轨学制数十年来没有重大变化，主要原因在于它对现代生产和现代科技的发展具有更大的适应能力。这种学制一轨而多种分段，更有利于教育的普及，因此，这种学制后来被世界许多国家先后采纳。

3. 分支型学制

也称"中间型学制"。十月革命后，苏联制定了单轨的社会主义统一劳动学校系统。后来在发展过程中，又恢复了原文科中学的某些传统和职业学校单设的做法，于是就形成了既有单轨学制特点又有双轨学制某些因素的分支型学制。其特点是前段小学、初中是单轨，后段分叉，中学分为文科中学和职业学校。职业学校的毕业生对口进入高等学校学习（少数优秀生），其余毕业后参加工作，工作三年后也可升学。苏联型学制的中学，上通（高等学校）下达（初等学校），左（中等专业学校，如技术学校、师范学校、医科学校）右（中等职业技术学校）畅通。

上述三个类型学制的发展是有一定历史顺序的：即从双轨制向分支型学制再向高中综合化的方向发展，如美国最初使用过双轨学制，后来采用了单轨学制，俄国也是先采用双轨制，十月革命后开始采用分支型学制。每种学制的优缺点各有不同：双轨制的优点是它的学术性教育的一轨具有较高学术水平，缺点是这种学制不利于教育的普及，特别是中等教育的普及；单轨制因采取了单轨和多分段的形式，因而具有有利于教育的逐级普及的优点；苏联的分支型学制的优点是两者兼有，既有利于教育的普及，又有较好的学术性、职业学校的扎实职业培训。但由于课时多、课程复杂，教学计划、大纲和教科书必须统一而使教学不够灵活，特别是地域性较强的课程得不到很好的发展。

二、现代学制的变革

现代学制在 20 世纪初形成之后，伴随社会经济发展的不断进步，现已发生了重大的变化，现代学制已由学校教育的施教机构系统变为终身教育的施教机构系统。

（一）从学制类型来看，双轨制向分支型学制和单轨制方向发展

从各种学制类型的特点来看，双轨制是不利于教育普及的。但伴随着教育民主化进程及社会经济发展对劳动者素质不断提高的需求，教育逐级普及化是一种必然发展趋势。因此双轨制必然逐步通过分支型学制而最终发展成为单轨制。

以不同国家的教育实践为例，20世纪初，初等教育是为劳动人民子女设立的，社会中上层人士的子女是在家庭或在中学预备班里接受初等教育的。经过两次世界大战，通过劳动人民及其政党、进步人士的努力和争取，德国、法国、英国等国终于先后实行了统一的初等教育，初等教育终于并轨了。第二次世界大战结束后，西欧各国普及教育逐渐延长到了9~11年，已到了中学的第一阶段。由于同是接受义务教育，就要求两类中学的教育资源具有相同的质量，英、法、德等国采用综合中学的形式把初中两轨并在一起，其中英国发展得最快，到20世纪80年代初，综合中学的学生已超过中学生总数的90%以上，这样由于小学和初中的并轨，原来的双轨学制事实上已变成分支型学制了。

（二）每个阶段都发生了重大变化

1. 幼儿教育

幼儿教育阶段是整个学制系统中最为基础的部分。幼儿教育发生的主要变化表现在：第一是教育观念的变化，终身教育思想的提出使人们认识到，幼儿教育是终身教育的奠基工程，应采取相应措施来保障奠基工程作用的实现。第二是幼儿教育的结束期有提前的趋势，提前到了6岁。第三是加强初等教育和幼儿教育的联系。如美国学前教育的一个重要发展趋势，就是跟初等教育的关系趋于加强，在一定程度上正在变成一种"前初等教育"。法国的学前教育是初等教育的一部分；日本的学前教育机构中的幼儿园是学校教育制度的一个组织部分。第四是虽然幼儿教育不是义务教育，但各国都通过立法、经费支援等各种途径大力发展幼儿教育。在日本、法国等国家，甚至出现了幼儿教育义务化的呼声。

2. 初等教育

由于发达国家义务教育普及程度不断提高，初等教育早已纳入义务教育阶段，现已成为后续教育培养良好兴趣和爱好的重要阶段。随着对儿童和少年智力水平的认识进一步加深，初等教育的变化呈现如下特点：第一是小学入学年龄提前，初中学制延长；多数国家提前到6岁，如美国、英国已提前到5岁；第二是小学年限缩短，如法国5年、德国4年等；第三是取消小学与初中之间的入学考试，加强初中毕业时的结业考试，把这个阶段看作是基础教育阶段，而后再进行分流，或进一步的文化科学知识的教育，或进行职业教育。

3. 职业教育

职业教育在发达国家基本上都是在高中阶段进行的，它既是古代学徒制教育向现代职业教育的发展，也是现代生产要求下职业教育从普通教育中的分化，在现代社会里，由于职业训练的基础——科学技术的水平越来越高，因而对职业教育的科学文化基础的要求也越来越高，职业教育的分段也由最开始在小学阶段进行，后依次发展到了初中、高中阶段进行。究竟在哪个阶段进行主要取决于现代生产力的发展水平。

发达国家的职业教育已有移向高中后的趋势，美国高中职业科缩小而社区学院职业教育的比重却在增大，日本的专门学校远远超过相当于高中程度的专修学校，这都是因为只有在高水平文化科学基础知识之上培养出来的人才更有适应性。职业教育在当代的两个特点：一是文化科学技术基础越来越高，职业教育的进行阶段逐步上移；二是职业教育的层次、类型的多样化。

4. 中等教育

现代中等教育是在人类进入现代社会后最近几百年才产生和形成的。进入 20 世纪以来，特别是第二次世界大战以后，中等教育有了很大发展。由于政治的民主化运动、人民群众争取教育机会均等的斗争，20 世纪五六十年代是中等教育发展最快的年代。到 20 世纪 70 年代中期几个工业发达国家的中学入学率几乎都超过了 80%，美国、日本、苏联都超过 90%。随着 21 世纪经济和科技的发展，中等教育的改革与发展在实施开放教育、创造教育、特色教育、终身教育等方面进行着不断的探索。

5. 高等教育

19 世纪末和 20 纪初的高等教育与生产技术的联系还不十分密切，"二战"后，高等学校与社会生产、科学技术、社会生活各个方面的联系越来越密切，现代社会生产和科学技术要求更多的各级各类高级人才，进而推动了高等教育的变化：一是更加注重灵活多样的发展形式：表现为多层次和多类型；二是在管理上寻找集权与分权的均衡点；三是在关注数量发展的同时注重教学质量的提高。

第三节　我国现行的学校教育制度

一、我国现行学校教育制度的演变

我国是世界上的文明古国，也是古代学校和古代学制最早的产生地之一。

（一）古代学制的发展

在我国古代社会，从学校类型来看主要有夏朝的校、序、庠；商朝又出现了"学"和"瞽（gǔ）宗"（商朝奴隶主贵族子弟专门学习礼乐的学校）。到了西周时期学校分国学和乡学（庠、序、校、塾），国学又分为大学（辟雍：天子学所；泮宫：诸侯学所）和蒙学，学校的类型和层次都有所丰富和发展，即距今三千年前，我国已逐步形成了比较完整的学校系统，已有了古代学制的雏形。在后续两千多年的封建社会里，历代大都设有官学，也基本上允许私学的存在，后来又有了亦官亦私的书院。学校成为培养统治阶级士大夫的场所，进而形成了选士制度、科举制度密切联系的包括官学、私学和书院在内的古代学制。

（二）近代学制的建立与发展

1. 1904 年的"癸卯学制"

自从 1840 年鸦片战争以来，帝国主义侵略日益加剧，清朝政府为了维护日益衰微的统治，开始实行革新。中国近代教育史上最先制定的系统的学校制度，是光绪二十八年（1902 年）的《钦定学堂章程》，它将普通教育划分为初等教育、中等教育、高等教育三段七级，此外还有实业学堂、师范学堂、仕学馆等，制定出一个比较完整的学校系统，1902 年为壬寅年，故这个学制亦称"壬寅学制"。这个学制虽然公布了，但没有实行。

1904 年又由张百熙、张之洞、荣庆拟定了《奏定学堂章程》，它规定了学校系统，除制定各级各类学堂章程以外，还制定了学校管理法、教授法等。这个学制也称"癸卯学制"。癸卯学制纵的方面把整个学程分为三段七级。第一阶段为初等效育，分为蒙养院四年，初等小学五年，高等小学四年，共三级十三年；第二阶段为中等教育，仅设中学堂一级，五年；第三阶段为高等教育，分高等学堂（或大学预科）三年，分科大学堂三年到四年，通儒院五年，共三级十一年到十二年。儿童从七岁入小学堂，到通儒院毕业，共计二十六年。包括了普通教育、师范教育、实业教育、高等教育四个层次。

这个学制在中国教育发展史上有其重要意义：①它是指导我国古代学校走向现代学校的第一个学制，这个学制指导我国教育向现代教育方向迈出了第一步；②这是我国以法令形式颁布并在全国执行的第一个学制，它总结中国近代教育的演变，学习了西方和日本的教育经验；③旧中国的教育从此有了统一的教育宗旨，完备的互相衔接的学校体系和从中央到地方的学校管理机构；④强调了初等教育是义务教育，规定了各级各类学堂的统一宗旨、课程、课时；⑤在这个学制里，在教学内容上引入了资本主义自然科学的内容，开展实业教育。所以新学制虽然具有了资本主义的形式，比起原来的封建教育制度是前进了一大步，但封建主义的实质还是相当浓厚地保存着。这个学制从根本上是以"中学为体，西学为用"❶为宗旨，因此保留了尊孔读经等封建教育的残余，如规定了各级各类学堂读经讲经的课时要求、排斥女子教育、将学堂毕业标准与科举制相结合等。尽管有多处不完善的地方，但它仍有重大的历史意义。

2. 1922 年的"壬戌学制"

第一次世界大战以后，当时留美派主持的全国教育联合会，以美国学制为蓝本，又提出了学制改革的方案，于 1922 年颁布了壬戌学制，即通称的六三三制。这个学制受实用主义教育的影响，适应社会进步的需要，发扬平民教育精神，谋求个性的发展，注重生活教育，在学校系统上以儿童身心发展时期为根据，将全部学校教育分为 3 段 5 级：初等教育段为 6 年，分初小 4 年、高小 2 年；中等教育段 6 年，分初中 3 年，高中 3 年；高等教育段为 4～6 年，不分级。

壬戌学制的公布，结束了辛亥革命后教育上的混乱状况，学制缩短小学年限和设三年制初中有利于小学和初中的普及；取消大学预料，设三年制综合高中，提高了中等教育的水平，以满足对中等教育水平人才的需要相应减轻了大学的负担，使之能集中精力进行专业教育和科学研究；提高了师范教育的水平；职业教育单列为一个系统，代替实业教育；课程无男女校之区别，等等。这些都反映了"五四"以来新教育改革的一些基本要求。其与 1904 年学制相比，是一个巨大的进步，这个学制指导我国教育向现代教育迈出了第二步。在国民党统治时期，这个学制虽几经修

---

❶　杨少松，周毅成. 中国教育史稿：古代、近代部分［M］. 北京：教育科学出版社，1989：172.

改，但基本没有变动，影响深远。学制的缺点主要是在一些方面脱离中国的实际，如采用综合中学制、开设大量选修课等盲目搬用美国的做法。在教育上从仿效日本，转而一切仿效美国，缺乏本土化的改进，也反映了半殖民地半封建社会中国资产阶级的软弱性。

从近代中国学制的发展历程中我们可以看出：近代中国的教育先后学习了日本、美国的学制特点，但都因盲目借鉴而不能完全适应中国国情；在半殖民地半封建社会的政治经济大背景下，学制改革难免不彻底，带有封建残余。

（三）　中华人民共和国成立后的学制发展情况

1. 中华人民共和国成立初期的学制改革

1949 年 10 月中华人民共和国的成立，使教育在全国范围内走上为人民服务的道路。这是中国教育史上一个重大的转折，是从根本上改变教育性质的一个关键。随着人民教育事业的恢复和发展，原有学制中的问题已成为前进中的障碍。主要问题是：

一，工人、农民的干部学校以及各种补习学校和训练班，在学校系统中没有应有的地位。

二，小学修业年限六年和分初级小学、高级小学的办法，妨碍广大劳动人民的子女受到完全的初等教育。

三，为培养国家建设人才所迫切需要的各种技术学校，没有一定的地位和制度。❶

1951 年 10 月 1 日，以政务院命令正式颁布了《关于改革学制的决定》，产生了新中国第一个学制。它吸取了老解放区的经验、1922 年学制和苏联学制的合理因素，加强了普通教育、职业教育和成人教育的联系和结构的完整性。将学制系统分为五个主要部分，即幼儿教育、初等教育、中等教育、高等教育、各种政治训练班；主要特点：第一，明确和充分地保障了全国人民，首先是工农劳动人民和工农干部受教育的机会；第二，明确规定了技术学校、专门学院、专科学校和专修科的适当地位和制度，以适应培养大量国家建设人才，首先是技术人才的需要；第三，保证一切青年知识分子和原知识分子有受革命的政治教育的机会，保证工作干部能得到再教育的机会；第四，既有统一性又有灵活性。

新的学制改革从总体看是符合中华人民共和国成立初期的情况和需要的。它标志着新中国的教育走上了有计划有系统发展的新阶段。

2. 20 世纪 60 年代的学制改革

中共中央和国务院于 1958 年发布了《关于教育工作的指示》，主要内容是对1951 年的学制提出若干改进意见，明确指出：现行学制是需要积极地妥当地加以改革的，许多地区开展的学制改革的试验，如提早入学年龄，进行了六岁入学的试验；为了缩短年限，进行了中小学十年一贯的试验。采取多种形式的办学，创办了农业中学、半工半读学校，进一步发展业余学校。但由于急躁冒进和盲目发展，不仅使学制改革的试验不可能在正常的教学秩序下进行，而且一大批新创办的各级各类学校，由于师资、设备跟不上，也难以维持，1961 年中央开始贯彻"调整、巩固、充

---

❶　毛礼锐，沈灌群. 中国教育通史：第六卷 ［M］. 济南：山东教育出版社，2005：67.

实、提高"的方针，特别制定了大、中小学工作条例，肯定一些积极成果，同时也纠正错误。

3. "文革"时期的学制

"文化大革命"中提出要缩短学制、教育要革命，如把中学学制缩短，初中高中缩成二年；对中专和技校大加砍杀，盲目发展普通高中，使普通教育和职业教育的比例失调；把高等教育缩短为三年和一个层次，把很多院校、科系、专业取消，使人才培养比例失调，完全取消成人教育、业余教育等，从而使中华人民共和国成立以来建立起来的社会主义新学制遭到了极大的破坏。

4. 十一届三中全会以来的学制改革

十一届三中全会以来，我国迅速结束了十年动乱所造成的教育局面混乱，重新发展被破坏的学制系统，具体做法有：延长中学的学习年限，恢复中专和技校，创办职业高中，恢复高等学校专科和本科的两个层次，扩大高等专科学校，恢复和重建很多院校、科系、专业；建立学位制度和完善研究生教育制度，恢复和重建各级各类成人教育机构；等等。从而使我国的学制逐步向合理和完善的方向发展，使各级各类学校形成了一个完整的系统。

二、我国现行学校教育制度的形态

我国20世纪从西方引入的现代学制，从总体上看是单轨学制。随着社会生产发展对有文化劳动者素质的需求越来越迫切，我国的单轨学制必然要向分支型学制发展，即通过大力发展基础教育后的职业教育，中等教育、高等教育中职业教育这一轨，以适应社会经济发展的需要。因此，我国现行学制是从单轨制发展而来的分支型学制。学制系统主要包括以下几个部分：

学前教育：招收3~6岁、7岁的幼儿。

初等教育：主要指全日制小学教育，招收6~7岁儿童入学，学制为5、6年；在成人教育方面，是成人初等业余教育。

中等教育：指全日制普通中学、各类中等职业学校和业余中学。全日制中学修业年限为6年，初中3年，高中3年，职业高中2~3年，中等专业学校3~4年，技工学校2~3年。属成人教育的各类业余中学，修业年限适当延长。

高等教育：指全日制大学、专门学院、专科学校、研究生院和各种形式的业余大学。高等学校招收高中毕业生和同等学历者。专科学校修业为2~3年；大学为4~5年，毕业考试合格者，授予学士学位。业余大学修业年限适当延长，学完规定课程经考核达到全日制高等学校同类专业水平者，承认学历，享受同等待遇。条件较好的大学、专门学院和科学研究机关设立研究生教育机构，其修业2~3年，毕业成绩合格者授予硕士研究生学位；博士修业2~3年，毕业成绩合格者授予博士学位，在职研究生修业年限适当延长，完成学业也可获得相应的学位。

三、我国现行学校教育制度的改革

改革开放以来，我国的教育事业步入了快速发展的轨道，为国家社会经济的发展培养了大批人才，具体见表5-2。但从总体上看，还存在着诸多的问题，诸如如何促进各层次教育之间更有效地衔接；如何在终身教育思想指导下，建立现代学校制度等问题，都已成为近期我国教育改革的热点话题。为更好地适应我国社会经济发展的需要，实现全面建设小康社会的宏伟目标，形成全民学习、终身学习的学习型社会，形成比较完善的现代国民教育体系，目前我国不同层次教育都在进行着改革与调整。

（一）重视学前教育

学前教育是学校教育和终身教育的奠基阶段，是基础教育的重要组成部分。结合世界幼儿教育发展的新趋势，即入学年龄的提前与学前教育与初等教育的更有效衔接，我国的学前教育也正努力向这个方向调整。首先要确立"社会发展，教育优先；人才培养，学前教育先行"的新的时代观念，其次要建立一个新的、体现政府公共服务职能的学前教育体系，使更多的幼儿享受高质量的学前教育。再次力争将学前教育纳入社会发展总体规划，确保学前教育事业稳步发展，不断提高保育教育质量。2007年11月，国家教育部将学前教育立法纳入了今后5年的立法工作重点和2008年工作要点。努力保障和促进学前教育事业积极、健康、有序的发展是学前教育发展的一个总体目标。

表5-2 1993年以来我国教育事业历史性跨越的情况

	1993年	2003年	增长值
一、普及九年制义务教育			
人口覆盖率（%）	45	92	47
小学学龄人口入学率（%）	97.7	98.7	1
初中毛入学率（%）	73.1	92.7	19.6
二、高等教育扩招			
普通本专科招生数（万人）	92.4	382.17	289.77
高等教育在学人数（万人）	500	1900	1400
高等教育毛入学率（万人）	5	17	12
三、每十万人口在校生数			
高中阶段（人）	1448	2523	1075
高等学校（人）	376	1298	922

（摘自上海外国语大学社科部与上海外国语大学学生处：《我国高等教育发展与改革的形势分析》，2005年5月）

表5-3 2010年、2020年我国各级教育入学率预测

	2000年	2005年	2010年	2020年
高等教育毛入学率	11%	21%	23%	>30%
高中阶段毛入学率	42.8%	46%	65%	>85%
初中阶段毛入学率	88.6%	79%	~95%	>98%
小学学龄人口入学率	99.1%	99.5%	~100%	~100%

（摘自上海外国语大学社科部与上海外国语大学学生处：《我国高等教育发展与改革的形势分析》，2005年5月）

（二）促进义务教育均衡发展

义务教育是国家统一实施的所有适龄儿童、少年必须接受的教育，是国家必须

予以保障的公益性事业。它是世界不同国家教育的基石，也是世界教育改革的重点领域，主要发达国家早在一百多年前就已实施了义务教育，而我国由于社会经济发展地域不平衡，各地区义务教育发展状况也有很大的差别，2015 年 12 月 27 日，第十二届全国人民代表大会常务委员会第十八次会议通过了《关于修改〈中华人民共和国教育法〉的决定》（第二次修正）。义务教育法的制定标志着我国基础教育发展到一个新阶段，国家实行九年制义务教育从此成为法定义务。1990 年，国务院又颁布了《中华人民共和国义务教育法实施细则》，增强了义务教育法的可操作性，确保了义务教育的施行。到 2000 年我国已基本完成普及九年义务教育的任务，这是我国教育取得的重要成绩。但还存在着诸多的问题，如教育投入总量不足，义务教育资金短缺；义务教育发展不均衡；学生辍学率高；师资队伍质量不同，待遇低，不稳定；等等。在社会多方面的呼吁下，国家组织各方面的力量对 1986 年的义务教育法进行重新修订并于 2006 年 6 月 29 日第十届全国人民代表大会常务委员会第二十二次会议通过了新《中华人民共和国义务教育法（修订案）》，于 2006 年 9 月 1 日生效，原有义务教育法废止。这是我国教育发展史上具有里程碑意义的重大事件，它标志着我国义务教育进入了一个新的发展阶段。新的义务教育法主要特点在于：强调教育公平、教育均衡的理念；重视弱势群体的受教育问题，包括流动人口子女、残疾儿童、未成年犯的教育问题；明确了政府在义务教育中的职责，尤其是在义务教育经费保障机制方面，对于哪一级政府应该负什么样的责任都有非常明确的规定。这部法律的出台，将有力地推动我国素质教育的全面实施，将大大强化义务教育的公共保障机制；必将有利于义务教育公平公正均衡发展，对于进一步推动我国义务教育健康发展有着十分重要的意义。

（三）继续调整中等教育结构，大力发展职业教育

我国的学制类型是分支型，就决定了义务教育后阶段职业教育与普通教育的学校类型必须多样化，以满足社会发展及个人发展的需要。全面建设小康社会的目标中提出要基本普及高中阶段教育。早在 1985 年的《中共中央关于教育体制改革的决定》就指出："力争在五年左右，使大多数地区的各类高中阶段的职业技术学校招生数相当于普通高中的招生数，扭转目前中等教育结构不合理的状况。"而现有的普通高中、职业高中、中等专业学校和技工学校等不同类型的学校，在数量及规模上还不能较好地满足需求，中等教育的结构调整任重道远。中等教育的多样化和普通教育后的职业教育为不能升学的学生提供必要的就业前的职业培训，从而使我国的学制更加完善，是今后一个时期内的一个重要任务。

职业教育仍然是我国教育事业的薄弱环节，表现为发展不平衡，投入不足，办学条件比较差，办学机制以及人才培养的规模、结构、质量还不能适应经济社会发展的需要。为此 2005 年 11 月国务院下发了《关于大力发展职业教育的决定》，确立了我国今后职业教育改革的方向和目标。

（四）以提高质量为核心，加快从高等教育大国向高等教育强国迈进❶

改革开放以来，特别是自 1999 年实行高校扩招以来，我国高等教育实现了跨越

---

❶ 陈至立. 以提高质量为核心加快从高等教育大国向高等教育强国迈进的步伐 [J]. 求是，2008（3）：8－12.

式发展，取得了举世瞩目的成就。1998 年底，全国高等教育在校生总数约 643 万人，高等教育毛入学率仅为 9.8%。目前我国普通高校在校生达到 1800 万人，受过高等教育的人口超过 7000 万人，我国已成为高等教育大国，为现代化建设提供了有力支撑，迈出了我国由人口大国转向人力资源强国的关键一步。我国的高等教育已进入了规模稳定时期，在全面建设小康社会与国家创新工程时代背景下，高等教育改革的主要领域将涉及：进一步发挥高等教育在建设人力资源强国、科技创新和社会服务等方面的功能；高等教育管理体制与制度的创新；高等教育质量评估与监测；建设重点大学和重点学科等方面。

四、20 世纪 80 年代以来与学制有关的法令

教育立法是实行依法治教的基础，也是教育走向规范化轨道的重要手段。中华人民共和国成立后我国教育法制化进程不断加快，特别是 20 世纪 80 年代中后期及 90 年代以来，先后颁布了适用于不同教育层次的法令。

（一）《中华人民共和国学位条例》

1980 年五届全国人大常委会通过这部法律，是中华人民共和国自成立以来颁布的第一部教育法律。它重新恢复了我国的学位制度，规定了我国学位的种类、等级，授予学位的标准及办法，对于培养高层次的社会主义现代化建设人才和推动高等教育发展有重要意义。它的颁布标志着我国教育立法进入了一个新的阶段。

（二）1985 年《中共中央关于教育体制改革的决定》

随着国家经济体制改革的深入，我国原有的教育管理体制已不能适应社会发展的需要；原来已存在的基础教育薄弱，职业教育比重过小、发展缓慢，高等教育层次、系科比例不当等问题更加突出。在这样的时代背景下，中共中央于 1985 年颁布了《中共中央关于教育体制改革的决定》，主要内容有：①有系统地改革我国教育管理体制；②把发展基础教育的责任交给地方，有步骤地实行九年制义务教育；③调整中等教育结构，大力发展职业技术教育；④改革高等学校的招生计划和毕业生分配制度，扩大高等学校办学自主权；⑤调动各方面积极因素，保证教育体制改革的顺利进行。这一法令是新的历史时期关于我国教育发展战略的一个极为重要的纲领性文件，它指明了我国一段时期内教育改革和发展的方向，确定了教育体制改革的目标、指导方针和政策，也是我国教育走向法制化进程的一个重要文件。

（三）1993 年《中国教育改革与发展纲要》

党的十四大明确提出了"必须把教育摆在优先发展的战略地位，努力提高全民族的思想道德和科学文化水平，这是实现我国现代化的根本大计"。为了实现十四大确定的战略任务，指导 90 年代乃至下世纪初教育的改革和发展，使教育更好地为社会主义现代化建设服务，1993 年 2 月 26 日中共中央国务院发布了《中国教育改革和发展纲要》，主要内容涉及：①确立了要形成具有中国特色的、面向 21 世纪的社会主义教育体系的基本框架，规定了 20 世纪末我国各级各类教育发展的总目标；②改革教育体制，初步建立起与社会主义市场经济体制和政治体制、科技体制改革相适应的教育新体制；③全国提高各级各类教育的质量，建立各级各类教育的质量

标准和评估指标体系；④逐步采取各种措施，加强教师队伍建设；⑤合理筹措并使用教育经费，管好用好教育经费。

"纲要"的实施，极大地推动了 20 世纪 90 年代以来教育发展与改革，使教育有了跨越式发展，为我国总体上进入小康社会奠定了比较稳固的基础。

（四）其他主要法令

1999 年初，国务院批转了教育部《面向 21 世纪教育振兴行动计划》，出台了一系列振兴教育的政策。同年 6 月，党中央、国务院召开第三次全教会，发布了《关于深化教育改革全面推进素质教育的决定》，把全面推进素质教育作为跨世纪教育工作的战略重点，并相继出台了一系列重要举措。2001 年、2002 年和 2003 年，国务院召开了全国基础教育工作会议、职业教育工作会议和农村教育工作会议，发布了相应决定。2004 年国务院批转了《2003—2007 年教育振兴行动计划》。

2010 年 6 月 21 日，中共中央政治局召开会议，审议并通过《国家中长期教育改革和发展规划纲要（2010—2020 年）》，并于 2010 年 7 月 29 日正式发布。它是 21 世纪我国第一个中长期教育发展战略规划，是推动教育发展和改革的纲领性文件，具有鲜明的时代背景和极为重要的战略意义。该纲要提出教育改革和发展的指导思想是"高举中国特色社会主义伟大旗帜，以邓小平理论和'三个代表'重要思想为指导，深入贯彻落实科学发展观，实施科教兴国战略和人才强国战略，优先发展教育，完善中国特色社会主义现代教育体系，办好人民满意的教育，建设人力资源强国"。教育改革和发展的工作方针是"优先发展、育人为本、改革创新、促进公平、提高质量"。同时，纲要指出教育改革和发展的战略目标是"到 2020 年，基本实现教育现代化，基本形成学习型社会，进入人力资源强国行列"。该纲要明确提出了"坚持以人为本、全面实施素质教育是教育改革发展的战略主题，是贯彻党的教育方针的时代要求，其核心是解决好培养什么人、怎样培养人的重大问题，重点是面向全体学生、促进学生全面发展，着力提高学生服务国家服务人民的社会责任感、勇于探索的创新精神和善于解决问题的实践能力"。《国家中长期教育改革和发展规划纲要（2010—2020 年）》主要内容包括推进素质教育改革、义务教育均衡发展改革、职业教育办学模式改革、终身教育体制机制建设、拔尖创新人才培养改革、考试招生制度改革、现代大学制度改革、深化办学体制改革、地方教育投入保障机制改革以及省级政府教育统筹综合改革等十个方面。

注释：

1. 制度的起源："和平之烟"在北美的印第安部落之间，由于争夺某一河心岛的狩猎权而发生了争执，按照以往的惯例，双方诉诸武力似乎是自然的选择；但是这两个部落的首领都饱经沧桑且厌恶战争，因而他们不同寻常地决定用和谈方式来解决争端。多年的争斗使他们在会面时局促不安，同时又略带点傲慢和挑衅的态度。在当时，甚至在今天，人类都有这样一种传统：即极可能把和解愿望误解为懦弱，因此，两位首领在初次见面时都以保持沉默为策略。(这种多少令人有点尴尬的情况下，如果当事人转手去做第三种与两个冲突动机无关的事，则无疑会具有一种放松作用。碰巧，其中一位酋长点起烟管，另一位也点燃了自己的烟管（或许两位还就抽烟这一话题谈点经验或体会）。结果他们平静下来，逐渐进入了议题，并最终自信地达成了和解。等第二次会面时，可能其中的一位立刻点烟，另一位也马上应和。久而久之，抽烟便成为了寻求和解的必要仪式或习惯，烟管也变成了友好和平的象征。最后，它成为每个印第安人必须遵守的法律典型的规则：在抽过烟后就禁止相互攻击。

由此，所谓"和平之烟"的制度便昭然于世了。这个事例，便是奥地利动物和行为科学家康罗·洛伦兹在《攻击与人性》一书中借助联想所描绘出的一幅释说某一习惯产生并最终被"制度化"为规则的历史画面。

2. 青年礼：原始社会时期氏族部落中形成了一种检验和考查青少年学习成长情况的仪式。通常把这种检查考验的全过程称为青年礼。其内容是：当少年即将转入青年期的时候，对于他在军体、道德、生活和劳动诸方面培养教育的成果，要进行一次严格的考查和检验，考查他们学到哪些本领，对未来生活作了哪些准备；检验他们面临困难危险持何态度，有无摆脱危险和克服困难的信心与决心；审核他们遭到强烈痛苦（身体上的和精神上的）时的表情、态度，以及如何对待，等等。一般说来，这一检验和考查相当严肃，氏族或部落中有经验有威望的长辈，都要参与或过问其事。检验往往要持续一定时间，经考查合格，再通过一种由氏族首领或老年人当众主持的特别而庄严的仪式，才被确认为正式的社会成员。

3. 中学为体，西学为用：即忠孝为本，以中国经史之学为基础，在此根底上学习西方科学知识与技能，以备应用。这是清朝政府兴办学堂以来一贯奉行的政策。

附学制图

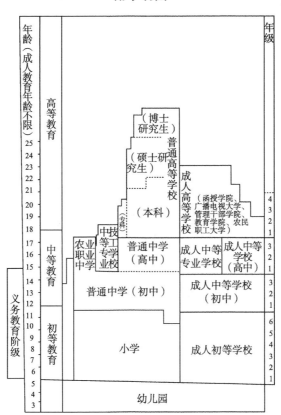

我国现行学校系统图

第六章 课 程

从近几十年来世界各国的教育改革中，我们会清晰地发现，各国政府普遍非常重视并领导课程改革，课程改革正在不断深化，课程改革是教育改革的核心，成为教育教学改革的先导和突破口，它集中体现了一个国家的教育质量要求。

本章结合各国课程改革情况，对课程基本理论问题及国内外课程改革趋势问题进行概括论述。

第一节 课程理论概述

概括而言，课程理论问题主要研究"为什么教""教什么""如何教"和"教的效果如何"等几个基本问题，围绕这些问题，涉及课程定义、课程类型、课程特征、课程结构、课程设置、课程编制、课程理论流派、课程改革等内容。

首先了解课程的历史。"课程"的历史是久远的，应该说，有教育之始，就有教育内容，也就有了"课程"。如我国古代的"六艺"、欧洲的"七艺"，都是"课程"。但作为一个明确的词语的"课程"，则出现得较晚，作为教育理论工作者明确的研究对象的"课程论"则更晚。

"课程"一词，据考证，在我国，最早见于唐朝，但含义与现今课程含义差别较大；到了宋朝，南宋朱熹《朱子全书·论学》里多次使用"课程"一词，有"宽着期限，紧着课程"，"小立课程，大作功夫"❶等内容，这里的"课程"有功课及其进程之意，已与今天课程含义接近。

在西方，"课程"（curriculum）一词的词根源于拉丁文的动词"currere"，有"奔走、奔跑"之义，其名词意为"跑道、奔走的过程或进程"，隐喻"一段教育的过程"❷。1859年，英国著名哲学家、教育家斯宾塞（H. Spencer）在其教育名著《什么知识最有价值》一文中首次使用英文"curriculum"（课程）一词，由教学科目之义引为"学习的进程"。

"课程论"则出现得更晚。1918年，美国学者博比特（F. Bobbit）的《课程》一书出版，标志着课程作为一个独立的研究领域的诞生。课程理论研究由此迅速发展。到20世纪40年代，美国著名课程专家泰勒（R. W. Tyler）指出，课程编制应主要关注四个基本问题：第一，学校应达到哪些目标？第二，提供哪些教育经验才

---

❶ 这两句话表示，课程应紧凑和精要，但让学生揣摩和消化的时间要放长。

❷ Robin Barrow Mibum: A Critical Dictionary of Educational Concept, Brig hten, Wheat Sheft Books Ltd, 1986: 65–67. 转引自扈中平，李方，张洪俊. 现代教育学［M］. 北京：高等教育出版社，2000：281.

能实现这些目标？第三，怎样才能有效地组织这些教育经验？第四，我们怎样才能确定这些目标正在得到实现?❶ 这被称为"泰勒原理"，可以简化为明确目标——选择内容——组织内容——评价效果四个问题，这确立了此后的课程研究的基本框架——课程目标、课程内容选择、课程内容组织编排和课程评价（当今，一般认为课程编制还应该包括课程实施环节，从而可以在"泰勒原理"基础上把课程编制调整为新的四环节——课程目标、课程内容（选择和组织）、课程实施、课程评价，等同于为什么教、教什么、怎么教、教的效果如何四个问题）。由于"泰勒原理""十分重视目标制订、重视行为目标的确定，认为目标是可以预测的，课程发展是标准化、理性化的过程，因此这种理论被称为'目标模式'的课程研究。这一模式对英美等很多国家的课程理论和实践活动一直起着指导的作用"。❷❸

一、课程的含义

据上述所言，课程问题是教育改革的核心问题。但对于什么是"课程"，至今未有公认的统一的定义。正如有人所说的，有多少课程专家，就有多少种课程定义，因此，美国课程论专家斯考特认为："课程是一个用得最普遍但却定义最差的教育术语。"❹ 课程的多种定义，都试图从不同角度诠释课程的本质，这使人们更清晰地认识到"课程现象的复杂特征、多重属性"❺。下面，在结合前人对课程的认识基础上，介绍课程的基本含义。

（一）几种代表性的课程含义

经过梳理，我们认为，最典型的课程定义有以下五种，分别是：

1. 课程是教学科目

在日常用语中，我们往往认为课程就是所学的科目，如语文、数学等。这也与课程的历史相吻合，因为在历史上，所谓的我国古代的"六艺"（礼、乐、射、御、书、数）和欧洲中世纪的"七艺"（三科：文法、修辞、辩证法；四学：算术、几何、音乐、天文）都是以科目形式出现的课程。这里更强调课程是学生学习的学科知识体系，更关注课程的静止状态，属于狭义的课程。但它不能回答隐性课程等问题。这是学科中心主义的课程观。

2. 课程是有计划的教学活动

与前面的定义一样，这一定义强调课程之于学生而言，是外在的存在物，是需要学习的对象。它更重视学习的系统规划，也更强调课程的多面性，即课程不仅仅包含科目，它也包含科目的教学过程以及教学方法等。它单纯强调计划性，而忽视过程的丰富性及不确定性，及由此带来的学生发展的多种可能性。

---

❶ ［美］拉尔夫·泰勒. 课程与教学的基本原理［M］. 施良方，译. 北京：人民教育出版社，1994：2.

❷ 吴也显. 教学论新编［M］. 北京：教育科学出版社，1991：270－271.

❸ 关于课程研究模式问题，后来，又出现了诸如英国教育家斯坦浩斯提出的"过程模式"、苏联的"普职结合模式"等。

❹ Scotter, R. D. V. and Others, Foundation of Education：Social Perspective, 1979. 272. 转引自郝德永. 关于课程本质内涵的探讨［J］. 课程·教材·教法.1997（8）：5.

❺ 黄克孝. 职业和技术教育课程概论［M］. 上海：华东师范大学出版社，2001：4.

3. 课程是学习经验

以美国著名教育家杜威为代表的学者持这种观点。这一定义强调学习的结果，重视个人的体验，即学生实际学到了什么内容或有哪些体验，而不在于计划和过程。虽然学习过程和学习活动是形成学习经验的前提，但它们不是最重要的。它在实际中很难操作，因为每个人的学习结果是有很大差异的，由此导致每个人都有自己的"课程"，与实际的学校教育难以统一。这是经验主义的课程观。

4. 课程是预期的学习结果

所谓的预期的学习结果，就是教学目标问题。这一定义在北美课程文献中比较普遍，代表人物有博比特、泰勒、加涅等人，他们认为课程是教育者试图达到的一组教学目标或希望学生达到的学习结果，课程不应该是经验，而是直接关注的预期的学习结果和目标，因此，必须有一种预期学习结果的结构序列化。然而，有研究显示，预期与现实总有差距，而且从客观上讲，目标的制定总与实际实施有脱离的一面，片面强调预期的东西必然导致忽视实施过程中非预期的东西。❶

5. 课程是社会改造

这是 20 世纪 30 年代，美国一些激进的进步教育家所持的一种课程观。他们认为，课程编订的目的和方法应当放在解决重要的社会问题上。如民族问题、吸毒问题、战争问题、经济危机问题等。课程不是要学生掌握文化遗产或学会顺从社会，而是应教导学生如何改造社会。学校设置课程要为改造社会服务，这是以社会为本的课程观。❷

在 20 世纪 70 年代末期，美国学者古德莱德（Goodlad）对已有课程定义进行了梳理，按照课程存在的状态或课程发生的先后顺序，把课程分为五类，很有启发意义。

由上而下依层级将课程分为不同层级的课程观❸：

①理想的课程，即指由一些研究机构、学术团体和课程专家提出应该开设的课程。例如，现在有人提议在中学开设性教育或健康教育的课程，并从理论和实践的角度论证其必要性，就属于理想的课程。这种课程的影响首先取决于是否被官方采纳。

②正式的课程，即指由教育行政部门规定的课程计划、课程标准和教材，也就是列入学校课程表中的课程。许多人理解的就是这类课程。

③领悟的课程，即指任课教师所领会的课程。由于不同教师对正式课程会有各种理解和解释方式，因此教师对课程实际上是什么或应该是什么的领会，与正式的课程之间会有一定的距离，从而减弱正式课程的某些预期的影响。

④运作的课程，即指在课堂上实际实施的课程。它与正式的课程之间会有一定的差距，因为教师要根据学生的反应随时进行调整。

⑤经验的课程，即指学生实际体验到的东西。因为每个学生对事物都有自己特定的理解，两个学生听同一门课，会有不同的体验或学习经验。

由此可见，课程从规划、设计到实施，从课程决策者、编制者到教师和学生，

---

❶ 叶澜，郑金洲，卜玉华. 教育理论与学校实践［M］. 高等教育出版社，2000：251 – 252.

❷ 同上，252.

❸ J. I. Goodlad. Curriculum Inquiry：the Study of Curriculum Practice. New York：McGraw – Hill. ，1979：60 – 64.

经历了若干种转换。我们在探讨课程时就注意到，既然课程存在于不同的层次之中，若我们只注意某一层次而完全忽略其他，则不仅难以见到课程的全貌，更有扭曲课程的危险。❶

总之，课程理论研究作为一门相对比较年轻的学科，在课程含义的探讨方面仍存在不同角度、不同侧面的概括和认识，体现了课程含义的丰富性和复杂性。也可以说，课程含义正在由单一的——教学科目的狭隘范围窠臼跳出，"开始将课程看作是以一定的教育目的为指导的涉及学生学习活动的整体框架的极为广泛的概念，即课程与学科和教学内容有密切联系，但又有区别"❷。课程不仅指学科，还包括学科教学进程；不仅指计划预期的教学结果，还含有学习经验；不仅指理想课程，还有现实课程；不仅强调它的继承性，还强调创新和改造特点；不仅指正式课程，还有教育环境对学生的影响；等等。因此，对于这样一个复杂的课程问题，我们可以从广义和狭义两个方面定义。

（二）课程定义

广义的课程是指学校用以影响学生的各门学科及活动、学校环境及氛围，及其发展进程、影响结果的总和。首先强调的是，课程是学校所提供的、学生在教师指导下的学习内容，是师生共同进行的一种双边教育活动的载体，它不是单纯的自学；关于各门学科、活动及环境、氛围影响，可以理解为为了实现各级各类学校培养目标而规定的教学科目、安排的各类活动及提供的各类教育环境，不限于课内活动，也包括课外活动；关于进程，则可以理解为各门学科及教育环境对学生产生作用及影响的整个过程，这不仅体现课程的静态性，还包括课程的动态性；关于结果，是指学习者在学校环境中获取的全部经验——包括知识的增进、技能的提高、身体素质的增强、品德的改善等。对课程的这种理解，在我国已被广泛接受，所以 1992 年原国家教委颁布的《九年义务教育全日制小学、初级中学课程计划》打破了原《教学计划》所规定的学科教学活动的狭隘范围，而扩之为将各种教育活动和社会活动也作为活动课程与学科课程一并纳入课程体系中去，并开始重视正式课程（显性课程）与非正式课程（隐性课程、潜在课程）对学生的影响作用。

狭义的课程，是指某一科目，如语文、数学、历史、外语等，各科目的具体内容就是教材。

二、课程系统

课程系统比较复杂和庞大，它包括课程类型、课程结构、课程管理、课程设置、课程编制等多方面内容，每个方面又可以进一步细分。如图 6-1 所示。下面逐一概括介绍。

（一）课程类型

根据表现形式或者影响学生的方式不同，美国有学者提出了一种课程的分类，把课程分为两大类，一类是把通常的学校课程称为明显的或公开的课程，也可称为

---

❶ 叶澜，郑金洲，卜玉华. 教育理论与学校实践［M］. 北京：高等教育出版社，2000：258－259.
❷ 扈中平，李方，张洪俊. 现代教育学［M］. 北京：高等教育出版社，2000：282.

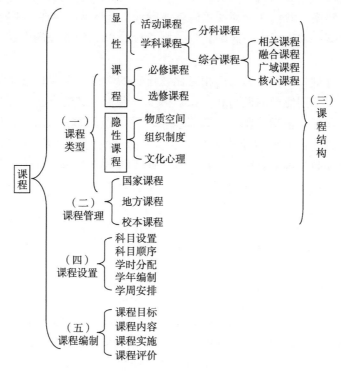

图 6 – 1　课程系统示意

显性课程或正式课程；另一类是把学生在学校内的潜移默化的影响，称为潜在课程、隐蔽课程或隐性课程。

显性课程（formal curriculum），又称为正式课程，是学校情境中以直接的、明显的方式呈现的课程，❶ 如课程表中的学科、活动课程等。

隐性课程（hidden curriculum），也称为隐蔽课程、潜在课程、非正式课程等，是学校情境中以间接的、内隐的方式呈现的课程。❷ 包括校园环境、组织制度、社团、传统、信念、价值观、人际关系和行为方式等，对学生发展起到潜移默化的影响。

1. 显性课程

根据教学内容是重知识体系还是生活经验不同将显性课程分为学科课程和活动课程。又可根据习修方式不同将显性课程分为必修与选修课程。下面重点介绍学科课程和活动课程。

（1）学科课程

学科课程即从各门科学中选取最基本的内容，组成各种不同的具有知识逻辑体系的学科，按学科安排教学顺序、学习时数和期限的课程。根据学科课程所涵盖的知识体系的大小，可以把学科课程分为大学科和小学科，这是相对的概念。在这里，我们取大学科课程含义❸。基于此，学科课程又可根据知识体系的联系及组合程度

---

❶　施良方. 课程理论 [M]. 北京：教育科学出版社，1996：272 – 273.

❷　同上。

❸　有的学者将学科课程等同于分科课程，这应是取学科的小学科之义。

不同，而分为分科课程和综合课程。

①分科课程通常又被称为科目课程（subject curriculum）❶：是按照学科分化情况和学生身心发展阶段及水平，选取最基本的、最合适的学科的知识体系组成的课程。例如，我国中小学常见的语文、代数、几何、英语、历史、地理、音乐、美术、体育等。它的主要特点：一是各学科课程，各自有明确的研究对象，有属于自身的研究方法，彼此界限清楚，自成一体，系统性较强；二是以知识的逻辑体系为中心来编排课程，易于学生进行学习，效率较高；三是重视学习的理论知识（间接经验），具有较强的简约性，易于组织教学，也易于进行评价。其指导思想是把教育看作是生活的准备，课程是为生活的准备而服务的。这种课程的教学内容是按学科知识来组织，以学科作为教学活动的单位，这给教材编订带来很大的方便，教学内容的选择、结构、顺序就是学科知识的选择、结构、顺序，一切从学科知识体系来考虑。课程目标以学科知识的掌握为目标；教材的编写与审订也相应地分学科进行。从教学看，以科学文化知识为主体的学科课程便于教。一个学科教师，只要掌握了本学科的系统知识，就能把本学科弄通教好。

分科课程的缺点也十分明显：由于学科各自独立，较少考虑学科之间的相互联系，加深了学科分离，限制了学科交叉，成为课程现代化的障碍；学科课程只重视系统学科和学科知识，不注意发挥教育的社会职能与人的发展职能；学科课程注重逻辑系统，教学时容易禁锢学生的思维，将获取知识与培养能力相脱离，不利于培养学生多方面的能力，容易重记忆轻理解，重知识接受轻能力培养，重整齐划一轻个别差异。在科学技术成为第一生产力的今天，其弊端日益突出，人们深感重知识、轻能力，重学科的区别、轻学科的联系，难以培养出现代化建设所需要的人才。

②综合课程（integrated curriculum）：是指为培养学生综合能力及对世界的整体感，将两个或两个以上的相邻、相近或相关的分科课程有机组合在一门综合学科中。例如，我国的小学"科学"就是一门综合课程，包含了物质科学、生命科学、地球和宇宙科学、技术与工程等四个领域。我国台湾地区，将地理、历史、公民合并为一门社会科综合课程。加拿大在小学开设加拿大研究、生活科学、地球科学等。

综合课程优点是：第一，克服了分科课程知识区分过细的缺点，比较容易贴近社会现实和实际生活，如人口教育课、环境教育课、法制教育课，可以涉及历史、地理、化学、生物、生理卫生等科，如果设综合性的理科和社会这样的课程，就可以在综合课程中联系起来讲，而在分科课程中实施起来就有一定难度；第二，采用综合课程的结构还可减少课程设置中的分科数目，使教给学生的知识比较完整，有利于培养学生的综合能力，有利于解决知识划分越分越细，而社会问题解决越来越需要综合知识和能力的矛盾。

但也存在两个问题：一个是教科书的编写，通晓各学科的人才稀少，编写综合性的教科书有一定难度；另一个是师资，由于过去培养的师资专业划分过细，难以胜任综合课程的教学，急需培训新型师资和改革师资培养模式。

按照学科的综合程度不同，可以细分为相关课程、融合课程、广域课程和核心

---

❶ 郑金洲. 教育通论［M］. 上海：华东师范大学出版社，2000：279.

课程四类。

相关课程（correlated curriculum）：相互联系的科目、学科等，如语文与历史，数学与物理、化学，物理与化学、生物。

融合课程（fused curriculum）：建立两个以上科目领域之间的关系，原先相互独立的课程主体，在融合课程中将内容融合在一起而命以新的课程名称。例如，生物与化学课程，融合后变成生物化学课科目整合，如地质、气象、地理整合为地学。

广域课程（broad curriculum）：试图混合若干科目的内容，成为一新科目。学科整合，如物理、化学、生物、天文、地学等合并为理科。

以上三类综合课程仍可以清晰地看到科目或学科组合的线索或痕迹，而问题课程则具有更深层次的组合，具有更大程度的综合性，也是研究较深入、实际应用最广泛的综合课程。

核心课程（core curriculum），或称为问题课程：以问题为中心的课程，如健康教育、环境教育、人口教育等。❶ 核心课程是近些年受到青睐的一类课程。

核心课程的研制者主张应避免分科课程脱离社会生活实际、儿童中心课程（活动课程）过分迁就学生直接兴趣的取向，强调应以社会问题为中心，即由教育者按照社会生活的需要确定，在一定时期内，儿童的学习有一个中心，所有的学习活动都围绕这个中心来进行，这个中心就叫作核心，这样编订的课程就叫作核心课程。在解决相关社会问题的过程中，学科界限和行业分工都被打破，一切有关的知识、经验、方法和手段都被重新加以组织和安排。

核心课程的优点非常明显：第一，强调学习内容的统一性和实用性，学习中强调理解问题、分析问题、解决问题的能力，对学生和社会具有较强的适用性；第二，课程内容来自周围的社会生活和人类不断出现的问题，学生学习积极性高，具有强烈的学习动机；第三，使学生学会以积极的方式认识社会和改造社会。同时，核心课程也存在一些缺点：第一，课程的范围、顺序等没有明确的规定，内容可能是零散的、琐碎的或肤浅的；第二，知识的逻辑性、系统性和统一性难以保证。❷

（2）活动课程

活动课程（activity curriculum）也称儿童中心课程或经验课程，即以儿童活动为中心来组织教学过程。这种理论认为，课程应是一系列儿童自己组织的活动，儿童通过活动获得经验，从中培养学习兴趣，学会独立解决问题，锻炼能力。

活动课程的思想由来已久，古希腊哲学家柏拉图的"儿童游戏场"是活动课程的萌芽。18世纪法国启蒙主义教育家卢梭所强调的"自然教育"，注重学生直接经验的获得，蕴含了活动课程思想。19世纪末美国的杜威在芝加哥实验学校倡导"做中学"，强调从儿童的兴趣和需要出发，以儿童活动为中心设计课程，这代表活动课程正式产生了。

其特点一是突破了学科界限，以儿童为中心，从儿童的动机、需要和个性出发

---

❶　核心课程的另一意义是指核心学科或共同基础课。如英国规定小学生（5~11岁）主要学习数学、英语、理科这三门学科，并把它们称为核心课程。

❷　全国十二所重点师范大学联合编写. 教育学基础［M］. 北京：教育科学出版社，2014：176-178.

设计课程，重视直接经验的获得，有利于培养学生的探究能力和动手能力；二是课程顺序不考虑逻辑结构，只强调心理结构，以学生的兴趣与动机为中心组织课程，有利于培养学生的主体性和独立个性；三是课程进度无严格规定，以学生的态度和兴趣的发展变化随意增删。

活动课程论重视学生的主动性和发展学生的个性，注意学生的动机和兴趣，强调经验，但忽视了间接知识的学习，容易使学生获得的知识不系统、不完整，且学习效率低；活动课程实施难度较大，不容易发挥教师的主导作用，容易出现随意性、"放羊"现象。

2. 隐性课程❶

（1）隐性课程的起源

隐性课程研究的萌芽可以追溯到美国教育家杜威的"同时学习"及其承袭者克伯屈的"伴随学习"，即学习中自然而然同时（伴随）产生的情感、态度和价值观等。隐性课程一词是美国学者杰克森在 1968 年正式提出来的，以后影响到加拿大、英国、澳大利亚等国家，并形成不同的派别。杰克森认为，学生在读、写、算或其他学术课程上的进步并没有说明学校教育的结果。除此之外，学生正从教室生活的经验（指学生在教室"读、写、算"学习之外感受、体验富有人生意义的那部分内容）中获得了态度、动机、价值和其他心理状态的成长。而且，这些形式的教育之非学术的结果比学校主要任务之教学更具影响力。

（2）隐性课程的类别（层次）

隐性课程可以大致分为以下三类（三层结构）：

物质空间类。作为物质空间类的隐性课程指学校的建筑、校园的规划、学校的地理位置等物质与空间环境的潜移默化的方式对学生产生显性课程之外的影响。这一结构处于最外层，可以被学习者直接感受，也容易移植和改变。

组织制度类。主要指学校的组织制度、机构团体、教育内容、管理评价等广泛意义上的制度及组织机构在不知不觉中对学生产生的教育影响。这一类处于中层，较为隐蔽，因而不容易被改变。

文化心理类。主要指学校的各文化学科、校风、班风、群体规范、社会信息、课堂教学气氛、人际关系、交往活动等方面内容对学生产生的显性课程以外的潜在影响。这一类处于隐性课程的最深层，是隐性课程的"内核"，它的隐蔽性最深，惰性最大，最不容易改变。

隐性课程的结构呈层次性特征，由表及里、由浅入深、由简到繁、由物质到心理，其影响力由外向内递增。

（3）隐性课程的功能

隐性课程的功能也非常丰富，有陶冶功能、育美功能、益智功能、健体功能等。但必须注意的是，隐性课程也可能产生负效应，对学生发展产生消极影响，需要加强对隐性课程的设计。

（4）隐性课程的特点

简单地说，隐性课程的主要特点是：潜移默化、丰富多样、不易控制、难于

---

❶ 本部分主要参考傅道春. 教育学——情境与原理［M］. 北京：教育科学出版社，1999：225 - 227.

量化。

（二）课程管理

课程管理，是对课程所采取的经营措施❶，具体来说，是指有关部门（或机构）、人员对课程的各个运行环节所采取的规划、指导、决策、监督、协调等措施。它包括对课程目标的管理、课程编订的管理、课程实施的管理及课程评价的管理，等等。从宏观角度看，它涉及课程管理机构、规章制度、课程管理权限、课程标准、教科书制度等。

从课程的管理权限分析，概览当前世界各国的课程管理制度，可以发现，中央集权型、地方分权型和混合型三种课程管理模式成鼎足之势。与三种课程管理模式相对应的是三类课程，即国家课程、地方课程、校本课程。这三类课程宏观上可以说是课程管理问题，微观上可以说课程类型问题。不同课程管理制度的国家，三类课程的比例不同。

国家课程亦称"国家统一课程"，它是自上而下由中央政府负责编制、实施和评价的课程。负责国家课程的课程编制中心具有权威、多样性、强制性的特点。国家课程具有统一性、基础性、指导性、稳定性等特点。它的最大优点在于可以保证全国教育质量的统一，使学生具备最基础、基本的文化修养。

地方课程又称地方本位课程，是指地方各级教育主管部门根据国家课程政策，以国家课程标准为基础，在一定的教育思想和课程观念的指导下，根据地方经济、政治、文化的发展水平及其对学生发展的特殊需要，充分利用地方课程资源而开发、设计、实施的课程。它具有地域性、民族性、适切性、实用性、探究性等特点。它可以调动地方对课程管理的积极性，有利于发挥地方的主导作用，可更好地为当地经济社会发展培养合适的人才。

学校在执行国家课程和地方课程的同时，应视当地社会、经济发展的具体情况，结合本校的传统和优势、学生的兴趣和需要，开发或选用适合本校的课程。这就涉及校本（school–based）课程。所谓校本课程又称学校本位课程，是由学生所在学校的教师围绕本校的特点和需要而编制、实施、评价的课程。它的特点是校本化、特色化、灵活化。它对于提高学校教师教育教学水平，挖掘学校特有的教育传统和资源，彰显学校特色具有重要意义。有的学者用"基于学校，通过学校，为了学校"❷概括校本课程特点，也很有意义。

（三）课程结构

课程结构是指各层次、各类型课程间的构成比例及相互间的纵横关系。课程层次结构是指涵括不同知识、技术层次与水平的课程的比例等关系。课程类型结构是指各种性质的课程的比例等关系。

对于课程层次结构而言，每一层次的课程都应体现基础性，为学生的未来发展奠定基础，为终身学习、终身教育奠定基础。

对于课程类型结构而言，需要考虑以下几对矛盾关系：从课程类型结构角度分

---

❶ 白月桥. 课程变革概论［M］. 石家庄：河北教育出版社，1996：162.
❷ 崔允漷. 校本课程开发：理论与实践［M］. 北京：教育科学出版社，2000.

析，学科型与活动型、分科型与综合型、必修型与选修型、人文型与科技型、理论型与实践型、传承型与创新型、基础型与拓展型等多对范畴所组成的课程结构问题都是需要综合考虑的。总体上讲，各类课程结构要以追求和谐性、均衡性和适切性为旨归，即做到各范畴内的课程类型结构能够搭配合理、相互支撑、体现特色。这种"和谐性、均衡性和适切性"度的把握，主要取决于社会需求和学生的学习需求、生活需求及未来工作需求，以及由此而产生的培养目标。

（四）课程设置

课程设置是课程计划的主要内容，主要包括科目设置、科目顺序、学时分配、学年编制及学周安排几个部分。将在课程计划部分详细讲述。

（五）课程编制

课程编制（curriculum development），又称为课程开发，实际上是关于课程微观要素或具体环节的问题，诸如课程目标、课程内容、课程实施、课程评价等。此四个环节的明确提出应源于美国著名课程专家拉尔夫·泰勒。泰勒在《课程与教学的基本原理》一书中提出，开展课程编制活动，必须回答这些问题：第一，学校应该达到哪些教育目标？第二，提供哪些教育经验才能实现这些目标？第三，怎样才能有效地组织这些教育经验？第四，怎样才能确定这些目标正在得到实现？

1. 课程目标

课程目标是课程的出发点和归宿，它要回答课程的预期结果是什么，或者说是"为什么"的问题，它是课程编制所探讨的首要问题。应确立以最有价值的知识、促进人的全面发展、推进社会的可持续发展为基本目标。

在制订课程目标时，要考虑到它的依据。课程目标确立的依据可从两个维度来考虑，即社会需求维度和学生需求维度。社会需求维度可以从经济、社会发展状况所需的知识、能力、素质方面考虑。学生需求维度可以从学生学习基础、学生身心发展特点及需要的角度分析。课程目标最终要落实到学生学习上，最终要由学生个体来实现。学生的基础及需求是课程目标确立的关键力量。

在制订课程目标时，还应注意课程目标确立的原则：确立课程目标要做的工作很多，其中，有三个主要问题必须得到重视。第一，什么样的课程目标是合适的？第二，谁来制订课程目标是合适的？第三，课程目标是否一成不变？答案就是：第一，课程目标应具有层次性，即要兼顾一般性和具体性；第二，应由多方面专家广泛参与、制订课程目标；第三，课程目标必须具有动态变化性。这是确立课程目标的三个基本要求或方法。

2. 课程内容

它要解决的是"教什么"的问题，即用什么样的文化知识或活动达到课程目标。现代课程内容强调应具有时代性、基础性、选择性等特征。

在课程内容上，首先应以具有时代特点的现代化的知识为中心，也就是教学内容现代化。英国学者穆尔认为，不是被视为知识的一切全然纳入教育的课程是适当的，也不是将一切相信的内容纳入课程是适当的。教学时间有限，我们只能从庞大的知识库中加以选择。再则，教育的规范意义上所要求的教授内容必须有学习的价值，必须有助于学习者。❶ 这也就关系到哪些知识最有价值的问题，而知识的价值标准的确定就要从社会、人以及知识本身三方面来考察。现代化的知识就是指现代社会所必需的、符合儿童年龄特征的知识，知识现代化是达到现代化知识这一结果的过程。因此，学校所传授的现代化知识应是最有价值的知识。

需要指出的是，还应考虑美国著名教育学者布鲁纳的课程理念之要求，必须注意现代化知识的结构问题，即应把现代化知识的基本概念、原理、公式、方法教给学生。这就是课程内容基础性问题。课程内容既要注意把外化的知识传授给儿童，又要注意有利于儿童对知识进行内化和发展能力；既要考虑作为教育对象的儿童的发展特征，又要兼顾社会发展的客观要求，把儿童需要同社会需要有机结合起来，促进儿童发展和社会发展；既要考虑现实，又要考虑未来，切忌急功近利，要用长远、发展的眼光看待知识，处理好为现实与未来服务的关系，以便促进人与社会的协调一致和可持续发展。

同时，课程内容还必须具有选择性，给学生提供更多的选择机会，以便满足学生的多方面的兴趣和需要。为此，选修课成为课程建设一个非常重要的方面。

3. 课程实施

在课程组织实施上，即如何教的问题上，从对儿童的科学认识基础出发，灵活有效地传授知识于儿童，培养儿童的各种素质，也就是围绕儿童年龄特征的中心，把设计好的课程有效地实施。课程组织实施就是如何把外化的知识传授给儿童，儿童把知识内化为自身的品质结构。在实践中，我们常遇到这样的问题：在教科书相同的情况下，为什么状况类似的班级的学习效果却大相径庭？这其中的根本原因就在于，教师是否以儿童的年龄特征为中心，采用有效的方法，结合儿童的兴趣、发展程度等特点实施启发式教学。教师能否发挥在教学过程中的主导作用，也在于教师能否把教学内容与儿童年龄特征很好地结合起来，即最大可能地求得科学的逻辑和儿童的心理逻辑的一致性。可见，课程实施必须建立在科学儿童观基础上，充分考虑和发挥儿童的潜能。

4. 课程评价

课程评价就是对课程结果的测量及作出价值判断。这就要求关注课程的直接功效，即课程对学生的发展起了哪些作用？进一步，还要看课程是否处理好了"社会、人和知识"三个影响课程的主要因素的关系，这是影响课程功效的重要因素。需要注意的是，由于教育具有缓效性和迟效性的特点，所以从社会发展和人的发展角度评价课程有一定的难度，不是课程实施结束就能做出完全的终结性评价。所以，课程的总体评价也有迟效性，它不能及时地对课程的主体过程产生影响。但这并不是说课程评价对课程目标、课程内容和课程实施无能为力，应该说，课程评价对三者还是有很强的导向性的。必须通过评价，使课程的整体过程和结果得到深刻的反思和总结。为了充分发挥课程评价的最大作用，还必须注意多采用形成性评价，强调过程指导。

课程编制的上述四个基本环节是一个有机整体。课程目标规定着课程内容等其他三个环节，课程目标体现在其他三个环节中，依赖于其他环节来实现目标。课程内容是课程实施与课程评价的基础。课程实施的好坏，影响着课程目标的实现，影

---

❶ ［英］穆尔. 知识与课程［J］. 外国教育资料，1995（6）.

响课程内容的效果，是贯彻课程目标与设计的根本途径，也是课程评价的前提。课程评价是前三个环节的结果的反映，它既是前一个课程的结束，又是后一个课程开始前调整、修订的依据。

三、课程文件：课程计划、课程标准、教材

（一）课程计划

1. 课程计划的含义

课程计划是课程设置与编排的具体形式，是根据教育目的和不同类型学校的教育任务，由国家教育部门所制定的有关教学和教育工作的指导性文件。它对学校教学、生产劳动、活动等方面作了全面安排，具体规定培养目标、课程设置（学校应设置的学科，各门学科开设的先后顺序，课时分配和学年、学周的编制）、考试考查、实施要求及课程管理等。

课程计划体现了国家对学校教学和教育工作的统一要求，是编写各科教学大纲的主要依据，也是学校安排整个课程和检查、衡量学校工作与质量的基本依据，因此，认真领会课程计划的精神，保证课程计划的实施，是各级教育行政部门、学校领导干部和教师的重要职责。

中华人民共和国成立后，我国长时间学习苏联的教育模式，"课程计划"也因此按苏联的名称使用，称"教学计划"，并一直沿袭到1992年。到1992年时，在原国家教委颁布的《九年义务教育全日制小学、初级中学课程计划》中，首次改"教学计划"为"课程计划"。这主要有几个方面的考虑：第一，国家课程计划区别于教师的教学工作计划，以免在指称及交流等方面出现混乱；第二，增加了新的课程类型，将以前称为"课外活动"的内容改称为"活动课"，并纳入总的课程体系，要求同等重视和落实。第三，进入20世纪80年代以来，伴随着改革开放，我们对国外课程理论的了解逐渐增多和深入，且我国对课程理论的研究如火如荼，人们对课程、教学两个领域问题的认识逐渐深入和全面，故"课程计划"一词适时登上中国教育的舞台。

2. 课程计划的内容

（1）科目设置

科目设置即规定教学的科目。课程设置首先必须保证教育目的的实施，并符合不同类型学校任务的要求。我国普通中学的课程设置，应着眼于社会主义现代化建设的需要，突出基础教育的特点，应从保证学生获得全面发展、兼顾升学就业两个方面的要求出发，全面发展教育的各个组成部分在所设置的课程中都应有所体现，职业技术学校则要保证基础文化修养和专业培养任务的完成。

义务教育阶段及普通高中课程设置见课程计划附件。

职业技术学校除了设置政治、语文、外语、数学、物理、化学等文化基础课外，还设置有关的专业基础理论及专业课程。

（2）规定科目开设顺序

合理安排所设科目的先后顺序，恰当分配各门科目的教学时数，是课程计划的重要内容，对于课程计划的顺利执行和教学质量的提高有着重要意义。

中学所设各科目一般都按学年安排，使各科目之间有着明显的阶段性和承继性，以方便教学和引起学生的重视。学生在一个学期或一个学年同时学习文理兼顾的几门学科易使知识相互渗透、相互印证、相互补充，有助于理解，并使学科内容性质变换，有利于调动学生学习的兴趣和积极性，减少疲劳，提高学习效率。

在安排顺序方面，要考虑到学生身心发展的特点和学生所掌握的基础知识，要同学生的水平相适应，不要负担太重。各学科先后顺序的排列，要根据科目本身的逻辑顺序、各门学科间的衔接及逻辑联系。例如，数学等各科目的安排，总是先学数学中的代数，再学几何、三角；获取必要的知识后再学物理、化学等学科。同时，还要根据学生身心发展规律来确定。

（3）学时分配

各科目教学时数的分配，主要根据各门科目的教学任务及其在课程体系中的地位、教材分量和难易程度，以及教学法上的要求来考虑，例如，数学、语文是基础课、工具课，课时安排最多。物理、化学课内容较深，且需要配合必要的实验和其他作业，因此分配的课时较多，为保证学生经常的身体锻炼，小学每周都要安排4节体育课。学时分配包括每门学科的总时数和每学年、学期、每周的教学时数。

（4）学年编制和学周安排

学年编制包括学年的学期划分、每学年（学期）的教学周数、生产劳动时数、节假日的时数规定。

学周安排，包括每周上课总时数、课外活动及生产劳动时数等。

（二）课程标准

在中小学，课程标准的前身是教学大纲。教学大纲的结构一般可概括为说明和本文两个部分。说明部分包括本学科的教学目标和要求、教材选编的原则、教学方法的建议等。本文部分是教学大纲的基本部分，是按照教材本身的逻辑，系统地安排全部教材的主要课题、要目，规定教学内容的基本论点和教学时数。根据不同学科的需要，有的教学大纲还规定练习、实习作业、实验参观等；有的还在某些章节后面列有附录，列举参考书和有关教学设备等。至今，在高等教育等领域，仍沿用教学大纲的名称。

2011年新一轮基础教育课程改革后，我国将沿用已久的教学大纲改为课程标准。在义务教育领域先后于2001年和2011年出台了两个版本的语文等学科课程标准。课程标准是根据课程计划而编写的国家课程的基本纲领性文件，是国家对基础教育课程的基本规范和质量要求，它对课程性质、课程目标、课程内容、课程实施和评价、教材要求及课程资源开发等作出纲要性的规定。《纲要》指出：国家课程标准是教材编写、教学、评估和考试命题的依据，是国家管理和评价课程的基础。]应体现国家对不同阶段的学生在知识与技能、过程与方法、情感态度与价值观等方面的基本要求。从以上规定中可以看出，课程标准反映了课程改革所倡导的基本理念。

表 6 - 1　教学大纲与课程标准的区别❶

教学大纲	课程标准
针对学科，规定了教学的具体内容、顺序及要求	针对学生，明确某一学段应达到的共同的、统一的基本要求
更多地关注学生在学科的知识、技能方面应达到的要求	更多地关注学生通过课程内容的学习在知识与技能、过程与方法、情感态度与价值观等方面的发展
更多地关注教师的教学行为	既关注教师的教学，更关注学生的学习
内容的表述方式更多地体现了原则性、规定性和刚性	内容的表述方式更多地体现了指导性、启发性和弹性

实际上，"课程标准"并不是一个新词，1912—1952 年，我国一直沿用"课程标准"一词。1952 年后，改用教学大纲。这是我国学习苏联教育模式的一个重要表现。我国原有的教学大纲明显存在以下弊端：从目标上，只规定了知识方面的要求；内容偏难、偏深、偏窄，对绝大多数学生（1996 年调查，90%以上）来说，要求过高；只强调教学过程，忽视课程的其他环节；"刚性"太强，缺乏弹性和选择性。

新课程标准针对教学大纲存在问题进行修正，在很多方面发生了变化。它有以下主要内涵：

①它是按门类制定的；

②它规定本门课程的性质、目标、内容框架；

③它提出了指导性的教学原则和评价建议；

④它不包括教学重点、难点、时间分配等具体内容。

它规定了不同阶段学生在知识与技能、过程与方法、情感态度与价值观等方面所应达到的基本要求。由于课程标准规定的是国家对国民在某方面或某领域的基本素质要求，因此，它毫无疑问地对教材、教学和评价具有重要指导意义，是教材、教学和评价的出发点、归宿及核心，也是整个基础教育课程改革的核心。因为无论教材还是教学，都是为这些方面或领域的基本素质的培养服务的，而评价则是重点评价学生在这些方面或领域的表现如何，是否达到了国家的基本要求。因此，无论教材、教学还是评价，出发点都是为了课程标准中所规定的那些素质的培养，最终的落脚点也都是这些基本的素质要求。有了课程标准，课程计划所规定的各门课程的教学任务才能落实；教师才能提高教学的自觉性和计划性。教育行政部门和学校领导以课程标准为依据，检查各校各科和各教师的教学质量。

但是，课程标准是教材、教学和评价的基本依据，并不等于课程标准是对教材、教学和评价方方面面的具体规定。课程标准对某方面或某领域基本素质要求的规定，主要体现为在课程标准中所确定的课程目标和课程内容，因此，课程标准的指导作用主要体现在它规定了各科教材、教学所要实现的课程目标和各科教材教学中所要学习的课程内容，规定了评价哪些基本素质以及评价的基本标准。但对教材编制、教学设计和评价过程中的具体问题（如教材编写体系、教学顺序安排及课时分配、

❶ 钟启泉，崔允漷，张华.《基础教育课程纲要（试行）》解读［M］. 上海：华东师范大学出版社，2001：167.

评价的具体方法等），则不做硬性的规定。

表 6－2　课程标准❶与教学大纲的框架结构对照❷

	课程标准	教学大纲
前言	课程性质 课程基本理念 标准设计思路	
课程目标	知识与技能 过程与方法 情感态度与价值观	教学目的
内容标准	内容领域及行为目标	教学内容及要求
实施建议	教学建议 评价建议 教材编写建议 课程资源开发与利用建议	教学建议 教学中应注意的问题 课时安排 考核与评价
案例	术语解释 附录	

（三）教材

教材是教师和学生开展教学活动所使用的教学材料，包括教科书及其他教学材料（视听材料）。

教科书又称课本。它是根据课程标准系统地表述学科具体内容的教学用书。教科书的结构一般包括目录、课文、习题、练习、实验、图表、注释、附录等。

教科书是课程标准的具体化，是教师进行教学的主要依据。它为教师备课、上课、布置作业、检查学生的知识提供了基本材料。教师熟练地掌握教科书的全部内容，是教师顺利完成教学任务的基本条件。

教材的组织方法有学科逻辑组织和心理逻辑组织两类。学科逻辑组织是按照有关科学知识的内在逻辑体系组织教材的方法，强调教材的系统性和逻辑体系的严密性，容易忽视学生的兴趣和认知发展规律。而心理逻辑组织则是以学生为本位，关注学生的兴趣、需要和能力，注重以学生心理发展和可接受程度为教材组织出发点，而较少考虑学科知识体系的系统性。可以说，两类方法各有利弊，各有偏颇。因此，20 世纪 50 年代以来，兼顾学科逻辑和心理逻辑的优点而组织教材的方法成为普遍的教材组织方法。需要注意的是，一般情况下，在兼顾学生和学科两个方面时，针对不同学科和不同学段学生，而侧重点则有所不同。例如，在小学低年级，则可更

---

❶　我国义务教育课程标准（实验稿）的框架：第一部分前言——阐述课程改革的背景、课程性质、基本理念、设计思路等；第二部分课程目标——从知识与技能、过程与方法、情感态度与价值观三方面阐述本门课程的总目标与学段目标；第三部分内容标准——根据课程目标，结合具体的课程内容，用尽可能清晰的行为动词所阐述的目标；第四部分实施建议——教学建议、评价建议、课程资源的开发与利用、教材编写建议；术语解释——本部分未作统一规定，一般对标准中出现的新的重要术语作出解释，以便使用者理解和执行。

❷　刘兼. 国家课程标准的框架和特点分析［J］. 人民教育，2001（11）：22.

多关注学生的心理逻辑，而随着心理不断成熟发展，则侧重学科逻辑，高中及大学则以学科逻辑为主；对学科而言，一些逻辑体系较强的学科，如数学、物理、化学等科目则侧重学科逻辑，而相反，音乐、美术、体育等侧重心理逻辑。

教材编排方式有直线式和螺旋式两种。直线式编排将课程内容排列成一条在逻辑上前后联系的直线，环环相加，直线推进，不予重复。它有助于提高教学效率，但学生学习难度大。螺旋式编排使课程的一些关键性内容在不同阶段和水平上多次重复出现，逐步扩展，螺旋上升，这种方式容易照顾学生认知的螺旋式上升特点，但可能导致不必要的重复。在实践中，任何一种教材的编排都不可能只采用直线式或螺旋式，虽然可能有侧重点的不同，但必须要合理兼顾此两种编排方式。

教材的编写必须注意研究以下几个方面的问题：①在内容上，要根据课程计划和课程标准确定的教学目标及教学内容来确定教材的基本框架。这个基本框架不仅应包含知识体系，还应关注相关的态度，如动机、情感等内容。②在编制形式上，要根据学科特点和学生的学习心理，选择适当的教材编排方法，科学设计教材的结构和顺序，增强教材的可操作性、实践性。③注意研究教学方法和学习方法。教材的编写不仅要面向教师，关心教的需要；更要注重学习主体（学生）的需要，体现对学习方法的指导。教材的编写正在由"教程式"向"学程式"发展，这是当代教材发展的新动向。④设计编写与教科书配套的参考材料，给师生提供进一步思考的线索。⑤教材的版式、印刷、装订等技术问题要符合卫生学、美学和心理学的要求。❶

四、主要课程理论及影响课程的主要因素

（一）三种有影响的主要课程理论❷

中外历史上出现过形形色色的课程论，诸如人本主义课程论、泛智主义课程论、实用主义课程论、改造主义课程论等❸。但概括起来，无非是知识中心论、社会中心论和儿童中心论三大流派。❹

1. 儿童中心课程论

儿童中心课程论（即学生中心课程论）是主张以学生兴趣、爱好、动机、需要、能力和态度等为基础来编订课程的理论。它从"面向完整的机体——学生"这一立场出发，反对那种认为学习学科结构、学问是对学生智力最好的训练的观点，认为学生对课程的直接兴趣是成功学习的关键因素，课程的核心不是学科内容，而是学生认知和情感的发展，课程内容应随教学过程中学生的变化而变化。学生中心课程论以美国儿童中心论者杜威和人本主义心理学家罗杰斯（C. Rogers）等为代表。

杜威认为儿童的兴趣和经验是组织课程的出发点，课程应以儿童的活动为中心，而不是以学科、教材为中心，要求以儿童的活动代替分科课程的教学，以儿童活动

❶ 伍德勤. 高师教育学教程新编［M］. 合肥：安徽大学出版社，2004.

❷ 本部分主要参考崔中平，李方，张洪俊. 现代教育学［M］. 北京：高等教育出版社，2000：291-294.

❸ 陈侠. 再谈课程理论的流派［J］. 课程·教材·教法，1990（5）.

❹ 施良方. 课程论［N］. 中国教育报，1993-07-08. 划分为三大流派是国内较流行的划分法。而国外有不同的划分归类法，比如英国霍尔姆斯等人提出要素主义课程论、百科全书主义课程论、综合技术主义课程论和实用主义课程论的分类法（四种主要课程理论及其世界影响［J］. 外国教育资料，1995（6）），但比较起来，国内的划分法更清晰、更合理，所以仍沿用国内归类法。

的直接经验而不是学科知识的间接经验作为课程内容。

罗杰斯则认为学生的主体性"自我"具有至高无上的地位，教育是学生主体性"自我"介入获得个人意义的过程。意义不是教材内容的认知意义，而是由学生自我实现需要所决定的动机、信念、情感、智力的活动所获得的意义，是学生理解知识为生活的意义。因此，学校课程的编订应有利于为每一个学生提供个性解放和成长的经验，课程内容的组织应实现情感、认知与行为方式的整合。

杜威和罗杰斯的学生中心课程思想的显著特征是突出了学生的主体性，重视活动情境的安排以及把课程学习与实际相结合、作为日常生活的一部分。这是他们课程思想的长处。但学生中心课程论在课程内容的选择上只顾及学生个人的直接经验，忽视了系统的学科知识。因此，以学生中心课程论为指导来设计课程，就难以保证学生获得科学系统的理论知识，从而必然降低教学质量。

2. 知识中心课程论

知识中心课程论又称为学科中心课程论或学问中心课程论，它是一种以学科的基本结构为中心来编订学校课程的理论，它以结构主义哲学和心理学为基础。其代表人物是美国心理学家布鲁纳。知识中心课程论的思想主要表现为以下几个方面：

①在课程设计上反对以现实功用为标准，而侧重以人类所积累的文化知识中最具有学术性的理论知识为标准。

②特别重视学科知识的逻辑顺序和结构。所谓学科知识的结构由三部分组成：a. 组织结构，是指一门学科不同于其他学科的基本方式；b. 实质结构，指一门学科的基本概念、原理和理论体系；c. 句法结构，指各门学科中收集数据、检验命题和对研究结构作出概括的方式。❶ 布鲁纳认为课程内容应由这些结构因素为中心，学生掌握这些结构因素有利于辨明知识的内在意义，有利于知识的记忆、理解和迁移。

③主张根据学生智力发展阶段的特点来安排学科的基本结构，这样，"任何学科都能够按照某种正确的方式教给任何年龄阶段的儿童"❷。

④学生应采用发现法来学习课程。

⑤课程内容的改革要用科学上的新成就代替过时的内容。

⑥强调学科专家在课程设计中的主导地位。

知识中心课程论注重学科知识的逻辑体系与学生心理发展的顺序、阶段相统一，强调教材内容改革的时代性，这些都是积极可取的；它强调学科基本结构的教学，这在科技革命普遍化的当今时代，无疑能提高学生适应知识信息激增、跃迁的能力；它主张学生以探究——发现式来学习课程，确也有利于激发学生学习的主动性，培养学生的创造能力。但由于学问中心课程论的课程设计是从培养科学技术的尖子出发的，所强调的学术性理论对于大多数学生来说太难了，不符合他们的接受能力；同时，也低估了学生掌握实际应用知识、技能以解决实际问题的重要性。因此，以这种理论为指导设置的课程，实施的效果并不理想。20 世纪 70 年代，布鲁纳的立场也发生了转变，他说："我们必须少谈一些学科结构，更多地谈论学习者和他的

❶ Robin Barrow, Geoffrey Miburn. A Critical Dictionary of Educational Concept, Brighten, Wheat Sheft Books Ltd, 1986. 15. 转引自扈中平，李方，张洪俊. 现代教育学 [M]. 北京：高等教育出版社，2000：292.

❷ 布鲁纳. 教育过程 [M]. 邵瑞珍，译，王承绪，校. 北京：文化教育出版社，1982：6.

学习结构。"

3. 社会中心课程论

社会中心课程论是一种围绕重大社会问题来组织课程内容的理论。其代表人物是美国学者布莱梅尔德（T. Bramdel）和巴西学者弗莱雷（P. Freire）。它批判学生中心课程论夸大了学生个人的自由，主张把课程的重点放在现实社会问题、社会改造和社会活动计划及学生关心的社会问题上，认为课程的编订不应从学生掌握知识、智力和人格发展出发，而应从社会改造的要求出发，使课程在统一的社会整体内完整地联系起来；通过编订这样的课程，帮助学生摆脱对社会制度的奴隶般地服从，明确社会改革的需要，形成参加各种社会运动、塑造新的社会秩序和社会文化的能力。以这种思想为指导设置的课程称为社会改造课程。此外，它还主张以解决实际的社会问题的逻辑而不是学科知识的逻辑为主线来组织课程，使课程与社会生活联系起来，增强学生适应社会生活的能力；但课程应由教育者按社会的需要来决定，而不是由学生自己决定。以这种思想为指导设置的课程即为前文述及的核心课程。

学校教育具有变革社会的功能，学校课程的设置应为实现这一功能服务；学校课程的设置也不应脱离社会，置学生如何适应现实社会生活的问题于不顾。但社会中心课程论夸大了学校变革社会的功能，把课程设置的重心放在适应社会生活的要求上，并把它们推向极致，必然扼杀学生的主体性，阻碍学生主体意识和能力的发展，这样，社会中心课程论所预想的课程目标最终也难以实现。

上述三大流派在不同历史时期、不同区域，或交相辉映，或各执一端，占据课程论之主流，而极力排斥其他课程论流派。可以说，历史上的每一次重大课程变革，都与建立在不同历史时代背景基础上的课程论的出现密切相关，当然，这是实践与理论相互作用的体现。例如，美国杜威的实用主义课程论（儿童中心课程论），它之所以在20世纪初流行于美国，就是因为杜威是针对传统知识中心课程论的弊端而提出的。三大流派在发轫之初，就打上了时代烙印，是特定情境下的产物，有时代的合理性，是历史的、具体的。我们在课程设计中应克服它们的偏颇性，但也应把它们具有一般意义和普遍参考价值的贡献筛选、提炼出来，挖掘它们的当代意蕴。

（二）影响课程的主要因素

通过上述分析，我们会注意到，三大流派的课程论分别围绕着"社会、人和知识"三个中心展开，这反映出影响课程的因素就是社会、儿童和知识。需要指出的是，三大流派课程论都肢解了社会、人和知识作为一个整体的系统性。我们认为，社会、人和知识三要素必须作为一个整体，融入课程中。因为，社会、人和知识三者相互影响、相互联系、相互支撑。任何偏颇一方的课程论，都不能很好地处理三者之间的关系。

社会的存在和发展，是建立在人的存在和发展的基础之上的，而人要想有质量、持续地发展，就离不开知识和经验，这无论从生物意义来说，还是从心理发展需要来说，人如果不接受教育，掌握知识，那么，人与动物的差异性就小得可怜，微乎其微，而人与人的差异也会因为无"习"而不会"相远"。可以说，人只有生活在群体中、社会中，才能有很好的生存和发展的基础和环境。反之，正如恩格斯所说的，社会发展的历史是每个人的历史合力，也就是说，社会的发展也是以个人的发展为前提的。可见，社会发展和人的发展是互为条件和基础的，只有二者协调统一，才能相互促进发展，否则，不是社会制度阻碍、压抑人的发展，就是人逆历史之潮流，二者出现不协调的格局。而不管人阻碍还是推动社会历史发展，都与人所掌握和运用的知识有关。

知识是社会发展中沉淀的人类智慧的结晶，是人自身发展所必需的，也是人类历史不断发展、演绎的结果。但我们必须认识到，知识具有方向性，它表现在两个方面：一是知识本身体现了方向性，比如，符合社会发展潮流的思想，能推动社会发展，而反动的思想和言论，有明显的负效应；二是由于掌握知识的人在运用知识时，赋予知识以方向性，即用其做什么，是积极使用，还是消极使用。知识是静态的，只有与有生命自觉性、主体能动性、自我建构性的人结合才会发挥作用，才能成为一种生生不息的力量。知识又是人类创造和积累的。人类创造了知识的同时，知识也改造着人类自身。

总之，社会、人和知识三者之间构成了一个相互作用的复杂的、交织的双向循环系统。它们三者作为一个整体，是不可分割的，是影响课程的主要因素，是课程改革必须予以关注的。

第二节　课程改革的发展趋势

国内外基础教育课程改革如火如荼，虽然各国国情和改革背景不同，但各国基础教育课程改革仍表现出一些共同的基本特征，现将其概括如下。

一、世界课程改革的发展趋势

（一）课程管理：融合化、民主化、规范化

概括而言，世界主要国家的课程管理表现出的共同特点是：管理制度类型相互借鉴，趋于融合；课程管理民主化；课程管理更规范、科学。❶

1. 课程管理融合化

当前世界各国的课程管理模式——中央集权型、地方分权型和混合型三种成鼎足之势。各国实行各种不同的课程管理类型，是各有其根源的。比如，美国之所以实行地方分权型课程管理模式，主要是因为受其地方分权的政治体制和教育管理体制的影响。实质上，影响课程管理模式选择的一对重要范畴是教育平等和教育质量。人们对教育平等和教育质量的关系有不同的认识，当侧重于某一方面或希望二者能取得协调时，都会导致选择不同的课程管理模式。中央集权、整齐划一，追求的是整体"教育质量"与表面上的"教育平等"；地方分权、各行其是，追求的是实质上的"教育平等"，而忽视了整体的"教育质量"；而混合型的课程管理模式，旨在追求真正的"教育平等"和整体的"教育质量"。但不管受何种因素的影响，随着影响因

---

❶　关于世界课程管理趋势和特征，具体可参阅：刘彦文. 当前世界课程管理的基本特征 [J]. 外国中小学教育，2000（1）：32－35.

素的发展、变化，各国都在对课程管理模式不断地进行理论与实践上的探索、改革。

在三种课程管理制度的相互磨合中，有一种鲜明的整体走向：各国课程管理制度都在不断改革、逐渐融合，即无论中央集权型，抑或地方分权型，都试图把二者结合得更好；而混合型也在寻找新的结合点、平衡点。同时，在改革的过程中，一般都有一个侧重点，作为平衡课程管理的起动点、突破口。例如，实行地方分权制的课程管理模式的国家，为了克服自身的缺点，借鉴中央集权型和混合型课程管理的优点，确立了比较统一的课程标准。因此，美、英等课程管理地方分权型的国家都从改革课程标准入手，发布了一系列法规、文件，建立国家统一的课程标准，以便提高教育质量。而一些实行中央集权型的课程管理的国家，也都借鉴地方分权型和混合型课程管理在教科书制度方面的做法，期望建立比较自由的教科书编写、审定、出版、选用等制度。具有中央集权型典型意义的中国课程改革的突破口就是教科书制度，采用"一纲（标）多本"的措施，使教科书多样化，教师、学生等对教科书的发言权逐渐扩大，从而调动了各方面的积极性。混合型课程管理的国家也并非就此停止不前，也都在不断改革。比如，法国实行10%的自由支配课程，扩大学校的权力，从中可见端倪。

2. 课程管理民主化

也可以说，课程管理制度的融合，就是课程管理民主化的表现。此外，课程管理民主化还表现为各国课程管理的参与人员、队伍构成趋于多元化。原来只限于政府、行政部门或学校的课程管理之事，已扩展到每位家长以及一些社会、民间机构。纵观当前各国课程管理，参与人员之广泛和有代表性是空前的。各国不管是在制订课程法规、课程计划、课程标准时，还是教科书的编订、选用及课程管理机构的人员构成上，都注意吸引各方面的代表参与。比如，中国吸纳了许多专家、学者、教师参与了制订《九年义务教育全日制小学、初级中学课程计划》的工作。法国在制订《课程宪章》时也吸引许多人士的参与，且它的教科书"实际的"审定者之一就是家长。美国等国的一些民间机构对课程发表一些报告，从而影响课程管理。英国《1993年教育法案》，强调推行、加速中小学教育市场化，强化家长对学校课程的影响，例如，如果家长认为学校开设的某些课程（如性教育课等）不利于其子女的成长，可以向学校提出免修要求，而不会影响其子女的学业成绩。❶ 而还有一些国家的民间机构经常发表一些有关课程的调查报告。此外，各国在制定课程标准、编写教科书等方面，都吸纳各界人士参与，广泛听取意见。因此，从一定意义上说，上述现象属于课程社会化，它是课程民主化的基本表现。

3. 课程管理规范化

"不以规矩，不成方圆。"只有对课程管理加强规范建设，才能有章可循，才能充分发挥课程管理的作用，才能有效地服务于课程目标。课程管理规范化主要表现在两个方面：课程管理的法制化以及机构专门化。

课程管理法制化是指各国对课程管理事宜采用法规、制度、文件等形式规范的趋势。有关国家课程方案的出台，都是通过法律形式确立的。比如，英国《1988年教育改革法》就规定了10门国家级基础课与核心课；《俄罗斯联邦教育法》、美国

---

❶ 程凤春，洪成文. 英国中小学教改新动向［J］. 外国中小学教育，1995（6）.

的《2000 年目标：美国教育法》等都提出了与课程管理有关的原则、内容。课程管理法制化还不只如此，更主要的是有了专门的课程法规。比如，法国的《课程宪章》，用"宪章"一词，是以表明法国对课程的重视程度。此外，其他各国也都有一些有关课程管理的单项法规，比如教科书审定制度、课程选修制度等。

课程管理规范化的另一个主要表现就是建立专门的课程管理机构。课程管理机构建设也是不断完善的。许多国家只有单项课程管理机构，但涉及的课程管理层面也在逐步扩展，比如，中国有单项的"全国中小学教材审定委员会"课程管理机构。有些国家也设有全局性的课程管理机构，比如法国的"国家课程委员会"。课程管理的单项、全局专门机构的出现，反映了各国对课程管理的重视。

课程管理规范化，标志着课程管理走上发展的正轨，是课程管理的必由之路，是课程管理得以顺利实施的保证。

（二）课程设置：弹性化、合理化、综合化

概括而言，世界主要国家的课程设置表现出的共同特点是：课程设置由刚性转向弹性；课程结构搭配合理；课程设置由分科为主转向开始注重综合。

1. 课程设置的弹性化

主要表现在对不同层次的学生和不同年龄段的学生的课程要求上。

针对不同层次的学生，许多国家采取分层次设置课程的办法，以便适应发展性向不同的学生的需求。例如，我国的新的高中课程改革，在保证每个学生达到共同基础的前提下，各学科分类别、分层次设计了多样的、可供不同发展潜能学生选择的课程内容，以满足学生对课程的不同需求。日本也存在类似于我国的措施，1998年日本新的课程计划有着很强的层次性和针对性，以数学为例：数学有两大层次，每个层次又分别分为 1、2、3 和 A、B、C。并规定各校可根据本校实际情况，或采用最低标准的要求，或采用较高标准的要求。

针对不同年龄段学生身心发展特征的差异，许多国家在各级教育中的课程设置也具有差异性。总的趋势是：各国在小学、初中阶段基本实行强调统一的（以必修为主）管理办法，而在高中大力推行选修制、学分制的管理措施。这样做，有利于在低年级打下扎实的基础，而在高年级，尤其是在高中阶段，能充分提升学生的兴趣及能力倾向。

例如，俄罗斯联邦也承袭了改革重视科学性的衣钵，针对学生不同年龄段的发展特点，设置不同的课程形态。低年级重视综合化，即在初等学校开设研究社会一般问题和自然科学性质问题的整体化课程《认识周围世界》《自然常识》以及向学生介绍地区的自然和生活特点的整体化课程。而在高年级充分注意课程的分化。这是因为，低年级的学生需要学习一些综合性的知识，在此基础上，随着年龄的增长，高年级学生所需知识的深度在不断增进，专业化倾向越来越明显，知识分化的必要性和可能性就越凸显，所以分化趋势越大。

再如，日本课程设置充分考虑学习者的年龄特征及差异性。从 20 世纪 70 年代起，日本就一直试图打破封闭、僵化、划一的课程，极力反对"对在籍的所有儿童准备共同的课程，一律的教育内容的定单式的课程编制"。随着学年阶段的递升，能够提供大幅度的分化课程及有利于学生自行选择课程。因此，小学考虑必须奠定

作为国民共同的学力基础的特征，为每个儿童提供共同的课程。而在中学要充分考虑学生性向的"巨大个别差异"，而采取以基础的核心学科作为必修，其他学科作为自由选修的方式，大幅度地实施学科间选修。而且，高中基本上以选修为主。

2. 课程结构合理化

这主要体现在以下两个方面。

（1）课程设置的统一性和灵活性相结合的趋势

世界各国逐渐认识到课程设置"统得过死"和"放得过宽"都不利于提高教学质量。例如，美国联邦政府原来不统一规定全国的课程标准，各地方学区都有自己独立的课程标准。1989年美国中小学课程改革则试图将全国统一要求和地方课程相结合。我国在1949年后相当长的时期，教育受苏联的影响。

苏联一贯强调全国统一的课程设置，而俄罗斯联邦课程设置的不变部分比重减小，可变部分比重增大。俄罗斯联邦基础教学计划由可变部分和不变部分两部分构成。不变部分属于国家级课程，其课时占总课时量的70%左右，可变部分属于学校和地方课程，其课时占30%左右。而在苏联，可变部分的课时仅占整个教学计划总量的10%左右，甚至更少。可见，可变部分的课时明显增加了。这说明俄罗斯联邦的课程在统一基础上越来越灵活，地方和学校参与课程编订的权利扩大了。

英国历史上没有统一的课程设置，都由地方自行设置，而在1988年公布的《教育改革法》中规定中小学要开设核心课、基础课和附加课，从而也推行了国家课程，加强了国家对中小学课程设置的控制。

我国目前的新课程改革，在课程设置和课时分配上，重视当今世界课程改革的趋势，课程设置虽然仍以国家统一安排的为主，但也适当考虑了地方及学校的课程设置权，可以根据需要安排一定比例的地方和学校课程。在课时安排上，也是在国家统一安排下，各省市可以根据各自情况调整课时。这体现了世界课程改革的趋势，即统一性和灵活性相结合，也符合我国的国情。

（2）必修课比重减小，选修课比重增大，为学生的选择预留空间

在苏联，20世纪80年代以后选修课才逐渐增多，但最高比重仅占总课时的5%左右。而当今俄罗斯的选修课的比重却达到了11%左右，选修课有逐渐增加比重的趋势。选修课增多，意味着学生、学校自己支配的科目增多，有利于学生按照自己的兴趣来选课，促进个性发展，符合世界课程个性化的潮流。

日本也调整了必修课与选修课的种类与比例。初中要逐年扩大选修课时，减少必修课时，到第三学年时所有的科目都可以作为选修科目。高中尽可能把必修课时限制在最小范围内，基本上以选修为主。但是，日本并非一味地把所有的科目都变成选修课，而是充分考虑各年龄段的特征，有区别地推行选修课制度。同时，也有重点地、有选择地设置新的必修科目，如增设计算机课程，以满足时代需要。可见，增加选修课的范围与比重已成趋势，这使课程结构更加合理。

3. 课程设置综合化

如今，学科发展既高度分化又高度综合，而以综合为主导趋势。适应这个趋势，并为了加强有关学科之间的联系和渗透，培养学生的综合能力，一些国家在中小学开设了综合课程。

例如，美国在《2061计划》中提出的课程改革，注意自然科学、社会科学和数学

知识的综合，并增加必要的技能训练。每门课程自成开放性的体系，在同一个单元里将多学科综合起来进行教学。如"水——自然环境"这一单元教学，就涉及理科调查、社会的"自然环境"的教学、数学的用水量计算、语文的写作四门学科的综合。加拿大也在小学开设了"生活科学""太空科学""地球科学""加拿大研究"等综合课程。日本文部省有关的课程部门于1997年发布的《日本教育课程基本方向（阶段总结概要）》报告中和1998年中小学新修改的课程计划中可发现，日本课程框架发生了大的变化，在原有板块基础上，新设置"综合学习时间"板块。"在新设置的'综合学习时间'中，可以根据各地区、各学校的实际情况，对国际理解及外语会话、信息、环境、福利等教学内容进行横向的综合学习"。日本课程改革的目标核心是在知识的"综合性""基础性"和"选择性"基础上，让学生习得"主观性知识"和"综合性知识"。我国为了培养中小学生的综合能力，新的课程改革在义务教育阶段设置了"综合实践活动""历史与社会""科学""艺术"等综合性课程。

（三）课程目标：注重全面发展

总体上，随着经济社会发展的日益复杂化，世界各国在逐步改变学科本位和知识至上的课程取向，强调心智、情感、意志、个性等的平衡，也强调儿童中心的、活动本位的教学方式的重要性，促进创造性思维、问题解决的能力培养，即各国开始致力于全面发展和完美个性的人才的培养，这成为课程的主要目标。

例如，20世纪80年代初瑞士把对学生的知识教育、能力培养、品格与人格的陶冶作为教育重要的任务。在编写教材和课程教学过程中，使不同的学科知识发生联系，对学生实施多种训练，尽可能让学生获得完整的、系统的知识，促进学生各方面的能力平衡、协调发展以及完美人格的形成。而韩国把智、德、体、技能全面发展称为"全人教育"，为此，韩国文教部要求中小学课程设置应该有助于健全身心的培育、智力和技术的培养、道德人格的形成以及发扬民族共同体意识。日本近几十年来的课程改革一直以培养具有完美人格的全面发展的建设者为目标。

竞争激烈的社会，急需有个性、有创新能力和开拓精神的人才。因此各国在重视培养全面发展人才的同时，也重视个性培养。美国一直提倡个性发展，课程设置、课程内容组织和选择都是围绕更好地促进学生的自由个性的发展。日本20世纪80年代末也提出了"尊重个性的原则"，推进教育的个性化。

我国新的课程改革注意和重视了上述世界中小学课程改革的趋势。新一轮义务教育阶段课程的提出，构建符合素质教育要求的新的基础教育课程体系，课程设置应体现义务教育的基本性质，遵循学生身心发展规律，适应社会进步、经济发展和科学技术发展的要求，为学生的持续、全面发展奠定基础。

（四）课程实施：课程实施取向发生了新的变化，强调师生参与实施过程

课程实施是将课程方案付诸实践的过程。由于对课程实施过程本质的认识不同以及支配这些认识的相应的课程价值观不同，形成了不同的课程实施取向❶。目前

---

❶ 李臣之.课程实施：意义与本质［J］.课程·教材·教法，2001（9）：15-16. 朱德全，易连云.教育学概论［M］.重庆：西南师范大学出版社，2003：313-315.

课程实施的"忠实取向"（fidelity orientation）正在被课程实施的"相互适应取向"（mutual adaptation orientation）和"创生取向"（enactment orientation）所取代。

忠实取向是把课程实施过程看作忠实地执行课程方案的过程。根据这一取向，衡量课程实施成功与否的基本标准就是预期课程方案的实现程度。它强调课程变革是一个线性过程，课程变革是课程专家在课堂之外进行的，课程专家为教师提供课程计划、课程标准、教科书、指导用书等，教师只是忠实执行这种预设的变革，而不能有其他变革的权利。

相互适应取向强调课程方案的使用者与学校情境之间的相互适应，主张根据学校或班级实际情境在课程目标、内容、方法组织形式诸方面对课程方案进行调整和改革，它包括两方面的内容，即课程计划为适应具体实践情境和学生特点而进行的调整、课程实际情境为适应课程计划而可能发生的改变。持这种取向的课程实施者，容易将课程实施的本质理解为"协调中的变革"，人们相信，课程实施不可能只是一个事件，更重要的是个过程，在过程中实施者不可能不对课程方案进行修订，甚至改变，以适合其自身的目的。实践者所创造的课程知识与专家所创造的课程知识同等重要。这意味着课程变革过程是一个复杂的、非线性的和不可预知的过程。在此过程中，教师是主动、积极的课程实施者和改造者。

创生取向（另译缔造取向）则把课程实施过程看成是师生在具体情境中联合缔造新的教育经验的过程，在缔造过程中，已经设计好的课程方案仅仅是教师和学生进行或实现"再造"的材料或背景，是一种课程资源，借助这种资源，教师和学生不断变化和发展。在此过程中教师成为课程开发者，教师和学生成为积极构建教育经验的主体。而且，随着教师和学生的发展，课程本身也在不断地进步。

可见，随着课程实施取向的变化，课程实施过程中强调师生参与。强调教师是课程改革和实施的主体。教师不再被视为国家制定课程变革计划的忠实执行者，而要成为课程开发者，参与国家课程计划的制定，并且创造性实施既定的课程计划没有教师的积极参与和合作，就没有教改的成功。❶ 总之，各国强调教师是课程实施的关键，重视教师在课程实施中的作用。为了让教师扮演好课程实施的关键角色，需要赋予教师新的课程权利，从根本上打破"上行下效"和"如何教"的狭隘局面，使教师不再沦为"叫改"。❷ 在课程实施中，学生的学习主体地位也受到重视，强调学生自主建构。教学不是把现成的知识硬塞到学生大脑中，而是学生自己用原有知识结构去消化新的知识，并建构出新的知识结构。同时，重视师生关系的平等互动性。师生之间应开展平等的、双向的对话，即"没有人拥有真理但每个人都有权利要求被理解"❸（美国课程专家威廉·多尔）。

（五）课程评价：转向主体评价，开展多元化评价，注重发展性评价

无论从评价的价值取向，还是评价的方式及功能等方面，现代课程评价都表现出了新的特点，具体如下。

---

❶ 卜玉华. 世界课程改革的发展趋势［J］. 集美大学学报，2000（4）：23.

❷ 王修娥. 全球课程改革未来走向——第一届世界课程大会综述［J］. 上海教育，2003（11B）：10.

❸ 同上，9.

1. 评价的价值取向——从目标取向到过程取向再到主体取向❶

课程评价的价值取向是指课程评价过程中体现出特定的价值观，表现出不同的评价理念、模式和方法。迄今为止的课程评价可归为三类，即目标取向的评价、过程取向的评价和主体取向的评价。至今，世界课程评价的价值取向正在向主体取向转变。

目标价值取向。这种观点的主要代表人物是被称为"现代评价理论之父"的泰勒及其学生布卢姆等人，认为课程评价是将课程计划和预定课程目标相对照的过程。在这里，预定目标是评价的唯一标准，它追求评价的客观性与科学化。因而，这种取向评价的基本方法论就是量化方法。为了使评价结果"客观"而"准确"，它往往将预定的课程目标以行为目标的方式来陈述。其评价的目的，是获得被评价的课程计划或教学结果是否"达标"的数据。这种取向的评价推进了课程评价科学化的进程，其长处是简便易行，操作性强，因而长期在实践中居于支配地位。但其最大不足就是忽略了人的行为的主体性、创造性和不可预测性，忽略了过程本身的价值，难以对人的高级心理过程做出适切的评价。即其最大的缺陷是把评价对象生物化、机械化、简单化了。

过程取向的评价。这种评价试图将教师和学生在课程开发、实施以及教学过程中的全部情况都纳入评价的范围，强调评价者与具体情境的交互作用，主张凡是具有教育价值的结果，不论是否符合预定目标，都应当受到评价的支持与肯定。这种评价取向以美国的斯克里文（M. Scriven）和英国的斯腾豪斯（L. Stenhouse）等为代表。在方法论上，它既倡导量化方法，又重视质性方法。这种取向评价的价值在于开始承认评价是一种价值判断的过程，把人在课程开发、实施及教学过程中的种种表现作为评价的主要内容，开始尊重人的主体性、创造性，其不足之处就在于它并没有完全走出目标取向评价的藩篱，仍有对人的主体性、创造性重视不够之嫌。

主体取向的评价。这种观点认为课程评价是评价者与被评价者、教师与学生共同建构意义的过程。评价是一种价值判断的过程，这种价值是多元的。无论是评价者还是被评价者都是评价的主体，教师和学生并不是被动地供外部人员评价的对象，他们在评价中参与了意义的建构。这种评价反对量化评价法，主张质性评价。它倡导对评价情境的理解而不是控制，评价的根本目的是人的自由与解放。其实，真正的主体性评价不是靠外部力量的督促和控制，而是每一个主体对自己行为的"反省意识和能力"。每一个人的命运靠自己来主宰，但对他人又有责任和义务，所以主体是"自主"与"责任"的统一。评价过程是一种民主参与、协商和交往的过程，因此，价值多元、尊重差异即成为主体取向评价的基本特征。主体取向的评价体现了课程评价的时代精神。

2. 改革评价方式和转变评价功能：提倡多元化评价，注重发展性评价

从各发达国家的课程评价改革来看，评价有了多方面的变化。例如，评价的目的发生了变化，逐渐淡化评价的筛选功能，强化了促进学生的发展功能；评价方式更加多元化：多种评价主体共同参与评价、采用多种评价方法等。例如，英国1988年教育改革后，既有教师日常评定，也有全国性的标准化考试，分在几个学段，可

---

❶ 陈旭远. 课程与教学论［M］. 长春：东北师范大学出版社，2002.

分为形成性、诊断性、总结性和评价性评价等四类。❶

二、我国课程改革特点

总体上分析，新世纪之初，我国正在开始第八次基础教育课程改革。第七次课程改革是由 1992 年新课程计划颁布实施开始的，该次课改的变化很大，例如，在课程目标方面强调素质教育的落实，学生的全面发展；在课程结构方面增加了活动课程和选修课；课程管理方面开始注意地方、学校参与课程的管理；等等。虽取得很大成绩，但仍存在一些痼疾，如固有的知识本位、学科本位问题没有得到根本改变；应试教育根深蒂固，素质教育不能得到很好落实；学生的创造能力匮乏，实践能力不强；等等。因此，我国又开始新一轮——第八次基础教育课程改革。新一轮基础教育课程改革工作分三个阶段：酝酿准备阶段、试点实验阶段和全面推广阶段。在酝酿准备阶段，教育部 2001 年颁发了《基础教育课程改革纲要（试行）》；2002 年 9 月，有 49 种中小学新课程实验教材开始在实验区试用。同时关于课程管理政策、评价制度、综合实践活动也在实验区逐步应用。2004 年秋季，课程改革工作进入了全面推广阶段。2005 年，中小学阶段各起始年级都进入新课程。同时，高中课程改革也正按照酝酿、实验、推广的阶段在推进。至此，在我国逐步形成新的基础教育课程体系。

概括地讲，我国新一轮基础教育课程改革，在优化课程结构、调整课程门类、更新课程内容、改革课程管理体制和考试评价制度等方面，都取得了突破性进展。这必将对我国基础教育的改革与发展带来深远的影响，对推动我国基础教育领域素质教育的实施，为培养新一代创新人才发挥重大作用。

（一）课程管理：进一步确立三级课程管理政策

经过新中国成立以来 50 余年的改革，尤其是改革开放以来 40 多年的改革，我国的课程管理建设已取得了初步成就，逐步走上现代课程管理的正轨，基本上迎合了世界课程管理改革的趋势。❷ 这主要表现为：提升了课程管理意识、观念，推行三级课程管理体制，建立规范的课程管理机构，颁布了比较科学、灵活、民主的新课程方案，制定有关课程管理的法规和制度，造就了一批教科书编制队伍，等等。总之，我国课程管理表现出科学化、现代化、规范化、民主化等特点。下面主要介绍三级课程管理政策。

1. 三级课程管理初步形成

在 20 世纪末，我国经过十余年的教育改革，就已初步形成了中央与地方（含学校）联合管理课程的局面，且已显示出强大的生命力，调动了地方（含学校）参与课程管理的积极性。但是，改革的力度显然还远远不够，就地方（含学校）管理的课程的授课时数看，无论是"五四"制，还是"六三"制，地方（含学校）安排的课程的课时占总课时的 10% 还不足，比重仍然偏低，而同为由中央集权走向中央与地方联合管理课程的俄罗斯却达到了 40% 左右（包括地方和学校），况且，我

---

❶ 卢晓华，喻春兰. 发达国家基础教育改革的若干特征及启示 [J]. 现代教育论丛，2001（5）：40.

❷ 关于世界课程管理趋势和特征，可参阅刘彦文. 当前世界课程管理的基本特征 [J]. 外国中小学教育，2000（1）：32 - 35.

国的这种状况，也不能适应各地经济、文化教育发展不平衡的需要。

因此，需要进一步扩展地方（含学校）对课程的管理权限。管理课程的权限大小的重要指标就是所管理的（安排的）课程的种类及其所占授课时数的比重。显然，要在扩大地方（含学校）管理的课程种类的基础上，提高授课时数的比重。所以，在遵循中央与地方（含学校）课程管理权限划分的总原则下，即在遵循"在不降低国民教育质量标准的前提下，极大限度地发挥教育对地方经济社会发展的巨大推动作用"的原则下，适当降低国家所管理的课程的数目，以便扩大地方（含学校）课程管理权限。

2. 进一步确立三级课程管理政策

2001 年，教育部出台了《基础教育课程改革纲要（试行）》，明确提出"改变课程管理过于集中的状况，实行国家、地方、学校三级课程管理，增强课程对地方、学校及学生的适应性"。可以说，本次课程改革更加注意处理好统一性与多样性的关系，既要继续强调国家对学生的统一的基本的要求，又要兼顾地方教育行政部门及学校积极性的发挥和突出它们的特色及优势，逐步将一小部分课程的开发与管理放权给地方和学校，从而进一步明确了国家、地方、学校三级课程管理政策。

至此，我国三级课程管理的基本模式是：国家制定课程发展总体规划，确定国家课程门类和课时，制定国家课程标准，宏观指导课程实施。省级教育行政部门根据国家对课程的总体设置，规划符合不同地区需要的课程实施方案，包括地方课程的开发与选用；学校在执行国家课程和地方课程的同时，开发或选用适合本校特点的课程。为了实现上述目标，本次课程改革重新划分了国家、地方、学校课程在整个课程计划中所占的比重，缩减了国家硬性规定的成分，在课程内容和课时安排上，体现了一定程度的弹性，让地方和学校真正拥有选择的余地。按照新课程计划，地方、学校课程占总课时数的 10% ~ 12%。这一决策的实施，将会在一定程度上改变"校校同课程、师师同教案、生生同书本"的局面，能更好地适合我国经济文化发展不平衡的特点，有利于调动学校和教师的积极性，使学校办学更有特色，学生发展更有特长。❶

（二）课程设置体现出均衡性、综合性和选择性特点

新一轮基础教育课程改革前，我国的课程设置存在着较严重的不足。由于门类过多，强调学科本位，课程内容缺乏整合，从而导致课程内容繁、难、多、旧，加重了学生的课业负担。而且，学科课程占绝对主导地位，忽略了活动课程等其他类型的课程在学生发展方面所具有的价值，忽略了学生的全面发展、均衡发展。课程缺乏弹性和灵活性，且针对性不强，难以适应不同地区、不同学校、不同学生发展的需求。针对强调学科本位、科目过多和缺乏整合的现状，新一轮基础教育课程改革，对课程设置进行了重大调整，减少学科门类，对具体科目之间的比重进行了调整，在保持传统学科的同时，加强了旨在养成学生科学素养和实用技能学科的地位，使科学、综合实践等学科的比重呈上升趋势。并且将课程的设置

---

❶ 李建平. 新课程　新创意 [J]. 教育发展研究, 2002 (3): 27.

与管理分为三级，从而进一步形成了国家、地方、学校三级课程并行的课程结构。

延伸阅读：

对于每个学段而言，课程设置主要要求如下❶：

小学阶段以综合课程为主。小学低年级开设品德与生活、语文、数学、体育、艺术（或音乐、美术）等课程；小学中高年级开设品德与社会、语文、数学、科学、外语、综合实践活动、体育、艺术（或音乐、美术）等课程。

初中阶段设置分科与综合相结合的课程，主要包括思想品德、语文、数学、外语、科学（或物理、化学、生物）、历史与社会（或历史、地理）、体育与健康、艺术（或音乐、美术）以及综合实践活动。积极倡导各地选择综合课程。学校应努力创造条件开设选修课程。在义务教育阶段的语文、艺术、美术课中要加强写字教学。

高中以分科课程为主。为使学生在普遍达到基本要求的前提下实现有个性的发展，课程标准应有不同水平的要求，在开设必修课的同时，设置丰富多样的选修课程，开设技术类课程。积极试行学分制管理。

普通高中课程标准应在坚持使学生普遍达到基本要求的前提下，有一定的层次性和选择性，并开设选修课程，以利于学生获得更多的选择和发展的机会，为培养学生的生存能力、实践能力和创造能力打下良好的基础。

农村中学课程要为当地社会经济发展服务，在达到国家课程基本要求的同时，可根据现代农业发展和农村产业结构的调整因地制宜地设置符合当地需要的课程，深化"农科教相结合"和"三教统筹"等项改革，试行通过"绿色证书"教育及其他技术培训获得"双证"的做法。城市普通中学也要逐步开设职业技术课程。

通过调整，使我国课程设置表现出均衡性、综合性和选择性的特点。❷

1. 均衡性

我国课程设置坚持了一贯的基本原则和要求，即在强调德、智、体、美等方面全面发展的基础上，均衡设置各类课程，做到各门课程比例适当，适当降低了传统优势科目的课时比重［如将语文所占的比重由原来的24%（1992年）降至20%～22%，将数学由原来的16%（1992年）降至13%～15%］，并可按照地方、学校实际和学生的不同需求进行适度调整，确保学生和谐、全面发展；依据学生身心发展的规律和学科知识的内在逻辑，义务教育阶段九年一贯整体设置课程；根据不同年龄段儿童成长的需要和认知规律，根据时代发展和社会发展对人才的要求，课程门类由低年级到高年级逐渐增加。同时，要处理好学科课程与活动课程的关系，适当增加活动课程的比重。

2. 综合性

为加强学生综合能力培养，改变课程过于强调学科本位的现象，强调加强课程的综合性，增设综合课程，使综合课程的课时比重达到6%～8%。主要通过三个方

---

❶　基础教育课程改革纲要（试行）［N］.中国教育报，2001-07-27（2）.2016年4月教育部发文要求，从2016年起，将义务教育小学和初中起始年级《品德与生活》《思想品德》教材名称统一更改为《道德与法治》。

❷　教育部关于印发《义务教育课程设置实验方案》的通知（教基〔2001〕28号，2001年11月19日）。

面来实现课程的综合性。

一是注重加强课程与学生直接经验联系，促进各门课程的学科知识与社会生活、学生经验的整合，将综合性渗透到各学科课程中。

二是单独设置综合课程。例如，一至二年级设品德与生活课，三至六年级设品德与社会课，旨在适应儿童生活范围逐步从家庭扩展到学校、社会，经验不断丰富以及社会性逐步发展；六至九年级设科学课，旨在从生活经验出发，让学生体验探究过程，学习科学方法，形成科学精神；一至九年级设艺术课，旨在丰富学生的艺术经验，发展感受美、创造美、鉴赏美的能力，提高审美情趣。

三是增设综合实践活动，内容主要包括：信息技术教育、研究性学习、社区服务与社会实践以及劳动与技术教育等。使学生通过亲身实践，发展收集与处理信息的能力、综合运用知识解决问题的能力以及交流与合作的能力，增强社会责任感，并逐步形成创新精神与实践能力。

3. 选择性

新的基础教育课程改革正在体现出课程设置的类型互补、层次丰富、灵活多样的特点，既强调为满足学生的多方面需要和兴趣而提供多种层次、不同课时的课程，又强调适应地方和学校特点，突出特色而增强地方、学校课程（为地方课程和学校课程的设置预留了 10% ~ 12% 的课时空间），使课程具有多方面的选择性。

总之，课程设置越来越科学合理和灵活多样，符合世界课程设置的主要潮流。

（三）课程目标：强调促进学生积极主动全面发展，且目标表述越来越具体明确

1. 课程目标：强调积极主动全面发展

新课程的目标强调要遵循学生身心发展规律，不断适应社会进步、经济发展和科学技术发展的要求，为学生的持续、全面、积极主动发展奠定基础。在深刻分析了基础教育存在的弊端和问题后，我国新一轮基础教育课程改革鲜明地提出："改变课程过于注重知识传授的倾向，强调形成积极主动的学习态度，使获得知识与技能的过程成为学会学习和形成正确价值观的过程。"[1] 这一根本性的转变，对于在基础教育领域全面实施素质教育，培养学生具有社会责任感、健全人格、创新精神和实践能力、终身学习的愿望和能力、良好的信息素养和环境意识等具有重要意义。[2] 此次课程改革强调要注意整合知识和技能、过程与方法、情感、态度与价值观等三方面，改变过去重视知识和结果，而忽视过程、方法、技能及态度等因素的倾向。尤其要注意的是，"把过程与方法作为课程目标之一，是'标准'的突出特点。以数学课程标准为例：其中，数学思考、解决问题是'过程与方法'目标维度在数学课程目标上的具体体现"。[3] 这体现了新课程的价值追求，每一门学科课程标准都是按照这三个方面构建的。各学科课程标准与教材的编写，都力争体现知识与技能、过程与方法、情感、态度、价值观三方面的整合。同时，新课程还强调要改变人才培养创新精神不足、实践能力不强的局面，大力培养具有高尚道德和实践能力的创

❶　基础教育课程改革纲要（试行）[N]. 中国教育报，2001 – 07 – 27（2）.
❷　李建平. 新课程　新创意 [J]. 教育发展研究，2002（3）：23.
❸　刘兼. 国家课程标准的框架和特点分析 [J]. 人民教育，2001（11）：24.

造型人才。

2. 课程目标表述：更加具体明确，具有可操作性❶

现代教学目标的主要特点就是具有可操作性，做到表述明确、具体。新课程的目标表述就具有表述明确、具体和很强操作性的特点。每门课程的课程标准中的目标主要是按结果性目标和体验性目标来描述的。结果性目标主要用于对"知识与技能"目标领域的刻画，而体验性目标则主要用于反映"过程与方法""情感态度与价值观"等目标领域的要求。无论是结果性目标，还是体验性目标，都尽可能地以便于理解、便于操作和评估的行为动词来刻画。

由于课程标准最终要检验的是学生是否达到了预期的学习结果，而不是教师有没有完成某一任务或是否达到了某一目标，因此，"内容标准"的陈述是以学生为出发点的，即目标的行为主体是学生，而不是教师。"内容标准"没有采用"使学生……""提高学生……""培养学生……"等陈述方式。

延伸阅读：

第一，结果性目标

（1）知识

了解——说出、背诵、辨认、列举、复述、回忆、选出、识别等。

理解——解释、说明、归纳、概述、推断、区别、提供、预测、检索、整理等。

应用——设计、辩护、质疑、撰写、解决、检验、计划、总结、推广、证明等。

（2）技能

模仿——模拟、重复、再现、例证、临摹、类推、扩展等。

独立操作——完成、制定、解决、绘制、安装、尝试等。

迁移——联系、转换、灵活运用、举一反三、触类旁通等。

第二，体验性目标

经历（感受）——参与、寻找、交流、分享、访问、考察等。

反映（认同）——认可、接受、欣赏、关注、拒绝、摒弃等。

领悟（内化）——形成、具有、树立、热爱、坚持、追求等。

（四）课程内容：基础性、现代性、选择性、综合化和生活化

总体上讲，我国新一轮基础教育课程改革，着重改变了课程内容"难、繁、偏、旧"和过于注重书本知识的现状，加强课程内容与学生生活以及现代社会科技发展的联系，关注学生的学习兴趣和经验，精选终身学习必备的基础知识和技能，❷体现出课程内容的基础性、现代性、选择性、综合化和生活化。

1. 基础性

强调面向全体学生，适当降低难度，删除了原有课程内容中偏深、偏难的部分，给学生提供必需的经典知识，为每个学生发展奠定好必要的共同基础。除了知识教育外，更加重视基本能力的培养，尤其注重培养学生浓厚的学习兴趣、旺盛的求知欲、积极的探索精神、坚持真理的态度、搜集和处理信息的能力、获取新知识的能

---

❶ 刘兼. 国家课程标准的框架和特点分析［J］. 人民教育，2001（11）：24.

❷ 基础教育课程改革纲要（试行）［N］. 中国教育报，2001－07－27（2）.

力、分析和解决问题的能力、交流与合作的能力。

2. 现代性

教育不落后于时代，课程内容的现代性是关键。新一轮基础教育课程内容充分考虑了当代社会进步和科技发展的要求，审视了各学科的发展最新前沿和发展趋势，使课程内容得到不断调整、更新。

3. 选择性

新的课程改革，强调以人为本，尊重儿童的兴趣和需要，同时，还要调动地方及学校课程管理的积极性和主动性。这反映到课程内容上，则在保证每个学生达到共同基础的前提下，一些学科分类别、分层次设计了多样的、可供不同发展潜能学生选择的课程内容，以满足学生对课程的不同需求；不同地区及学校在地方课程及学校课程的内容选择上也有所不同，体现出地区特点和学校特点。

4. 综合化

课程内容的综合化是现代课程改革的新趋势。我国新一轮课程注重课程综合化，强调学科知识间的联系，加强学科间相关联系，培养学生综合能力和社会适应性。

5. 生活化

新课程关注学生的经验，增强了与学生和社会现实生活的联系，使课程内容更加贴近学生生活、更具有实效性和针对性。一些生活案例进入教材，进入课堂。生活成为学生知识的重要来源，生活成为选择知识的重要依据，生活也成为理论与实践的结合点。

（五）课程实施：重视学习过程，强调师生交往

新课程改革中，注重实施过程，强调教师与学生的参与，特别突出新课程的启发、探究、交往、对话、乐学等特征。

在今天，知识的无限性和飞速发展更替对学校教育提出了新的要求。要想在有限的学习年限里，掌握整个知识体系已经变得遥不可及。因此，掌握知识的多寡仅仅是一个方面，如何让学生学会学习，具备进一步自主学习的能力成为学校教育必须关注的重要方面。所以，我国新一轮课程改革在总体上强调，要"改变课程实施过于强调接受学习、死记硬背、机械训练的现状，倡导学生主动参与、乐于探究、勤于动手，培养学生搜集和处理信息的能力、获取新知识的能力、分析和解决问题的能力以及交流与合作的能力"。❶

为此，改变教学方式，提倡启发式教学，促进学生自主学习是课程实施的关键。要通过实施启发式教学，进一步加强师生间、学生间的有深度的交往、对话与合作，强调引导学生自觉地探究和发现，调动学生学习的积极性和兴趣，变苦学为乐学。"教师在教学过程中应与学生积极互动、共同发展，要处理好传授知识与培养能力的关系，注重培养学生的独立性和自主性，引导学生质疑、调查、探究，在实践中学习，促进学生在教师指导下主动地、富有个性地学习。教师应尊重学生的人格，关注个体差异，满足不同学生的学习需要，创设能引导学生主动参与的教育环境，激发学生的学习积极性，培养学生掌握和运用知识的态度和能力，使每个学生都能

❶　基础教育课程改革纲要（试行）[N]．中国教育报，2001-07-27（2）．

得到充分的发展。"❶遵循上述要求，在新的课程标准中，实施建议部分的表述有了新的变化。例如，要善于引导学生从真实的情景中发现问题，有针对性地开展讨论，提出解决问题的思路……如组织小组辩论："常用的几种燃料中，哪一种最理想"；试验"活性炭和明矾的净水作用"；观看录像"硬水对人们生活的影响"等。（化学课程标准）

特别强调要改善学习方式。各学科课程标准结合本学科的特点，加强过程性、体验性目标，引导学生主动参与、亲身实践、独立思考、合作探究，从而实现学生学习方式的变革，改变单一的记忆、接受、模仿的被动学习方式，发展学生搜集和处理信息的能力、获取新知识的能力、分析和解决问题的能力，以及交流与合作的能力。例如，分组调查一个民族不同地区的艺术，并将艺术形式与该地区的建筑、服饰、方言等联系起来，全班分享调查结果。（艺术课程标准）

同时，要充分借助现代信息技术，使学习的方式和途径更加多样。"大力推进信息技术在教学过程中的普遍应用，促进信息技术与学科课程的整合，逐步实现教学内容的呈现方式、学生的学习方式、教师的教学方式和师生互动方式的变革，充分发挥信息技术的优势，为学生的学习和发展提供丰富多彩的教育环境和有力的学习工具。"❷

总之，课程实施的方式发生了许多变化，教师对学生的组织引导作用更加突出，学生的学习主体地位得到进一步巩固和体现，学习更加有意义和生动有趣。

（六）课程评价：发展、多元、可操作

1. 注重发展性评价

现代学校教育大力提倡发展性评价，包括对教师、对学生。新的课程改革也充分体现了现代评价的要求，在总体上提出："改变课程评价过分强调甄别与选拔的功能，发挥评价促进学生发展、教师提高和改进教学实践的功能。"❸ 新一轮课改强调评价的根本功能是学生和教师的发展与提高，同时，还要注意通过课程评价，促进课程本身的更新。首先，要"建立促进学生全面发展的评价体系。评价不仅要关注学生的学业成绩，而且要发现和发展学生多方面的潜能，了解学生发展中的需求，帮助学生认识自我，建立自信。发挥评价的教育功能，促进学生在原有水平上的发展"。其次，"建立促进教师不断提高的评价体系。强调教师对自己教学行为的分析与反思，建立以教师自评为主，校长、教师、学生、家长共同参与的评价制度，使教师从多种渠道获得信息，不断提高教学水平"。最后，"建立促进课程不断发展的评价体系。周期性地对学校课程执行的情况、课程实施中的问题进行分析评估，调整课程内容、改进教学管理，形成课程不断革新的机制"❹。

2. 提倡灵活、多样的评价

教育评价的相对滞后，已经成为制约全面实施素质教育的瓶颈。针对原有评价指标单一，基本以书本知识为核心，忽视对实际能力、学习态度的综合考查；评价

---

❶ 基础教育课程改革纲要（试行）［N］．中国教育报，2001－07－27（2）．

❷ 同上。

❸ 同上。

❹ 基础教育课程改革纲要（试行）［N］．中国教育报，2001－07－27（2）．

方法多采用纸笔考试，过于注重量化；评价技术落后，过于注重对结果的评价，忽视对过程的评价等缺点，新课改强调评价指标的多元化，对学生的评价不仅要关注学生的学业成绩，而且要发现、发展学生多方面的潜能。改变单纯通过书面测验、考试检查学生对知识、技能掌握的情况，倡导运用多种方法综合评价学生在情感、态度、价值观、创新意识和实践能力等方面的进步与变化。不仅要反映学生的学业成绩，而且要反映学生的学习过程和学习态度，应采用多种评价手段和评价工具，对学生的学习过程和学习结果进行评价，比如，采用开放式的质性评价方法，如行为观察评价、问题研讨、研究性学习、情境测验、成长记录等。这次改革举措意味着，为学生的评价多提供了几把尺子，教育评价"一卷定高低"的局面将被打破。❶

3."评价建议"有更强的操作性❷

各学科课程标准力图结合本学科的特点提出有效的策略和具体的评价手段，引导学校的日常评价活动更多地指向学生的学习过程，从而促进学生的和谐发展。课程标准中建议采取多种方法进行评价。如成长记录与分析；测验与考试；答辩；作业（长周期作业、短周期作业）；集体评议。

特别值得一提的是，其中"成长记录与分析"提倡学生不断反思并记录自己的学习历程：最好的作业、最满意的作品、最感兴趣的一本课外书、最难忘的一次讨论……通过记录并反思学生的成长历程，激发学生的学习兴趣和自信心，发展学生的自我意识，为全面而客观地评价学生积累素材。

此外，不少学科课程标准还提供了可借鉴的评价案例。例如：

通过活动——

○ 设计实验探究哪些垃圾可能被自然降解，哪些垃圾不能被自然降解？

○ 在家长的帮助下收集和称量每天垃圾的重量。估算一个城市或一个乡镇每周生活垃圾的总量。

○ 组织学生设计问卷，调查每个家庭对生活垃圾中可再生利用的垃圾的处理方式，写出调查报告。

考查学生在上述活动中的表现——

○ 能否实事求是地分析调查活动的数据？

○ 能否积极主动地完成收集一周垃圾的任务？

○ 能否独立思考，提出与他人不同的见解？

○ 是否在调查报告中表现出对社区垃圾污染环境问题的忧虑？

○ 能否在调查报告中积极提出垃圾处理方式的建议？

---

❶ 李建平. 新课程 新创意 [J]. 教育发展研究，2002（3）：23.
❷ 刘兼. 国家课程标准的框架和特点分析 [J]. 人民教育，2001（11）：24.

附录1　北京市义务教育课程设置表（适用于小学阶段六年、初中阶段三年的学校）

科目 \ 年级周课时(节)		一	二	三	四	五	六	七	八	九	九年课时总计
品德与生活		2	2								661~694
品德与社会				2	2	2	2				
思想品德								2	3	2~3	
历史与社会	历史							3	3	2 · 3	309 / 175 ; 309或315
	地理								2	2	140
科学				2	2	2	2				280
科学	物理								2	3	445 / 169 ; 725或723
	化学							4	5	3	99
	生物							3	2		175
语文		8	8	6	6	6	6	5	5	5~6	1915—1948
数学		4	4	4	4	4	5	5	5	5	1390
外语		2~3	2~3	3	3	3	3	4	4	4	972~1042
体育		3~4	3~4	3	3	3	3				939~1009
体育与健康								3	3	3	
艺术	音乐	2	2	2	2	2	2	1	1	1	976 / 488 ; 976
	美术	2	2	2	2	2	2	1	1	1	488
综合实践活动	其中：劳动技术			110				100			210 ; 630
	其中：信息技术			70				70			140
	研究性学习 社区服务与社会实践活动			140				140			280
地方与校本课程	其中：写字			1	1	1	1				140 ; 795~1005
	自主安排				655~865						
周课时总量		26	26	30	30	30	30	34	34	34	9522

（北京市教委 2004 年 6 月 10 日颁布）

附录 2   普通高中课程设置要求（教育部 2003 年 3 月 31 日颁布）

学习领域	科目	必修学分 （共计 116 学分）	选修学分Ⅰ 至少 22 学分	选修学分Ⅱ 至少 6 学分
语言与文学	语文	10	据社会对人才多样化的需求，适应学生不同潜能和发展的需要，在共同必修的基础上，各科课程标准分类别、分层次设置若干选修模块，供学生选择	学校根据当地社会、经济、科技、文化发展的需要和学生的兴趣，开设若干选修模块，供学生选择
语言与文学	外语	10		
数学	数学	10		
人文与社会	思想政治	8		
人文与社会	历史	6		
人文与社会	地理	6		
人文与社会	物理	6		
科学	化学	6		
科学	生物	6		
技术	技术 （含信息技术和通用技术）	8		
艺术	艺术或音乐、美术	6		
体育与健康	体育与健康	11		
综合实践活动	研究性学习活动	15		
综合实践活动	社区服务	2		
综合实践活动	社会实践	6		
学分总计：144 学分				

第七章　教育法律法规

第一节　教育法律法规概述

一、教育法概念

(一) 教育法的含义

教育法是国家制定或认可，并由国家强制力保证实施的，调整教育活动中各种社会关系的法律规范的总和。[1] 广义的教育法是指拥有立法权的各级、各类国家机关制定的教育法律规范，如国务院制定的《教师资格证条例》、教育部制定的《学生伤害事故处理办法》等。狭义的教育法一般是指由国家最高权力机关制定的教育法律规范，如《中华人民共和国教育法》《中华人民共和国义务教育法》《中华人民共和国教师法》等。

(二) 教育法的特点

教育法的特点是教育法作为一种社会规范不同于其他社会规范的特性和作为一种法律不同于其他法律的特性。在实质上，教育法具有国家意志性、强制性、规范性和普遍性；在表现方式上，教育法具有对象上的确定性和广泛性的统一，形式上的分散性与集中性的统一，内容上的稳定性与易变性的统一等特性。

(三) 教育法的作用

教育法确认和保障教育的性质和方向。教育的性质和方向是教育工作的首要问题，对我国教育事业的成败具有决定性的作用。

教育法的作用分为规范作用和社会作用。

教育法的规范作用：指引作用、评价作用、教育作用、预测作用、强制作用。

教育法的社会作用：保障教育政策的正确贯彻实施；保障教育的正确方向，落实教育优先发展的战略地位；促进教育的改革和发展；维护其教育法律关系主体的合法权益。[2]

---

[1] 杨颖秀. 教育法学 [M]. 北京：中国人民大学出版社，2014：23-24.
[2] 袁兆春，宋超群. 教育法学 [M]. 济南：山东人民出版社，2014：63-65.

二、教育法规的内涵

（一）教育法规的含义

广义的教育政策包含教育法规。这里所讲的教育法规又是相对于一般教育政策而言的，通常是指教育法律、法令、条例、规定等的总称。它是现代国家管理教育的基础和依据。❶ 我国的教育法规是社会主义教育的法律管理手段，是人民利益和意志的体现。制定和实施教育法规，是国家管理教育的重要方式，它对于推进我国教育管理和教育事业发展的规范化、制度化具有重要的意义。

（二）教育政策的含义

"在近代国家出现之前，教育被看成是私事，因而不时兴教育政策。随着现代国家公共教育制度的确立，国家的教育政策变得重要了。"❷ 教育政策是一个政党和国家为实现一定历史时期的教育发展目标和任务，根据党和国家在一定历史时期的基本任务、基本方针，而制定的关于教育的行动准则。❸ 实施教育政策是教育政策执行过程中的中心环节，是达成教育政策目标的根本手段。

教育政策的基本特征：①政治性和原则性；②目的性和可行性；③稳定性和间断性；④合法性和权威性；⑤系统性和多功能性。其中政治性是教育政策的根本特征，直接反映制定政策的主体自身的利益和要求。

（三）教育法规与教育政策

1. 教育法规与教育政策的联系

①教育法规与教育政策都决定上层建筑，具有共同的目的。

②教育政策是制定教育法规的依据，教育法规是教育政策的具体化、条文化和定型化。

③教育政策决定教育法规的性质，教育法规的内容体现教育政策。

④教育政策是实施教育法规的指导，教育法规是实现教育政策的保障。

2. 教育法规与教育政策的区别

①教育法规和教育政策的制定主体不同。

②教育法规和教育政策的执行方式不同。

③教育法规和教育政策的规范效力不同。

④教育法规和教育政策调整和适应的范围不同。

⑤教育法规和教育政策所要解决问题的性质不同。

三、教育法的渊源

法的渊源，也称"法源"或"法律渊源"，是指那些具有法的效力作用和意义的法的外在表现形式。教育法的渊源，就是指由不同的国家机关制定或确认的，具

❶ 张乐天．教育政策法规的理论与实践［M］．上海：华东师范大学出版社，2002：21.

❷ ［日］筑波大学教育学研究会．现代教育学基础［M］．钟启泉，译．上海：上海教育出版社，2003：195.

❸ 张乐天．教育政策法规的理论与实践［M］．上海：华东师范大学出版社，2002：20.

有不同的法律效力和法律地位的各种类别的规范性法律文件的总称。❶ 主要有宪法、教育法律、教育行政法规、地方性教育法规、教育行政规章、教育条例和规定。

（一）宪法

宪法是我国的根本大法，是国家法律的总章程，是我国一切立法的依据，是我国教育法的基本法源。宪法由全国人民代表大会（即国家最高权力机关）通过，具有最高的法律地位和法律效力，是最高层次的法律渊源。其他形式的法律、法规都必须依据宪法制定，并为贯彻宪法服务，不得与宪法相违背，否则归于无效。

宪法作为教育法的法源，可以从两个方面去理解：一是规定了教育法的基本指导思想和立法依据，二是直接规定了教育教学活动的基本法律规范。

（二）教育法律

这里的教育法律是指狭义上的作为一种教育法渊源的教育法律，是由最高权力机关及其常设机构所制定的规范性文件。《宪法》规定，国家最高权力机关及其常设机构有权制定法律。依据法律制定机关和调整对象的不同，法律又可分为基本法律和基本法律以外的法律两种法律。❷

基本法律是全国人民代表大会制定和发布的，通常规定和调整某一方面带根本性、普遍性问题的法律。《宪法》第六十二条规定：全国人民代表大会有权"制定和修改刑事、民事、国家机构和其他基本法律"，1995 年 3 月 18 日通过的《教育法》就是我国教育的基本法。

基本法律以外的法律是由全国人民代表大会常务委员会制定和修改的，规定和调整国家教育事业某一方面具体法律关系的法律，通常规定和调整的对象比较窄、内容较具体。《宪法》第六十七条规定，全国人民代表大会常务委员会有权"制定和修改除应当由全国人民代表大会制定的法律以外的其他法律"，包括《学位条例》《义务教育法》《教师法》《职业教育法》《高等教育法》《民办教育促进法》。

（三）教育行政法规

教育行政法规是由最高行政机关即国务院根据并且为实施宪法和法律而制定的关于国家教育行政管理活动方面的规范性文件。它是我国重要的且数量很大的一种教育法的渊源。《宪法》第八十九条规定了国务院有权根据宪法和法律，规定行政措施，制定行政法规，发布决定和命令。

教育行政法规是国家通过教育行政机关行使教育行政权、实行国家教育行政管理的一种重要形式，其法律效力仅次于宪法和教育法律。

教育行政法规一般有三种形式：条例、办法、规定。

如《中华人民共和国教师资格条例》《中华人民共和国学位暂行实施办法》《高等教育管理职责暂行规定》等。❸

（四）地方性教育法规

地方性教育法规是地方国家权力机关及其常设机构为保证宪法、法律和行政法

❶ 袁兆春，宋超群. 教育法学［M］. 济南：山东人民出版社，2014：55.
❷ 杨颖秀. 教育法学［M］. 北京：中国人民大学出版社，2014：34－36.
❸ 陆明玉，孙霞. 现代教育学［M］. 北京：北京邮电大学出版社，2014：235.

规的遵守和执行，结合本行政区域的具体情况和实际需要，依照法定权限，通过和发布的规范性教育法律文件。根据宪法规定，地方性法规的立法目的在于根据本行政区域的具体情况和实际需要，实施宪法、法律和行政法规，其前提是不得同宪法、法律和行政法规相抵触。民族自治地方的人民代表大会根据宪法和法律的规定，依据当地民族的政治、经济和文化特点，可以制定规范性文件。这些自治法规中有关教育的内容，也是教育法的渊源。地方性法规的名称，通常有条例、办法、规定、规则、实施细则等。地方性法规只在本行政区域内有效。

如江苏省六届人大二次会议通过的《江苏省普及初等义务教育暂行条例》，上海市八届人大四次会议审议通过的《上海市普及义务教育条例》等。

（五）教育行政规章

教育行政规章包括部门教育规章和地方性教育规章。部门教育规章是指国务院所属各部门制定的规范性的教育法律文件。地方性教育规章是指地方国家行政机关制定的规范性教育法律文件。中华人民共和国成立以来，我国最高教育行政机关和地方国家机关颁布了大量的教育行政规章，这些也是我国教育法的重要法律形式之一。

第二节　我国教育法律法规解读

一、有关教育的法律法规

（一）《中华人民共和国教育法》（节选）

《中华人民共和国教育法》，1995 年 3 月 18 日第八届全国人民代表大会第三次会议通过，2009 年 8 月 27 日第十一届全国人民代表大会常务委员会第十次会议《关于修改部分法律的决定》第一次修正，2015 年 12 月 27 日第十二届全国人民代表大会常务委员会第十八次会议《关于修改〈中华人民共和国教育法〉的决定》第二次修正。

1. 《中华人民共和国教育法》的性质与地位

（1）性质

《中华人民共和国教育法》是我国教育法律法规体系中的基本法。《中华人民共和国教育法》是依据宪法制定的调整教育内部、外部相关关系的基本法律准则，是教育法规体系中的母法，在教育法体系中具有最高的法律效力，规定我国教育的基本方针、基本任务、基本制度以及教育活动中各主体的权利义务。

（2）地位

《中华人民共和国教育法》是我国历史上颁布的第一部全面规范教育领域活动的大法，在我国教育法规体系中处于国家基本法地位，对我国教育领域的活动进行了整体的规范，为我国教育法规体系的建设奠定了基础。《中华人民共和国教育法》作为我国的教育基本法，在教育法规各个层次中处于最高层次，具有最高效力。《中华人民共和国教育法》作为有关教育的总法，主要对教育领域的全面性重大问题作出规定，并为制定其他层次的教育法规提供法律依据。

2. 《中华人民共和国教育法》的基本结构与内容

（1）基本结构

《中华人民共和国教育法》共十章，包括总则、分则和附则三个组成部分。其中，总则是对我国教育活动的总体规定，分则是对我国教育活动各个领域的分别规定，附则是对未尽表达事项的补充规定和说明。

（2）主体内容

第一章 总则

第一条【立法宗旨】为了发展教育事业，提高全民族的素质，促进社会主义物质文明和精神文明建设，根据宪法，制定本法。

第二条【适用范围】在中华人民共和国境内的各级各类教育，适用本法。

第三条【指导思想】国家坚持以马克思列宁主义、毛泽东思想和建设有中国特色社会主义理论为指导，遵循宪法确定的基本原则，发展社会主义的教育事业。

第四条【教育的地位】教育是社会主义现代化建设的基础，国家保障教育事业优先发展。全社会应当关心和支持教育事业的发展。全社会应当尊重教师。

第五条【教育方针】教育必须为社会主义现代化建设服务，必须与生产劳动相结合，培养德、智、体等方面全面发展的社会主义事业的建设者和接班人。

第六条【教育的基本内容】国家在受教育者中进行爱国主义、集体主义、社会主义的教育，进行理想、道德、纪律、法制、国防和民族团结的教育。

第七条【教育的文化内涵】教育应当继承和弘扬中华民族优秀的历史文化传统，吸收人类文明发展的一切优秀成果。

第八条【教育与国家利益】教育活动必须符合国家和社会公共利益。国家实行教育与宗教相分离。任何组织和个人不得利用宗教进行妨碍国家教育制度的活动。

第九条【公民的教育权利与义务】中华人民共和国公民有受教育的权利和义务。公民不分民族、种族、性别、职业、财产状况、宗教信仰等，依法享有平等的受教育机会。

第十条【特殊地区与人群帮扶教育】国家根据各少数民族的特点和需要，帮助各少数民族地区发展教育事业。国家扶持边远贫困地区发展教育事业。国家扶持和发展残疾人教育事业。

第十一条【教育改革与发展】国家适应社会主义市场经济发展和社会进步的需要，推进教育改革，促进各级各类教育协调发展，建立和完善终身教育体系。国家支持、鼓励和组织教育科学研究，推广教育科学研究成果，促进教育质量提高。

第十二条【语言文字】汉语言文字为学校及其他教育机构的基本教学语言文字。少数民族学生为主的学校及其他教育机构，可以使用本民族或者当地民族通用的语言文字进行教学。学校及其他教育机构进行教学，应当推广使用通用的普通话和规范字。

第十三条【奖励制度】国家对发展教育事业做出突出贡献的组织和个人，给予奖励。

第十四条【管理体制】国务院和地方各级人民政府根据分级管理、分工负责的原则，领导和管理教育工作。中等及中等以下教育在国务院领导下，由地方人民政府管理。高等教育由国务院和省、自治区、直辖市人民政府管理。

第十五条【教育行政部门】国务院教育行政部门主管教育工作，统筹规划、协调管理教育事业。县级以上地方各级人民政府教育行政部门主管本行政区域内的教育工作。县级以上各级人民政府其他有关部门在各自的职责范围内，负责有关的教育工作。

第十六条【教育监督】国务院和县级以上地方各级人民政府应当向本级人民代表大会或者其常务委员会报告教育工作和教育经费预算、决算情况，接受监督。

第二章　教育基本制度

第十七条【学校教育制度】国家实行学前教育、初等教育、中等教育、高等教育的学校教育制度。国家建立科学的学制系统。学制系统内的学校和其他教育机构的设置、教育形式、修业年限、招生对象、培养目标等，由国务院或者由国务院授权教育行政部门规定。

第十八条【义务教育】国家实行九年制义务教育制度。各级人民政府采取各种措施保障适龄儿童、少年就学。适龄儿童、少年的父母或者其他监护人以及有关社会组织和个人有义务使适龄儿童、少年接受并完成规定年限的义务教育。

第十九条【职业教育和成人教育】国家实行职业教育制度和成人教育制度。各级人民政府、有关行政部门以及企业事业组织应当采取措施，发展并保障公民接受职业学校教育或者各种形式的职业培训。国家鼓励发展多种形式的成人教育，使公民接受适当形式的政治、经济、文化、科学、技术、业务教育和终身教育。

第二十条【考试制度】国家实行国家教育考试制度。国家教育考试由国务院教育行政部门确定种类，并由国家批准的实施教育考试的机构承办。

第二十一条【学业证书制度】国家实行学业证书制度。经国家批准设立或者认可的学校及其他教育机构按照国家有关规定，颁发学历证书或者其他学业证书。

第二十二条【学位制度】国家实行学位制度。学位授予单位依法对达到一定学术水平或者专业技术水平的人员授予相应的学位，颁发学位证书。

第二十三条【扫除文盲工作】各级人民政府、基层群众性自治组织和企业事业组织应当采取各种措施，开展扫除文盲的教育工作。按照国家规定具有接受扫除文盲教育能力的公民，应当接受扫除文盲的教育。

第二十四条【教育督导与评估制度】国家实行教育督导制度和学校及其他教育机构教育评估制度。

第三章　学校及其他教育机构

第二十五条【教育机构】国家制定教育发展规划，并举办学校及其他教育机构。国家鼓励企业事业组织、社会团体、其他社会组织及公民个人依法举办学校及其他教育机构。任何组织和个人不得以营利为目的举办学校及其他教育机构。

第二十六条【办学条件】设立学校及其他教育机构，必须具备下列基本条件：（一）有组织机构和章程；（二）有合格的教师；（三）有符合规定标准的教学场所及设施、设备等；（四）有必备的办学资金和稳定的经费来源。

第二十七条【办学程序】学校及其他教育机构的设立、变更和终止，应当按照国家有关规定办理审核、批准、注册或者备案手续。

第二十八条【教育机构权利】学校及其他教育机构行使下列权利：（一）按

照章程自主管理；（二）组织实施教育教学活动；（三）招收学生或者其他受教育者；（四）对受教育者进行学籍管理，实施奖励或者处分；（五）对受教育者颁发相应的学业证书；（六）聘任教师及其他职工，实施奖励或者处分；（七）管理、使用本单位的设施和经费；（八）拒绝任何组织和个人对教育教学活动的非法干涉；（九）法律、法规规定的其他权利。国家保护学校及其他教育机构的合法权益不受侵犯。

第二十九条【教育机构义务】学校及其他教育机构应当履行下列义务：（一）遵守法律、法规；（二）贯彻国家的教育方针，执行国家教育教学标准，保证教育教学质量；（三）维护受教育者、教师及其他职工的合法权益；（四）以适当方式为受教育者及其监护人了解受教育者的学业成绩及其他有关情况提供便利；（五）遵照国家有关规定收取费用并公开收费项目；（六）依法接受监督。

第三十条【教育机构管理体制】学校及其他教育机构的举办者按照国家有关规定，确定其所举办的学校或者其他教育机构的管理体制。学校及其他教育机构的校长或者主要行政负责人必须由具有中华人民共和国国籍、在中国境内定居，并具备国家规定任职条件的公民担任，其任免按照国家有关规定办理。学校的教学及其他行政管理，由校长负责。学校及其他教育机构应当按照国家有关规定，通过以教师为主体的教职工代表大会等组织形式，保障教职工参与民主管理和监督。

第三十一条【教育机构的法人条件】学校及其他教育机构具备法人条件的，自批准设立或者登记注册之日起取得法人资格。学校及其他教育机构在民事活动中依法享有民事权利，承担民事责任。学校及其他教育机构中的国有资产属于国家所有。学校及其他教育机构兴办的校办产业独立承担民事责任。

第四章　教师和其他教育工作者

第三十二条【教师权利和义务】教师享有法律规定的权利，履行法律规定的义务，忠诚于人民的教育事业。

第三十三条【教师待遇】国家保护教师的合法权益，改善教师的工作条件和生活条件，提高教师的社会地位。教师的工资报酬、福利待遇，依照法律、法规的规定办理。

第三十四条【教师队伍建设】国家实行教师资格、职务、聘任制度，通过考核、奖励、培养和培训，提高教师素质，加强教师队伍建设。

第三十五条【员工制度】学校及其他教育机构中的管理人员，实行教育职员制度。学校及其他教育机构中的教学辅助人员和其他专业技术人员，实行专业技术职务聘任制度。

第五章　受教育者

第三十六条【受教育者的平等权】受教育者在入学、升学、就业等方面依法享有平等权利。学校和有关行政部门应当按照国家有关规定，保障女子在入学、升学、就业、授予学位、派出留学等方面享有同男子平等的权利。

第三十七条【教育资助】国家、社会对符合入学条件、家庭经济困难的儿童、少年、青年，提供各种形式的资助。

第三十八条【特殊人群】国家、社会、学校及其他教育机构应当根据残疾人身心特性和需要实施教育，并为其提供帮助和便利。

第三十九条【违法犯罪的未成年人】国家、社会、家庭、学校及其他教育机构应当为有违法犯罪行为的未成年人接受教育创造条件。

第四十条【继续教育】从业人员有依法接受职业培训和继续教育的权利和义务。国家机关、企业事业组织和其他社会组织，应当为本单位职工的学习和培训提供条件和便利。

第四十一条【终身教育】国家鼓励学校及其他教育机构、社会组织采取措施，为公民接受终身教育创造条件。

第四十二条【受教育者的权利】受教育者享有下列权利：（一）参加教育教学计划安排的各种活动，使用教育教学设施、设备、图书资料；（二）按照国家有关规定获得奖学金、贷学金、助学金；（三）在学业成绩和品行上获得公正评价，完成规定的学业后获得相应的学业证书、学位证书；（四）对学校给予的处分不服向有关部门提出申诉，对学校、教师侵犯其人身权、财产权等合法权益，提出申诉或者依法提起诉讼；（五）法律、法规规定的其他权利。

第四十三条【受教育者的义务】受教育者应当履行下列义务：（一）遵守法律、法规；（二）遵守学生行为规范，尊敬师长，养成良好的思想品德和行为习惯；（三）努力学习，完成规定的学习任务；（四）遵守所在学校或者其他教育机构的管理制度。

第四十四条【身心健康保护】教育、体育、卫生行政部门和学校及其他教育机构应当完善体育、卫生保健设施，保护学生的身心健康。

第六章　教育与社会

第四十五条【社会环境】国家机关、军队、企业事业组织、社会团体及其他社会组织和个人，应当依法为儿童、少年、青年学生的身心健康成长创造良好的社会环境。

第四十六条【社会参与】国家鼓励企业事业组织、社会团体及其他社会组织同高等学校、中等职业学校在教学、科研、技术开发和推广等方面进行多种形式的合作。企业事业组织、社会团体及其他社会组织和个人，可以通过适当形式，支持学校的建设，参与学校管理。

第四十七条【社会实践活动】国家机关、军队、企业事业组织及其他社会组织应当为学校组织的学生实习、社会实践活动提供帮助和便利。

第四十八条【社会公益活动】学校及其他教育机构在不影响正常教育教学活动的前提下，应当积极参加当地的社会公益活动。

第四十九条【家庭教育】未成年人的父母或者其他监护人应当为其未成年子女或者其他被监护人受教育提供必要条件。未成年人的父母或者其他监护人应当配合学校及其他教育机构，对其未成年子女或者其他被监护人进行教育。学校、教师可以对学生家长提供家庭教育指导。

第五十条【文化机构的教育】图书馆、博物馆、科技馆、文化馆、美术馆、体育馆（场）等社会公共文化体育设施，以及历史文化古迹和革命纪念馆（地），应当对教师、学生实行优待，为受教育者接受教育提供便利。广播、电视台（站）应当开设教育节目，促进受教育者思想品德、文化和科学技术素质的提高。

第五十一条【校外教育】国家、社会建立和发展对未成年人进行校外教育的设施。学校及其他教育机构应当同基层群众性自治组织、企业事业组织、社会团体相互配合，加强对未成年人的校外教育工作。

第五十二条【社会文化教育活动】国家鼓励社会团体、社会文化机构及其他社会组织和个人开展有益于受教育者身心健康的社会文化教育活动。

第七章　教育投入与条件保障

第五十三条【教育经费体制】国家建立以财政拨款为主、其他多种渠道筹措教育经费为辅的体制，逐步增加对教育的投入，保证国家举办的学校教育经费的稳定来源。企业事业组织、社会团体及其他社会组织和个人依法举办的学校及其他教育机构，办学经费由举办者负责筹措，各级人民政府可以给予适当支持。

第五十四条【教育经费所占比例】国家财政性教育经费支出占国民生产总值的比例应当随着国民经济的发展和财政收入的增长逐步提高。具体比例和实施步骤由国务院规定。各级财政支出总额中教育经费所占比例应当随着国民经济的发展逐步提高。

第五十五条【经费使用】各级人民政府的教育经费支出，按照事权和财权相统一的原则，在财政预算中单独列项。各级人民政府教育财政拨款的增长应当高于财政经常性收入的增长，并使按在校学生人数平均的教育费用逐步增长，保证教师工资和学生人均公用经费逐步增长。

第五十六条【专项资金】国务院及县级以上地方各级人民政府应当设立教育专项资金，重点扶持边远贫困地区、少数民族地区实施义务教育。

第五十七条【税收】税务机关依法足额征收教育费附加，由教育行政部门统筹管理，主要用于实施义务教育。省、自治区、直辖市人民政府根据国务院的有关规定，可以决定开征用于教育的地方附加费，专款专用。农村乡统筹中的教育费附加，由乡人民政府组织收取，由县级人民政府教育行政部门代为管理或者由乡人民政府管理，用于本乡范围内乡、村两级教育事业。农村教育费附加在乡统筹中所占具体比例和具体管理办法，由省、自治区、直辖市人民政府规定。

第五十八条【优惠措施】国家采取优惠措施，鼓励和扶持学校在不影响正常教育教学的前提下开展勤工俭学和社会服务，兴办校办产业。

第五十九条【捐资助学】国家鼓励境内、境外社会组织和个人捐资助学。

第六十条【经费使用】国家财政性教育经费、社会组织和个人对教育的捐赠，必须用于教育，不得挪用、克扣。

（3）内容详解

①总则：总则对涉及我国教育全局的问题进行了规定，包括立法目的、适用范围、指导思想、教育的地位、教育的任务、教育的基本内容等。

②分则：分则对教育基本制度、学校和其他教育机构、教师和其他教育工作者、受教育者、教育与社会、教育投入与条件保障、教育对外交流与合作、法律责任作出了规定。

教育基本制度：《中华人民共和国教育法》明确了我国教育制度的基本框架，包括学校教育制度、义务教育制度、职业教育制度、成人教育制度、教育考试制度、学业证书制度、学位制度、扫除文盲制度、教育督导制度和教育评估制度。十大教育基本制度，涵盖了全民教育（从学前到成人，乃至终身）；涵盖了不同类型的教育（普通教育和职业教育）；涵盖了教育过程的重要环节（考试制度、学业证书制度、学位制度、教育督导和教育评估制度）。

办学机构：《中华人民共和国教育法》确立了我国的办学体制，明确了学校和其他教育机构的办学条件，设立、变更、终止的程序和应当办理的手续，规定了学校和其他教育机构享有的基本权利及应当履行的基本义务。同时确立了学校及其他教育机构的内部管理体制，并对学校及其他教育机构的法人资格、财产权归属及其同其校办产业的关系作了规定。

教育者权利与义务：《中华人民共和国教育法》对教育者的权利、义务作了原则性的规定，为深入规范教育者的权利义务提供了依据。这些规定涵盖教师的地位、待遇，建立国家教师资格制度，教师职务聘任、考核、奖励培养和培训制度等。

受教育者的权利与义务：《中华人民共和国教育法》规定了受教育者享有的基本权利，并规定了受教育者应履行的义务。在受教育者权利与义务规定方面，特别强调了国家要保证受教育者在入学、升学、就业等方面依法享有平等的权利。

社会教育主体：《中华人民共和国教育法》规定社会教育主体拥有相应的教育权利，也负有相应的教育义务。学校教育必须同社会教育相结合，社会的教育力量必须纳入教育体系中来。将学校、家庭和社会教育相结合，纳入到教育的法律关系中，是国家教育发展的必然要求。

政府进行教育投入和提供条件保障：在教育投入与条件保障方面，规定国家建立以财政拨款为主、其他多种渠道筹措教育经费为辅的体制，逐步增加对教育的投入，保证国家举办的学校教育经费来源稳定。同时规定国家财政性教育经费支出占国民生产总值的比例应当随着国民经济的发展和财政收入的增长逐步提高；全国各级财政支出总额中，教育经费占比例应当随着国民经济的发展逐步提高。

《中华人民共和国教育法》还保障了教育投入的三个增长：各级人民政府教育财政拨款的增长应当高于财政经常性收入的增长；按在校学生人数平均的教育费用逐步增长；保证教师工资和学生人均公用经费逐步增长。教育对外交流与合作的规定：赋予教育主体在中国法律范围内开展教育对外交流与合作的权利。

有关法律责任：《中华人民共和国教育法》明确了与主体义务相关的三大方面的法律责任：行政责任、刑事责任和民事责任。

（二）《中华人民共和国义务教育法》（节选）

1986 年 4 月 12 日，第六届全国人民代表大会第四次会议通过，2006 年 6 月 29 日第十届全国人民代表大会常委会第二十二次会议修订，于 2006 年 9 月 1 日起开始施行，2015 年 4 月 24 日第十二届全国人民代表大会常务委员会第十四次会议第二次修订，由中华人民共和国主席令第 25 号发布，自公布之日起施行。

1. 《中华人民共和国义务教育法》的性质与地位

《中华人民共和国义务教育法》是教育单行法，依据《中华人民共和国宪法》和《中华人民共和国教育法》制定。《中华人民共和国义务教育法》对《中华人民共和国教育法》规定的"国家实行九年义务教育制度"中的义务教育制度进行法律规范。

2. 《中华人民共和国义务教育法》的基本结构与内容

（1）基本结构

《中华人民共和国义务教育法》共有三部分（总则、分则、附则），共八章。其中，总则是对义务教育活动的总体规定，分则是对义务教育活动各个方面的分别规定，附则是未尽表达事项的补充规定和说明。

（2）主体内容

第一章　总则

第一条【立法宗旨】为了保障适龄儿童、少年接受义务教育的权利，保证义务教育的实施，提高全民族素质，根据宪法和教育法，制定本法。

第二条【制度概述】国家实行九年义务教育制度。义务教育是国家统一实施的所有适龄儿童、少年必须接受的教育，是国家必须予以保障的公益性事业。实施义务教育，不收学费、杂费。国家建立义务教育经费保障机制，保证义务教育制度实施。

第三条【实施目标】义务教育必须贯彻国家的教育方针，实施素质教育，提高教育质量，使适龄儿童、少年在品德、智力、体质等方面全面发展，为培养有理想、有道德、有文化、有纪律的社会主义建设者和接班人奠定基础。

第四条【适用对象】凡具有中华人民共和国国籍的适龄儿童、少年，不分性别、民族、种族、家庭财产状况、宗教信仰等，依法享有平等接受义务教育的权利，并履行接受义务教育的义务。

第五条【政府家长学校社会义务】各级人民政府及其有关部门应当履行本法规定的各项职责，保障适龄儿童、少年接受义务教育的权利。适龄儿童、少年的父母或者其他法定监护人应当依法保证其按时入学接受并完成义务教育。

依法实施义务教育的学校应当按照规定标准完成教育教学任务，保证教育教学质量。

社会组织和个人应当为适龄儿童、少年接受义务教育创造良好的环境。

第六条【保障措施】国务院和县级以上地方人民政府应当合理配置教育资源，促进义务教育均衡发展，改善薄弱学校的办学条件，并采取措施，保障农村地区、民族地区实施义务教育，保障家庭经济困难的和残疾的适龄儿童、少年接受义务教育。国家组织和鼓励经济发达地区支援经济欠发达地区实施义务教育。

第七条【管理体制】义务教育实行国务院领导，省、自治区、直辖市人民政府统筹规划实施，县级人民政府为主管理的体制。县级以上人民政府教育行政部门具体负责义务教育实施工作；县级以上人民政府其他有关部门在各自的职责范围内负责义务教育实施工作。

第九条【问责制度】任何社会组织或者个人有权对违反本法的行为向有关国家机关提出检举或者控告。发生违反本法的重大事件，妨碍义务教育实施，造成重大社会影响的，负有领导责任的人民政府或者人民政府教育行政部门负责人应当引咎辞职。

第二章　学生

第十一条【入学年龄】凡年满六周岁的儿童，其父母或者其他法定监护人应当送其入学接受并完成义务教育；条件不具备的地区的儿童，可以推迟到七周岁。

适龄儿童、少年因身体状况需要延缓入学或者休学的，其父母或者其他法定监护人应当提出申请，由当地乡镇人民政府或者县级人民政府教育行政部门批准。

第十二条【免试入学】适龄儿童、少年免试入学。地方各级人民政府应当保障适龄儿童、少年在户籍所在地学校就近入学。

父母或者其他法定监护人在非户籍所在地工作或者居住的适龄儿童、少年，在其父母或者其他法定监护人工作或者居住地接受义务教育的，当地人民政府应当为其提供平等接受义务教育的条件。具体办法由省、自治区、直辖市规定。

县级人民政府教育行政部门对本行政区域内的军人子女接受义务教育予以保障。

第十三条【保障入学】县级人民政府教育行政部门和乡镇人民政府组织和督促适龄儿童、少年入学，帮助解决适龄儿童、少年接受义务教育的困难，采取措施防止适龄儿童、少年辍学。

居民委员会和村民委员会协助政府做好工作，督促适龄儿童、少年入学。

第十四条【社会的义务】禁止用人单位招用应当接受义务教育的适龄儿童、少年。

根据国家有关规定经批准招收适龄儿童、少年进行文艺、体育等专业训练的社会组织，应当保证所招收的适龄儿童、少年接受义务教育；自行实施义务教育的，应当经县级人民政府教育行政部门批准。

第三章 学校

第十五条【学校规划】县级以上地方人民政府根据本行政区域内居住的适龄儿童、少年的数量和分布状况等因素，按照国家有关规定，制定、调整学校设置规划。新建居民区需要设置学校的，应当与居民区的建设同步进行。

第十六条【寄宿制学校】县级人民政府根据需要设置寄宿制学校，保障居住分散的适龄儿童、少年入学接受义务教育。

第十九条【特殊教育】县级以上地方人民政府根据需要设置相应的实施特殊教育的学校（班），对视力残疾、听力语言残疾和智力残疾的适龄儿童、少年实施义务教育。特殊教育学校（班）应当具备适应残疾儿童、少年学习、康复、生活特点的场所和设施。

普通学校应当接收具有接受普通教育能力的残疾适龄儿童、少年随班就读，并为其学习、康复提供帮助。

第二十条【未成年犯的义务教育】县级以上地方人民政府根据需要，为具有预防未成年人犯罪法规定的严重不良行为的适龄少年设置专门的学校实施义务教育。

第二十一条【未成年犯的义务教育】对未完成义务教育的未成年犯和被采取强制性教育措施的未成年人应当进行义务教育，所需经费由人民政府予以保障。

第二十二条【均衡发展】县级以上人民政府及其教育行政部门应当促进学校均衡发展，缩小学校之间办学条件的差距，不得将学校分为重点学校和非重点学校。学校不得分设重点班和非重点班。县级以上人民政府及其教育行政部门不得以任何名义改变或者变相改变公办学校的性质。

第二十三条【安全措施】各级人民政府及其有关部门依法维护学校周边秩序，保护学生、教师、学校的合法权益，为学校提供安全保障。

第二十六条【校长负责制】学校实行校长负责制。校长应当符合国家规定的任职条件。校长由县级人民政府教育行政部门依法聘任。

第二十七条【批评教育】对违反学校管理制度的学生，学校应当予以批评教育，不得开除。

第四章　教师

第二十八条【教师的权利与义务】教师享有法律规定的权利，履行法律规定的义务，应当为人师表，忠诚于人民的教育事业。

全社会应当尊重教师。

第二十九条【教师行为】教师在教育教学中应当平等对待学生，关注学生的个体差异，因材施教，促进学生的充分发展。教师应当尊重学生的人格，不得歧视学生，不得对学生实施体罚、变相体罚或者其他侮辱人格尊严的行为，不得侵犯学生合法权益。

第三十条【教师资格及职称】教师应当取得国家规定的教师资格。

国家建立统一的义务教育教师职务制度。教师职务分为初级职务、中级职务和高级职务。

第三十一条【教师待遇】各级人民政府保障教师工资福利和社会保险待遇，改善教师工作和生活条件；完善农村教师工资经费保障机制。教师的平均工资水平应当不低于当地公务员的平均工资水平。特殊教育教师享有特殊岗位补助津贴。在民族地区和边远贫困地区工作的教师享有艰苦贫困地区补助津贴。

第三十二条【教师培养】县级以上人民政府应当加强教师培养工作，采取措施发展教师教育。县级人民政府教育行政部门应当均衡配置本行政区域内学校师资力量，组织校长、教师的培训和流动，加强对薄弱学校的建设。

第三十三条【支教工作】国务院和地方各级人民政府鼓励和支持城市学校教师和高等学校毕业生到农村地区、民族地区从事义务教育工作。

国家鼓励高等学校毕业生以志愿者的方式到农村地区、民族地区缺乏教师的学校任教。县级人民政府教育行政部门依法认定其教师资格，其任教时间计入工龄。

第五章　教育教学

第三十四条【教育目标】教育教学工作应当符合教育规律和学生身心发展特点，面向全体学生，教书育人，将德育、智育、体育、美育等有机统一在教育教学活动中，注重培养学生独立思考能力、创新能力和实践能力，促进学生全面发展。

第三十五条【素质教育】国务院教育行政部门根据适龄儿童、少年身心发展的状况和实际情况，确定教学制度、教育教学内容和课程设置，改革考试制度，并改进高级中等学校招生办法，推进实施素质教育。学校和教师按照确定的教育教学内容和课程设置开展教育教学活动，保证达到国家规定的基本质量要求。

国家鼓励学校和教师采用启发式教育等教育教学方法，提高教育教学质量。

第三十六条【德育为先】学校应当把德育放在首位，寓德育于教育教学之中，开展与学生年龄相适应的社会实践活动，形成学校、家庭、社会相互配合的思想道德教育体系，促进学生养成良好的思想品德和行为习惯。

第三十七条【课外活动】学校应当保证学生的课外活动时间，组织开展文化娱乐等课外活动。社会公共文化体育设施应当为学校开展课外活动提供便利。

第三十八条【教科书编写】教科书根据国家教育方针和课程标准编写，内容力求精简，精选必备的基础知识、基本技能，经济实用，保证质量。

国家机关工作人员和教科书审查人员，不得参与或者变相参与教科书的编写工作。

第三十九条【教科书审定】国家实行教科书审定制度。教科书的审定办法由国务院教育行政部门规定。未经审定的教科书，不得出版、选用。

第六章 经费保障

第四十二条【经费的行政保障】国家将义务教育全面纳入财政保障范围，义务教育经费由国务院和地方各级人民政府依照本法规定予以保障。

国务院和地方各级人民政府将义务教育经费纳入财政预算，按照教职工编制标准、工资标准和学校建设标准、学生人均公用经费标准等，及时足额拨付义务教育经费，确保学校的正常运转和校舍安全，确保教职工工资按照规定发放。

国务院和地方各级人民政府用于实施义务教育财政拨款的增长比例应当高于财政经常性收入的增长比例，保证按照在校学生人数平均的义务教育费用逐步增长，保证教职工工资和学生人均公用经费逐步增长。

第七章 法律责任

第五十三条【教育行政部门法律责任】县级以上人民政府或者其教育行政部门有下列情形之一的，由上级人民政府或者其教育行政部门责令限期改正、通报批评；情节严重的，对直接负责的主管人员和其他直接责任人员依法给予行政处分：

（一）将学校分为重点学校和非重点学校的；

（二）改变或者变相改变公办学校性质的。

县级人民政府教育行政部门或者乡镇人民政府未采取措施组织适龄儿童、少年入学或者防止辍学的，依照前款规定追究法律责任。

第五十五条【学校教师的法律责任】学校或者教师在义务教育工作中违反教育法、教师法规定的，依照教育法、教师法的有关规定处罚。

第五十八条【家长的法律责任】适龄儿童、少年的父母或者其他法定监护人无正当理由未依照本法规定送适龄儿童、少年入学接受义务教育的，由当地乡镇人民政府或者县级人民政府教育行政部门给予批评教育，责令限期改正。

3. 内容详解

（1）总则

总则对于《中华人民共和国义务教育法》的贯彻实施和涉及的各种教育关系的调整，具有根本性的指导作用和规范作用。总则规定了《中华人民共和国义务教育法》的立法宗旨、立法依据；高度概括了我国义务教育的基本内涵和特点；明确了适龄儿童和少年接受义务教育的权利，以及政府及其有关部门、适龄儿童少年的父母或者其他法定监护人、依法实施义务教育的学校、其他社会组织和个人的义务。

（2）分则

《中华人民共和国义务教育法》分则对义务教育阶段的学生、学校、教师、教育教学、经费保障及法律责任进行了规定。

学生：本章对适龄儿童的入学年龄、入学资格进行了规定。并对地方各级人民政府保障适龄儿童、少年接受义务教育的义务进行了规定。

学校：《中华人民共和国义务教育法》强调了促进义务教育学校均衡发展，不得分重点学校，学校不得分重点班，不得改变或变相改变公办学校性质。在义务教育学校管理行为方面也作了相关规定，包括学校要建立、健全安全制度和应急机制；不得违规收费；实行校长负责制；对违反学校管理制度的学生，应当予以批评教育，但不得开除。

教师：在教师义务方面，规定了教师在教育教学中应当平等对待学生、尊重学生人格等；教师从教必须取得教师资格。在教师的权利方面，规定了教师职务制度方面权利；教师享有工资福利和社会保险待遇，教师的平均工资水平应当不低于当地公务员的平均工资水平；特殊教育教师享有特殊岗位津贴，特殊地区教师享有特别补贴。同时，也规定了政府在教师培养、培训方面的责任或义务。

教育教学：义务教育教学活动中的主体包括国务院教育行政部门、学校、教师。规定所有施教主体必须在教育教学活动中实施素质教育。在义务教育课程教材方面，对国家教育行政部门及地方政府在教材编写、审查、出版、发行和使用上所承担的义务进行了规定。

经费保障：《中华人民共和国义务教育法》对义务教育经费的行政保障、经费的责任主体及经费的使用等进行了规定。

法律责任：《中华人民共和国义务教育法》明确了义务教育施教主体未履行本法所规定的义务应承担的法律责任：行政责任、刑事责任和民事责任。

（三）中华人民共和国教师法（节选）

《中华人民共和国教师法》1993 年 10 月 31 日第八届全国人民代表大会常务委员会第四次会议通过，1993 年 10 月 31 日中华人民共和国主席令第 15 号公布自1994 年 1 月 1 日起施行。

1. 《中华人民共和国教师法》的性质与地位

《中华人民共和国教师法》是教育单行法，对教师培养、教师职业活动和教师管理等方面的法律关系进行了规范，是集教师的行业管理和教师的权益保护为一体的综合性的专门法律。

2. 《中华人民共和国教师法》的基本结构与内容

（1）基本结构

《中华人民共和国教师法》共有三部分（总则、分则、附则），九章，四十三条。其中，总则对立法目的、适用对象等作出了总体规定，分则是对教师权利和义务、教师队伍建设等的规定。

（2）主体内容

第一章　总则

第一条【立法目的】为了保障教师的合法权益，建设具有良好思想品德修养和业务素质的教师队伍，促进社会主义教育事业的发展，制定本法。

第二条【适用对象】本法适用于在各级各类学校和其他教育机构中专门从事教育教学工作的教师。

第三条【教师职责】教师是履行教育教学职责的专业人员，承担教书育人，培养社会主义事业建设者和接班人、提高民族素质的使命。教师应当忠诚于人民的教育事业。

第四条【政府职责】各级人民政府应当采取措施，加强教师的思想政治教育和业务培训，改善教师的工作条件和生活条件，保障教师的合法权益，提高教师的社会地位。全社会都应当尊重教师。

第五条【管理体制】国务院教育行政部门主管的教师工作。国务院有关部门在各自职权范围内负责有关的教师工作。学校和其他教育机构根据国家规定，自主进行教师管理工作。

第六条【教师节日】每年九月十日为教师节。

第二章　权利和义务

第七条【教师条例】教师享有下列权利：（一）进行教育教学活动，开展教育教学改革和实验；（二）从事科学研究、学术交流，参加专业的学术团体，在学术活动中充分发表意见；（三）指导学生的学习和发展，评定学生的品行和学业成绩；（四）按时获取工资报酬，享受国家规定的福利待遇以及寒暑假期的带薪休假；（五）对学校教育教学、管理工作和教育行政部门的工作提出意见和建议，通过教职工代表大会或者其他形式，参与学校的民主管理；（六）参加进修或者其他方式的培训。

第八条【教师义务】教师应当履行下列义务：（一）遵守宪法、法律和职业道德，为人师表；（二）贯彻国家的教育方针，遵守规章制度，执行学校的教学计划，履行教师聘约，完成教育教学工作任务；（三）对学生进行宪法所确定的基本原则的教育和爱国主义、民族团结的教育，法制教育以及思想品德、文化、科学技术教育，组织、带领学生开展有益的社会活动；（四）关心、爱护全体学生，尊重学生人格，促进学生在品德、智力、体质等方面全面发展；（五）制止有害于学生的行为或者其他侵犯学生合法权益的行为，批评和抵制有害于学生健康成长的现象；（六）不断提高思想政治觉悟和教育教学业务水平。

第九条【保障机制】为保障教师完成教育教学任务，各级人民政府、教育行政部门、有关部门、学校和其他教育机构应当履行下列职责：（一）提供符合国家安全标准的教育教学设施和设备；（二）提供必需的图书、资料及其他教育教学用品；（三）对教师在教育教学、科学研究中的创造性工作给以鼓励和帮助；（四）支持教师制止有害于学生的行为或者其他侵犯学生合法权益的行为。

第三章　资格和任用

第十条【教师资格制度】国家实行教师资格制度。中国公民凡遵守宪法和法律，热爱教育事业，具有良好的思想品德，具备本法规定的学历或者经国家教师资格考试合格，有教育教学能力，经认定合格的，可以取得教师资格。

第十一条【学历要求】取得教师资格应当具备的相应学历是：（一）取得幼儿园教师资格，应当具备幼儿师范学校毕业及其以上学历；（二）取得小学教师资格，应当具备中等师范学校毕业及其以上学历；（三）取得初级中学教师、初级职业学校文化、专业课教师资格，应当具备高等师范专科学校或者其他大学专科毕业及其以上学历；（四）取得高级中学教师资格和中等专业学校、技工学校、职业高中文化课、专业课教师资格，应当具备高等师范院校本科或者其他大学本科毕业及其以上学历；取得中等专业学校、技工学校和职业高中学生实习指导教师资格应当具备的学历，由国务院教育行政部门规定；（五）取得高等学校教师资格，应当具备研究生或者大学本科毕业学历；（六）取得成人教育教师资格，应当按照成人教育的层次、类别，分别具备高等、中等学校毕业及其以上学历。不具备本法规定的教师资格学历的公民，申请获取教师资格，必须通过国家教师资格考试。国家教师资格考试制度由国务院规定。

第十三条【资格认证】中小学教师资格由县级以上地方人民政府教育行政部门认定。中等专业学校、技工学校的教师资格由县级以上地方人民政府教育行政部门组织有关主管部门认定。普通高等学校的教师资格由国务院或者省、自治区、直辖市教育行政部门或者由其委托的学校认定。具备本法规定的学历或者经国家教师资格考试合格的公民，要求有关部门认定其教师资格的，有关部门应当依照本法规定的条件予以认定。取得教师资格的人员首次任教时，应当有试用期。

第十四条【资格限制】受到剥夺政治权利或者故意犯罪受到有期徒刑以上刑事处罚的，不能取得教师资格；已经取得教师资格的，丧失教师资格。

第十六条【教师职务制度】国家实行教师职务制度，具体办法由国务院规定。

第十七条【教师聘任】学校和其他教育机构应当逐步实行教师聘任制。教师的聘任应当遵循双方地位平等的原则，由学校和教师签订聘任合同，明确规定双方的权利、义务和责任。实施教师聘任制的步骤、办法由国务院教育行政部门规定。

第四章　培养和培训

第十八条【教师培养】各级人民政府和有关部门应当办好师范教育，并采取措施，鼓励优秀青年进入各级师范学校学习。各级教师进修学校承担培训中小学教师的任务。非师范学校应当承担培养和培训中小学教师的任务。各级师范学校学生享受专业奖学金。

第五章　考核

第二十二条【考核内容】学校或者其他教育机构应当对教师的政治思想、业务水平、工作态度和工作成绩进行考核。教育行政部门对教师的考核工作进行指导、监督。

第二十四条【考核效用】教师考核结果是受聘任教、晋升工资、实施奖惩的依据。

第六章　待遇

第二十五条【教师工资】教师的平均工资水平应当不低于或者高于国家公务员的平均工资水平，并逐步提高。建立正常晋级增薪制度，具体办法由国务院规定。

第二十九条【医疗保险】教师的医疗同当地国家公务员享受同等的待遇；定期对教师进行身体健康检查，并因地制宜安排教师进行休养。医疗机构应当对当地教师的医疗提供方便。

第八章　法律责任

第三十五条【侮辱殴打教师的法律责任】侮辱、殴打教师的，根据不同情况，分别给予行政处分或者行政处罚；造成损害的，责令赔偿损失；情节严重，构成犯罪的，依法追究刑事责任。

第三十六条【打击报复教师行为的法律责任】对依法提出申诉、控告、检举的教师进行打击报复的，由其所在单位或者上级机关责令改正；情节严重的，可以根据具体情况给予行政处分。国家工作人员对教师打击报复构成犯罪的，依照刑法第一百四十六条的规定追究刑事责任。

第三十七条【教师不当行为的处理】教师有下列情形之一的，由所在学校、其他教育机构或者教育行政部门给予行政处分或者解聘。（一）故意不完成教育教学任务给教育教学工作造成损失的；（二）体罚学生，经教育不改的；（三）品行不良、侮辱学生，影响恶劣的。教师有前款第（二）项、第（三）项所列情形之一，情节严重，构成犯罪的，依法追究刑事责任。

第三十八条【拖欠工资的法律责任】地方人民政府对违反本法规定，拖欠教师工资或者侵犯教师其他合法权益的，应当责令其限期改正。违反国家财政制度、财务制度，挪用国家财政用于教育的经费，严重妨碍教育教学工作，拖欠教师工资，损害教师合法权益的，由上级机关责令限期归还被挪用的经费，并对直接责任人员给予行政处分；情节严重，构成犯罪的，依法追究刑事责任。

第三十九条【教师申诉】教师对学校或者其他教育机构侵犯其合法权益的，或者对学校或者其他教育机构作出的处理不服的，可以向教育行政部门提出申诉，教育行政部门应当在接到申诉的三十日内，作出处理。教师认为当地人民政府有关行政部门侵犯其根据本法规定享有的权利的，可以向同级人民政府或者上一级人民政府有关部门提出申诉，同级人民政府或者上一级人民政府有关部门应当作出处理。

3. 内容详解

（1）总则

规定了《中华人民共和国教师法》的宗旨和法律适用范围。明确了教师是"履行教育教学职责的专业人员"及"承担教书人，培养社会主义事业建设者和接班人、提高民族素质的使命"的专业职责。同时规定了各级人民政府及整个社会对保障教师合法权益和社会地位的义务。

（2）分则

《中华人民共和国教师法》对教师的权利和义务、资格和任用、培养和培训、考核、待遇、奖励、法律责任作出了规定。

权利和义务：本章规定了教师享有的六大权利和六大义务。教师的权利和义务既有作为公民的一般权利和义务，也有教师作为专业人员应享有的权利和承担的义务。

资格和任用：本章核心是教师资格制度。明确规定了教师资格应当具备的学历条件、资格认定、资格限制等内容。

培养和培训：本章主要规范了教师职前培养和职后培训工作。在职前职后培养培训方面，对各级人民政府和有关部门应承担的培训任务作出了明确规定。

考核：本章是对教师专业工作质量保障环节——考核的规定。规定了考核主体、考核内容及考核结果对教师管理和教师本人权益的影响。

待遇：本章主要对教师权益待遇作出规定。这些权益包括"工资待遇""教龄津贴和其他津贴""少数民族地区和边远贫困地区从事教育教学工作的补贴""住房""医疗"及"工资支付"等。对教师权益承担义务的主体是中央及地方各级人民政府。

奖励：本章把表扬、奖励教师的贡献纳入法律规范，一方面对教师教育教学贡献的价值予以认定，另一方面也把表扬、奖励作为进行教师队伍建设的重要举措。把对教师的奖励纳入法律规范，既是教师法律认定的权利，也是政府的一项义务。

法律责任：本章包括两个方面的内容。对教师权利的保护，规定了侵犯教师权利的行为必须追究刑事责任、行政责任；教师违反法律规定应负相应的法律责任，包括行政责任和刑事责任。

（四）《中华人民共和国未成年人保护法》

1.《中华人民共和国未成年人保护法》的性质与地位

《中华人民共和国未成年人保护法》一般作为教育单行法看待，未成年人的保护问题，不仅仅是教育活动领域中的问题，也是社会生活领域中的问题。《未成年人保护法》从未成年人的健康成长需要出发，制定了保护未成年人成长的法律规范，涉及学校、家庭、社会和司法部门。

2.《未成年人保护法》的基本结构与内容

①基本结构：《未成年人保护法》共有七章，分别为：第一章总则、第二章家庭保护、第三章学校保护、第四章社会保护、第五章司法保护、第六章法律责任、第七章附则。

②内容详解：《未成年人保护法》主要从家庭、学校、社会和司法四个方面规定了相关主体保护未成年人的义务，并规定了相关的法律责任。

在家庭保护方面，明确了父母或其他监护人作为义务主体对未成年人的保护的义务，包括监护和抚养的义务、保障其身心健康的责任、家庭指导责任、保障未成年人接受义务教育的责任等。

学校保护指教育保护，即学校保障"全面贯彻国家教育方针，实施素质教育"，并"促进未成年学生的全面发展"。

社会保护包括与社会相关的方方面面，社会保护的义务主体包括政府、企事业单位、个人等。对未成年人进行保护是全社会的责任。

司法保护主要有两大方面：一方面在未成年人的合法权益受到侵害时，司法部门应提供法律保护；另一方面是对违法犯罪的未成年人，以"教育为主、惩罚为辅"的司法保护措施。《未成年人保护法》规定法律责任，也规定承担未成年人保护义务的主体，如果不能履行自己的义务，要根据相应的违法情况，承担行政责任、民事责任和刑事责任。

（五）《中华人民共和国预防未成年人犯罪法》

1.《中华人民共和国预防未成年人犯罪法》的性质与地位

《预防未成年人犯罪法》同《未成年人保护法》关系密切，两者实质上都着眼于未成年人的保护，是相互联系、相互补充的关系。《预防未成年人犯罪法》旨在预防未成年人犯罪，《预防未成年人犯罪法》的责任主体涉及学校、家庭、社会和司法部门。

2.《预防未成年人犯罪法》的基本结构与内容

①基本结构：《预防未成年人犯罪法》共有八章，五十七条。包括预防未成年人犯罪教育、对未成年人不良行为的预防、对未成年人严重不良行为的矫正、未成年人对犯罪的自我防范、对未成年人重新犯罪的预防、法律责任。

②内容详解：《预防未成年人犯罪法》从教育、预防、矫正、自我防范、重新犯罪预防和法律责任六个方面对预防未成年人犯罪作了规定。教育是预防未成年人

犯罪的根本。因而教育预防从根本来说，就是加强思想道德教育，特别是进行预防犯罪的教育。预防未成年人犯罪教育目的是让未成年人知法、懂法及知道违法的危害。不良行为是导致未成年人违法犯罪的直接原因，因此制止未成年人的不良行为，便是阻断不良行为发展到违法犯罪行为。

未成年人的不良行为包括：旷课、夜不归宿；携带管制刀具；打架斗殴、辱骂他人；强行向他人索要财物；偷窃、故意毁坏财物；参与赌博或者变相赌博；观看色情、淫秽的音像制品、读物等；进入法律、法规规定未成年人不宜进入的营业性歌舞厅等场所；其他严重违背社会公德的不良行为。承担对未成年人学生约束义务的主体是未成年人的父母或其他监护人、学校、教育行政部门和其他社会力量。严重不良行为是指严重危害社会，尚不够刑事处罚的违法行为。对严重不良行为进行矫正，是要把已经走到违法犯罪边缘的未成年人拉回来。

严重不良行为包括：纠集他人结伙滋事，扰乱治安；携带管制刀具，屡教不改；多次偷窃；参与赌博，屡教不改；吸食、注射毒品；其他严重危害社会的行为。

未成年人的自我防范包括两个方面：一方面是明辨是非，自觉抵制各种不良行为及违法犯罪行为的引诱；另一方面是防范不良行为和违法犯罪行为对自己的侵害。对犯罪的未成年人重新犯罪的预防，最根本的原则就是"教育、感化、挽救""坚持教育为主、惩罚为辅"。从这一原则出发，负有预防未成年人犯罪的义务主体必须保障犯罪未成年人法律规定给予的权利。预防未成年人犯罪义务主体的法律责任包括治安处理、行政处理和刑事处理的责任。

二、有关教育的行政规章和政策

在教育法律法规的纵向结构体系中，政府及相关行政部门制定的教育活动规范纳入了教育法规体系，党和政府制定的有关教育方向性的文件也纳入了教育法规体系。教育行政规章是根据宪法、法律和国家行政法规的授权，国家最高行政机关所属的各业务主管机构在法定职权范围内制定，并在一定范围内发挥法律效力的规范性文件，其内容通常为贯彻国家教育法律或行政法规的具体措施。教育政策是一个政党和国家为实现一定历史时期的教育发展目标和任务，依据党和国家在一定历史时期的基本任务、基本方针而制定的关于教育的行动准则。

1. 《学生伤害事故处理办法》

（1）《学生伤害事故处理办法》的性质与地位

《学生伤害事故处理办法》是教育部制定颁布的，属于教育规章，为实施未成年人安全保护，提供了实际操作规则。该办法不仅与学生的权利保护有关，也与教育活动中学校权益、学校教育教学活动秩序相关。

（2）《学生伤害事故处理办法》的基本结构与内容

①基本结构：《学生伤害事故处理办法》共有三部分（总则、分则和附则）六章，四十条。总则规定了制定该规章的宗旨、依据、适用范围和事故处理原则等。分则从事故与责任、事故处理程序、事故损害的赔偿、事故责任者的处理四个方面对学生伤害事故的处理作了规定。附则明确了《办法》所涉及的责任主体等内容。

②内容详解：《学生伤害事故处理办法》从事故与责任、事故处理程序、事故损害的赔偿、事故责任者的处理四大方面进行了规定。

事故与责任：事故责任认定基本原则是"应当根据相关当事人的行为与损害后果之间的因果关系依法确定"，并根据因果关系的主要原因和次要原因承担相应责任。

事故处理程序：发生学生伤害事故时，学校有及时救助、告知和报告的责任；教育行政部门有指导责任；伤害事故处理有争议时，以协商、调解和诉讼的方式解决；规定了教育行政部门的调解受理及完成时间，调解的方法和调解不成的处理办法。

事故损害赔偿：规定了伤害事故的赔偿责任、赔偿范围与标准、赔偿的调解、争议问题的鉴定、相关当事人责任划分、救助措施以及办理责任保险等。

事故责任者的处理：规定了事故责任者的法律责任。这些责任包括行政责任，如行政处分等；刑事责任，如追究刑事责任；民事责任。

2.《国家中长期教育改革和发展规划纲要（2010—2020年)》

2008年8月29日，温家宝总理主持召开国家科教领导小组第一次会议，审议并原则通过《纲要》制订工作方案，正式启动研究制定工作。2010年7月29日，中共中央、国务院正式发布《国家中长期教育改革发展规划纲要（2010—2020年)》。

（1）性质与地位

《纲要》是中国共产党和国家层面的教育政策文件，是21世纪第二个十年指导全国教育改革和发展的纲领性文件。《纲要》规定了我国这一时期教育改革与发展的总体方向、战略任务和各个教育领域改革发展的主要任务。《纲要》适时地回答了我国21世纪教育改革与发展的重大问题，并指明了教育改革与发展的方向，为教育法律体系的改进和完善提供了依据。

（2）基本结构及主体内容

《纲要》共四大部分，22章，70条。《纲要》分别从总体战略、发展任务、体制改革、保障措施四大部分进行阐述。

①总体战略

指导思想：高举中国特色社会主义伟大旗帜，以邓小平理论和"三个代表"重要思想为指导，深入贯彻落实科学发展观，实施科教兴国战略和人才强国战略，优先发展教育，完善中国特色社会主义现代教育体系，办好人民满意的教育，建设人力资源强国。工作方针：把教育摆在优先发展的战略地位；把育人为本作为教育工作的根本要求；把改革创新作为教育发展的强大动力；把促进公平作为国家基本教育政策。教育公平的关键是机会公平。教育公平的主要责任在政府；把提高质量作为教育改革发展的核心任务。

战略目标：到2020年，基本实现教育现代化，基本形成学习型社会，进入人力资源强国行列。实现更高水平的普及教育。基本普及学前教育；巩固提高九年义务教育水平；普及高中阶段教育，毛入学率达到90%；高等教育大众化水平进一步提高，毛入学率达到40%；扫除青壮年文盲。新增劳动力平均受教育年限从12.4年提高到13.5年；主要劳动年龄人口平均受教育年限从9.5年提高到11.2年，其中受过高等教育的比例达到20%，具有高等教育文化程度的人数比2009年翻一番。形成惠及全民的公平教育，构建体系完备的终身教育。战略主题：坚持以人为本、全民实施素质教育是教育改革发展的战略主题；坚持德育为先；坚持能力为重；坚持全面发展。

②发展任务

学前教育的发展任务：基本普及学前教育。到2020年，普及学前一年教育，基本普及学前两年教育，有条件的地区普及学前三年教育。重视0~3岁婴幼儿教育。

义务教育的发展任务：巩固提高九年义务教育水平。义务教育是国家依法统一实施、所有适龄儿童少年必须接受的教育，具有强制性、免费性和普及性。到2020年，全面提高普及水平，全面提高教育质量，基本实现区域内均衡发展，确保适龄儿童少年接受良好义务教育。巩固义务教育普及成果，增强学生体质，大力开展"阳光体育"运动，保证学生每天锻炼一小时，不断提高学生体质健康水平。推进义务教育均衡发展。

高中阶段教育的发展任务：加快普及高中阶段教育。到2020年，普及高中阶段教育，满足初中毕业生接受高中阶段教育需求。全面提高普通高中学生综合素质。推动普通高中多样化发展。

职业教育的发展任务：大力发展职业教育。职业教育要面向人人、面向社会，着力培养学生的职业道德、职业技能和就业创业能力。政府切实履行发展职业教育的职责，把提高质量作为重点。以服务为宗旨，以就业为导向，推进教育教学改革。实行工学结合、校企结合、顶岗实习的人才培养模式。加快发展面向农村的职业教育，增强职业教育吸引力。

高等教育的发展任务：全面提高高等教育质量，提高人才培养质量。大力推进研究生培养机制改革，提升科学研究水平。增强社会范围能力，优化结构办出特色，促进高校办出特色，健康建设一流大学和一流学科。

继续教育的发展任务：加快发展继续教育。继续教育是面向学校教育之后所有社会成员特别是成人的教育活动，是终身学习体系的重要组成部分。建立健全继续教育体制机制，构建灵活开放的终身教育体系，搭建终身学习"立交桥"。

民族教育的发展任务：重视和支持民族教育事业，全面提高少数民族和民族地区教育发展水平。

特殊教育的发展任务：关心和支持特殊教育。完善特殊教育体系。到2020年，基本实现地市和30万人口以上、残疾儿童较多的县都有一所特殊教育学校。健全特殊教育保障机制。

③体制改革

人才培养体制改革：更新人才培养观念。深化教育体制改革，关键是更新教育观念，核心是改革人才培养体制，目的是提高人才培养水平。创新人才培养模式，注重学思结合。倡导启发式、探究式、讨论式、参与式教学，帮助学生学会学习。注重知行统一，注重因材施教。改革教育质量评价和人才评价制度，改进社会人才评价及选用制度，为人才培养创造良好环境。

考试招生制度改革：促进考试招生制度改革，完善中等学校考试招生制度，完善高等学校考试招生制度，逐步实施高等学校分类入学考试。完善招生录取办法，建立健全有利于专门人才、创新人才选拔的多元化录取机制。建设现代学校制度：推进政校分开管办分离，落实和扩大学校办学自主权，完善中国特色现代大学制度，加强章程建设，扩大社会合作，推进专业评价；完善中小学学校管理制度。完善普通中小学和中等职业学校校长负责制。

办学体制改革：深化办学体制改革。坚持教育公益性原则，健全政府主导、社会参与、办学主体多元、办学形式多样、充满生机活力的办学体制，形成以政府办学为主体、全社会积极参与、公办教育和民办教育共同发展的格局。大力支持发展民办教育。依法管理民办教育。

管理体制改革：健全统筹有利权责明确的教育管理体制，加强省级政府教育统筹，转变政府教育管理职能，提高政府决策的科学性和管理的有效性，培养专业教育服务机构。

④保障措施

健全教师队伍建设：建设高素质的教师队伍，倡导教育家办学。健全师德建设，提高教师业务水平。以农村教师为重点，提高中小学教师队伍整体素质。完善教师培训重点，将教师培训经费列入政府预算，对中小学教师实行每五年一周的全员培训。以"双师型"教师为重点，加强职业院校教师队伍建设。以中青年教师和创新团队为重点，建设高素质的高校教师队伍。实施海外高层次人才引进计划、"长江学者奖励计划"和"国家杰出青年科学基金"等人才项目，为高校集聚具有国际影响的学科领军人才。提高教师地位待遇，健全教师管理制度，逐步实行城乡统一的中小学编制标准，对农村边远地区实行倾斜政策。城镇中小学教师在评聘高级职务（职称）时，原则上要有一年以上在农村学校或薄弱学校任教经历。

保障经费投入：加大经费投入。按增值税、营业税、消费税的3%足额征收教育附加费，专项用于教育事业。提高国家财政性教育经费支出占国内生产总值比例，2012年达到4%。义务教育全面纳入财政保障范围，实行国务院和地方各级人民政府根据职责共同负担，省、自治区、直辖市人民政府负责统筹落实的投入体制。非义务教育实行以政府投入为主、受教育者合理分担培养成本的投入体制。学前教育实行政府投入、社会举办者投入、家庭合理负担的投入机制。随着财力增强，逐步提高高中阶段教育财政投入水平。中等职业教育实行政府、行业和企业及其他社会力量等多渠道依法筹集资金投入的机制。高等教育实行以举办者投入为主、受教育者合理分担培养成本、学校设立基金接受社会捐赠等多渠道筹措资金的投入机制。中央财政对中西部地区高等教育发展予以扶持。

3. 近三年来有关教育的行政规章和政策

表 7 – 1　2017 年 9 月至 2019 年 9 月教育类行政规章和主要政策汇总

时间	发布部门	规章、政策名称	主要内容
2017 年 9 月	教育部	《教育部关于进一步推进职业教育信息化发展的指导意见》	为推进我国职业教育信息化发展，适应当今教育改革和信息技术创新应用趋势，如期实现职业教育现代化，提出具体战略举措
2017 年 9 月	中共中央、国务院	《关于深化教育体制机制改革的意见》	针对各级各类教育存在的突出问题和攻坚重点，明确提出系统推进育人方式、办学模式、管理体制、保障机制改革，着力完善中国特色社会主义基础性制度体系，使各级各类教育更加符合教育规律、更加符合人才成长规律、更能促进人的全面发展，为发展具有中国特色、世界水平的现代教育提供制度保障

时间	发布部门	规章、政策名称	主要内容
2017 年 11 月	教育部等	《加强中小学生欺凌综合治理方案》	明确学生欺凌的界定，提出预防具体举措，规范处置程序，对学生欺凌的不同情形明确惩戒措施，同时建立了长效机制，厘清了职责分工。这对于把中小学生欺凌防治工作落到实处，把校园建设成最安全、最阳光的地方，具有重要指导意义
2017 年 12 月	教育部	《义务教育学校管理标准》	首次全面系统地梳理了我国义务教育学校管理的基本要求。标准从保障学生平等权益、促进学生全面发展、引领教师专业进步、提升教育教学水平、营造和谐美丽环境、建设现代学校制度六大方面，明确了学校的主要管理职责，包含"坚持免试就近入学原则""实行均衡编班"等88条具体内容。颁布实施《管理标准》
2018 年 1 月	中共中央、国务院	《全面深化新时代教师队伍建设改革的意见》	是新中国成立以来党中央出台的首个专门面向教师队伍建设的文件，具有里程碑意义，从师德建设、培养培训、管理改革、教师待遇、保障措施等方面系统部署教师队伍建设改革任务
2018 年 2 月	教育部	《关于切实减轻中小学生课外负担开展校外培训机构专项治理行动通知》	主要针对面向中小学生开展学科类培训及竞赛活动的培训机构，部署开展为期一年的专项治理行动
2018 年 2 月	教育部等	《职业学校校企合作办法》	进一步深化产教融合，办好新时代职业教育
2018 年 3 月	教育部等	《教师教育振兴行动计划（2018—2022 年)》	采取切实措施加强教师教育，推动教师教育改革发展，全面提升教师素质能力，特制定教师教育振兴行动计划
2018 年 4 月	教育部	《教育信息化 2.0 行动计划》	到 2022 年基本实现"三全两高一大"的发展目标，建成"互联网＋教育"大平台
2018 年 5 月	国务院	《国务院办公厅关于全面加强乡村小规模学校和乡镇寄宿制学校建设的指导意见》	从经费投入与使用制度、教育教学管理制度、城乡师资配置等方面，满足两类学校教育教学和提高教育质量实际需要，乡村教育质量明显提升，基本实现县域内城乡义务教育一体化发展，为乡村学生提供公平而有质量的教育
2018 年 7 月	教育部等	《教育部直属师范大学师范生公费教育实施办法》	建立健全师范生公费教育制度，吸引优秀人才从教，培养大批有理想信念、有道德情操、有扎实学识、有仁爱之心的"四有"好教师，进一步形成尊师重教的浓厚氛围，特制定有效措施
2018 年 8 月	教育部等	《关于高等学校加快"双一流"建设的指导意见》	加快一流大学和一流学科建设，实现高等教育内涵式发展，全面提高人才培养能力，提升我国高等教育整体水平，提出了总体意见和具体指导
2018 年 11 月	中共中央、国务院	《中共中央 国务院关于学前教育深化改革规范发展的若干意见》	这是新中国成立以来党中央出台的第一个关于学前教育工作的政策文件，对新时代学前教育深化改革、规范发展作出了重大决策

时间	发布部门	规章、政策名称	主要内容
2018 年 11 月	教育部	《新时代高校教师职业行为十项准则》《新时代中小学教师职业行为十项准则》《新时代幼儿园教师职业行为十项准则》《关于高校教师德失范行为处理的指导意见》《中小学教师违反职业行为道德行为处理办法》《幼儿园教师违反职业行为道德行为处理办法》	针对各级学校教师师德师风等主要问题进行规范，同时也建立起了违规惩处和责任追究机制
2019 年 1 月	教育部	《高等学校乡村振兴科技创新行动计划（2018—2022）》	对高校科技创新服务乡村振兴作出了总体设计和系统部署。逐步完善高校科技创新体系布局，强化高校科技和人才支撑能力，显著提升高校服务乡村振兴的质量，培养造就一支懂农业、爱农村、爱农民的人才队伍，使高校成为服务乡村振兴战略科技创新和技术供给的重要力量、高层次人才培养集聚的高地、体制机制改革的试验田、政策咨询研究的高端智库，为乡村振兴战略的实施提供坚实的支撑和保障
2019 年 2 月	中共中央、国务院	《中国教育现代化 2035》	要求建设高素质专业化创新型教师队伍，教师队伍建设进入全面提档升级、提质增效的新阶段。提出了到 2035 年总体实现教育现代化的宏伟目标，这将是中国人民实现教育强国百年梦想的里程碑，是中国实现教育整体赶超的里程碑，是中国实现人力资源高质量开发的里程碑，同时也是发展中国家实现教育现代化的里程碑
2019 年 3 月	教育部	《教育部关于实施全国中小学教师信息技术应用能力提升工程 2.0 的意见》	通过实施全国中小学教师信息技术应用能力提升工程，教师应用信息技术改进教育教学的意识和能力普遍提高，但仍然存在着信息化教学创新能力不足、乡村教师应用能力薄弱、支持服务体系不够健全等问题，同时大数据、人工智能等新技术变革对教师信息素养提出了新要求
2019 年 4 月	教育部、财政部	《关于实施中国特色高水平高职学校和专业建设计划的意见》	围绕办好新时代职业教育的新要求，集中力量建设50 所左右高水平高职学校和 150 个左右高水平专业群，打造技术技能人才培养高地和技术技能创新服务平台，支撑国家重点产业、区域支柱产业发展，引领新时代职业教育实现高质量发展

续表

时间	发布部门	规章、政策名称	主要内容
2019 年 5 月	中共中央、国务院	《关于进一步加强科研诚信建设的若干意见》	我国科研诚信建设在整体上仍存在短板和薄弱环节，违背科研诚信要求的行为时有发生。现进一步加强科研诚信建设、营造诚实守信的良好科研环境提出具体方案
2019 年 7 月	中共中央、国务院	《关于深化教育教学改革全面提高义务教育质量的意见》	这是中共中央、国务院印发的第一个聚焦义务教育阶段教育教学改革的重要文件，是新时代我国深化教育教学改革、全面提高义务教育质量的纲领性文件
2019 年 8 月	教育部等	《教育部等五部门关于完善安全事故处理机制 维护学校教育教学秩序的意见》	为完善学校安全事故预防与处理机制，形成依法依规、客观公正、多元参与、部门协作的工作格局，为学校（含幼儿园）办学安全托底，解决学校后顾之忧，维护老师和学校应有的尊严，保护学生生命安全，提出了具体办法
2019 年 8 月	中共中央、国务院	《关于深化新时代学校思想政治理论课改革创新的若干意见》	聚焦解决好培养什么人、怎样培养人、为谁培养人这个根本问题，就如何深化新时代学校思想政治理论课改革创新提出具体方案

三、与教师相关的法律、规章与制度

教师是立教之本、兴教之源。中华人民共和国成立 70 年来，党和国家高度重视教师工作，把教师队伍建设作为教育事业发展最重要的基础工作来抓，取得了举世瞩目的成就。教师的专业地位、政治地位、社会地位和职业地位不断提高，建成了一支数量基本充足、结构日趋合理、素质不断提高的教师队伍，有力地支撑起了世界上最大规模的教育体系，成为新时代加快教育现代化、建设教育强国、办好人民满意的教育的重要依靠力量。[1] 古往今来，尊师重教是中华民族代代传承的美德。从教书这一角度来看，习近平总书记曾说教师是"传播知识、传播思想、传播真理的工作"[2]，教师应该是学问之师。从育人这一角度来看，习近平总书记曾说教师是"塑造灵魂、塑造生命、塑造人的工作"[3]，教师又应该是品行之师。"今天的学生就是未来实现中华民族伟大复兴中国梦的主力军，广大教师就是打造这支中华民族'梦之队'的筑梦人。希望全国广大教师把全部精力和满腔真情献给教育事业，在教书育人的工作中不断创造新业绩。"[4] 2014 年在北京大学，习近平用"铺路石"来形容教师，"教师要时刻铭记教书育人的使命，甘当人梯，甘当铺路石，以人格

---

[1]　汪明．教师队伍建设的历史性成就 [N]．中国教育报，2019 – 09 – 18.
[2]　习近平在北京市八一学校考察时强调：全面贯彻落实党的教育方针努力把我国基础教育越办越好 [N]．人民日报，2016 – 09 – 10.
[3]　同上．
[4]　习近平．做党和人民满意的好老师——同北京师范大学师生代表座谈时的讲话 [N]．人民日报，2014 – 09 – 10.

魅力引导学生心灵，以学术造诣开启学生的智慧之门"。❶ 2018 年中央颁布专门面向教师队伍建设的里程碑式政策文件《中共中央国务院关于全面深化新时代教师队伍建设改革的意见》，各地纷纷响应，针对如何破解当前亟待解决的突出问题、培养高素质教师队伍等作出了顶层设计和明确要求❷。一支师德高尚、业务精湛、结构合理、充满活力的高素质专业化创新型教师队伍正逐步建成。

（一）教师含义

《中华人民共和国教育法》和《中华人民共和国教师法》颁布之后，教师职业得到了越来越规范和严格的界定，教师发展也有了法律保障。法律意义上的教师概念，其含义有二。

第一，履行教育教学、教书育人职责是教师的职业特征。教师的最基本的条件，是直接承担教育教学工作职责。学校及其他教育机构中，担任行政管理职务或其他专业职务，同时也履行教育教学职责的人，也属于教师。而未履行教育教学职责的行政管理人员、校办产业公司人员、教学辅助人员（包括后勤服务人员）等，就不能认为是教师。

第二，专业人员是教师的身份特征。教师是一种从事专门职业活动的专业人员，必须具备专门规定的从事教育教学活动的资格。教师作为专业人员必须达到：要符合规定的相应学历，要具备相应的专业知识，要符合与其职业相称的其他有关规定。《教师法》第二条规定："本法适用于在各级各类学校和其他教育机构中专门从事教育教学工作的教师。"

（二）教师的权利和义务

"师道尊严"是封建社会等级制度中尊卑长幼文化观念的反映，在中国有根深蒂固的影响。如"能为师，然后能为长；能为长，然后能为君。故师也者，所以学为君也"。所以，在我国封建社会，一般人的家中都要供奉"天、地、君、亲、师"牌位，奉行"一日为师，终身为父"的古训等。当下，要保障教师的合法权益，首先需要明确教师在各种法律关系中的法律地位，科学定位教师的法律身份。

1. 教师的权利

教师的权利就是指教师依法行使的权利和享受的利益及法律赋予的、参与管理的权利和独立工作的权利。依据《教育法》《教师法》对我国现阶段教师的权利作出的具体规定，教师享有下列权利。

①教学权。"进行教育教学活动，开展教育教学改革和实验。"这是教师为履行教育教学职责而必须具备的基本权利。

②科学研究权。"从事科学研究、学术交流，参加专业的学术团体，在学术活动中充分发表意见。"这是教师作为专业技术人员所享有的基本权利之一。

③管理学生权。"指导学生的学习和发展，评定学生的品行和学业成绩。"这是教师所享有的在教育教学过程中居于主导地位的基本权利。

---

❶ 习近平. 青年要自觉践行社会主义核心价值观——在北京大学师生座谈会上的讲话［N］. 人民日报，2014 – 05 – 05.

❷ 中共中央国务院关于全面深化新时代教师队伍建设改革的意见［N］. 人民日报，2018 – 02 – 01（001）.

④获取报酬待遇权。"按时获取工资报酬，享受国家规定的福利待遇以及寒暑假期的带薪休假。"这是宪法规定的公民享有劳动的权利和劳动者有休息的权利的具体化。

⑤民主管理权。"对学校教育教学、管理工作和教育行政部门的工作提出意见和建议，通过教职工代表大会或者其他形式，参与学校的民主管理。"这是教师参与教育管理的民主权利。

⑥进修培训权。"参加进修或者其他方式的培训。"这是教师享有的继续教育的基本权利。

2. 教师的义务

教师的义务，是指教师依照《教育法》《教师法》及其他有关法律、法规，从事教育教学工作而必须履行的责任，表现为教师在教育教学活动中必须作出一定的行为或不得作出一定行为。教师应当履行下列义务：

①"遵守宪法、法律和职业道德，为人师表。"一方面，教师作为中华人民共和国的公民，必须遵守宪法和法律；另一方面，教师作为人类灵魂的工程师，应当遵守职业道德，这是教师基本义务的具体化。

②"贯彻国家的教育方针，遵守规章制度，执行学校的教学计划，履行教师聘约，完成教育教学工作任务。"这一基本义务包括：第一，在教育教学活动中，教师应当全面贯彻国家关于教育必须为社会主义现代化建设服务，必须与生产劳动相结合，培养德、智、体等方面全面发展的社会主义事业的建设者和接班人的方针。第二，教师应当遵守教育行政部门和学校及其他教育机构制定的教育教学管理的各项规章制度，执行学校依据法律制定的具体教学工作安排。第三，教师应当履行聘任合同中规定的教育教学职责，完成职责内的教育教学任务。

③"对学生进行宪法所确定的基本原则的教育和爱国主义、民族团结的教育，法制教育以及思想品德、文化、科学技术教育，组织、带领学生开展有益的社会活动。"这条规范了教师从事教育教学工作内容的全面义务。包括三层含义：第一，教师应自觉地结合自己教育教学的业务特点，将思想政治、思想品德教育贯穿在教育教学工作的全过程之中，对促进学生全面发展具有重要作用。第二，教师在教育教学过程中，遵守宪法确定的坚持社会主义道路、坚持人民民主专政、坚持中国共产党的领导、坚持马列主义、毛泽东思想和四项基本原则。第三，教师应当有意识地对学生进行爱国主义、民族团结教育、法制教育。

④"关心、爱护全体学生，尊重学生人格，促进学生在品德、智力、体质等方面全面发展。"一个称职的教师在关心、爱护学生的同时，应该懂得尊重学生的人格。然而，在现实生活中仍然存在体罚或变相体罚学生的现象。对于体罚，《中华人民共和国义务教育法实施细则》第二十三条规定："学校和教师不得对学生实施体罚、变相体罚或者侮辱其人格尊严的行为。"《中华人民共和国未成年人保护法》也有相应的规定。教改委办公厅发布的《关于坚持正面教育，严禁体罚和变相体罚学生的通知》指出，体罚和变相体罚学生极易造成师生对立情绪，易使学生产生自卑、怯懦心理，严重的甚至会造成学生肢体损伤，对学生的身心健康发展造成极其恶劣的后果。可见，教师必须牢固树立法制观念，不得体罚或变相体罚学生。对于教师泄露学生隐私、私自拆开学生信件的行为，《中华人民共和国未成年人保护法》

第三十条规定："任何组织和个人不得披露未成年人的个人隐私。"《宪法》第四十条规定："中华人民共和国公民的通信自由和通信秘密受法律的保护。"

⑤"制止有害于学生的行为或者其他侵犯学生合法权益的行为，批评和抵制有害于学生健康成长的现象。"教师制止的范围是指教师在学校工作和与教育教学工作相关的活动中，对侵犯其所负责教育管理的学生合法权益的违法行为给予制止。教师批评和抵制的范围是指对社会上出现的有害于学生身心健康成长的不良现象和行为进行批评和抵制。

⑥"不断提高思想政治觉悟和教育教学业务水平。"要求教师不断学习，加强自身的思想道德修养，保持较高的思想政治觉悟和教育教学专业水平，以适应教育教学工作需要。

《教师法》规定，为保障教师完成教育教学任务，各级人民政府、教育行政部门、有关部门、学校和其他教育机构应当履行下列职责：

第一，提供符合国家安全标准的教育教学设施和设备；

第二，提供必需的图书、资料及其他教育教学用品；

第三，对教师在教育教学、科学研究中的创造性工作给以鼓励和帮助；

第四，支持教师制止有害于学生的行为或者其他侵犯学生合法权益的行为。

除此之外，《教育法》《教师法》还规定了教师的资格、职务、聘任、考核、奖励、培养、培训等制度。

四、与学生相关的法律、规章与制度

2018 年 5 月 2 日，在五四青年节和北京大学 120 周年校庆即将来临之际，习近平总书记曾提出这样的寄语："当代青年是同新时代共同前进的一代。广大青年既拥有广阔发展空间，也承载着伟大时代使命。每一个青年都应该成为社会主义建设者和接班人，不辱时代使命，不负人民期望。广大青年要忠于祖国、忠于人民，了解中华民族历史，秉承中华文化基因，有民族自豪感和文化自信心，把自己的理想同祖国的前途、把自己的人生同民族的命运紧密联系在一起，扎根人民，奉献国家。要立鸿鹄志，做奋斗者，培养奋斗精神，做到理想坚定，信念执着，不怕困难，勇于开拓，顽强拼搏，永不气馁。要求真学问、练真本领，通过学习知识，掌握事物发展规律，通晓天下道理，丰富学识，增长见识，更好为国争光、为民造福。要知行合一、做实干家，面向实际、深入实践，严谨务实、苦干实干，在新时代干出一番事业。要以社会主义建设者和接班人的使命担当，为全面建成小康社会、全面建设社会主义现代化强国而努力奋斗，让中华民族伟大复兴在我们的奋斗中梦想成真。"❶ 青年学生是教育法律关系中的重要主体，如果没有学生，那么学校、教师及相关的行政机关就失去了存在的价值。学生是受教育者，依法享有一定的权利，也必须履行一定的义务。❷

(一)受教育者的概念

从《宪法》《教育法》《义务教育法》《未成年保护法》《教师法》等涉及学生

---

❶ 习近平. 在北京大学师生座谈会上的讲话［N］. 人民日报，2018 - 05 - 03（002）.

❷ 杨颖秀. 教育法学［M］. 北京：中国人民大学出版社，2014：228.

的法律规定来看，对学生身份的定位表现于两个方面。其一，学生是国家的公民；其二，学生是受教育者。《教育法》中对"受教育者"的界定是广义的，它包括各级各类学校中的学生，也包括残疾人、违法犯罪的未成年人以及在职从业人员和一切接受教育的公民。

我国《宪法》第四十六条规定了中华人民共和国公民有受教育的权利。《教育法》第四十二条规定了受教育者作为学生区别于其他公民所应该享有的具体权利。具体如下：

①参加教育教学计划安排的各种活动，使用教育教学设施、设备、图书资料；

②按照国家有关规定获得奖学金、贷学金、助学金；

③在学业成绩和品行上获得公正评价，完成规定的学业后获得相应的学业证书、学位证书；

④对学校给予的处分不服向有关部门提出申诉，对学校教师侵犯其人身权、财产权等合法权益，提出申诉或者依法提起诉讼；

⑤法律、法规规定的其他权利。

（二）受教育者的义务

《宪法》规定公民有受教育的义务。《义务教育法》明确规定："义务教育是国家统一实施的所有适龄儿童、少年必须接受的教育，是国家必须予以保障的公益性事业。""这是国家、社会、学校、家庭必须予以保证的国民教育。""凡年满六周岁的儿童，其父母或者其他法定监护人应当送其入学接受并完成义务教育；条件不具备的地区的儿童，可以推迟到七周岁。""国家实行九年制义务教育"，"义务教育可分为初等教育和初级中等教育两个阶段，在普及初等教育的基础上普及初级中等教育。"义务教育是我国整个教育系统的一部分，必须像其他层次的教育一样贯彻党和国家的教育方针。《教育法》第四十三条明确了受教育者应当履行义务的具体规定：

①遵守法律、法规；

②遵守学生行为规范，尊敬师长，养成良好的思想品德和行为习惯；

③努力学习，完成规定的学习任务；

④遵守所在学校或者其他教育机构的管理制度

（三）受教育者权利的保护

《宪法》规定保护一切公民的受教育权利。《教育法》第九条规定："公民不分民族、种族、性别、职业、财产状况、宗教信仰等，依法享有平等的受教育机会。"第三十六条规定："受教育者在入学、升学、就业等方面依法享有平等权利。学校和有关行政部门应当按照国家有关规定，保障女子在入学、升学、就业、授予学位、派出留学等方面享有同男子平等的权利。"可见，受教育者的受教育权利是受保护的。

1. 家庭保护

家庭具有教育后代、保护后代的社会职责。家庭保护是通过监护人对未成年人履行监护职责来完成的。《民法通则》《未成年人保护法》等有关条款规定，监护人对未成年人有教育的义务，要让未成年人接受九年义务教育。不得使在学校接受九年制义务教育的学生辍学。作为家长应该尊重子女接受教育的权利，不应剥夺子女接受义务教育的权利。

2. 学校保护

学校是保护学生受教育权的重要部门。学校要尊重学生的受教育权，不得随意开除学生。学校的领导、教师要关心爱护学生，不应当或者为追求升学率而开除学生，对品行有缺点、学习有困难的学生，要教育帮助。学校的教师要尊重学生的人格尊严，不得实施体罚、变相体罚以及其他侮辱人格的行为，对学生要进行尽职尽责的管理教育。学校要保证学生的人身安全、健康。

3. 社会保护

社会保护工作是通过授权性规范和禁止性规范来完成的。授权性规范，如《未成年人保护法》中有关条款规定："国家鼓励社会团体、企业事业组织以及其他组织和个人，开展多种形式的有利于未成年人健康成长的社会活动。""爱国主义教育基地、图书馆、青少年官、儿童话动中心应当对未成年人免费开放"，"博物馆、纪念馆、科技馆、展览馆、美术馆、文化馆以及影剧院、体育场馆、动物园、公园等场所，应当按照有关规定对未成年人免费或者优惠开放。"禁止性规范，例如，"营业性歌舞娱乐场所、互联网上网服务营业场所等不适宜未成年人活动的场所，不得允许未成年人进入，经营者应当在显著位置设置未成年人禁入标志；对难以判明是否已成年的，应当要求其出示身份证件。""任何人不得在中小学校、幼儿园、托儿所的教室、寝室、活动室和其他未成年人集中活动的场所吸烟、饮酒。"

4. 司法保护

司法保护是指对违法犯罪的未成年人坚持教育为主、惩罚为辅的原则，实行教育、感化、挽救的方针。《教育法》第三十九条规定："国家、社会、家庭、学校及其他教育机构应当为有违法犯罪行为的未成年人接受教育创造条件。"我国对违法犯罪的未成年人的处罚是不同于成年人的。

5. 对特殊群体的保护

对特殊群体的保护主要包括三个方面：（1）对女子受教育权利的保护。我国《宪法》中明确规定，男、女在行使公民权时，一律平等。在安排毕业生时，也要体现这一平等原则。我国《妇女权益保障法》具体规定了妇女的受教育权利，在入学、升学方面男女机会平等，在同等条件下竞争。（2）对贫困学生受教育权利的保护。《教育法》规定，国家、社会对符合入学条件、家庭经济困难的儿童、少年、青年，提供各种形式的资助。《义务教育法》规定："国家设立助学金，帮助贫困学生就读。"义务教育免收学费，对经济困难学生，也可适当减免学费。（3）对残疾人的受教育权利的保护。《义务教育法》规定："县级以上地方人民政府根据需要设置相应的实施特殊教育的学校（班），对视力残疾、听力语言残疾和智力残疾的适龄儿童、少年实施义务教育。""特殊教育学校（班）应当具备适应残疾儿童、少年学习、康复、生活特点的场所和设施。""普通学校应当接收具有接受普通教育能力的残疾适龄儿童、少年随班就读，并为其学习、康复提供帮助。"

第二编

教学论

　　教学论是传统教育学学科中的重要组成部分，随着教育科学不断发展，近些年教学论已经逐渐成为教育科学中一门相对独立的分支学科。教学论作为本教材的一编，主要探讨的是学校教育活动的教学基本理论和教学实践的要求，要回答教学是什么，为什么要进行教学，怎样进行教学活动等问题。本编将涉及教学概述、教学目标、教学原则、教学方法、教学评价、教学模式、教学工作基本环节等内容。

第八章　教学概述

教学活动是学校教育工作的主体，学校的工作必须围绕着教学工作展开，对教学基本内涵的理解和认识会直接影响学校教学活动的水平和质量，因此学校的教育工作者必须掌握教学活动的本质和规律，无论是管理者还是教师。

第一节　教学含义及功能

一、教学定义

探讨教学的定义，首先应该了解教学活动演变过程。普遍认为，在古代学校产生以前，由于人类的教育活动内容贫乏，手段单一，教育活动与生产和生活密不可分，因此这一时期教学是不经常的、自发的，而且没有一定的形式。但古代学校产生以后，人类社会出现了专门的教育机构，教育活动的内容、方法、手段逐渐丰富，教学就慢慢成为一种经常的、自觉的，且具有一定形式的活动。

从中国历史追溯，"教学"词义有不同的理解，我国古代汉语对"教"和"学"没有严格区分。将教学连在一起使用，最早见之于《尚书·兑命》的"斆学半"。对于这句话，孔颖达解释为："上学为教，音 xiào；下学者，学习也。言教人乃是益己学之半也。"宋代蔡沈解释："斆，教也。……始之自学，学也；终之，教人，亦学也。"由此，在我国古代教学可以理解为先教后学，教中有学，教与学紧密联系。我国古代教育教学专著《学记》中，将"斆學半"作为提出"教学相长"思想的依据。因此，我国古代所使用的教学，其实就是学习，只不过是指自学和通过教别人而学，其词义并不是我们现在意义上的教学。

真正出现现代意义的教学是在清末民初。1904 年 1 月清政府颁布癸卯学制，这是中国第一个颁布且实施的近代学制。从此，中国开始兴办各种新式学校，班级教学的组织形式对教师的教提出要求。同时此时中国教育主要是处在"远学德国，近学日本"的状态，一些留日学生把"五段教学法"带到新式学校中，教师的教授日益受到关注。辛亥革命后，教育部于 1912 年和 1913 年先后颁布的《师范学校规程》和《高等师范学校规程》都作出教育学科包括"教授法"的规定。1928 年出版的《中国教育辞典》把"教学法"解释为"各种教授方术者"。这时，教学就有了"教授"的词义。

新中国成立后，我国学习苏联凯洛夫的《教育学》，这部著作中对教学作了如下定义："教学过程一方面包括教师的活动（教），同时也包括学生的活动（学）。教和学是同一过程的两个方面，彼此不可分割地联系着。"在这一观点的影响下，我国教育学中对教学的解释是"教学是教师教、学生学双边的、统一的活动，二者缺一不可"。

西方英语中的教（teaching）和学（learning）是同一个词源派生出来的两个词，教与学是指不同的活动、不同的概念。

目前，学者对教学有不同的释义。有代表性的是：

教学是在一定教育目的规范下，在教师有计划的引导下，学生能动地学习、掌握系统的课程预设的科学文化基础知识，发展自身的能力与体力，养成良好的品行与美感，逐步形成全面发展的个体素质的活动。❶

所谓教学，乃是教师教、学生学的统一活动；在这个活动中，学生掌握一定的知识和技能，同时身心获得一定的发展，形成一定的思想品德。❷

"教学"就是指教的人指导学的人进行学习的活动。进一步说，指的是教和学相结合或相统一的活动。❸

教学指教师传授和学生学习的共同活动；通过教学不仅使学生获得知识技能，也发展他们的认识能力，同时培养他们的思想品德。❹

教学是一种尊重学生理性思维能力，尊重学生自由意志，把学生看作独立思考和行动的主体，在与教师的交往和对话中，发展个体的智慧潜能、陶冶个体的道德性格，使每一个学生都达到自己最佳发展水平的活动。❺

教学是一种传授生活经验的手段，通过教学传授都是社会活动中各种关系的模式、图式、总的原则和标准。❻

教学是通过引导学习者对问题或知识体系循序渐进的学习来提高学习者正在学习中的理解、转换和迁移能力。❼

上述见仁见智的表述，尽管有所区别，但大都涉及以下几点：第一，教学是教师教与学生学的双边活动。这种双边活动是相互联系、相互依存的统一过程。在教学过程中，教师教的活动离不开学生的学习活动，且教师教的活动也无法代替学生的学习活动；同样，学生学的活动也需要教师的引导，没有教师的教，学生的学习就缺乏方向，学生的学习活动替代不了教师教的活动。第二，教学是促进学生发展的活动，表现在对学生知识、智能、品德、美感、身体等方面的促进。第三，教学是教师为主导，学生为学习主体的活动。第四，教学是以传递知识经验为前提的活动。

因此，我们认为，可以理解为教学是专门教育机构中，以向学生传递知识经验为基本前提的，以促进学生知识、智能、品德、美感、身体等方面发展为目的的教师与学生的互动活动。这个定义是从对教学特性给予界定的。

---

❶ 王道俊，郭文安. 教育学：第7版［M］. 北京：人民教育出版社，2016：149.
❷ 王策三. 教学论稿［M］. 北京：人民教育出版社，1985：88 - 89.
❸ 李秉德. 教学论［M］. 北京：人民教育出版社，1991：2.
❹ 辞海：教育、心理分册［M］. 上海：上海辞书出版社，1980：5.
❺ 全国十二所重点师范大学联合编写. 教育学基础：第3版［M］. 北京：教育科学出版社，2014：174 - 175.
❻ ［苏联］斯卡特金. 教育大辞典：上［M］. 上海：上海教育出版社，1998：711.
❼ ［美］布鲁纳. 教育大辞典：上［M］. 上海：上海教育出版社，1998：711.

二、教学与教育、教学与智育的关系

在理解教学时，还应该明确教学与教育、教学与智育的关系。

首先，教学作为教育机构的主要活动，它是完成学校培养目标的主要途径，在学校教育中占有主要的地位。但是，教育机构为实现学校的培养目标，除教学外，还要合理安排一些其他的活动，比如社会实践、生产劳动等活动。从这个意义上讲，教学是教育中的重要组成部分，教学与教育是部分与整体的关系。

其次，智育是授予学习者系统的科学文化知识、技能，发展他们智力的教育，它是全面发展教育的组成部分之一。一方面，智育是教学要完成的主要任务之一，但是，智育并不是教学要完成的唯一任务，除了智育以外，教学还要完成德育、体育、美育、劳动技术教育等任务；另一方面，教学是实现智育的主要途径，但不是唯一途径。因为，实现智育还可以通过课外活动、社会实践等其他途径完成。因此，不能简单地把教学与智育等同起来。在教育实践中，有些教育工作者把教学等同于智育，片面地认为教学就是向学生传授知识，培养学生技能，发展他们智力，往往忽视道德品质、美感等方面的教育，不利于学生个性的全面发展。

三、教学功能

首先，教学是实现国家教育目的的基本途径。一个国家的教育目的依靠各级各类学校的培养目标来实现，一个学校的培养目标则主要依靠教学活动来实现。通过教学，学校有目的、有计划地将德育、智育、美育、体育、劳动技术教育的基本知识、技能传授给学生，促进学生在德、智、体、美、劳动技术等方面向着培养目标所规定的要求发展，因此教学成为学校对学生实施全面发展教育的基本途径。教学质量决定着学校的教育质量，学校只有以教学为主，提高教学质量，才能保证教育质量和人才质量。中华人民共和国成立以来，我国成功和失败的教育实践证明，学校工作只有坚持以教学为主，学校正常的教学秩序才能够得到保障，学校的教学和教育质量才能够得到有效的保证。

其次，教学是促进学生发展的最有效形式。教学是一种有目的、有计划的严密组织起来的活动。通过学校教学活动，教育者在较短的时间里把人类几千年来积累的思想成果传递给学生，使之成为学生的精神财富，促进学生社会性的发展，帮助学生更好地融入社会，成为满足社会生产和生活需要的人。从这个意义上说，教学是人类高效率传递社会生产和生活经验的活动。尤其在今天，科学技术的迅速发展，知识不断更新和增长，学校教育活动的有限性和知识增长的无限性的矛盾越来越突出，因此教学活动高效率传递经验的优势也越来越明显。

第二节　教学思想的产生与发展

一、古代教学思想的萌芽

教学思想的产生可以追溯到古代学校产生以后。在我国古代，先后出现了著名的思想家及教育家，他们的思想中有许多涉及教学思想。

孔子思想中就有不少与教学有关。例如，"学而不思则罔，思而不学则殆"，实际上就揭示了学生学习需要学与思结合的规律。他还提出"学而时习之"，君子要"亲历躬行"等，则强调了学与行也要结合起来。孔子"学—思—行"相统一的思想反映了学习者学习过程的规律。在我国古代名篇《中庸》中，也提出"博学之，审问之，慎思之，明辨之，笃行之"，其中"学、问、思、辨、行"也反映了学习者学习、思考、实践的学习过程的规律。这些比较符合认识规律的理论对我国后世人们的教学活动与学生自学产生了久远的影响。在我国漫长的封建社会里，教学活动逐渐演变成在书斋中的读经诵典，对学习过程理论方面几乎没有突破。然而，我国在学习书本知识和自身修养方面积累了一些经验。有代表性的是宋朝朱熹提出的读书法，即"循序渐进、熟读精思、虚心涵泳、切己体察、居敬持志"，"朱子读书法"对教学活动，特别是读书学习很有启发。

西方的古希腊和古罗马时代也有许多的教学思想。古希腊学者苏格拉底在讲学中所采用一问一答的启发性教学方法"产婆术"，对今天的教学实践活动仍具有借鉴意义。古罗马教育家昆体良从自己的实践经验出发，对古希腊以来的教育思想作了系统总结，在他的《论演说家的教育》一书中，提出对儿童进行早期训练的主张，认为教学要根据儿童年龄特点因材施教和量力而行，要劳逸结合和给学生以奖励、反对体罚等。他通过总结在修辞学校长期培养演说家的经验，提出了"摹仿、理论、练习"三个循序递进的学习过程理论。这一学习过程，非常强调直观以及知识的掌握和技能的训练，这在当时的历史条件下是很难得的。到了中世纪，西方教学理论的发展比较缓慢，主要读神学经典，比较脱离社会实际，但在注重理论的逻辑与条理性方面存有一些可取的地方。

二、近代教学思想形成与发展

伴随着欧洲资本主义生产方式的产生和发展，现代学校的出现和发展，使近代教育理论，包括教学思想有了质的飞跃和发展。

捷克教育家夸美纽斯在《大教学论》中，对教学内容、方法及其艺术进行了详细的分析和说明，提出了一套教学原则，如直观性原则、循序渐进性原则、巩固性原则等，这些奠定了教学论的理论基础，并促进了教学思想的形成。

德国著名教育家赫尔巴特试图根据儿童心理活动规律来阐述教学过程，将课堂教学划分为明了、联想、系统、方法四个阶段，即著名的"形式阶段理论"。明了就是向学生明确地讲述新的教材；联想就是通过教师和学生谈话，使学生把新旧观念联合起来；系统就是学生在新旧观念联系的基础上，去寻找结论、定义和规律；方法就是把已学得的知识应用于实际，培养学生有逻辑地、创造性思维的技能。这一理论揭示了课堂教学的某些规律性，对指导和改进教学实践起了积极作用，为近代教学法的建立奠定了基础，标志着教学理论的形成。赫尔巴特的教学过程理论后来被他的学生所发展。席勒把明了分为两个阶段，组成了分析、综合、联想、系统、方法的教学过程。赖因（Rein）则在前面加了一个预备阶段，并对原有的四个阶段作了更符合教学实际的修改，演变为预备（提出问题、说明目的）、提示（提示新课程、讲解新教材）、联系、总结、应用的教学过程。上述教学过程均为五段，俗称五段教学法。这种教学过程理论，在欧美各国盛行一时，统治达半个世纪之久，并于清末兴学校后流传到我国。此外，赫尔巴特提出了多方面兴趣学说，他认为人具有多方面的兴趣，教学的直接目的是培养多方面的兴趣，据此，他设计了一套内容广泛的课程体系。

尽管赫尔巴特的教学过程理论有利于教师在课堂教学中发挥主导作用，有利于教师进行系统知识与技能的传授，并且在很大程度上使教学水平得到改进与提高，但是伴随着社会的发展，传统的教学理论与实践渐渐显现出比较严重的弊病。例如，课堂教学过分强调教师的中心地位，容易导致忽视学生学习的主动性；教学严重脱离社会生活实际，把课堂教学变成千篇一律的五个阶段的僵化格式，压抑了学生的积极性等。这些问题有碍于课堂教学的改进和学生的发展需要。

于是，19 世纪末至 20 世纪初，随着大工业生产和科学技术的发展，科学实验日益普及、运用于教育领域，涌现出以美国实用主义教育家杜威为代表的反对传统教育思想的一种进步教育思潮。杜威反对以教材中心、教师中心和课堂中心的传统课堂教学模式，主张教学应以儿童活动为中心，重视学生的直接经验的获得。他以"从做中学"的教学原则为出发点，提出学生获取经验的五个阶段过程：即从情境中发现疑难；从疑难中提出问题；做出解决问题的各种假设；推断哪一种假设能解决问题；经检验来修正假设、获得结论。这一过程可以简明地概括为：困难、问题、假设、验证、结论等五步，也有人把它叫作五步教学法。

杜威主张，教学中儿童通过亲身实践探索和获取经验的过程，几乎同科学家从事科学研究的过程是一样的。进步教育注重引导学生通过个人的探索活动进行学习，学习内容与现实生活实际相联系，容易引起学生学习兴趣，发挥其自身的主动性、积极性和创造性，使学生在获取和运用知识的过程中，锻炼和提高学生的能力。尽管杜威教学思想注重学生学习兴趣，并符合当时社会工业生产和科技发展的需要，但是他的教学活动要求学生事事经过实践获取知识，不符合学生学习的特点，教学效率低；同时削弱了教师的引导和教科书的作用，使学生不能学习系统的科学知识，从而降低了教学质量。因此到 20 世纪 30 年代，杜威的教学理论便很快衰落。但杜威倡导的学生学习需要和兴趣、教学与学生生活实际联系等观点对我们今天的教育实践仍有很大的影响。

苏联十月革命后，教育也一度受到杜威实用主义教育思想的影响，学校忽视系统科学知识的教学，教育质量受到一定程度的影响。20 世纪 30 年代后，他们认真总结了历史的经验教训，探索运用马克思主义哲学指导教学，逐渐形成了以苏联教育家凯洛夫主编的《教育学》为代表的教学理论。凯洛夫试图以马克思主义理论为指导，科学地解释教学过程和学生认识过程的特点，认为，教学必须遵循列宁提出的从生动的直观到抽象的思维、并从抽象思维到实践的认识真理的辩证途径；但又有其特点：学生学习的是科学上可靠的知识而不负有发现真理的任务，走的是教师引导的捷径而避免前人在历史上曾走过的弯路。他概括出知觉具体事物，理解事物的特点、关系或联系，形成概念，巩固知识，形成技能、技巧，实践运用等教学过程的六个基本环节，并提出教学活动应该遵循的基本原则。凯洛夫的教学理论，是在马克思主义哲学理论指导下提出的，继承了欧洲传统教学论的优点，纠正了实用主义教育忽视系统知识偏向，使当时苏联学校的科学文化知识的教学水平有了显著提高，在理论和实践上都达到了新的高度。但是由于该理论侧重传统教学思想，过于强调学习书本知识、教师主导作用和课堂教学，尽管也提到教师要领导学生积极参与教学，发展他们的智力，实际上对学生在学习中的主体地位不够重视，学生学习的主动性、积极性也有所忽视，对学生智力、能力等方面的发展强调不够，暴露出"传统教育"的某些弊病。❶

三、当代教学的新理念

第二次世界大战以后，随着信息工业革命的产生，当代社会开始从工业社会向信息社会转型，这一时期的教育也呈现出从专才教育为主向通识教育转变的态势，引起当代教学理念产生很大变化。

（一）倡导"以学生为本"

随着当代社会的发展，科技发展和创新在国家发展和进步中越来越重要，人们也越来越认识到创新人才培养的重要性。显然，以"教师为中心"的传统教学理念已不能适应培养创新人才的需要，因此，许多教育人士从不同角度提出以"学生为本"教学理念。例如，布鲁纳的"发现学习"，罗杰斯的"非指导性教学"等，都不同程度上重视学生在教学中的主体地位，教学活动充分考虑学生学习的兴趣和需要，把学生当作学习活动的主体和主人。基于此，更多的教育者更加重视探讨学生身心发展的规律，特别是学生认知结构的发展，研究学生的学习规律，研究教学活动如何遵循这些规律组织、安排教学，更有效地满足学生的学习需要，促进学生全面发展。

（二）重视学习能力的培养

进入当代社会，科学技术发展迅猛，显现"知识爆炸"现象，加快知识陈旧和更新的速度。由此带来学生在校学习的有限性与知识增长无限性的矛盾，解决这个矛盾，传统的只重视知识传授的教学观念必须改变。在教学中，教师不仅仅是传授知识，更要重视学生学习能力的培养，使学生具备应对新知识不断增长的能力，形成获取知识的学习能力，即我们常说的"授人以渔"。

（三）关注学法研究

在以"学生为本"教学理念的影响下，教育界的有识之士认识到，仅仅重视教师本身的教法研究已远远不能满足当代教学活动的需要，必须加强对学生学习方法的研究。人们普遍认识到教学活动的成功离不开教师对学生学习目标、内容、进程、方式、学习辅助手段以及学习评价的设计，这些都依赖于对学生学习活动的研究。从当代比较流行且有影响的教学方法，如问题解决法、发现学习法、掌握学习法、程序教学法等都蕴含着对关注学生学习方法研究的精神。

（四）注重全面发展观

长期以来，人们一直认为学生的认知发展应是教学关注的主要目标。但随着信息社会的形成和发展，社会越来越多元化和复杂化，人们越来越认识到，决定人生成功与否的关键因素是人的情感发展水平，或者说是人的社会性发展的水平，"情

---

❶ ［苏联］凯洛夫. 教育学：第 3 版［M］. 北京：人民教育出版社，1953：61.

商"因素比认知因素起的作用似乎更大。于是，布卢姆提出的三大领域的教学目标受到人们更普遍重视，即认知、情感和技能是教学必须实现的目标。因此，兼顾学生认知、情感和技能协调发展的教学目标显现出当代教学理念的基本思想。

（五）主张过程重于结果

教学结果历来是人们关注的重点，但进入信息社会后，人们在关注教学结果的同时，也逐渐认识到教学过程中学生的切身体验，包括学生的认知体验、情感体验以及道德体验等是教学活动重要的内容和组成部分。正是这种体验决定着教学的最终结果，因为这些体验会成为影响学生学习兴趣的激发和学习动机、学习态度的形成的因素。人们强调在教学过程中，教师重视课堂教学过程的设计，教师应在启发引导基础上，让学生主动地思考和学习，掌握基础知识和基本技能、技巧。同时，教师要充分考虑学生在学习过程中的认知体验、情感体验以及道德体验，综合应用各种教学方法，促使学生在学习过程中愉快学习，并得到充分发展。

（六）重视创新能力的培养

在现代社会，创新能力是影响一个国家、民族强盛的重要因素，因此培养创新人才已经成为各国教育工作者的共识。人们认为教学是实现创新人才培养的主要途径，在教学中，教师引导学生掌握知识经验的过程，不仅是学生获取人类已有知识的活动，更应该是培养和形成学生创新能力的活动，所以，教学要重视培养学生的创新意识，形成和发展他们的创新能力。

当代教育领域还涌现出诸多教学理论流派，如斯金纳的程序教学思想、罗杰斯的情感教学思想、布卢姆的掌握学习教学思想、布鲁纳的发现学习教学思想、根舍因的范例教学思想、赞科夫促进学生发展的教学思想、巴班斯基的教学过程最优化思想等，这些内容将在后面教学模式一章中予以介绍。

第三节　教学过程的实质及教学的规律

教学过程是教学理论探讨的核心问题，它与教学的目标、原则、方法、组织形式、教学模式及教学评价等诸多问题密切关联。只有正确地认识教学过程实质以及基本规律，才能更好地做好教学实践工作，包括确定教学目标、遵循教学原则、选择教学方法、组织教学等。

一、教学过程的实质

教学过程是教师和学生共同完成教学任务的过程。在教学中，教师有目的有计划地引导学生主动掌握文化科学基础知识和基本技能、形成基本态度和能力、发展学生的智力和体力、形成学生科学世界观和道德品质。如何理解教学过程的实质，人们有很多不同的认识和观点，但在我国比较一致的认识是：

（一）教学过程是一种特殊的认识过程

在教学活动中，教学过程主要是引导学生掌握人类长期积累起来的科学文化知识的过程。在这个过程中，学生的主要活动是循序渐进地学习、理解、运用知识的认识活动。学生是认识活动的主体，教材所包含的知识及其所反映的客观事物是他们认识的客体。从这个角度讲，学生在教学过程中的认识活动要受到认识论的一般规律的制约，即要遵循"从生动的直观到抽象的思维，并从抽象的思维到实践"这个认识真理，认识客观实在的辩证的途径。

但是，教学过程又是一个特殊的认识过程，其特殊性是指教学过程中学生个体的认识过程，具有区别于人类总体认识活动的显著特点。主要表现在：第一，间接性。在教学过程中，学生大量或主要是掌握人类长期积累起来的科学文化知识，是通过借助书本这一媒介，间接地认识现实世界，因而是以获取间接经验为主的认识活动；第二，引导性。一方面由于学生主要学习间接经验，他们理解和掌握这些经验时，存在一定难度，因而认识活动往往离不开教师的引导；另一方面学生的认识活动与科学家对未知事物进行探索的活动是不一样的，差别就在于学生的认识活动是在教师有目的、有计划的引导下完成的。由此可见，学生只有在教师引导下才能完成认识活动；第三，简捷性。对于人类总体的认识活动而言，学生的认识活动走的是一条捷径，教学过程的认识活动是一种科学文化知识的再生产。学生学习的内容是前人实践活动的高度总结和概括的基础上形成的间接经验，使学生的认识活动打破了时空的限制，成为一种高效率的学习活动。

教学过程只有既遵循认识论的一般规律，又充分注意学生认识的特点，才能组织和进行得科学而有成效。

（二）教学过程也是一个促进学生身心全面发展的过程

教学过程主要是按一定的认识（或学习）任务和内容，依据人类认识规律和学生认识特点而组织、开展的逐步掌握和运用知识的活动过程，教学活动本身不等于是学生的身心发展过程，因为学生无论在学校还是在家庭，也无论在课内还是课外，身心都在发展着。

但是，对于身心处在迅速发展时期的青少年而言，教学的终极目标就是要促进他们智、德、美、体的充分发展，成长为满足社会发展需要的人。尽管教学活动本身不等于是学生的身心发展过程，但教学活动却会强有力地影响着学生的身心发展，两者之间具有内在的必然的联系。作为现代教学，倡导教学不仅要适应学生的身心发展，而且要最大限度地促进学生的身心发展，因此，促进学生身心全面发展也是教学过程一个非常重要的特性。

在教学理论发展过程中，认识到教学过程也是促进学生身心发展的过程是一个历史的进步。现代教学理论认为教师的教学对象——学生是发展中的、有主观能动性的个体，因而教学就要体现发展性。在古代教学中，教师很少注意儿童发展，往往不顾学生的接受能力，采取灌输方法，导致学生呆读死记的学习，严重压抑学生个性的发展，教学效率低下。进入近代，人们在教学实践中逐渐明确教学依据学生心理，注意遵循量力、直观、循序渐进和启发诱导等教学原则，使近代教育注意适应学生的身心发展，教学效率有一定提高，教学质量也逐步得到提高。然而随着社会的发展，仅仅单纯地适应学生发展的近代教学便日益落后，因为学生的身心发展只能在接受知识的过程中自发和自然地进行，学生发展的速度和水平是有限的，因此，近代教学需要改革。第二次世界大战后，社会生产与科学技术发展迅猛，各国科技竞争激烈，对人才提出新的要求。这使现代教学过程要自觉地促进学生的身心发展，培养出道德、智能、创造才能、个性和体力都得到充分发展的人才。

当代社会，教学理论与实践的发展，促使人们重新思考教学的特性，帮助人们进一步认识了教学与发展的关系。一方面，教学要引导学生的发展，使人类的思想财富及其精华转化为学生各方面的身心素质，不断提高他们的身心发展水平，促进学生在德、智、体、美、劳等方面的发展，把他们培养成为社会需要的高素质人才；另一方面，教学又要遵循儿童身心发展规律，不但要适应学生的发展水平，更要走在学生发展的前面，积极调动学生自身发展的主观能动性，引导学生充分运用自己的智能、意志品质，努力学习，使教学能促进学生的发展。所以，现代教学是一种发展性的教学，更应是有效促进学生发展的教学。

综上所述，教学过程既是一种特殊的认识过程，也是一个促进学生身心全面发展的过程。

二、教学过程的规律

教学过程的规律主要表现在学生掌握知识的基本阶段和教学过程中存在的几种必然联系。

（一）学生掌握知识的基本阶段

在教学过程中，教师引导学生进行学习是教学过程最基本的活动。一般而言，学生学习和掌握知识、形成技能、技巧的过程，大致包括以下几个阶段：

1. 引发学习动机

学习动机是激励学生学习的主观原因，是推动学生努力学习的一种内部动力。学生的需要、兴趣、理想、情感都可以成为学习动机。教学应从诱发和激起学习动机开始，使"要他学"的外部要求转变为"我要学"的内部心理状态，形成良好学习的心理准备。

一般来讲，学习目的是学生学习的间接动机，学生对学习目的的认识越明确，学习积极性就越高；而学习兴趣则是学生学习的直接动机，两种动机对学生的学习都具有积极的作用。

心理学告诉我们，动机是在需要的基础上产生的，需要是人的积极性的重要源泉，它是激发人们进行各种活动的内部动力。因此，教学中，要调动学生学习的积极性，就必须使学生产生对知识的需要与追求。教学经验丰富的教师在教学活动开始时，经常运用各种手段，引起学生对所学知识的兴趣，从而引起他们学习的需要或求知欲，使他们产生学习动机。

一般来说，学生产生积极的学习活动，与学生面临问题、困境，或需要新知识、寻找答案等情况有关。因此，教学中教师要善于采取多种方法设置引起学生学习动机的情境。比如，可以对学生提出启发性强、引人思考的问题；可以讲述具有趣味性、教育性的故事、笑话、诗歌、谜语等语言类材料；可以演示具有吸引性、新颖性特征的直观材料；可以讲明所学的新知识具有的社会意义，或对学生个人发展的重要意义，或在知识体系中的重要地位等。这些方法既可以单独使用，也可以结合起来使用，这需要教师在教学中依据教学任务和内容的要求、学生的实际来选择可用的方法。

举例：❶

有位教师在教《蝉》这课书时，考虑到学生对蝉比较熟悉，但了解得又并不清楚。为了引导学生积极地学习这课书，他向学生提出了一系列有趣的问题：蝉是夏天的歌唱家，它的嗓子在哪里？它歌唱是为了呼唤同伴，还是怕热或爱热？人家说蝉是餐风吸露的，它吃的究竟是什么东西？人家看到蝉是从地下钻出来的，它又是怎样钻到地里去的呢？蝉对人类是有益的还是有害的，该保护还是该捕杀？同学们对这些问题并不了解，纷纷要求教师回答。

引起学习动机阶段的主要目的是引导学生保持积极学习的状态，使学生在学习和掌握知识过程中能够集中注意力、认真听讲。因此，这个阶段用时不宜过多。当学生的学习动机被激发出来后，教师应当立即引导他们积极投入学习，并要注意在教学过程中不断强化他们的学习动机。

2. 感知教材

感知教材、构成表象是学生理解知识的起点。教材是一种具有完整体系的书本知识，是前人实践经验的概括和总结。学生要理解和掌握这种间接经验知识，需要以他们自己的生活经验或有关的感性知识作为基础。在教学活动中，学生理解书本知识的过程，是一个感性认识和理性认识相结合的过程。学生只有具备一定的感性知识，才能在此基础上形成清晰的表象，那么他们就比较容易理解书本的间接知识了。相反，如果学生缺乏感性知识基础，在学习书本上的概念、公式、原理等知识时，往往难于理解，或似懂非懂，导致学生学习的知识不清晰、不准确。因此，要让学生准确掌握书上的概念、公式、原理等间接知识，必须要引导学生掌握好感性知识。

教学中，教师要善于利用学生多方面的感性认识的来源。有时教师可利用学生在日常生活中积累的常识。例如，物理教师在讲"惯性"时，大多都以学生坐在行驶的汽车上，突然遇到刹车时发生的现象为例子，学生就会清晰地形成"惯性"这一概念的表象。有时教师可以让学生借助以往学习的知识。例如，数学教师在讲授三角形面积公式时，就可以借助学生已学过的长方形面积公式或平行四边形面积公式等知识，帮助学生理解三角形面积这一新的公式。有时教师还可以通过直观教具或实验、实习、参观等方法或手段。例如，化学教师在讲叶子的光合作用时，如果没有实验演示，学生理解这一现象的化学方程式就比较困难，通过实验演示，学生就具有了感性经验，掌握公式就变得容易了。在教学中，有时需要教师运用生动描述和比喻，使学生产生再造想象；或通过学生阅读课文获得感性知识。例如，语文教师在讲解苏东坡的《水调歌头·明月几时有》时，通过让学生阅读，使学生感受和理解作者那种把对宇宙、人生问题融合在一起，把对官场的思考和对弟弟的怀念贯穿到赏月中去，想象瑰丽而又不忘现实生活的思想。当然，教学中，还可以通过其他途径帮助学生获取感性认识。无论怎样，教师应该在教学中根据教材的特点和需要，从学生的实际出发，使学生从多方面获得感性认识。

那么，教师如何帮助学生获得对事物的清晰表象呢？关键在于在教学中要注意

❶ 许友兰. 指导预习也要注意激发学生兴趣［J］. 江苏教育（小学版）. 1981（4）；转引自王道俊，郭文安. 教育学：第7版［M］. 北京：人民教育出版社，2016：168.

引导学生进行周密的观察，并培养学生的观察能力。教师指导学生观察时要注意：一是观察前要向学生提出问题或要求，引导他们有目的地边观察、边思考；二是指导学生在观察中要注意区别对象和背景，突出对对象的观察，以便他们形成清晰而完整的表象；三是观察后指导学生学会区别观察对象的本质特征和非本质属性，通过对本质属性的整理，有利于形成概念。

在教学中，强调理解书本知识离不开感性认识，但并不是说，教师教学的每一节课都要遵循从感知具体事物开始，也要具体问题具体分析。如果学生对所学的知识已有较丰富的感性经验，教师就直接运用学生已有的表象，没必要再运用直观教具了。这样不但提高教学效率，也有利于学生抽象思维的发展。

3. 理解教材

理解教材是教学过程的中心环节。理解教材包括对语言、事物类属关系、事物内部组织结构、事物的因果关系、事物的性质等的理解。在教学过程中感知教材固然重要，但仅仅让学生的认识停留在感性认识上是不行的，理解教材才是学生掌握知识所达到的水平的反映。毛泽东在《实践论》中说过："感觉到了的东西，我们不能立刻理解它，只有理解了的东西，才更深刻地感受它。感觉只解决现象问题，理论才解决本质问题。"❶ 因此，教师要引导学生把所感知的材料同书本知识联系起来，进行思维加工，把握事物的本质和规律，使他们的认识产生飞跃，将感性认识上升为理性认识。

在理解教材过程中，教师要善于调动和启发学生思维活动的积极性，在感知教材的基础上教师要引导学生，运用比较、分析、综合等逻辑思维方法和归纳、演绎等逻辑推理形式，来认识事物的本质和规律，理解所学的知识，并培养他们的逻辑思维能力。

教学中经常运用比较、分析和综合等逻辑思维方法，帮助学生形成概念，掌握理论。人们常说，有比较才有鉴别。教学过程中，教师要善于运用比较来帮助学生掌握事物和概念的特点。运用比较时，往往离不开分析和综合。教师在教学中，通过分析，使学生深入认识一个事物，弄清它的组成部分，区别它的本质与非本质属性，发现事物的内在联系；同时分析之后又要进行综合，引导学生掌握事物的全面情况。把本质属性进行抽象和概括，以获得全面的认识和明确的概念。通过这种分析和综合，能够找出相似对象的不同点和不同对象的相同点。例如，学生理解相似三角形的定义时，教师既可以通过分析相似三角形的角、边的特点，让学生理解相似三角形的定义；同时，教师也可以与学生已学过的全等三角形的定义进行比较，通过分析综合，使学生明确相似三角形与全等三角形的异同点，从而使学生更准确地理解相似三角形的定义。通过这种分析、比较，学生逐步掌握思维的方法。教师在运用比较时，分析和综合也可以单独进行。

教学中也常用归纳和演绎的推理，引导学生通过推理、论证获得新的概念，掌握新的理论。归纳是由个别到一般的推理过程。教师引导学生运用归纳时，从对几个具体事例入手，进行分析、认识，从中推出这些具体事例中包含的具有一般性的概念、原理或公式，将学生的认识从具体上升到抽象，从感性发展到理性。演绎则

---

❶ 毛泽东选集：第1卷［M］. 北京：人民出版社，1967：263.

是由一般到个别的推理过程。教师引导学生运用演绎时，可从已学的一般原理或公式出发，推导在特定条件下的某个原理和公式，或运用一般定理或公式，解决某个具体问题，以此培养学生分析问题和解决问题的能力，使他们的认识由抽象上升到具体。在学生理解和掌握知识过程中，教师要将归纳与演绎有机结合，既有对事物的本质属性认识的从个别上升到一般的归纳过程，又有从一般向具体、个别的演绎过程，使学生认识事物的多样性和特殊性，活学活用已知的概念、原理和公式，促进学生的认识不断发展提高。

教师引导学生形成概念时，应注意几个问题：一是定义概念要正确，用词要准确、简明、严谨，易于学生掌握与熟记。二是要注意区别已有的某些生活概念与科学概念的不同。学生已有的一些生活概念可能是错误概念，或学生把生活概念与科学概念混淆起来，这需要教师在教学中要注意纠正学生平日形成的错误概念，使学生形成科学概念。三是要引导学生弄清知识中新旧概念之间的联系，以利于学生建构学科概念的体系。四是学生掌握概念不可能一次完成，是一个逐步深化、不断精确的过程。

4. 巩固知识

所谓巩固知识就是学生把所学的知识牢固地保持在记忆里。巩固知识是建立在理解知识的基础上，也是学生消化、吸收新知识和运用新知识的基础。可以说没有知识理解，就没有知识巩固；没有知识巩固，就没有知识运用。所以，巩固是学生掌握知识的重要环节。

实际上，巩固知识是贯穿于教学过程始终的一个因素。学生对教材感知、理解的水平影响知识巩固的质量，而学生对知识的实际运用，是知识巩固的方法或手段之一。可见，巩固知识在学生掌握知识过程中具有承上启下的作用。教学中教师要通过组织各种形式的复习，使学生巩固所学新知识，并与以往学习的知识形成牢固的联系，使所学知识条理化、系统化。

学生巩固知识离不开记忆，因此，教学中教师必须发展他们的记忆力。教师指导学生记忆应注意几个问题：一是要向学生提出明确而具体的记忆任务，让学生知道哪些知识非常重要，要熟练掌握，必须记牢；哪些知识是一般了解，应记到何种程度等。教师讲清记忆的意义，不但培养学生记忆的兴趣，也可以调动学生记忆的自觉性和积极性。二是要指导学生掌握记忆的方法，如怎样把意义记忆与机械记忆结合起来，如何把有意记忆和无意记忆结合起来。三是养成学生眼、口、手、脑结合起来记忆的习惯，即边看、边说、边写、边记忆的习惯。四是培养学生合理分配复习时间，避免过于集中，但间隔也不宜过长。五是培养学生及时复习的好习惯，新学的知识必须及时复习，时间安排要先密后疏。

5. 运用知识

学生掌握知识的目的是运用知识并形成技能、技巧。尽管学生运用知识是在理解知识和巩固知识的基础上完成的，但是，理解知识不等于运用知识，牢固地掌握了知识也不等于形成了运用知识的技能、技巧。学生要能够学以致用，单凭纸上谈兵是行不通的，教师必须引导学生手脑结合，进行实际的练习或操作才能实现。因此，教师在教学中必须注重引导学生运用知识，培养他们的基本技能和技巧。

在课堂教学中，教师通过引导学生进行教学实践，达到运用知识，形成技能、技巧的目的。主要包括完成各种书面的或口头的作业、实验、实习等。通过模仿性练习，学生学会解决简单的问题，初步将所学的知识转化为技能。同时教师要引导学生学会综合运用所学知识，即运用时要有一定的创新。引导和鼓励学生在模仿中改革和创新，逐步能解决一些比较复杂的问题。这样一方面深化学习的知识，另一方面促进技能与技巧的形成。

在运用知识阶段，除校内的课堂实践外，也可适当组织学生参加一些校外的社会实践活动。如社会调查、现场参观等。由于课外实践活动比校内活动更具复杂性，要求学生要综合地、灵活地运用所学的各种知识，这不仅有利于形成他们的技能、技巧，也有利于培养他们独立思考和独立工作的能力。需要指出的是，校外实践活动必须服从于教学目标和各科教学的实际需要，不能扰乱学校正常的教学秩序，要在保证教学质量的前提下进行。

上述分析不难看出，在学生掌握知识五个教学阶段中，各个阶段各有其明确的教学任务，它们之间既有区别又相互联系或衔接。在实际教学中，并不是每节课教师都必须体现这五个阶段，或必须严格遵循这五个阶段的顺序进行教学，但每个阶段的功能都是整个教学过程不可缺少的因素。日常教学中，有时各个阶段的教学任务可能会交织在一起，难以孤立进行；有时因教材内容需要或学生发展水平的要求，要开展连续几节课的教学活动，才能完成五个阶段的教学过程。此外，受学科特点、教材内容和学生掌握教材的条件等因素影响，各阶段的具体任务也有差异，教学阶段也表现出不同的特点，具有灵活性。因此，教师要把学生掌握知识的各阶段的一般规律与所授各门课程的具体教学情况相结合，具体情况作具体分析，灵活地运用一般规律，以达到引导学生掌握知识的目的。

（二）教学过程的规律

在教学活动中，教学内部存在的各因素相互影响、相互依存、相互作用，形成一些稳定的必然的联系。这实际是教学过程规律性的体现。下面所述是几种主要的教学过程的规律。

1. 间接经验和直接经验相结合的规律

间接经验是指他人已有的认识成果，在教学中指各种教材；直接经验是指学生亲身获得的认识及体验，在教学中主要指学生获得的感性认识。一般认为，学生的认识包括两大类，一类是获取直接经验，即学生通过亲身活动，直接获得对事物的经验；另一类是获得间接经验，即他人的认识成果，主要指他人的理性认识，主要指书本知识和音像资料等。在教学中学生如何学习这些经验？间接经验与直接经验又是怎样联系呢？

（1）学生认识的主要任务是学习间接经验

儿童对世界的认识是从亲身感受开始的，儿童通过活动获得直接经验。随着儿童年龄的增长和活动范围的扩大，直接经验也在不断地丰富。相对于整个世界而言，个体的活动范围毕竟是有限的，会受到时间和空间的限制；同时个体认识能力也是有限的。因此，完全依靠直接经验去认识世界几乎不可能。人类在漫长的历史发展中，创造了灿烂的文化成果，积累了丰富知识与经验，一个人要适应现代社会发展的需要，必须在短时间内掌握人类积累起来的基本文化知识和技能，只有进行间接经验的学习，别无选择。

以间接经验为主的学习，是学校教学为学生精心设计的一条认识世界的捷径。在教学中，教师根据学生身心发展规律，把人类积累起来的科学文化知识有选择地加以编排，作为学生学习的教材，引导学生循序渐进地学习。这样大大缩短学生认识世界的时间，也使学生避免重复前人的错误，使学生高效率地掌握人类创造的基本知识。正如马克思所说，"再生产科学所必要的劳动时间，同最初生产科学所需要的劳动时间是无法相比的，例如学生在一小时内就能学会二项式定理"。❶ 同时学生站在前人的肩膀上，继续认识和改造世界，创造人类新的科学文化成果。

（2）间接经验的学习要以学生的直接经验为基础

书本知识，对学生而言是他人的认识成果，同时也比较抽象，不易理解。学生要理解书本知识，就需要以他们个人以往积累的或现时获得的感性经验为基础。因此，教学中教师要充分利用学生已有经验，或采取直观等手段，增加学生学习新知识所需要的感性认识，以保证教学工作能够顺利开展。

（3）学生的认识过程具有多开端性

教学过程在安排学生认识活动时，既要遵循人类一般的认识规律，也要根据学生年龄特点和教学内容的具体要求。有时可以从生动的直观开始，有时也可从抽象的理论作为开端，有时还可以从组织实践活动开始。

可见，教学以学习间接经验为主是学生在短时间内掌握人类已有思想成果，获得自身发展的捷径，而学生高效地掌握间接经验，又不能离开学生的直接经验这一基础。因此，间接经验与直接经验的有机结合是教学过程的规律。

2. 掌握知识和发展智力相促进的规律

掌握知识和发展智力的关系，教育史上实质教育论和形式教育论曾进行过长期的争论。可见，这个问题一直是教学理论和实践的一个研究和探讨的核心。那么，教学中应该如何正确地看待和处理这个问题呢？

（1）智力的发展应以知识的掌握为前提，而知识的掌握又依赖于智力的发展

首先，教学中，知识掌握是学生智力发展的必要条件，学生的智力发展离不开知识和经验。一个不学无术的人，我们很难说他智力发展水平好；我们说一个人有良好的记忆力，也是以他对知识的积累为基础。因此，人们常说的"无知必无能"是有道理的。其次，学生对知识的掌握又依赖于他们智力的发展。因为人们的智力发展得如何，同样是人们掌握知识的必要条件。一般而言，智力发展好的学生，他们的接受能力比较强，学习知识快，理解知识深刻，学习效率就比较高；而智力发展较差的学生，接受能力弱，学习中的困难较多，学习效率较低。因此，发展学生的智力是顺利进行教学的重要条件，是提高教学质量的有力保障。

（2）学生自觉地掌握知识和运用知识是有效发展其智力的关键

教学中，教师通过传授知识，发展学生智力是教学的重要任务之一。但是，教师传授知识了，并不等于学生的智力自然就发展了。因为学生知识的多与少与他智力发展的高与低没有直接的因果关系。如果教师"满堂灌"，学生即使"满腹经纶"，也不能保证教学就增进了学生的思考力，还有可能培养出"高分低能"的人。所以，教师教学中要用科学的方法进行教学，引导学生自觉地掌握知识和运用知识，

学生只有主动积极地学习知识，他们才能开动脑筋、勤于思考，不仅学习知识，同时还学会获取这些知识的方法；学生学习的积极性高，他们就会创造性地运用所学知识，分析和解决实际问题，从而使他们的能力得到提高。

（3）防止教学中的两种片面性

在处理掌握知识与发展质量关系上存在着两种片面性，一是单纯偏重知识教学，二是偏重智力发展。在近代教育史上，形式教育论者与实质教育论者的争论具有代表性。形式教育论者认为，教学的主要任务是训练学生的思维形式，是否传授知识并不重要；实质教育论则认为，教学的主要任务就在于传授对实际生活有用的知识，没有必要对学生的智力进行特别的训练。显然，这两派的观念都是片面的。他们没有看到智力的发展和知识掌握是相互依存的，二者之间存在着必然联系。今天，我们必须以史为鉴，要全面认识掌握知识与发展智力之间相互促进的关系，教学中只有正确认识并遵循这一规律，才能保证教学质量。

3. 掌握知识和提高思想相互促进的规律

这一规律是教学教育性的反映。教育学鼻祖赫尔巴特曾经说过，没有没有教育的教学。在教学活动中，教师引导学生掌握知识的过程，也是提高他们思想觉悟的过程，因此，掌握知识与提高思想存在着必然的联系。

（1）掌握知识是学生思想提高的基础

教学中，学生学习人类积累的文化知识时，不仅学习了自然、人文、社会等科学知识，还在学习这些知识的过程中，掌握自然、社会的发展规律，学到人们认识自然、社会的方法论，逐渐形成他们对自然和社会的看法，并在此基础上形成世界观。可见，思想观点和世界观的形成必须以一定的经验和知识为基础。在教学过程中，教师向学生传授科学文化知识的同时，要引导他们接触自然和社会，使他们认识人生、社会和宇宙及其发展规律，为树立学生正确的价值观、人生观和科学的世界观奠定良好的基础。

（2）引导学生积极主动地提高思想

教学的特点是通过传授蕴含思想性的科学文化知识来培育学生的良好品德。但是，如果学生仅仅是掌握知识并领悟到知识中的思想性或道德规范，而不积极地行动，也难于实现思想提高。只有学生对所学的知识具有积极的态度和情感，他们才会主动把学到的知识转化为自己的观点，使他们的思想得到提高。所以，教学中教师要重视知识传授与学生思想提高的关系，注重知识讲授过程中对学生思想产生的深刻影响，在引导学生深刻领悟知识的同时，要善于激发学生对所学知识的社会意义的积极认识和思考，形成自己的是非观念、爱憎情感和价值追求，真正实现提高学生思想修养的目的。

（3）学生思想的提高又促进他们积极掌握知识

学生学习受到他们自身主观能动性的制约，学生学习的主观能动性又与他们的思想状况、对学习目的的认识等方面有很大关系。如果学生确立了报效国家的远大志向，他们在学习上就会具有强大的动力，就会克服学习困难，刻苦努力地学习。所以，教学中教师只有注意不断提高学生的思想，端正他们的学习态度，才能使他们树立远大的理想和抱负，产生巨大的学习动力，推动他们自觉地、主动地掌握科学文化知识。

以上不难看出，教学具有教育性。教学中教师必须在引导学生正确理解知识的同时，培养学生对所学知识产生积极的态度，这样才能促使学生将掌握的知识转化为他们的思想观点，从而达到提高他们思想的目的；而学生思想提高了，又会积极推动他们进一步努力学习，这是掌握知识与提高思想之间相互促进的规律。

4. 教师主导作用与学生主体作用相互依存的规律

教师与学生的关系以及二者在教学过程中的地位和作用是教学理论与实践的一个重要问题，教师中心论和学生中心论是最具代表性的观点。那么，在教学过程中，教师与学生的关系如何，怎样正确地认识教师和学生的作用呢？

（1）教师的主导作用是学生有效学习和发展身心的必要条件

教学过程是师生双边互动的过程。在教学中，必须充分发挥教师的主导作用。与学生相比，教师是教育者，他不仅闻道在先、术业专攻，而且是受国家和社会的委托，执行国家或社会对教学的要求；学生是学习者，他们学习的主动性和学习的质量都离不开教师的引导。同时，教师受过专门的训练，除精通专业知识外，还掌握学生身心发展规律和教育原则，懂得如何设计和实施教学。因此，教师有目的有计划地传授活动，是学生最简捷有效获得科学知识的主要途径，起着引导学生学习和促进学生发展的作用。可见，教师的教在教学过程中具有主导作用。

由于教学是师生的双边活动，教师主导作用的发挥主要是针对能否引导学生学习积极性而言的。学生的主动性调动得如何，学习的效果怎样，是衡量教师主导作用发挥得好坏的主要标志。

（2）调动学生学习的主动性是教师有效教学的主要因素

教师的教不是教学过程的最终目的，教师的教是为学生学习、促进学生发展服务的，教授活动最终要落实到学生身上。唯物辩证法原理告诉我们，外因是事物变化的条件，内因是事物变化的依据，外因只有通过内因才能起作用。学生是具有能动性的人，他们不仅是教学的对象，更是学习活动的主体，教师的教授活动能否起作用，必须依靠学生自身的主观能动性才能实现。所以，学生的学也是教学中不可忽视的重要方面，必须重视学生的主体地位。

教师在教学过程中，必须充分调动学生的学习主动性、积极性。一般来说，学生学习的主动性发挥得好，他们学习积极性就高，他们的求知欲、自信心、刻苦和探索精神就强，学习效果也会越好。因此，调动学生学习的主动性是教师有效教学的一个主要因素。

总之，在教学过程中，充分发挥教师的主导作用是学生简捷掌握知识的必要条件，而学生学习主动性、积极性的充分发挥又是教师有效教学的重要保证。只有师生双方相互配合，才能获得教学的最佳效果，这就是教师主导作用与学生主体作用相互依存的规律。

第九章　教学目标

教学目标是探讨教学活动要达到的具体标准以及如何描述这些标准的问题，是教学活动的核心，是教学活动的出发点、依据和归宿。任何一个好的教学活动，必须有一个明确、清晰、可行的教学目标。

第一节　教学目标概述

一、教学目标的概念●

（一）教学目标定义

教学目标是指教学活动的主体在具体教学活动中所要达到的预期结果或标准。教学目标具体而精确地表达了教学过程结束时教师和学生共同完成的教学任务，由于它是预先设定的，故而也是衡量教学任务完成与否的标准。

上述定义主要包括以下几个方面的认识：

第一，教学活动主体指教师、学生两个主体。既包括教的结果，也包括学的结果，教的结果通过学的结果体现，学的结果由教的结果予以保障。

第二，具体教学活动主要指一节课或一单元或一门课程的教学活动。

第三，所要达到的预期结果或标准是指教师教的结果或标准和学生学的结果或标准。这种标准由于主要是对一节课而言（也包括一单元或一门课程），所以应该是明确和具体的，具有可操作性。

（二）教学目标与教学目的的关系

在我国的教学理论和教学实践中，1986 年之前只提教学目的而不提教学目标，1986 年之后教学目的和教学目标两个概念并存，在教学理论和教学实践中各有自己特定的含义，因此有必要对这两个概念进行辨析。

教学目的有广义和狭义之分。广义的教学目的是对学校教学活动提出的一种概括性的总体要求，指明了各个教育阶段、各科教学发展趋势的总方向，是对教学提出的一种原则性的要求。狭义的教学目的则是教师在制订单元教学计划和课时教学计划时所拟定的教学要求，指出了单元教学和课时教学应当完成的任务。不论是广义的教学目的还是狭义的教学目的，在教学中都体现为教学的任务，体现为教学的总任务或教学的具体任务。

● 主要参考杨乃虹. 教育学教程 ［M］. 北京：高等教育出版社，2000：104 - 105.

教学目标与广义教学目的这两个概念之间既有共同之处，又有区别。其共同之处在于：它们都是根据教育目的对教学活动提出的要求或作出的规定。两者之间又有如下区别：

概括讲，教学目标是教育目的经学校培养目标到教学目标的系列性转化后形成的课堂教学中的具体化目标。教育目的是国家为整个学校系统制定的，它反映了一定社会对受教育者的基本要求，对各级各类学校教育有着总的指导和制约作用，因而具有高度的概括性。在教育目的的指导下各级各类学校根据自己学校的任务确定具体的培养目标，这是在学校层面上的教育目的的具体化。但是，培养目标的确定并不标志着这个具体化过程的结束。因为，教育目的只有落实到教学活动中去才能够逐步实现。而教学目标就是教育目的和培养目标在教学层面上的具体化。具体而言，两者之间的区别在于：第一，教学目的与教学目标是一般与特殊的关系。教学目的对各级各类学校的所有教学活动都具有指导意义，而教学目标只对特定的学科单元或课题教学活动起指导作用，是教学目的的具体化。第二，教学目的具有方向性，而教学目标则具有达成性。教学目的是就学生要具备的知识、能力、品德和个性的发展提出一种可供把握的方向，而教学目标则将所有的方向性要求具体成为一种确定的、具有操作性的、可供检验的要求。第三，教学目的具有稳定性，而教学目标则具有灵活性。教学目的是根据一定社会的政治、经济制度和生产力发展水平以及受教育者身心发展的规律而提出来的，体现着一个时代的教育要求。教学目标则是教师根据某一学科的性质和教学任务、学生学习的能力和具体情况以及教学的实际进展制订的，带有一定程度的自主性和自由度。

狭义的教学目的与教学目标之间也是有区别的。一般在制订单元或课时教学计划时提出的教学目的，往往只是针对教学的具体内容，而对学生的外显性行为没有提出要求或要求缺乏精确性，而教学目标则对教学应当掌握的教学内容和做出的外显性行为都提出了准确的要求。

总之，教学目标与教学目的的关系：教学目的是教学总目标，是整个教学活动的预期结果或标准。二者是一般与特殊的关系，教学目的具有普遍性，是方向，具有稳定性；而教学目标则是对总体教学目的的具体化和落实，具有灵活性和可操作性，更易于实现、更为精确。

二、教学目标的功能

总体上，教学目标概念的提出，对具体教学活动具有很强的指导功能，对师生双方的教学活动具有制约、规范和导向作用。具体作用有以下几个主要方面。

（一）制约教学设计的方向及整个教学活动的进程及预期结果

教学活动的开展首先要进行教学设计，而教学设计要围绕教学目标而进行。只有明确了教学目标，教学设计才能有的放矢。教学目标明确表达具体教学活动所期望的教学结果或终极行为，这为教师制订教学计划，推进教学实施——加工教材内容、选择教学方法、设计教学环节、安排学生活动、布置作业、引导实际体验提供了准确而具体的根据。因此，教学目标是整个教学活动暨教学设计的出发点和归宿。

（二）提供教学评价的依据

教学评价是依据教学目标对教学活动、教学过程和教学结果进行价值判断并为教学决策服务的活动。进行教学评价，就要对教学活动是否达到了预期结果，是否需要进行调整和矫正等做出描述和价值判断，而描述和判断依据就是明确、具体的教学目标，换言之，教学评价就是要评价教学目标的达成度，就是以教学目标为根本依据。

（三）是学习者自我激励、自我评估、自我调控的重要手段

教学目标既是教师教的目标，更是学生学习的目标，对学生的学习具有激励作用。在教学开始之初，教师向学生明确而具体地陈述教学目标，能激发学生对新的学习任务的期望和达到教学目标的欲望，从而调动学生学习的积极性和主动性，帮助他们形成正确的学习动机，并通过教学过程中的评价和及时反馈对学生的学习动机进行不断的强化。

学生也可以根据教学目标进行自我诊断和衡量，对自己的学习情况作出判断和评估，并据此矫正和调控自己的学习态度、学习速度、学习方法及学习效果等。

三、教学目标的系统

教学目标系统大致可以分为四级目标体系❶（见图9-1）。

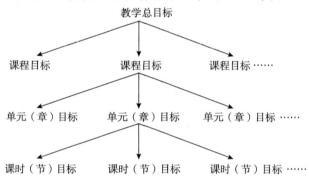

图9-1　教学目标系统构成

教学总目标是教学活动中最一般意义上的目标，是期望学生达到的最终结果。它对各个层次的具体教学目标具有指导的意义。在我国它一般包括三个组成部分：第一，使学生掌握一定的知识、技能；第二，使学生的智力、体力得到发展；第三，培养学生正确的世界观，形成健康的个性品质。以上这三个方面又是相辅相成的。

课程目标是教学总目标在学校教学中的具体化，主要是课程计划中所具体规定的各门课程的目标。

单元目标（章目标）是指各门课程中相对完整的组成部分的目标。如语文课程中的单元通常是指一组体裁相同的课文，而数学课程中的单元通常是其中的一章。

课时目标（节目标）是教学活动的基本单位的目标，和每次教学活动相联系，它不仅要考虑到具体施教班级，还要兼顾到个别学习者的经验和特点。

课程目标、单元目标及课时目标是分别对上一级目标的具体化、层次化。进一

---

❶　吴也显. 教学论新编［M］. 北京：教育科学出版社，1991：331-332.

步讲，每一级目标的具体化应从两个维度来思考，即从学生发展的纵、横两个方向（量与质）出发。因此，就产生两个具体化的模式：其一，细化模式，把构成教学目标的诸项要求再细分，以克服其宽泛性；其二，层次化模式，根据教学目标的实现过程，把构成教学目标的诸项要求在发展进程中的序列化状态勾勒出来，克服其终极性，代之以过程性。❶ 如果以布卢姆等人的目标分类理论为细化依据，则每一级可以横向分为认知目标、情感目标、动作技能目标等，并可继续具体划分。

四、教学目标分类理论❷

教学目标分类理论由美国的布卢姆（B. S. Bloom）等人所提出，是当代指导教学目标设计中具有较大影响的学说。他们深受美国著名课程论专家泰勒（R. W. Tyler）课程编制模式的影响，旨在把制订目标与评估结果有机地结合起来。目标分类学为观察教学过程、分析教学活动和进行教学评估提供了一个框架。布卢姆于 1956 年发表了《教育目标分类学》，第一分册《认知学习领域》（在英语中"教育目标""教学目标""课程目标"是通用的），克拉斯沃尔于 1964 年发表了《教育目标分类学》第二分册《情感学习领域》，安妮塔哈罗（A. J. Harrow）于 1972 年发表了《教育目标分类学》第三分册《动作技能领域》。他们把教学目标分为三类：认知领域、情感领域和技能领域，每一类又进行了多层次的细分。布卢姆等人认为：第一，应当用学生外显的行为来陈述教学目标。因为制定教学目标是为教学提供可操作性的依据和便于客观地评价，而不是去表述教学的理想、愿望。只有具体的、外显的目标才具有可操作性和可测量性。第二，教学目标是有层次结构的。教学目标应当由简单到复杂按序排列，后一类目标建立在前一类目标的基础之上。第三，目标分类学是超学科内容的。不论哪一门学科、哪一个年级，都可以把目标分类学的层次结构作为框架，加入相应的内容。

1986 年布卢姆等人的《教育目标分类学》被介绍到我国，并在中小学产生了很大的影响，教学目标的概念被我国基础教育阶段所接受。下面对布卢姆等人的目标分类理论及我国对布卢姆教学目标分类理论的应用情况予以介绍。

（一）布卢姆等人的目标分类理论

布卢姆是美国芝加哥大学著名的心理学教授。从 1948 年开始，他和一些同事对教学目标分类体系的课题开展了规模宏大的研究。他认为教学目标分类的作用就在于向教师提供一套统一的术语。这些术语不带任何价值判断。

1. 教学目标分类的原则

为了使教学目标分类能为广大教育工作者接受，布卢姆提出了建立分类的若干基本原则。

首先，教育上的原则。即各种类别之间的界限应与教师在安排课程或选择学习情境时所作的区分紧密联系，它应能反映教师对学习者行为所作的区分。

其次，它应该是逻辑的分类，即在体系结构上要严密，应根据从简单到复杂的

---

❶ 张巽根. 教育是什么 [M]. 武汉：湖北教育出版社，1998：93.

❷ 杨乃虹. 教育学教程 [M]. 北京：高等教育出版社，2000：105 - 109；吴也显. 教学论新编. 北京：教育科学出版社，1991.

行为类别加以组织。要编制得合乎逻辑，保持其内在的一致性，所以在整个分类中应该始终用一种前后一致的方式来解释和使用每一个术语，并使它们有精确的定义。

再次，分类学应与目前已确立的有关心理学原则与理论保持一致。

最后，要避免使用含有价值判断的术语，也就是说要尽可能使它在任何类型的教育制度、学校和课程中都能使用。

贯穿于教学目标分类系统中始终如一的一条主线是对意识水平的衡量尺度，他认为各种意识水平都可以用行为形式表现出来，并把它们区分为三个领域——认知领域、情感领域和动作技能领域。这种区分的方法基本是受教育观点支配的。各个领域又按层次而可分出若干亚领域。在三个领域中布卢姆本人的贡献主要在认知领域。下面简要介绍布卢姆等人对这三个领域的分类。

2. 教学目标分类的内容

（1）认知领域目标分类

在认知领域中，教学的主要目的和任务就是使学生掌握知识，形成运用知识进行理性的、系统思维的能力。认知领域涉及对有关知识的回忆或再认，以及理智能力和技能的形成等方面的目标。布卢姆将这个领域的教学目标分为六种不同的水平，分别由低到高排列，高的目标层次包括低的目标层次，而各级又可以分为若干个层次。

第一级水平：知识

知识就是指记忆所学教材。可再分类为：

①具体的知识。指教材中个别的、能被分离部分的记忆，是抽象水平最低的材料的记忆。包括：

术语知识。例如，知道学科词汇的一般含义。

具体事实的知识。例如，了解学科内容中关于时间、事件、人物、场所等的知识。

②处理具体事物的方式方法的知识。这是教材内容中关于组织、研究、判断、批评的方法的知识，是介于具体事实知识与一般知识之间的媒介水平上的抽象知识。包括：

惯例的知识。例如，掌握语言学科中的语法、文体；数学、理化等学科中一些字母的公认含义等。

趋势和顺序的知识。这是与时间有关的现象的过程、方向、变化的知识。例如，懂得人类的进化、自由落体现象等。

分类和类别的知识。例如，生物分类的知识、数的分类的知识、文体分类的知识。

准则的知识。例如，运算法则、各种文体特征等用于测试、判断的知识。

方法论的知识。例如，解方程的步骤、某种文体的写作方法、实验操作规程等知识。

③学科领域中的普遍原理和抽象概念的知识。是学科中抽象化结构化了的理论和概念，是属于抽象水平、复杂的原理和概念的知识。例如，生殖和遗传的生物规律、牛顿三大定律、数学的公式和定理等知识。

理论和结构的知识。例如，几何的公理体系、三角函数中乘法公式及其推论之间的关系、化学元素的族系等知识。

第二级水平：领会

领会就是指对学习内容最低层次的理解。再分类为：

①转化。就是用不同的形式来表达学习的内容，以表示对学习内容的理解。例如，说出一个词的同义词或近义词、对一个抽象概念举例、古文或外文的翻译等。

②解释。是指对学习内容的说明和概括。例如，对数学公式含义的说明、对文章大意的概括、对某一物理定律的说明等。

③推断。就是根据学习材料所描述的趋势、倾向或给出的条件作出估计或预测。例如，让学生判断放在光滑水平面上的小球受到一个推力作用时将如何运动、地理中根据湖的纵截面图判断咸水湖或淡水湖等。

第三级水平：运用

运用就是让学生用学过的知识去解决问题。例如，运用运算法则解题、运用所学的电学知识安装电路电灯、外语中运用造词法写出一个单词不同词性的系列词汇等。

第四级水平：分析

分析是把所学的内容分解成若干组成部分，并明确各部分的相互关系和构成方式。再分类为：

①要素分析。是要求学生把所学对象分解成可鉴别的各个组成部分。例如，分析数学定理所给出的条件和结论、外语中复合句的构成成分、记叙文构成要素分析等。

②关系分析。要求学生弄清各因素之间的相互关系或结合关系。例如，分析应用题中所给出的条件与所求结果之间的内在关系、分析小说中的人物关系等。

③组织原理的分析。它要求学生识别把所学内容组合成一个整体的组织原理、排列和结构。例如，语文课阅读教学中要求学生写出"段落提纲"或"结构提纲"或"对比提纲"、物理教学中学生能在掌握了力与运动的关系时对运动分类等。

第五级水平：综合

综合是要求学生将若干分散的知识相结合而形成一个整体。再分类为：

①进行独特的交流。是指用语言或文字将自己的观念、情感或经验传达给他人。例如：表达自己的观念和情感的作文、运用所学的知识对教师提出的问题进行论述等。

②制订计划或操作程序。是指制订计划或实施方案。例如，独立设计物理或化学实验方案、制订学科兴趣小组一个课题的学习计划等。

③推导出一套抽象关系。是指通过对所观察到的现象或得到的资料进行分析，发现其间的抽象关系或提出假说。例如，通过一系列实验观察引导学生归纳出自由落体运动的规律和公式、外语教学中引导学生通过所学的词汇归纳造词法等。

第六级水平：评价

评价就是根据一定的目的对有关的学习内容或方法做出价值判断。再分类为：

①依据内在证据来判断。是指根据一定的理论及其他内在准则来评价内容的正确性。例如，能判断自己所证明的几何题目的正确性、能判断自己所写的作文是否切题等。

②依据外部准则来判断。是指根据选择出来或回忆出来的标准进行判断。例如，根据教师给出的标准来评价一篇文章、根据事先拟定的标准来评价一次讲演等。

表9-1　布卢姆教学目标分类——认知领域基本层次表

（根据 Bloom 1956 年及 Saylor 1970 年的分类整理）

	知识	领会	运用	分析	综合	评价
类别阶层						评价
					综合	综合
				分析	分析	分析
			运用	运用	运用	运用
		领会	领会	领会	领会	领会
	知识	知识	知识	知识	知识	知识
各亚领域的基本内容	知识	领会	运用	分析	综合	评价
	记忆所学教材：单一事实。以及"完整的学说"的记忆。最低等级的智性行为	把握教材意义的能力。如解释所学之教材，作摘要。理解能力中较低的行为	将学的知识应用于新的情况，包括原理、学说、观念、原则之应用。为达此效果须具备知识及了解	将所学知识分解为各个构成部分，包括各组成部分之认识以及其间的关联。需要知识、了解及应用的能力	将所学知识综合为新的整体，包括独特的发表能力、规范实验、注重新结构、新创作	判断价值的能力，属智性行为目标中最高层，它必须建立在前面各项能力基础上
各亚领域范例	知识	领会	运用	分析	综合	评价
	记忆普通名词。记忆单一事实，记忆方法、步骤，记忆基本观念、原则	数字转为数式。看懂乐谱的能力。解释图表、数据的能力。预测趋势发展的技能	运用科学的概括和结论解决实际社会问题的能力	认出未加说明的假说的能力。区分因果关系与其他顺序关系的能力。识别史料中作者的观点或倾向的能力	有效地表述个人经验的能力。提出检验各种假设的途径的能力	判断实验结论是否有充分的数据支持。判断研究工作对人类的价值
各亚领域常用词	阐明……描述……认出……列举……选出……复制……	转换……区别……估计……解释……举例……预测……摘要……	计算……示范……发现……预测……解决……修改……	分解……区别……指出……选择……辨别……推测……	联合……编制……创造……设计……筹划……重组……	批判……评定……断定……对照……支持……解释……

资料来源：吴也显. 教学论新编［M］. 北京：教育科学出版社，1991：336-337.

（2）情感领域目标分类

这一领域以克拉斯沃尔等人的分类较有代表性。在情感领域中，教学的主要目的和任务是培养学生一定的态度和价值观。它涉及对事物的注意、重视、确定自身的态度及价值观等目标。克拉斯沃尔等人将这一领域分为五个层次。

第一层次：接受

接受是指学生对某些现象或刺激予以注意或愿意接受。可再分类为：

①觉察。是指学习者意识到了某些事情。例如，觉察到教师提高了声音强调某一个知识点、觉察到化学实验中反应物颜色的变化等。

②接受的意愿。是指对提供的刺激不回避的最低限度的容许。例如，并不喜欢外语课但还能听得下去。

③有控制的或有选择的注意。是指学生能对某种刺激进行内容和背景的区分，选择并注意自己喜欢的刺激。例如，注意到教师朗读的散文的韵律和其中优美的词句。

第二层次：反应

反应是指一种伴随着行为的主动接受。可再分类为：

①默认的反应是指学习者虽然作出了反应，但未必全面接受。例如，教师布置的作业很多，但还是完成了。

②愿意的反应是指学习者通过选择作出的自愿的反应。例如，选择自己感兴趣的学习参考书。

③满意的反应是指伴随着满足感、愉快、兴奋等情绪的反应。例如，喜欢听音乐、喜欢看小说。

第三层次：价值的评价

价值的评价是指对一件事物、一种现象、一个行为所能产生的作用做出判断。可再分类为：

①价值的接受是对事物、现象的一种最低水平的确信。例如，愿意认真听讲，按时完成作业。

②对某一价值的偏好是指学习者对某一价值的信奉达到了追求、寻找、要求得到的地步。例如，在课堂讨论中坚持自己的观点，并为之辩护。

③信奉是指对事物毫不怀疑的确信。例如，认为正直的人就不能说谎。

第四层次：组织价值观念系统

组织价值观念系统是指把内化了的价值组成一个体系，并确定它们之间的内在联系，以建立主要价值和普遍价值。可再分类为：

①价值的概念化是指学习者通过对价值问题的抽象与概括，确定了所获得的价值与原有价值或将要获得的价值之间的联系。例如，通过阅读伟人传记，对伟人的人生观、价值观的认同。

②价值体系的组织是指学习者将所获得的各种价值组织成一个有序的复合体。例如，通过各门学科知识的学习，学生逐步形成了唯物主义的世界观。

第五层次：价值体系个性化

价值体系个性化，是指所获得的价值观形成了个体有层次结构的价值体系，并在个体的行为中自然地表现出来。可再分类为：

①泛化心向是指在任何时候、任何情况下都能持有一种稳定的、一贯的态度和价值判断反应的心向。例如，认为公民应当遵守社会公德。

②性格化是指以一切已知或可知事物为对象的，作为个人价值体系的宇宙观、人生观、世界观的形成。例如，人的良心、人生哲学。

在这一领域也有的学者是按兴趣、愿望、鉴赏和态度等方面来分类的。

表9－2　情感领域各个亚领域的基本内容、范例及它们之间的关系

类别及其层次	接受	反应	形成价值观念	组织价值观念系统	价值体系个性化
					价值体系个性化
				组织价值观念系统	组织价值观念系统
			形成价值观念	形成价值观念	形成价值观念
		反应	反应	反应	反应
	接受	接受	接受	接受	接受
各亚领域基本内容	学习者对某些现象和刺激物的存在有所察觉，愿意参加学习活动	积极参加学习活动、积极反应，表示较高的兴趣	对所接触的现象或行为作价值判断，以此指导自己的行为对所做事负责	把内化的价值组成一个体系并确定它们之间的内在联系以建立主要价值和普遍价值	学习者的行为已为自己的价值观所支配并逐步形成自己的价值观和世界观
各亚领域的范例	静听讲解，有学习意识、参加班上活动。认真做实验。表示对科学问题的关切	认真完成家庭作业。积极参加讨论活动。乐意帮助别人学习	欣赏优美的作品。在讨论问题中提出自己的观点	根据自己的能力、兴趣、信仰规划自己的工作	对独立开展工作具有信心。在团体中表现合作精神。坚持良好的学习习惯
常用词语	发问、选择、描述、追随、认识、回答、使用、把握	回答、顺从、表现、帮助、讨论、提出、实施、遵守	描写、判别、区别、解释、研究、追随、评价	坚持、指出、修改、统合、安排、规划、保护	表现、展示、影响、解决、辨别、修订、鉴赏

资料来源：吴也显. 教学论新编［M］. 北京：教育科学出版社，1991，340.

（3）动作技能领域目标分类

这一领域是着重于肌体技能的行为。1956 年布卢姆及其同事在创立教育目标分类时仅仅意识到这一领域的存在，未制定出具体目标。但在使用前两个领域的分类时，认为这一领域在研究形式运动能力和技能的教学时特别有用，不可缺少。这一领域目前尚无公认的权威性的分类，但美国的安妮塔哈罗女士的分类较有影响。她把动作技能领域分成六个层次。

第一层次：反射动作。

第二层次：基本基础动作。

这两个层次的动作技能是非习得性技能，故在教学中不设定此类目标，下面主要介绍后四个层次的目标。

第三层次：知觉能力。

知觉能力是指对环境中刺激的观察和理解，以及做出相应调节动作的能力。包括动觉，如保持身体平衡；视听觉辨别、触觉辨别、眼手和眼腿协调动作，如踢球、接球、平衡、旋转等。

第四层次：体能。

体能是指形成高难度动作所不可缺少的身体机能特征。包括动作的耐力、力量、灵活性和敏捷性，构成体育训练中的基本内容。

第五层次：技巧动作。

技巧动作是指熟练完成动作的能力。包括简单适应技能、复合适应技能、复杂适应技能，如体操、武术、球类运动中的技巧。

第六层次：有意沟通。

有意沟通是指传递感情的体态动作，亦称体态语。包括表情动作和解释动作，如手势语、姿态、脸部表情、艺术动作和造型等。

在分级方面，这一领域也还有各种不同的分法，在此不作介绍。尽管分类不同，但它们都是和掌握许多技能有密切关系的。所有的动作都属于心智和肌肉之间协调的能力。

布卢姆等人所提出的认知、情感和动作这三个领域之间也存在着一种层次结构。认知的发生不一定都需要动作活动配合，而情感领域、动作领域则必须要以认知领域为基础。但它们又对认知领域发生影响。一些学者指出：许多学习者在学习上存在的问题往往和心智肌体活动的技能没有发展好有直接关系，因此，对后者必须引起足够的重视。❶

表 9 – 3　教学目标分类结构表

层次＼领域	认知领域	情感领域	动作技能领域
第一级水平	知识	接受	反射动作
第二级水平	领会	反应	基本—基础动作
第三级水平	运用	价值评价	知觉能力
第四级水平	分析	组织化	体能
第五级水平	综合	个性化	技巧动作
第六级水平	评价		有意沟通

以上介绍的目标分类理论对我们制订教学目标有着重要的指导意义，但在具体应用时，应当考虑学科间的差异、知识自身的体系，同时还应当考虑到文化传统的差异，结合我国的国情，不能生搬硬套。

3. 布卢姆等人的教学目标理论的意义及缺点

（1）主要意义

第一，布卢姆等人的教学目标理论是第一个系统提出的教学目标分类理论，纠正了传统教学偏重认知层面的缺陷。三大领域，六个层次，较容易掌握和运用，可使教师兼顾各个层面的教学，使教师明确教学的基本要求。第二，使教学评价有据可依，更科学合理。它采用明确、具体的行为动词来表述目标，为教学评价提供了比较具体的指标。

（2）主要缺点

第一，不适用于一切教学活动，因为不是所有的学习结果或能力都可以通过行为清楚地表现出来。尤其不适用于艺术、文学等灵感、直觉成分较多人文学科的教学活动。第二，按行为结果来分类，层次多、分类细，往往会影响教师对教学的整

❶ 吴也显. 教学论新编［M］. 北京：教育科学出版社，1991：341.

体构思，导致过分注意那些可以被详细说明的低水平的目标，而忽视那些较难严谨表达、较难把握的目标，使目标之间的内在联系不能充分地体现出来。

在布卢姆等人的教学目标分类理论提出之后，又出现了几种主要的分类理论，如美国著名的教育心理学家加涅（R. M. Gagne，1916—2002）在《学习的条件》（1965）一书中，对学习结果进行了分类，他提出了五种学习结果：言语信息、智力技能、认知策略、动作技能和态度。实际上，前三种属于认知领域，后两种分别属于动作技能和情感领域。可以说，加涅是继布卢姆之后，又一位对目标理论有重大影响的心理学家，他的学习结果分类系统也是指导学习（教学）目标设计的很有实用价值的学说。在日本，梶田叡一对布卢姆等人的教学目标理论进行了改造，提出了三分类的达到目标理论：基础目标（达成目标）、提高目标（向上目标）和体验目标，三类目标中都包含认知、情感和精神运动领域的一系列目标，并有具体的达到要求。苏联的教学论专家巴班斯基、美国的教育心理学家奥苏伯尔等人也对教学目标分类理论作出了贡献，限于篇幅，不逐一详细介绍。

从国外情况看，近几十年来对教学目标的研究虽有不少进展，许多国家的心理学家和教育家都提出了各自的见解，但仍有许多不易解决的难题。例如情感领域的目标不易找到科学表达的方法。由于在这个领域，内隐的心理状态和外显的行为表现有同样重要的意义，这就为科学规定这方面的学习结果带来困难。即使如认知领域这一为大家公认的学习上的重要结果，是促进特殊迁移的重要因素，但究竟应怎样明确规定也还有待进一步探索。

（二）我国对布卢姆教学目标分类理论的应用❶

关于教学目标问题，我国从 20 世纪 80 年代才开始研究和实施。虽然起步较晚，但这个问题已越来越引起教育界的普遍关心和探索。

此前，我们往往以比较笼统的、指令性的教学目的代替教学目标。在衡量教学质量标准方面一直依据的是各科教学大纲的要求。但过去公布的各科教学大纲对学生智能发展的要求非常笼统、分不出阶段和层次，教师进行教学时在内容的深度、广度方面常常举棋不定，确立教学的难点和重点也缺乏客观的标准。它主要存在以下两个方面的问题：第一，目的要求不明确，关注的是期望性的要求而不是必须达到的结果；第二，只重视了认知领域中某些单一的教学目标，忽视了对学生个性的培养。

为了使教学目标的确定能趋向科学化，有些教育工作者参照了国外教学目标研究的成果。从我国国情出发，也提出了一些设想，进行了一些可贵的尝试。有的以学生的个性结构为基础，按全面发展的个性品质和心理素质进行分类。也有些学者认为教学总纲和教学科纲（各个学科的教学纲领）是具体衡量教学质量的两个纲领性文件，而在制定这两纲时都应贯穿知识结构、智能结构和品格结构这三条线索，因为这三条线索是构成个体学习最基本的方面。他们据此提出按两纲三线结构为基本线索来制订教学目标。也有些学者按学习内容、学习过程和学习态度来分类。主张这种观点的人认为，学习内容、学习进程和学习态度是制约整个学习结果的三根

---

❶ 吴也显. 教学论新编［M］. 北京：教育科学出版社，1991：350－356.

主轴，因此从这三个维度来分类，比较能反映出整个学习情况。学习内容的目标指所要求掌握的知识和技能；学习过程的目标指掌握知识、技能心理过程方面的要求；学习态度的目标指掌握知识、技能的一种心理水平。下面择其一二予以介绍。

1. 教学目标分类理论的改造

有的学者根据布卢姆教学目标分类的理论，结合我国教学实际，对各个领域中的亚领域进行了调整，并且对各个部分所达到的结果作出了具体的规定。他们还对这三个领域分别列出了详细的表格。

表 9 - 4 认知领域学习水平分类

学习水平	具体行为
记忆	记住学习过的材料
理解	1. 将学习材料从一种形式转换为另一种形式 2. 理解学习材料 3. 对学习材料作简单判断
简单应用	学习过的材料用于新的具体情境中去解决一些简单问题
综合应用	1. 对具体综合问题各组成部分的辨认 2. 部分之间各种关系的分析 3. 识别组合这些部分的原理、法则、综合运用解决问题
创见	1. 突破常规的思维定式，提出独到的见解或解题方法 2. 按自己的观点对学习过程的材料进行分类 3. 自己设计方案，解答一些实际问题

表 9 - 5 情感领域学习水平分类

学习水平	具体行为
接受	1. 在适当的环境中注意对象的存在 2. 给予机会时有意地注意对象 3. 集中注意教师的讲解或演示
思考	1. 能遵照教师指示做出具体动作 2. 能主动和对象打交道，且与过去的经验发生联系 3. 能有意愿地、兴致勃勃地和对象打交道
兴趣	1. 有深入研究的意愿 2. 愉快地和对象打交道 3. 不愿意立即停止自己的思考和动作
热爱	1. 关心对象的存在和价值 2. 价值经过内化成为自己坚定的信念 3. 认识到对象的美，成为自己理想信念
品格形成	依据自己的价值观所形成的信念，内化为自己的品格，并用于指导自己的言论和行动

表 9 - 6 动作技能（精神运动）领域学习水平分类

学习水平	具体行为
模仿	1. 对演示、动作的模仿，对工具和装置的使用 2. 把描述语言转化为实际动作

续表

学习水平	具体行为
对模仿动作的理解	1. 装置结构原理 2. 动作作用解释 3. 动作结果的解释和概括
动作组合协调	1. 动作分解和组合协调的实现 2. 动作组合计划设计 3. 实验结果的解释和概括，并写出实验报告
动作评价	1. 对动作作用估计 2. 对组合动作、设备进行设计、计划 3. 动作熟练进行 4. 结果的解释、推论及评价
新动作的创造	1. 新情境下对动作的设计和实现 2. 新情境下对结果的解释、整理

2. 具体应用案例

20 世纪 80 年代后期，国内有不少地区和单位都已着手对中小学有关课程内容编订了以学习行为界定、按学习水平分类的教学目标系列，在认知领域为客观地评价学生的学习结果提供了可衡量的标准。如上海市教育科学研究所已编制了中学各门学科单元的具体教学目标。下面以他们所拟订的初中平面几何第三章三角形中"三角形"这小节的教学目标为例作一简要介绍（见表 9 - 7）。

表 9 - 7　平面几何第三章 §3.3 教学目标双向细目表

课题内容 ＼ 教学目标分类	识记	了解	简单应用	综合运用
§3.3　三角形内角和	1. 能正确叙述三角形内角和定理及其推论 2. 能答出什么是锐角三角形、直角三角形和钝角三角形，并能答出以角的大小为分类标准三角形集合的包含关系 3. 在图上指出直角三角形的斜边和直角边 4. 能正确使用虚线表示三角形中的辅助线	能从课本中所用证法推想出过一顶点作其对边的平行线来证明三角形内角和定理	能证出"三角形不共顶点的三个外角之和等于360°"，并会应用此结论	能综合应用三角形边的关系、角的关系以及各种三角形的边、角、高、中线与角平分线的特征进行推理、计算

进入 21 世纪以来，我国对布卢姆等人的教育目标分类理论有了新的应用。例如，本书第六章所介绍的我国新一轮课程改革在制订课程目标时，将课程目标划分为知识和技能、过程与方法、情感、态度与价值观三维目标领域，并相应地用结果性目标和体验性目标来具体描述此三个目标领域。

以上我们分门别类地介绍了几个领域的教学目标分类，只是为了择其主要方面加以强调。其实，教学往往同时涉及多个不同的方面，因此，在实际教学情境中，不同类型的教学是同时发生的。即各类教学之间存在相互联系，一个领域的教学往往与其他领域的教学融为一体，这是教学的一个基本规律。这要求我们在确定教学目标时，综合考虑某一方面教学内容的多方面的教育涵义，把教学视作一个促进学习者全部个性发展的过程。❶

第二节　教学目标的设计与实施

一、确立教学目标的基本要求

随着人们对教学问题认识越来越深入，现代教学越来越突出教学的计划性、目的性、精确性、可测量、可重复、可操作等特点，从而提出了教学目标的概念。可以说教学目标是现代教学的产物，反映了人类对自身再生产的认识和实践活动更加科学化，它是提高教学效率，强化教学的规范性和计划性以及增强教学的科学性的重要因素。

教学目标可分为多种层次，有宏观层次和微观层次，其中，属于微观层次的单元或课时目标是我们在一般意义上使用的教学目标。本节所研究的教学目标问题主要是微观教学目标。教学目标所涉及的问题很多，其中，教学目标设计是教学目标问题的首要和关键，教学目标设计得如何，在很大程度上影响教学进程及其效果。现将设计教学目标时需遵从的原则介绍如下。

（一）统一性与灵活性相结合

从学生身心发展规律、要求及教学质量要求方面分析，教学目标既要做到有统一要求，也要体现"因材施教"，表现出一定的灵活性。

教学目标必须注重统一要求，这是现代教学的基本要求。现代社会的发展要求教育给学生发展打下坚实的基础，这就要求教育提供具有基础性的知识框架、能力结构和全面素质，从而为其终身发展服务，这是共性的教学目标。同时，现代教学是规模教学，它的突出特点就是效率高，这集中体现于教学目标，要求教学根据教学大纲对学生发展提出统一的要求，包括教学内容、进度等方面。只有这样，才能满足学生身心发展要求，才能在一定程度上保证人才培养的质量标准和规格，体现学校教育的效率和优势。

教学目标的制订还必须兼顾一定的灵活性。这有两个方面的含义：第一，由于学生身心发展有差异性，教学必须注意到这种个别差异，适应不同学生的需要，做到因材施教。应根据不同学生学习水平，把教学目标设计为有跨度的、有层次、有弹性的上下限。一般而言，统一的要求是最基本、最低层次、最下限的目标。在此基础上，要有适合学有潜力的学生的更高层次的目标，对学生起着激励和指导作用。第二，目标要根据客观条件的变化而做到及时调整。目标的制订不是一成不变的，

---

❶　乌美娜. 教学设计［M］. 北京：高等教育出版社，1994：10.

而是因人因时因地而异，要在不断实现目标的过程中，随时注意客观变化而加以调整修正，因为变化是影响教学目标设计的重要因素。正如美国心理学家罗杰斯所认为的："在现代世界中，变化是唯一可以作为确立教育目标的依据，这种变化取决于过程而不取决于静止的知识。"❶ 因此，教学过程中，根据实际教学的进程和发展状况，以及学生学习状况，而对教学目标进行及时的调整，加以调控，灵活运用，使之具有动态性，即所谓的"计划不如变化快"。教学目标要跟上教学步伐，做到具体问题具体分析。

（二）操作性和体验性相结合

学习结果大致可分为两类，一类是可以观察、测量到的行为表现，另一类是内在心理品质等的变化。相应地，从学习结果方面分析，教学目标既要体现行为的可操作性，也要注意情感等的内心体验性。

教学目标必须具备操作性，即要力求具体化，有针对性，有具体、明确的内涵，能达到可观察或测量程度。之所以提出教学目标的概念，"就是为了强调教学结果的可见性和可测量性"❷，使教学工作有的放矢、有章可循、得到检验和确认。这就意味着教学目标必须在表述方面尽量具体、明确，不应以总教学目标代替具体教学目标，不应用含糊的语言表述具体的目标，而应尽量地用具体的"行为目标"表述教学目标，且是指向学生的具体的学习结果。例如，在表述学生学习结果时，应用可以观察或测量的行为动词来描述教学目标，这个动词必须指出一个动作，应避免使用诸如"了解""掌握"等词，因为这样的词缺乏质和量的具体规定性。较为适应的词如"写出""背诵"等。教学目标只有提得明确而具体，甚至精准，才有利于教师正确地选择教学方法、妥善地组织教学过程、准确地评价教学结果，也能使教师将教学的意图清楚地传达给学生，让学生主动地把握自己的学习过程。

但是，教学目标一定要具体吗？所有的教学目标都能具体而可操作吗？关于此类问题的答案已经比较清楚，能具体用行为表现的教学目标是可以具体且有必要的，但那些灵感类的、学生感受类的体验及结果是不容易纳入具体目标的，如理解、欣赏、热爱、尊重等，且没有具体的必要，因为这些目标强调的是感悟和体验，是内心的东西，不容易表现出来，也很难观察或测量。正如西方有学者所认为的，"属于情意领域的各个层次的教学目标，虽然可用行为目标表述，但表述起来比认知目标和动作技能目标困难。他们主张在表述此类目标时，最好采用一般性的语言，以便能包含较复杂的、高层次的情意行为，供教师作教学的依据"❸。而且，"学习的实质是内在心理的变化，教育的真正目标不是具体的行为变化，而是内在的能力或情感的变化"❹。所以，要强调体验性，强调学生的内心感受，这也是非常重要的目标。

---

❶ 陈泽川. 罗杰斯的教学观［M］//瞿葆奎. 教育学文集·教学：上. 北京：人民教育出版社，1988：719.

❷ 吴立岗. 教学的原理、模式和活动［M］. 南宁：广西教育出版社，1998：381－382.

❸ 同上，405.

❹ 黄甫全，王本陆. 现代教学论学程［M］. 北京：教育科学出版社，1998：164.

（三）本位性和整体性相结合

从教学目标所完成任务或发挥的作用方面分析，教学目标既要完成本位性的任务，也要发挥整体性的作用。

教学目标本位性任务是指，每一具体层次的教学目标都有自己的特殊任务和要求，要以完成本次教学任务和目标为本。只有完成好了本位任务，才能更好地为整体服务。

教学目标的制订应把握好整体性特点，通盘考虑不同层次和不同类型的教学目标间的关系。众所周知，教学目标是一个系统，它由教育目的决定，对于一个学校而言，在学校的培养目标之下，教学目标可分为学校教学总目标、课程总目标、单元目标及课时目标等不同层次，一般而言，各层次的关系是逐渐具体化和细化的，"构成了上下贯通、有机联系的完整体系"[1]。同时，同一层次目标间也是紧密联系的，它们横向上要相互呼应、协同作用，共同为上位层次的目标服务。这要求"在进行教学目标设计时，必须考虑到目标体系的横向作用和纵向联系，如上位目标的要求，各层次目标的连续性和递阶性"[2]，以及相同层次目标的前后联系等，做到纵横协调，从而可以更好地把握住整体要求。

（四）预设目标和过程生成目标相结合

影响教学效果的因素有很多，有些因素是客观的，有些是主观的，教学效果就是在主体与客体的相互作用中实现的，客观因素决定了教学能产生可以预见的结果，而主观因素决定了教学过程是复杂的、不确定的，会有一些不确定结果产生。相应地，从影响教学效果的各种主客观因素方面分析，教学目标既要体现客观规律，按照客观要求去完成既定任务，也要兼顾主观因素的影响，及时捕捉到教学过程中意料之外的收获。

教学目标的一个明显特点就是计划性，表现为人们根据对各种教学因素的分析，预先设计好的，需要在实际教学工作过程中去一一实现的预期结果。

如果这种预设目标放到物理或化学等实验中也许是唯一，且不会产生副产品。但具体到人的培养过程，则有时显得很僵化。因为，教学中有很多不可控、不确定因素，它们对教学效果的影响是很大的。尤其是教学双方是有意识、有主动性的人，是鲜活的生命体，随时会有新火花、新思想的诞生，经常会有意想不到的因素参与其中，从而会有意料之外的教学效果，也就是所谓的生成性目标。有时，生成性目标也是非常有教育价值的，可收到事半功倍之功效。这时要求教师不应囿于预设目标而忽视生成性目标。在实际教学过程中，教师应充分运用智慧，施展教育机智，处理好设想之外的事情，抓住机遇，发挥主导作用，引导学生加快、加深发展，从而收到非预期目标之效。

二、目标表述的基本方法

概括而言，目标表述方法主要有两种，一是行为目标表述法，一是内外结合法。

[1] 吴立岗. 教学的原理、模式和活动 [M]. 南宁：广西教育出版社，1998：400.
[2] 黄甫全，王本陆. 现代教学论学程 [M]. 北京：教育科学出版社，1998：155.

（一）行为目标表述法

在布卢姆等人的教学目标研究基础之上，美国学者马杰（Robert F. Mager）在其 1962 年出版的关于行为目标的经典性著作 *Preparing Instructional Objectives* 中提出了使用行为术语陈述教学目标的理论与方法，称为行为目标模式（behavioral objectives model）。行为目标是以具体的、可操作、可观测的行为的形式来陈述的教学目标，它指明教学活动后学生所发生的行为变化。行为目标的主要特点有三个方面：第一是强调目标的具体性、可操作性、可观测性。行为目标强调目标是具体的、可操作的而不是笼统的，强调目标是可以直接观察和测量的。第二是统一性，即行为目标适应于所有的人，而且对所有人都采取同样的标准。第三是预定性，即行为目标是在教学活动进行之前预先确定的，而不是随着教学活动的展开或者在教学活动结束之后才根据实际结果来确定的。

马杰认为，教学目标应描述课堂结束时学生的终点行为，即学生在课堂教学结束后会做什么。因此，教师应该把学生内隐的心理状态转化为外显的行为表现，教学目标应该列举反映学生内部心理状态的行为样本，表述学生在课堂教学结束时应该达到的行为指标。马杰指出，一个完整的课堂教学目标由"三要素"构成，分别为"行为""条件""标准"三个基本要素，即第一，学生外显出来的行为表现；第二，能观察到的这种行为表现的条件；第三，行为表现的公认的准则。

后来发展为四个要素，即再加上对教学对象的描述，一个完整的行为目标就包含了四个要素，分别为行为主体（对象）、行为动词（行为）、情境或条件（条件）、表现水平或标准（程度）。有人用四个英文字母表示，分别是：Audience；Behaviour；Conditions；Degree。所以，又称为 ABCD 法。下面具体介绍。❶

①对象：在制订教学目标时，首先要明确教学对象，即说明教学目标是针对谁提出来的。目标的对象可以是全班学生，也可以是部分学生。例如，"每个学生都要……""已经能背诵课文的学生要……"

②行为：说明一个学程后应获得怎样的知识，形成怎样的技能，产生哪些行为，这是目标的基本成分。目标行为应该是可观察到的，必须用能精确、具体地描述行为的动词来表达。描述行为的方法是使用一个动宾结构的短语，行为动词说明学习类型，宾语则说明学习内容。例如，"描述……的特征""……解释……的含义"。

③条件：条件是学习者表现行为的情境因素，指出了学习过程中学生行为表现的条件。它包括环境因素、人的因素、设备因素、信息因素、时间因素、问题明确性的因素等。例如，"……从具体事例中……""……通过实验……"

④程度：教学目标中的程度指出了学生成绩的最低水准，并使教学目标具有可测性。它与"好到什么程度""精确度如何""完整性如何""在什么时间内""质量要求如何"等问题有关。例如，"……记住……主要部件名称""……至少正确解答的题目"。

在一条教学目标中，行为的表述是基本部分，不能省略。相对而言，条件和程度是两个可选择的部分。因为，一是教学中并不是在任何情况下都要强调特定的条

---

❶ 杨乃虹. 教育学教程［M］. 北京：高等教育出版社，2000：110.

件。例如，"背诵课文第三小节"；二是教学中学生的行为结果不必都用定性或定量的词来精确地表达。例如，"能根据密度公式导出求质量、求体积的公式"。至于教学对象，由于教学面对特定的班级和学生，只要不是特别强调某一部分学生作为教学目标要求的对象，也没有必要写出来。

表 9 - 8　教学目标模式列表

目标要素	问题	例1	例2
对象"A"	谁	初中二年级学生	学生
行为"B"	做什么	应能将卷云、层云、积云、雨云标记出来	解答二位数乘法应用题
条件"C"	在什么条件下做	在观察实际的云或看图片时	无须用乘法表或计算器
程度"D"	做得如何	至少有80%的云的实例标记正确	90%答对

行为目标表述法优点比较明显：运用学生外显的、具体明确的行为方式表述教学目标，有很强的操作性，能做到可观察、可测量，避免了传统的方法陈述目标（目的）的模糊性。因此，此法是一个易于被广泛接受的目标表述法。

但是，应该指出，由于行为目标表述法对于一些内心品质等情意因素不能很好表述，受到一些学者的批评和反对。美国学者波帕姆（Popham）将这些批评和反对的理由归纳如下：第一，教学只重视明显的行为目标，忽视不易测量之目标；第二，不重视人性化的目标，忽视创造性、想象性的目标；第三，教学只重视机械性和琐碎性目标的完成；第四，教学只重视事先所预期的目标，忽略了非预期的意外目标的完成；第五，对教育界以外的人士来说，他们并不觉得使用行为目标比使用一般性目标更有价值。为了弥补行为目标表述法的不足，以美国心理学家格朗伦（N. E. Gronlund）为代表的一些学者于1972年提出了一种将学生内部认知过程和外部行动结合起来的课堂教学目标的编写方法，即所谓的总体目标——具体行为的方法（general objectives — specific behaviors approach）。可称为"内外结合法"。

（二）内部过程与外显行为相结合的方法（"内外结合法"）

格朗伦等人认为，学习的实质是内心的变化，因此，教育的具体目标不是具体行为变化，而是内在能力或情感的变化，而那些内在心理变化，如理解、欣赏、感激、热爱、尊重等，不能直接观察和测量。因此，教学目标的表述应注意使内部过程与外显行为相结合，不应单单关注行为的变化，更应强调内心品质的发展。为了使目标表述清楚、简洁和实用，格朗伦把课堂教学目标分为两个水平：一是总体目标。侧重描述学生内部的心理发展，用"记忆""理解""应用""分析""创造""欣赏"等抽象语言来表述学习结果，反映教师总的教学意图。二是具体行为。侧重描述学生达到目标时的具体行为，是总体目标的具体化，是达到总体目标时具有代表性的行为例子，是我们评价总体目标是否实现的依据。

例如，地理课讲到"人类与环境"课题的时候，要求学生树立可持续发展的观点。这样的目标可以表述如下：

1. 学生能树立可持续发展的观念。（总体目标）

1.1 能说出可持续发展的大概意思；

1.2 能运用所学知识批判现实中破坏环境的思想、行为；

1.3 对提供包含有不符合可持续发展思想的例子的材料，能指出这些例子并作出批判和评述。（1.1～1.3 为具体行为）

上述第一句话"学生能树立可持续发展的观念"是对内部过程的表述，属于总目标，后面三句话是对内部过程的说明和解释，通过具体的行为动词表述出来，是可以观察和测量的外显行为。❶

语文课讲"议论文写作中的类比法"，可以表述如下：

1. 理解议论文写作中的"类比法"。（总体目标）

1.1 用自己的话解释运用类比法的条件。

1.2 在课文中找出运用类比法阐明论点的句子。

1.3 对提供了含有类比法和喻证法的课文，能指出包含了类比法的句子。（1.1～1.3 为具体行为）

再如，在"理解一元二次方程的概念"这一教学目标中，"理解"是内在心理的变化，不同的人可能有不同的解释，也不容易对其进行观察和测量。为了克服这一缺点，可以列出反映"理解一元二次方程的概念"这一内在变化的明确行为：能叙述一元二次方程的定义；能写出一元二次方程的一般形式；能指出一元二次方程的肯定例证和否定例证等。这样，可使"理解一元二次方程的概念"这一教学目标变得十分清晰，能对教学和教学测量与评估起具体的指导作用。

这样将内在心理过程与外显行为结合起来表述，通过由内到外，内外结合，层层深入具体的形式表达教学目标，目标就非常具体明确，既能体现行为目标表述法的优点，发挥教学目标对教学实践的具体引导作用，便于对学习结果进行观察、测量和评价，又克服了其缺陷，能做到对内心品质的关注，注意到了情意目标。该法适合包含比较复杂的、较高层次的情意目标的表述。总之，格朗伦模式，既保留了行为目标表述的优点，又避免了行为目标只顾及具体行为变化而忽视内在心理过程变化的缺点。所以这种表述方法受到很多人的青睐。它既适合认知目标的表述，也适合于情感目标的表述。

因此，在日常教学中，可结合这两种基本方法，进行合理的目标表述。能运用"行为目标表述法"的要尽量运用，同时，对于难于用"行为目标表述法"的，可以运用"内外结合法"，以强调内心品质的培养。

三、教学目标的实施程序❷

（一）确定教学目标

某一具体教学活动的教学目标在确定前首先要熟悉和了解所要教学的课题内容、结构上的特点和这一课题本身的教育要求，同时还要掌握所教班级的学业程度、教育和发展的水平，然后依据教学目标分类理论所提供的参照系，具体确定表述教学内容中应达到的各个教学目标。为了能确切地掌握学生的学习水平，可以在教学前进行教学准备度测验（诊断性评价）或教育会诊，以确保教学目标的适度。

---

❶　黄甫全，王本陆. 现代教学论学程［M］. 北京：教育科学出版社，1998：164－165.

❷　吴也显. 教学论新编［M］. 北京：教育科学出版社，1991：349－350.

（二）明确各具体教学目标之间的关系

各项具体教学目标确定后，还要对各项具体教学目标进行比较，明确相互之间的关系，分清主次，为具体设计教学单元做好准备。

（三）使教学目标向学生学习目标转化

在中小学的实际教学活动中，教学目标是通过一系列的学习课题逐步为学生所掌握的，教学目标要转化为学生的学习目标就要设计好学生要完成的各个学习课题。通过学习课题的形式，使学生不仅领会教学目标的具体要求，并转化为自己的内部要求。

（四）检查教学目标的实施情况

在教学活动中要及时运用形成性评价的原理掌握教学过程中学习情况，以及时调整教材和教学方法，帮助学生改进学习方式，保证教学目标的实现。同时，也要注意调整教学目标。目标的制定不是一成不变的，而是因班级因个体因时而异，要在学生不断实现目标的过程中，随时因客观条件变化而加以调整修正，以便收到主客观统一之效。因为目标毕竟是客观见之于主观，因而，实践变化，主观目标也要更替。

（五）评价教学目标实施情况

根据评价反馈信息对下一单元教学目标的设计作适当调整。学期或学年末再通过总结性评价所提供的信息对学生在整个学习阶段中达到的各个教学目标的情况作出总的评价，甄别各个学生的学业水平，明确下一学年度所要采取的补救措施。

通过上述流程，可在教学系统中对教学目标的实施情况加以妥善的控制，为提高教学质量提供切实的保证。

第十章 教学原则

教学原则是教学理论研究的问题，更是教学实践研究的问题。教学原则对教学工作既具有指导作用，同时又是教学实践经验积累和提升的产物，因此教学原则与教学实践活动联系非常密切。人们在教学活动中，不断地总结实践经验。伴随着实践经验的积累，人们对教学规律的认识也在不断地加深，逐步地提出一些教学活动应该遵循的基本要求，形成了我们在这里探讨的"教学原则"。教学原则是教育理论和教育实践工作者都应该关注的内容。王策三先生认为教学原则"是主观见诸客观，理论见诸实践的中介"❶，这是对教学原则在教学论中的地位最恰当的诠释。

第一节 教学原则概述

一、教学原则的概念

对于教学原则的概念，尽管表述有所不同，但大多大同小异，是存在歧义较少的概念。

常见的表述："教学原则是教学工作应遵循的基本要求。教学原则是指导学校教学工作的方向和思想方法论。"❷ 或者"教学原则是根据教育、教学目的，反映教学规律而制定的指导教学工作的基本要求"。❸ 从这些表述中我们可以看出，教学原则是指导教学工作的基本要求，是根据一定教育目的和教学规律制定的，是教学实践活动经验的总结和概括。教育者能否自觉地遵循和贯彻教学原则，直接影响到教学工作的成败和教学质量的优劣，从而影响学校教育目标的实现。

教学原则是教学理论不可缺少的组成部分。教学原则反映出人们对教学过程本质和内在规律性的认识，教学原则的传承与发展则体现出人们对于教学活动中的客观规律的认识与探讨的结果。

尽管我们一般都根据教学过程的规律来阐述教学原则，但教学原则与教学规律的关系比较复杂，根据一条规律可以提出若干教学原则，同样某个原则也会反映若干规律的要求。应该说随着教育教学实践的改革和发展，人们对教学规律的认识也在不断深化，对教学原则的研究必将进一步深入，使教学原则不断完善和发展。虽然目前教育学著作中对教学原则的阐述有一些分歧，教学原则名称不尽相同，提出

❶　王策三. 教学论稿 [M]. 北京：人民教育出版社，1985：144.

❷　叶澜. 新编教育学教程 [M]. 上海：华东师范大学出版社，1991：288.

❸　同❶。

教学原则的数目不等，但已被广泛认可的基本原则，教育学中应予以阐述。

二、提出教学原则的依据

教学原则尽管是人们主观提出的，但是并不能认为人们可以随心所欲提出教学原则，教学原则的提出是建立在一定客观规律基础上的。

（一）教学原则的探讨

我国研究者对古今中外人们探讨教学原则的活动进行概括，教训大致有五类：第一，简单地从经验出发，如中国古代的"因材施教"，近代西方夸美纽斯提出的教学原则等，都未超出经验水平；第二，简单地套用一般哲学、政治原则，如我国曾经把"政治挂帅""群众路线"等当成教学原则；第三，简单地从别的学科引申出来，如把心理学的某些原则当成教学原则；第四，搬用前人和他人的教学原则；第五，把古今中外不同来源的某些教学原则简单地拼合到一起，构成一个体系。

还有的研究者对我国改革开放以来的教学原则探索进行总结和反思，提出三个阶段：反思与引进阶段（1978—1984年），在此阶段我国教学原则研究开始形成方法论的问题意识阶段，研究者能用冷静、客观和公允的态度进行反思，其中渗透着明显的辩证法思想；在对我国传统教学原则和对凯洛夫教育学体系进行反思的基础上，有意吸收和借鉴其中的合理成分。批判与整合阶段（1985—1988年），本阶段我国开始从哲学方法论的角度审视教学原则的研究，全面分析教学过程中各种矛盾关系，试图找出处理这些矛盾的实际工作要求。体系的新建构和研究的多样化阶段（1989—2000年），该阶段我国开始从根本上摆脱凯洛夫教学原则的框架，并对旧教学原则中体系结构松散、内容庞杂、各原则层次不统一等问题发难与批评，开始提出构建新的教学原则体系的基本思路和框架，第一是对审美性和情感性教学原则的关注；第二是对主体性教学原则的倡导；第三是对创造性教育教学原则的倡导。❶

（二）教学原则提出的主要依据

教学原则提出首先要依据教育教学目的。教学活动是实现一个国家教育目的的基本途径，因此任何一个教学原则或教学原则体系的提出，必须服务于一定的教育目的。同时教学原则是教学活动的基本要求，也受制于教学目的，为教学目的服务。所以，教学原则必须要反映一个国家教育教学目的的要求。例如，我国的教育目的是培养德、智、体、美等全面发展的社会主义事业建设者和接班人。科学性与思想性相结合的原则、理论联系实际的原则等都从不同侧面体现了我国教育目的的基本要求。

教学原则提出还必须正确反映教学规律。教学原则尽管是人主观制定的，但它必须反映教学活动的客观规律，以保证教学原则的科学性。由于人们对教学规律的认识带有一定的局限性，致使人们对教学原则提出的正确性存在一定的折扣。同时，由于教学活动的复杂性，人们会站在不同角度、从不同层次去认识教学规律，所以，教学原则对教学规律的反映又具有一定的时代特点和个人特色。随着科学技术的发展和人们对教学规律认识的不断深入和全面，教学原则及其体系也是在继承中不断

---

❶　郝志军. 教学原则研究的反思与展望［J］. 教育科学研究，2002（3）.

发展和完善的。

　　教学原则的提出也是人们对教育教学实践经验的概括和总结的结晶。人们对教学规律的认识，离不开教育教学实践。因此，教育教学实践经验越丰富，对教学规律的认识也就会越全面，越有助于制定正确的教学原则。人们在长期从事教育教学实践中不断探索和尝试，得到大量成功的经验或失败的教训。通过对经验或教训反复认识和深化，逐渐由感性认识上升为理性认识，经过概括抽象，得出规律性的成果，这既是对教学规律的认识，也是确定和提出教学原则的过程。例如，我国古代教育家在长期教育教学实践活动中，在继承和发展的基础上，概括出"循序渐进""因材施教"等教学原则。所以，教学原则来自教育教学实践，又指导教育教学实践。没有对教育教学实践活动经验的概括和总结，就不可能产生教学原则。

　　今后的教学原则研究应当处理好科学与人文的关系、继承与发展的关系、引进与吸收的关系。其具体研究应在四个方面展开：第一，人文精神在教学原则研究中要更加突出，一是突出教学主体性发展的研究，二是注重教学原则中情感性、审美性和艺术性成分的含量；第二，围绕人的发展，对教学过程的关注要更加全面系统；第三，教学原则操作化的应用研究要逐步重视；第四，教学原则的抽象性、概括性水平要进一步提高，对教学原则的表述要更为简洁。❶

第二节　我国中小学常用的教学原则

　　根据我国的教育目的和我国教育教学的实践经验，结合教育规律的要求，目前我国中小学常用的教学原则主要有以下几条。

一、科学性、思想性和艺术性相结合的原则

　　科学性、思想性和艺术性相结合的原则，是指教学要以马列主义为指导，授予学生以科学知识，并结合知识教学，对学生进行社会主义品德和正确人生观、科学世界观教育以及审美教育。这一原则要求教师在传授科学知识的同时，有意识地对学生教授德育和美育，并要求教育教学方法具有科学性和艺术性，从而提高教育教学效果。

　　这一原则是我国全面发展的教育目的的要求，是培养德智体全面发展的人才的要求，是建设社会主义物质文明和精神文明的要求，体现了我国教学的根本方向和特点。同时，这一原则也是教学永远具有教育性规律的反映。知识是人们认识和改造世界的劳动成果，是他们的思想和世界观的结晶。知识的科学性和思想性是水乳交融不可分割的，它本身既有科学性，又蕴含思想性。只有传授的知识是正确的科学的，才能更好地发掘它的思想性，反之，只有以正确的思想为指导，才能保证教学内容的科学性。另外，当前人们追求美的欲望越来越强烈，教师还要注意发掘教材内容中美的因素，使学生在学习知识、提高思想道德水平的同时得到美的熏陶和享受。要达到好的教学效果，教师不仅要具有科学的教学方法，更应使教学具有高

---

❶　郝志军. 教学原则研究的反思与展望［J］. 教育科学研究，2002（3）.

度的艺术性，使学生在不知不觉中学到知识、提高思想道德水平、得到美的陶冶，使教学活动真正做到寓教于乐，使学生轻松愉快地进行学习，促进学生全面发展。

举例❶

《植物的叶》一课，重点是讲叶的光合作用，这是使学生认识自然界相互关系的好内容。我在教学中除了通过实验让学生知道绿叶在太阳光的照射下有制造养料（淀粉）的作用外，主要讲清了：①光合作用需要绿叶、阳光、水、二氧化碳，缺一不可。②光合作用要吸收二氧化碳和水，制造有机养料，呼出氧气。③有机养料和氧气是人和动物所需要的。④人和动物在新陈代谢时呼出二氧化碳，为植物光合作用提供了原料。⑤植物和动物的生长都离不开空气和太阳。学生从这些知识中认识到植物与动物（即生物与生物）之间，动植物与空气、水、太阳（生物与非生物）之间的关系是非常密切的，从而认识到自然界是相互联系、相互制约的，讲解过程中虽然没有出现"辩证唯物主义"这个概念，却较好地对学生进行了辩证唯物主义的思想教育。

贯彻这一原则的基本要求如下：

第一，确保教学内容和方法的科学性。在教学中，教师传授给学生的知识及其方法、过程都应当是科学的、正确无误的、富有教益的。一方面要求教育内容必须是科学的。教师讲授的一个概念、公式、定理、法则等都应该是正确的科学的；另一方面要求教师的教学方法应是科学的正确的。既要适合教育内容和任务的特点，又要适合学生的年龄特征。如有位语文教师在讲《白杨礼赞》中"主宰"的"宰"字时，为了让学生记住这个字，就解释说："宰"是古代治理国家的"宰相"的"宰"，它下面是个"辛苦"的"辛"字，宰相辛辛苦苦为人民工作，人民给他戴了个桂冠，故称"宰"。这样比喻不够科学，封建社会的宰相未必都是为人民而辛苦工作。一般不宜将有争议的、不可靠的知识当作科学基础知识传授给他们。为了扩大眼界，对中学高年级学生，可以结合教材中的基本知识，向他们介绍一些不同的观点和学说。但应在讲清基本知识的基础上进行，以免造成思想混乱。教学在传授知识的同时，还要善于挖掘科学知识中的智力因素，促进学生智力发展。

第二，挖掘教材的思想性，在传授科学知识的过程中有意识地进行思想品德教育。教师必须从学生的实际出发，发掘教育内容中的思想性因素，找出知识本身与一定思想间的内在联系。由于各学科都有广泛的思想因素，人文社会科学具有很强的思想性，如语文、历史等都是提高学生思想修养、进行人生观教育的重要教材；而自然科学知识所揭示的客观规律渗透着唯物思想和辩证法，是培养学生辩证唯物主义思想的重要基础。因此教师在教学中如能深入发掘教材内在的思想性，结合知识传授，联系实际、有的放矢地向学生进行思想教育，就能有力地感染学生，收到潜移默化的效果。如语文课教师讲都德的《最后一课》时，可以进行爱国主义教育；再比如，物理课中，教师结合动力加速度的内容，介绍我国两弹专家邓稼先等航天工作者献身祖国航天事业的事迹，向学生进行科学家的爱国情操和献身科学的

❶ 朱兴伟. 常识课中的辩证唯物主义教学［J］. 浙江教育（小学版），1982（1）.

高尚品质的教育。教师在对学生进行教育时，绝不能牵强附会，应根据教育任务和教育内容的特点，以及学生的思想实际需要来进行。如果教师不顾学科的特点，离开具体的教学内容，架空说教，节外生枝，生拉硬扯，不仅会削弱基础知识的教学，而且不可能达到思想教育的目的。同时，教师要通过教学活动的各个方面进行品德教育。教师不仅要在上课时间向学生进行品德教育，而且还要注意通过作业、辅导、考试等教学的各个环节，对学生提出严格要求，做到教书育人，培养学生主动自觉、认真负责的学习态度和勤奋学习、持之以恒、一丝不苟的良好学习习惯。

第三，加强教学的艺术性。在教学中教师还要关注教材内容中美的因素。一方面教材中关于环境描述、故事情节、遣词造句的语言以及严密的逻辑思维和辩证思维等都蕴含着美的因素，教师通过美的因素打动学生的心扉，塑造学生的心灵，培养学生感受美、欣赏美、表现美和创造美的能力；另一方面，教师的教学方式方法也要追求美的标准，讲究艺术性。我们常说"教育人是一门艺术"，教师的教学艺术越高，教学效果越好。上课时教师的语言表达、课堂教学各部分的组织与衔接以及师生间的互动等都体现美，反映教学艺术性。即使是思想品德课，也要注意方法的艺术性，使学生心悦诚服，或者在不知不觉中，在美的陶冶中得到道德感化，使德育与美育结合起来。此外，教师还要富有教育机智，能及时妥善地处理教学中出现的非预测问题，这也是教师教学艺术的一个重要体现。

二、理论联系实际原则

理论联系实际原则，指教学是以学生学习书本知识（间接经验）为主，进行书本知识的教学应当特别注意联系实际，使学生从理论与实际的联系中去理解知识，并能运用知识去分析问题和解决问题，做到学懂会用、学以致用。这一原则要求老师正确处理教学中的间接经验与直接经验、理性认识与感性认识、知识与能力等诸方面的关系。

这一原则是辩证唯物主义认识论知行统一的总规律的反映。个体的知识是由直接经验和间接经验两部分构成，一般讲理性认识以感性认识为基础，间接经验以直接经验为基础，间接经验也会反过来指导获得新的直接经验，不断地丰富人类的知识。由于科学知识的产生和发展都离不开个体的社会实践，因此，在教学中传授和掌握知识时不能与实践脱节，既重视对学生进行系统的理论教育，又要重视实践活动，将二者有机结合起来。同时该原则也是教学中学生认识过程的特殊性所决定的，间接性是学生在教学过程中认识的特点，即主要是在教师指导下以获得间接经验为主。但教学中也要让学生获得必要的直接经验，培养学生解决实际问题的能力和对社会的良好适应性。

贯彻这一原则的基本要求如下：

第一，重视理论知识的教学，同时联系实际进行传授。教学中的所谓理论，可以理解为书本知识和教师传授的间接经验；所谓实际，则包括学生实际、教学实践和社会实践。在教学中教师必须引导学生学好理论，打好扎实的理论知识基础，没有理论就谈不上联系实际。同时为了使学生能自觉掌握各学科的基本知识，在教学中教师必须注意联系实际来讲授理论知识，这不仅是全面实现教育目的的需要，也是使学生更好地掌握理论知识的需要。理论联系实际主要有：①联系学生的实际，包括生活经验和已有的知识、能力、志趣、品德的实际情况，有的放矢地进行教育；②联系教学过程自身的实际，如练习、实验等，以及联系社会的实际，如见习、实习、参加社会生产劳动，使学生了解科学知识在生产建设和社会生活中的实际运用；③联系当代最新科学成就的实际等。只有注意理论联系实际，教学才能生动活泼，抽象的书本知识才能够易于被学生理解、吸收，转化为他们有用的精神财富，这样才能把知识教活用活。教师在传授理论知识的过程中，怎样联系实际、联系哪些实际来讲授理论知识，要根据教学需要进行创造性的劳动。

第二，加强教学的实践性环节，注重培养学生运用知识于实际的能力。教师要重视教学中的各种教学实践，如练习、实验、实习、参观等，这是教学中理论联系实际的主要方面。教学实践可以让学生掌握一定理论知识后，能学以致用，有利于学生掌握知识、训练技能和技巧。因此，教师要引导学生积极进行这种实践活动，对学生严格要求，并给予督促、检查，培养和提高学生运用知识的能力。同时，教师还要注意组织学生参加社会实践活动。教师可以根据各科教学内容的特点，组织学生进行一些访问、社会调查，参加一些课外兴趣或科技小组等实践活动，使学生把书本知识的学习与一定的实践活动结合起来。这样，学生不仅将书本知识运用于实践，从而大大丰富了他们的直接经验，而且还补充了他们学习书本知识的不足，从而使学生掌握的知识更加完备。

第三，恰当处理知识教学与技能训练的关系。朱熹曾经说过"知理而不行等于不知，行而不知乃知其然不知其所以然也"。在教学中，需要教师处理好知识讲授和技能训练的关系，既不能只讲不练，也不能不讲只练，前者导致学生缺乏动手能力，后者导致学生知识混乱。只有将两者有机结合起来，才能达到让学生深刻理解知识、掌握技能的目的——学以致用。

第四，要注意联系当地实际，适当补充地域教材。我国地域辽阔，各地自然环境、社会环境各有特点。教师教学中应注意联系当地自然人文的实际情况，这样学生听起来感到亲切，利于学生理解。同时教师要因地制宜地补充地域教材，如当地的风土人情、历史文化等。这样有利于学生运用理论知识就近解决实际问题，也有利于培养学生热爱家乡的情感和建设发展家乡的理想。

三、启发性原则

启发性原则，是指教学中教师充分发挥主导作用，采取有效的方法，最大限度地调动学生学习的主动性、积极性、创造性，引导学生独立思考，主动探求知识，生动活泼地学习，增强学生独立分析问题、解决问题的能力。

启发性原则反映了教学活动中将教师的主导作用和学生的主体地位相统一的教学规律。教师是专门的教育者，闻道在先，掌握一定的教育教学方法，在教学中能够充分发挥自己的主导作用，引导学生学习、思考。但教师的引导必须通过学生积极主动的学习、接受才能发挥作用。正如毛泽东同志所说：外因是变化的条件，内因是变化的依据，外因通过内因而起作用。学生是教育的主体，无论是教师把书本知识转化为学生个人的知识，还是把学生个人的知识转化为学生的思想观念、能力或实际行动，都需要通过学生自己的积极思考和实践活动，这样才能取得好的效果。如果学生听而不闻，视而不见，教师讲得再好也没有效果。所以教学活动必须要将教师的主导作用和学生的主体地位统一起来。

历史上中外教育家都很重视启发教学。如我国教育家孔子说，"学而不思则罔，思而不学则殆"，他还提出"不愤不启，不悱不发。举一隅不以三隅反，则不复也"。这可看作我国"启发"一词的来源。我国最早的教育著作《学记》也提出"道而弗牵，强而弗抑，开而弗达"的教学要求。在西方，比较著名的是古希腊学者苏格拉底。他在教学中重视启发学生思考，他善于用一问一答的方式引导学生自己去寻求正确的答案，这种方法被称为"产婆术"，是说教师在引导学生探求知识过程中起着助产的作用。文艺复兴后第斯多惠在提倡启发教学上很有名，他的名言是："一个坏的教师奉送真理，一个好的教师则教人发现真理。"历史上这些思想至今对我们仍有借鉴意义。

举例❶

我讲授《沙漠里的船》一课时，一个名叫颜江武的学生提出了自己的疑问："书上说，骆驼的嗅觉灵敏，不论什么地方有水，它都能找到，我看有些不科学。水是无色、无味、无臭的液体。水既然没有气味，那骆驼怎能嗅得到呢？"我肯定了这个问题提得好，并鼓励大家谈出自己的看法。不一会儿，一个同学满有把握地说："有水的地方空气湿润一点，无水的地方空气干燥一些。如果骆驼的鼻子感到舒服，就知道哪儿有水。"有的说："空气湿润和干燥，骆驼的鼻子很灵敏，可以凭感觉判别出来。"后来，颜江武同学的《骆驼"嗅"不到水源》发表在《小学生科普报》上，引起了一些小读者的兴趣。

贯彻这一原则的基本要求如下：

第一，抓住学习动机，调动学生学习的主动性。学习动机是学生进行学习的心理要素，是学生的内在学习需求。学习动机决定了学习目的和学习态度，学习积极性、自觉性正是学习动机、学习目的在态度上的外在表现。学生具有正确的学习动机、目的就会产生强烈的求知欲，就能集中精力、坚持不懈地克服学习中的困难。如果学生的学习没有内在动力，则很难持久。所以，调动学生学习的主动性是启发的首要问题。同时学生的学习主动性受诸多因素影响，如学生的兴趣、求知欲、情绪、态度、愿望。因此，教师要善于因势利导，在培养学生的学习主动性上，最主要的是充分发挥教材本身的吸引力，以它的情趣、意境、价值以及在社会生活、生产、科研和人类发展中的巨大作用，来激发学生的求知欲和积极性。

第二，教师要善于激疑，启发学生积极思考，培养学生善疑善问、多思深思的习惯。启发性原则的精髓是善于激疑。在教学中，学生积极地思考是启发的关键。为此，教师要通过激疑，起到一石激起千层浪的效果，激起学生积极思考，达到茅塞顿开的目的。我们常说"问则疑、疑则思"，只要教师提问切中要害，发人深思，学生的思维便会活跃起来。教学中激发学生思维的方法很多，常用的方法有：通过画龙点睛的讲解，启发学生了解课文；用比较法启发学生克服理解中的泛化现象；用反问归谬法，启发学生回忆旧知识理解新教材；运用范例启发学生独立思考，防止机械模仿等。同时教师在启发学生思考中，还要注意有耐心，要鼓励学生有问有

---

❶ 傅道春. 情境教育学［M］. 黑龙江：黑龙江教育出版社，1996：148.

疑，给学生以思考时间；问题要有重点，不能蜻蜓点水，启而不发；要深入下去，提出补充问题，引导学生去获取新知；不仅要启发学生理解知识，而且要启发学生掌握获取知识的方法。

第三，让学生动手，培养独立解决问题的能力。教师要给学生自学和练习的机会，让学生通过动手、动口、动脑、亲自实践去获取知识。教学中的启发不仅要引导学生动脑，而且要引导他们动手、动口。教师要善于启发诱导学生将知识创造性地用于实际，向他们布置由易到难的各种作业，让他们去独立探索，别出心裁地完成作业，发展学生的创造才能。

第四，发扬教学民主，尊师爱生。教师爱护、关心学生，发扬教学民主，才能为启发式教学提供保证和创造良好的学习气氛。在这种气氛中，学生有愉快的学习情绪，心情舒畅，学生学习的主动性、积极性就能充分调动；学生尊敬教师，信任教师，听从教师教导，教师的主导作用也能进一步发挥。同时教师还应虚心向学生学习，做到"教学相长"。古人云："师未必贤于弟子，弟子未必不如师。"教学中教师要注意向学生学习，这样有利于发扬教学民主，调动学生学习的积极性。因此建立民主、平等的师生关系，教师就会不断改进教学工作并积极鼓励学生质疑问难，学生也会解除顾虑，积极主动地学习。

四、循序渐进的原则

循序渐进原则，是指教学中教师要按照科学知识内在的逻辑体系和学生身心发展的顺序进行教学，系统地、有步骤地使学生逐步地掌握基础知识和基本技能，促进学生身心发展。

循序渐进原则反映科学知识本身有着严密的逻辑系统，其知识结构有必然的内在联系，是有序可循的。反映人类各门知识的各学科，有其自身严密的逻辑系统，如数学中的几何知识是从"点—线—面—体"的顺序展开、不断深化的。同时循序渐进原则也反映学生身心发展的顺序性规律，包括认识发展的规律。学生的身心发展从低级到高级循序渐进地进行，也是有序可循的。例如，学生认识活动的发展是由感性认识到理性认识，由形象思维到抽象思维的发展顺序。教学活动要遵循这两个"序"来编写教材和组织教学，才能使学生在掌握知识和技能的过程中，由不知到知，由不会到会，逐步地提高和发展认识能力，学会系统地学习，养成系统的、循序渐进的学习习惯，故也有人把循序渐进原则称为系统性原则。

教学活动要循序渐进也是教育实践经验的总结。如《学记》上就曾讲"学不躐等"；朱熹读书法中的首条就是"循序渐进"；我国古代推崇的"齐家治国平天下"的教育也反映出循序渐进的思想。教育家夸美纽斯也说过，"自然并不跃进，它只是一步一步地前进"，要求教育遵循自然的原则。心理学家巴甫洛夫也告诫人们："你们在攀登科学顶峰之前，务必把科学的初步知识研究透彻，还没有充分领会前面的东西时，就决不要动手搞后面的事情。"这说明教学活动一定要遵循循序渐进的原则。

贯彻这一原则的基本要求如下：

第一，要按课程标准和教科书的系统进行教学。各科课程标准是由国家或地方教育主管部门制定、颁布的，教科书是依据课程标准的要求编写的。课程标准和教科书都是依据学科的逻辑顺序和学生的身心发展顺序制定和编写的。教学中教师不能随意增减内容，不能破坏知识的体系和完整性。教师要按教材的体系系统进行，由近及远、由浅入深、由易到难、由简到繁，由已知到未知。但教学中要循序渐进，并不是不分轻重平均使用力量，而要分清主次，突出重点、难点。中小学阶段教学中应避免进行经常性地搞"突击竞赛"和"题海战术"，应重视学生系统地学习。

第二，要根据学生身心发展的顺序性规律进行教学。教学过程中教师还要考虑到学生身心发展的水平，针对学生各年龄段认知活动和个性品德发展的规律，进行有效的教学。例如，学生学习和掌握知识时，一般要经过从感知、理解到巩固、运用等各阶段。

第三，注意新旧知识之间的联系。教师在教学中，要科学把握教学内容的顺序和前后知识之间的衔接。在学生学习新知识时，要和以往知识联系起来，在以往知识的基础上逐步扩展和加深，使新知识成为学生旧知识的合乎逻辑的发展，并把新知识纳入学生的知识系统中。

第四，要引导学生循序渐进地学习，培养学生系统学习的习惯。教师在教学中要培养学生系统学习的良好习惯和坚持不懈的刻苦学习的品质。教育学生学习要善始善终、持之以恒。同时教师通过系统性地授课，经常性地向学生布置作业，组织预习和复习，并引导学生有计划地系统地学习课外知识以及系统地检查学生知识等，培养学生踏实的、持之以恒的良好学习习惯和对所学知识系统化的能力。

五、直观性原则

直观性原则，是指在教学中教师根据教学内容的需要，利用学生的各种感官和已有的经验，通过具体的事物、模型、图片、图表或形象的语言描述，丰富学生的感性认识和直接经验，使学生获得有关事物、过程的清晰表象，作为学习新知识、形成新概念的基础，发展学生的认识能力。

直观性原则是依据学生认识客观世界的特点和教学过程的认识规律提出来的。教学中，学生在学习书本知识的过程中，会遇到词、概念、原理与其所代表的现实事物相脱离的情况。为帮助学生理解和掌握科学知识，教师要利用直观教具，让学生直接感知学习对象；或通过生动、形象的语言描绘，帮助学生形成表象。从而促使学生将具体感知与抽象思维相结合，正确理解间接经验，减少学生掌握抽象概念的困难，大大提高学生学习的兴趣和积极性。

直观的具体手段有三种：实物直观、模像直观和语言直观。直观教具一般分两大类：一类是实物直观，包括各种实物、标本、实验等；一类是模像直观，包括各种图片、图表、模型、幻灯、电视、电影、录音等。随着现代信息技术的发展，多媒体视听设备为直观教学的开展提供了更广阔的发展前景，并不断提高教学效率。

举例❶

上《鱼》一课时，教师事先在水盆里放了一条活鲫鱼，让学生仔细观察鱼的形状、表面、背鳍、胸鳍、尾鳍。然后，问学生各种鳍的作用是什么？学生一下给问

❶ 王道俊，等. 教育学 [M]. 北京：人民教育出版社，1992：230.

住了。这时，教师用剪刀把鱼鳍尾鳍剪掉，结果学生发现鱼在水中无法前进了；他又把胸鳍及腹鳍剪掉，结果鱼体在水里失去平衡；再把背鳍剪掉，鱼只能一动不动地躺在水里喘气。通过观察，学生明白了各种鳍的作用。

贯彻这一原则的基本要求如下：

第一，根据教学内容的特点和需要，适当地选择直观手段。教学中教师根据教学的具体任务、教材的性质和难易程度、学生的特点等选择直观手段，直观是手段，不是目的。同时教师在制作和选择直观教具时，要注意直观教具的典型性和代表性，直观教具要为完成教学任务服务。所以，无论运用何种直观方式，都要围绕教学活动有目的地加以运用，不要为直观而直观。

第二，使用直观教具要与讲解相结合。教学活动中的感知往往与教师指导下的观察活动分不开，教师在使用直观教具时，要通过提出问题引导学生观察学习对象，把握事物的特征，发现事物之间的联系；并通过讲解以解答学生在观察中的疑问，获得较全面的感性知识，从而更深刻地掌握理性知识。因此，直观教具使用时离不开教师的讲解。

第三，要加强语言直观的运用。教学中教师运用语言进行生动的讲解、形象的比喻和描述，能给学生以感性知识，帮助学生形成生动的表象或想象，从而起到直观作用。语言直观的优势在于不受实物、模像等直观所需的时间、地点、设备等各种条件的制约。同时教师使用其他直观手段时，为了加强直观教具的感染力，帮助学生抓住要点，也有需要在演示的同时，辅之以讲解，引导学生透过现象深入了解事物的本质。因此，教学中教师要重视语言直观的运用，通过运用生动形象的语言，取得直观的教学效果。

第四，在直观的基础上提高学生的认识。教学中教师要充分利用直观教具，培养学生的观察力和注意力，引导学生进行观察、思维等活动，发展学生的认识能力。

六、巩固性原则

巩固性原则，是指教师在教授学生知识和技能的过程中，引导学生在理解的基础上牢固地掌握所学的知识和技能，采取各种有效的方法，使学生将所学的知识和技能持久地储存在记忆中，当需要时能迅速地再现出来，达到灵活运用的程度。

巩固性原则是依据人的记忆规律提出的。"遗忘曲线"表明人在记忆无意义字符时，遗忘速度会出现先快后慢的现象。教学中，学生在较短的时间里学习大量的间接经验，必然出现掌握快、遗忘也快的现象。因此，教师必须对学生已学的知识及时巩固。我国古代教育家孔子说过："学而时习之""温故而知新"，捷克教育家夸美纽斯形容只顾教知识而不注意巩固等于"把流水泼到一个筛子上"❶，什么也没留下。这些都讲明了知识要及时巩固。

贯彻这一原则的基本要求如下：

第一，在理解知识的基础上巩固。学生对所学知识的牢固掌握是以理解作为基础的，学生对学习的知识领会越清晰，理解得越透彻，越容易巩固。在教学中，教

---

❶　[捷克] 夸美纽斯. 大教学论 [M]. 北京：人民教育出版社，1979：114.

师注意运用直观教学和逻辑论证引导学生对间接经验进行感知和理解，并在理解的基础上进行记忆，帮助学生掌握新知识和技能。当然教学中也要求学生对一些知识进行机械记忆，如年代、人名、外文词汇等。

第二，及时组织学生进行复习。"复习是学习之母"，复习能使学生将所学的知识得到"强化"，长期保持在记忆之中。教学中，教师可把学期初复习、经常性复习、阶段性复习和学期末复习等不同复习有机结合（见表 10－1）；教师进行复习的方式方法应不断变换，可将提问、讲授、作业、实验、测验、录像等形式交替使用，避免学生产生记忆疲劳。

表 10－1❶　各种复习分类

复习的种类	复习的任务和方法
学期开始时的复习	为了恢复学生可能遗忘的知识，使新课能顺利进行，根据情况和需要进行重点复习，一般不作全面复习
经常性的复习	为了及时巩固学生所学的知识。可以在讲授新知识前，复习已学的有关知识，为新课作准备，或由旧课导入新课；在讲授新知识过程中，注意复习和联系已学过的有关知识，利用已有知识掌握新概念；在讲完新知识后，注意通过小结、提问、学生作业、复述等及时复习新知识；课后，要求学生对当天的功课及时复习
阶段性的复习	为了把一个阶段（或单元）学生所学知识系统化、深化，弥补他们掌握知识中的缺陷。单元结束后立即进行，主要复习基础知识、基本技能
期末的复习	为了使学生全面、系统、巩固地掌握一学期所学的知识、技能，弄清重点和关键，前后章节之间的内在联系，辨析易混淆的概念，纠正运用知识时常犯的错误；可以将系统复习与重点复习结合起来

第三，帮助学生掌握科学的记忆方法，养成学生善于记忆的习惯。教学中，教师要指导学生掌握记忆方法。目前具体记忆方法包括分类记忆法、重新改组记忆法、轮廓记忆法、提纲记忆法、符号记忆法、"整体—部分—整体"记忆法、自我复述记忆法、自我反省评价记忆法等。教师要根据不同教学内容的特点，指导学生运用不同的记忆方法，帮助他们形成有个人特色的记忆习惯。

第四，重视对学生学习质量的检查与评价。教师只有通过检查，才能了解学生对知识、技能理解和掌握的情况，以便查漏补缺，从而采取相应的措施，使复习巩固工作的目的性更为明确，方法更切合实际。同时，还要培养学生自我检查和评价其知识、技能质量水平的能力和习惯。

七、因材施教的原则

因材施教原则，是指教师在课堂进行集体教学时，注意从学生实际出发，照顾学生个别差异，使每个学生都获得最佳发展。这一原则要求教师从学生的实际出发进行教学。一方面，教学的深度和进度要适合学生的知识水平和接受能力；另一方面，教学必须考虑学生的个性特点和个别差异。

因材施教原则是依据学生身心发展的个别差异性这一客观规律提出的。这一原

---

❶　王道俊，郭文安. 教育学：第 7 版［M］. 北京：人民教育出版社，2016：209.

则的提出是为了处理好集体教学与个别教学、统一要求与学生个别差异问题而提出的。《论语·先进篇》曾记有：子路问："闻斯行诸?"子曰："有父兄在，如之何其闻斯行之?"冉有问："闻斯行诸?"子曰："闻斯行之。"公西华曰："由也问'闻斯行诸?'子曰'有父兄在';求也问'闻斯行诸?'子曰'闻斯行之'。赤也惑，敢问?"子曰："求也退，故进之;由也兼人，故退之。"❶ 还有，子曰："从我于陈蔡者，皆不及门也。德行：颜渊，闵子骞，冉伯牛，仲弓。言语：宰我，子贡。政事：冉有，季路。文学：子游，子夏。"❷ 孔子明确提出了人各有所长，教育应因材施教。宋代学者朱熹曾把孔子的言行概括为"孔子施教，各因其材"，这成为"因材施教"的来源。

举例❸

我接受了一个差生班以后，对学生的知识进行摸底排队，发现这 24 个学生的发展也是不平衡的。有的学生对这部分知识掌握得比较好，而对另一部分知识掌握得差或尚未掌握。我决定把学生分成两组，进行了同年级同科目同教材有分有合的单式"复教"的尝试。

单式"复教"在教学中有分（复式教学）、有合（单式教学）。那么什么时候合，什么时候分呢? 一般情况下，把两个组合起来教学。如果有些教材，好组学生已掌握或容易理解，而差组学生需要在教师辅导下才能掌握或理解时，这时就分组教学;对好组做提高工作，着重培养能力，发展智力，对差组则扎扎实实地讲解教材的基本内容，使这些学生达到基本要求。

贯彻这一原则的基本要求如下：

第一，了解学生，针对个别差异及其可变因素作科学分析。教师在进行集体教学时，要了解整个班级的一般情况，也要充分了解和尊重学生的差异，要面向每一个学生。一个班级学生之间的差异表现在外，还包括学习类型、学习习惯、思维类型等方面，如有的学生习惯在组织好的教学中学习，而有的学生则善于独立学习;有的学生擅长形象思维，有的则逻辑思考占优势。因此，教师必须了解班里每个学生德智体发展的特点，各学科学习的情况，有何兴趣、爱好与擅长以及不足之处。同时，教师还要科学分析学生差异形成的原因，包括学生个人能力、个性及以往学习的成功和失败的经历。对学生个别特点进行全面、深入的分析，是教师因材施教、有的放矢地进行教学的基础。

第二，针对学生的特点区别地教学。教师在了解学生的基础上，要处理好一般和个别的关系。在面向集体教学的同时要善于兼顾个别学生。一方面教师在教学中，面向全班大多数学生授课，是其进行教学活动的基点;另一方面教师教学中要正确对待学生的个别差异，包括"尖子"学生和"落后"学生。教师在课堂教学的基础上，针对学生的不同情况进行个别辅导，布置课外补充作业等。教学中教师要善于发现和培养具有特殊才能的学生，要通过多种渠道了解和掌握学生的知识、智力、

---

❶ 杜宏博，等. 百子全书——四书译注［M］. 沈阳：辽宁民族出版社，1996：150-151.

❷ 同上，147.

❸ 陈宝山. 单式复教的尝试［J］. 江苏教育（小学版），1980（7）.

道德水平以及学生的兴趣、爱好和性格，让"尖子"生充分发挥他们的潜力，百尺竿头更进一步；同时教师要热情关怀，耐心帮助和辅导"落后"生，要用发展的观点看待他们，人都是会发生变化的，尤其是青少年。有早慧的儿童，也有很多人大器晚成。帮助"落后"学生分析原因，增强他们的信心，通过刻苦努力学习，甩掉落后的帽子。总之，教师教学中，要发挥学生长处，弥补他们的不足，做到"长善救失"，对症下药，不放弃任何一个学生。

延伸阅读：

美国教育心理学家布卢姆谈到如何认识学生的个别差异时说："当我开始涉足教育研究和教育测量领域时，最流行的观点是：（1）学生有好有差。（2）学生有学得快的有学得慢的。在过去十年中，我和助手进行了导致下述结论的研究：只要有合适的学习条件，绝大多数学生在学习能力、学习速率和继续学习动机等方面将变得十分相近。儿童特点的主要决定因素是大人在家里与儿童交往过程中的行为，而不是父母的经济水平、教育水平等方面的特点。……学习中的个别差异是一种观察得到的现象，这种现象可以用多种不同的方式来预测、解释，并加以改变。……学生的部分差异是由于家庭和学校中所用的特定做法而产生的，……造成学校学习中的个别差异的最重要的因素之一，是班级教学的集中性。……学习中的差异和学生的学习水平是由学生的学习史和他们所受教育的质量决定的。若这两个方面进行适当改变，就可大大缩小差异，提高学习水平，并在减少所花时间、精力的意义上提高其学习效率。"

苏联教育家巴班斯基曾调查了罗斯塔夫省二百多所学校的二千多名留级生和在学季考试中一千名不及格的学生。通过教育会诊，发现主要原因是教学问题：知识有空白点的占8%，学习劳动技巧的水平低占34%，认识过程发展上的缺陷占20.5%，意志、修养和纪律差占6.5%，对学习采取消极态度占9%，因健康原因占10%，家庭消极因素占12%。

—— 巴班斯基《教学过程最优化》

第十一章　教学方法

　　教学方法是教学论研究的重要内容，教学方法理论既是人们对教师教学实践经验的高度概括，又在教学实践中指导着人们的教学活动。教学方法是理论，也是一个操作性很强的实践问题。

第一节　教学方法概述

　　教学方法是随着人类社会的发展，并在人们对教学实践和理论不断总结和概括的基础上，不断改革和发展的。教学方法正是在人们持续不断的继承与改造的过程中，逐步形成了今天的教学方法体系。

一、教学方法的概念

　　对于教学方法的理解有三种不同的认识[1]：最广义的理解是把实现教学内容、完成教学任务的一切手段和途径通称为教学方法，包括教学原则、教学组织形式等。第二种理解是与教学原则相区别，将教学原则作为教学方法的指导思想，但是教学组织形式仍然被称为教学方法。狭义的教学方法的理解已与教学原则和教学组织形式划清界限，就是指讲授、谈话、练习、实习等教学方法。我们要讨论的教学方法也是基于第三种认识。

（一）教学方法的定义

　　对教学方法进行界定主要有以下几种：

　　"教学方法是指教师在教学过程中为了完成教学任务所采用的工作方式和在教师指导下的学生的学习方式。"[2]

　　"教学方法是教师为完成教学任务所采用的手段。"[3]

　　"为达到教学目的，实现教学内容，运用教学手段而进行的，由教学原则指导的，一整套方式组成的，师生相互作用的活动。"[4]

　　"教学方法是教师组织学生进行教学活动的动作体系（包括内隐动作和外显动作）。"[5]

---

[1] 王策三. 教学论稿 [M]. 北京：人民教育出版社，1985：242.
[2] 上海师大. 教育学 [M]. 北京：人民教育出版社，1979：156.
[3] 华中师院等五院校. 教育学 [M]. 北京：人民教育出版社，1982：150.
[4] 王策三. 教学论稿 [M]. 北京：人民教育出版社，1985：244 – 245.
[5] 吴也显. 教学论新编 [M]. 北京：教育科学出版社，1991：360.

"教学方法是为完成教学任务而采用的方法。它包括教师教的方法和学生学的方法，是教师引导学生探讨与掌握知识技能、获得身心发展而共同活动的方法。"❶

"教学方法，是在教学过程中，教师和学生为实现教学目的、完成教学任务而采取的教与学相互作用的活动方式的总称。"❷

上述对教学方法的界定的共同之处，一是几乎都涉及既有教师教授的方式、手段，也包括学生学习的各种手段；二是教师和学生的工作或活动。同时我们也看到有些界定把教学方法只限制在教师教的范围，这是片面的。

我们认为，教学方法是教师和学生为完成教学任务而采用的教和学的各种方式及手段。教学方法是课堂教学中教师与学生交往的媒介之一，是顺利实施教学活动的必要条件。

（二）教学方法的选择

在教学方法选择上，存在着两种对立的指导思想，即启发式和注入式。由于教学方法的指导思想必然会通过某种教学方法的实施具体地体现出来，所以启发式和注入式又可以看作两种对立的教学方法体系。倡导启发式、反对注入式是我国教师选择和运用教学方法的指导思想。启发式把学生看成是一个活生生的有血有肉的人。强调学生是教学过程的参与者，是学习的主人。在教学中，教师应尊重学生的主体性，从学生的实际出发，充分调动学生学习的积极性和主动性，指导学生自己去学习，让学生掌握学习方法，从而学会学习。注入式又称"填鸭式"，是教学中，教师仅从自己主观出发，把学生当成是一种单纯接受知识的容器，向学生单向灌注知识，不考虑学生学习的主观能动性。在这种思想支配下，教学中学生的主体地位无法体现，学生学习的主动性、积极性被扼杀。因此，将启发式作为选择各种教学方法的指导思想，其理由在于启发式教学符合辩证唯物主义提出的内因与外因相互作用的理论，也符合学生心理发展规律。

教师要有效地完成教学任务，必须正确地选择教学方法。一般而言，教学方法的选择主要依据是：第一，教学目的（包括教学目标）和任务；第二，教学规律和原则；第三，学科内容及其教学法的要求；第四，学生的学习准备状态，包括身心发展特点、已有知识贮备、学习态度、学习方法、学习习惯等；第五，教师自身素养和条件，包括业务水平、实际经验、独特的教学风格等；第六，学校与周围环境可能提供的条件，包括社会条件、自然环境、物质设备；第七，教学时限，包括规定的课时与可利用的时间。

教学是一种创造性活动，教师对教学方法的选择与运用，要综合考虑各个方面的因素，常言说："教学有法，但无定法。"教师要扬长避短，努力表现出自己的教学艺术和形成自己的教学风格。

二、与"教学方法"有关的概念

在实际教学工作中，我们除使用教学方法外，还常常使用"教学方式""教学

❶　王道俊，郭文安. 教育学：第7版［M］. 北京：人民教育出版社，2016：215.
❷　李剑萍，魏薇. 教育学导论［M］. 北京：人民教育出版社，2000：249.

手段"等概念，那么这些概念与教学方法有何关系呢？

（一）教学方式

教学方式是教师和学生进行的个别智力活动或操作活动，是构成教学方法的细节。例如，演示法作为一种教学方法，它是由若干教学方式组成的。包括教师演示方式、教师用言语解释事物的方式，学生观察的方式、学生边观察边记录的方式等。教学方式与教学方法的区别在于，一个单独的教学方式不能独立完成教学任务，而一个教学方法却可以独立完成教学任务。

（二）教学手段

教学手段是指为提高教学方法效果而采用的一切器具和设施。它包括教学用书（教科书、参考书、工具书）、直观教具（各种实物、图片、标本、模型仪器）、现代化视听工具（幻灯片、无线电、录音机、录像、多媒体课件）以及专用教室等。由于信息技术广泛运用到教学中，促进教学手段的不断进步，特别是运用动画等现代教育技术手段，有利于学生对书本知识的理解，大大提高了课堂教学的效果。

（三）教学方法组合

教学方法组合是指在一定教学思想指导下，在长期的实践过程中形成的具有稳定特点的教学活动模式。每种教学方法组合均遵循一定教学理论思想，并有特定的活动结构，而且必须经过长期的实践。比较有影响的教学方法组合有问题—发现教学、程序教学等。

第二节　教学方法的分类及常用的教学方法

一、教学方法的分类

教学方法很多，对其分类的角度也不同。有的按教师教和学生学的活动状态把教学方法分为教师教的方法，如讲授法、演示法等和学生学的方法，如练习法、实验法等。还有按照教学活动的外部形态区分来命名的，如讲（讲授）、谈（谈话、问答）、看（演示）、练（练习、作业）、议（讨论）等，都体现一种教学活动，具有独特的教学功能，不可能用其他方法来代替。还有的综合教学活动中教师与学生的活动以及教学方法的特征将教学方法分为以语言传递为主的教学方法，如讲授法、谈话法、读书指导法等；以直观感知为主的教学方法，如演示法、参观法等；以实际训练为主的教学方法，如练习法、实验法、实习作业法等；以陶冶为主的方法，如情境教学法等。尽管存在着对教学方法的不同分类，但分类的目的无非是便于教师对教学方法的理解和使用。因此，教师教学中应根据教学目的和要求，综合考虑各种因素，合理使用教学方法，不要受到教学方法分类的束缚。

二、中小学常用的教学方法

（一）以语言传递为主的教学方法

这类教学方法以教师的教授活动为主，是比较常用的教学方法。

1. 讲授法

讲授法是教师运用口头语言系统地向学生传授科学知识、思想观点和发展学生思维活动能力的一种教学方法。这是古老而最常用的一种方法。通常用于课堂教学，也用于课外的各种教育活动中。其优点在于教师能够充分地发挥主导作用，易于控制所传递的知识内容，使学生在较短时间内获得较多的系统连贯的知识。同时发展学生智力，陶冶学生情感，提高学生的思想。不足之处是教师容易忽视学生学习的主动性和积极性，难以照顾学生的个别差异。

讲授法又可分为讲述、讲解、讲读和讲演等形式。讲述是教师对某个事物或事件做系统的叙述和描绘，不做解释和分析；讲解是教师用通俗易懂的语言向学生解释、分析和论证概念、公式、原理；讲述讲解各有侧重，也可在教学中结合使用。讲读是教师将讲述与讲解同阅读教材有机结合，就教材内容边读边讲，指导学生阅读。讲演是教师向学生不仅系统而全面地描述事实，而且要深入分析和论证事实，并在此基础上得出科学的结论，常在中学高年级采用这种方法。

举例[1]

教师对于每一个概念都须逐字逐句地给学生分析讲解，不要求死记硬背，而是牢固掌握"要点"，从本质上理解概念的含义。比如"垂直平分线"的概念，教材上是这样定义的："垂直于一条线段并且平分这条线段的直线，叫作这条线段的垂直平分线，或中垂线。"它有四个要点"垂直""平分""线段""直线"，缺一不可，叫学生用黑点表示，并提问：(1) 这个概念若删去"平分"二字，可以吗？删去"垂直"二字呢？(2) 将"线段"二字改为"直线"二字可以吗？为什么？应当指出的是，教材中给概念下定义采用的形式是"……，叫作……"，其"叫作"就是它的本质属性。在概念的叙述中若没有用专门词语"叫作"相连接，则就不是给该概念下定义。比如对于"直角"这个概念，教材中是这样定义的："当一个角等于平角的一半时，这个角叫作直角。"若说"90°"的角叫作"直角"，只是描述性的表示。

运用讲授法的基本要求如下：

①讲授内容要做到科学性、系统性和思想性的统一。教师要精通教学内容，讲授时重点、难点要突出，并保证系统全面；要让学生获得正确的知识，促进学生思想提高，体现教学的教育性思想。

②要讲究语言艺术。讲授时，语言要力求清晰、准确、简练、生动、有趣，条理清楚，通俗易懂，符合学生年龄特点。要注意语法规则，尽量避免口头禅。语言节奏上要快慢适度，语调要抑扬顿挫，音量大小控制合理，并注意体态语言的运用，提高语言的感染力。

③要注重启发性。讲授时，教师要善于启发学生积极思维，引导他们独立思考，跟随教师思路，弄懂问题，掌握知识，把学与思紧密结合起来。要求教师自觉地培养学生思维能力，不但使学生获得具体知识，而且要让他们学会思考的方法。

④与其他教学方法配合使用。讲授时，为补充口头语言的不足，教师可恰当地运用板书、教具以及现代化教学手段，通过文字和形象化手段给学生以更清晰、更

---

[1] 傅道春. 情境教育学［M］. 哈尔滨：黑龙江教育出版社，1996：24.

准确、更鲜明的印象，有力地提高教学效果。

2. 谈话法

谈话法是教师根据一定的教学要求，在学生已有知识经验的基础上提出问题，引导学生积极思考，通过判断推理来获得或巩固新知识的方法。谈话法也是比较古老的教学方法。该方法的主要优点，一是激发学生的独立、积极思维，有利于发展学生的思维能力；二是有利于培养学生语言表达能力；三是有利于调动学生学习的积极性。但谈话需要花费较多的时间，而且要求教师有较高水平的教学技巧；另外谈话法只适用于从已知到未知，而不适用于从不知到知，并不是所有教学活动都可以运用谈话法；但是，由于谈话法在问题的设计和引导学生应答等方面都有一定的难度，运用不恰当，会造成课堂教学失控而脱离谈话中心；同时，谈话法也需要学生有一定的知识基础或作必要的知识准备。所以，应该根据需要与学生情况选用，最好与其他教学方法配套应用。

谈话法可以根据实现教学任务的角度分为复习谈话、启发谈话、总结谈话。复习谈话主要用于检查复习活动，通过师生问答方式帮助学生复习、深化、巩固知识。启发谈话用于学习新知识，教师向学生提出新问题，引导学生思考和探究新知识。总结谈话用于一定阶段的总结性讨论。

举例❶

《青蛙的眼睛》（六年制六册）第二自然段写了一奇怪而有趣的试验：给青蛙吃许多静止的死苍蝇，青蛙却活活饿死，但只要把死苍蝇拴在线上，在青蛙眼前掠过，青蛙立刻就会跳起来把死苍蝇吃了，跟吃活的一样。这是一个特殊的例子，作者的目的是想通过青蛙吃动的死苍蝇，不吃静的死苍蝇这一特例，告诉人们这样一个普遍的道理：不论死活，青蛙爱吃动的昆虫，不吃静的昆虫。教学中怎样体现出这一特殊和普遍的联系呢？一位老师是这样处理的：

师：这个奇怪的试验说明了什么？

生：说明死的苍蝇青蛙也要吃，不过死的苍蝇要动起来它才会吃。

师：如果不用动的死苍蝇，而用动的死蚊子、死白蛉、死蚱蜢等，青蛙也爱吃吗？为什么？

生：爱吃，因为这些东西都在动。

生：因为这些东西都是昆虫。

师：那么，这个奇怪的试验，说明了一个什么普遍的道理呢？

生：说明只要是动的昆虫，不管是死是活，青蛙都爱吃。

通过青蛙吃动的死苍蝇这一特例使学生懂得了青蛙吃动的昆虫这一普遍的道理。

运用谈话法的基本要求如下：

①教师要做好充分准备。上课前，教师要根据教学内容和学生实际，对谈话中心、主要问题、谈话过程中可能出现的情况等做好充分的估计，写出详细、具体的谈话提纲。

②教师要善于提问。提出的问题要具体、明确，有启发性和趣味性，问题的难

---

❶ 傅道春. 情境教育学 [M]. 哈尔滨：黑龙江教育出版社，1996：125.

易要适当，形式要多样化。同时教师要善于提出补充问题，灵活掌握谈话技巧。

③谈话要面向全体学生，给学生留有思考余地，并照顾到学生的个别差异，使全班学生都参与谈话。

④做好谈话小结。谈话结束时，教师要及时结合学生谈话的内容进行归纳或小结，对所提出的问题做出明确的结论，纠正学生的错误认识。同时教师还应对谈话过程中学生发言的优缺点进行点评，目的在于鼓励学生积极参与谈话和认真思考问题。

3. 读书指导法

读书指导法是教师指导学生阅读教科书、参考书及课外读物，使学生加深理解和牢固地掌握知识、养成良好读书习惯、培养学生自学能力的教学方法。又可称为阅读指导法或自学辅导法。该方法的主要优点是能培养学生读书的能力与习惯，培养学生的自学能力。当代社会科技迅猛发展，人们需要终身不断学习，因此，培养学生读书的能力与习惯有重要意义。

读书指导法包括教科书、参考书的指导和课外读物的指导。阅读教科书、参考书时，教师主要指导学生预习、复习。指导预习时，要向学生提出要求，进行启发，使学生通过阅读能初步了解课文，为学新课做好准备，教师要教会学生正确使用工具书；指导复习时，要布置作业，提出明确任务，使学生加深对课本知识的理解和巩固，使知识系统化。指导课外读物的阅读时，教师要善于选择课外读物，指导学生阅读方法，主要是精读和泛读。精读用于对课外读物的系统学习，反复领会，是达到融会贯通时的阅读方法；泛读是用于迅速了解阅读的中心思想或为了寻找某种资料的阅读方法，也叫快速浏览法。教师通过指导，逐步培养学生的自学能力。

运用读书指导法的基本要求如下：

①选定学习材料，检查读书效果。教师要指定学生阅读内容包括教科书和课外读物，还要帮助学生选择书籍，制订阅读计划。同时教师还要检查学生的读书情况，督促学生阅读，培养学生的读书习惯。

②适当提供背景知识和材料。对于一些远离学生现实生活，或时代较远的文学作品或历史事件等方面的阅读，教师要适当提供背景资料，帮助学生更好地理解阅读内容。

③提出明确的目的、要求和思考题。让学生带着任务、问题学习，才能提高学生学习的积极性，自主地掌握学习的方向、要求和质量，自主地调节自己的行为去实现学习的目的。

④教给学生读书方法。引导学生掌握朗读、默读和背诵的方法，以及浏览、通读与精读的方法，学会使用工具书，如字典、辞典、索引、注释等，学会做读书笔记，如做记号，做眉批，做摘要、摘录，写阅读提纲和读书心得等。

⑤适当组织学生交流读书心得。教师可根据班级学生阅读情况，适当组织学生开展讨论、笔谈、办读书园地等形式，让学生交流读书体会，巩固学生的读书收获，增强学生读书的兴趣爱好。

4. 讨论法

讨论法是在教师指导下，全部或小组为解决某个问题各抒己见，争论、探讨、辨明是非真伪以获取知识的一种教学方法，也是近年来教学改革倡导的教学方法。

主要优点在于学生集体参加讨论，能培养合作精神；学生之间通过讨论、争辩，能集思广益、互相启发和学习，掌握的知识会更深刻、准确；学生发表自己的见解，有利于培养学生的思维和语言表达能力。

讨论法运用的形式可分为：课堂讨论和会议讨论；全班讨论与分组讨论。

运用讨论法的基本要求如下：

①确定讨论题目。抓好问题是开展讨论的前提，要选择有价值、有启发性、有争议性的讨论题目或解释性、营业性的问题，以吸引学生发表不同的意见，开展争论与辩论。

②讨论时教师要启发引导。教师要倾听学生的发言，适时提出需要进一步深入思考的问题，引导学生围绕中心问题讨论。

③要鼓励学生参与讨论。教师要鼓励学生积极发言，勇于争辩，培养学生独立思考、寻求真理的科学态度和互相帮助、互相补充的合作精神，培养学生的语言表达能力。

④做好讨论总结。讨论结束前，教师要简单总结讨论情况，使学生获得正确的观点和系统的知识，并提出需要进一步思考的问题。

举例❶

美国道德心理学家科尔伯格设计的著名的两难故事，用它们来供学生讨论，以发展学生的道德知识。两难问题不可能有简单的共识的结论，容易引起学生讨论。

故事一：海因茨是个工人，他与他的妻子相亲相爱。海因茨的妻子患了癌症，海因茨陪她去镇上的诊所看病。医生说他已发明了一种治癌的特效药，2000美元一瓶。海因茨付不起钱，愿分期付款。医生不答应，非要一次性付清才给药。海因茨央求无效。晚上，海因茨带上撬门工具，撬得了特效药。海因茨因此被指控犯罪。究竟是谁错了呢？海因茨该不该受到惩罚呢？

故事二：大海沉船，洋面上浮游着遇难的人。救生艇数量有限，而且每个艇只能乘很少的人，超载就要翻沉。艇上已满员，海上的人游向救生艇，争先恐后地要爬上艇。艇上的人该怎么办？

（二）以直观感知为主的教学方法

1. 演示法

演示法是教师向学生陈示有关实物和教具，或进行示范性实验，来说明和印证要使学生掌握的知识的教学方法。演示法的特点在于向学生提供生动的感性知识，使他们把书本上的理论知识与实际事物联系起来，形成概念。该方法的优点是直观性强，利于激发学生学习兴趣，培养他们的观察能力。但这是一种辅助性的方法，要与讲授法、谈话法配合使用。目前这种方法普遍运用于中小学教学中。

演示法按教具分为四类：一类是实物、标本、模型、图片的演示，主要用于展示个别的典型物体或现象，演示时，使学生产生真实感；二类是图表、示意图、地图的演示，用于反映教材中各种不同方面和部分以及现象之间的相互联系，相互制

❶ 叶澜. 新编教育学教程［M］. 上海：华东师范大学出版社，1991：323.

约；三类是实验演示，为了让学生理解某些事物运动发展的过程；四类幻灯、电影、录像等演示，主要是将我们肉眼无法看到的宏观、微观世界中事物运动变化的过程呈现给学生。此外还有在音乐、体育、劳动技术等课上，教师示范性动作或操作的演示。

举例❶

有位教师演示导管功能，他事先把带叶的枝条插入红色溶液里，放在温暖而有阳光的地方晒几小时。上课时，将枝条一段一段剪下来，分到学生手里。他一边讲、一边提问；学生一边剥、一边观察、一边思考、一边回答。他们观察到枝条的皮没有变红，中间的髓也没有变红，而是木质部变红了。学生看了书很快就明白了其中的原因：木质部里有导管，能输送红色溶液。有的同学还看到叶子也变红了。这样，学生就搞清了导管有输导水和无机盐的功能。

运用演示法的基本要求如下：

①根据教学目标需要，做好演示准备。演示前，要根据教学目标选择典型的实物、教具；考虑好演示过程的各个步骤。如果是演示实验，课前必须要试做。

②适时、恰当的演示。教师演示时，要配合课堂教学需要适时演示，过早出示直观教具或用完后不收藏，都会分散学生的注意力；在演示过程中要尽可能让学生利用各种感官，充分感知学习对象，获得深入的感性材料，还要引导学生观察对象的主要特征、主要方面或事物的发展过程，不在无关问题上分散注意力；同时教师演示时动作要准确、规范，让每一个学生都能看清楚。

③结合演示进行讲授和谈话。演示要与讲授、谈话、讨论等方法配合，使演示的事物与书本知识的学习密切结合。要引导学生逐步深入进行观察，对演示所提供的材料，要进行分析综合，得出科学的结论。

2. 参观法

参观法是教师根据教学需要，组织学生到校外大自然或社会的特定场所观察、接触、研究实际事物或现象，从而获得新知识或验证已学知识的教学方法。该方法的优点在于打破教科书和课堂的束缚，使教学和社会实际联系起来；开阔学生的视野，增长学生的见识；还能使学生在与社会的接触中受到生动而实际的教育。

依据参观的目的及功能，参观法分为两大类：一类是准备性参观，主要用于学生学习新知识，积累相关的感性经验，一般是学习新知识前组织；另一类是总结性参观，主要是加深学生对所学知识的理解和巩固，常在学习知识后组织。

运用参观法的基本要求如下：

①参观前做好准备工作。参观前要根据教学目的和要求，明确是准备性参观还是总结性参观，然后确定参观的地点、对象和进行的步骤，制订好参观的计划；同时要做好参观的思想教育，使学生明确目的、要求以及安全方面的注意事项。

②参观过程做好指导工作。参观时，教师要督促学生细心观察，认真听取有关的解释和讲解，收集相关资料，做好参观记录。

③参观后总结工作。教师指导学生系统整理有关资料，组织座谈讨论或撰写报

---

❶ 王道俊，等．教育学［M］．北京：人民教育出版社，1987：251．

告，引导学生把获得的感性认识上升到理性认识。

（三）以实际训练为主的教学方法，如练习法、实验法、实习作业法等

1. 练习法

练习法是学生在教师指导下，反复多次完成某些动作或活动方式，应用知识、巩固知识、形成技能技巧的方法。练习法的基本形式是学生在教师的指导下的一种实践性学习，它在各年级、各学科中普遍使用。

练习法包括言语练习、解题练习、操作练习、字画练习、写作练习、技能技巧练习等。

运用练习法的基本要求如下：

①明确练习的目的与要求。学生只有正确认识练习目的，才能产生积极的练习动机，提高练习的自觉性。明确练习的要求，才能避免盲目性，保证练习的质量，把知识转化为技能技巧。

②合理安排练习。教师组织学生练习，要对练习方法进行讲解与示范，使学生掌握正确的练习方法；同时教师要有计划地安排练习内容，科学地分配练习时间，合理规定练习的次数，使练习有计划、有步骤、循序渐进地进行，提高练习的效果。

③要及时检查和讲评练习结果。教师及时向学生反馈练习结果，能使学生巩固与发扬练习中的优点，及时纠正练习中发现的缺点与错误。这是促进练习、获得进展的重要条件。

④练习方法要多样化。教师组织练习要有变式，保证学生练习的兴趣，要避免单调练习，引起学生厌倦练习；同时，教师要根据学生的具体情况，对不同学生提出不同的练习要求，练习方法要多样化。

2. 实验法

实验法是学生在教师指导下，运用一定的仪器设备进行独立操作，观察和研究这种操作引起的现象和过程，以获得知识的教学方法。实验法的优点在于使学生通过亲自操作与观察获得直接经验，为学生建构自己的知识体系创造条件；同时实验可以培养学生的实际操作能力和独立从事科学探索的精神。实验法的基本形式就是学生在教师指导下独立自主地学习。

实验法分感知性实验和验证性实验两种。前者在进行新课之前做，为学新课做好感性认识的准备；后者在讲完新课后作为检验所学原理、巩固知识之用。

举例❶

《机械振动》是一节起始课，其内容是一些常见的现象，学生一般会兴味索然。但在应用时却往往概念模糊，抓不住问题的关键。

刘廷苏老师出现在讲台上，像一位胸有成竹的常胜将军在下达战斗命令："今天我们分成四个组进行系列实验，现在甲组观察乒乓球的跳动，乙组观察篾片一端的振动，丙组观察弹簧振子的振动，丁组观察单摆小球的摆动，然后依次交换观察。"

这样用实验程序法进行观察、总结，学生很快就掌握了振动和跳动、简谐振动

---

❶ 王道俊，等. 教育学 [M]. 北京：人民教育出版社，1992：255.

和阻尼振动的区别及其物理意义。紧接着，刘廷荪又让学生自己用秒表和直尺测量弹簧振子和单摆的振幅与周期。课堂气氛活跃，学生们兴趣盎然，不仅缩短了教学时间，而且处理了课外作业，减轻了学生的负担。

运用实验法的基本要求如下：

①做好实验准备工作。教师应按教学大纲的要求，结合本校条件，在学年或学期初编好实验计划，包括本学年或本学期应该进行的实验题目，先后顺序，所需仪器、材料和用品等。教师要按学生能力、性别进行实验分组，要求学生做好实验的理论准备，包括复习和预习。

②加强实验中的指导。教师要重视实验过程中的巡视，掌握学生实验的情况，发现问题，及时解决。如果实验存在的问题较普遍，要对全班进行集体指导。同时，对完成实验困难较大的小组或个人要给予帮助，使每个学生都能在实验中获得成功体验。

③做好实验总结。实验结束时教师要进行小结，要求学生报告实验过程与结果，然后由教师做出明确结论，并对实验中的优缺点进行简要讲评，提出写实验报告的要求，要求学生课下完成实验报告。

3. 实习作业法

实习作业法是指学生在教师的指导下进行一定的实践活动或模拟条件下的实际工作。它是将书本知识运用于实践的一种方法，其优点是理论联系实际、教学与生产相结合，发挥学生的独创精神，对于培养学生分析解决问题和从事实际工作的能力具有重要意义。

运用实习作业法的基本要求如下：

①做好实习作业法的准备工作。教师要根据教学需要，制订较详细的实习作业计划，做好选择和联系实习地点、实习作业编组等各种组织准备和物质准备，同时要做好学生的思想动员和培训工作。

②实习中加强指导和监控。教师应与实习部门密切协作，加强技术指导，解决学生实习中遇到的困难。

③做好实习总结。实习结束时进行检查评定，要求个人或小组写出实习总结，教师要给学生公正、客观的实习成绩。

④加强纪律和安全教育。由于学生实习涉及实习单位或部门，教师要教育学生遵守实习单位或部门的规章制度、操作规程和纪律要求等，加强纪律和安全意识。

（四）以陶冶为主的教学方法

情境教学法

情境教学法是教师根据一定的教学要求，有计划地使学生处于一种类似真实的情境中，利用其中的教育因素综合地对学生施加影响的一种方法。该教学方法特点是使学生在不知不觉中接受教育。

举例❶

南通师范二附小李吉林老师的课堂，是把儿童带入情境，在探究的乐趣中，激

---

❶ 李吉林. 全面提高儿童素质，探索一条有效途径 [J]. 教育研究，1997（3）.

发学习动机；又在连续的情境中，不断地强化学习动机。探究心理的形成，对具有好奇心、求知欲望的儿童来讲，本身就是一种满足、一种乐趣。其过程可简单地概括为：探究→满足→乐趣→产生动机，在把儿童带入情境后，根据课文情节的发展、内容的需要，使情境成为一个连续的动态的客体。教师有意识地把儿童一步步带入课文描写的相关情境，让儿童感到"情境即在眼前""我即在情境中"。课文中描写的一个个人物形象栩栩如生地展现在儿童的眼前；课文中描写的一个个特定空间，儿童可涉足其间，仿佛进入了其人可见、其声可闻、其景可观、其物可赏的境地。客观的教学情境一环环引人入胜；儿童进入情境后的热烈情绪又反过来丰富了情境。他们发自内心的微笑，忍不住的哭泣，震动心灵的义愤，争先恐后表述的感受、见解……都使儿童的学习动机在这种"情"与"境"相互作用的持续中得以强化。教学终于成为"我"高兴参与的有趣的、有意义的活动。在这里，没有丝毫沉闷的学习空气，没有强制，没有指令，完全摆脱了被动应付的状态。

运用情境教学法的基本要求如下：

①要根据教材创设情境或氛围。教师要根据教学要求，创设以形象为主体、富有感情色彩的教学情境或氛围，激起学生的学习兴趣。

②要善于把认知活动和情感活动结合起来。教学中教师要善于调动学生的非智力因素，把学生的理智与情感、有意识和无意识活动结合起来，帮助学生学习教材，使学生全身心地投入学习活动。

综上，中小学十种最常用的基本教学方法，各有特点和用途，它们在教学中，往往是互相联系、互相补充、相辅相成的。

三、几种主要的教学方法组合[1]

从目前看，影响较大、最具代表性的教学方法组合主要有下述三种。

（一）传授—接受教学

传授—接受教学是指教师通过语言传授和示范操作使学生接受、掌握系统知识与技能的教学。它是一种传统的教学方法组合形式。传授—接受教学在发展过程中经历了诸多变革和改进。赫尔巴特首先把它建立在心理学基础上，而后凯洛夫力图用马克思主义认识论作为指导，奥苏伯尔又用有意义的接受学习理论对它进行了新的阐述。

传授—接受教学的主要特点如下：

在教学任务上，强调学生掌握人类积累的系统知识，要促进他们的发展，要为参加未来生活作准备。

在教学活动上，主要依靠教师来组织进行，学生在教师的启发引导下积极地学习。

在教学方法上，以教师系统讲授、演示和学生练习为主，其他方法都被选用来配合讲授与练习。

在教学过程上，从学习教材的书本知识出发，理解是教学的中心环节，然后引

---

[1] 王道俊，郭文安. 教育学 [M]. 北京：人民教育出版社，2009：238 – 248.

导学生将所学知识进行巩固和运用，从而使书本知识转化为他们的精神财富和智能。

传授—接受教学的主要优点在于，它能充分发挥教师的主导作用，同时也能很好地调动学生个人的积极性；教学重视学科知识的系统性，有利于学生掌握系统的科学知识与技能；教学效率较高。存在的主要不足是：以书本知识学习为主易导致脱离生活实际，使学生感到抽象、枯燥；往往教师讲得多而学生活动少，易压抑学生学习的主动性；注意面向集体而忽视个别指导，不能使每个学生都能很好理解与掌握。因此，传授—接受教学需要改进的是应当注重书本知识与学生实际生活的联系；加强教学中的启发、提问与讨论、研究，促进学生独立思考，增加学生课堂的活动与作业，以发挥学生的学习主体作用。

（二）问题—发现教学

问题—发现教学是指在教师引导下，学生通过对问题的独立研究来发现、获取知识的教学。问题—发现教学是生产和科技发展，要求对传统教学的死读书、脱离实际和压抑学生学习积极性进行改革的情况下产生的。人们将科学研究方法的科学实验运用于教学实践，于是，在学校里逐步形成了一种问题教学，即通过引导学生对实际问题的研究进行的教学。杜威提出的探索问题的教学五步骤以及在其影响下出现的道尔顿制、设计教学法，都属于问题教学。问题教学 20 世纪初在欧美风靡一时，但由于未能给学生以科学知识，在 20 世纪 30 年代遭到尖锐批评而衰落。当代由于世界发达国家对培养具有进取和创新精神人才的迫切需要，人们又开始反思问题教学的合理性，并对其加以改进，特别加强了系统知识的学习和教师的作用，布鲁纳倡导的发现法就代表了这种发展趋势。由此，问题—发现教学再次受到各国教育界的重视。其教学的主要特点如下：

在教学任务上，主张学生通过对问题的研究，获得经验和学习知识，发展自己的创造才能，并在学习期间参与社会生活。

在教学活动上，学生活动在教学中仍处于主要地位，即使学生是在教师引导下研究和解决问题，教师仍处于辅导地位。

在教学方法上，以学生的独立研究和作业为基本方法，教学方式、手段都围绕学生研究开展。

在教学过程上，从问题开始，或通过分析资料提出假设，进行推导与实验以解决问题（理科为主）；或通过调查研究找出事物形成的原因和发展的规律性以解决问题（文科为主）。因此，引导学生搞好独立研究是教学的中心环节，而教学的准备、教师的指导都要为学生的研究服务。

问题—发现教学的优点在于以问题激起学生的求知欲、调动学生的学习主动性，通过学生自己去计划和探索的独立研究，有助于提高他们独立思考、分析问题与解决问题的能力；通过研究获得的知识，理解更深刻，记忆更牢固；问题研究多采取个人或小组形式进行，利于因材施教。存在的主要不足是：过分强调学生独立作业难免影响教师发挥主导作用；学生主要靠自己探索获取知识导致费时过多，且若无高水平教师的及时指导，学生的独立研究也易产生盲目性，影响教学效率和教学效果。所以，问题—发现教学还需在实践中不断改进。

（三）程序教学

程序教学是一种使用程序教材并以个人自学形式进行的教学。学生独立学习经过特别编制的程序化的教材，主动积极地去获取知识、掌握技能，发展自己的自学能力。程序教学发源于美国。1926 年普雷西设计了一种进行自动教学的机器。20 世纪 50 年代斯金纳进一步设计了教学机器的程序教学和只用程序教材的程序教学。20 世纪 60 年代后，许多国家都进行了程序教学的研究，并进行改进，使其发展为在一定教学原理指导下的教学方法组合。

程序教学按如何运用程序教材进行如下分类：程序化的教材通过机器来呈现的，称作机器教学；通过课本来呈现的，称作课本式程序教学；通过电子计算机来呈现的，称 CAI（计算机辅助教学）。程序教学主要分为直线式程序和分支式程序。有关程序教学的内容请参见"教学模式"一章。

延伸阅读：

现代教学方法改革的主要趋势

纵观现代教学方法的改革，在总体上主要呈现出以下发展趋势：

（一）加强对学习方法的研究

回顾过去，传统的教学方法变革主要是局限于对教师教法的研究和改善，而现代教学方法改革把学生的学放到了比以往任何一个时代都要高的位置上。人们普遍认识到，学生学习方法是否科学，同样直接影响着教学效果。因此，重视学生的学已构成了现代教学方法改革的一个根本特色。可以说，现代任何一种新的教学方法如果忽视了对怎样调动学生学习的主动性和积极性提供有效的建议，那么其可接受性便会受到怀疑。

在这样一种趋势引导下，人们在教学方法改革中开始重视研究学生学习规律并据此探讨教法的改革，教师的教是为学生的学服务的，如果教师的教学方法违反了学生的认识规律，脱离了学生的学习实际，那么，再好的方法也难以获得良好的教学效果。因此，教法中要包括学法，教法要落实到学法，而不能用教法代替学法。现代教学方法改革中，这种研究方法论上的转变，促进了教学方法体系的日趋完善。

（二）重视发展有助于引导学生进行探索活动的教学方法

长期以来，教学方法一直是以教师传授知识为主，却忽视了引导学生进行主动的探索活动。而现代教学方法改革的突出特点是强调调动学生学习的主动性，让学生在主动探究中掌握知识。美国教育家布鲁纳提倡的发现法以及在此基础上形成的一系列研究方法，无一不反映了这一发展趋势。

未来社会要求学生"学会学习"，形成独立地获取知识信息和运用知识信息的能力、意志和习惯，能迅速而正确地找到所需要的信息并有能力加以检索、鉴别和分析利用，而要实现上述目标，教学方法必须有利于引导学生在积极的研讨探究中去获取知识。

（三）一些新的观念逐渐在教学方法改革中形成

在现代教学方法改革的一般进程之中，一些新的观念逐渐形成，主要有：

1. 整体观。现代教学方法改革一般都较充分地考虑到了教学过程中的各种因素，切合实际地把握住了它们之间的多样的联系，而不再把教学方法当成一个孤立的游离于整体教学之外的要素加以审视。一种新的教学方法的形成，往往是与课程的改革或对教学内容的某种处理以及教学组织形式、各种教学物质条件的改善同步进行的，以至于教学方法与教学过程中的其他要素在理论上的界限变得愈来愈不明确了。

2. 结构观。现代教学方法改革的倡导者们一般都很重视新方法的推广运用，为了使更多的教学第一线工作者能切实地把握住新方法的要领，他们在多数情况下都会粗线条地规划出一个关于实施该方法的基本步骤。因而具体教学过程的结构就变得明朗且多种多样，而不致陷于模式化的境地。

3. 发展观。这是与审美观紧密联系的一种观点，现代教学方法不再只着眼于如何引导学生更有效地积累知识，其重心开始转移到了学生心智能力的提高以及身心的协调完善上。发展的观念在教学方法中日益深入的渗透正推动着现代教学朝着令人向往的目标迈进。

4. 审美观。学习不应当成为学生学习的精神负担，它带给学生的应当是快乐和精神的享受。正是在这样一种信念的基础上，审美观悄然步入了现代教学方法的改革之中，并对越来越多的教学工作者产生着令人鼓舞的影响。在审美观的支配下，现代一些新的教学方法正试图按照美的法则来规划教学的具体进程，努力把众多的美的因素带到学生的学习活动中去。在教学中借助审美的方式来引导学生掌握知识和发展能力，已成为现代教学的一种新的经验。

——摘自王守恒、查晓虎主编：《教育学教程》，安徽大学出版社 1997 年版，第 327～329 页。

第十二章　教学评价

教学是否达到了目标和要求？还有哪些方面需要改进？使用哪些技术和方法才能准确地了解到教学的结果？……这些教学工作中的重要问题都是教学评价所涉及的内容。

第一节　教学评价概述

一、教学评价概念

（一）教学评价及相关概念

为了准确理解教学评价的含义，必须了解教育评价、教育评估、教学测量等几个相关概念，下面分别予以介绍。

1. 教育评价（educational evaluation）

从国内外的研究看，至今未有一个公认的关于教育评价的定义，很难给教育评价下一个比较准确的定义是因为教育评价活动具有内容丰富、情况复杂的特点，学者们见仁见智，往往侧重某些方面，难及其他。下面是教育学者关于教育评价的经典解释。

①格兰朗德（N. E. Gronlund）认为，评价是为了确定学生达到教学目标的程度，收集、分析和解释信息（课堂）的系统过程；评价包括对学生的定量描述（测量）和定性描述（非测量）两方面。根据格兰朗德的观点，评价总是包括价值判断（如其语言学习有了很大进步）。用公式表达为：评价 = 测量（定量描述）＋非测量（定性描述）＋价值判断。

②斯塔费尔比姆（L. D. stufflebeam）等人认为："评价是一种划定、获取和提供叙述性和判断性信息的过程。这些信息涉及研究对象的目标、设计、实施和影响的价值及优缺点，以便指导如何决策、满足教学效能核定的需要，并增加对研究对象的了解。"而且，"评价最重要的意图，不是为了证明，而是为了改进"。

③美国教育评价标准委员会认为："评价是对某些现象的价值如优缺点的系统调查，为教育决策提供依据的过程。"

④泰勒（R. W. Tyler）指出："评价过程在本质上是确定课程和教学大纲在实际上实现教育目标的程度的过程。"

⑤布卢姆（B. S. Bloom）对"（教育）评价"的认识是："评价乃是系统收集证据用以确定学习者实际上是否发生了某些变化，确定学生个体变化的数量或程度。"

如上所述，虽然人们对教育评价的认识不完全一致，但不难看出，教育评价大致包含以下几个要素：第一，强调以教育目标为标准的价值判断过程；第二，强调用多种方法（测量和非测量）系统收集资料与信息；第三，教育评价的内容既可以是教育计划，也可以是课程；既可以是学生的学习结果，也可以是某种教育现象、教学活动、教育目的、教育程序或影响教育效果的各种因素；第四，强调为学生发展和教育决策服务，即评价不是为了肯定或否定什么，而是要促进学生发展和改进教育工作。据此，可以给教育评价下一个比较全面的定义：所谓教育评价，是指在一定的教育价值观的指导下，按照一定的价值标准和教育目标，通过使用一定的技术和方法（测量和非测量的种种方法）系统地收集资料信息，对所实施的各种教育活动、教育过程、教育结果及各种影响因素进行价值分析和价值判断，并为教育决策提供依据的过程。❶

2. 教育评估（educational assessment）❷

教育评估是一种系统地去寻找并收集资料，对评估对象作预测性、估计性的评判，以便协助教育决策者从若干种可行的策略中择一而行的过程。在我国，教育评估与教育评价不作严格区别，是非常相近的两个概念，在实践中具体运用时，在许多场合是通用的，例如，在我国从政府的文件到学者的文章论著，以及教育实践中都把评估与评价混用。但有些范围和场合又有不同的习惯用法，如高等教育中多用评估（如本科教学工作水平评估），在督导部门也称督导评估，而在普通教育领域多用教育评价。不过两个概念是有一定区别的，它们的英语表示也是不同的，教育评价通常用"educational evaluation"表示，而教育评估通常用"educational assessment"表示，其意义也有所差别。评估是估计的、预测性的价值判断，较为模糊粗略，而评价相对而言是较为精确的价值判断；评估多用于群体或单位的状态及效果的估价，而评价则既有对群体和单位的价值判断，也有对个人的判断。教育评估的一个重要目的就是为教育决策提供重要依据，国家教育管理部门要根据教育评估的结果，及时调整教育的决策。教育评估的结果对国家、对学校都是一份咨询材料，而不是行动纲领。因此，可以说，教育评估侧重以宏观、中观的复杂教育系统的战略性、预测性估价方面，对于微观的较简单的教育系统的过去和现存实态则作为教育评价的对象。

3. 教学测量（teaching measurement）

所谓教学测量就是应用一定的测量工具，侧重从量的规定性上予以确定、描述和收集各种和教学有关的信息、资料的过程。教学测量是教学评价的依据和基础。教学中常用的测验或考试，就是一种测量工具；表示测量结果的分数就是一种测量尺度。测量的基本过程是：用一组标准刺激物——测验题——去激发学生的反应；根据学生的答题情况对学生的反应质量赋值——评分。

---

❶ 黄光扬. 教育统计与测量评价［OL］. http：//www. fjtu. com. cn/fjnu/courseware/0914/course/_ source/web/lesson/char5/j1. htm.

❷ 刘尧. 关于教育评价相关概念辨析［J］. 中国高等教育评价，2000（3）：16－18；许茂祖. 高等教育评估理论与方法［M］. 北京：中国铁道出版社，1997：16－27.

4. 教学评价（teaching evaluation）

所谓教学评价，主要指依据一定的客观标准（价值标准和教学目标），通过各种测量和相关教学信息资料的收集，对教学活动过程及其结果进行客观衡量和科学判定的价值判断过程。教学评价＝教学测量（或非测量）＋价值判断＋个性化指导，非测量包括观察、谈话、录音、档案记录等。

由此可以看出，教学评价从本质上讲是一种对教学活动及其效果的价值判断。要很好地完成这一判断，得出科学结论，评价者必须在一定的客观标准下，认真地进行各种测量，系统地收集教学活动各方面的资料或证据。测量的最基本特征是将事物进行区分，它只以数学方法对事物进行描述而不管其价值如何，属于客观描述。而评价则要以这种描述为基础确定事物的价值，即根据测量结果对事物作出价值判断。例如，一个学生在考试中得了 85 分，这只是一个简单的测量结果，这个成绩表示什么意义，还需进一步判断，即给予评价。

教学评价可分为宏观教学评价（研究教学思想评价和教学制度评价）和微观教学评价（研究学校教育系统内部各类教学思想和教学活动的评价，如学校办学思想）、教学结果（学生学业评价）、教师的教学行为、学生的学习行为的评价等。可以说，微观教学评价主要包括学生评价、教师评价和课程评价等。学生评价是教学评价的一种，是指根据一定的标准，通过使用一定的技术和方法，以学生为评价对象所进行的价值判断。既包括对学生个体学习情况的评定，也包括对学生情感、态度和身体发育等情况的评价。学生评价的根本目的是优化学生的教育教学环境，促进学生更好地成长发展。其中，对学生学业成绩的评价是学生评价的重点。本章第二节将阐述学生学业评价，其他方面的教学评价暂不涉及。

可见，上述几个概念的关系是比较明确的，教育评价与教育评估有联系、有区别，教育评价包括教学评价等，且教学评价是教育评价的核心，而教学评价又包括学生评价、教师评价和课程评价等，学生评价的重点则是学生学业成绩评价。而所有的评价或评估，都以测量为重要基础和依据。

（二）教学评价的嬗变

教学评价的实践探索源远流长，大体经过了考试、测量、评价三个阶段。了解不同时期教学评价的特点，有助于正确把握各种评价形式的优劣和合理选择评价手段。

1. 传统考试时期

教学评价是和教学活动一起产生的。人类最早对教学效果进行测定的手段是考试。主要是采取口试或笔试的方式来检查学习者的成绩。我国是历史上最早采用考试形式的国家。在《学记》中，就对不同学年的学生的考核内容作出了详细规定，即"比年入学，中年考校，一年视离经辨志，三年视敬业乐群，五年视博习亲师，七年视论学取友，谓之小成。九年知类通达，强立而不反，谓之大成"。考试作为一种古老的制度，不仅用于学校教育，而且被历代统治者作为取仕的重要形式，如科举制。近代以来，随着学校教学制度的建立，考试几乎成为教学评价的唯一方法。考试对于检查学生记忆知识，检验学生表达能力，鉴定和选拔人才有着积极作用，尤其是当教学水平不高，对学力检验缺乏更有效的方式时，它对于规范教学行为是有积极作用的。它也存在着许多问题，如考试内容大多是有关陈述性的知识，偏于记忆，命题缺乏科学性，评分标准不客观，不统一。

2. 教学测验时期

随着自然科学的创立与发展，19 世纪末 20 世纪初，西方的一些学者试图把自然科学的研究成果用于完善考试方法，兴起了盛极一时的教学（教育）测验热潮。如英国科学家高尔顿最早把统计学原理用于测试，创立了考试分数常态分布曲线理论。1895 年法国心理学家比纳设计了一套智力测验方法，并于 1905 年在西蒙的协助下制成智力测验量表。后来智力测验就被用来考察学生学习成绩，称为"成就测验"，力求测验的方法客观化、标准化、数量化、等级化。同一时期，美国的各种测验量表先后问世，美国教育心理学家桑代克于 1905 年发表了《精神与社会测量导论》，1909 年发表了《书法量表》，被称为"教育测量之父"。此后 20 年中，美国就有 3000 多种测验问世。教学测验强调运用实证化、数量化的手段测验学生的发展，比传统考试更为客观准确。但实践证明测验的客观性并不完全客观，要对一个受教育者的心理品质、知识素养、实际技能和创造能力都予以量化，有以数字衡量一切的倾向性，显得比较机械，存在矫枉过正的问题，而且人的品质等难于测量。

3. 教学评价时期

从 20 世纪 30 年代起，美国一些教育家深感教学测验不适应。为了改进教学测验的片面性，美国"进步教育协会"在艾钦的领导下发起了一项著名的"八年研究"（the Eight – Year Study，1933—1940 年），对美国中学的课程进行了尝试性改革，为了帮助和指导 30 所实验学校进行教学改革，由泰勒领导的评价委员会经过艰苦努力，在教学测验的基础上提出了教学评价理论。这是教学测量走向教学评价的重大变化，可以说，泰勒等人为教学评价作出了开创性的贡献。这种理论主张评价教学效果，不能只测量学生的某些能力和特征，而强调评价必须建立在清晰陈述目标的基础上，根据目标来评价学生发展成长的进程和水平，促进目标实现。因此需要借助于一套包括传统考试、科学测验在内的综合性方法来对学生进行评价。

20 世纪 50 年代以后，随着标准化测验技术的不断完善和发展，泰勒以"描述"为标志的评价模式被对教育教学方法方案的优点和价值进行判断的新的评价模式所取代，教育教学评价既为分等鉴定服务，又为诊断改进工作服务，具有了综合性、多元性的特点，教学（教育）评价已成为一个具有独立研究价值的科学领域，进而成立了"国际成就评价协会"。

20 世纪 80 年代以来，教学评价又有了新的进展。1984 年，美国评价专家 E. 枯巴（Cuba）和 Y. S. 林肯（Lincolu）在《第四代教育评价》中指出：教育评价在 80 年代前曾经历了三种理论形态，第一代评价理论是指盛行于 19 世纪末 20 世纪初的测验时期，第二代评价理论即以泰勒为代表的"描述"时期，第三代评价理论发端于 1957 年以后的教育改革，其特点是不限于描述而且作出价值判断。他们提出了第四代评价理论，强调评价中的人文精神，评价者与被评价对象之间的相互作用，共同建构，全面参与，对教学评价作了有益的反思和建设性构想，重视对评价中不同价值体系存在着的差异进行协调，认为评价的结果并不依赖于其客观实际，而在很大程度上取决于所有参与评价者的意见一致性程度。

现代教学评价在运用现代思想方法的同时，并不否定考试和测验，而是把考试和测验作为基础性手段来收集教学的信息，获得客观的数据，在进一步分析、综合的基础上进行价值判断。随着第四代评价理论的兴起，其技术方法更科学、更先进，其目的是创造适合儿童学习的教育，突破了对学习结果进行评定的单一范畴，在技术上做到定性和定量分析结合，同时也重视被评价者的积极参与。

现代教学评价有显著的特点：它是以促进学生发展和达到教学目标为中心的评价；不仅重视测量学生的知识，而且重视测量学生的智能与品德；不仅重视总结性评价，而且重视形成性评价；不仅由评价者作评价，而且注意自我评价的作用；不仅用于评价学生的学习，而且用于评价课程、教师和教学的各个方面。

二、教学评价功能

教学评价是教学活动不可缺少的一个基本环节，它在教学过程中发挥着多方面作用，有许多重要的功能，如评定的功能、判断的功能、选拔的功能、反馈的功能、教育的功能、导向的功能、威慑的功能、预测的功能、诊断的功能、激励的功能、改进学习的功能、改进教学的功能等。教学评价各类功能的发挥，可以从整体上调节、控制教学活动的进行，保证教学活动向预定目标前进并最终达到该目标。概括而言，可着重从以下五个方面理解教学评价的功能。

1. 判断功能——判断、评定教学效果

教学评价的最基本的功能，就是教学判断，它包括评定的功能、事实判断的功能、价值判断的功能等。通过评价，可以区分优良和分等鉴定，例如，教师的教学水平如何？学生是否掌握了预定的知识、技能？教学目标、教学任务是否得以实现？都必须通过教学评价加以验证。而检验和判定教学效果，是了解教学状况、提高教学质量的必由之路。

2. 诊断功能——诊断教学问题

诊断是教学评价的又一重要功能。通过教学评价，对收集到的信息资料进行整理分析，教师可以了解教学是否有效，教学目标确定得是否合理，教材选用是否合适，教学方法和过程存在哪些问题，教学的重点、难点、关键点是否讲清楚，也可以了解学生学习水平如何和存在的问题，发现造成学生学习困难的原因，都可以通过教学评价进行诊断。从而调整教学策略，改进教学措施，有针对性地解决教学中存在的各种问题。

3. 导向功能——引导教学方向

教学评价的导向作用，在实践中是显而易见的。评价者所采用的标准常以国家和社会的价值和需要为准绳，对于教师和学生而言具有"指挥棒"的作用，给被评者指明努力的方向。教师教学目标、教学重点的确定要受到评价的制约；学生学习的方向、学习的重点及学习时间的分配，常常要受评价内容和评价标准的影响。从而事实上就把评价者的教育理念和教学指导思想贯穿到了具体教学中。如果评价者所选择的标准是恰当合理的，能全面反映教学计划和大纲的要求，能体现学生全面发展的方向，就会对教学产生正面的导向作用，激励学生学习，促进学生自我评价，反之就会带来负面影响，就有可能使教学偏离正确方向。

4. 调控功能——调控教学进程

对教学活动基本进程的调控，是教学评价多种功能和作用的综合表现，它建立在对教学效果的验证、教学问题的诊断和多种反馈信息的获得等基础上，具体表现为对教学方向、目标的调整，教学速度、节奏的改变，教学方法、策略的更换，以及教学内容、教学环境的调整，等等。实际上，客观地判定教学的效果，合理地调节、控制教学过程，使之向着预定的教学目标前进，也正是教学评价追求的基本目的。

5. 激励功能——调动教学积极性

由于评价结果往往直接影响到被评对象的形象、荣誉和利益等，评价常能激发被评者的成就动机，使他们追求好的评价结果，激励他们努力工作和学习。对于教育工作者而言，通过评价，教育工作者可以知道自己的教学优长，进一步调动积极性；同时，也可以发现自己工作中的薄弱环节，并根据获得信息修正、调整或改进教学工作。对于学生而言，自己学习上的进步得到教师承认，心理上获得满足，从而会强化其学习的积极性。否定的评价往往会使学生产生焦虑，而适度的焦虑则可以成为学生努力学习的动因。当然，教学评价提供给学生的否定反馈信息要适度，以免引起过度紧张和焦虑，给学生的身心发展和学习造成不良后果。

教学评价的上述功能，决定了它在教学过程中的重要地位，它是教学过程的重要环节和有机组成部分。

三、教学评价类型

由于出发点和标准不同，教学评价可以划分为不同的种类。

（一）根据评价在教学过程中的作用及时机分类

根据评价在教学过程中的作用及时机不同，可以把教学评价分为诊断性评价、形成性评价和总结性评价三种类型。此三类评价最早由美国教育心理学家布卢姆所提出。

1. 诊断性评价（diagnostic evaluation）

诊断性评价一般在教学活动开始前进行，指对学生现有知识水平、能力发展作出评价，分析学生已有的知识和能力发展情况，学习上的特点、优点与不足之处。目的是通过摸清学生的现有水平及个别差异，更好地组织教学内容、选择教学方法，因材施教。摸底考试等均属此类。

其作用一是用于确定学生的入学准备程度，如知识基础、学习动机、发展水平、身体状况及家庭背景；二是决定对学生的适当安置，如通过诊断学生认识、情感和技能等方面的发展水平，为学生编班或分组、进行教学讨论、选择教学方法等提供依据；三是辨识学生在学习过程的困难，这主要在教学过程之中进行，查明原因后，可以准确确定补偿教学计划，调整教学目标和教学进度。

2. 形成性评价（formative evaluation）

形成性评价是在教学进程中进行评价，是教师及时了解学生学习进展情况的重要方式，又称诊断进步评价或进展评价。形成性评价主要在一个单元、课题或新观念、新技能的初步教学完成后进行。测试的次数比较频繁，内容范围较小。其目的是利用各种反馈改进学生的学习和教师教学，使教学在不断的测评、反馈、修正或改进中趋于完善，从而达到教学的终极目标。单元考试、期中考试等均属此类。

其作用一是改进学生的学习，揭示每个学生在学习中所犯的错误和遇到的困难，为改善学习方式、端正学习态度、提出改进的方案提供依据；二是为进一步教学制定步调，通过对所得数据的分析，教师可以了解本阶段学法与教法上的得失，检查教学质量，考查学生学习进步情况，从而及时调整教和学的步调；三是强化已有的教学成果。

3. 总结性评价（summative evaluation）

总结性评价主要是指在学期末所进行的课程结束考试或一项教学活动结束之后的评价，又叫终结性评价。总结性评价着眼于学生对某门课程整个内容的掌握，注重于测量学生达到该课程教学目标的程度。期末考查或考试以及毕业会考等均属此类。

其作用一是为学生评定成绩，确定学生对教学目标达到的程度，对其学习成就作出价值判断，为学生安置提供依据；二是预测学生在后续学习中成功的可能性。总结性评价结果可以代替下一阶段的准备性评价。

表 12 - 1　诊断性评价、形成性评价、总结性评价的比较[1]

项目 种类	诊断性评价	形成性评价	总结性评价
主要目的	合理安置学生，考虑区别对待，采取补救措施	改进学习过程，调整教学方案	证明学生已达到的水平，预计在后续教程中成功的可能性
作用	查明学习准备和不利因素	确定学习效果	评定学业成绩
评优重点	素质、过程	过程	结果
手段	前期相关成绩记录、特殊编制的测验、观察和调查	形成性测验、作业、日常观察	考试
测试内容	必要的预备性知识，与学生学习相关的生理、心理、环境等特征的有关内容	符合课题和单元目标的内容	符合课程和教学目标的内容
试题难度	较低	依教学任务而定	中等
实施时间	起点：课程或单元、学期或学年教学的开始	过程：单元教学结束后或期中时，经常进行	结果：课程或一项活动结束后
主要特点	回顾式	前瞻式	回顾式

总之，现代教学评价更加注重信息的及时反馈和教学方案的及时改进，因而评价重心由终结性评价转向形成性评价，即教学评价开始由重视结果的终结性评价，转向重视过程的形成性评价，评价重心逐渐转向更多地关注学生求知过程、探究过程和努力过程。但以上三类评价各有优缺点，相互补充，在使用时应根据实际需要选取一种合适的评价，不可偏废。尤其需要注意的是，它们不是截然对立的，任何一种评价都是另一种评价的基础，为另一种评价提供参考信息，因此它们又是互相联系的，构成了教学评价的有机整体，缺一不可。

（二）根据评价所运用的标准和比较对象分类

根据评价所运用的标准和比较对象（参照点）不同，可分为相对性评价、绝对

---

[1]　李秉德. 教学论［M］. 北京：人民教育出版社，1991：340.

性评价和个体内差异评价或等同于常模参照评价、标准参照评价和潜力参照评价。相对性评价以评价对象所处的群体作为参照系，绝对性评价以理想或固定的目标作为参照系，个体内差异评价以其自身潜在水平（潜力）相比较。

1. 相对性评价

又可称为常模参照评价，是以学生所处的团体的平均成绩或团体中的常模作为参照标准，根据学生在该班学生成绩序列中所处的相对位置（或名次）评价和决定其成绩优劣，而不考虑他是否达到教学目标的要求，因此这种评价被称为相对性评价（常模参照评价）。该评价可用图表示。学生学习结果的好坏是相对的，例如，某生在一次数学测试中得了 85 分，只看其分数并不能确定其水平的高低，必须结合全班学生分数的情形才能确定。如全班平均分为 65 分，标准差为 10 分，那么该生的成绩就位居前列。如全班平均分为 85，该生的成绩刚好中等。如全班平均分为 90 分，标准差为 5 分，那么该生的成绩就属于较差的成绩。它适用于选拔、编班、分组，但不能表明学生的真正水平，不能表明他在学业上是否达到了特定的标准。这种评价重视名次排列，鼓励竞争，对学生的学习能起到监督考核作用，但缺少诊断作用，且易引起学生的焦虑。

2. 绝对性评价

又可称为标准参照评价，它是在评价对象群体之外，预定一个客观的或理想的标准，并运用这个固定标准去评价每个对象的评价方式，这个固定标准一般为教学目标和教材要求，据此编制试题来测量学生的学业成绩，判断学生是否达到了教学目标的要求，而评价时不考虑其他个体状况，不以评定学生之间的差别为目的。所以，该评价也称为目标参照性评价、自我参照评价。如图 12-1 所示。它适合于鉴定资格和水平，它注重课程目标的达成度，降低了常模参照评价时带来的竞争方面的负面影响。适合于基础知识、基本技能的测量，可用于诊断及个别指导，不适用于甄选人才。升级考试、毕业考试、合格考试、证书考试等属于此类评价。

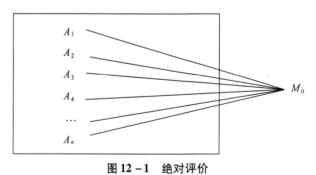

图 12-1　绝对评价

图中 M_0 代表客观的参照标准（教学目标等），A_1 至 A_n 代表学生发展水平（学业成绩等）。

3. 个体内差异评价

又可称为潜力参照评价，是以评价对象自身状况为基准，把现有发展水平与原发展水平相比较，以及把现有发展水平与其自身潜在水平（潜力）相比较，以评价被试发展情况及有无充分发挥自身潜力为目的。如图 12-2 所示。例如，同班同学一人考了 70 分，另一同学考了 80 分，老师表扬了考 70 分的同学，没有表扬考 80

分的同学。之所以如此，就是因为老师对学生的评价是参照学生潜力或进步幅度而言的。考 80 分的同学本应考得更好，而考 70 分的同学已经很努力了，其当前实际水平已达到或接近该生的"最近发展区"。该评价比较充分地照顾到学生的个别差异和独特性，力图减轻学生的竞争压力，提高学生的自信心，尽可能促进每一个学生的优势和潜能都能得到充分发挥。在强调人性化、动态化和个别化的教育评价潮流下，潜力参照评价理应发挥更大的作用。但由于与自身的比较，容易导致学生自我满足。因此，应适当与绝对评价、相对评价结合使用。

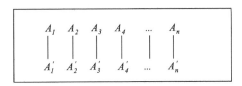

图 12 – 2　个体内差异评价

图中 A_1 至 A_n 代表学生原发展水平（或自身潜在水平（潜力）），A'_1 至 A'_n 代表学生现有发展水平。

（三）根据评价方法分类

根据评价的方法，可分为定量评价、定性评价、质性评价。❶

1. 定量评价

又叫量化评价，就是力图把复杂的教育现象简化为数量，进而从数量的分析与比较中推断某一评价对象的成效。定量评价方法的认识论基础是科学实证主义，它认为，只有定量的研究，量化的数据才是科学的，才能得出客观可信的结论。定量评价方法如果使用恰当，确实能提供具有说服力的证据。但是，定量评价的缺陷也非常明显：随着评价内容的综合化，以定量的方式描述与评价人的发展，表现出僵化、简单化和表面化的特点，学生发展的主动性和丰富性、学生的个性特点、学生的努力与进步都被淹没在抽象的数据中。定量的学习评价往往把复杂的教育现象简单化，或只是评价了简单的教育现象，而丢失了教育中最有意义的内容。常用定量评价方法对学生进行学绩测验。

2. 定性评价

定性评价，将评价对象作概念上或程度上的规定，然后进行分析评定，以说明评价对象的性质或程度。它是一种在新教学模式下的教学评价，评价的标准从知识转向了学习能力，还包括了学习动机、兴趣等非智力因素，这些体现学生学习情况的数据，很难用数字精确地表示出来，而可用自然语言加以描述，如学习能力很强、学习兴趣浓厚、学习动机差、不能很好地与他人协作等。同定量评价相比，定性评价方法的主要优点是简便快捷、效率很高、便于操作。主要缺点是评价者的知识、经验和好恶在评价过程中起主导作用，具有较大主观随意性，不够精确具体。

3. 质性评价

质性评价又称为自然主义评价（naturalistic evaluation）方法，是通过自然调查

---

❶　朱小蔓. 中国教师新百科：小学教育卷 ［M］. 北京：中国大百科全书出版社，2002：527.

等质的方法，全面充分地揭示和描述评价对象各种特质的评价方式。它在认识上反对科学实证主义的基本观点，反对把复杂的教育现象和课程现象简化为数字，认为这种做法提供的只能是歪曲的教育信息，且有可能丢失重要信息。它主张评价应全面反映教育现象和课程现象的真实情况，强调质的分析和把握，为改进教育和课程实践提供真实可靠的依据。质性评价关注的是学生学习的整体情况，以及在具体情境中运用知识的能力，评定内容侧重对知识的深层理解，问题比较开放或为非结构的（ill–structured），甚至难以找到标准答案。质性评价要求学生、教师、家长、同学甚至社区居民共同参与评价过程。质性评价的优点是能全面、深入、真实地再现学生的特点和发展趋势。评价还具有动态性、多元化和情境化特点。质性评价的基本方法主要有观察、评语、成长记录袋（档案袋）❶ 等，也不排除考试测验。

质性评价与定性评价虽然在一些方面有类似之处，但在很多方面存在差异：第一，定性评价是一种自上而下的评价，强调评价者的公正、权威；质性评价是一种参与型的评价，强调评价者和被评价者之间的平等、合作和参与、互动。第二，定性评价通常根据预设的等级指标收集资料，进行分析、推理和判断；质性评价一般不预设指标体系，强调通过开放型访谈、参与型观察、实物分析等收集资料。第三，定性评价强调评价的客观性、结论性和概括性，要求评价者不带情感色彩；而质性评价强调评价的过程性、情境性和即时性，要求评价者健康情感的投入。

质性评价和定量评价的关系也不是对立的，质性评价并不排斥定量评价，而是内在地包含着定量评价，把它统整于自身。尽管二者收集的资料类型以及分析资料和利用资料的方法有所不同，但都必须有深入、细致、系统的调查资料作为基础，在适当的评价内容或情境中质性评价仍然使用定量的方式进行评价。教学评价的基本理念是倡导定性评价、定量评价和质性评价的有机统一结合。

总之，现代教学评价倡导质性评价，强调定性与定量相结合，实现评价方法的多样化。需要在具体教学评价中根据评价的目的而灵活选用。

（四）按测量与评价被试行为表现的性质分类

在心理学上，把人的行为表现按其性质分成两大类：最大成就和典型行为。这对于教学测量与评价而言，则可开展指向被试的行为表现的评价：最佳行为和典型行为两类。

1. 最佳行为测量与评价

最佳行为测量与评价以测量被试的最佳行为表现为依据。凡是以成就或能力的高低作为评价基础的，都属于最佳行为测量与评价。学校教学后的考试与升学考试，在性质上都属于最佳行为测量。此种测量与评价之所以称为"最佳行为"，是因为在这种以能力为基础的评价情境下，被试都将有强烈的求胜动机，对面对的问题全力以赴，希望自己有着最佳的表现。如在一般情形下，学生参加竞争性的考试都会如此。因此，学生们在学科成就测验上得到的分数，均可视为他们的最佳行为表现。

---

❶　成长记录袋，也叫档案袋，主要用于收集记录学生自己、教师或同伴做出的有关评价材料、学生作品及其他相关证据材料。成长记录袋一般分三种类型：第一种为产品档案袋，主要收集学生最好的作品，如录像、模型、作文、艺术品等；第二种为过程档案袋，收集一些关于工作进展的资料，如产品草稿，活动过程中学生扮演的角色；第三种为进步档案袋，保存学生不同时期的同类作品，如收集学生一年级到六年级的作业本。

教师对学生成就高低的评定，自然也是根据他的最佳行为表现。

2. 典型行为测量与评价

典型行为测量与评价的目的不是测量与评价被试能力的高低，而是测量与评价其是否具备某种（或某些）典型行为。换言之，典型行为测量与评价所关心的不是被试能不能尽其所能地表现出其最佳水平，而是要求被试按通常的习惯方式作出反应（即典型行为）。如态度、情感、人格、兴趣测量等，都属于典型行为测量。这些测量过程，希望被试以其平常的典型状况来回答，无所谓正确与错误之分。在重视学生个性发展和全人教育的理念下，典型行为测量与评价方法具有特殊意义。

（五）几种新兴教学评价

1. 发展性教学评价❶

发展性教学评价是指一种以促进评价对象（包括学生、教师）共同发展为根本目的的教学评价。发展性教学评价是针对以分等和奖惩为目的的终结性评价的弊端而提出来的，属于形成性教学评价，但又与原始意义上的形成性评价有所区别：原始意义上的形成性评价强调对工作的改进，而发展性教学评价强调评价促进人的发展。发展性教学评价有两个基本点：价值引导和自主建构。价值引导要求发挥教师在教育教学过程中的主导作用，自主建构要求发挥学生的学习主体作用。强调在一个有利于培养学生健康、丰富个性的情境中，通过教师的引导和帮助，激发学生对知识的主导探索，主动发现和对所学知识意义的主动建构。

发展性教学评价的评价技术和方法主要采用质性评价。以开放性访谈、参与型和非参与型观察、实物分析等方法为主，一般不使用传统的量表和其他测量工具。访谈是一种研究性交谈，是评价者通过口头谈话的方法从评价对象那里收集第一手资料的评价方法。通常使用半结构型访谈，即评价者事先备有一个粗线条的访谈提纲，对访谈对象提出问题，并根据访谈的具体性进行灵活调整。课堂观察评价是课堂教学评价最常用的基本方法，录像技术和计算机技术也越来越多地运用到课堂教学评价中。

在评价功能上，发展性评价由重视甄别、选拔功能转变到重视激励、调控与发展功能上。评价不仅是鉴别、筛选学生和教师的手段，而更应该是促进学生发展、促进教师提高和改进教学实践的手段；评价不只是为了检查学生、教师的发展状况或具体表现，鉴定出他们在群体中所处的位置，而更应该是促使学生、教师去分析和判断他们在学习、教学过程中存在的问题和不足，寻找改进的方法，促进他们有新的发展。

在评价的时机选择上，评价由重视结果评价到重视过程评价。更多地关注学生求知的过程、探究的过程和努力的过程，关注被评价者在各个时期的进步状况。只有通过对过程的评价，才可及时查明影响教育教学活动的各种因素，发挥积极因素的作用，消除不利因素的影响，使评价对象得到更好的发展；只有将对结果的评价与对过程的评价结合起来，才能对教育教学活动是否达到所期望的目标作出准确的描述和价值判断。

---

❶ 朱小蔓. 中国教师新百科：小学教育卷［M］. 北京：中国大百科全书出版社，2002：534-535.

倡导参与互动、自评与他评相结合，实现评价主体多元化。一改过去那种评价主体比较单一的模式，将学生、教师的自我评价和学生之间、教师之间的互相评价，与管理者、专业人士、家长及社会有关人员的评价等结合起来，尤其强调评价对象（学生、教师）的自我评价，重视评价对象自我反馈、自我调控、自我完善、自我认识的作用。

更加强调个性化和差异性评价。要求评价指标和标准是多元的、开放的和具有差异性及弹性的，对信息的收集应当是多样、全面和丰富的，对评价对象的价值判断应关注评价对象的差异性，这有利于评价对象个性的发展。比如，对学生的评价，不能单纯用学习成绩评价学生的优劣，更不应该用某一科目成绩区分学生，应该用多把尺子全面衡量学生。根据美国哈佛大学加德纳教授的多元智能理论，人的智能是多方面的，至少有七种智能，对学生的评价则需要统筹考虑各种情况，力求评价全面、合理。

2. 有效教学评价❶

以教师在一段时间教学之后，学生所获得的具体进步或发展为评价对象的价值判断。有效教学的核心问题是教学效益。其标准是教师在社会资源耗费尽可能节约的前提下，通过教育教学促使学生素质的全面、和谐、可持续发展。因此，评价教学效益应"以学论教"，即以学生有无进步或发展为主要标准。可以说，学生的发展状况是评价教学有效性的关键指标。学生的素质是有差异的，因而其素质发展也是有差异的。评价的关键在于个体的素质能否在原来的基础上得到尽可能的提高。一般而言，有效教学评价指标包括：第一，引起注意和唤起学习者的学习需要。第二，营造和维持学习过程中积极的心理氛围。第三，就教学要达到的目标形成共识。第四，设计恰当的学习活动并提供适当的学习资源，指导学生寻找、收集和利用学习资源。第五，激活学习所必需的先前经验，帮助学生发现他们所学东西的个人意义。第六，及时反馈，建造沟通的桥梁，帮助学生对学习过程和结果进行评价，并促进评价的内化。

有效教学评价主体应以学生为主，学生对教师教学的有效或无效、低效最有发言权。学生评价教师制度可以促进学校管理的校本化和民主化，有利于树立正确的学生观和教育观，有利于改善师生关系，有利于教师的专业成长，也有利于改善学生学习的心理环境。有效教学评价关注评价指标的可测性和合理量化，教学目标尽可能明确与具体，以便检验教师的工作效益和学生的进步或发展程度；有效教学评价更关注质性评价，反对过于量化，科学地对待定量评价和质性评价、过程评价与结果评价的结合，全面地反映学生的学业成就、发展水平与教师的工作表现。

有效教学评价理念强调：第一，学习过程的本质是学生心智和情感全面发展的过程。第二，学习过程应当成为学生释放学习潜能的过程，教师的基本任务是激发出学生身上蕴藏的巨大潜能。第三，学科知识学习的过程是学科观念的形成、学科规律的认识和学科符号的命名和运用的实践过程，实践的内部机制是个体的经验或理念的构建，实践的基本形式是多种学习方式的综合运用。第四，课堂中高效地促进学生全面发展的活动载体是现实的、有意义的和富有挑战性的学习内容。第五，课堂中高效地促进学生全面发展的活动形式是师生之间、生生之间的平等交往，学习过程应当成为学生在社会学意义上的认识同伴和认识自我的过程。第六，教师从讲台上"解放"出来，走到学生中去，成为学生友好而值得信赖的学习伙伴，是课堂中教师高效益的教学指导活动的必要条件。第七，通过评价去提高学生学习兴趣和学习效益的方式是学生围绕学习中的问题开展广泛而深入的课内研讨。

3. 主体性教学评价 [1]

对教师在课堂教学过程中，为学生的主体性发展所作出的努力程度进行价值判断。评价的主要目的在于激励教师用主体性发展教学观指导自己的教学，从而促进学生的主体性发展。这种评价理念强调：第一，教学过程不仅仅是传递知识的过程，而且是促进学生主体性发展的过程。第二，教学目标的实现依赖于师生双方的共同活动，依赖于教师指导、引导下学生经常主动的参与。第三，选择和组织教学内容时要从学生的实际出发，满足学生的需求。第四，教师在知识探索的过程中既是指导者，又是平等、民主的合作者。第五，在学生可接受的条件下，应该提供有充分大难度的任务和充分大的学生独立解决问题的时间和空间。第六，不是要把没有问题的学生教到"没有问题"，而是要把没有问题的学生教到"有问题"。第七，适合学生个性的学习方法、策略及交往方式是学生学习成功的保障。第八，小组合作的基础是各人的独立思考，在合作过程中发挥学生各自的优势，并形成合力，增加学生表达自己意见的机会。第九，教师的职责就是创造条件促使每个人都尽自己的最大力量向前冲刺。

四、教学评价的发展趋势

在传统上，我国基础教育在教学评价内容、评价标准等方面存在诸多问题，概括起来，有以下五个主要方面：一是在评价内容上只注重知识学习水平的考查，重视学生的学业成绩，用分数作为衡量学生发展水平的唯一指标，忽视实践能力、创新精神、心理素质和态度、情感、价值观等综合素质的考查。二是在评价标准上过分强调共性和一般趋势，注重"大面积丰收"，对所有学生采用同一种尺度和标准来衡量，忽视个性化发展的价值。三是在评价方法上仍以纸笔考试为主，过于重视量化结果，把学生发展用简单的数量关系来表示，难以全面反映学生发展中的多样表现和个人的进步努力程度。四是评价主体单一化，往往以自上而下的方法对学生进行评价，学生处于消极被动的地位，评价者扮演的是管理者和控制者的角色。五是在评价重心上过分关注结果，忽视被评价者在各个时期的进步状况、努力状况。此外，在教师评价上实行唯学生学业成绩论成败，对学校的评价则实行以升学率论优劣，缺乏发展性评价理念。

因此，自 20 世纪 80 年代中期以来，我国在小学教学评价方面进行了一系列的改革和尝试，取得了一定的成绩，如关注学生发展过程，提倡形成性评价；关注学生综合素质的发展，提倡综合学力考查和质量综合评定；尝试进行了小学考试取消百分数，实行等级制的探索，部分地区还试行分项、分类考试，加入口试、面试等改革措施。随着基础教育改革的深入，我国小学教学评价正在继续加大改革力度，

---

[1] 朱小蔓. 中国教师新百科：小学教育卷［M］. 北京：中国大百科全书出版社，2002：535.

呈现出以下重要的发展趋势。

（一）在评价功能上，重视促进学生发展功能，淡化选拔功能

现代教学评价十分强调参与和推动教育的发展。主要是用来诊断问题，改进教学，其目的则是创造适合儿童的教育，而不是选拔可教育的儿童。即教学评价的教育功能越来越重要。进一步发挥评价的教育功能，关注教师和学生的成长与进步，并通过分析指导提出改进计划来促进学生的发展，这是教学评价改革的重要趋势。

（二）在评价内容上，重综合评价，体现评价内容的全面性

教学要完成的任务是多种多样的，如果只把分数或考试成绩作为衡量学生的唯一指标，势必会造成学生片面发展。随着时代的发展，不能把教学评价仅仅当作检验学生知识掌握程度的工具，他们要求评价须全面地反映教学目标，对学生认知、情感以及动作技能的发展作出全面的评价，以促进学生的全面发展。即评价在关注学生学业成就的同时，将特别重视学生全面发展，如积极的学习态度，良好的学习习惯，正确的学习方法，创新精神，分析问题和解决实际问题的能力，正确的价值观和人生观，积极的情感和态度，健康的体魄，良好的审美素质和技能等，既重视知识技能的评价，又关注情感、态度、价值观的评价，更重视学生的现实行为表现。

（三）在评价类型（方法）上，强调各类评价相互结合，重视评价类型（方法）的多样性

根据现代教育的需要，现代教学评价非常注意为学生提供全方位的服务。在早期单纯终结性评价的基础上，现代教学评价根据学校教育不同阶段的需要，逐步发展了形成性评价、诊断性评价在内的多种评价；在相对评价的基础上，提出了绝对评价和个体内差异的评价，在定量评价基础上，产生了定性评价和质性评价。后来，又逐渐产生了发展性教学评价、有效教学评价、主体性教学评价等各类评价。这种类型多样性的评价，在学校教育的不同阶段、不同场合，提供着不同的评价服务，使评价在推动教育发展、促进学生成长的过程中起到越来越大的作用。

（四）在评价主体上，坚持自评与他评相结合，实现评价主体的多元化，且自评更加受到重视

目前世界各国都建立了由教师、学生、家长、管理者，甚至包括专业人员共同参与的交互评价过程，使被评价者也成为评价的主体。这有助于被评价者自我反思、自我教育、自主成长，从多渠道获得教学信息和改进工作。在学生评价中，重视学生的感受，注重学生的意见，能使评价过程更为客观、公正和有效。在教师评价中，强调教师自我反思，能使评价过程更具建设性。自评与他评相结合，是教学评价改革的重要方向。

第二节　学生学业考评

学生学业考评涉及多方面的内容，如考什么，不外乎知识、技能、能力、思想感情等多方面的内容；如何考，涉及试题编制、试题质量、评分（等级）等方面。本节主要探讨如何考的问题，具体如下。

一、测验的质量指标

评价往往离不开测验，测验质量高低影响评价的质量。为此，我们要了解测验的质量指标。一般而言，一个测验的质量高低由四个指标决定，分别是信度、效度、难度和区分度。

（一）信度（reliability）

1. 信度概念

信度是指测验成绩的可靠性或一致性的程度。一个好的测量工具必须稳定可靠，多次测量的结果应保持一致。如果对同一水平的主体用相同测验试题，或一组等值测验对同一组考生多次进行，取得比较一致、比较稳定的结果，则信度高，说明它客观、准确反映了学生的成绩。反之，则信度低，不能体现公平、公正的原则，不能反映学生的真实情况，难于作出准确的诊断和及时改正教学。信主要有测验的长度，即包含题的多寡程度，测验的时间，受试者的身心状态，如情绪紧张、身体不适，测验的指导说不清，评分标准不一致。

2. 信度的估计（计算）方法

（1）重测信度

重测信度主要反映测量的稳定性程度，因此，这种信度又称稳定性系数。它是指用同一测验试卷，先后在两个不同时间内对同一组两次测验所得分数的相关系数。

重测信度有一个基本假设，那就是假设某测验所要测量的潜在特质，短期内不会随着时间推移而改变。因此，重测信度的用途也在于估计测验结果（以测验分数表示）经过一段时间后是否仍然维持稳定、一致的特性，又称为稳定性系数。

重测信度适用于异质性测验。所谓异质性测验就是说一个测验包括几个不同的部分，这几个部分分别测量着几个不同的心理特质，它们之间可能并不存在相关性，或相关性较低。对于这种异质性测验不适宜计算它的内部一致性信度。这时，重测信度是比较可靠的。另外，重测信度适用于速度测验而不适用于难度测验。速度测验的测题数量多，而且有一定的时间限制，被试很难记住第一次施测的内容，所以第二次施测较少受记忆的影响，而难度测验则相反。重测信度还适用于运动技能的测验，如跑、跳、掷等，其测验成绩较少受重复测量的影响。

（2）复本信度

复本信度主要反映测量的等值性程度，因此，这种复本信度也称作等值性系数。它是指两个平等或复份等值测验（复本测验，也称作平行测验）在最短时间间隔内实施测量同一批被试所得分数的相关系数。

（3）分半信度

分半信度指的是将一个测验分成对等的两半后，所有被试在这两半上所得分数的一致性程度。它反映了测验分两半后题目间的一致性，属于同质性信度。同质性信度也叫内部一致性信度，它是指测验内部所有题目间的一致性程度。这里，题目间的一致性含有两层意思：其一是指所有题目测的是同一种心理特质；其二是指所有题目得分之间都具有较高的正相关性。也就是说，同质性信度就是一个测验所测内容或特质的相同程度。有时，也可以将分半信度和等值性系数一样解释，即把对等的两半测验看成是在最短时间距内施测的两个平行测验。

计算分半信度的方法很多，如按题号的奇偶分半、按题目的难度分半、按题目的内容分半等。所以，同一个测验通常会有多个分半信度值。按上述几个标准分半后，一般还应考虑是否分成了对等的两半，如不是对等两半，可作适当调整。无法分成对等的两半的测验不宜使用分半信度。

分半信度的计算方法和等值复本信度的方法类似，只不过分半信度计算的是两个"半测验"上得分的相关系数。

（4）评分者信度

用于测量不同评分者之间所产生的误差。为了衡量评分者之间的信度高低，可随机抽取若干份测验卷，由两位评分者按评分标准分别给分，然后再根据每份测验卷的两个分数计算相关，即得评分者信度。一般要求在成对的受过训练的评分者之间平均一致性达 0.90 以上，才认为评分是客观的。

3. 信度的标准

信度系数以多大为宜，总的来说信度是越高越好，但不同考试由于考试的目的和类型不同，要求稍有区别。对于智力测验应达到 0.8 以上；对于品德测验而言，由于难以测量，则要求稍低，达到 0.6 就可谓比较理想；对于一般科目的考试，信度系数要求应达到 0.9 以上。此外，一般而言，当信度大于 0.7 时，可以将测验结果进行不同团体间的比较；当信度大于 0.85 时，测验结果才能应用于个人之间的比较和评价。

4. 影响测验信度的因素

为了提高测验的信度，得到较高的信度系数，应注意研究影响测验的信度的因素。一般而言，影响测验的信度的因素主要是测验的题量、试题对教学知识的覆盖程度、分数的分布、测验难度、评分工作等。因此，提高测验的信度，首先要对试题进行精心设计。测验应适当，不能太多或太少，太少不能代表整个学习内容，测验具有偶然性。太多则会引起学生疲劳和反感，花费时间太多，影响测验效果。使试题能对教学知识有较均匀和较大比例的覆盖；分布在每个小题上的分数要均匀，等值的题应需要大致相当的答题时间；测验难度要适宜，一般说来，难度与信度无直接关系，但在学校考试中，试题过难或过易时，由于学生数量较少，分数分布就会集中，两种情况均会使信度样本的分数范围变窄，从而使测验变得不够可靠，尤其对于选择题而言，难度过大，猜测程度高，则误差大，信度低；评分标准要一致，评分要客观。

一个测验光有信度还不够，测验分数是稳定的，并不能说明它就能够准确地测量想要测的特质。比如一台磅秤，长期使用，弹簧早已疲劳，一个 100 斤的人站上去，显示的却是 120 斤，一天称 10 次，显示的都是 120 斤，"信度"足够好，但测得却一点都不准。由此，一个测验还需要考虑效度问题。

（二）效度（validity）

1. 效度概念

效度是指测验结果的准确性或有效性的程度，即是否测出了它所要测的东西。一个测验的效度总是对一定的测验目标而言的，故不能离开特定的目标笼统地判断这个测验是否有效度。要知道，一个对某个目标有效的测验，对其他目标不一定有效。如论文式测验对测定学生的能力效度高，而对测定学生的知识面则效度低；而客观性测验则宜于判明学生的知识掌握情况，不宜测定他们的能力发展水平。

需要注意的是：信度和效度是鉴定测验质量的主要指标，但两者并不完全一致，一般说来，效度高的测验其信度也高，信度高并不说明有较高的效度，高信度是高效度的必要而非充分条件。信度高不一定是需要的结果，例如，某种测验信度高，但测的是记忆力，而对需要测创造力而言，则效度低。

2. 效度的种类

评价一个测量是否有效要多角度多方面地收集证据，然后利用这些跟测验有关的客观资料，用逻辑思辨或统计分析的方法，来确定该测验的实际有效性。这种收集大量资料和证据来检验测量效度的工作过程，叫作效度验证（Validation）。验证测验效度可以从不同角度采用不同方法来进行，比如系统考察测验项目的内容、拿被试测验分数与其他独立测量结果作比较，以及分析测验所测的心理特性的结构与性质等。根据验证效度的角度与方法的差异，可以把效度验证工作大体分为三类，验证工作的结果就分别对应着三种效度：内容效度、结构效度和效标关联效度。

（1）内容效度

内容效度就是测验内容的代表性程度，即看测验内容吻合教学目标与教材要求的程度。例如，教师给学生做一份语文成绩测验，如果该测验的题目涵盖了语文教学所要达到的各项教学目标及教材的重要内容，那么我们便说该测验具有较高的内容效度。

内容效度主要适用于教育测量（尤其是学业成绩测验）。学业成就测验往往具有明确的教材内容和学习目标，试题内容是从中挑选出来的，便于进行逻辑分析与判断。对于某些特质的心理测验，内容效度并不适合，因为一些心理特质，如"智力""创造性""人格"等，都存在着外延范围不明、内部结构复杂、人们对其看法不统一的现象，因而，不易进行内容效度分析。内容效度也适合于某些用于选拔和分类的职业测验。这种测验所测的内容就是实际工作所需的知识和技能。编制这种测验如果事先对实际工作做了较细的分析，题目取样一般来说可以较为满意。

内容效度的分析方法常用逻辑分析法，即依靠有关专家对测验题目与应测内容范围的吻合程度作出判断。例如，专家可以根据试题的"题目双向细目表（见下表）"，对照考试大纲的要求或"命题双向细目表"的要求，判断考试的内容效度，了解实际命题在多大程度上偏离了大纲要求或原命题计划。

表 12 - 2　题目双向细目表

内容 （按章、节顺序） ＼ 分数	能力				题型						难度 系数	题号
	记忆	理解	运用	综合	选择	填空	名词	简答	论述	其他		
小计												

（2）效标关联效度

效标关联效度（criterion – related validity）的验证方法是指一个测验对于处于特定情境中的个体行为进行预测时的有效性。而要判断这种预测的有效性，就必须找一个测验外的、客观的标准，比如用高考成绩预测大学生的学习成绩、用能力倾向测验预测个体工作上的成效等，那么学习成绩、工作成败等被预测的行为同时也就是检验测验效度的外在的、客观的标准，即效度的标准，简称效标。因此这种方法考察的测验的效度被称为效标关联效度，由于它是以实践的效果来检验测验是否有效，因此也称为实证效度。

根据效标资料获得的时间不同及测验使用的目的不同，效标关联效度可以分为同时效度和预测效度两种。

同时效度：测验分数与效标资料的取得约在同一时间内连续完成，计算这两种资料的相关系数即代表测验的同时效度。这种效度的目的主要用于诊断现状，在于用更简单、更省时、更廉价和更有效的测验分数来取代不易搜集的效标资料。比如，韦氏智力测验其有效性是已经得到验证的，但其操作较为复杂、费时。如果我们自编一个能团体施测的纸笔智力测验，有着较高的效度，那么就可用它替代韦氏智力量表使用。为此，我们可以将韦氏智力测验和自编智力测验同时向一批被试施测，然后对获得的两批数据资料进行相关分析，如果相关一致性高，就说明新编测验同时效度高，可以用于实际测验。

预测效度：在测验分数取得一段时间后，才获得效标资料，计算这两种资料间的相关系数即代表测验的预测效度。预测效度的作用在于预测某个个体将来的行为。比如，高考是一种用来为高等学校选择合格新生的学业成绩测验，其有效性在录取完新生时还无法验证判明，等新生入学一学期或一学年后，再拿新生的高考成绩与大学学业成绩作比较，看看其相关一致性如何。相关高，说明高考的预测效度好；相关低，说明高考的预测效度差。

无论是同时效度还是预测效度，其目的都是想用实证的方法测验一个有代表性的样本证明测验有效。于是今后就可以用简便的测验去预测类似于样本的其他团体或个体的行为。因此，有人把这两种效度都称作预测效度，并把测验称作预测源。

从效度估计的方法上看，效标关联效度可以用相关法，就是计算测验分数与效标测量的相关系数，具体方法有：积差相关、等级相关、点二列相关等。在使用过程中，该选择何种计算方法，应根据测验分数与效标测量数据资料的形式而定。具体方法请参考相关教育测量类或心理测量类教材。

（3）结构效度

除了上述两个效度种类外，心理测量中经常使用结构效度。所谓结构（Construct），是指心理学或社会学上的一种理论构想或特质。它本身观察不到，并且也无法直接测量到，但学术理论假设它是存在的，以便能够来解释和预测个人或团体的行为表现。例如，智力就是心理学中的一种结构。所以结构效度又指构想效度，指的就是测验对理论上（通常是心理学或社会学）的构想或特质的测量程度，即测验的结果是否能证实或解释某一理论的假设、术语或构想，解释的程度如何。

确定构想效度的基本步骤是，首先从某一理论出发，提出关于某一心理特质的假设，然后设计和编制测验并进行施测，最后对测验的结果采用相关或因素分析等方法进行分析，验证与理论假设的相符程度。例如，我们假设"智力与学习成绩有着密切关系"，那么我们就可以根据假设编制测验，并对测验结果进行分析，如果智力与学业成就有着较高的相关，那就说明我们的假设是正确的，这就为构想效度提供了有力证据。

3. 效度的要求

一般而言，测验应尽可能地提高其效度，效度系数越高越好，但效度没有固定标准，不同的测验，其效度系数有不同的要求。例如，一门科目的测验成绩与教师对学生名次排列之间的相关系数一般应达到 0.60～0.70；两种不同智力测验或标准测验间相关系数（效标关联效度）应达到 0.60～0.80 才符合要求；一个科目考试的内容效度应达到 0.90 以上。

4. 影响测验效度的因素

影响效度的因素是多方面的，如测验的长度、测验的质量、测验的情境、被试的状态等。要有针对性地提高试卷的效度，须做到：一要适当增加测验的长度。一般而言，增加测验的长度通常可以提高测验的信度，而信度又制约着效度，因此增加测验的长度也能提高测验的效度；二要提高测验题目的质量。要做到考试的目标明确，并严格按照考试的目标和考试大纲编制试卷，试卷内容要与课程标准要求一致，排除与考试无关的内容，试卷中不要出现偏题、怪题，试卷内容要兼顾知识、技能、能力等多个方面；三要改善测验情境。场地的布置、材料的准备、测验场所有无噪声和其他干扰因素等也会影响到测验的效度；四要调整被试的状态。被试者在测验时的兴趣、动机、情绪、态度和身心状况、健康状态等都会影响测验的效度；等等。

（三）难度（difficulty）

1. 难度概念

难度指试卷（试题）的难易程度，是试题对学生知识能力水平适合程度的指标。定量刻画被试作答一个题目所遇到的困难程度的量数，就叫题目的难度系数，也常称为难度值，用符号 P 表示。由于题型不同，难度的计算方法也有所差异。是非题只有是和否两种答案，可以用通过该题分数的百分比来计算，通过率（P）= 答对的人数（R）/考试总人数（N）。论文式题目可以用学生在某题中所得的平均分来计算，$P = M / W$，P 为难度值，M 为全班学生在该题上所得的平均分，W 为该题的满分。选择题若只有一个正确答案，可以在该项目通过率（P）的基础上矫正，排除学生猜的机遇。计算公式为：$CP = (KP - 1)/(K - 1)$，CP 为矫正后难度，P 为未矫正难度，K 为选项的数量。由此可见，难度系数越高，难度越小；难度系数越低，难度越大，即难度系数大小与实际困难程度正好相反。比如，0.8 的难度系数，则表示试卷（试题）比较容易，相反 0.2 的难度系数则表示试卷（试题）较难。具体对照见表 12-3。

表 12-3　难度值对照表

难度值	0.1	0.2～0.4	0.5～0.7	0.8～0.9	0.9～1
划分范围	难	较难	适中	较易	易

难度是一个相对概念，它与被试者水平直接相关。同一份试卷，对于不同被试者的难度是不一样的。因此，我们不能笼统地说，这份试卷的难度如何，而应该谈这份试卷对某类被试者的难度怎样。

2. 难度要求

一般地，难度适当的试卷分数的分布应呈近似正态分布，太难或太易都会出现偏态分布。一般来讲，试卷难度应该根据考试的目的来选定，单元测验、期中考试、期末考试等检查性的考试，难度不宜过大，一般控制在 0.8 ~ 0.9 为宜；初中毕业学业考试全卷难度一般为 0.75 左右；对于选拔性考试，在选拔性测验中，难度值应和录取率相对应。

因为试卷的难度值要在考试结束后才能统计得到，所以命题时必须对试卷做出比较准确的估计。一方面教师要钻研各门课程标准（教学大纲），精通教材；另一方面要了解学生的学习情况，只有这样才能编制出难度适当的试卷。

（四）区分度（discrimination）

1. 区分度概念

是指试题对于不同水平的学生加以鉴别分等的能力，一般用符号 D 表示。如试题测验学生的逻辑思维能力，得分高的实际能力也高，得分低的实际能力也低，则说明试题很好区分了不同能力的人。所以，区分度又称鉴别度。

客观性试题的区分度简便计算为 $D = P_H - P_L$，D 为区分度，P_H 为高分学生（所有考生中名列前 25% 的学生）通过该题人数占高分人数的百分比，P_L 为低分学生（所有考生中名列后 25% 的学生）通过该题人数占低分人数的百分比。

主观性试题的区分度的计算公式是：$D = (X_H - X_L) / N(H - L)$，$D$ 为区分度，P_H 为高分学生（所有考生中名列前 25% 的学生）得分总数，P_L 为低分学生（所有考生中名列后 25% 的学生）得分总数，N 表示总人数的 25%，H 表示该题的最高得分，L 表示该题的最低得分。

以上两种计算区分度的方法属于极端分组法，简练易用，但不精确，误差大，通常用于教师自编的考试中。在标准化大规模考试中，如高考，多采用更精确的相关法（相关系数）分析试题的区分度。具体方法请参考相关教育测量类或心理测量类教材。

2. 区分度的要求

区分度与难度有关系，难度过大或过小，都不能很好区分不同人群，即要么都会，或要么都不会，则无从区分。只有合适的难度才会有很好的区分度。实践证明，难度值为 0.5 的试题具有最好的区分度。但在实际编制试卷时，不可能要求所有题目的难度值均为 0.5。一般说来，较难的试题对高水平的考生区分度高，较易的试题对低水平的考生区分度高，中等难度的试题对中等水平的考生区分度高。所以，当我们要求考生的成绩呈正态分布时，试题难度与特别容易的试题较少，接近中等难度的试题较多，此时全卷难度接近 0.5，这样的试卷才具有较高的区分度。

此外，区分度大小应和测验目的一致，一般认为，$D > 0.4$ 则该题区分度非常优良，$D < 0.20$ 则必须改进或淘汰。但这一标准不是绝对的，用于选拔的测验区分度应高，如果只是平时考察，可以不考虑区分度。

总之，信度、效度、难度和区分度是鉴定测验质量的客观指标，也是编制测验时必须考虑的基本要求。

二、试题的编制

（一）中小学考试制度

我国中小学对学生学业成绩的检查与评定以考查和考试的形式进行。

1. 考查

考查一般是指对学生的学习情况和成绩进行的一种经常的小规模或个别的检查与评定。安排考查，可以由教师自拟计划、自己确定时间、自行命题和规定答案，并做出评定。它有以下几种：

口头提问。这是平时运用比较普通的一种考查方法。教师通过口头提问，可以当场了解学生掌握知识的情况，而且，在教师对学生回答感到不满时，可以进一步补问，容易较好地了解学生真实情况；不足是如果处理不好，容易使未被问到的学生处于消极观望之中。因此，教师提问要面向全班学生，对学生的答题要让大家补充或简要评论。带有考查目的的详细提问，应予评分。

检查书面作业。书面作业的检查是大量的和经常的，教师可以从作业中了解学生的知识质量和学习上存在的问题，对较普通的问题要及时记录下来，以便课上指导改进。比较复杂的作业，应该评分或评等。

书面测验。这是一种在课堂教学中进行的小考。可以在较短的时间内，普遍地了解每个学生的学习情况。书面测验一般在课题或单元教学结束后进行。可以事先通知学生，让学生进行专门的复习，平时一些小测验，也可事先不通知学生，以督促学生经常复习功课。各种形式的书面测验次数、分量、难易程度、时间长短都要安排适当，学科之间还要互相协调，以防次数太多、时间太集中，增加学生负担。测验后，教师要及时评阅，进行讲评，分析学生掌握知识的优缺点，以便改进。

2. 考试

考试一般是指对学生学业成绩进行阶段性或总结性的检查与评定。考试由学校或上一级教育行政部门统一组织，有的还统一命题和统一组织阅卷、评分。其目的侧重于对学生学习质量做出全面检查与评价。

中小学考试一般有期中考试、学期考试、学年考试和毕业考试。考试一般有计划地安排考试科目的时间及组织复习，以便使学生考出较高水平，获得好的成绩。

考试的方法有口试、笔试（开卷、闭卷）和实践考等，采取哪种方式，应根据学科特点、内容和考试的具体要求灵活运用。

试题的种类。试题的形式有多种，常用的试题分为两大类，分别是主观性试题和客观性试题。

主观性试题：分析、论述、论文及作文等题属于主观性试题，它要求学生应用所学知识创造性地回答。其优点是能考察学生的理解力和表述能力。主要缺点是评分缺乏客观性，易受阅卷人主观意志的影响，评分的出入比较大。

客观性试题：以评分客观而得名。重要包括是非题、选择题、填空题、名词解释题、改错题等。其优点是取样广泛，命题知识覆盖面大，答案明确，但亦有缺点，编制试卷任务繁重，难于全面测定受试者的能力。

客观题或主观题一方不足的地方正是他方的长处所在，二者结合恰好可以相互补充。所以，大多数学业成就考试都结合运用这两种题型。

（二）试题编制

1. 试题编制的基本要求

有效的试题要有较高的效度、信度、适宜的难度和区分度。此外，科学地命题还需注意以下要求：

①根据课程标准的要求命题。在基础教育领域，课程标准尤其是国家课程标准是教和学的依据，应成为检查教学效果的标尺。离开课程标准、教科书的内容随意拟题，出一些离奇古怪的偏题、怪题是不足取的。

②命题知识的覆盖面要宽。要正确处理基础、技能、智力三方面的关系，既要有考查对基础知识的记忆、理解的题目，又要考查技能的熟练程度和智力的发展水平。要以基础知识为主，兼顾理解、记忆、分析、综合、操作运用等几方面。要克服传统考试偏重记忆知识，忽视考理解力和能力的偏向。

③题目的分量与难度应相互配合，达到适量可行。分量要从考试时间的长短和学生的实际水平出发，考虑学生上、中、下的差别，使各类学生都得到鼓励。一般是记忆和理解性题目可多些，而独立运用知识、深入思考的综合提高题应相对少些。

④命题方式要多样化。应把选择填空、比较异同、改正错误、解释概念、计算应用、议论评述、分析原理、摘要编写等形式结合起来。

⑤考题语言必须准确、规范。必须语言明确、表述清晰、概念规范，准确反映本意，防止学生发生理解上的错误。

此外，不同题型的试题有不同的编制要求。填空题应注意每空分值不能太大，答案应简明扼要，一般为一字一词或一短句，前后提示既不能引起误解，又不能有明显的暗示，给应试者所留空白距离要适当。

选择题每题所列答案数应尽量一致，错误答案要有一定似真性，题干要围绕一个中心提问，选项应简短明了，正确答案分布要有随机性。

判断题必须有明确的是非判断，不能模棱两可，是与非题数相当，且随机排列，不选择有学术争议的题目。

配对题应向学生说明搭配方式（如连线、填符号或数字），在同一主题或相似范围出题，题目最好是一边多一边少，避免应试者猜测。

简答题应问题清楚，观点鲜明，答案具有一定客观性。

论述题、分析题要能考查学生分析问题和解决问题的能力，并且是所学内容的重点和难点。

2. 试卷的编制程序

命题工作是一项周密而复杂的创造性劳动，命题过程必须要全面地考虑各种因素，这就需要命题工作按规范程序进行。明确命题的程度，掌握命题程序的各项要求，才能编制出一份符合考试要求、高质量的试卷。

试卷的编制程序主要分为：确定考试目标、制定命题细目表、编选试题、组配成卷、试卷难度预测、试答全部试题、制定标准答案和评分细则七个步骤。

（1）确定考试目标

考试目标是试卷编制的出发点和归宿，具有导向和制约功能。它可以根据教学目标，结合不同的测试目的、内容范围、时间限制加以确定。

考试目标包括考试内容、考查目的和各种量化指标（如试卷难度系数、考试及格率、优秀率、平均分等）。

（2）制定双向细目表

在熟悉考试科目的课程标准、教材内容等相关内容的基础上，根据考试目标的要求，依据教学内容和教学目标，制订出命题及制卷的具体计划。这个计划应包括测试内容（知识、能力）、题量、题型、时限、不同知识点所考查的学习水平以及所占的比例等各个方面的具体内容，并用命题双向细目表的形式反映出来。

命题双向细目表要依据考试科目的课程标准所规定的考试内容、考试范围和教科书中涉及的各项知识所要求掌握的程度来确定试题的分布范围、难易程度、重点、难点，要全面反映考试内容，保证试卷对考试内容的覆盖率，对试题的数量以及难度比例的确定要适当，既要考虑大部分学生考试成绩达标，又要考虑不同水平学生的成绩能拉开距离。

（3）编选试题

编选试题要依据命题原则，紧扣命题内容，围绕命题双向细目表，严格选择材料，进行编选试题。同时要在编制试题过程中同步写出每一道试题的答案，以便发现问题并及时纠正。

试题初步确定后，应做进一步的筛选和修订。首先对照细目表，审查所编试题是否与各知识点及其学习水平的设计相符，并根据具体情况进行增补或删减；其次，依据测验的时间要求，确定题量，并对试题做进一步的调整。在以上工作的基础上，对已确定下来的题目，从科学性、逻辑性、独立性以及语言表达等方面做最后的审定和修改。

教师在教学时，要把教材中重要的地方做上记号，在批发作业成绩试卷时，记下学生常犯的错误；要经常搜集各种书刊及其他现成的试题；随时把搜集到的或自编的试题存入电脑，并进行必要的分类，组成自己的试题库，便于以后命题时使用。

编选试题还应注意以下三个方面内容：

题目内容、考试水平、试题难度应符合细目表；题目叙述简练、清楚、内容准确无误，符合科学性；编选试题的数量要比最后确定的试题数量多一些，以备筛选。

（4）组配试卷

试题拟好或选取好后要按选择题、填空题、解答题的顺序排列，每大题又按先易后难的顺序编排，形成梯度，组配成卷，并编拟好指导语。

（5）预测难度

组卷完成后，根据前面预测的试题的难度，估算学生各题的得分，从而估得全卷得分，由此估算全卷难度。再结合考试目标，适当调整若干试题的难度、试题类型、试卷结构，使全卷试题的难度系数达到与考试目标的难度系数相符。

（6）试答试题

命题结束后，命题教师或相关教师必须对试题进行试答，并记录答题时间。一般情况下，用于实际考试的时间，为教师试答时间的三倍。视答试题的情况和答题的实际时间，对试题内容做最后一次调整。

（7）制定评分标准

参考答案应具体明确，准确无误，各层次的分值要标明。试题赋分根据试题难度和答题时间进行分配，试题难度较大，需花较长时间解答的，分值应大；反之，则小。

（三）评分标准和记分法

考查和考试一般都是以分数来表示学生的学业成绩的，所以，评分是一件极为重要的工作。为对学生考查和考试的成绩准确地评分，就必须熟练地掌握评分标准和记分法。

1. 评分标准

评分标准一般要注意下述几方面：

①评分标准要客观公正，严格按照课程标准（教学大纲）及教科书的要求而制订。

②评分标准要规定答案要点及可接受变式。

③评分标准要依据题目的难易及要点的主次配给分数。应该对测量内容进行全面分析，确定内容目标的相对重要性，依据难度，合理配给分数。

2. 常用的记分法

常用的记分法有百分制和等级制两大类：

①百分制记分法：即满分 100 分，90 分以上为优，80 分以上为良，70 分以上为中，60 分以上为及格，60（不含）分以下为不及格。

②等级制记分法：文字等级记分法，如甲、乙、丙、丁；优、良、及格、不及格；数字等级记分法，如 5、4、3、2、1 等。

一般说，题的数量多，便于打小分的，用百分制较便利；题的数量不多、开卷、理解和灵活运用的题等级制较方便，为便于总评，也可把等级制换算成一定的分数，与百分制统一起来。

随着素质教育的深入推进，考试制度在不断变革，一些中小学开始试用等级制记分法，尤其是小学阶段，等级制记分法更加普遍和适合，这可以在最大限度上减少相对评价，更好地鼓励学生，保护学生学习的积极性。

三、国外课业考评改革的趋势经验

学生课业考评改革固然要尊重本国本民族的文化与教育传统，但对课业考评改革的一些国际经验与趋势也需加以重视，这些趋势和经验主要是：

①减少考试次数，强化课程作业，把经常性的形成评价同若干关键年龄段所举行的校外统一考试相结合，以便在较宽松、自主的教育环境下全面落实教育目标。

②无论是考试制度向来比较严格的国家，还是考试制度一贯比较宽松的国家，在中小学教育过程中，每个阶段的考试要求都有所区别，基本上呈现出小学阶段较宽松、初中阶段次之、高中阶段相对要求高的趋势。

③课业考评方法多元化，教学与评价整合化，尤其是表现性测验和实验技能教学考试受到高度重视与广泛采用。

④学习成绩和学生素质发展评价大量使用观察表现的等级评定量表，学生参与评价，记录成就与成长的多功能的学习成绩报告单得到普遍重视。

第十三章　教学模式

在实际教学工作中，经常存在已有教学理论难于发挥对教学实践的指导作用的情况。怎么才能解决这个问题呢？本章所阐述的教学模式恰恰能够解决这个难题，它是密切联系教学理论与教学实践的中介。前面关于教学的若干章内容，如教学目标、教学方法、教学原则等多属于分析研究，局限在教学过程的一个环节、一个方面内容，而"教学模式的研究可以帮助我们从整体上去综合地认识和探讨教学过程中各种因素之间的关系及其多样化的表现形态，有利于我们从动态上去把握教学过程的本质和规律"❶。

第一节　教学模式概述

一、教学模式的含义

"模式"一词是由英文"model"翻译而来的。一般是指被研究对象在理论上的逻辑轮廓，是经验与理论之间的一种具有可操作性的知识系统，是再现实践的一种理论性的简化了的结构形式。

因此，教学模式不仅与教学理论、教学思想有密切联系，要解决为什么、是什么的问题，还与教学实践有密切联系，还要解决怎么做的问题。它既具有理论的特点，又具有实践的特点，是理论与实践的中介。教学模式不是单纯的某一教学方面，如目标、方法等，而是一个整体，它涉及教学的方方面面，涉及一个完整的教学活动，并涉及活动的先后顺序和开展要求等。

因此，教学模式可以如下定义：教学模式是在一定的教学思想或教学理论指导下建立起来的较为稳定的教学活动结构框架和活动程序。作为结构框架，突出了教学模式从宏观上把握教学活动整体及各要素之间内部的关系和功能；作为活动程序则突出了教学模式的有序性和可操作性。❷

二、教学模式的构成❸

教学模式通常包括五个要素，分别是理论基础、教学目标、操作程序、实现条件和教学评价。

---

❶ 黄甫全，王本陆．现代教学论学程［M］．北京：教育科学出版社，1998：333.
❷ 杨乃虹．教育学教程［M］．北京：高等教育出版社，2000：115.
❸ 同上，115-116.

（一）理论基础

教学模式是一定的教学理论或教学思想的反映，是一定理论指导的教学行为范型。不同的教育观往往提出不同的教学模式。例如，"非指导性"教学以人本主义心理学为理论基础，而情境陶冶模式的理论依据则是人的有意识心理活动与无意识心理活动、理智与情感活动在认知活动中的统一。

（二）教学目标

任何教学模式都指向和完成某一特定的教学目标。在教学模式的结构中教学目标处于核心地位，并对构成教学模式的其他因素起着制约作用，它决定着教学模式的操作程序和师生组合，也是教学评价的标准和尺度。正是由于教学模式与教学目标这种极强的内在统一性，决定了不同教学模式的个性。不同的教学模式是为完成一定的教学目标服务的。

（三）操作程序

每一种教学模式都有其特定的逻辑步骤或操作程序，它规定了在教学活动中师生先做什么、后做什么、各步骤应当完成的任务。

（四）实现条件

是指能使教学模式效力得到发挥的各种条件因素，主要探讨各种因素如何组合才能发挥模式的最佳功效以及应该遵循什么样的原则的问题，如教师、学生、教学内容、教学手段、教学环境、教学时间等方面有哪些要求。

（五）教学评价

是指某种教学模式所特有的完成教学任务，达到教学目标的评价方法和标准等。由于不同的教学模式所要完成的教学任务和达到的教学目标不同，使用的程序和条件不同，当然其评价的方法和标准亦有所不同。目前，除了一些比较成熟的教学模式已经形成了一套相应的评价方法和标准外，有不少教学模式还没有形成自己独特的评价方法和标准。

三、教学模式的特点[1]

教学模式是一种设计和实施教学的理论，尽管由于各种教学模式所依据的教学思想或理论不同，但从一般意义上讲，教学模式均有以下几个主要特点。

（一）整体性

教学模式是一个涉及教学多个方面的系统整体。它不是单纯的教学方法或教学目标等，而是一个围绕某一特定的教学目标，在一定理论指导下，按照一定的程序，采用合适的教学策略，并取得一定教学效果的相对完整教学过程的概括。

（二）可操作性

教学模式是教学理论与教学实践相结合的产物，它是理论与实践的中介，教学

---

[1] 吴立岗. 教学的原理、模式和活动［M］. 南宁：广西教育出版社，1998. 180－182；邹群，王琦. 新编教育学［M］. 大连：辽宁师范大学出版社，1999：178－180；李剑萍，魏薇. 教育学导论［M］. 北京：人民教育出版社，2000：283－284.

程序化是其一大特点。教师可以基于教学需要，根据一系列清晰、简明的程序按部就班地开展教学工作。

（三）指向性

任何特定教学模式都有一定的适用范围和条件，都指向一定的教学目标。因此，不存在一般意义上的最好的教学模式、万能的教学模式，只存在特定情况下，最好最有效的教学模式。因此，在具体实施教学的过程中，需要具体问题具体分析，结合学科特点及教学目标等，有针对性选择最合适的教学模式。

（四）优效性

教学模式一般都是从众多教学活动方式中优选出来的范型，能将比较抽象的理论化为具体的策略，能对教学实践起到良好的指导作用，是经过实践证明具有优良效力的。因此，优效性是教学模式的生命所在。如果一种教学模式不是优效的，就会被淘汰。如注入式的教学模式，由于它使学生在掌握知识时食而不化，就必然要在教学中丧失地位。一个好的教学模式应该既能提高教学质量，达到教学目标，又能降低师生付出的劳动，减轻师生的教学负担。

四、教学模式的选择和运用

教学模式是教学理论的具体化，是教学实践概括化的形式和系统，具有多样性和可操作性，每一种模式都有其适用性，适用于不同的教学目标和教学内容，因此教师在实际教学中，必须要根据不同情况，学会选择和运用最合适的教学模式，并在实际中不断发展教学模式。

第一，教师应做到熟悉和掌握每种典型的教学模式，做到有所选择。

第二，教师要充分熟悉教学内容和明确教学目标，做到不同的内容和目标应选择不同的教学模式。

第三，教师要熟悉学生的学习特点和自己的教学优势，选择最容易发挥自身教学优势和调动学生学习积极性、提高教学效果的教学模式。

第四，要根据学校现有的教学条件和设备，选择教学模式。

第五，在实际使用教学模式的过程中，教师不应僵化和机械套用，迷信于原有规定或程序，应注意加以积极改进和灵活变化。

第六，要从模仿借鉴走向发展创新。

第二节　国外典型教学模式

一、掌握学习模式[1]

掌握学习（Mastery Learning）模式强调"为掌握而学"，它是美国当代著名的

---

[1]　吴也显. 教学论新编［M］. 北京：教育科学出版社，1991：189–192；扈中平，李方，张洪俊. 现代教育学［M］. 北京：高等教育出版社，2000：369–372.

心理学家和教育学家布卢姆在20世纪60年代创立的，其核心是："任何教师实际上都能帮助他的所有学生获得优异成绩"，95%以上的学生在学习能力、学习速度、学习动机等方面并无大的差异，都能掌握所学知识。可以说，"掌握学习实质上是一种有关教和学的乐观主义的理论，是在一般课堂环境中实施这一理论的一套有效的个别化教学的实践"❶。掌握学习教学模式至今方兴未艾，对世界各国教育实践产生了重大影响。

这种教学模式的中心任务不是控制学生而是控制学习，关键是让学生明确学习目标。布卢姆要求把教学与评价结合起来，形成新型的反馈教学，及时查漏补缺，使大多数学生掌握每一项学习任务。

（一）问题的缘起

布卢姆是从课堂教学的实际问题出发开始他的研究的。他发现在普通课堂里，教师通常设想会有三分之一的学生不及格或刚刚超过及格线，有三分之一的学生成绩一般，有三分之一的学生能完全掌握教师所教的东西。之所以这样设想，是基于教育统计学上最权威的正态分布原理。布卢姆说：这种期望是当今教育体制中最浪费、最有破坏性的一面。它压制了教师和学生的创造力，降低了学习的热情，也破坏了大量学生的自我形象和自我概念。❷因此，必须彻底打破这一观念，找到使学生成绩达到较高水平的措施。

（二）教学实验研究

布卢姆等人的研究所关注的核心问题是："人类在学习、思维及达到某种规定水平的能力上的差异究竟有多大？"❸是什么因素决定了学习成绩的好坏？为此，布卢姆等人曾做过大量群体与个别教学效果的实验分析与实证研究。实验表明，个别教学组学生的能力高低与其最终的学业成绩好坏相关性不大，即个别教学组学生"在学习、思维及达到某种规定水平的能力上的差异"不大，相反，群体教学组学生的能力高低与最终学业成绩好坏十分相关。为什么个别教学和群体教学的结论是截然相反的？是什么决定了学业成绩？布卢姆等人认为，条件是否适当及学习时间的多寡是关键因素，即"只要努力，就能成功"，只要条件适当，学习时间允许，95%以上的学生都可以掌握所学知识，达到优良的学业成绩。布卢姆等人进一步指出：如果提供适当的学习条件，大多数学生在学习能力、学习速度、进一步学习的动机方面会变得十分相似。也就是说，在适当的学习条件下，学习能力的强弱及学得快慢之类的学习特性是可以改变的。

（三）掌握学习模式的操作程序

总体上，掌握学习模式在具体教学程序方面无须做全面的革新，必须明确"掌握"一词的确切含义，把每一个步骤的学习目标明了地告诉学生，使他们知道努力的方向，在开展一段时间的群体教学后，对学生进行一次形成性测验，根据测验结

---

❶ J. S. 布洛克. 运用掌握学习，促使学生获得优异成绩［M］//布卢姆掌握学习论文集. 福州：福建教育出版社，1986：139.

❷ 同上，2.

❸ 同上，3.

果进行矫正学习和个别辅导。最后，进行终结性测验，评定学生学习成绩。实验表明，用这种方法，百分之八十至九十的学生已经掌握了学习，即达到了一种完全理解的水平。这样彻底改变了原来成绩的正态曲线，打破了人们对正态分布的迷信。具体程序如下。

（1）单元教学目标的设计

布卢姆认为，所谓教学质量首先表现为对教学目标的表述是否清晰，每一个学习者是否都清楚了自己将要学习什么。教学目标分类依据布卢姆等人的教育目标分类理论，教师首先要向学生展示教学目标，说明学什么，怎么学，达到什么程度，为学生的学习定向。这有助于学生学习动机和学习信心的形成。

（2）按照单元教学目标进行群体教学

掌握学习模式是力图达到群体教学个别化的教学模式，其设想是在不影响现行班级上课制的前提下，使95%左右的学生都掌握所学内容。教学要按事先划分好的单元序列进行，以保证对每个学生的学习进行严格控制。单元的划分要能使已掌握的事实、概念、原则、技能及评价在以后的各单元学习中多次运用。在学习完每一单元后，对全班进行单元形成性测验。

（3）形成性测验

在实施单元班级上课之后，要根据教学目标开展形成性测验。通过测验，了解学生掌握学习内容的情况。

（4）矫正工作

根据测验结果，将学生分为两大类，凡学习达成度在80%以上者，称为达标组；凡学习达成度在80%以下者，称为未达标组。对后者进行必要的补偿性的矫正教学。通常是一个单元给予一课时的补偿。对未达到规定成绩者，采用集体、小组或个别矫正的方式进行矫正。最后进行终结性测验，评定学生成绩的等级。

（5）终结性测验

根据教学目标，开展终结性测验，评定单元学习后的学生最终成绩。在形成性测验中大多通过的测题可以不再出现。通常针对两种情况进行测验：一是学生易犯的错误，一是与下一单元关联性特别强的准备知识。

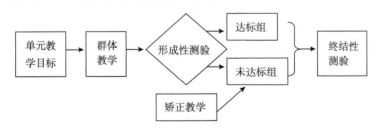

图 13 - 1　掌握学习模式的操作程序

（四）掌握学习模式的效果与适用性

实践证明，在不采用额外教学情况下，掌握教学模式由于有明确的教学目标和评价手段，能获得信息反馈，因而可以有效地控制教学，大面积地提高教学质量，提高教师的教学信心和学生的学习兴趣。但是这种模式对学生个性的发展注意不够，易增加师生的负荷，不利于优等生的发展，在一定程度上低估了教学行为的复杂性。掌握学习的适用性可以归纳为：①基础知识、基本概念、基本原理的教学。②封闭型的而非开放式的课程，即适用于明显可测性的课程，而不是陶冶情操，艺术修养，创造力强的课程。③长期课程而不是短期或微型课程。

二、发现学习模式[●]

一般认为，"发现学习模式"是美国当代著名的认知心理学家布鲁纳率先倡导的。

（一）理论基础

布鲁纳认为，学生的认识过程与人类的认识过程有共同之处，教学过程就是在教师引导下学生发现的过程，"学习就是依靠发现"[❷]。

发现是学习的最好内部动机。在学习心理学中，有外部动机作用说和内部动机作用说之分。布鲁纳正是本着后一主张，认为学习的内部动机作用是学生在学习过程中取得初步成功后产生的，最好的学习动机就是对学科内在兴趣的产生及发现的自信。因此，该模式特别强调使学生形成独立学习的倾向。

发现学习模式的本意是形成探究的能力并形成可迁移的认知结构。发现学习模式十分重视创造态度的培养，强调独立思维、直觉思维和洞察力的养成。布鲁纳认为，创造思维的核心之一是直觉思维，在探究的过程中要大胆地凭借直觉来推测事物的本源，而这正是大多数科学家所具备的思维特征。

（二）教学目标

布鲁纳认为，学习的直接目标是掌握学科的基本结构，包括基本概念、原理和方法。同时，还要重视学生的智力发展。

（三）发现学习模式的基本程序

1. 带着问题有意识地观察具体事实

这里所说的问题可以是从学科本身引出的，也可以是从学生主体出发引出的，还可以是从社会生活中引出的。这种问题的提出，要符合教材本身的特点和学生的认识水平，要具有典型意义，包括诸多的概念系统。问题提出时，教师可以用多种手法，包括讲解、出示实验或图例，尽可能生动活泼，以引起学生的悬念、好奇心，使学生有一种跃跃欲试的心态。

2. 提出假设

在教师指导下，学生对问题进行讨论，把所观察到的各种现象加以改组，从各个不同的角度去研究它，然后把先前的经验（知识）联系起来，把目前的各种片段知识组织起来，最后提出一个或几个假设。这里，树立假设是一个关键问题，假设是科学发现的基本模式。在课堂教学中，一方面要允许有形形色色的猜测、想象，一方面要指导学生明确因果联系，强调逻辑推理，而不是胡思乱想。

3. 上升到概念

教学的最终目标是使学生的感性体验符号化，成为认知结构的内在成分。第二

---

❶ 扈中平，李方，张洪俊. 现代教育学 [M]. 北京：高等教育出版社，2000：372 – 375.

❷ [美] 布鲁纳. 教学论的定理 [J]. 钟启泉，译. 外国教育资料，1987 (7).

阶段的假设也许有几个，这就需要对假设进行逻辑的精选，即对假设内涵进行去芜存精的加工，用科学的语言来表达它，成为精确的概念或定理、定义。

4. 转化为活的能力

就是把概念应用到新的情境中去，用概念体系去解释新的现象。这种过程既是概念的复现，有助于加深概念的理解、记忆，又将凝固了的认知结构化成能动的能力，培养学生应用概念、解决问题的能力。

（四）运用发现学习模式的要求

1. 要营造课堂的自由气氛

自由的气氛才能使学生展开想象的翅膀。教师应当鼓励学生大胆思维，特别是直觉思维，不要拘泥于学生的成败，严禁嘲讽那种看来是不切实际的想法。

2. 有结构地提供教材

所谓"有结构"，一是指要提供较完整的教材，这些教材能够多侧面地证明假设或者能从中推导出假设来；二是指某一教学单元的教材必须是整个学科结构中的一个组成部分，在内容上必须与其他部分有逻辑上的联系。在有结构地提供教材时，要尽可能地描绘丰富的图像，以利于学习者的整体感知。一般说，这种教材有几种形式：一是通过一组用于达到某个结果的动作来表示；二是通过一组代表某个概念的简略图形来表示；三是通过一组符号命题或逻辑命题来表示；四是通过一个实验装置或过程来表示。

3. 注意中等生及后进生对问题的回答

发现学习既然把它的主要目标放在发展学生的思维过程上面，因此，怎样使学生的思维从片面走向全面，从感性走向理性，这是发现学习的全部宗旨。而中等生及后进生的回答往往具有代表性，虽是片面观念，但提出来并给以重视，是对他们的一种鼓励，可以提高自信心，还可以造成问题意识，活跃课堂气氛。

4. 运用发现技法

发现学习既是一个帮助学生掌握教材结构的过程，也是一个发现技法的培养过程。发现技法基本上有归纳和演绎两种。其中包括：①渐次限定条件，缩小范围；②将复杂关系还原为简单关系，这是一种归纳的思维方式；③利用类推，由一事物比及另外一种事物；④着眼于事物之间的相似关系，寻找共同的规律，这是一种演绎的思维过程。发现法还特别强调鼓励学生重视直觉思维，把稍纵即逝的思想表达出来。这种思想火花往往是一种智慧的集中体现，是否善于抓住任何一个思维的火花，寻求其内在的价值，这将是对运用发现学习模式的教师的一种挑战。

三、程序教学模式❶

程序教学又称"机器教学"，是一种自动教学的方式。程序教学的首创者是美国心理学家普莱西。后来美国心理学家斯金纳（B. Skinner）基于动物学习实验建立了操作性条件反射的学习理论，制成了程序化的教学机器，从而形成了以教学机器

❶　扈中平，李方，张洪俊. 现代教育学［M］. 北京：高等教育出版社，2000：375-378；吴立岗. 教学的原理、模式和活动［M］. 南宁：广西教育出版社，1998：213-218.

进行教学的程序教学模式。

（一）对传统教学的批判

斯金纳指出，传统教学理论在教育实践方面有四个明显的缺点。第一，学生的学习行为是受厌恶（逃避）刺激所支配的。就是说，儿童的学习是为了避免或者逃避惩罚，如不及格，受教师的批评、家长的责怪、同学的嘲笑，而且没有在学习过程中得到积极肯定的鼓励而强化正确的学习行为。第二，在行为和强化之间时间间隔得太久。斯金纳认为，在反应和强化之间仅仅隔几秒钟，都会破坏大部分效果。第三，缺乏一个连续强化的方案。第四，强化太少。斯金纳估计，在小学头四个年级，要使学生形成有效的、正确的行为，必须有大约 25000 个到 50000 个强化的机会，而大多数教师在这四年中能提供给学生的强化机会只有 3000 多个。

（二）教学目标

在斯金纳看来，教学的目标就是要使学生形成教师所期待的行为反应，这种反应就是知识的获得，而不是能力的培养。由于学生被置于教学机器前，一旦学生形成教师所期待的反应，立即就得到强化，因此，学生从程序教学中获得的知识是一种现成的知识。

（三）程序教学的原则

1. 积极反应原则

一个程序教学过程，必须使学生始终处于一种积极学习的状态。这就是在教学中，使学生产生积极反应，然后给予强化或奖励，这样能巩固这个反应并促进学习者做出进一步反应。

2. 小步子原则

程序教学呈示的教材是被分解成一步一步的，两步之间的难度相差很小，前一步的学习为后一步学习作铺垫，后一步学习在前一步学习后进行。由于两步学习之间难度很小，所以，就使学习者的学习很容易得到成功，并建立起自信。

3. 即时反馈原则

程序教学特别强调即时反馈，使学生立即知道自己的答案正确，是树立起自信心、保持行为的有效措施。一个学生对第一步（学习的第一个问题）能作出正确的反应（回答），便可立即呈示第二步（第二个问题），这种呈示本身便是一种反馈：告诉学生你已经掌握了第一步，可展开第二步的学习了。

4. 自定步调原则

程序教学是以学习者为中心的，它鼓励每个学生以自己最适宜的速度进行学习，从而使每个学生有自己的思考时机，学习容易成功。

（四）程序教学的程序

程序教学模式的结构程序，比较流行的有三种：

1. 直线式程序

这是斯金纳首创的一种经典的程序教学程序，它把学习内容分成一个个具有连续性的小步子。其流程如图 13 - 2。

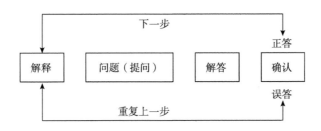

图 13 - 2   直线式程序教学的流程

①解释,即向学生讲清如何用教学机器来学习。

②显示问题,即根据学生对学习过程的理解将教材内容分成许多小题目(问题),通过教学机器显示出来。

③解答(反应),即学生对问题作出反应(回答)。

④确认,即将反应的正误情况及时告诉学生,学生回答正确以后,再进入下一步学习;如果回答是错误的,则重新回到显示问题,再让学生作出解释。

在这一流程里,教师把材料分成一系列连续的小步子,每一个项目内容很少,系列是由浅入深、由简到繁安排的。例如,一个典型的程序教学材料(以"电流"教学内容为例)可设计如下问题:①电灯泡发亮的原因是灯丝_____(发热);②电灯灯丝发热的原因是灯丝通过_____(电流);③电灯变亮的原因是电流_____(增大);④电灯变暗的原因是电流_____(减小);⑤当电压增大时,电流就_____(增大)……

括号里是正确答案,一个学生如能做出正确答案,教学机器就能显示出来,并提示进行第二步学习。如此一步一步地展开学习,直至达到学习目标。可以看出小步子、直线程序、选答反应的特点。

2. 分支式程序(克劳德程序)

分支式程序是美国心理学家克劳德最早编制的。这是一种可变程序,它同样把学习材料分成小的逻辑单元,但每一步比直线式程序的步子要大,每个项目的内容也较多。学生掌握一个逻辑单元之后,要进行测验。测验用多重选择反应进行,根据测验结果决定下一步的学习。这种模式的程序可用图 13 - 3 表示。

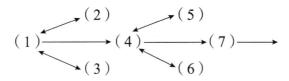

图 13 - 3   分支式程序教学的流程

一个学生学习了单元(1),经测试后证明其已经掌握了,便可进入下一步学习(4);若有学生还未掌握,便不再重复(1)的学习过程,而是通过(2)或(3)进行学习,直至其掌握(1),然后再进行下一步的学习。这样,对于"快"的学习者来说,学习是直线程序式的(1)—(4)—(7)……,而对于学得慢的学习者来说，可以从分支中找到替补。这种程序有助于消除由于不同能力的学生所造成的学习差异。

3. 莫菲尔德程序（凯程序）

这个程序是美国心理学家凯（H. Kay）提出的，它是直线式和分支式程序的结合。它始终遵循的是一个主序列。它与斯金纳的直线式不同的是，有一个支序列来补充主序列；同分支式不同的是，学生通过支序列的学习不再回原点，而是可以进到主序列的下一个问题上。莫菲尔德的程序教学模式如图 13 - 4 表示。

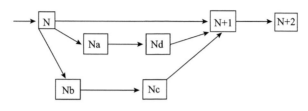

图 13 - 4　莫菲尔德程序教学的流程

在这个程序中，学生学习概念 N 后，应按顺序学习概念 N + 1，但如果在 N 中作了错误的解答，就要转向学习 Na 或 Nb，Na 或 Nb 比学 N 时提供更详尽的材料。程序编制者应当考虑在分支学习时应为"错答"的学生提供更多的材料。当学生通过 Na 或 Nb 的学习并已经学会了正确反应之后，便可进入 N + 1 的学习，而不须像分支式那样回到学习原点去，这样利于学习效率的提高。

比较来说，分支式程序和莫菲尔德程序比直线式程序更加优越，因为，这两个程序更能适应个别差异的需要，能够为不同学生提供不同的学习程序。

四、范例教学模式

德国的教育家瓦根舍因（M. Wagenschein）等人所创立的"范例教学论"，在世界一些主要国家中颇有影响。

第二次世界大战后，科学技术不断进步，人类知识总量飞速发展，进入"知识爆炸"时代，为应对需学习的内容急剧增加、学习负担增加而课时有限的矛盾，以及传统教学缺乏系统性和整体观念的问题，范例教学理论随之产生。所谓范例教学，就是通过典型的事例和教材中关键性的问题的教授、探索，来带动学生理解普遍性的材料和问题。范例教学在教学内容上坚持学生应掌握从基本概念和基本知识中精选出来的示范性材料，做到举一反三。范例教学有三个好处：第一，教学不再是肤浅的浮光掠影；第二，教材被精选了，学生负担减轻了；第三，典型范例集中了教材和学生认识水平之间的矛盾和冲突，容易引起认知冲突，提高学生的学习兴趣。

（一）教学目标●

范例教学的目标是使学生主动地获得一般的知识、能力和态度。不过，范例教学中的知识与一般通过死记硬背所掌握的知识截然不同。在范例教学中，学生是通过掌握了基本概念、基本范畴和获取知识的基本方法来掌握知识的，因此，学生所

● 吴立岗. 教学的原理、模式和活动［M］. 南宁：广西教育出版社，1998：229.

获得的知识是"生产性的知识""活动的知识",这种知识会促使学生进一步主动地掌握知识,并使学习过程始终朝这一方向努力。

(二) 范例选择基本原则

选择范例需要遵循三个基本原则:基本性、基础性和范例性。第一,所谓基本性,就是指教给学生的内容应当是一门学科的基本要求,如基本概念、基本知识结构、基本原理、基本规律等。基本性的着眼点在于教材的客观内容。第二,所谓基础性,就是着眼于学生的基础、基本经验和智力发展的水平,教学内容的选择应当切合学生的生活经验,适应学生的知识水平和智力的发展水平,同时,又要通过教学,促进学生智力的发展。第三,所谓范例性,就是指所选择的例子必须像一面"镜子"那样能够反射某一阶段所学的全部材料,使学生窥一斑而见全豹。

(三) 范例教学程序

第一,范例地阐明"个"的阶段,即运用特例,以具体直观的方法,使学生认识某一事物整体的特性、本质特征。

第二,范例地阐明"类"的阶段,即通过"个"的阶段获得的认识进行归类、推断,目的在于使学生从"个"的学习迁移到"类"的学习,认识这一类事物的普遍性。

第三,范例地掌握规律和范畴的阶段。即通过两个阶段所获得的认知,进一步探究出更本质的关系或规律的认识。

第四,范例地获得关于世界关系的经验的阶段。即在上述阶段教学的基础上取得关于世界的经验和生活的经验,认识更为抽象或总结性的规律。目的在于使学生不仅认识客观世界而且有认识自己,并影响自己的思想感情,提高行为的自觉性。

(四) 教学策略❶

1. 动机激发策略

克拉夫基说:"教师必须联系学生的兴趣、思想方法以让学生同实际情况与问题打交道的方式来教学。"❷ 由于学生在范例教学中,在教师的帮助下通过分析并依据典型的事例来获得具有普遍意义的知识和能力,因此教师举的例子要对学生有意义,与他的经验有关,使学生觉得这些例子是重要的和有趣的,学生会通过这些例子激发起学习的欲望与动机。

2. 对教学内容进行教学论分析的策略

克拉夫基认为实施范例教学,要求教师以"教学论分析作为备课的核心",教师在备课时应对教学内容作如下五个方面的分析。

第一,基本原理分析,即分析该课中哪些是具有普遍意义的内容,这些内容对今后教学起什么作用,选择哪些范例,使学生可以掌握基本原理、基本规律、基本概念。

第二,智力作用分析,即分析该课内容对学生智力活动应该起什么作用,以便

---

❶ 吴立岗. 教学的原理、模式和活动 [M]. 南宁:广西教育出版社,1998:231-233.

❷ 范例教学与学习——联邦德国克拉夫基教授在华东师大的讲演之三 [J]. 宫云龙译,李其龙校. 外国教育资料,1987 (2):49.

在教学时突出重点，强化学生的智力活动。

第三，未来意义分析，即分析该课的内容对学生今后生活和前途发展是否具有价值，如何调动学生学习的积极性。

第四，内容结构分析，要分析该课的内容有哪些要素，其重点、难点、层次如何，各要素之间的关系怎样。

第五，内容特点分析，即分析该课有哪些特点、现象、状况、人物、事件、形式等，哪些内容能引起学生的兴趣，通过哪些直观手段可引发学生提出问题，布置什么作业能使学生有效地应用。

3. 组织教学的策略

第一，将教学过程分步骤，或分阶段和层次，按照范例教学的一般程序来实施教学；第二，选择教学形式、练习形式和复习形式；第三，采用教学辅助手段（教学工具或其他现代化教学设备）；第四，保证教学的组织前提（教学组织形式），各种教学方法必须根据教学的实际情况作出判断和选择。

（五）关于对范例教学的简单评价

范例教学经过瓦根舍因、克拉夫基、德博拉夫等人的潜心研究和教学实践，已经形成了一套较完整的教学体系，特别是克拉夫基对范例教学的阐述与实践探索，被称为"新赫尔巴特主义"。如果说赫尔巴特学派建立了一套以传授知识为主要目标的教学理论体系的话，那么，范例教学则从范例这一角度建立了一套以传授知识与发展能力并重为主要目标的教学理论体系，是教学理论发展史上的一座丰碑。它与布鲁纳的学科基本结构思想、赞科夫的教学与发展思想一起被誉为现代教学论的三大流派。

但是，我们也应该看到，范例教学强调教学内容要做到"三性"，精选典型的范例，有较大难度，需要专家、学者、教师付出相当大的努力。而事实上，范例教学的倡导者并没有朝这一方向努力，给其推广与实施带来了一定的困难，这恰恰也正是范例教学的症结所在。❶

需要指出的是，范例教学与传统教学相比，其本质区别在于它的教学目标——教养性教学目标。它强调培养学习者"主体的问题意识"，强调使学生具有判断能力、行动能力乃至自发的继续学习的能力，强调通过教学的四个阶段来达到人格的陶冶，偏重于对人、对自我价值的认识。

五、最优化教学模式❷

"教学最优化"是指在给定的教学条件下通过系统的控制手段，达到最大限度的教学活动效果和效率。

（一）最优化教学模式的理论基础

最优化教学的理论先驱是苏联教育科学院院士巴班斯基。他认为教学论研究应从系统论出发，也就是要把教学目的、任务、内容、形式、方法、原则等，置于系

---

❶ 吴立岗. 教学的原理、模式和活动 [M]. 南宁：广西教育出版社，1998：233-235.

❷ 扈中平，李方，张洪俊. 现代教育学 [M]. 北京：高等教育出版社，2000：381-384.

统的形式之中加以考察研究。以这样的观点，整体而有序地考虑教学过程的各种成分及其相互关系，从而使教学全过程中的每一个成分都尽可能地发挥最优的功能。

因此，所谓的最优化就是从某一特定的角度与标准来看，是最佳的方案。例如，对于一个不善言表的教师来说，多板书的教学效果可能比多讲解要好；对一个文字表达较差而口头表达力极好的教师来说，多讲解就比多板书为好。多板书对于前者是最优化的，多讲解对于后者却是最优化的。

（二）教学过程最优化的基本标准

教学过程是否达到了最优化有两个基本标准：一是效果与质量的标准。这是指在具体的条件下，尽可能地发挥最大的效率，使学生获得最大限度的发展；二是时间标准。即教师必须在尽可能少的时间内去完成教学的要求。

为了满足这两个基本的标准，教师在思考最优化教学方案选择之前，应满足以下六个方面的要求：第一，所选择的方案要完整地包括教学过程的所有基本成分；第二，选择方案时应依据教学论的全部原则；第三，选择方案时要循序渐进地考虑教学目的，系统的可能性，教学任务、内容的特点及教学组织的形式；第四，应充分注意到，每一种教学的手段与策略都是有其优点与缺点的；第五，为了尽可能综合地实现全部教学任务，选择教学方法时，应有合理的多样化思考；第六，要以动态的观点来看待方案，应随着学生学业成就的变化来改善方案。

（三）教学过程最优化的基本程序

一个好的最优化教学方案的形成过程，包括了以下六个分析阶段：第一，教学目的与教学任务的分析。教师应领会教学目的和任务，并在全面分析的基础上，使之具体化；第二，学生学习情况的分析。根据所教班级教学对象的具体情况、课时数，设计学习的速度，分析教材对班级的困难程度；第三，教师的自我分析。包括教师对教学技能技巧驾驭的熟练程度与特长的分析；第四，在上述分析的基础上选择已知条件下最佳教学任务的综合性手段与方案；第五，在多少课时内，逐步地去完成该项教学任务；第六，按最优化的标准分析完成教学任务的情况。

（四）最优化教学方案的模型

最优化教学方案是根据各种变量条件而设计的。因此，可以用以下的数学形式加以描述：$Y = f(X_1、X_2、X_3 \cdots)$。式中的 Y 是指所选用的教学方式，X_1、X_2、$X_3 \cdots$ 则是指教学内容、教学目标、教师、学生等变量。当 X_1、X_2、$X_3 \cdots$ 发生变化时，教学方式 Y 也会发生相应的变化。例如，某一方法对于知识性的内容或许是适宜的，但对于体验性的内容却未必是适宜的。

根据教学中教师对教学结论和教学过程的重视程度，可以把教学方法分成以下四类。

1. 讲授掌握式的教学

这种教学方法，只注重教学的结论，很少有意识地去注重教学过程。它要求学生掌握结论，而没有明确的能力培养意识。应该承认，这种教学方法在我国教育界还占有统治的地位。其优点是耗费课时最少。一个知识内容，若使用讲授掌握式，其费时最为经济。它的缺点是，让学生动脑、动口、动手的机会较少，没有有意识地去提高学生智力、能力的阶梯。

2. 启发掌握式的教学

这种教学方法，既注重教学结论，又能重视教学的过程。但其所重视的过程，往往以求同思维为特征，引导学生达到教师预定的结论。它的优点是合理的逻辑过程，活跃了课堂的气氛，使学生的推理、逻辑分析能力得到逐步发展。其缺点是，以结论为主，在培养学生创造性思维等高级学习能力时，不太适宜。

3. 引导探究式的教学

这种教学方法，比较重视教学过程，但在教师的引导下，也有结论的重视。由于注重体验性的学习过程，使学生的感受内化为认知结构，创造性思维、迁移力都大大地发展，在教学中注重高级学习活动。但是，由于教材内容的制约，其运用时的难度较高，适合于课题式的教学内容。

4. 自主探究式的教学

它只注重教学过程，不注重教学结论。让学生在实践活动中进行尝试，进行自由的探索。这种教学方式，对于教师有更高的要求。

根据教学目标、学生对象的差异、教学内容的不同、教师能力的大小可以选用不同的教学方法。例如，对于信息性的教学内容、概念接受性的教学内容，其学习水平通常只是识记与理解，可以采用讲授式的教学；对于能联系实际的课题，它要求学生在理解原理的基础上加以体验，要会分析和综合，可以采用引导探究式的教学；对于实践性的教学内容，如社会调查、小论文撰写等，往往有创造性的要求，可以采用自主探究式的教学方式。

六、"非指导性"教学模式（罗杰斯）[1]

罗杰斯的"非指导性"（Nondirective）教学，前缀 Non – 不同于 In – 、Un – 等，不是不指导，而是相对于"指导性"的指导、指示、详细说明、命令等含义而言，其含义应是较少有"直接性、命令性、指示性"等特征，而带有"较多的不明示性、间接性、非命令性"等特征。该模式强调，教师不是直接地教学生，而仅仅是促进他们学习。这种教学活动把学生放在居中的位置上，把学生的"自我"看成教学的根本要求，教师是竭尽所能创造和谐、融洽、宽松的课堂气氛，从而使学生在整个学习过程中都感到安全与自信，充分显露自己的潜能，朝向自我实现。可以说，人际关系是"非指导性"教学的核心与关键。

（一）理论依据

"非指导性"教学以人本主义心理学为理论基础。其倡导者罗杰斯是美国著名人本主义心理学家和心理咨询专家。"非指导性"教学理论又称"学生中心"（student – centered）教学理论，源于罗杰斯的"非指导性"咨询理论。作为心理咨询专家，罗杰斯强调患者"自我解脱"，以"患者为中心"的心理治疗方法，医生仅起一个"咨询"的作用，鼓励患者自由地表达思想，医生和患者一起讨论他们所愿意讨论的任何问题。医生不规定任何再教育或更新的计划，不进行劝告，对患者发泄的感情也不作分析和解释，而仅仅创造一种医生和患者可以相互信任的、可靠

---

[1]   黄甫全，王本陆. 现代教学论学程 [M]. 北京：教育科学出版社，1998：341 – 343.

的、前后一贯的关系。他把这种心理咨询方法引用到教育领域，形成了"学生中心"的教学理论。教学中强调学生"自我实现"（潜能）的作用，教师仅仅起"促进"的作用，所以叫"非指导性"教学。同"非指导性"咨询理论一样，"非指导性"教学理论首先是基于对人类的基本信任，相信人类的天生潜能是积极的，只要后天提供一定的有利条件，这些潜能就会自然而然地释放出来，潜能也就因而得到实现。

（二）教学目标

针对传统教育学只注重人的理智发展、片面地训练人的认识能力、忽视学生的情感培养的缺点，罗杰斯提出教学目标应以人的本性为出发点，把教学作为促进自我实现的工具，开发人的创造潜能，形成人的独立个性，最终目标是培养真正自由独立的、情知合一的"完整的人"。

（三）操作程序

罗杰斯的"非指导性"教学是一种无结构的教学，教学的目的、内容、进程和方法等由学生自己讨论决定。其操作程序大致为：第一，创设情境。教师建立一种有利于学生接受的气氛或问题的情境。第二，个人和（或）小组鉴别并追求他们的学习目标。教学活动总是由"我们今天希望讨论什么或做什么"这一类问题发端，在学生各自提出问题的基础上，经讨论最终形成小组全体成员共同感兴趣的问题，从而确定教学目标。教师的任务是将学生含糊不清的、相互矛盾的个人目标引导到小组共同目标之中。然后，教师提出一些可供小组成员利用的"资源"，如阅读书籍、听录音、讨论、拜访有关人士等，共同参与小组诸目标的发展。当然，如果学生希望教师讲授，教师也可以进行讲授。

（四）实现条件

第一，要十分重视人际关系和情感因素在教学中的作用。教师要以真诚的态度对待学生，应把学生的感情和问题放在教学过程的中心地位。

第二，教师不是教学生怎样学，而是提供学习的手段（包括教师本人的学识、能力、思考方式等），由学生决定怎样学。因此教师不是以"指导者"而只是以"顾问"的身份出现。

"非指导性"教学模式所提出的一般教学模式中所忽视的情感作用和价值观以及建立新型师生关系等问题值得肯定。但它过分强调以学习者为中心，必然会削弱教师在教学中应起的作用。同时，它完全放弃课程内容对学生的教育作用，对教学也是十分有害的。

七、凯洛夫教学模式❶

苏联著名的教育家凯洛夫（1893—1978）指出，教学首先在于"以知识、技能和熟练技巧的体系去武装学生，并在这一过程中有计划地使学生的认识能力和才能得到发展"。❷ 其次"教学过程一方面包括教师的活动（教），同时也包括学生的活

---

❶　吴立岗. 教学的原理、模式和活动［M］. 南宁：广西教育出版社，1998：218 - 227.
❷　［苏联］凯洛夫. 教育学［M］. 沈颖，南致善等，译. 北京：人民教育出版社，1953：53 - 54.

动（学），教和学是同一个过程的两个方面，彼此不可分割地联系着"❶。再次，教学过程是学生在教师引导下的特殊认识过程，他用"直观—思维—实践"的公式规定了教学过程的基本阶段，从而形成了著名的凯洛夫教学模式。

（一）教学目标

凯洛夫在其主编的《教育学》中指出，教学"是教师在学生自觉与自动的参加之下，以知识、技能和熟练技巧的体系去武装学生的过程"❷，"知识是理解和保存在记忆里的各种事实及其概念的体系"❸，在知识、技能和熟练技巧中，以知识的掌握为主。同时他进一步指出，"在掌握知识、技能和熟练技巧过程中，有意识、有计划地使学生的认识能力和才能，即他们的注意力、观察力、记忆力、想象力和思维力得到发展"。❹

（二）教学程序

凯洛夫在《教育学》的"教学论"部分着重叙述了"上课"的理论，他不仅论述上课的一般过程和一般方法、原理，而且把综合课规定为六个环节，甚至把每个环节花多少时间也规定出来。

第一个环节（1~2分钟），学生有组织地坐入自己的座位，迅速准备好这一节课所必需的东西，教师则记下缺席的学生。

第二个环节（3~8分钟），查阅学生的家庭作业。

第三个环节（5~10分钟），讲解新课的题目与宗旨以及确定与已学功课的联系。

第四个环节（10~20分钟），讲述与说明新教材。

第五个环节（10分钟），巩固新教材。

第六个环节（5~8分钟），详细布置新的家庭作业。

凯洛夫认为，上述六个教学环节是不可缺少的，各环节之间并没有明显界限，它们是相互联系的。后来，在凯洛夫《教育学》传入中国以后，有人把第三环节与第四环节合并，成为下述五个环节：

①组织教学，即使学生对上课做好心理上和物质上的准备，集中注意力，排除干扰，自觉地投入到学习中去。

②复习旧课，即检查、复习已学过的内容，加强新旧知识之间的联系，为接受新知识做好准备。

③讲授新课，即让学生掌握新的知识内容。

④巩固新课，即检查学生对新教材的掌握情况，及时解决存在的问题，做到当堂巩固、当堂消化。

⑤布置作业，即教师布置练习，让学生将所学的知识运用于新的情境中。

我国在20世纪50年代的中小学中，一般都是按照这五个环节进行教学的。因此，我们现在一般都将凯洛夫的教学模式称为"五环节"教学模式。

---

❶ [苏联] 凯洛夫. 教育学 [M]. 沈颖，南致善等，译. 北京：人民教育出版社，1953：130.
❷ 同上，53.
❸ 同上，53.
❹ 同上，54.

（三）师生作用与教学策略

1. 教师作用

凯洛夫认为教师是"教育过程中的中心人物，在教育和培养学生的事业中具有决定性意义的人物"❶，"教师本身是决定教学的培养效果之最主要的、有决定作用的因素"❷，因此，教师在教学过程中起着主导作用，他对教师的思想政治、道德品质和教育、教学业务水平都提出很高的要求。为了确保教师较好地发挥主导作用，教师在教学过程中必须围绕"三中心"——教师中心、课堂教学中心和教科书中心来进行教学。

2. 学生作用

凯洛夫认为，教师总是处于主导的地位，学生永远处于"被教的人"的地位，"学生对于教材之直觉地认知、深刻地理解及坚实地掌握，只有在教师认真领导之下进行积极的和多样的独立作业的时候，这些过程才有可能实现"。因此，学生在教学过程中的作用是配合教师的教学，发挥学习的能动性。凯洛夫认为，在讲授过程中特别重要的是诱导学生积极工作，"没有学生自身的积极性，是不可能掌握知识的"。因此，教师要关心学生对作业的兴趣，鼓励思考，唤起探求心等，但遗憾的是由于他片面强调了教师的主导作用，学生只能成为被动接受知识的容器、教学的附庸。

（四）评价

凯洛夫在其主编的《教育学》中运用辩证唯物主义的认识论来论述教学过程，阐释了学生学习知识与人类认识世界的异同。相同是：学生的学习也必须遵循"从生动的直观到抽象的思维到实践"的过程；不同是：学生是在教师指导下以掌握间接知识为主，并有计划地发展自身的智力、体力、接受道德教育等。这种以马列主义的认识论来研究和阐述教学过程是凯洛夫的一大创举，具有划时代的意义，为以后研究教学论奠定了辩证唯物主义的方法论基础。

凯洛夫教学思想的弊端主要表现为教学目标单一，实施教学僵化，教学内容贫乏，对儿童的认识可能性估计过低，教学进度不合理地拖得很慢，并过分强调教师的权威作用，学生为了单纯追求分数而导致师生关系的紧张甚至对立。

此外，国外比较典型的教学模式还有产生于苏联的"合作教育"教学模式、保加利亚心理学家洛扎诺夫所提出的"暗示教学"模式、美国心理学家奥苏贝尔等人提出的"有意义学习"教学模式等。

第三节 我国中小学常用的教学模式

我国在长期的教学理论研究和实践中构建了一系列有特点的教学模式，影响比

---

❶ ［苏联］凯洛夫. 教育学［M］. 沈颖，南致善等，译. 北京：人民教育出版社，1953：316.
❷ 同上，151.

较大的有"传递—接受"式、"引导—发现"式❶、"自学—辅导"式、"情境—陶冶"式、"示范—模仿"式、"目标—导控"式和"集体"教学模式。简略介绍如下：❷

一、自学—辅导教学模式

指教学活动以学生自学为主，教师的指导贯穿于学生自学始终的教学模式。这种教学模式是我国教育界根据培养学生独立思考能力，教会学生学习的教学指导思想，在实践、实验的基础上形成的。这种教学模式在我国取得成功的实验主要有卢仲衡主持的"中学数学自学辅导实验"，采用"启（发）、（阅）读、练（习）、知（当时知道结果）、（小）结"相结合的学与教的课堂模式；上海育才中学的"读读、议议、练练、讲讲"八字教学模式；辽宁语文特级教师魏书生提出的中学语文教学"六步法"模式（①定向；②自学；③讨论；④答疑；⑤自测；⑥自结）；湖北大学黎世法主持的中学"六课型单元教学实验"（六课型分别是：①自学课；②启发课；③复习课；④作业课；⑤改错课；⑥小结课），等等。

（一）理论基础

理论基础有三：①"教为主导，学为主体"的辩证统一的教学观。②"独立性与依赖性相统一"的学生心理发展观。③"学会学习"的学习观。

（二）教学目标

总体上，该模式以培养和提高学生的主体性、自学能力为主要目标。具体而言，第一，培养学生强烈的自学兴趣和良好的学习态度，让学生主动参与学习，独立地掌握系统知识。第二，培养学生掌握自学的方法，形成良好的自学习惯和一定的自学能力，包括：独立获取知识的能力、系统整理知识的能力、科学运用知识的能力。

（三）操作程序

该教学模式的基本操作程序是：提出要求—学生自学—讨论—启发—练习运用—评价、小结。教师的指导贯穿每一个环节。

1. 提出要求

教师根据教学需要和学生实际情况，制订教学计划，对学生提出教学任务和要求。

2. 学生自学

自学是该模式的核心程序和主要教学活动。学生根据教师提出的教学任务和要求独立阅读教材，使学生将原有的知识同新的要求相对照，揭示学习过程中的主要矛盾，以便有的放矢地组织教学。由于学生知识背景的差异，教师应当根据每一位学生的实际阅读能力，在自学过程中因人而异进行指导，以求不同的学生逐步达到

---

❶ "传递—接受"式和"引导—发现"式教学模式相关内容，见本书"教学方法"一章的"教学方法组合"相关内容。

❷ 吴也显. 我国中小学常用教学模式［M］. 昆明：云南教育出版社，1993；杨乃虹. 教育学教程［M］. 北京：高等教育出版社，2000：119 - 124；扈中平，李方，张洪俊. 现代教育学［M］. 北京：高等教育出版社，2000：385 - 391；黄甫全，王本陆. 现代教学论学程［M］. 北京：教育科学出版社，1998：344 - 352.

以下三个层次的水平：①使学生基本具备独立阅读教材的能力，对教材内容的理解基本正确；②绝大部分学生在自学结束后，能够在理解的基础上整理出正确的课题内容的逻辑结构；③学生能够把自学的内容同自己的认知结构联系起来，对其中结构不同或差异较大的新知识能找到解决的突破口，顺利实现知识的同化。

3. 讨论

这个环节是在自学的基础上进行交流，对自学中存在的问题进行讨论。讨论旨在集思广益、取长补短，在对问题的共同探讨中，培养学生分析、概括等思维能力和演绎、归纳等推理能力以及协作精神。讨论可以在同桌之间进行，也可以在邻近的几位同学间进行，还可以将班级的学生分成若干小组进行讨论。分组讨论时最好能注意按学生的学习成绩和个性心理特征进行适当的调配。

4. 启发

对经过上述两个环节的学习仍然存在的问题，教师应当进行点拨、指导和答疑，帮助学生解决学习中的疑点，但要注意教学方法，尽量引导学生通过自己的思考得出结论，避免直接呈现答案。

5. 练习运用

指导学生通过完成各类作业和实践操作消化、巩固和运用所学的知识，巩固提高学习效果。

6. 评价、小结

教师要给予学生的学习活动以适当的评价，并要求学生及时改错、强化、总结，使所学的内容能纳入已有的知识体系中去。

（四）教学原则

①教师要有正确的教学指导思想，充分相信学生能自学，保证学生的自学时间并有一套指导学生自学的方法，积极指导学生自学。

②所选的教学内容应当适合于自学，难易要适中。过难或过易都不利于培养和发展学生的自学能力。注意在学生自学前为学生提供必要的辅导材料，以帮助学生弥补新旧知识间的"间隙"，拓宽学生的视野，引导学生正确思维。

③对学生自学的内容、范围、所要达到的程度都要有明确的要求。教师一般要设计出要求明确的自学提纲，提供必要的自学材料、参考书、学习辅助工具，如词典、字典。

④在自学和讨论的过程中，教师应当向学生明示教学的重点和难点，以引起学生的重视。

⑤教师的任务在于引导、点拨，改"以讲为主"为"以导为主"，突出学生的学。在本模式中，教师的职责由系统讲授变为定向指导、启发等作用，其主导作用并未削弱，相反要求更高了。如果教师不能做到这一点，自学就会导致自流，这种模式的优越性就难以体现。

⑥严禁教师对理解能力低、学习成绩不理想的学生进行讽刺挖苦，要善于爱护和激发学生学习的积极性。

⑦该模式要求学生有一定的阅读能力和知识基础，故小学低年级较少采用。

（五）教学效果

这种教学模式重在培养学生理解教材、系统梳理知识，分析问题和解决问题的能力，也有利于教师解决集体教学中因材施教的矛盾。该模式的应用有利于学生自学能力的培养提高，有利于学生创造性思维的发展，能提高学生学习的主动性及主体意识。

该模式的应用有利于培养学生团结互助、尊重他人和团体协作的精神。

（六）掌握运用本模式的建议

①并不是所有内容都适合学生自学。采用该模式进行教学，要注意选择适合的教学内容，或专门编写适合该教学模式的教材。

②学生自学能力的培养是一个渐进的过程，教师应有意识地进行培养。

③自学是本模式的中心环节，它关系着整个教学模式功能的发挥，教师要力戒以"讲"代"学"。

④该模式的运用，要求教师有较高的业务水平，善于启发和组织学生自学，能够有的放矢地对学生进行个别辅导。否则就很难实现教学目标，甚至导致教学质量下降。

二、情境—陶冶教学模式

这种教学模式是指在教学活动中，创设一种情感和认知相互促进的教学环境，运用学生的无意识心理活动和情感，让学生在轻松愉快的教学气氛中有效地获得知识同时陶冶情感的一种教学模式。这一模式吸取了洛扎诺夫的暗示教学理论，并参照我国教学实际工作者积累的有效经验加以概括而成。这类模式的有关实验有"情境教学""愉快教育""成功教育""快乐教学""情知教学"，等等。

（一）理论基础

1. 情知教学论

认为教学过程是情意过程与认知过程的统一。情意系统的功能是起动力作用，对学习行为起启动、定向、维持和调节作用；而认知系统的功能则承担对知识的吸收、贮存和转化的任务。两种系统同步、协调发展，相互促进，就能取得最好的教学效果。

2. 现代心理学理论和以此为基础的"暗示教学法"

现代心理学理论表明，人的认识是有意识和无意识心理活动的统一，理智活动和情感活动的统一。据此，保加利亚心理学家洛扎诺夫创立了"暗示教学法"。该法强调为学生创设一个愉快而不紧张的情境，充分调动学生无意识心理活动的潜能，使他们在思想高度集中、精神完全放松的情况下学习。

情境—陶冶式教学就是从学生是一个完整的个体，学习是两种意识交互作用的协调过程这一视角出发，充分激发学生个人的潜能，力求在教学过程中把各种无意识活动组合起来，把积极情感调动起来，服务于意识的和理智的活动，使学生在一个心情舒畅、轻松愉快的环境中，以一种最佳的学习心态掌握知识，享受学习。

（二）教学目标

该教学模式的教学目标是通过情感和认知多次交互作用，使学生在思想高度集中、精神完全放松的状态下，高效率、高质量地掌握所学内容，并且在情感和思想上受到陶冶、升华，个性得到健康发展。

（三）教学基本程序

该教学模式的基本程序是：创设情境—情境体验—总结转化。

1. 创设情境

教师根据教学目标通过语言描绘、实物演示、音乐渲染或场景表演等手段构成富有情感、美感，生动形象，蕴含哲理的特定氛围（即教学情境），以激发学生的学习情绪，使学生融入情境，求得学生的有意识心理活动与无意识心理活动、理智活动与情感活动的有效统一。

2. 情境体验

通过参与各种游戏、表演、唱歌、听音乐、谈话、操作等活动，使学生在特定的气氛中主动积极地、全身心地投入到所创设的情境活动中，潜移默化地进行学习。在活动中做到以情启思、以思促情。

3. 总结转化

通过教师的启发总结，使学生从情境中获得科学知识，领悟学习内容主题的情感基调，做到情与理的统一，并使这些认识、经验转化为指导学生思想行为的准则，达到知情并进、情知双获，使学生实现科学知识和道德情感的内化。

（四）教学原则

教学力求愉快而不紧张。在教学过程中，使学生感到学习是满足求知欲的一种快乐享受，而不是枯燥无味的艰苦劳动，学习中不应伴有任何一种外部的精神压力，只有这时人的思维活动才最活跃。

注意教学过程中学生有意识和无意识心理活动的统一。教师要正视学生无意识心理活动的存在，并善于利用它，不能只顾有意识心理活动而忽视无意识心理活动，只顾理性而不顾感性。只有两者和谐统一时，学生的记忆力、理解力、想象力和个性才能得到充分的发展。

注意教学情境的创设和多种交互手段的利用。创设的教学情境要能为大多数学生乐意接受，产生兴趣，以激发学生的学习情绪，并以能触动学生的多种感官为佳。教师还要善于运用语调、节奏营造教学气氛，建立与学生相互信任、相互尊重的关系，控制学生的感情，调动学生的无意识心理活动。

（五）教学效果

情境—陶冶式教学法，有利于学生快而扎实地掌握知识，能够提高学生的认知能力和审美能力。由于无意识注意和情感活动的参与，学生不易产生疲劳和厌倦，因此有利于大容量、长时间地进行教学活动。这种模式能够拓展和深化教学的教育功能，对学生进行个性的陶冶和人格的培养，提高学生的自主精神和合作精神。

（六）掌握运用本模式的建议

①多用于人文学科的教学。运用较普遍的有语文、外语、音乐、美术、历史、地理等教学，还可广泛用于课外各种文艺兴趣小组和社会实践等教学活动。

②情境的创设是该模式的核心，应根据教育、教学的目标和教学条件，灵活地

选择创设情境的方式。

③努力提高情境覆盖教学信息的程度，防止情境与教学内容相脱离。创设的教学情境不同，需要的辅助条件也不同。如可能需要一定的物品来组织游戏，借用一定的乐器及电子音响设备唱歌、听音乐，使用一定的道具和实物进行场景表演和操作等活动。

④在该模式中，教师是学生情感的"激发者"和"维持者"。因此要求教师应具备多种能力，如表演、语言表达等能力。教师还要根据教学要求，提供必备的专门设备，如音乐器材、教具或教学场所等，并把它们组织运用好；教师自己也进入角色，并充分利用教学机智使学生同自己情感发展同步，使情境更加入情入理，达到诱导学生情感和促进学生认知的作用。在这里，教师体验特定场合下孩子的情感是师生情感同步性的关键。

三、示范—模仿教学模式

示范—模仿教学模式是通过教师讲解、示范，学生进行参与性的练习而获得知识技能的一种教学模式。示范—模仿是人类社会传递接受经验、技能的基本模式，也是教学中最基本的模式之一。它多用于以训练行为技能为目的的教学。该模式应用范围广，很多学科的技能训练都适宜。

（一）理论基础

示范—模仿，即口耳相授、形体相传。因为许多行为技能是由一系列的单一动作有机组合而成的，而口耳相授、形体相传是人们形成行为技能最直接、最形象、最经济的方法。这种方法，可以使人们的行为结果立即得到反馈，使正确的动作不断得到强化，错误的动作不断得到纠正，短时间内便可以大大提高行为质量。

费茨和波斯将一个复杂行为技能的获得概括为三个阶段：一是认知阶段，即明确所学行为技能的分解动作要求；二是联系阶段，即通过反复练习，各分解技能逐步结合成技能系统，并使一些对抗性反应得到消除；三是自主阶段，这时的行为技能程序已无须学习者通过思考来完成了。

（二）教学目标

使学生掌握一些基本行为技能，如读、写、算、唱、跳及各种运动和操作技能；在学龄初期或社会化早期，通过示范模仿，使学生掌握社会的道德习惯和行为模式。

（三）教学基本程序

根据一般行为技能获得的过程，该模式主要包括以下四个基本程序：定向—参与性练习—自主练习—迁移。前三个阶段是示范模仿本身所涉及的，而迁移是对模仿的更高要求，是模仿的进一步深化。

①定向。定向阶段教师要完成两项基本任务：一是要对学生阐明所要掌握的行为技能并解释完成技能的操作原理和程序，以及掌握行为技能的要领；二是向学生演示示范动作。

②参与性练习。学生在教师指导下，从模仿分解动作入手，参与进行尝试性练习。

③自主练习。当学生掌握了动作的要领时，给学生加大活动量，让学生自主练习，求得错误动作的消失和技能、动作的熟练掌握。

④迁移。迁移就是引导学生把此情境中习得的熟练技能运用到彼情境中去，或在学习新技能时让已有的相近的技能对学习产生积极影响。

（四）教学原则

由于技能获得的刺激是通过练习由肌肉活动本身的反馈提供的，因此，为使练习正确进行，则要求教师对学生的每次练习提供信息反馈。

教师应该注重行为技能的原理、程序及关键环节的说明和演示。

由于教师无法对每一位学生、每一次动作和技能的练习都作出评价，因此，应当注意学生之间的相互交流和观摩。

（五）教学效果

示范—模仿式教学有利于学生将课本知识与实践相结合，使学生在实践中内化所学的知识。这种方式的教学，学生手脑并用，行为质量可以及时得到反馈，效果较好，而且有利于培养学生积极思维、注意观察等良好的学习方法和相互帮助、遵守纪律、加强自主性等品质和观念。

（六）掌握和运用本模式的建议

①这种模式的运用范围较广，尤其适用以行为技能的掌握为目标的教学内容。

②学生对行为技能的掌握，常常会打破常规分布，许多原来学习成绩较突出的学生在掌握行为技能时，往往会失去他们的优势，教师应注意对这类学生在行为和心理两个方面的调适。

③那些在掌握行为技能方面有突出优势的学生，虽然他们以往的学习成绩可能不理想，但教师应引导他们勇于用自身的优势去帮助其他同学，求得一同提高。教师还应以此为契机，实现这些学生的兴致向其他教学活动迁移，提高他们的学习成绩。

四、目标—导控教学模式

目标—导控教学模式，是指以明确的教学目标为导向，以教学评价为动力，以矫正、强化为活动核心，让绝大多数学生掌握教学内容的一种教学模式。我国所进行的"目标教学""单元达标教学"教改实验均属此类。

（一）理论基础

主要根据布卢姆的掌握学习理论、教育目标分类学和形成性评价理论以及控制论原理，结合我国的教学实际创造性地运用。

（二）教学目标

使绝大多数学生都能掌握所学学科的内容，大面积提高教学质量。

（三）操作程序

这一模式的基本程序为：①前提诊断。对将要学习的单元教学内容所涉及的基础知识，由教师组织学生进行简短的检查、提示、复习或回顾，为学习新知识作好准备。②明确目标。教师展示目标，让学生对新知识应达到的水平和掌握的范围做到心中有数。③达标教学。通过讲授、提问、练习或自学形式紧扣目标进行教学，力求让尽量多的学生掌握教学内容。④达标评价。通常不计分，答案由教师提供，方式可以是由教师对学生进行评价、学生自评或互评。⑤强化补救。根据评价反馈的信息，采取强化或补救性教学，以确保未达标者都达标。

（四）教学原则

①教师的教学要有耐心和信心，正确对待学习后进生。

②教师教学目标表述要具体明确，以便学生根据教学目标学习和自我评价。

（五）教学效果

目标—导控教学模式与传统教学模式的根本区别是：后者是选择适合教育的学生，前者则是创造适合学生的教育，其在义务教育中的实施具有重要意义。

（六）掌握和运用本模式的建议

在本模式中，教师是目标的"提供者"和学生达标的"组织者"。教师应对所教学科的目标有科学的理解，特别是要在课程标准（教学大纲）的背景中体会单元目标。为此，教师要安排好单元教学内容，分析各单元中的每个知识点，并用目标去准确界定。教师必须热爱和相信学生，有极强的责任心。

五、集体教学模式

这是我国学者根据团体动力学的原理而设计，又经过教学实践检验而产生的一种教学模式。旨在改变"静态的集体"为"动态的集体"，为学生提供充分表现自我的机会。

（一）理论基础

①人际交往是学生个性发展的基本条件。只有师生人际交往而无学生之间人际交往的课堂教学，不可能全面促进学生个性发展，甚至会在一定程度上压抑学生的个性发展。

②通过小组讨论可以增强学生的主体意识，提高全班学生对于课堂教学的参与程度。加强小组讨论在课堂教学中的地位是现代化教学实践发展的一个重要趋向。

（二）教学目标

建立课堂学习集体，提高课堂教学质量，发展学生个性，着重培养学生的社会意识与合作能力。

（三）操作程序

①独立思考。这是学生进行小组讨论的必要前提。独立思考的内容必须适合小组讨论的需要。

②小组讨论。这是集体性教学模式的核心环节。根据讨论内容的不同，小组讨论可以是辩论式的，也可以是诊断式的。在小组讨论的过程中教师要加强指导。

③组际交流。即各小组的代表向全班学生汇报本组讨论的情况。这一活动可为学生创造"代表集体"的机会，有利于集思广益，开阔全班学生的思路。

④"集体性"评价。指教师对小组学习活动成果和各小组在讨论中的行为表现进行评价，由对小组的评价再影响到个人。

（四）教学原则

①教师具有较强的教学组织能力和课堂驾驭能力，保证教学效果。

②要引导学生阅读相关学习材料，保证学生对所学知识具有一定的背景基础，鼓励学生畅所欲言，达到头脑风暴效果。

③小组组长要有一定的能力和威信，以便各小组能相对独立地开展讨论等活动。

（五）教学效果

这种教学模式能普遍提高学生尤其是差生的学习成绩，能更有力地促进学生集体观念的形成和个性的发展，并有利于促进学生集体的形成。尤其在培养学生的社会性方面有其独特的功能，因此是教学中不可或缺的一种模式。

（六）掌握和运用本模式的建议

①建立课堂学习集体。本着有利于集体内部全员沟通、各个集体之间素质大致均等的原则，按学科建立 5~7 人的课堂学习小组。

②改变课堂教学空间形态。全班学生上课时按学习小组集中就坐，每个小组的座位排成马蹄形。

③调整课堂教学时间结构。每节课至少安排 10~15 分钟让学生进行集体性学习活动。

④学习内容应是需要通过互相启发来扩展思路的"多维性问题"，或需要通过反复推敲来准确把握的"聚焦性问题"，或需要通过共同协作来提高课堂教学效率的"集体性作业"。

第十四章 教学工作基本环节

教学工作基本环节是教学论研究的又一个重要问题。教学活动是由若干环节组成的一个系统，其中任何一个环节出现问题，都会影响教学的整体效果，因此本章内容也是教学论中必不可缺的组成部分。

第一节 教学组织形式

教学是有目的、有计划、有组织的实践活动，任何教学活动都依赖于一定的组织形式才能得以实现。在教学工作中，为了完成教学任务，教学活动如何组织和展开、教学结构与方式如何设计、教学的时间和空间如何有效控制等问题，都是教学组织形式要解决的。因此，对教学组织形式的研究，无论从理论上还是实践上都是非常必要的。

一、教学组织形式的变化和发展

教学组织形式有一个历史演变过程，它会随着社会政治经济和科学文化的发展以及社会对教育的要求而发生变化。但在不同时期历史条件下又具有相对的稳定性。

（一）教学组织形式的含义

学界对教学组织形式的定义主要有：

"教学组织形式是指为完成特定的教学任务，教师和学生按一定要求组合起来进行活动的结构。"[1]

"教学组织形式就是根据一定的教学思想、教学目的和教学内容以及教学主客观条件组织安排教学活动的方式。"[2]

从目前看，大多数教材都以"教学组织形式是为实现教学内容，完成教学任务，教师和学生按一定要求组合起来进行活动的结构"作为对教学组织形式的解释。本书采用此定义。教师在完成教学任务，除依据一定的教学内容外，还必须依靠和运用一定的组织形式，而且教学组织形式解决得正确与否，直接关系着教学的规模与效果。

（二）教学组织形式的历史演变

从人类教育活动的发展过程看，教学组织形式主要有以下几种。

---

[1] 王道俊，郭文安. 教育学：第7版 [M]. 北京：人民教育出版社，2016：229.
[2] 李剑萍，魏薇. 教育学导论 [M]. 北京：人民出版社，2000：268.

1. 个别教学形式

个别教学是人类最早的一种教学组织形式。古代中国、埃及和希腊的学校大都采用个别教学的形式。在个别教学中，教师一个一个轮流教学生，其余的学生按教师要求作业或复习。在一个教室里，学生年龄不同、程度参差不齐，教学内容不统一，教学进度各异，教学要求由教师随意决定。个别教学最大的优点是教师可以根据学生的特点因材施教。但存在的主要问题是个别教学形式教学规模小，单位时间的教学效率低，使得教育发展比较缓慢。这种教学组织形式相对于古代社会较低的生产力水平对人才要求而言是比较适合的，但随着适应生产力发展水平的提高，个别教学形式必然会被新型的教学组织形式所取代。

2. 班级上课制

在西方从中世纪末开始，随着工商业的发展和科学文化的繁荣进步，要求学校增加教学内容，扩大教育对象，显然个别教学已不能满足社会发展的需要。于是，16世纪随着欧洲资本主义生产方式的兴起，班级上课制诞生。17世纪捷克教育家夸美纽斯总结了前人和自己的教学实践经验，在《大教学论》中奠定了班级上课制的理论基础。此后，班级上课制在许多国家的学校里逐步推广，逐渐成为延续至今主要的教学组织形式。我国1862年清朝政府在北京开办的京师同文馆中最早采用班级上课制，真正普及推广是20世纪初废科举、兴学校以后，我国才由封建学堂的个别教学逐步过渡到实行班级上课制的新式学校。

班级上课制是一种集体教学形式。它把一定数量的学生按年龄和知识水平编为不同的班级，根据课程表安排教师有计划地向全班学生集体上课。在班级上课制中，同一个班的每个学生的学习内容与进度必须一致，开设的各门课程一般由具有不同专业知识的教师分别担任。这种教学组织形式的最大优点是一个教师能同时教几十个学生，扩大了教学规模，大大提高了单位时间的教学效率；教师能够根据学生身心发展的年龄特点教学，同时还有助于学生之间的相互交流和影响，有利于提高教学质量。班级上课制的局限性主要在于在集体教学中，往往不能充分适应学生的个别差异，难以照顾到每个学生的兴趣、爱好和特长及优、差生的学习和发展。所以，随着20世纪初科技的迅猛发展和对创造性人才的迫切需求，教育界人士不断致力于对班级上课制的改革。

3. 道尔顿制

道尔顿制是美国教育家柏克赫斯特女士于1920年在美国马萨诸塞州道尔顿中学提出并试行的一种教学组织形式。这种教学组织形式下，学校打乱班级，还要具备较多的作业室、实验室和图书、仪器等供学生学习使用；教师不再上课向学生系统讲授教材，而教师依据每个学生的能力和志趣，按月安排给每个学生各自不同的任务和内容，为学生分别指定自学参考书、布置作业，并与学生签订实施"工约"；学生领到学习任务后，自己到作业室、实验室等独立学习教材和独立作业，有疑难时请教师辅导，学生完成一定阶段的学习任务后向教师汇报学习情况和接受考查，合格后再进行下一步学习。这种教学组织形式曾得到杜威的首肯，一度在美国流行，并在20世纪20年代初传入中国。道尔顿制的优点在于重视学生自学能力和创造才能的培养，能较好地照顾学生的个别差异，有利于调动学生学习的主动性。但是这种教学组织形式也凸显出其局限性，就是否定教师主导作用，脱离教师指导和组织，难于确保教材的系统性和连贯性，教学成效比较低；另外学生之间缺乏相互交流和作用，不利于学生社会化和个性的发展。所以，道尔顿制存在的时间不长，但它注重学生自学与独立作业的思想，对后来的一些教学组织形式和教学改革产生一定影响。

4. 分组教学制

分组教学指按学生能力或学习成绩分为水平不同的班、组来进行教学的一种教学组织形式。这种教学组织形式是为了弥补班级上课制难以照顾个别差异的弊端，在19世纪末20世纪初在西方出现的一种教学组织形式。当时随着普及义务教育的不断实施和推广，社会各阶层子女大批进入学校。由于学生自身所处的社会环境和学习条件不同，在同一班级的学生中，学生成绩出现了明显的差异。由此，一些教育人士认为，班级上课制不能适应学生的"个别差异"，应该打破按年龄编班的齐步前进形式，提出并在一些国家实行按学生能力或学习成绩分组进行教学的形式。

分组教学有能力分组、作业分组、内部分组、外部分组。能力分组是根据学生的能力发展水平进行分组教学，各组教学内容相同，学习年限则各不相同。作业分组是根据学生的特点和意愿来分组教学，各组学习年限相同，教学内容不同。内部分组是在传统的按年龄编班前提下，根据学生能力或学习成绩发展变化情况进行分组教学；外部分组是打破传统的年龄编组，按学生的能力或学习成绩的差别分组教学。分组教学组织形式提出之初，只有能力分组和作业分组，到20世纪30年代，分组教学趋向衰落。第二次世界大战后，分组教学又在欧美一些国家抬头，主要是内部分组和外部分组两种形式，我国在20世纪70年代以来，一些学校采取分组教学，一种是新生入学按考试成绩分班，另一种是对已入学的同一年级学生按现时考试成绩重新进行分班，如有的分普通班、实验班，有的分为特长班、普通班，还有的分为快班、中班、慢班等。

分组教学的优点在于比班级上课更适合学生个人的水平和特点，照顾了学生在学习和能力方面的客观差异，便于因材施教，有利于人才的培养。但分组教学也存在着弊病，一是很难科学地鉴别学生的能力和水平；二是不利于学生个性的健康成长，比如快班学生容易骄傲，而普通班和慢班学生学习积极性会受一定的影响；三是缺乏不同水平学生间的相互交流，使学生发展的机会受到限制。

5. 贝尔—兰喀斯特制

又名导生制，这是19世纪初英国广大劳动者子弟接受的初等教育中实行的教学形式，起源于英国传教士贝尔（Andrew Bell，1753—1832）和教师兰喀斯特（Joseph Lancaster，1778—1838）的共同经验，故称贝尔—兰喀斯特制。这种教学形式是由教师选择年级高且学习优秀的学生充任"导生"，作为教师的助手，教师先向他们传授教材内容，然后再由他们对年纪小或学习差的学生进行教学。这种教学形式虽然可以扩大学生名额，但"导生"讲授的知识毕竟有限，其教学质量难以得到保障。这种教学形式体现了英国"双轨制"的学制特征，即广大劳动者子女只能享受非常有限的教育资源——初等教育。

6. 特朗普制

特朗普制于20世纪50年代出现在美国，因由教育学教授劳伊德·特朗普创立而得此名。它将大班上课、小班研究、个别教学三种教学形式有机结合。大班由优秀教师采用现代化教学手段给两个以上平行班集体授课；之后小班研究，由教师和优秀学生组织研究讨论大班上课的教材，一个小班由 15～20 人组成；个别教学是由学生个人独立自学、研习、作业，部分作业指定，部分作业自选。教学时间分配为：大班授课占 40%，小班研究占 20%，个人独立作业占 40%。这种教学组织形式吸收了三种教学形式的优点，既发挥了教师尤其是优秀教师的主导作用，同时，通过讨论、独立研习等活动，兼顾学生个体差异，使学生的主体作用得到充分体现；既培养了学生的思维能力和自学能力，又可以培养学生合作学习态度。这种教学组织形式较适合在中学高年级和大学中使用。

7. 开放课堂

开放课堂源于 20 世纪 30 年代进步主义者的教育主张，第二次世界大战期间英国幼儿园采用这种教学形式，20 世纪 60 年代在英国小学推广。20 世纪 70 年代传到美国，并在小学得到采纳。开放课堂的特点是教师为学生创设学习环境，由学生根据自己的兴趣在教室或其他场所自由活动或学习，教师不再分科系统地按照教材传授知识。对这种教学组织形式的评价不同，有人认为是"儿童中心主义"的体现和复活，听任学生自由发展，意味着放弃教育要求；也有人认为它符合现代"非正规教育"发展的趋势，能使儿童成为有创造力的善于发现的人。显然这种组织形式不能使学生获得系统的知识，不利于其智能的协调发展，不能作为教学的主要组织形式。

总之，教学组织形式伴随着教育实践活动的丰富与发展而不断演变，上述各种教学组织形式各有自己的特点和优势，也存在一定的局限和不足，没有一种教学组织形式是万能的。班级上课作为集体教学形式，尽管是目前主要的教学组织形式，但是今后要随着教育发展和改革的需要而不断改进和完善；同时，我们也要继续探讨融合了各种教学形式优点的综合性的教学组织形式。

二、教学的基本组织形式——班级教学

(一) 班级教学的优点

班级教学是教学的基本形式，有着强大的生命力。虽然经历多次冲击和改革，但是现在依然是我国乃至其他国家学校中使用的教学基本组织形式。这是由于班级教学具有其他教学形式无法取代的优势，在提高教学质量和效率上仍然能起主要的作用。其主要特点：一是班级授课的时间是有严格限制的，教育目的和任务是有具体要求的；二是同一班级授课的内容、进度、方法、要求是统一的；三是每节课都安排在固定的时间表中，时间能够得到保障，且每节课之间有短时间休息，劳逸结合可保证学生精力充沛地学习；四是它是一种比较灵活的组织形式，既可以组织全班活动，也可以组织小组或个人的学习活动。

班级教学作为基本组织形式，其优越性表现在：

1. 有利于充分发挥教师的主导作用

在班级授课时，教师必须有目的、有计划、有组织地面对全班学生进行教学，每个学生都可以自始至终在教师直接指导下进行学习。教师随时可以发现、了解和解决学生出现的一些具体问题，同时为了提高学生的学习质量和学习效率，教师还能够有的放矢地调整教学。

2. 有利于充分发挥班级的集体教育作用

在课堂教学中，一个班级里学生之间的年龄相近，学习内容相同，追求目标基本相似。班级教学给同学提供了彼此之间在学习、思想、行为上互相观摩、互相交流、互相学习的平台，有利于学生之间取长补短；特别是学生有困难时，教师通过展开集体讨论，相互学习、共同提高，可以充分发挥集体的教育力量。与此同时，在一个班级里由多位教师担任各科教学工作，教师们在思想上、业务上、经验上和风格上各有所长，学生可以从中受到多方面的启示和教育，更有利于促成他们个性的全面发展。

3. 有利于提高教学效果和质量

由于班级教学是教师根据统一的教材对按学生年龄和程度编排的班级进行集体教学，每门学科教师均须按照一定的教学时间表有计划地、轮流交错地进行教学活动，便于教师系统地传授各科知识。同时在班级教学中，一个教师可以在同一时间内面对几十个学生施教，使学生获得统一的、系统的科学知识，教师能最大限度地提高工作效率。所以，无论从时间还是从空间角度而言，班级教学都是使学生在较短的时间内掌握人类长期积累的丰富知识经验的一种比较经济的教学形式，也是有效保障教学质量的教学组织形式。

4. 有利于学生身心的发展

班级教学要求根据学生的生理、心理发展特点，合理安排各门学科的教学顺序，严格按照体现劳逸结合的课表执行，不仅保证学生学习和掌握知识，也保证学生身心能够正常发展。

虽然班级教学具有其他教学形式无法代替的优越性，但是，我们也不能否认其存在的局限性：一是班级教学是集体教学，教师讲解教材、使用的教学方法和提出的教学要求都面向所有学生，难免会存在不能充分照顾学生个性差异的情况，不利于因材施教。比如，对于高水平的学生不能充分挖掘他们的学习潜力和充分满足旺盛的求知欲望；而对于低水平的学生则可能无暇顾及，导致他们学习困难，产生厌学现象。二是班级作为主要教学场所，学生的视野和知识领域较局限，实践性不强，学生动手机会少。三是教学活动多由教师直接做主，难以充分促进学生生动活泼地进行学习。

在实施班级教学时，教师在发扬课堂教学优势的同时，也要善于汲取其他教学组织形式的长处，根据学生的实际情况，按照教学目标、教学任务、教学内容的需要，灵活多样地组织和实施教学，这是今后教学组织形式改革应首先关注的课题。

（二）课的类型和结构

班级教学形式发展过程中，人们逐渐加深对课的类型与结构的认识，这对教学有重要意义，因为不同类型和结构的课在教学上的功能不同。由于每节课要完成的任务不同，需要教师根据教学目标、教学内容和方法以及学生身心发展特点，正确选择或合理搭配课的类型，组织好课的结构，这是教师完成好教学任务的重要基础。因此，教师必须正确认识和把握课的类型和结构。

1. 课的类型

课的类型是上课具体形式的种类，也是课的分类。

它一般是根据教学任务而划分的。主要分为单一课和综合课。

单一课是指在一节课内只完成一种主要任务的课。主要分为传授和掌握新知识课、巩固课、复习课、检查课、练习课、技能技巧课等。单一课的类型随着教学实践的发展还将不断丰富和发展。

综合课是指在一节课内完成两种以上教学任务的课。如包括传授新知识、巩固复习已学的知识、培养技能、检查知识和技能的掌握情况等。综合课一般多用于小学和中学低年级。

还有的是根据使用的主要教学方法进行分类，可分为讲授课、演示课、练习课、实验课等。

上面两种分类也有联系，表现在它们之间有对应之处，如新授课多属于讲授课，技能课多属于练习课或实验课等。

2. 课的结构

每一种类型的课都有一定的结构。课的类型不同，它的结构也不同。即使是同一类型的课，由于学生的年龄特点和运用的教学方法不同，其结构也不同。

课的结构是指一节课的基本组成部分（或环节、阶段、程序、步骤）及各部分进行的顺序和时间分配。教师必须根据不同的教学任务、教学内容、教学对象及选用的教学方法确定课堂教学的结构。

常用的几种课的结构如下。

（1）综合课由五个部分组成

第一，组织教学。任何一堂课都是从组织教学开始的，而且它贯穿于一节课的始终。它的作用是使学生做好上课的心理准备和物质准备。通过组织教学，不断集中学生的注意力，引起学生学习兴趣和求知欲，引导学生认真学习，遵守课堂纪律，使教学在良好的气氛中有序而顺利地进行。组织教学的方法灵活多样，教师要有教学机智，善于处理教学行进中的偶发事件。

第二，检查复习。检查复习的主要目的是帮助学生巩固和加深理解已学过的知识，使教师了解学生已学过的知识、技能的质量、思考问题的方法，培养学生对课业的责任感和按时完成作业的习惯；同时为讲授新教材做好准备。这是加强新旧知识联系的重要一环。检查可以采用口头的、书面的或实际操作等方式。检查后一定要给予评定，肯定优点，纠正错误。

第三，讲授新教材。其目的在于使学生掌握新事实、新理论和新思想，这是课的中心部分。该部分是否成功，直接关系课堂教学质量的高低。教师在传授新知识前首先应导入新课，使学生对学习新知识在知识上、方法上有所准备，激发学习新教材的动机；组织学生学习新知识时，要注意贯彻各个教学原则和运用教学方法的要求。教师要通过讲解或指导学生自学，让学生感知和理解新教材。

第四，巩固新教材。其目的在于使学生对刚刚获取的知识与技能加深理解，及时消化、巩固和掌握。在巩固过程中，还带有检查学生掌握新知识情况的作用。巩固可采取小结、复述、提问、阅读教科书、练习、实际操作、答疑等方式。巩固过程中，如发现学生理解知识上有缺陷，教师要及时予以补救。

第五，布置课外作业。其目的在于使学生加深对知识的理解，巩固所学的知识，培养学生独立工作的能力。教师布置作业时，应使学生明确作业的内容、方法、要求、完成时间等。作业的内容包括阅读、背诵有关教材；做各种书面练习和实习作业及观察、制作等。教师应明确作业不仅有复习性，而且应含有创造性活动的因素；

布置作业不仅指出作业的具体范围、作业的方法和应达到的要求，而且对某些较难的问题应当加以适当的提示，指出思路。教师根据因材施教原则，可把作业题分为基本题、基础题、思考题三种，全班学生必须完成基本题，水平较差的可做基础题，学习有余力的可解答思考题。作业要适量，不宜机械重复而应注意灵活运用，避免使学生作业负担过重。布置作业必须在课内进行。

综合课在一节课内要完成多项教学任务，所以讲授新课的时间一般在 15 ~ 25 分钟，而检查与复习旧课、巩固新课的时间为 5 ~ 10 分钟。综合课最适宜于小学。

上述课的结构，是综合课的主要组成部分。在教学实践中，教师要根据主客观情况，创造性地设计综合课的框架。

（2）单一课的结构因其所完成的教学任务不同而有所不同

新授课的结构：导入新课、揭示课题，明确任务；通过讲授与引导的方法，使学生学习新教材；回答学生问题，明确本课要点；布置课外作业。

技能课的结构：组织教学，提出培养技能技巧的目的、要求；教师讲解原理、范例或作示范操作；在教师指导下学生独立进行练习（主要部分）；小结布置作业。

复习课的结构：组织教学，提出复习目的与要求；引导学生复习（主要部分），教师通过解一些典型的、综合性的问题，复习一章或几章已学过的知识，加深理解，建立结构。有的学科还可通过演示实验、列表等方法来复习旧知识。复习课要适当增加新知识因素，做到"温故知新"；小结；布置作业。

单一课的时间分配，主要部分占 30 ~ 40 分钟。

课的类型和结构是由教师设计和实施的。由于各年级学生年龄特征的差异，各门学科教学法的特点各异，同一类型的课在不同班级和不同学科中会产生结构的区别，加之教师使用教学方法对课的结构的选择等各方面因素影响，要求教师在教学中，除了按预定的目标完成教学任务外，还必须根据出现的具体情况灵活地、创造性地安排课的结构。

三、教学的辅助形式

班级教学有其明显的特点，是教学的主要形式，但不是唯一的形式。由于教学的目的任务不同，学生中又存在着差异，教学还要采取其他的辅助形式，以弥补班级教学的不足。主要有以下两种。

（一）个别指导

个别指导是指教师在课内或课外对个别学生进行教学的一种组织形式。这是对班级教学的一种补充形式。在我国实行的是班级上课制，班级教学较多的是从学生的年龄、程度等方面的共性出发去进行教学。但是，每个学生在学习上有其特殊情况和需要照顾之处，为适应学生的个别差异，进行因材施教，无论是学习上优秀的、一般的或较差的学生都应对他们进行个别指导。

个别指导除课内指导外，更重要的是还要做好课外辅导工作。辅导的内容包括：对学生进行必要的启发、诱导、示范；解答学生的疑难；帮助学生明确作业的目的、要求与方法；发现学生学习中存在的问题和原因，帮助解决。个别指导的方式方法是多种多样的，可视学生具体情况而定。通过个别辅导，使各程度的学生都能各有所得、各有提高。

虽然对个别学生而言个别指导的教学效果优于集体教学，但耗费教师的时间和精力太大，因此它只能是课堂教学的一种辅助形式，教师始终应把教学的重点放在提高课堂教学的效率上来。

（二）现场教学

现场教学是教师根据一定教学任务，组织学生到教学对口的现场，通过现场的实物、过程，以及有关人员等进行教学的一种辅助的教学组织形式。它可以班级为单位进行，也可以把班级划分为若干小组进行。它一般通过参观、调查、实习等方法来进行。

现场教学能够把教材同学生直接看到的当时、当地的自然现象和社会现象紧密地结合起来，为学生提供丰富的感性知识，不但激发学生的学习兴趣，而且加深他们对理性知识的理解，使理论和实际联系起来，从而调动学生的积极性与主动性。这种形式突破了课堂教学的某些局限性，从而使教学活动具有新的性质。它适用于各门学科的教学。

组织现场教学的基本要求：

第一，明确教学的目的任务。通过现场教学，要解决哪些问题？要完成哪些任务？教师和学生以及现场有关人员都要清楚。每次现场教学都有具体的要求。

第二，有严密的组织。现场教学要在教师的领导下，有计划、有组织地进行。注意发挥现场有关人员的积极性，现场主讲人要与教师共同备课，密切配合，要根据教学的任务确定现场教学的内容、程序、方法，共同制订出切实可行的教案，紧紧围绕已确定的教学目的任务进行讲授，保证教学有计划地顺利进行。

第三，现场教学必须和课堂教学有机地结合起来。现场教学为学生掌握理论提供必要的感性材料，同时在现场的讲解、观察和操作中应以课本的理论为指导。现场教学只有对教学任务和学生的年龄特征、知识水平等各种因素，作综合、统一、合理的安排，才能收到良好的教学效果。

第四，现场教学结束，教师要组织讨论，并做出小结。

四、教学的特殊组织形式——复式教学

（一）复式教学含义

所谓复式教学，是指由一位教师在同一个教室、同一节课上，用不同的教材分别对两个以上年级的学生进行教学的组织形式。复式教学采用直接教学和自动作业交替的办法进行教学形式，即教师对一个年级的学生讲课时，其他年级的学生自学或完成教师布置的作业。

复式教学是由于一定地区的教育条件和经济条件落后或不平衡而产生的。它大多适应于学生少、教师少、校舍和教学设备缺乏的地区。我国一些贫困、农村地区，特别是偏僻的山区、牧区和农村小学，有不少是采用这种形式的。在我国今后农村人口出生率将得到有效控制的情况下，这种形式有利于节约人力、物力和财力，对普及教育有重要的促进意义。因此，它在相当长一段时期内将作为一种不可缺少的特殊形式而被保存下来。

复式教学的优势体现在课堂教学管理难，但可以培养学生自学、自控、自治能力；教师所教科目多、备课难，但有利于教师全面掌握各门课程，能从课程内部联系出发去正确处理教材；学生差异大，但以大带小，以小促大，共同前进；复式教学存在的先天缺陷是教学学科头绪多、讲课时间少、教学任务重、组织难度高、学生活动作业时间长、不同年级的学生在一个教室里干扰多等不利于提高教学质量的因素。

因此，复式教学备课复杂，且对教学过程的组织、教学时间的分配和教学秩序的处理等方面有更多的要求。

（二）复式教学的组织

1. 复式教学编班

复式班编班时，要根据教室大小、学生多少和教师业务能力的高低而定，同时应考虑尽可能把低年级和中高年级合编，把重点年级（一、五或六年级）和非重点年级合编。实践证明，合理编班是搞好复式教学的前提条件。

通常复式教学编班主要分为：

单班多级复式：一所学校只有一个教室，所有年级的学生都在一个教室内，由同一名教师授课，叫单班多级复式。

两班三、三级复式：一所学校有两个教室，由两名教师担任四个或六个年级的教学工作，可采取两班二、二或三、三级复式编班。或间隔年级编班；或相近年级编班。

三班二级复式：一所学校有三个教室，由三个教师担任六个年级的教学工作，可分为三个二级复式班。

2. 编制复式班课程表

要编排好复式班的课表，需要处理好直接教学和自动作业之间动静搭配的关系，合理安排好教学的路线，复式班直接教学的时间短，因此编排好复式班课表，使每个班级各项课程的直接教学和自动作业做到合理搭配是一项很重要的工作。

一种是将直接教学时间较长的科目和自动作业时间较长的科目恰当搭配。如语文可同数学、写字、美术科目搭配。要尽量避免声音互相干扰，如音乐课不能与语文、数学课搭配等。

另一种是新授课与复习课之间的合理搭配，使各门课程、各个年级的学生都能在教师的安排下，有组织地学习。此外，一周中每天课程的安排也要均匀，避免师生负担轻重不均。

五、班级教学改革

当前，在国内外对教学组织形式的改革中，突出了以下几个重点。

（一）适当缩小班级规模，使教学单位趋向合理化

课堂教学至今仍是世界各国教学的基本组织形式，而要最大限度地发挥课堂教学的优越性，尽可能地缩小难以因材施教的缺陷，班级规模的合理性是一个重要的条件。班级规模的大小是影响课堂教学管理的一个重要因素。这种影响主要表现在人际关系、情感交流和参与程度方面。一般而言，小班制教学比大班制教学有效。心理学研究证明，过大的班级规模限制了师生交往和学生参与课堂交流的机会，阻碍了课堂教学的个别化，有可能导致较多的纪律问题，从而间接地影响学习成绩。

小班可以更好地提高教学质量，创造良好的教学环境和学习气氛。

针对班级规模过大的问题，世界各国都在适当缩小班级规模，以加强人际交流。例如，美国各州的小学每个班由 20～30 人组成，而美国教育部 1998 年制定了 7 条政府优先考虑事项，其中就有一条提出提供专款资金，帮助学校缩小 1～3 年级班级规模，在全国范围内把每班人数控制为 18 人。法国改革班级授课形式的目标是，每班学生不得超过 25 人。

目前，我国中小学班级规模普遍较大，特别是重点中小学班级规模更大，远远超过我国学校管理规程中规定的每班 45 人的标准，而且呈上升趋势，针对这种情况，我国上海、北京等地正在积极进行"小班化教育"的实验。实验重点是减少班级人数，贯彻因材施教原则，增加师生交往的频率，营造和谐的课堂环境和气氛，提高课堂效率。北京实验班控制在 20～30 人，上海实验班控制在 25～30 人。

（二）改进班级授课制，实现多种教学组织形式的综合运用

一切教学组织形式都各有利弊，不可能存在某种万能的模式，所以要求对各种教学组织形式合理结合和综合运用。班级授课与个别教学、分组教学相结合，课堂教学与课外教学相结合，传统的传习形式与现代教育技术相结合，已经成为目前发达国家教学组织形式的新特点。例如，特朗普制就是大班、小组、个别教学三种教学组织形式相结合的产物。这样既保留了班级授课的优点，又能弥补其弊端。

（三）多样化的座位排列，加强课堂教学的交往互动

编排方式和学生座位位置的不同制约着课堂教学中教师与学生、学生与学生的交往范围和人际互动，直接影响着教学信息交流的方式和交流的范围。

传统的课堂座位排列形式是秧田式，即一排排课桌面向教师讲台，学生与学生前额对后脑，左肩邻右肩。这种座位模式最适合于集体讲授，但这种座位排列是封闭型的。马蹄形的座位排列，教师处在"∪"字缺口的对面，学生可以相互看到，还可以看到老师，有利于非言语交流的进行，使学生间的交流完整起来。这种排列的目的在于让全班学生尽可能多地参与课堂活动，教师和学生一道讨论和研究。在圆形座位排列的课堂中适合各种课堂讨论或相互学习活动，它可以大大增加师生之间、生生之间的言语和非言语交流，最大限度地促进学生之间的社会交往活动，他从空间特性上消除了座位的主次之分，有利于师生平等关系的形成。这种排列中，可以将教师的位置设定在圆圈外面，也可以将教师的位置设定在圆圈的中心。

第二节　教学工作的基本环节

教学工作是由诸多相互联系的环节组成的，其中有几个是必不可少的基本环节。任何一个基本环节与整体不协调，就会削弱教学工作整体的效果。认真研究教学工作的基本环节，对这些环节提出规范要求，是全面提高教学质量的重要保障。从教师施教工作角度来说，教学的基本环节包括备课、上课、作业的布置与批改、课外辅导、学业成绩的检查与评定等。

一、备课

备课是教师在课堂教学之前进行的教学准备与设计工作，即教师根据课程大纲的要求和所授课程的特点，结合学生的具体情况，对教材内容作教学法上的处理，选择合适的传授方法和设计教学活动。备课是教学工作的起点和基础，是影响课堂教学质量高低的重要环节，也体现教师的课堂教学艺术。

古人云："凡事预则立，不预则废。"上课作为整个教学工作的中心环节，具有很强的科学性和连续性，课前必须做好充分的准备。备课是教师加强教学计划性和预见性，充分发挥教师主导作用的条件，也是提高教师素质的重要措施之一。因此，要有效提高教学质量，教师必须认真完成备课工作。

教师备课必须做好三个方面的准备工作，写好三种计划。三个方面的准备工作即钻研教材、了解学生、设计教法；三种计划即学期（或学年）教学进度计划、单元（或课题）教学计划、课时教学计划（教案）。

（一）做好三个方面的准备工作

备课分个人备课和集体备课两种。个人备课是教师自己学习掌握课程标准和教材的个别活动。集体备课是同年级同学科教师共同研究教材，统一教学要求，安排教学进度，分析和确定教材的重点、难点和关键，以及研究教学方法等方面的活动。教师的备课以个人备课为主，集体备课必须在个人充分准备的基础上进行集体讨论和研究，使教师之间集思广益，互相学习，取长补短，共同成长。

由于现在教学内容不断更新及教学对象不断变化，不仅青年教师要认真备课，即使是有丰富教学经验的教师也要认真备课；不仅对新教材要备课，即使对熟悉的教材也要备课。教师个人备课必须做好如下三方面工作。

1. 钻研教材

教材，从广义上说包括课程大纲、教科书、教学参考资料、阅读资料、活动指导书、教学音像资料和教学图表等。从狭义上说，教材专指的就是教科书。

教师要认真钻研教材，主要包括研究课程大纲、教科书和阅读有关参考资料。

（1）课程大纲

教师钻研课程大纲主要是弄清本课程的教学目的和任务，本课程教材体系和基本内容以及各部分的时间分配，还有教学法上的基本要求。教师要深刻理解大纲的精神，并能联系教学实际来分析教材和设计教学过程。教学实践中，有些教师只重视教材中个别讲法如何，忽视对编写意图和教材特点的领会，结果往往是只见树木不见森林，思路不开阔，教起课来照本宣科，不能因地制宜发挥教材的优点、弥补教材的缺点，使教学质量得不到提高。课程大纲规定的教学中应注意的问题，是对我国多年来教学经验的总结，反映人们对教学规律性的认识，更针对当前教学实践工作，对开展教学改革具有很强的实际指导意义。特别我国课程实行一个大纲多本的情况下，教师准确掌握大纲的知识内容及其要求更为重要。教师只有深刻领会大纲要求，才能对不同教材进行分析比较，在使用中做到合理删选取舍，达到教学的目的和要求。

（2）教科书

钻研教科书就是要分析学科的基本结构，钻研教材的知识结构，把握教材的重点、难点和关键。突出学科的基本结构，是对一门课程及其章节从整体上进行分析和研究，有助于对学科的知识、观念、方法进行高度的概括和抽象，有助于对课程、章节内容的深刻理解和认识。

钻研教材的知识结构，要从整体上把握教材，必须清楚地认识教材的体系或知识结构，明确各部分知识的逻辑关系，明确教材是怎样按照循序渐进的原则来编排的，教材内容是如何一步一步展开的。正确把握教材的重点、难点和关键。

"重点"是指教材中最基本、最重要的核心部分，各科教材中的基本概念、基本原理、基本定律、重要方法和公式等都是其重点，重点具有共性，是学习后继内容的基础。重点是教材中的核心，学懂了重点内容才能理解其他内容，具有触类旁通的效果。突出重点，要求教学过程要以重点知识为中心来展开，要突出重点知识的应用，重点内容更应注意教学方法的选择。

"难点"是指学生学习遇到的困难，包含两层意思：一是学生难以理解和掌握的内容，这些在教学参考资料中大都作了提示；二是学生容易出错或混淆的内容。难点不是绝对的，学生的情况不同，难点也有变化，对甲班学生是难点的内容，对乙班学生可能是易于接受的，因此，难点具有个别性，教师应视个体情况来分析。一般产生难点的原因，主要是教材科学体系与学生接受水平、智力发展的差距造成的。具体来说，有的是相关的准备知识不足，有的是思维定式带来的负迁移，有的是由于概念相通、方法相似、容易混淆，有的是思维过程复杂而感性认识欠佳，也有的是教学要求和教学方法不当造成的。

"关键"是指教材中起决定作用的内容，或起承上启下作用的知识。掌握了教材的"关键"，其余内容便会迎刃而解。

重点、难点、关键三者虽有区别，但又是互相联系的。有时有些内容既是难点，又是重点，还是关键；有时重点并不一定都是难点，难点从知识的重要性角度看也不一定都是重点。教师要区别对待，在教学策略上采取"突出重点，突破难点，抓住关键"。

（3）教学参考资料

阅读有关教学参考资料是钻研教科书的重要补充，目的是扩大教师知识背景的广度，深化对教学内容的理解，充实和丰富教学内容，有利于教师站得高、看得远，突破教科书本身的局限和束缚，能游刃有余地驾驭教材。同时教师只有不断地充实自己，储备丰富知识，对教材才能钻得深、用得活，讲得才能深入浅出、得心应手，课堂上对学生提出的各种问题才能应付自如，从而增强自身的应变能力。所以，教师一定要在自己充分钻研教科书的基础上阅读有关教学参考资料，注重平时知识经验的积累，而且要理解、消化、吸收，成为自己的思想认识，并根据实际情况需要，选择采用相关内容。

教师掌握教材有一个深化的过程，一般要经过懂、透、化三个阶段。懂，就是对教材的基本思想、基本概念、每句话、每个字都要弄清楚、弄懂；透，即要透彻了解教材的结构、重点与难点，掌握知识的逻辑，能运用自如；化，就是教师的思想感情和教材的思想感情溶化在一起，能用自己的语言加以叙述。教师对教材的理解越透彻，对学生的感染就越深。

我国正在全面推进素质教育改革，教学改革正在深入发展。因此，教师在钻研教材的过程中，要考虑教学改革的因素，围绕我国人才培养的要求，做到既减轻学生负担，又提高教学质量。

2. 了解研究学生

备课不仅要备教材而且要备学生。学生是教学的对象，又是教学中认识活动的主体。教学的最终结果，要落实到学生掌握知识、技能，发展智能、体力及形成良好品德上。教师要使教学能切合实际，有的放矢，就必须全面深入地了解自己的教学对象。教师要观察、了解和研究学生，包括了解学生原有的知识技能的基础与水平，他们的认识特点、兴趣、需要与思想状况，学生的学习方法和习惯等。在此基础上，教师要找到教学要求和学生知识、智力水平之间存在的矛盾，然后才能进行研究，做出比较准确的预见。例如，学生学习新知识会遇到哪些困难，可能产生哪些问题，要采取哪些预防措施，对于这些问题教师都能够准确预见，教学才能卓有成效。

3. 考虑教法

钻研教材和了解学生二者结合起来，称为"吃透两头"，在此基础上，要把教科书的内容传授给学生。包括组织教材、选择教学方法、确定课的类型和结构等。教师在组织教材时，要按照课程大纲、教科书所规定的内容，并围绕教材重点，适当补充内容，合理、科学地对教材进行加工和处理，使之便于学生学习和掌握。在确定教学方法时，教师必须紧紧围绕每次课的教学任务、教材特点和学生的实际情况，选择最佳的教学方法。与此同时，教师还要确定课的类型，考虑如何安排每一节课的活动，如何开展教学活动等。此外，也要考虑学生的学法，包括预习、课堂学习活动和课外作业等。

(二) 编制出三种教学计划

教师在备课中，除要做上述三方面的准备工作外，还要写出学期（或学年）教学进度计划、课题（单元）计划和课时计划（教案）。备课工作最后要落实到编制三种计划上。

1. 学期（或学年）教学进度计划

这种计划应在学期或学年开始之前制定，这是对一学期的教学工作所作的总的准备和制订的总计划。其内容包括：学生情况的简要分析，学期教学的总要求，根据课程大纲、教科书列出一学期教学内容的章节或课题，以及它们之间的内在联系，各课题的教学时数及课时安排，需要用的教具，参观、实验等重要活动的安排，提出教学改革的设想等。一般用表格来表示。

2. 课题（单元）计划

制订好学年或学期教学进度计划后，在上课前，教师对课程大纲中一个较大的课题或教科书的一个单元要进行全盘考虑，并在此基础上制订出课题计划。它的内容包括：课题名称、教学目标、课时划分、每一节课的教学任务与内容、课的类型与主要方法、必要的教具等。制订单元课程计划时，教师应明确本课题在整个学科知识体系中所处的地位与前后课题之间的关系，考虑和上课相配合的其他教学形式的运用。

3. 课时计划（教案）

课时计划又称教案，是教师实施教学活动的具体方案。课时计划是备课中最重要一环，也是与上课关系最直接的一环。编写教案时，教师可以把在备课中所考虑的多种教学活动的设想，经过进一步推敲，使之条理化、科学化，明确地体现于教案文字之中，也使教师的备课更加系统、准确和深刻。一个完整的教案应有下列内容：班级，学科名称，授课日期和时间，课题，教学目标，课的类型，教学方法，教具，教学进程（步骤），备注等，同时写上板书设计，作业题等。有的教案还留有"课后分析"栏目，以便简要记录对自己上课后的自我分析和体会，为总结研究教学工作积累资料。教案编写时，应根据自己的实际经验和工作特点，可以有详有略。一般说来，新教师缺乏经验，需要写得详细些，老教师可以简略点；浅近的教材，可以简略点，难度较大的教材应详细些。写出教案后，还要熟悉教案，使教案的内容融化在自己的脑子里，做到讲课内容顺序不离教案，但基本上不看教案。熟悉教案时，通过想象，把自己带入实际课堂的情境之中。

总之，教师在备课过程中，把自己的专业知识、智能、品德、思想修养等潜在的教学能力，融化并变成每一节课的实际教学能力，因此，备课是形成教师教学能力的过程。

二、上课

上课是整个教学工作的中心环节，是引导学生掌握知识、提高思想、发展能力的关键，直接关系到教学质量。上课是教师面向全班学生进行信息、情感交流和相互作用的主要环节。上课也是教师教学能力集中体现的过程。

（一）上课的常规要求

课堂常规是保障上课秩序的基本条件，是教师和学生都必须遵守的要求。中小学上课常规要求主要包括以下几点。

第一，教师课前必须认真备课，上课必须有教案；学生必须带齐教科书、笔记本及其他学习用具。

第二，上课铃响后，教师进入教室，学生起立向教师问好，教师要回礼，然后开始上课；下课铃响教师宣布下课后，学生起立向教师致谢，教师还礼，一节课结束。

第三，教师上课要按教案进行，又要根据课的进行情况，有一定的灵活度。但教师要避免脱离教科书和教案随意讲课，擅长或感兴趣的内容就讲得多，否则就讲的少或不讲。

第四，教师上课要有教育意识，要以身作则、教书育人。教师行为举止要严格符合教师职业规范，如语言文明、仪态端庄，不在教室吸烟等；教师还要在教学中注意教书育人，结合实际对学生进行思想品德教育。

第五，学生要自觉遵守课堂常规，认真听讲，做好笔记。

第六，学生要积极配合教师的教学活动，如积极回答教师提问，认真完成练习或实验等活动。

第七，教师上课不迟到，按时上、下课，不能无故提前下课或"拖堂"；学生必须做到上课不迟到、不早退。

（二）衡量一堂好课的标准

教师上课要按课时计划进行，又要根据课的进行情况，发挥教师机智，从实际出发，灵活调控，不被课时计划所束缚。为了使上课取得良好的教学效果，必须遵守下列要求。

1. 教学目标明确

一堂课的目标和要求是上课的出发点和归宿，目标明确是上好课的首要条件。一堂课的教学目标，包括向学生传授的基础知识和基本技能；对学生进行态度和情感等思想方面教育；发展学生能力方面的要求。教师要根据教材内容和学生实际，正确地决定每一节课的教学目标，提出恰如其分的要求。

教学目标明确包含三层意思：一是教学的目标要提得正确，合乎教材要求和学生认识的实际，应当是包括掌握知识技能、发展学生能力和培养学生思想品德等几方面的统一要求。二是师生双方对一节课所要达到的教学目标应当具有共同的明确认识。教师应当向学生说明教学的目标，以便做到师生密切配合。三是目标确定以后，教材的组织、练习的选择、教法的运用、课堂组织结构等，都应贯穿这一目标；课堂上师生的一切教学活动都应当紧紧围绕教学目标展开教学活动，全力以赴地实现目标。

2. 内容正确、重点突出

内容正确是教学内容要符合科学性和思想性。教师要正确处理教材的重点、难点和关键，使学生明确知识之间的内在联系，正确掌握教材内容。

为此，教师应根据学生实际、教学条件，以及自身的教学经验，对教材重新进行加工和处理，形成一个重点突出、详略得当、前后有序、张弛适宜的教学内容结构，使知识结构优化、个性化。上课时，教师要避免对教材平均使用时间和精力，学生熟悉的内容可蜻蜓点水、一带而过，而重点和难点则要多花力气和时间。

3. 贯彻教学原则、教学方法恰当

上课时，学生能否正确地领会知识，真正掌握知识，以及把掌握的知识转化为能力，是与教师贯彻教学原则和运用教学方法的正确与否密切相关的。为此，教师要根据教学要求、教材特点和学生的具体情况，正确运用教学原则，灵活巧妙地选择和使用教学方法。课上教师要善于通过多种教学方法的相互配合，启发调动学生学习的积极性。既有教师和学生集体的纵向信息交流，又有学生之间横向的信息交流；既有紧张的智力和体力活动，又有生动活泼的学习情境，使学生的学习成为紧张、有趣、生动活泼的智力活动；同时师生紧密配合，气氛融洽。

4. 组织严密、结构紧凑

教学要有严密的计划性和组织性。上课开始，教师组织教学，安定学生情绪，引导他们做好积极投入学习的心理准备。然后，教师按预定教学进程，讲、练、演示观察、提问、讨论和归纳结论、板书等各步骤组织得非常妥当、严密有序。上课时，教师要防止和消除破坏课堂纪律的不良现象发生，机智地处理课堂偶发事件，保障正常的教学秩序。

结构紧凑要求教学的节奏与学生智力活动节奏相适应。为此，教师要把课的各个部分安排得当、环环紧扣、张弛有致，师生双方始终处于积极状态。能充分利用

课堂时间，取得最大的教学效果。既不能前紧后松，又不能前松后紧。

5. 教学基本功好

教学基本功是教师上好课的个人素质。教案编写得再好，教学活动设计得再合理，教师的教学基本功不过关，教学也会功亏一篑。教学基本功主要指教师的学科知识要扎实；学科思维方法要娴熟；教师的语言要清晰、准确、生动、规范、速度适中、声调高低适度；板书要正确、工整、美观、计划性强；教态要亲切、自然，作风民主、仪表朴实端庄、举止大方。

6. 教学效果良好

教学效果主要看单位时间内学生的学习质量和学习效率，还要看教师和学生的双边活动。如果上课时教师和学生双方的积极性都充分调动起来，教师教得引人入胜，学生学得津津有味，整个课堂都有条不紊，师生均处于积极状态，教学时间效率高。这样的课才称得上一节好课。

上述六个方面是衡量一节好课的标准，教师只有按照上好一节课的要求，提高每节课的教学质量，才能真正达到提高整个教学质量的目的。

（三）课堂教学艺术

教学艺术就是受制于个性风格，具有美学价值和创造性运用各种教学方式方法的个人才华。❶ 教学艺术的内容极其广泛，表现在教学的全过程，体现在教学的各个环节上。其中，课堂教学艺术是教学艺术的集中表现，它主要包括教学语言艺术、课堂提问艺术、教学板书艺术、教学组织艺术和教态变化艺术等几个方面。

1. 教学语言艺术

课堂教学包括导入新课、讲授、板书、实验、练习、现代教学手段应用等一系列教学活动。在这些活动中，教学语言是教学信息的载体，教师用正确的语音、语义，合乎语法逻辑结构的口头语言，对教材内容、问题等进行叙述、说明。这里，教师的教学语言艺术水平，是影响学生学习的重要因素。课堂教学语言艺术的基本要求是语调高低得当，音强适中；形象生动，绘声绘色；抑扬顿挫，节奏鲜明；幽默诙谐，妙趣横生。如导入课题时，教师感情色彩的语言拨动学生的心弦，使其产生共鸣，激起强烈的求知欲望；而课堂讲授时，教师教学语言艺术应主要体现在逻辑性、透辟性和启发性上。总之，教师都要善于运用停顿、重音、语调等基本语言技能，借助比喻、比较、夸张、幽默等修辞手法，增强语言的形象性和情感性，以提高教学语言的艺术水平。

2. 课堂提问艺术

课堂教学提问是教学过程中教师和学生之间常用的一种相互交流的教学方式。通过提问，检查学生学过的知识、技能；开阔学生思路；活跃课堂气氛，增进师生之间的感情，促进课堂教学的和谐发展。但是国内近年来的研究资料表明，中小学一般教师平均每堂课的有效提问仅为56%。这就是说，教学中尚有近一半的提问是无效的，所以研究课堂教学提问的理论和艺术，对于提高课堂教学质量有着很重要的关系。

---

❶ 吴也显. 教学论新编［M］. 北京：教育科学出版社，1991：466.

教师设计提问时，要考虑：①引起学习兴趣，调动学习积极性；②引导学生将注意力集中于主要问题；③能了解学生掌握知识的基本情况；④能激发学生根据教师提问积极思考；⑤能为学生创造条件，沿着一条正确思维路线思考问题、探索问题；⑥教师提的问题富有启发性，能开拓学生思路，启迪智慧；⑦使学生学会良好的构思和有效地表达自己的看法；⑧师生之间，沟通思想感情，增进民主合作的学习气氛。

提问的设计一般有如下六步：收集疑点；整理疑点；确定重点；设计母题；安排子题；考虑练习。教师课堂提问时，先提出问题，然后指定回答的学生，提问的顺序应从知识性问题入手，然后递进到高层次的提问，阐明性的问题要求学生重新陈述他们的回答，以便使教师和同学更容易理解。

总之，好的课堂提问必须经过深思熟虑、酝酿选择，对教材熟练掌握，对大纲深刻领会，并在占有大量资料的基础上，才能很好地完成。

3. 教学板书艺术

好的板书设计既是讲授内容恰到好处的体现，又是一种落实教学要求的艺术再创造。因而，板书设计不应囿于一个模式，而应千姿百态，使之产生良好的艺术效果。教师板书包括提纲式板书、要点式板书、提示性板书、辨析性板书和总结性板书以及注释性板书。

4. 教学组织艺术

课堂教学的组织艺术是整个教学艺术的又一重要组成部分。一堂课能否收到预期的教学效果，能否取得成功，要看教师如何组织课堂教学。首先，掌握适当的教学节奏。一堂成功的课犹如奏乐，按照主旋律，曲调抑扬顿挫，音节疏密相间，节奏明快和谐，各个环节有机相连。整个课的节奏体现音乐性，就会给人以艺术享受。其次，掌握导入和结束的艺术。俗话说："良好的开端等于成功的一半。"一堂课的开头好，可以收到先声夺人的效果，它能为整个课堂教学打好基础。主要方式有衔接导入法、悬念导入法、情境导入法、激疑导入法、演示导入法、实验导入法、实例导入法、典故导入法、审题导入法、直接导入法等多种形式。一堂完美的课，要求结尾更为精彩。常见的结束艺术表现方法有归纳式、比较式、活动式、练习式、拓展延伸式等多种方式，结束时，教师要做到曲终奏雅，精心小结，问题收尾，巧作铺垫。再次，掌握课堂教学的应变艺术。教师要有处理"偶发事件"的教育机智。所谓偶发事件是指课堂上临时发生教师意料之外的事情。具体方式多种多样，如转移注意，随机发挥，幽默诙谐等。冷处理，即教师对学生的恶作剧等偶发事件，可先采取冷落的方式，然后充分发挥自己的发散、换元、转向的教育机智。温处理，即教师对于因为自己的疏忽、不慎所造成的不利影响，态度温和地承认失误，并顺其自然地过渡到原教学进程中。所谓热处理，即教师对一些偶发事件，趁热打铁，或正面教育或严肃批评。可见，偶发事件的性质不同，处理的方式也就不同。

5. 教态变化艺术

教师的教态变化艺术也即课堂上的非语言行为的表现艺术，是依靠仪表、表情、举止、手势来传递感情。有些研究发现，进入角色、感情充沛的教师，将身体倾向学生，脸上更富有生气勃勃的表情，言谈也更充满激情和兴奋，这样他的姿态就更容易使学生感受到他的情绪，帮助学生自觉掌握讲授内容的精神实质。因此，教师在讲课时，在注意教学语言的同时，更要重视教学姿态的效果。从教师即兴表演来说，教学的确是一门艺术，但如何表演才能打动人心，却是一种科学。为了让学生充分掌握教学内容，教师应充分发挥非语言行为的作用。

例如，教师站在学生中间讲课，师生间就会产生一种直接的更接近的感觉，使进行交流的要求加强。再如，眼睛是非语言行为的主要工具，课堂上师生关系常常靠眼睛来建立和维持，因此教师应懂得如何使用眼睛。教师的眼睛看某些学生的频率，反映了教师对他们的好恶。因此，教师对自己偏爱的学生必须避免过多的顾盼和提问，以免引起其他学生的不满。

总之，非语言交流是课堂教学中教师与学生的一条重要交流线，熟练掌握和运用它是每一个教师必备的基本功。

6. 教学艺术风格

所谓教学艺术风格，是指教师在长期教学艺术实践中逐步形成的、富有成效的一贯的教学观点、教学技巧和教学作风的独特结合和表现，是教学艺术个性化的稳定状态之标志。它指的是优秀教师教学艺术的风格，既不是泛指一切"教风"，也不包括不良的矫饰作风。教学艺术风格的形成是教师教学修养成熟的标志。如有的讲课生动、富有情趣、引人入胜，使学生听得有味，是一种寓庄于谐的教学艺术风格；有的善于根据青少年学生的特点，把思想教育和知识教育融为一体，从而对学生思想情操、道德品质等方面起潜移默化的作用，是一种"细""润"的教学艺术风格；有的精于"教学巧安排"，课堂设计合理巧妙，严实无缝，富有思辨性，是一种巧妙缜密的教学艺术风格。一般说来，科学只有一个道理，一种是非，艺术则可以有不同的流派，不同的风格。只有在教学领域里善于总结经验、摸索教学规律的教师，才会形成独具特色的教学艺术风格。

三、课外作业的布置与批改

课外作业是课堂教学的继续与补充，是教学活动的有机组成部分，是由学生独立完成的。课外作业可以使学生巩固、消化和运用所学的知识，形成技能技巧；养成独立思考，独立而科学地利用时间等独立学习能力和学习习惯。还可以培养学生勤学苦练、勇于克服困难的意志品质。

（一）学生作业种类

学生的作业一般有两种：一种是课堂作业，在教师直接指导下完成；另一种是课外作业，在自习课或回家完成。

学生课外作业的内容大致包括以下几个方面：

阅读教科书和参考书，如预习、复习教科书，阅读有关文艺、科技书籍等；

口头作业，如口头回答、朗读、复述、背诵等；

书面作业，如书面练习、书面答题、验算练习、作文、绘制图表等；

实践作业，如实地观察、实地测量、社会调查、访问、制作教具等。

（二）布置和批改作业的要求

第一，作业的内容要符合课程大纲和教科书的要求，要具有启发性和典型性，要有助于学生巩固与加深理解所学的知识，兼顾基础知识和能力的发展。

第二，作业分量要适中，难易适度。要考虑各种教学时数与完成作业所需时间的适当比例。凡能在课堂内完成的作业，不要等到课外去完成。作业应有一定难度，但必须是一般学生经过努力可以完成的。不可搞"题海战术"而使学生负担过重。更不能把作业当作惩罚手段，给学生造成心理压力和搞疲劳战术。对成绩好、学习能力强的学生可适当增加一些有一定难度的参考作业供选择。

第三，布置作业要提出明确的质量要求，规定具体完成的时间。对一些题目，特别是较难的题目要进行必要的指导或提示。

第四，教师要及时认真地检查和批改作业，把批改作业作为检查教学效果、发现教学中存在问题的重要手段，也可作为教师改进教学的依据。教师批改和检查的结果，除了通过评语和个别谈话对学生加以具体指导外，要适时讲评。讲评时，教师要表扬优秀，对一些有代表性的问题要对全班学生进行分析讲解，指出共同性的错误，分析原因，纠正错误。批改作业的方式多种多样，如全面批改、重点批改、轮流批改、当面批改、师生共同讨论批改、指导学生相互批改等。

四、辅导答疑

辅导答疑是教学工作不可缺少的环节，是适应学生个别差异、贯彻因材施教原则的一项重要措施。它是上课的一种补充形式，但不是上课的继续和简单的重复。

辅导答疑必须从辅导对象的实际情况出发，分别确定辅导内容和具体措施。这样有的放矢地进行辅导才能收到实际效果。同时，辅导答疑只有在保证课堂教学质量的前提下，才能发挥更大的作用，不要把课外辅导变成变相上课。

辅导答疑有个别辅导和集体辅导两种形式。辅导答疑任务和内容一般包括：

第一，给学生作答疑，指导学生做好课外作业。

第二，给学习基础差和因病、因事缺课的学生补课。

第三，对成绩优异和学习能力强的学生或某方面表现出特殊才能的学生"吃小灶"，给予个别指导，扩大其知识领域，拓宽思路，帮助他们更好地发展。

第四，对学生进行学习目的、学习态度的教育，以及学习方法上的指导。

辅导答疑时，教师要深入到学生中，耐心细致地答疑、指导，还可以组织学习小组互相帮助，以增强学生的团结和友谊，辅导答疑也要督促学生独立钻研，不要依赖教师。

五、学业成绩的检查与评定

检查和评定学生的学业成绩是教学工作的有机组成部分，是为改善教师的教和学生的学服务的。由于教学评价另有专章论述，为保持教学工作基本环节的完整性，此处只作简单介绍。

（一）学业成绩的检查

我国学校学业成绩检查的方法一般有考查和考试两种。

1. 考查

常用的方式有：①课堂提问。这是课堂教学中常用的一种检查学生学习情况的方法。②检查书面作业。这是教师了解和检查学生学习最常用的方法。

2. 考试

考试是一种了解学习和教学效果的重要方法。考试时要求学生全面地复习已经学过的知识，进一步理解知识，形成完整的知识体系，并牢固地掌握它。考试的方式有：口试、笔试（开卷、闭卷）和实践考试等。

（二）学生学业成绩的评定

评定的方式有评语、评分和评级三种。评语是对学生的成绩进行定性的说明和判定，包括总的评价和单项知识能力的评价。评分是对学生的学业成绩进行定量的判定。通常采用百分制记分法。评级是对学生成绩的级别进行判定，可分为优、良、中、差四级。

关于"学业成绩的检查与评定"的相关内容见"教学评价"一章内容。

附录 14 - 1　学期教学进度计划表

科目：		班级：		教师：	
学期		教材名称		出版社：	

教学进度安排					
周次	起讫月日	周课时	教学内容（章、节）	作业及其他	备注
1					
2					
3					
4					
5					
6					
7					
8					
9					
10					
11					
12					
13					
14					
15					
16					
17					
18					

合计：_____节，其中：讲授：_____节；课堂讨论：_____节；实验：_____节

测试考试：_____节；参观、实习：_____节；其他：_____节

附录 14 - 2　单元进度计划表

单元名称	
单元主要内容	
教学目标及教学要求	
重点、难点与关键点	
主要教学方法	
课时安排	
备注	

附录 14 - 3　课时计划（教案）（表式）

班级：		科目：	教师：	上课时间：
教材分析	重点			
	难点			
	关键点			
教学目标				
教学方法及教具				
教学过程				
教学小结				

第三编

教育主体

　　教育主体就是指教师与学生，一个是施教主体，一个是学习主体。二者主体性发挥好坏，决定了教育质量的高低。班主任作为特殊的教师，其主体地位和作用日益突出，也是决定教育质量的重要因素和主体力量。因此，研究教育，必须关注教师（含班主任）和学生。

第十五章　教师与学生

人类社会不断发展，不断从一个高度到另一个高度，这对新一代成长带来了新的要求和挑战。解决此问题的关键就是教师，因此，必须要研究教师职业。同时，在现代社会，学生的个性越来越突出，教育必须更有针对性，这要求必须研究学生。教师和学生在教育教学过程中，形成了师生关系，这也是决定教育教学质量的重要因素，这要求必须研究师生关系。

第一节　教　师

一、教师职业的产生与发展

1. 教师的概念

教师概念有狭义与广义之分。

从广义上讲，教师是对教育机构中所有工作人员的总称。从狭义上讲，教师则专指教育机构中尤其是学校中履行教育教学职责的专业人员，他们承担着教书育人、培养社会建设者、提高民族素质的使命。这是一般意义上的教师。

狭义的教师就是指在教育机构中专门从事教书育人工作的人员。其余，如专职行政管理人员、教学辅助人员、后勤服务人员等，则不包含其中。

2. 教师职业的产生与发展

虽然教师职业是人类最古老的职业之一，并将与人类社会共存，但并非伴随着人类社会的出现，就产生了专职教师，而在一个很长时期内，教师职业一直处在萌芽过程中。古籍所记载的原始社会燧人氏教人取火、伏羲氏教人狩猎、神农氏教人农作等传说，就反映了人类早期的带有教师职业特色的活动。

此后，无论是中国古代社会，还是西方古代社会，都普遍存在着"兼职教师"现象，即中国古代社会"以吏为师"，西方古代社会"以僧为师"，教师未成为专门的独立的职业。随着经济社会和学校教育的不断发展，教师的社会功能、素质要求、职业劳动特点和内容，均有变化和发展，教师逐渐发展为专门职业。

中国古代学校教育始于奴隶社会。西周时"学在官府"（或称"学术官守"），实行政教合一，官师一体，教师还未成为单独的社会职业，皆由政府官吏来兼任。从甲骨文看，教师的"师"字与"弓"字及"弓发矢射中人足"的含义联系在一起。这表明"师"字的初意都与军事有关，反映了我国古代最初是以武官兼任教师的史实。实际上，"师"最初是军官的称号，"师氏"指的是高级军官，"大师"是比"师氏"更高级的军官，以"师"和军官的人名连称就称"师某"。在古代，军事训练是教育内容的重要方面，自然教官也就由"师氏"来兼任了，久而久之，"师"就转为教育者的称呼，所以"教师"的名称，实际起源于军官。

西周时官学中设有专职教育官师氏，有大师、小师，择优聘请。战国时期，韩非主张：以法为教，以吏为师。秦始皇三十四年（公元前213年），采纳丞相李斯"若欲有学法令，以吏为师"的建议，实施吏师制度。汉代以后，中央及地方官学中有博士、祭酒、助教、直讲、典学等。任用注意德才兼备。由征召、荐举、选试、诸科始进，或由他官迁升。唐代以后，除有祭酒、司业、博士、助教外，还有学正、学录、典簿、典籍、掌馔等人员。除官学外，春秋战国之后，私学兴起，教师由官吏兼任，或辞官还乡后作教师；有名儒大师，不愿出仕，退而授徒；亦有清贫的知识分子充任乡间塾师、书师。教师的基本职责为"传道、授业、解惑"。

西方古代社会的官学亦有官师。在僧院学校、教会学校则多以神父、牧师为师。民间教育有以商员为师。进入资本主义社会之后，随着教育的制度化，教育理论和实践的日益丰富与发展，教育教学工作逐渐成为一种专门的、科学的职业，教师的社会功能日益显著。第二次世界大战之后，科学技术迅速发展，知识迅猛增加，促进社会经济等巨大变化，对人的科学文化、思想品德和身体素质等均提出了更高要求，教师的社会功能随之变化和扩大。不仅要传授知识，还要培养和发展受教育者的智力和能力，对他们的学习和全面成长进行指导；同时对社会团体、学生家庭成员有联络、辅导、咨询和服务的责任，成为促进社会民主化、平等化和教育社会化的积极力量，受到国家的承认和社会的尊重。

3. 教师专业化

教师专业化问题是当前教师教育及教师发展的主要热点问题，教师教育及教师发展的趋势就在于教师专业化。所谓教师专业化，无非是指按照一定的专业标准，通过一定的途径和措施，使教师职业（vocational）由现在的半专业、准专业状态逐步发展到专业（profession）状态，换言之，使教师职业成为专门职业是教师教育及教师发展所追求的方向。教师专业化是21世纪社会发展对教师职业提出的现实要求，是提高教师素质、提高教师社会地位和待遇的重要措施，这必将推动我国教育质量与效益的进一步提高。

当前教师专业成为教师职业的新形态，被提到日程上来，是因为时代对教师职业提出了比以往更高的要求。这是社会发展进步的结果。回顾人类历史发展的漫长历程，我们就会发现，教师职业经历了一个萌芽、产生、发展到专业的历程：即从原始社会的不分化"耳濡目染"型"教师"，到"以吏为师""以僧为师"，到师范（教师）教育产生和发展，及至今天的教师专业化历程。这个发展历程是伴随着人类社会的发展、进步而发展的。

一个职业能否被社会认可成为专业，它要具备一定的条件或达到一定标准。在这里，必须对职业与专业作些分析。职业是社会分工、产业分化的结果，它是人们赖以谋生的基本条件。专业是指一群人在从事一种必须经过专门教育或训练，具有比较高深和独特的专门知识和技术，按照一定的专业标准进行活动，通过活动解决人生和社会问题，促进社会进步并获得相应的报酬待遇和社会地位。人们从事专业并不仅仅满足于解决"谋生"问题，而有"乐生"、成就自我、受到尊重的作用。因此，职业不等于都是专业，不是什么职业都具备专业的标准。

一个职业要成为专业，必须具备一些条件，如美国卡内基教学促进会主席、社会学家利伯曼（M. Lieberman）1958 年作出的专门职业的定义❶：

①范围明确，垄断地从事社会不可缺少的工作；

②运用高度的理智性技术；

③需要长期的专业教育；

④从事者无论个人、集体，均具有广泛的自律性；

⑤在专业的自律性范围内，直接负有作出判断、采取行为的责任；

⑥非营利，以服务为动机；

⑦形成了综合性的自治组织；

⑧拥有应用方式具体化了的伦理纲领。

（Education as a Profession pp. 2 – 5，Prentice – Hall. 1965. ）

教师职业成长为专业也离不开条件和标准。在这个问题上，中外许多有识之士都作了一些探讨，提出了一系列标准，在此不作赘述。结合上述认识，我们按照矛盾的特殊性、事物存在的基础条件（起点）、实践条件（过程）及最终结果达成度（结果）的逻辑提出对教师专业条件和标准的一些看法。❷

第一，不可替代——承担特定的、重要的任务（特殊性）。

一个职业是否是专业，最基本的条件不仅仅在于它是否承担特殊的任务，更在于它是否承担重要的任务。因此，所承担的任务的特殊性和重要性是任何一个职业上升到专业的最基本的条件，是衡量职业是否达到专业水准的首要条件。

如果教师专业的社会价值及其他功能很容易被其他行业、职业所取代，则教师专业就是可有可无的职业，就谈不上专业化问题。同样，如果教师承担的任务并不重要，至多只能称为职业，而非专业，从而也谈不上专业化问题。只有教师职业承担社会所赋予的特定的、重要的任务，发挥特有的功能，才能成长为专业。毋庸置疑，教师职业具备了成为专业的最基本条件，教师职业的特殊性和重要性是显而易见的，即教师职业承担特定的任务——培养人，这不是其他职业所能取代的，同时，培养人的任务又是重要的任务，甚至可以说，培养人的任务完成得好坏，是国家、民族能否兴旺发达的关键。总之，教师职业上升为专业最基础、最必要的标准是，必须承担、完成自己特有的、重要的社会任务，发挥特有的功能，体现特有的社会价值，也就是教师专业必须在人才培养上做文章、下力气。

第二，门槛较高——不是人人都能做教师（基础条件）。

任何专业，都仅仅是一小部分"精英"的职业，不是所有的人都具备从业的资格，即专业需从业者具备一些基础条件：比如要具有不同寻常（非凡）的专业知识、品质等，这些要么需要长时间，要么需要高智力，或者同时具备，才能拥有。教师作为专业，也需要一定的从业资格。比如，从一般意义上讲，教师需要拥有要传递的学科知识（是注重精深性的科学知识），如何顺利实现师生交往的方法及如何传递知识的知识（是注重艺术性、个人化的教育与教学知识），一些支撑知识

❶ 转引自［日］筑波大学教育学研究会. 现代教育学基础［M］. 钟启泉，译. 上海：上海教育出版社，2003（2）：452 – 453.

❷ 刘彦文. 教师职业从准专业到专业：标准探讨［J］. 上海教育科研，2002（8）.

（是注重广博性的文化基础知识）。上述知识体系的核心要素是注重艺术性的教育与教学知识，这是教师专业所独有而其他专业所不具备的专门知识。不具备精深的科学知识和广博的文化基础知识，就不能成为一个教师，不具备艺术性的教育与教学知识就不能成为一个好教师。再比如，教师专业还需要教师具备高尚的职业道德，核心是爱：爱教育事业、爱学生。此外，还有政治素质、心理素质、身体素质等。这些都是作为教师专业所必需的基本品格。

上述品格不是人人都拥有的，仅仅是小部分先进分子所具备的，也不是一朝一夕就能具备的，而且不是一劳永逸的，需要不断地补充和提高。

第三，实践操作较难——不是很容易就能完成任务（实践条件）。

一个具备教师基本资格的人，要想成为一位好教师，还必须要经过长时间的实践锻炼，以及自身的不断反思。换言之，由经验型、操作型教师发展到反思型教师，是教师专业所必需的。这种实践过程，需要教师具备一些实践性条件：对课堂的把握、监控、管理能力，组织、传递教学内容的能力，融洽师生交往关系的能力，形成独特的交往风格（语言风格）的能力，教育探索、研究能力，终身学习的意识及可持续发展的能力，等等。这些能力是具体情境中的特质，是决定教育、教学工作成败的关键。教师能否做到令学生、家长及社会满意，就看他的基本学识能否在实践中运用而发挥很好的作用，关键是否具备上述能力。这不是朝夕所能拥有的，也不是简单模仿所能成的，是需要长时间的锤炼而练就的。

与其他专业比，教师专业的难度也很大。众所周知，律师及医生是公认的专业，但二者的专业性质其实与教师的专业性有很大不同，医生与律师的对象都是有明确问题的，且基本上属于客观问题，答案是唯一的。而教师作为专业却拥有比律师及医生更困难的问题，即人的发展是复杂的，是受多种因素影响的，比如学校因素、家庭因素、社会因素，这意味着学校教育不能完全决定自己的作用，而且，人的发展模式也不是唯一的，甚至每个人的成长都具有个性化特点，从而使教育工作具有科学性与艺术性结合的特点，是需要超智慧的专业。这充分说明教育工作是具有很大难度的工作，培养人的任务不是很容易就能完成的。

第四，社会广泛关注——劳动成果具有满足受教育者个体自身和社会的需要的高价值（结果达成度）。

一般而言，一个从事某一职业的人员，只有充分利用自身条件，充分发挥自身优势，很好地完成了社会所赋予的任务，劳动成果被社会所承认，才能被认为具备了专业的资格。因此，教师职业具备了前述三个标准还不足以成为专业，他必须以他培养的人才来确证自身的专业地位。换言之，产品具有重要价值，具有社会认可度，这是评价专业价值的最终标准。

教师专业的最终目的是促进受教育者在现实条件基础上得到尽可能充分、统一、自由、全面的发展，使之成为生活的参与者、创造者和享有者，成为生活的主宰者，成为生命本质的占有者。受教育者的良好发展又是社会发展和进步的主体力量。只有以高效益、高质量的生产满足受教育者个体自身和社会的需要，教师职业才能在最终劳动成果上有高的价值达成度，才能称得上真正的专业化教师。

总之，教师职业成为专业必须具备上述条件或达到上述标准，否则教师职业只能是处在向专业化进军的历程中。不可否认，教师专业还需要其他有关条件，但上述条件是最基本的条件。对照上述标准，我们认为，我国教师专业化的发展任务还很艰巨。每一位教师和有志于教育事业的人，都必须从不断提高自身能力和素质做起，不断推进我国的教师专业化发展，大力提高教师职业的专业化程度，为教育事业发展作出新的贡献。

延伸阅读

教育部 2012 年颁发的《小学教师专业标准（试行）》

为促进小学教师专业发展，建设高素质小学教师队伍，根据《中华人民共和国教师法》和《中华人民共和国义务教育法》，特制定《小学教师专业标准（试行)》（以下简称《专业标准》)。

小学教师是履行小学教育教学工作职责的专业人员，需要经过严格的培养与培训，具有良好的职业道德，掌握系统的专业知识和专业技能。《专业标准》是国家对合格小学教师专业素质的基本要求，是小学教师实施教育教学行为的基本规范，是引领小学教师专业发展的基本准则，是小学教师培养、准入、培训、考核等工作的重要依据。

一、基本理念

（一）师德为先

热爱小学教育事业，具有职业理想，践行社会主义核心价值体系，履行教师职业道德规范，依法执教。关爱小学生，尊重小学生人格，富有爱心、责任心、耐心和细心；为人师表，教书育人，自尊自律，做小学生健康成长的指导者和引路人。

（二）学生为本

尊重小学生权益，以小学生为主体，充分调动和发挥小学生的主动性；遵循小学生身心发展特点和教育教学规律，提供适合的教育，促进小学生生动活泼学习、健康快乐成长。

（三）能力为重

把学科知识、教育理论与教育实践有机结合，突出教书育人实践能力；研究小学生，遵循小学生成长规律，提升教育教学专业化水平；坚持实践、反思、再实践、再反思，不断提高专业能力。

（四）终身学习

学习先进小学教育理论，了解国内外小学教育改革与发展的经验和做法；优化知识结构，提高文化素养；具有终身学习与持续发展的意识和能力，做终身学习的典范。

二、基本内容

维度	领域	基本要求
专业理念 与师德	（一）职业理解与认识	1. 贯彻党和国家教育方针政策，遵守教育法律法规。 2. 理解小学教育工作的意义，热爱小学教育事业，具有职业理想和敬业精神。 3. 认同小学教师的专业性和独特性，注重自身专业发展。 4. 具有良好职业道德修养，为人师表。 5. 具有团队合作精神，积极开展协作与交流。

续表

维度	领域	基本要求
专业理念与师德	（二）对小学生的态度与行为	6. 关爱小学生，重视小学生身心健康，将保护小学生生命安全放在首位。 7. 尊重小学生独立人格，维护小学生合法权益，平等对待每一位小学生。不讽刺、挖苦、歧视小学生，不体罚或变相体罚小学生。 8. 信任小学生，尊重个体差异，主动了解和满足有益于小学生身心发展的不同需求。 9. 积极创造条件，让小学生拥有快乐的学校生活。
	（三）教育教学的态度与行为	10. 树立育人为本、德育为先的理念，将小学生的知识学习、能力发展与品德养成相结合，重视小学生全面发展。 11. 尊重教育规律和小学生身心发展规律，为每一个小学生提供适合的教育。 12. 引导小学生体验学习乐趣，保护小学生的求知欲和好奇心，培养小学生的广泛兴趣、动手能力和探究精神。 13. 引导小学生学会学习，养成良好学习习惯。 14. 尊重和发挥好少先队组织的教育引导作用。
	（四）个人修养与行为	15. 富有爱心、责任心、耐心和细心。 16. 乐观向上、热情开朗、有亲和力。 17. 善于自我调节情绪，保持平和心态。 18. 勤于学习，不断进取。 19. 衣着整洁得体，语言规范健康，举止文明礼貌。
专业知识	（五）小学生发展知识	20. 了解关于小学生生存、发展和保护的有关法律法规及政策规定。 21. 了解不同年龄及有特殊需要的小学生身心发展特点和规律，掌握保护和促进小学生身心健康发展的策略与方法。 22. 了解不同年龄小学生学习的特点，掌握小学生良好行为习惯养成的知识。 23. 了解幼小和小初衔接阶段小学生的心理特点，掌握帮助小学生顺利过渡的方法。 24. 了解对小学生进行青春期和性健康教育的知识和方法。 25. 了解小学生安全防护的知识，掌握针对小学生可能出现的各种侵犯与伤害行为的预防与应对方法。
	（六）学科知识	26. 适应小学综合性教学的要求，了解多学科知识。 27. 掌握所教学科知识体系、基本思想与方法。 28. 了解所教学科与社会实践、少先队活动的联系，了解与其他学科的联系。
	（七）教育教学知识	29. 掌握小学教育教学基本理论。 30. 掌握小学生品行养成的特点和规律。 31. 掌握不同年龄小学生的认知规律和教育心理学的基本原理和方法。 32. 掌握所教学科的课程标准和教学知识。
	（八）通识性知识	33. 具有相应的自然科学和人文社会科学知识。 34. 了解中国教育基本情况。 35. 具有相应的艺术欣赏与表现知识。 36. 具有适应教育内容、教学手段和方法现代化的信息技术知识。

续表

维度	领域	基本要求
专业能力	（九）教育教学设计	37. 合理制订小学生个体与集体的教育教学计划。 38. 合理利用教学资源，科学编写教学方案。 39. 合理设计主题鲜明、丰富多彩的班级和少先队活动。
	（十）组织与实施	40. 建立良好的师生关系，帮助小学生建立良好的同伴关系。 41. 创设适宜的教学情境，根据小学生的反应及时调整教学活动。 42. 调动小学生学习积极性，结合小学生已有的知识和经验激发学习兴趣。 43. 发挥小学生主体性，灵活运用启发式、探究式、讨论式、参与式等教学方式。 44. 发挥好少先队组织生活、集体活动、信息传播等教育功能。 45. 将现代教育技术手段整合应用到教学中。 46. 较好使用口头语言、肢体语言与书面语言，使用普通话教学，规范书写钢笔字、粉笔字、毛笔字。 47. 妥善应对突发事件。 48. 鉴别小学生行为和思想动向，用科学的方法防止和有效矫正不良行为。
	（十一）激励与评价	49. 对小学生日常表现进行观察与判断，发现和赏识每一位小学生的点滴进步。 50. 灵活使用多元评价方式，给予小学生恰当的评价和指导。 51. 引导小学生进行积极的自我评价。 52. 利用评价结果不断改进教育教学工作。
	（十二）沟通与合作	53. 使用符合小学生特点的语言进行教育教学工作。 54. 善于倾听，和蔼可亲，与小学生进行有效沟通。 55. 与同事合作交流，分享经验和资源，共同发展。 56. 与家长进行有效沟通合作，共同促进小学生发展。 57. 协助小学与社区建立合作互助的良好关系。
	（十三）反思与发展	58. 主动收集分析相关信息，不断进行反思，改进教育教学工作。 59. 针对教育教学工作中的现实需要与问题，进行探索和研究。 60. 制定专业发展规划，积极参加专业培训，不断提高自身专业素质。

三、实施建议

（一）各级教育行政部门要将《专业标准》作为小学教师队伍建设的基本依据。根据小学教育改革发展的需要，充分发挥《专业标准》的引领和导向作用，深化教师教育改革，建立教师教育质量保障体系，不断提高小学教师培养培训质量。制定小学教师准入标准，严把小学教师入口关；制定小学教师聘任（聘用）、考核、退出等管理制度，保障教师合法权益，形成科学有效的小学教师队伍管理和督导机制。

（二）开展小学教师教育的院校要将《专业标准》作为小学教师培养培训的主要依据。重视小学教师职业特点，加强小学教育学科和专业建设。完善小学教师培养培训方案，科学设置教师教育课程，改革教育教学方式；重视小学教师职业道德教育，重视社会实践和教育实习；加强从事小学教师教育的师资队伍建设，建立科学的质量评价制度。

（三）小学要将《专业标准》作为教师管理的重要依据。制定小学教师专业发展规划，注重教师职业理想与职业道德教育，增强教师育人的责任感与使命感；开展校本研修，促进教师专业发展；完善教师岗位职责和考核评价制度，健全小学教师绩效管理机制。

（四）小学教师要将《专业标准》作为自身专业发展的基本依据。制定自我专业发展规划，爱岗敬业，增强专业发展自觉性；大胆开展教育教学实践，不断创新；积极进行自我评价，主动参加教师培训和自主研修，逐步提升专业发展水平。

4. 教师教育

（1）"师范教育"到"教师教育"的转变❶

2001 年《国务院关于基础教育改革与发展的决定》第一次在政府文件中以"教师教育"替代了长期使用的"师范教育"概念，提出"完善以现有师范院校为主体、其他高校共同参与、培养培训相衔接的开放的教师教育体系"。这种转变有其深刻的历史内涵，准确地反映了师范教育的现实变化和教师教育未来发展趋势。❷

所谓师范教育，主要是指"培养师资的专业教育"；"培养和提高基础教育师资的专门教育。包括职前教师培养、初任教师考核试用和在职培训。"虽然人们把"师范教育"定义为专业的或专门的培养教师的教育，但师范教育的实践并非如此。首先从形式上看，我国师范教育主要是教师的职前教育。比如我国的师范学校是培养幼儿园、小学教师，师范专科学校是培养初中教师，师范大学是培养高中教师。其次从内容上看，我国的师范教育主要侧重于所教学科的专业教育，对如何当教师主要是开设了"教育学""心理学""教材教法""教学实习"等课程，这些课程在整个课程设置中所占的比重较小。最后，从办学模式上看，师范教育采用的是独立的办学模式，职前教师的培养都是由中师、师专和师范本科院校进行，学生在入校的时候就被定向为教师，毕业后由政府主管部门统一分配到中小学校和幼儿园任教。

在教育普及程度不高、教师需求量大、教师待遇比较低、教师主要是接受职前培训的情况下，师范教育这一概念是适用的。比如西方一些发达国家在 20 世纪 30 年代以前也把培养教师活动称为"师范教育"，把培养教师的学校称为"师范学校"，这些学校主要进行小学教师的培养。但随着科学技术知识更新加速，教育普及程度提高，教师的地位不断提高，教师需要不断更新其知识结构并提高其教育教学水平，西方教师培养出现了职前培养和在职进修并举的情况，"师范教育"这一概念逐步被"教师教育"所取代。比如美国"到 1940 年，'师范学校'已经过时……州立教师学院也经历了很短的时间，从 60 年代开始发展成为多目标的州立学校或州立大学，既颁发人文学科学位，也颁发教育学位"。❸ 随着师范学校的消失，"师范教育"在发达国家的有关文献和研究资料中已经绝迹，西方许多人现在已经不理解"师范"（Normal）有"教师教育"的含义了。不仅西方如此，其他开放程度高的国家和地区也都把教师培养称之为教师教育。

"师范教育"逐渐被"教师教育"所取代，标志着教师培养进入到一个新的历

❶ 黄崴. 从"师范教育"到"教师教育"的转型 [J]. 高等师范教育研究，2001 (6).

❷ 袁振国. 从"师范教育"向"教师教育"的转变 [J]. 中国高等教育，2004 (5).

❸ Altenbaugh, R J, and K. Underwood, "The Evolution of Normal Schools". In Places Where Teachers Are Taught, ed. J. I. Goodlad, R. Soder, and K. A. Sirotnik, pp. 136 – 186. San francisco: Jossey – Bass. 1990: 150.

史阶段。"教师教育"的内涵丰富，在内容上包括人文科学教育、学科教育、专业教育和教学实践；从顺序来看有职前教育和在职教育，从形式来看有正规的大学教育和非正规的校本教师教育；从层次来看有专科、本科和研究生教育。教师教育"包含教学职业的职前、试用和在职等层次。每一层次依次又有一些构成要素。职前层次的内容包括人文学科和科学的一般教育、所教学科领域的专门教育以及指导专业实践的学科的专业教育（如教育心理学）和教育学的专业教育，以及学校情景中的大部分实践。职前教师教育还包括对进入该专业的候选人进行挑战的评价部分，对毕业生的评价，由国家机构对合格教师颁发资格证书。最近的研究报告明确把新教师的试用期作为教师教育的一个关键阶段，鼓励在这一层次上开展对新教师的帮助及对其的评价活动。最后，在职教师教育主要是由工作现场、研讨会议、正规课程、质询服务等组成的，这样就可以保证和发展教师的实践技能"❶。可以说，教师教育是职前培养和在职进修的统一，是正规教育和非正规教育的结合，是多层次、全方位立体式的教师终身"大"教育。如果说"师范教育"是一种局部的、狭隘的"小教育"的话，"教师教育"则是系统的"大教育"，它体现了教师培养的整体性、专业性、开放性和终身性。系统性是把教师的培养、进修和提高看作职前和在职的一体化或系统化工程；专业性是指教师不仅是一种职业，还是一种特殊的专业，教师培养是在学科基础上的专业训练；开放性是指教师教育是多元化的，从培养机构来看，可以独立设置教师教育院校来培养教师，也可以由综合性大学和专门的理工大学设教育学院来培养教师，还可以是以中小学校为本的培养教师；终身性是指教师不仅要进行职前学习，也要进行在职学习，终身都要学习。人类社会已经进入到学习化社会，学习化社会要求教师要终身不断地学习才能做好教师工作。所以，把"师范教育"转变为"教师教育"将标志着我国教师培养走上一个新的历史台阶。

（2）教师专业发展的途径❷

教师教育的途径主要包括职前教育、新教师的入职辅导、教师的在职教育和教师自我教育。

①职前教育。职前教育是教师个体专业性的起点和基础，它建立在教师的专业特性之上，为培养教师专业人才服务。为此，职前教育必须强化其培养教育专业人才的职能，把学术性、教师性和服务性结合起来；注重教师专业信念体系的形成和敬业精神的培养；建构反映教师专业所需要的知识和技能的课程体系；加强教育理论与实践的联系，建立有效的教育实习制度。

专门的师资培养机构即师范学校出现在 17 世纪末期。1685 年，法国天主教士拉萨尔（J. B. de Lasall）在里摩日首创师资训练学校。但师范教育正式发展不过是近 200 多年的事情。法国和德国是师范教育发展较早、较好的国家，两国各有特点。法国设置中等师范学校和高等师范学校，分别培养小学、中学教师；德国则只设中

❶ W. Robert Houston and Martin Haberman and John Sikula. Handbook of Research on Teacher Education. New York：Macmillan Publishing Company. 1990：3.

❷ 本部分主要参考全国十二所重点师范大学联合编写. 教育学基础：第 3 版 ［M］. 北京：教育科学出版社，2014：133 - 134.

等师范学校培养小学教师，中学教师由综合大学的毕业生担任。两国不同的师范教育体系对许多国家曾有深远的影响。[1]

从师资培养模式来看，世界上大致有两类模式，一是开放式（非定向），一是封闭式（定向）。二者各有利弊。定向式培养师资，就是有独立的师范教育体系。优点是：人才培养目标明确，专业思想坚定，专业训练扎实。缺点是学生的学术水平比较低等。开放式的师资培养模式就是无独立设置的师范院校，师资培养任务由各综合大学的教育学院（师范学院）承担。例如，在美国，文、理学院的学生如果想做教师，则在大学毕业后，进入教育学院（师范学院）学习 1~2 年的教师教育相关课程，如教育学、心理学等，取得教师资格证后，可以进入教育机构从事教育教学工作。现在多数国家都在注意克服两种模式的缺点，综合使用两种培养模式。

②新教师的入职辅导。新教师的入职辅导是 20 世纪 70 年代发展起来并被人们所广泛接受的一种促进教师专业发展的指导措施。新教师的入职辅导有一个安排有序的计划，主要是由有经验的导师进行现场指导。在我国，各级师范院校还承担了短期的系统培训工作，其目的是向新教师提供系统而持续的帮助，使之尽快转变角色、适应环境。

③在职教育。教师在职教育主要是为了适应教育改革与发展的需要，为在职教师提供的适应于教师专业发展不同阶段需要的继续教育，主要采取"理论学习、尝试实践、反省探究"三结合的方式，引导教师掌握不断涌现的现代教育理论，培养教师研究教育对象、教育问题的意识和能力，并辅之以计算机知识、现代化的教育技术手段。教师在职教育活动很广，可以是业余进修，也可以是校本培训（如集体观摩、相互评课、说课、相互研讨）。

④自我教育。教师的自我教育是教师发展的最直接最普遍的途径。教师自我教育的方式主要有经常性的系统的自我反思、主动收集教改信息、研究教育教学中的各种关键事件、自学现代教育教学理论、积极感受教学的成功与失败等。教师自我教育是专业理想确立、专业情感积淀、专业技能提高、专业风格形成的关键。

此外，还有教师专业发展学校和同伴互助等途径。

二、教师地位与作用

民族振兴的希望在教育，教育振兴的希望在教师。因此，教育事业的社会价值不言而喻，教师的社会价值显而易见。所以，如果从教师职业的重要性方面讲，教师在传承、创造科学文化，培养未来人才，导向社会价值等方面具有重要意义。

（一）教师的地位与待遇

1. 教师地位

我国历史上，教师的地位变化很大，且不同层次的教师的地位差距也非常大。

从儒家鼻祖、"万世师表"的伟人孔子起，儒家文化就倡导尊师重教。到春秋战国时期的文化集大成者荀子之时，尊师之风极盛，他甚至提出了"天地君亲师"

---

[1] 李剑萍．魏薇．教育学导论［M］．北京：人民出版社，2000：14.

之说，把教师地位放到非常高的位置上。一直到今天，我们仍然沿袭古人尊师之传统。这对于发展教育事业，提高教育质量有着很好的促进作用。但是，不能忽视的是，尊师之风在流传的过程中，却出现了扭曲的现象，即古人之尊师，仅仅是尊重亲师及尊重大师，而轻童子之师及非师承之师。换言之，古人只尊重对自己有直接的传道、授业、解惑关系的老师和尊敬万世师表及有地位有身份的大师，而忽视、轻视甚至鄙视童子之师和与自己没有直接传承关系的教师，在一些历史时期有时人们甚至还耻于为人师和耻于言师。在元代，教师曾被安排在行九的位置，即一官二吏……九儒十丐之说，教师地位仅比乞丐高一级，名列第九级。在"文化大革命"时期，教师被污蔑为"臭老九"。

在西方，教师的地位也有很大发展变化。古希腊雅典伺候奴隶主子弟学习的成年奴隶，名叫教仆。奴隶主的子弟上学和放学时，教仆跟随伴送，并为他们携带学习用具。教仆也向儿童传递知识，然而身份依然是奴隶，主人随时可以把他们贴上标记，定出价格到市场上拍卖。❶文艺复兴以后，教师的地位与作用日益受到重视，夸美纽斯在《大教学论》中说："我们对于国家的贡献，哪里还有比教导青年和教育青年更好更伟大的呢？"他认为教师的职业是太阳底下最光辉的职业。但与东方一样的是，在西方直到19世纪，初等学校特别是为劳动人民所设立的初等学校的教师一直不受重视。19世纪以前，欧洲各国初等学校的教师大多数由教堂里的唱诗人、旅馆的掌柜以及"坐着的手艺匠（裁缝、鞋匠等）"兼任。出现这种情况是由于教师的职业不能维持生活，手工业者的收入也难以维持生计，于是许多手工业者兼任教师，把教育儿童当作获得补充工资的工作。当时各国政府为了解决部分手工业者的生活问题，也提倡这种办法。以普鲁士为例，在1722年，便曾规定乡村小学教师应从裁缝、织布匠、铁匠之中挑选。1738年，为解决裁缝的生活困难，特许他们包办本村的教育。❷

历史发展到今天，教师的地位已有了很大的提高，但在不同国家中差异颇大。在一些发达国家，随着教师待遇的提高，社会地位也有了明显的改观，教师成为一个吸引人的职业，硕士、博士做中小学教师已不鲜见。就目前我国中小学教师的状况来看，社会地位仍然较低，其主要缘由在于许多人还没有真正重视教育，没有真正把教育视为立国之本，没有真正理解教育的功能与价值，并且教师的待遇偏低。如何提高教师待遇，把提高教师地位落到实处，是当前乃至今后必须要解决的问题。❸

2. 教师经济待遇

教师的经济待遇在各国也是不同的。放眼世界，我们就会发现，许多经济腾飞的国家和地区，都把教师的待遇提高到比公务员高50%左右的水平上：日本高中教师月薪为36万日元，而税务公务员为25万日元，公安公务员（两类）为26万日元和23万日元，况且日本教师每年还有3次奖金（约合5个月的月薪）。❹我国香港

---

❶　郑金洲. 教育通论［M］. 上海：华东师范大学出版社，2000：309－310.

❷　许椿生. 简谈历史上教师的作用和地位［M］//瞿葆奎，李涵生等. 教育学文集·教师. 北京：人民教育出版社，1991：10.

❸　同❶，311.

❹　苏真. 比较师范教育［M］. 北京：北京师范大学出版社，1991：439－440.

地区20世纪90年代，香港教育学院毕业生的起点工资是1.8万港元，而香港科技大学和香港大学毕业生的起点工资才1.2万~1.3万港币。从中我们就不难理解日本、我国香港地区为什么会发展得非常迅速了。不真正提高教师待遇、提高教师素养、提高教育质量，国家的持续、快速、健康发展就无从谈起。

我们可以说，提高教师待遇及地位，使其远远高于其他社会职业的待遇及地位平均水平，是天经地义之事。这是因为，第一，如果从学历素养方面看，可以断言，教师职业需要教师的平均素质远远高于其他社会各类人员的平均素质，因此，在我们这个注重学历兼能力的社会，教师待遇及地位自然应非常高，只有这样才能体现公平。第二，如果从教师的劳动性质出发：复杂、创造、繁重、长期、连续、示范等教师劳动性质，无不要求教师不同于常人，决定了教师所付出的劳动要超过大多数其他专业工作者，因此，依据按劳分配原则，教师劳动的报酬也应超过其他大多数专业人员，❶ 更不用说非专业人员。第三，虽然一个行业的兴衰不能简单和它的社会价值画等号，但一个行业的社会价值确应体现在它的从业人员的待遇和地位上。我们知道，民族振兴的希望在教育，教育振兴的希望在教师。因此，教育事业的社会价值不言而喻，教师的社会价值显而易见。所以，如果从教师职业的重要性方面讲，教师在传承、创造科学文化、培养未来人才、导向社会价值等方面具有重要意义，因此，教师待遇及地位应体现教师职业的价值。第四，我们正在努力向着教育优先发展的轨道上转变，这是令人欢欣鼓舞的变化。优先提高教师待遇和地位是教育优先发展的首要表现。❷

（二）教师的作用

教师的天职就是要教书育人，而教师职业的直接作用就体现在"教书""育人"两个方面，"教书"方面就体现出教师对文化传承、传播、发展的作用，"育人"方面就体现出教师职业对学生发展的作用。

1. 教师职业对文化传承、传播、发展的作用

教学内容是教师与学生发生作用的中介。广义的教学内容不仅是书本知识，还应包括教师的人格等内化为教师素质的因素，这些都是文化因素。无疑，教师就是在教育教学过程中，把经过筛选的人类的优秀文化传递给学生，而且这种传递是高效率的、扩大的，是传播式的。而教师又不是简单地传递和传播文化，他们还改造、创造、发展人类文化，为人类文化的生生不息作出巨大贡献。

2. 教师职业对学生发展的作用

教师要以育人为本。有的学者将人的生命分为自然生命、文化生命和社会生命，自然生命是父母给予的，文化生命是教师给予的，自然生命与文化生命合成社会生命，使人成为社会意义上的人。人只有接受教育，才能成其为一个完整意义上的人、一个社会意义上的人。

三、教师职业素养

教师职业是非常特殊的职业，它已经逐渐发展为专业。教师既促进学生全面发

---

❶ 厉以贤，柯文澄，傅维利. 现代教育原理 [M]. 北京：北京师范大学出版社，1988：376.
❷ 刘彦文. 浅论如何走出教师待遇及地位的观念误区 [J]. 教育探索，2002 (12).

展，又促进自身不断提高，在这种教学相长的过程中，教师起主导作用，他以自己的实践活动引导和调控学生的认识活动、实践活动及发展过程。教师主导作用的发挥，需要坚实的基础和良好的条件，即需要具备教师职业素养，它是教师职业所必备的基本品质，尤其那些对教师职业有特殊意义的品质，比如职业道德、智能结构及心理品质等。教师必须具备高尚的道德，坚定的政治、思想信念，广博的文化基础知识，精深的学科专业知识以及极强的教育教学能力、良好的心理品质等全面的素养。

（一）教师职业道德

1. 师德是教师素养的灵魂

众所周知，"学高为师，行为世范"是教师风范的典型写照。可以说，师德是教师必备素质、首要素质，是为"人师"的第一条件。师德堪称教师风范的核心，是教师素质的灵魂。总体上，这可从两个方面来理解：一是指教师道德素质相对于心理、体质等其他素质而言是最重要的，无论对教师本身，还是对学生而言，它都起着不可替代的重要作用——它制约和统率着教师其他素质的发展，并对学生的身心发展产生深刻而广泛的影响；二是指教师要首先为"人师"，成为道德楷模，道德素质要首先达到非常高的境界，也许我们能够原谅教师的知识缺陷或贫乏，但我们决不能忍受教师道德的些许低下或败坏，换言之，教师的道德素质必须要先于其他素质的发展而发展，要高于其他素质的发展而发展。

具体而言，教师必须具备高尚的品德，这是最为重要的。教育是培养人的，教师教会学生做人是第一要务，所以，教师不仅应是知识的化身，更应是道德的楷模。教师的高尚道德素质，是其他职业素质发展的基础，它规定着其他素质的发展方向与发展水平。而且，高尚的道德品质是为人师的首要条件。我们知道，学生，尤其是中小学生，动辄就说"这是老师说的"。我们每一位教师都会体味到这句话的巨大分量，都能理解这句话所蕴涵的深刻内涵：学生心目中的老师是无比神圣的，老师的一言一行都是学生的表率。教师不仅对学生的一段时间负责，也不仅对学生的学校生活、学习负责，还要对学生的整个一生负责，尤其是在思想品德方面，要使其获得良好的训练和培养，使其具备必要的基础素养，使其受益终生。因此，教师应不分时间和空间，在品德上不辜负、担当起"老师"这两个神圣字眼的重任。正如原北京师范大学党委书记周之良教授所言：教育事业首先是用心灵去耕耘心灵的事业。因此，耕耘、塑造他人灵魂的人，首先自己要有高尚的灵魂、完美的品德。

正由于教师及其高尚道德品质具有重要意义，所以，教师一定要做到在道德品质方面成为"人师"，要时刻牢记自己首先是德育教师。虽然我们可以设计出心目中理想的、完美的教师，但实际上，对于每一位教师来说，都不可能成为完人，他们都或多或少地有这样或那样的缺点。因此，我们可以容许他有一个不断完善、提高的过程，而且这也符合终身教育、终身学习的潮流和要求，但这更多的是对于知识或者智力方面而言，而品德方面却必须有一个高的起点，他必须首先在道德方面成为老师。因为，我们绝不能容忍教师在道德品质上出现问题。正如苏联学者杜勃罗留波夫所言："如果儿童的怀疑涉及教师的道德方面，则教师的地位更为不幸了。"换言之，教师的道德品质受到怀疑，则是莫大的悲哀。因此，教师只有首先做到成为人师，才能说具备了最起码的资格，这也是教师之所以成为教师的"底线"和"门槛"。当然，德无止境。因此，随着时间的推移和社会的发展，每一位教师也必须不断学习、体验和践行，不断提高自身修养，不断提高道德水平和境界，以便满足新形势的要求。

2. 教师的基本职业道德

那么，教师应该具备哪些基本的职业道德修养呢？❶ 我们知道，"道德"一般是指人们在处理人与人、人与社会及人与自然的关系时所遵循的社会准则或规范。因此，从"道德"一词的含义出发，我们可以得出，职业道德是指人们在从事特定的社会职业并履行其职责的过程中，在处理各种关系时，在思想和行为上应当遵循的道德准则和规范。职业道德是职业范围内的特殊道德要求，是一般社会道德和阶级道德在各个职业领域内的具体体现。职业道德规定人们在履行职责中的具体行为，从道义上要求人们以一定思想、感情、态度、作风和行为去待人、接物、处世，完成本职工作。具体到教师这一特殊的以培养人才为根本目的的职业，则对其职业道德提出了特殊要求。具体而言，教师的职业道德修养是与教师要处理的其与教育事业、学生、自身、教师群体和学生家长的关系时所必须遵循的社会准则和伦理规范体系密不可分的。进一步讲，教师的职业道德素质主要表现于以下五个方面❷：乐业、爱生、严己、敬群、尊"长"。

（1）教师要乐业

"乐业"是指教师要深深地热爱自己所从事的以培养人为崇高目的的教育事业，这是教师一切教育活动的前提。任何一项工作，都需要全身心地投入才能做好。教育事业更是如此，因为教育事业是心灵与心灵相互碰撞而产生火花的事业，是提升人的精神境界的事业，它面对着比其他工作更复杂多变的情形，它具备更多的不确定性和复杂性，它需要教师付出更多的智慧和艰苦劳动。尤其需要指出的是，在当前，教师职业，尤其中小学教师职业，还不是令人十分羡慕和向往的职业，它的"酸苦辣"还远远多于"甜"，它更需要教师的"乐业"。要想做好这项工作，不"乐业"是误人子弟的，对学生身心发展方面所造成的损失是不易挽回和不可弥补的。所以，教师首要的是要有崇高的"乐业"的职业道德。

（2）教师要爱生

"爱生"是指教师要做到诲人不倦，毫无选择地去热爱每一个学生，尊重每一个学生，善于发现每一个学生的每一个闪光点，帮助、促进每一个学生成长、发展，平等、民主地对待每一个学生。教师对学生的爱是具有普遍性的，是普爱，指向每一位学生，无论学生学习好坏、品质优劣，都是教师的教育对象，这是不可选择的。正如陶行知先生所倡导的：师爱应是"爱满天下"。我们应该有这样一种体会和认识，一个学生，在好教师、会爱学生的教师的教育下，会成长为好学生；相反，如果学生是在差教师、不会爱学生的教师的教育下，则有可能成为差学生。可以说，

---

❶ 我国《中小学教师职业道德规范》（2008年修订）规定的教师职业道德规范为：爱国守法、爱岗敬业、关爱学生、教书育人、为人师表、终身学习。

❷ 根据南京师范大学《教育学》编写组. 教育学 [M]. 北京：人民教育出版社，1984：108 – 114 提炼补充。

教师对待学生的态度是检验、衡量教师素养高低的重要标准，尤其体现在教师对待学习、品德后进的学生的态度上，对待后进生的态度好坏更是师爱素养高低的根本体现。俄罗斯有句谚语："漂亮的孩子人人都喜爱，而爱难看的孩子才是真正的爱。"对教育而言，确实如此。这就要求教师要以宽宏的胸怀爱护学生，力求做到使每一个学生都感到自己所付出的努力能得到教师的公正评价。正如台湾教育家高震东先生所言："爱自己的孩子是人，爱别人的孩子是神。"这说明教师无条件地爱所有的学生，是一件非常神圣的事情，它体现了教师的伟大之处。实际中，由于受"应试教育"影响，教师忽视甚至"遗弃"落后学生的案例俯拾即是，这需要引起我们的重视。如果教师不能做到毫无条件地爱所有学生，学生视学校为恐怖场所则顺理成章，从而，全体学生就不能得到很好发展。进一步讲，做到"爱生"，也是"乐业"的根本反映。

（3）教师要严己

"严己"是指教师要以身作则，率先垂范，苦练内功，学而不厌，不断上进，成为学生的表率。只有"要求学生做到的，自己先做到"，才能成为一名好教师，这是"乐业"和"爱生"的通行证，是衡量师德高低的重要尺度。教师严格要求自己，就要不断提高各方面的修养，不断学习，做到学无止境。一个教师如果自己不能严格要求自己，即使他（她）知识渊博、教学富有魅力和方法，也会使他（她）的教书效果大打折扣，更无从谈起会有什么育人效果。需要指出的是，教师应处处、时时、事事都严格要求自己，注意自己的一言一行，并做到"不以恶小而为之，不以善小而不为"，真正成为学生的楷模。无论哪个层次的学生都自觉不自觉地以教师为榜样，教师是学生学习做人的重要参照对象。人们常说的"教师是镜子，学生是教师的影子"，就充分说明了教师的言行在学生发展中的作用。诚如乌申斯基所说：教师的人格对于年轻的心灵来说，是任何教科书、任何道德箴言、任何惩罚和奖励都不能代替的一种有益于发展的阳光，教师的人格是教育事业的一切。这就决定了教师必须做到以身作则、为人师表。

（4）教师要敬群

"敬群"是指教师要谦虚、持重、团结，尊重每一位教师，尊重教师集体，正确看待自己在整个教育活动中的作用，避免盲目夸大自己在帮助和促进学生发展方面的贡献，避免居功自傲，这是发挥教育集体的智慧和作用的保证，也是前述的"乐业""爱生"和"严己"三个方面的具体体现。我们知道，教师的工作具有很明显的"个体性"，常常是一位教师独自承担某门课程和从事某方面的教育，这样就容易导致教师忽略其他教师的作用和贡献。尤其需要指出的，"文人相轻"的不良传统仍对教师队伍有很深的消极影响，这更容易使教师忽视甚至轻视其他教师的劳动和作用。教师的劳动是一种群体性和个体性相结合的劳动，学生的成长主要是教师集体劳动的结果。而人才培养只有通过教师集体的齐心合力的劳动才能形成，不是单靠某一位教师就能完成的重任。所以，注意发挥教师集体力量，形成教育合力，共同促进学生发展，是师德的重要体现。只有团结一致的教师集体，才能保证教育的一致性和完整性，才能使教育工作有效地进行，才能使教师集体给学生集体以良好的道德影响。团结协作还要求教师要相互尊重、密切配合，要善于肯定同事取得的成绩，虚心向优秀教师学习等。

（5）教师要尊"长"

"尊'长'"是指教师要以平等的身份和谦恭的态度对待学生家长。我们知道，教育是一个系统工程。学生的成长离不开各类教育的合力，其中家庭教育和学校教育的合力对学生发展的作用是非常巨大的，只有教师和家长劲往一处使、力往一处用，才能收到好的教育效果。对教师而言，发挥学校教育对家庭教育的引导和促进作用是非常重要的，但教师切记不应以优越的姿态、居高临下、颐指气使地对家长的教育行为和方式说三道四，而应尊重家长，与家长平等、民主地协商教育策略，即使家庭教育出现了失误，也应以家长乐意接受的方式进行沟通和指导，做到循循善诱、和蔼可亲、平等近人。尤其需要指出的是，教师应辩证、合理地看待学生在成长、发展过程中出现的一些差错，也要不断反思自身的教育行为和方式，多从自身的教育活动方面进行归因。如果教师动辄把学生出现过错的责任全部推诿给家长，不但发挥不了二者协调一致的教育力，还往往造成家庭教育与学校教育的矛盾，甚至导致家长对学校教育失去信心和耐心。可见，尊"长"也是教师必备的职业道德素养，它与乐业、爱生、严己、敬群是一致的。

我们认为，以上五个方面是教师职业道德素质的核心组成部分，它们互相支撑，融为一体，共同铸起了教师的职业道德大厦，是顺利完成促进学生良好发展教育目标的关键。乐业、爱生、严己、敬群和尊"长"是新世纪人民教师不可或缺的职业道德品质，它们反映了教师的职业义务，体现了教师所担负的道德责任。一个教师能否成为学生所尊敬和信赖的人，能否将自己的一生献给培养人才的教育事业，都与他的职业道德有着密切的关系。教师只有具备基本的职业道德素质，才能促使他去实现自己的理想，帮助他不断提高自己的教育、教学水平，才能够培养优秀的人才，才能承担起不断影响着和开创着新世纪美好社会风气的重任。

延伸阅读

《中小学教师职业道德规范（2008年修订）》

爱国守法。热爱祖国，热爱人民，拥护中国共产党领导，拥护社会主义。全面贯彻国家教育方针，自觉遵守教育法律法规，依法履行教师职责权利。不得有违背党和国家方针政策的言行。

爱岗敬业。忠诚于人民教育事业，志存高远，勤恳敬业，甘为人梯，乐于奉献。对工作高度负责，认真备课上课，认真批改作业，认真辅导学生。不得敷衍塞责。

关爱学生。关心爱护全体学生，尊重学生人格，平等公正对待学生。对学生严慈相济，做学生良师益友。保护学生安全，关心学生健康，维护学生权益。不讽刺、挖苦、歧视学生，不体罚或变相体罚学生。

教书育人。遵循教育规律，实施素质教育。循循善诱，诲人不倦，因材施教。培养学生良好品行，激发学生创新精神，促进学生全面发展。不以分数作为评价学生的唯一标准。

为人师表。坚守高尚情操，知荣明耻，严于律己，以身作则。衣着得体，语言规范，举止文明。关心集体，团结协作，尊重同事，尊重家长。作风正派，廉洁奉公。自觉抵制有偿家教，不利用职务之便谋取私利。

终身学习。崇尚科学精神，树立终身学习理念，拓宽知识视野，更新知识结构。

潜心钻研业务，勇于探索创新，不断提高专业素养和教育教学水平。

（二）教师的知识结构●

概括而言，现代教师的知识结构是由广博的文化科学知识、精深的学科专业知识和娴熟的教育科学知识等有机构成的统一体。

1. 比较广博的文化科学知识

广博的文化科学知识是教师从事教育教学工作的重要基础和保障，是激发学生的兴趣，开阔学生的视野，培养学生各方面的情趣和满足他们多方面追求知识的要求，引导他们德、智、体、美等诸方面和谐发展的前提。

首先，各门学科的知识都不是孤立的，它们之间有着各种联系，知识的整体化或综合化是知识发展的一大趋势。数、理、化之间，文、史、哲之间，自然科学和社会科学之间，联系日益密切，许多新兴学科、边缘学科层出不穷，教师要适应这一趋势，就必须扩充自己的知识面，必须通观全局，博采众长，多方面吸取新知识。

其次，正在成长中的年轻一代，兴趣广泛，思维活跃，求知欲强，上至天文，下至地理，从远古到未来，从宏观到微观，他们都想知道。而且，由于大众传媒的发展，现在的学生获得信息的渠道也不断增多，他们经常会就教师所讲授内容提出各种问题，甚至可能提出一些无关课堂教学，但又是教师不易回答的各种各样的问题。对此，教师虽不能做到什么都懂，什么都会，但是广泛地涉猎各种知识，就可以使教师防止教学中可能出现的"冷门"现象，可以使教师能够更好地解答疑惑，帮助学生更好地发展。

再次，接受教育，具备良好修养和丰富的知识、技术是现代人的必然要求。对于教师而言，作为知识化身，应代表知识的前沿，没有理由不具备广博的知识。

2. 精深的专业知识

知识是教师影响学生的主要工具，通过知识的传递和传播而影响学生，专业知识是解决教师要解决"教什么"的问题。正如韩愈所言，教师是"术业有专攻"之人，他必须依赖自己所具备的专业知识影响学生。掌握某一方面的知识，这是教师与其他脑力劳动者在知识结构上所具有的共性。但教师专业知识结构又有自己的特点。概括而言，教师专业知识具有理论性、系统性和基础性的特点。

首先，教师的专业知识其主要功能表现在它对教育对象的作用上，而不是直接用于改造自然和社会。因此，一般说来，这种知识结构的理论性要大于实践性。其次，教育要求学生系统掌握某一科学领域人类积累的遗产和成就。因此教师的知识又偏重于系统性、全面性，教师应力求精通所教学科的专业知识，深入钻研与本学科有关的知识，而不能是专及一点，囿于局部。再次，教师的专业知识还应具有较强的基础性。教育要求人类历史上积累起来的丰富知识的基本部分教给学生。在科学迅速发展的当代，在学校教育中，基础知识愈加受到重视。人们普遍认为，掌握各门学科知识的基本结构，它的基本原理、基本概念，是知识转化为能力的最中心环节。为此也要求教师具有基础性较强的知识结构。对中小学教师来说，基础知识在其知识结构中占有更大的比例。

● 南京师范大学《教育学》编写组. 教育学 [M]. 北京：人民教育出版社，1984：115－120.

总的来说，教师的专业知识就其结构来说，在分布上，理论的、基础的部分密集度更大些；在排列上，系统性更强一些；在数量上，决不能限于向学生传授的教科书、教材所包含的那一点量，有人提出，一杯水和一桶水的比例，这种对教师知识所作的量的规定，并不是十分过分的。

3. 娴熟的教育科学知识

教育科学是各门教育学科的总称。由于时空的限制，教师不可能掌握所有的教育科学知识，但最基本的，应该掌握教育学、心理学和学科教学论有关知识和理论。

首先，要学习教育学方面的知识。作为教师不仅要知道向学生"教什么"，而且还必须知道"如何教"的问题。只有通过对教育学的系统学习，教师才能详细了解教育目的、教学原则和方法等一系列重要的教育理论和实践问题，才能自觉地运用教育规律，根据教学内容、学生实际，选择有效的教学手段，提高教学质量。

其次，要掌握心理学方面的知识。作为教师，要想有效地从事"教书育人"的工作，就必须掌握心理学的知识，懂得青少年学生身心发展的规律和特点，这样才能使教育教学工作有的放矢，才能真正提高教育质量和教学效果；另外，学习一定的心理学知识，对于教师维护自己的心理健康，养成良好的心理素质也是十分必要的。

再次，还要掌握学科教学论的有关知识。要搞好教育教学工作，除了要求教师具备广博的文化知识、扎实的专业知识及教育学、心理学的有关知识外，还要求教师学习和研究与本专业教学关系更密切、更直接的学科教学论，这是教师把专业知识有效地传授给学生的保证。

（三）教师的能力结构[1]

教师的教育教学能力是多方面的，至少应具备备课、上课、课后辅导答疑、作业布置与批改、学业成绩考核与评定等几种主要能力。其中，下面一些能力是基本能力。

1. 备课能力

备课涉及多方面的准备，诸如研究教材、设计教法、了解学生、撰写计划，其核心工作是对教材的组织加工。因此，处理教材和组织教学内容的能力是备课的核心能力。教师要善于根据教学目的、教材内容和学生的认知水平，来加工处理教材内容，这样就可在新知识与学生原有心理水平之间建立联系，使新知识在学生原有认知结构中找到联结点，从而内化为一种新的认知结构。

2. 传授能力

备课后，随之而来的重要工作就是上课。上课是复杂的环节，也需要多方面的能力，传授能力是其基本能力（包括诸如讲解能力、提问能力、板书能力、整体驾驭能力、多媒体操作能力等，其中以语言表达能力为核心）。

语言表达能力是教师的教育才能的重要组成部分，正如苏联著名教育家马卡连柯所言：当他还不能运用20种以上的不同语调说出"到这边来"以前，他还不能认为自己是一名教育行家。可见语言表达能力的重要性。每个教师都应该自觉地注

[1] 南京师范大学《教育学》编写组. 教育学 [M]. 北京：人民教育出版社，1984：120－126；杨乃虹. 教育学教程 [M]. 北京：高等教育出版社，2000：62－63.

重自己的言语能力的训练。一般来说，教师的语言表达应符合以下要求：

第一，语言表达要准确通俗。这就要求教师在教育教学工作中所选用的词语必须能够准确地表达自己的思想情感，同时还要合乎语言规范、通俗易懂。

第二，语言表达要有较强的逻辑性。这就要求教师的语言要前后连贯，做到概念明确、判断准确，推理和论证都有严密的逻辑性，这样才能使学生深信不疑。

第三，教师的语言应以口头语言为主。在课堂教学中，教师要做到口头语言、书面语言和书面语言"口头化"交替使用，这样就会收到良好的教学效果。

第四，教师的口头语言应与体态语言配合使用，这样就能加强语言的表现力，但体态语言必须自然、逼真、恰到好处。

第五，教师还应具有监听自己语言的能力，这样就能使教师根据自我的监听和学生的反应，随时对自己的语言进行必要的调节。

由于语言表达风格不同，而可形成不同的教学语言风格。基本可以分为四类：有语言缜密、丝丝入扣，逻辑性见长的；有抑扬顿挫、慷慨激昂、情绪饱满，擅长情感性的；有诙谐幽默风趣型的；有长于形象思维，直观生动，以感性带动理性的。各种语言风格往往与教师个性及所授学科知识有密切联系。

3. 课堂教学组织管理能力

较高的组织才能，是现代教师所应具备的素质之一。一个合格的教师要具备多方面的组织能力。教师应具备对学生的组织、领导、监督和调节能力。

在今天，教师的课堂组织管理能力成为影响教育教学成败的一个关键因素，这也成为学校招聘教师时非常看重的一项基本能力。通过组织管理，要形成良好的课堂纪律、和谐的师生关系及积极向上的学习氛围，从而有利于教学效果的提高。

4. 自我调节控制能力

教师应具备自我提高、自我控制情绪、有意识地不断调节工作目标及自身发展目标的能力。

自制能力是任何工作都需要的，但对于教师而言，这更为重要。

教育工作是传递、传播工作，需要教师不断跟上时代及科技发展的步伐，不断进取，不断获得新的知识，不断赋予教育以新的力量。同时，教师要处处时时为人师表，严格要求自己。

尤其要注意自己的情绪、情感及教态。如果教师捉摸不定，怒则大声呵斥，喜则轻狂忘形，学生就可能时而恐惧，时而浮躁。正如苏联著名教育家赞可夫所言：整个人属于学生，属于教育事业。教师不应把自己的不良情绪带到课堂上来，而应以饱满的精神、满腔的热情投入到工作中。

同时，教师还应具备对教学工作进程及节奏、目标等的全面把握，并适时地调整、改进教学工作。

5. 教育机智

教育机智是教师综合运用自己的才识，以恰当的教育方法来处理教育教学中偶发事件的能力。它是教师创造性教育才能的最高表现，是教师的高度责任感、良好的道德修养和智慧水平的综合体现。这就要求教师必须做到以下几个方面：

首先，要求教师能在瞬息之间正确地估计情势、掌握大量的"情报"，并估计自己行动的环境，抓住最佳教育时机。

其次，要求教师重视自己的行为后果，以最小的代价取得最佳的教育效果。

再次，要求教师要"适可而止"，恰到好处，讲究教育的分寸等。

最后，由于教育机智与教师的性格特点有密切关系，因此要求教师要重视自己性情的陶冶，遇事能镇静并善于控制自己的感情。

表 15 − 1　我国中学优秀教师各种特殊能力形成时间的分布表❶

各种特殊能力	大学前（%）	大学期间（%）	职后（%）
对教学内容的处理能力	18.95	12.63	68.42
运用教学方法和手段的能力	21.65	12.37	65.98
教学组织和管理能力	19.59	11.34	69.08
语言表达能力	34.69	20.41	44.90
教学科研能力	18.18	11.11	70.71
教育机智	19.19	11.11	69.70
与学生交往能力	21.34	10.21	68.37
平均	21.95	12.74	65.31

（四）教师的心理素质❷

教师工作的最大特点在于其是灵魂对灵魂的塑造，因此，教师的心理素质对学生的心理发展非常重要。如果教师自身的心理不健康，人格有障碍，将会给学生的身心发展造成极为不利的影响。所以良好的心理素质也应是教师职业素养的一个重要的组成部分。教师良好的心理素质至少应包括以下几个方面。

1. 良好的意志品质

良好的意志品质是教师取得工作成效的主观因素之一。教师的劳动具有周期长、见效慢、艰巨复杂等特点，这就决定了教师必须具有良好的意志品质。教师的意志品质包括自觉性、坚韧性与自制力。其中自制力是教师意志品质的一个重要方面。马卡连柯说过："坚强的意志——这不但是想什么就获得什么的那种本事，也是迫使自己在必要时，抛弃什么的那种本事。"较强的自制力能使教师自觉地调节自己的心态，使其活动符合教育规律并给学生以良好的心理影响。这就要求教师在日常工作和生活中有意识地经常进行自我磨炼。

2. 稳定的情绪

教师特定的职业活动决定了教师必须具有稳定的情绪和情绪的自我控制能力。英国学者戴维方塔纳认为，成功的教师的重要品质之一就是他情感上是成熟的，即其情感是比较稳定的。如果教师的情绪不稳定，不仅容易加剧师生关系的紧张和对立，导致教育、教学工作的失败，而且也影响教师自身的心理健康和对教育事业的热情和信心。正如苏霍姆林斯基所说的那样："凡是出现大声斥责的地方，就有粗鲁行为和情感冷漠的现象。大声斥责是最原始的本能的反应，每个教师心灵中所具有的情感素养的种子都会在这种反应中丧失殆尽。"因此，教师必须善于控制自己

❶　王邦德. 中学优秀教师的成长与高师教改之探索［M］. 北京：人民教育出版社，1994：46.

❷　杨乃虹. 教育学教程［M］. 北京：高等教育出版社，2000：63－64.

的情绪。

3. 良好的性格特征

教师的性格特征对教学效果具有重要影响。热情和富有同情心是教师个性特征中对教学具有重要影响的特征。具有这种性格特征的教师，更容易与学生打成一片，形成良好的师生关系，这是教学取得成功的重要因素；而且教师的性格对处在性格形成阶段的学生来说影响极大，这是影响学生性格形成的无法取代的教育因素。同时，教师优良的性格品质也能促使优秀教师所需要的能力的形成和发展，对增进教师的心理健康也大有裨益。因此，教师应克服各种不利因素的影响，自觉地进行自我修养，塑造自己的性格。

4. 清晰的自我意识

作为一名教师，首先应有清晰的角色意识，经常意识到自己是个教师，并经常用优秀教师的标准衡量自己，自觉地评价与调节自己的行为，自尊、自重、自爱、自强，并且意识到自己所充当的角色会遇到的冲突，及时进行调整和克服。这样就能缓解教师的心理失衡和失落感、相对剥夺感，使其以一种健康的心理状态、饱满的工作热情投入工作之中。

（五）新时代对教师素质的新要求[1]

进入 21 世纪以来，知识来源的多元化、儿童发展复杂化、科技更新速度加快、社会分工越来越专业化、社会对教师期望高等新变化，给教师带来了越来越大的压力，教师生存与发展问题越来越严峻，新时代对教师素质提出了新的要求：

①教育家的意识——不想当"教育家"的教师不是好教师。

②创新精神和改革意识——教师应走在时代的前列。

③教育科学研究的意识和能力——教师应成为教育研究者。

④健康的心理素质——以其昭昭，使人昭昭。

⑤获取和处理信息的能力——要先有"一桶水"，必须有蓄水的工具。

⑥运用现代教育技术的能力——善假于物。

⑦法律意识——依法治教。

⑧良好的身体素质——教师劳动也是个"体力活"。

四、教师劳动的特点

（一）复杂性

教师劳动不像现代工业流水线那样具有精密性和可重复性，而是人对人的劳动，用知识、用道德和人格去影响人，本质上是心灵对心灵的耕耘，具有复杂性。众所周知，人的内心世界是最复杂的，是最不容易控制和研究的。教师劳动如稍有差错和疏忽，就可能影响学生的一生，对学生个人而言，可能带来不可估量的损失。复杂性显而易见。进一步讲，马克思主义认为，人类劳动可大致分为两大类，分别是复杂的脑力劳动和简单体力劳动，教师劳动则可归属为复杂的脑力劳动。总之，教师劳动不是简单劳动，是一种复杂劳动。

---

[1]　根据扈中平，李方，张洪俊. 现代教育学［M］. 北京：高等教育出版社，2000：276–279 提炼补充。

（二）创造性

教师劳动看似平常，其实蕴涵着无限的创造机会，它不单单是一种有规律可循的科学劳动，更是一种需要教师创造的艺术劳动。任何教育的环节和过程都离不开教师的教育智慧和教育艺术。教师劳动是一个需要智慧、能还智慧者以奇迹的劳动。可以说，任何一位优秀的教师，都是与教育机智和智慧密不可分的。教师必须有迎接挑战的勇气和彰显智慧的信心。通过创造性的劳动，培养创造性的人才。

（三）示范性

"师者，人之模范" [1]，"为人师表"是对教师劳动的示范性的概括。教师是学生的榜样，既是知识的化身，更是道德的楷模。教师劳动就是教师用自身的道德和知识来影响学生，对学生起示范作用。教师劳动对学生的示范作用是与学生的发展特点密切相关，因为学生具有"向师性"，模仿教师是他们的重要学习方式。对于低年级的学生而言，向师性特点尤其明显，例如，"老师说的"这句话语常常是学生思考和处理事情的重要指针，教师在学生心目中的神圣形象不言而喻。教师的人格、学识、行为方式和思维方式等都在自觉或不自觉中潜移默化地影响着学生，成为学生示范的榜样。这要求教师必须时时、处处、事事都做学生的楷模。

（四）长期性（迟效性）

人才成长的周期较长。这决定了教师劳动的成果——学生所具备的品格及才能需要十几年、二十几年后才能逐渐真正发挥出来，而且这种效益也是长期的，对学生的一生具有影响价值，对国家、社会的发展具有长期影响。效果是迟效和滞后的。而且人才的培养不是一劳永逸的，学生是在反复的过程中成长的，尤其对于品质发展而言，反复性是其规律之一，应允许学生犯错误，给予其改正和发展的机会。这就要求教师对学生的教育要持之以恒，要坚定信念，坚持不懈，一以贯之，要着眼于未来，着眼于学生长期的发展。

关于教师劳动的特点问题，许多教材和研究者所概括并不完全一致，有多种表述，比如还有系统性 [2]、合作性（集体性）、计划性、科学性等特点，这反映了教师劳动看似平常，实则内涵丰富，具有多方面的特点。

延伸阅读

做"四有"好老师

每个人心目中都有自己好老师的形象。做好老师，是每一个老师应该认真思考和探索的问题，也是每一个老师的理想和追求。我想，好老师没有统一的模式，可以各有千秋、各显身手，但有一些共同的、必不可少的特质。第一，做好老师，要有理想信念。第二，做好老师，要有道德情操。第三，做好老师，要有扎实学识。第四，做好老师，要有仁爱之心。

——摘自习近平同北京师范大学师生代表座谈时的讲话（2014年9月9日）

---

[1] 扬雄.法言·学行.

[2] 扈中平，李方，张洪俊.现代教育学［M］.北京：高等教育出版社，2000：254－255.

按照"四个引路人"标准当好老师

2016 年 9 月 9 日，习近平在北京八一学校强调："广大教师要做学生锤炼品格的引路人，做学生学习知识的引路人，做学生创新思维的引路人，做学生奉献祖国的引路人。"

坚持"四个相统一"

2016 年 12 月习近平在全国高校思想政治工作会议上强调，要加强师德师风建设，坚持教书和育人相统一，坚持言传和身教相统一，坚持潜心问道和关注社会相统一，坚持学术自由和学术规范相统一，引导广大教师以德立身、以德立学、以德施教。

第二节　学　生

一、学生的本质属性[1]

学生首先是人，具有人的基本特征。其次，学生又是特殊的人，具有自己的特殊性，表现为两个方面：他是一个发展中的人，具有未成熟的特点；他是以学习为天职的人，通过学习逐渐成为一个全面发展的人。

（一）学生是人——一个完整的人，具有人的本质属性

学生作为一个完整的人，具有丰富的特点。

（1）人的最突出的特点，可以说就是具有主体性、能动性等

学生作为学习的主体，具有明显的主体性和能动性。要求教师要注意以人为本，尊重学生的人格和主体地位，注意调动学生的积极性，发挥他们的主观能动性。

（2）学生渴望独立，但又具有对成人的依赖

因此，可以说学生具有一定的独立性，尤其对于初中生而言，正处在第二个"断乳期"，会经常强调自己"成人""独立"的一面，这要求教师应注意引导学生独立承担任务和责任，培养学生的成就感，同时，又要注意保护学生。

（3）学生具有独特性

独特性就是差异性，即个体之所以是他自己而非他人之所在。"每一个人都是不可重复、不可再造的价值主体，他的存在价值就在于他的独特性。"[2] 这要求教师要注意保护学生的优良个性，而不是去扼杀学生的个性、要求千人一面。

（4）学生具有创造性

创造生命的表征。教师要注意挖掘学生的创造潜能，培养学生的创造能力。

（5）学生是具有思想感情的人

人是万物之灵长，有生有气、有情有义。这要求教师的教育要注意沟通与交流，做到入情入理，以情感人。

---

❶ 南京师范大学《教育学》编写组. 教育学［M］. 北京：人民教育出版社，1984：127－131.

❷ 陈建翔. 人的个性发展与教育改革［J］. 教育研究，1988（7）：7.

（二）学生是发展中的人——是具有明显的发展特征的人

①学生是儿童，具有与成人不同的身心特点。儿童身心各方面还不成熟，需要教育者予以保护和发展。

②学生是儿童，处于发展的过程中，具有发展的潜在可能。儿童各方面未达到发展的顶峰，具有很大的可塑性。

④学生是儿童，需要得到成人的教育和关怀。

（三）学生是以学习为主的人——是以系统学习间接经验为主的人

学生的学习是高效的、简捷的和有指导的组织性纪律性比较强的活动。学生是通过学习而成为一个全面发展的人。

①学生以学习为主要任务。

②学生的学习是在教师的指导下进行的。

③学生的学习以间接经验为主。

④学生的学习是一种规范化的学习。

二、学生的地位[1]

（一）社会地位

作为特殊的社会人，学生享有自己的权利，并有相应的义务。

1. 学生是权利的主体

1989 年 11 月 20 日，联合国第 44 届大会通过了《儿童权利公约》（Convention on the Right of the Child），这是国际社会第一个肯定儿童权利的法律文件。我国于 1990 年 8 月 29 日在该公约上签字，1992 年 4 月 1 日该公约在我国生效。该公约提出：18 岁以下的任何人都是积极和创造性权利主体，拥有包括生存、发展和充分参与社会、文化、教育、生活以及他们个人成长与福利所必需的其他活动的权利。为了保护这些权利，又提出了儿童利益最佳原则、尊重儿童尊严原则、尊重儿童观点和意见原则、无歧视原则。

《中华人民共和国未成年人保护法》提出了保护未成年人应该遵循的四个原则：保障未成年人的合法权益、尊重未成年人的人格尊严、适应未成年人身心发展的特点、教育与保护相结合。

根据《中华人民共和国未成年人保护法》和《儿童权利公约》，我国儿童应享有受教育权，生命权，身体权，健康权，身体自由权和内心自由权，肖像权，名誉权，隐私权，财产受到管理、保护权，独立财产权，生活获得照顾权，民事活动代理权，休息娱乐权，获得良好的校园环境权，拒绝乱收费的权利，拒绝不合理劳动权，拒绝不合理校内外活动权，荣誉权，著作权和平等对待权。

2. 学生的义务

2015 年 12 月 27 日，第十二届全国人民代表大会常务委员会第十八次会议通过的《关于修改〈中华人民共和国教育法〉的决定》第二次修正中第 44 条规定，受教育者应当履行下列义务：

---

[1]　全国十二所重点师范大学联合编写. 教育学基础［M］. 北京：教育科学出版社，2014：146 – 147.

①遵守法律、法规；

②遵守学生行为规范，尊敬师长，养成良好的思想品德和行为习惯；

③努力学习，完成规定的学习任务；

④遵守所在学校或者其他教育机构的管理制度。

（二）学生在教育过程中的地位——学习的主体

关于学生在教育过程中的地位问题，一直是争论不休的问题。矛盾的两大派别就是"教师中心说"与"儿童中心说"。一种是"教师中心论"，它把学生看成是可以随意涂抹的一张白纸，一个可以任意填灌的装知识的容器，学生对教师来说，处于一种从属地位。另一种是"学生中心论"，或称为"儿童中心论"，它要求教学要完全围绕学生的需要及兴趣进行，"儿童变成了太阳，而教育的一切措施则围绕着他们转动，儿童是中心，教育的措施便围绕着他们而组织起来"，❶ 教师只能处于辅助地位。这两种观念都不适当地贬低或抬高了学生的地位，是不科学的。进一步讲，争论的焦点在于学生是居于边缘地位还是核心地位，一言以蔽之，就是学生观的问题。学生观的核心无非就是关于学生发展的观点，即应包括学生如何发展的，影响学生发展的因素有哪些等基本问题。

教育要确立学生核心地位的一个主要证据就在于影响学生发展的主要因素为内因，即持内因论观点。从辩证法角度讲，任何外因（诸如教师、家长等）都是通过内因起作用的，内因是事物发展的根本。学生发展的主要机制就在于内化（外为己用）和外化（通过改变环境，而改变自身）。一般认为："凡是外部的东西转化为内部的东西，客体的因素转化为主体的因素，实际操作转化为智力操作，都属于心理内化的范畴。"❷ 而"内化又可分为有意识和无意识两种形式。就有意识内化而言，积极主动、目的明确，并在反馈、调节、修正中不断深化是其主要特征。如学生在教师的指示下积极主动地提高自己的思想道德水平、创造能力、身体素质的过程就主要表现为有意识内化。"❸ 无意识内化对人的发展也具有很重要的作用，虽然它具有渐进性和潜在性。这也是为什么要重视潜课程的原因。但一般说来，有意识内化对人的发展起的作用更大。外化是主体以内化的结果作用于外部世界的活动。而这两种机制都是主体自身选择的结果。换言之，都是主体主动参与的结果，是主体性的体现。既然学生发展都是通过自身努力，通过同化或顺应外来因素而得到发展的，那么就没有什么理由可以不围绕学生而展开教育，因而，确立学生的核心地位是应有之义。

学生的核心地位不应是被动确立的，而应是主动确立的。教师任何形式的所作所为，都不能代替学生的发展，至多只能起到助跑器的作用。所以，需要注意的是，不仅教师是有意识、有目的、有计划、有组织地对学生发展施加影响，而更主要在于学生能自己有意识地接受影响，内化为自身品质。因此，个体是自身发展的主体，不是由外来因素确立其主体地位的（而且也不可能由外来因素确立其主体地位），而是其自身主动地确立核心地位的。任何忽略学生的内因的教育，

---

❶ 赵祥麟．王承绪译．杜威教育论著选［M］．上海：华东师范大学出版社，1981：32.

❷ 欧阳玉．个性与个性发展［J］．高等师范教育研究，1998（2）：20－21.

❸ 同上，21.

都是不可取的，只能引起学生的反感，而导致教育失败。因此，我们可以套用一句话而得出：学生可以说不。学生不是逆来顺受的器具，而是鲜活的主体。他们可以对一切违背教育规律、忽视个体特征的做法提出异议。教师主导与此并不相悖，教师发挥主导作用的目的，就是为了能够更好地发挥学生的主体作用，而不是扼杀之。教师在师生关系中的角色正"从'独奏者'的角色过渡到'伴奏者'的角色，从此不再主要是传授知识，而是帮助学生去发现、组织和管理知识，引导他们而非塑造他们"。❶ 因而教师主导是手段，是为发展学生主体性之目的而服务的。而且，如前所述，教师主导作为手段，它的表现形式在不同年龄段以及在不同学生那里都是不尽相同的。❷

三、学生的发展

学生的发展包括身心两个方面正反方向的变化过程与结果。

（一）学生发展所具有的一般特点

主要有：阶段性和顺序性、稳定性和可变性、不均衡性、个别差异性、整体性、互补性等。

（二）中小学生身心发展的时代特点

1. 总体上中小学生身心发展的时代特点

①身体素质得到改善，生理成熟提前。

②自我意识增强，敢于发表见解，注重个人发展，追求自我完善、自我中心。

③独立、平等意识增强，富有宽容精神，任性。

④思维活跃，但学习兴趣不高，常常被动学习，需要发挥学习积极性。

⑤关心国家大事，具有较强的社会责任感。

⑥价值观念多元化。

⑦喜欢新事物，喜欢具有探索性和操作性的学习方式。

⑧心理问题增多。

⑨外界及社会对其影响越来越大，信息来源渠道多元化，传播媒介、校外因素对儿童的不良影响增多。

⑩生活上依赖性强，生活自理能力差。

2. 具体每个阶段的特点

（1）小学生身心发展特点

在小学阶段，学生身心发展处在一个相对平稳的时期。

学生身体发展比较平稳，身高、体重增长较缓慢，身体素质逐渐增强。大脑发展较快，大脑的重量在 8 岁时达到成人的 80% 左右，到 12 岁时，基本达到了成人水平。这为学生接受系统的学校教育提供了生理基础。

心理发展一般无尖锐冲突，但心理发展速度较快，这表现在认知、情感和意志

---

❶ （由雅克·德洛尔任主席的国际 21 世纪教育委员会向联合国教科文组织提交的报告，联合国教科文组织总部中文科译）教育——财富蕴藏其中 [M]. 北京：教育科学出版社，1996：136.

❷ 刘彦文. 浅谈实施个性化教育的基本思路 [J]. 教育科学，2000（3）.

等各个方面。

这些身心发展特点为教育提供了极为有利的条件。由于童年学生所具有的天真、无邪，对成人的依赖、平静的心态，可塑的品格，极强的吸收能力等特点，使小学时期成为接受教育的黄金时期。

（2）初中生身心特点

初中阶段是学生开始向成熟期过渡的一个重要阶段。进入初中阶段的学生，随着其身心发展的急剧变化，年龄特征更为鲜明，如既走向成熟又带有童稚，既走向独立又具有依赖性，是学生在矛盾中发展的时期，又被称为"第二断乳期"。

①初中生生理特点。第一，身体外形发育快速。第二，身体机能发展不平衡。第三，性器官和性机能趋于成熟，第二性征显现。

②初中生心理特点。第一，认知能力进一步发展，逐步以逻辑思维为主。第二，自我认识水平、自我管理能力、批判意识都有了长足进步。第三，感情丰富、热烈，富于同情心，但情绪不稳定、易变，容易感情用事。第四，闭锁性心理品质迅速发展，带来了一系列问题。第五，渴求上进，自尊心、荣誉感、争强好胜心急剧增强。第六，性意识急剧增强，性心理活动增多，容易发生某些性的困惑。

教师应针对初中学生生理急剧变化的特点，加强对学生的"青春期教育"。初中阶段是培养学生的积极情感、形成良好品德和初步形成正确的人生理想的关键时期，加强少年学生的情感、品德和理想教育是教育者的重要任务。教育者应当重视这一时期学生自我教育能力的培养。

（3）高中生身心发展特点

高中生正处在青年初期。青年初期是指十六七岁至十九、二十岁这个年龄阶段。这一时期是学生个体在生理、心理上接近成熟的时期，也是独立走向社会生活的准备时期。

生理发育的特点：虽然生长发育速度逐渐缓慢下来，但仍是非常重要的生长发育时期。此阶段，高中生的生理发育基本成熟，他们的身高、体重、胸围等各方面都已经和成人非常接近，男女学生在体态上表现出明显差异。他们的神经系统已经发育成熟，大脑皮层的结构和机能已经达到成人水平。

心理发展的主要特点：智力发展已经接近成熟，智力活动带有明显的随意性。抽象型思维从"经验型"向"理论型"急剧转化。感情日益深厚，意志行动带有自觉性。学习兴趣明显分化，中心兴趣初步形成。自我意识开始成熟，自我价值观念增强。世界观初步形成。

对于这些已基本具备自我教育能力的学生，教育者应注重教会学生如何正确地面对社会选择等人生发展的重要问题。

第三节　师生关系

师生关系是指教师和学生在交往中所形成的相互关系，包括彼此所处的地位、作用和相互对待的态度等。❶ 师生关系并不是一种单一的关系形式，而是一个由多层面关系所构成的复杂关系体系。良好的师生关系不仅是顺利完成教育教学任务的必要手段，而且是师生在教育教学活动中价值、生命意义的具体体现。

一、师生关系结构❷

概括而言，师生关系是由工作关系、个人关系、情感关系和道德关系四个方面的关系而构成的。

（一）师生之间的工作关系

师生之间的工作关系是教师和学生为完成共同的教育教学任务而产生的正式关系。这种关系具有工具性的目的，即它是以教育教学活动为纽带服务于一定的教育教学任务，是不以教师和学生的主观态度为转移的客观存在。师生之间良好的工作关系主要表现为教学活动中教师和学生的教学目标上的协调一致。

在师生关系中，工作关系是师生关系首要的、最基本的表现形式，是师生之间一种合理化的结合关系，师生之间良好工作关系的建立，主要取决于教师的教育水平和素质修养。具有较高教育水平和良好素质修养的教师，能够有效地控制整个教育过程，并充分调动学生的主动参与意识，使学生自觉地、主动地参与到整个教育过程之中，为达到共同的教学目标而努力。

（二）师生之间的个人关系

师生之间在教育教学活动所产生的关系是一种正式关系，但师生之间也会存在正式关系之外的非正式关系，即个人关系。它是一种自愿的、非外来强制和约束的、发生在正式组织之外的、自然形成的关系。在这种关系中，师生由于共同的爱好、兴趣等而建立起了友谊关系，加深师生间的了解和情感沟通，缩短师生之间的心理距离，可以促进工作关系的作用发挥，有助于教育任务的完成，它对于影响学生、控制教育过程有着师生间其他关系所不能起到的作用。

需要注意的是，师生之间的个人关系必须掌握分寸，如果交往过密，关系过于特殊，甚至超越了界限，就不仅无助于教育任务的完成，反而会使教师无法继续工作，同时，师生之间的个人关系也要注意自己的身份，要区分在不同场合下不同关系中师生充当的不同角色，以及所应遵循的不同行为准则。只有这样，才能使师生之间的个人关系得到健康发展。

（三）师生之间的情感关系

情感关系是师生在实际交往中形成和建立的人际情感关系。这种关系把师生双方联结在一定的情感氛围和体验中，实现人格、精神和情感信息的传递和交流。

可以说，教育是一种精神活动，它是通过师生的心灵交往而产生效用的。教师对学生的肯定、赞许或批评及否定，都会在学生内心中有所反映，从而形成对教师

❶ 全国十二所重点师范大学联合编写. 教育学基础：第 3 版 [M]. 北京：教育科学出版社，2014：152.

❷ 杨乃虹. 教育学教程 [M]. 北京：高等教育出版社，2000：67-68；李瑾瑜. 关于师生关系本质的认识 [J]. 教育评论，1998，(4)：34-36.

的敬佩、认同，甚至是反感。这些情感的形成及作用，是教育教学活动必须予以关注的。例如，教育心理学中的"皮格马利翁效应"（"罗森塔尔效应"），反映的就是教师对学生积极态度引起学生正面发展变化的效应。相反，如果教师肆意贬低或否定学生，也会产生负效应。因此，教师对学生的积极情感具有调节教师自身行为的功能。它不仅可以激发出教师的事业心和责任感，而且还可以缩短教师与学生之间空间上和心理上的距离，从而取得更好的教育效果。同时，教师对学生的情感还具有调节学生行为的功能。同样的话语，同一教师用不同的情感来表达会在学生身上产生不同的效果；同样的批评，由与学生建立不同情感的教师来说会产生截然不同的作用。

因此，师生之间的情感关系是在工作关系、个人关系中产生的，而情感关系又是工作关系、个人关系发挥作用，提高效益的关键。

（四）师生之间的道德关系

师生之间的道德关系，是指教师和学生在交往中双方都应履行自己的道德义务的关系。这种关系是靠责任感、义务感来维持和巩固的。

师生关系虽然是师生之间基于教育活动而建立起的人际关系，但它从最简单的社会联系开始，直到最复杂的具有稳定的社会行为，无一不受到社会道德规范的影响和制约，无一不遵守一定社会的伦理要求，从而保持自身的伦理结构。因此，师生关系能集中反映社会伦理文化，表现为一种鲜明的道德关系。从教育和教学的特点来看，教育和教学活动自身就是一种道德活动，即"教学具有教育性"。在师生关系建立过程中，师生一刻都不能离开对道德规范的遵守，也离不开道德规范的调节。因此，建立健康的师生之间的道德关系是成功的教育过程的重要条件。

从师生关系的结构体系中我们可以看出，师生之间的工作关系是师生关系的基础，离开了这一关系，其他关系也就失去了存在的依据和意义；个人关系是师生集体交往和关系的一种补充；在工作关系和个人关系中又存在着情感关系和道德关系。情感关系又是伴随工作关系、个人关系而生成的关系，它起"润滑剂"的作用，如果没有情感作用和联系，工作关系也不能有效运转和维持，更无从谈起个人关系；道德关系统率着其他三类关系，是整个关系体系的"灵魂"，它使工作关系顺畅、情感关系和谐、个人关系更为正常健康，因而使师生关系表现得规范有序，从而保证了教育教学的方向。总之可以用图15-1来表示它们之间的关系：

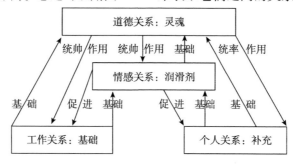

图15-1　四种基本的师生关系的关系图

师生关系与一般社会关系的最大不同就在于它是因教育而生，又为教育而存；其最大的功能就是教育功能。因而我们就必须注重建立良好的师生关系。

二、师生关系的类型及对学生的作用

（一）师生关系的类型❶

以德国的赫尔巴特为代表的"传统教育学派"的"教师中心"和以美国的杜威为代表的"现代教育学派"的"学生中心"是两种典型的师生关系——"强硬专断型""放任自流型"的概括，此外，还有两种常见的师生关系就是"仁慈专断型"和"民主型"的。

关于师生相互作用的一个经典实验，是1939年在勒温（Lewin，K.）的指导下，由李皮特（Lippit，R.）和怀特（White，R. K.）所做的。他们根据实验研究，概括了四种师生关系和可能导致的学生的学习行为：

表 15－2　师生关系与学生行为❷

类型	特征	学生的典型反应
强硬专断型	1. 对学生时时严加监视 2. 要求即刻无条件地接受一切命令——严厉的纪律 3. 他认为表扬可能会宠坏儿童，所以很少给予表扬 4. 认为没有教师监督，学生就不可能自觉学习	1. 屈服，但一开始就不喜欢和厌恶这种领导 2. 推卸责任是常见的事情 3. 学生易激怒，不愿合作，而且可能会在背后伤人 4. 教师一离开课堂，学习就明显松垮
仁慈专断型	1. 不认为自己是一个专断独行的人 2. 表扬学生并关心学生 3. 他的专断的症结在于他的自信 4. 以我为班级一切工作的标准	1. 大部分学生喜欢他，但看穿他这套方法的学生可能会恨他 2. 在各方面都依赖教师——在学生身上没有多大的创造性 3. 屈从，并缺乏个人的发展 4. 班级工作的量可能是多的，而且质也可能是好的
放任自流型	1. 在和学生打交道中几乎没有什么信心，或认为学生爱怎样就怎样 2. 很难作出决定 3. 没有明确的目标 4. 既不鼓励学生，也不反对学生；既不参加学生的活动，也不提供帮助或方法	1. 不仅道德差，而且学习也差 2. 学生中有许多"推卸责任""寻找替罪羊""容易激怒"的行为 3. 没有合作 4. 谁也不知道应该做些什么
民主型	1. 和集体共同制订计划和作出决定 2. 在不损害集体的情况下，很乐意给个别学生以帮助、指导 3. 尽可能鼓励集体的活动 4. 给予客观的表扬与批评	1. 学生喜欢学习，喜欢同别人尤其喜欢同教师一道工作 2. 学生工作的质和量都很高 3. 学生互相鼓励，而且独自承担某些责任 4. 不论教师在不在课堂，需要引起动机的问题很少

这四种类型中，第一、二种更多地体现为"教师中心"，而第三种则主要体现为"学生中心"。从各种不同的师生关系所导致的教育教学效果来看，不言而喻。今天，应取第四种类型，在师生间建立起民主平等、相互尊重和信任的关系，从而实现有利于教学相长、促进学生发展的目标。

（二）师生关系对学生发展的影响

大量研究表明，师生关系对学生的发展有着非常重要的影响。主要表现在以下四个方面。[1]

1. 师生关系对学习态度的影响

研究发现，对于学生，尤其是小学生而言，对老师的好恶往往决定了其对该教师所任教课程的好恶。国内关于"教师对学生学习积极性的影响"的研究表明，学生喜爱的教师与对该教师所教课程的喜爱程度密切相关，一致率达到95%以上；而学生对不满意的教师和该教师所教课程的不喜欢程度的相关也达80%。可见，师生关系对学生的学习态度有较大的影响，这一影响主要是通过学生在情感上的泛化而实现的。

2. 师生关系对学习成绩的影响

1968年，美国心理学者罗森塔尔和雅各布森通过一项研究表明，当教师对学生抱有很高的期望时，学生的学业成绩会大大提高，这就是"皮格马利翁效应"（"罗森塔尔效应"）。我国有关研究表明，师生关系对学生的学习成绩有显著的影响。

3. 师生关系影响学生活动的效率

勒温等人的研究表明，专制、放任、民主三种类型的师生关系下的学生的活动效率有很大差别。在民主型的领导下，学生间的友好性和参与集体的程度高，活动容易组织，效率高。专制型领导下，学生的被动活动多，容易对教师有不满情绪。放任情况下，有组织的行动和集体行动少，对教师的满意度低。

4. 师生关系影响学生个性发展和心理健康

良好的师生关系给学生带来轻松、愉快、安全、和谐的环境，将有利于学生健康个性的发展；反之，则不利于学生个性健康发展。

总之，师生关系对于学生的发展有重要的影响。学校的教育教学活动，起于教师与学生的交互作用，任何人都是在社会交往中获得发展的。学生正是在与教师及同学的交往中，在知识、人格、精神、道德等方面获得新的能量，逐渐提高和发展的。师生之间如能民主平等地进行交往，则对于学生的学习及个性品质的形成大有助益，因此，我们应力求使师生关系达到民主、平等、互助的目的，同时也要自觉地为学生营造一种民主和谐的教育氛围，使他们在学习、能力、品德及个性修养等方面都能得到健康的发展和提高。学生在教育教学活动中处于什么样的地位、学生是否成为发展的主体或者学生得到了怎样的发展，都能够通过一定的师生关系加以体现。

三、良好师生关系构建的基本策略[2]

师生关系是建立在一定社会背景之中的，不仅与师生双方密切相关，而且还受

❶ 时蓉华. 教育社会心理学［M］. 北京：世界图书出版公司，1993：208－210.
❷ 全国十二所重点师范大学联合编写. 教育学基础：第3版［M］. 北京：教育科学出版社，2014：158－159.

多种因素制约。但就教育内部而言，师生双方的共同努力，是建立良好师生关系的保障。进一步讲，师生双方的作用又是不一样的，教师在师生关系建立过程中，必须发挥主导作用。要建立一个民主平等、相互尊重、和谐亲密、教学相长的良好师生关系，教师必须做到以下几点。

1. 了解和研究学生

只有全面地了解和研究学生的德、智、体、美各方面及生长、发展的背景，才能做到有的放矢。

2. 树立正确的学生观

教师要正确看待学生在教育教学过程中的作用、地位，承认学生的主体性。要掌握学生发展的规律，要从一个人、一个发展中的人、一个发展中的整体人的角度认识学生。

3. 热爱尊重学生，公平对待学生

爱是教育的起点，爱是教育的最好策略。教师要热爱每一个学生，要公平、公正地对待每一个学生。教师的任何一丝对学生歧视、轻视或偏心，都有可能导致教育教学效果大打折扣。

4. 主动与学生沟通，善于与学生交往

师生关系一般要经历生疏、接触、亲近、依赖、协调和默契的阶段。如何加快师生关系的发展历程，则离不开教师的主导作用。教师要学会与学生沟通和交流，要主动深入学生学习、生活过程中，多联系、多谈心、多关心。

5. 努力提高自我修养，健全人格

桃李不言，下自成蹊。教师的人格魅力是吸引学生的根本。如果学生喜欢某位教师，敬佩他的学识、修养和为人处事的方式，则更容易形成良好师生关系。

四、几种特殊儿童的教育（差异教育）

如前所述，良好的师生关系离不开教师对学生的关心和开展有针对性的教育。下面重点阐述几类差异教育，这是建立良好师生关系的关键。

（一）智力差异与教育

1. 智力的概念

在科学上给智力下定义是个非常复杂的问题，1921 年美国《教育心理学》杂志邀请了当时 17 位知名的心理学家，请他们每人为智力作出一个定义。结果在对智力的看法上有很大分歧。至今，国内外心理学界对智力的本质仍是众说纷纭。有人认为，智力是一种学习的潜能；有人认为，智力是发现问题和解决问题的能力；也有人认为，智力是个体有目的地行动、合理地思维，并有效地处理周围事物的一种潜能。综合大多数心理学家的观点，可以认为智力是一种以脑的神经活动为基础的、偏重于认识方面的潜在能力，其核心是抽象思维能力。❶

2. 智力测量

1916 年美国斯丹福大学的推孟教授修订比西量表（1905 年比奈＋西蒙→比西

---

❶ 阴国恩．智力因素、非智力因素与教育［J］．天津师范大学学报，1999（4）：27．

量表 Binet – Simon scale)，成为斯比量表（Stanford – Binet Intelligence Scale）。其最大特征是：改变原来的心理年龄（或称智力年龄）概念，而用智商（intelligence quotient，IQ）表示智力。智商代表心理年龄与实足年龄间的比值，故又称为比率智商。IQ（智商）＝（MA 心理年龄/CA 生理年龄）100。心理学家们把智商100看作常态标准。据统计，智商在90~110范围内的占人口总数的一半。智商在120以上的可视为智力超常儿童，智商低于70的则为弱智儿童。其分布情况大致如下：

表 15 – 3　智商的分布表❶

智商广度	人数的近似百分比（%）
130 以上（含）	2
120 ~ 129	7
110 ~ 119	16
100 ~ 109	25
90 ~ 99	25
80 ~ 89	16
70 ~ 79	7
70 以下	2

3. 应注意因材施教，针对超常儿童和弱智儿童采取相应的教育❷

人有先天禀赋和后天环境的不同，其发展特质和速度以及最终达到的水平都会有所不同。心理学研究表明：人既有智力水平的差异，又有智力结构风格的差异，还有智力发展早晚的差异。

首先，智力超常儿童一般表现出精力旺盛、求知欲强、动脑好问、主动学习、有自信心、意志坚强、兴趣稳定、养成良好学习习惯等。对此类儿童的教育应注意做到：第一，要注意早发现、早培养。第二，要注意使其全面发展，并注意培养个人特长。第三，要注意引导他们树立远大理想，不应满足于现状，甚至骄傲自满。

其次，对于弱智儿童的教育应同样特别重视，保障他们受教育的权利。国家要设置弱智学校或弱智班等进行特殊教育。教师要有针对性地对其进行耐心、热心的教育，促进他们得到相应的发展。

4. "多元智力"学说对教育有新的启示

近来，比较流行和对教育影响较大的智力理论是美国心理学家霍华德·加德纳提倡的多元智力论（theory of multiple intelligence）。1983年，加德纳教授发表了《智力的结构：多元智力理论》的著作，提出了人类智力的一种新的理论，即智力多元论。随后，加德纳教授陆续提出了每个人至少有九项智力（语言智力、音乐智力、数理逻辑智力、空间智力、身体运动智力、人际交往智力、自我认识智力、自然观察智力和存在智力），并认为："智力是在特定文化背景或社会中解决问题或制作产品的非常重要的智力。"九种智力具体如下：

①语言智力（linguistic intelligence）——学习使用语言文字的能力；

❶　[美] 布恩，等. 心理学原理和应用 [M]. 韩进之等，译. 北京：知识出版社，1985：220.
❷　柳海民. 教育原理 [M]. 长春：东北师范大学出版社，2000（2）：567.

②数理逻辑智力（logic - mathematical intelligence）——数学运算及逻辑思维推理能力；

③空间智力（spatial intelligence）——凭知觉辨识距离、判定方向的能力；

④音乐智力（musical intelligence）——对音律节奏之欣赏及表达的能力；

⑤身体运动智力（bodily - kinesthetic intelligence）——指支配肢体以完成精密作业的能力；

⑥人际交往智力（interpersonal intelligence）——指与人交往并能和睦相处的能力；

⑦自我认识智力（intrapersonal intelligence）——指认识自己并选择自己生活方向的能力；

⑧自然观察智力（natural intelligence）——指认识世界、适应世界的能力；

⑨存在智力（existential intelligence）——指陈述、思考有关生与死和终极世界的倾向性，即人们的生存方式及其潜在的能力。

多元智能理论一经提出，即在教育界引起热烈响应，它为学校和教师培养人才拓展了理论思路，也更加富于实际操作，尤其对我们树立正确的教育观和正确的学生观、形成多样的教学观和改变以往一些不正确的教学行为，启发极大。

（二）非智力因素差异与教育❶

所谓非智力因素（nonintellective factor）是指动机、兴趣、情感、意志、气质、性格、习惯等心理因素。以往许多研究表明，非智力因素对个体的智力发展与培养有明显的促进作用，个体的成就大小、发展的差异，不仅受智力因素的影响，更多地表现为非智力因素的差异。甚至有人断言，一个成功与否的关键因素取决于非智力因素，即80%是由非智力因素决定的，而智力因素仅起20%的作用。

非智力因素的个别差异呈复杂状态，通常表现为方向、性质、强度等方面的差别。由于非智力因素的差异，容易使人的发展表现出差异。

1. 学生学习动机的差异

有的学生由好奇心引发的认识动机强烈，不断发问：这是什么？那是什么？为什么？有的学生自我提高的动机突出，迫切希望通过学习得到同伴的尊重；有的把获得家长与教师的表扬作为努力学习的动机。不仅有方向、性质的不同，同时有强度、水平的差别。

2. 成就动机差异

有的学生具有良好的成就动机：主动参与活动、持续从事学习活动、独立完成指定课业、能容忍失败的挫折、将失败归因于努力不够、有较佳的学业成就等，而有的却相反。具有不同成就动机的人，他们所取得成功的可能性也是不一样的。

3. 学生自我观念的差异也须引起关注

研究发现，学生自我观念与学业成就的关系：自我观念与学业成就之间的相关是互为因果；学生的自我观念与学业成就之间有正相关。

4. 兴趣

---

❶ 柳海民．教育原理［M］．长春：东北师范大学出版社，2000（2）：568 - 569.

有的倾向于直接兴趣，有的倾向于间接兴趣，从个体发展看需要两者相结合，学生在发展的不同阶段和个体之间其倾向都是有所不同的，教师要根据学生各自的兴趣表现给予积极引导，实现有效的转化。

5. 情感和意志

学生之间既有情感意志的指向性的区别，对不同事物表现出积极情感，在不同的活动中表现出具有意志力，也有强度、深度的不同，有的学生情感表现丰富而强烈，意志坚强而稳定，有的学生则表现出明显不足，需要创造条件给予特殊的关心和帮助。

6. 性格特征

学生的性格表现为对事物的稳定态度，每个人均有其性格特征，有的内向，趋于沉稳；有的外向，趋于鲁莽，由此形成不同的行为习惯。学校教育要贯彻因材施教的原则，对性格特征不同的学生进行同一内容的教育应有不同的手段与方法，否则就难以取得良好教育效果。

总之，非智力因素是学生发展的重要方面，又对其智力发展起着调节和推动作用。在学生的发展过程中，智力因素与非智力因素的关系是相辅相成、相互促进的，但两者的发展表现在学生身上常是不平衡的。传统教育多注重智力发展，对非智力因素的发展重视不足，没能充分发挥非智力因素的调节与推动作用。学生学习成绩好坏、发展成才的快慢，往往不是取决于智力水平的高低，而是取决于非智力因素的差别。因此，重视非智力因素的差异，采取相应的教育措施，既是促进智力因素发展的重要手段，又是学生个体良好发展的重要内容。智力因素与非智力因素在发展过程中的不平衡状态，对贯彻因材施教原则提出了更高的要求。教师不仅要注意到学生智力发展上的差异，更要进一步考虑非智力因素方面的不同，从而更为深入地掌握学生之间的差异，进行有针对性的教育。

（三）性别差异与教育❶

1. 性别差异

性别差异，习惯上指性别的心理差异，即男女学生在个性、智能和成就等方面的差异。研究表明：在智力上，男女的智商存在着差异，但不明显。在许多特殊能力面前，性别差异较为明显。在数学、抽象思维等方面男性占优势，而在言语、形象方面，则女性占优势。在个性和行为方面，男女差异较大。男性的支配感较强，女性较顺从，易受别人的影响；男性的攻击行为比女性多；男性的自信心、自我估价较女性高；女性比男性更易恐惧、胆小、富于同情心，比男性更易移情。在成就动机、兴趣爱好方面，男性成就动机较强，而女性较弱，甚至达到一定水平后有回避成就的动机。在成就上，男性成就水平普遍高于女性。工程技术、科学研究是男性取得成就的传统领域。女性成就较多的是在艺术、教育等领域。另外，在社会关系、社会交往、情绪反应、性心理、家庭生活方面，都存在着性别差异。

男女学生从小学阶段开始在身心发展上表现出一定的差异。一般而言，女生观察事物比较细，记忆力强，表达能力较好，多擅长形象思维。而男生则兴趣广泛，好奇心强，胆大好动，对有兴趣的事物注意力更集中，有较好的抽象思维能力。表

---

❶ 柳海民. 教育原理［M］. 长春：东北师范大学出版社，2000（2）：564–566.

现在学习成绩方面，则小学阶段女生整体上优于男生。据调查，小学和初一、初二年级，女生学习成绩高于男生，优秀率多20%以上，这种情况到初中三年级开始逆转。例如，在历年的全国十佳少年中，基本上有六名女生、四名男生。

2. 性别差异产生原因

研究发现，男女性别差异既有自然原因，也有后天教育及社会影响的原因。

（1）遗传的自然原因

生物学家认为，男女两性智力差异具有生物前提。大致有如下两种认识：

第一，染色体说。有关研究表明，染色体数目的变化或结构的改变，会引起各种染色体病而影响智力发展。染色体畸变相对容易在男性身上发生，从而导致男性智力缺陷和智力低下的人数多于女性。而且，同是某种染色体畸变，对男女两性智力的影响也是不同的。例如，男性如果多一条 X 染色体，就不能生育，并使其智力明显低下。而女性若多一条 X 染色体，一般不会影响生育，对智力影响也不像男性那样严重。

第二，性激素说。性腺激素（荷尔蒙）会引起心理与智力的变化。由于性激素的作用，男女两性的大脑功能在成熟化、特长化、优势化等方面表现出差异。一般说来，脑的左半球具有处理抽象的语言信息的功能，右半球则具有处理形象的非语言信息的功能优势。女性的大脑比男性的大脑成熟早一些，而且左半球又比右半球成熟得早，所以左半球优势化就早一些。因此，女性就较早地表现出比较强的语言信息处理能力。男性大脑的右半球比左半球成熟得早，所以右半球特长化和优势化比左半球明显，并比女性强。因此，男性表现出对非语言信息处理有较强的能力。另外，由于女生比男生发育成熟早，进入青春期的时间较早，暂时的不适应性比男生明显，容易分散注意力。

所以，生物学的遗传因素对造成智力发展性别差异的作用是客观存在的。

（2）不当的家庭教育、学校教育及男性社会的环境对女生的负面影响导致差异进一步加大

在家庭教育及学校教育中，家长及教师对男女孩子的期望及教育方式有很大差异。尤其是学校教育未能深入研究性别教育问题，以集体教育为主，而容易忽视学生性别差异，不能很好地进行有针对性的教育。例如，在小学阶段，往往只注意女生学习认真，听话，成绩好，很少注意培养其思维能力；对男生也很少进行提高观察能力、培养仔细认真精神的训练，使学生发展前期的问题没能很好解决，而影响后期发展。

此外，虽然现代社会提倡男女平等，但男权社会的传统影响还有很深的烙印。性别角色刻板化现象还很严重。社会给男女生发展提供的机会是不一样的，对男女生发展的要求也有很大不同。这往往影响了女生的进一步发展。例如，许多研究证明女孩阅读较好，男孩擅长数学。但跨文化的比较论证了这种差异是社会文化因素而不是生物因素造成的。导致差异的因素，在某一国度有利于某一性别，在另一国度则有利于另一性别。

另外，性别偏见充斥着我们整个社会。因此，我们对于男女学生的了解和教育应尽可能地考虑到各种变量，承认男女之间存在着差异，但又不宜过度过早地宣扬差异，以免人为地造成性别差异，把教学、教育引向歧途。

3. 学校教育的要求

对于学校教育而言，应改变传统教育模式，承认性别差异，因性别施教，促进学生发展。尤其要注意抓住男女生不同的发展关键期，发挥男女生的各自潜力和优势，弥补不足，促进每一个男女学生都得到全面发展。

上述三个方面，是必须关注的几个特殊群体的重要差异教育课题。随着经济社会的不断发展和改革，人们的生活方式、思想观念都在发生着翻天覆地的变化，其他各方面也都表现出新的特点。例如，在近些年，单亲、重组、空巢、贫穷等特殊家庭逐渐增多，越来越引起重视。这些家庭的子女教育问题也逐渐引起人们的重视。这些都是建立良好师生关系，教育提高效率和针对性，开展因材施教的永恒主题。

第十六章　班主任工作

班主任工作是学校工作的重要组成部分，也是学校落实立德树人根本任务的重要抓手，学校通过班级完成教育、教学等任务，组织学生开展各项工作和活动。2009 年教育部印发《中小学班主任工作规定》的通知，就是为了进一步加强中小学班主任工作，发挥班主任在中小学教育中的重要作用，保障班主任的合法权益，全面推进素质教育。本章对班主任工作进行较为全面的讨论。

第一节　班主任工作概述

一、班主任工作的意义与任务

（一）班主任工作的意义

在学校教育中，班是学校的细胞，班级是学生群体的简单组合，它既是学校各项教育工作的基本单位，也是学生在学校学习活动的基层组织。学校有关教育、教学工作机构对学生的管理工作，都离不开班级这层组织。学校贯彻执行国家的教育方针、政策，实施教育工作计划，往往是以班级为单位的，并通过班级落实到每个学生。班主任是班的主要管理者，班主任工作的成败不但影响班集体里每一个成员的健康发展，也影响学校整体的教育质量，因此，班主任工作举足轻重。

1. 班主任是学校贯彻教育方针，实现教育目标的重要保证

学校教育目标的实现，是在日常的教育教学工作中完成的，而日常教育教学工作的实现与每一个班级学生的学习活动有关，包括学生的学习态度是否端正，对学习知识是否积极主动等，这些要依赖班主任的管理和教育。班主任是班级的组织者和教育者，只有在一个组织起来的班级进行教学，才能有良好的教学秩序和教学质量，才能保证班级的学生得到全面发展，才能保证全校的教学质量。

2. 班主任是协调班级各种教育力量的纽带

班主任作为一个班级的管理者，要善于协调各种教育关系。首先，要协调班级学生与各任课教师的关系。要在班里协助各科教师落实教学要求，督促学生学习；还要传递学生对各科教师的意见和建议，协调班级各科教师之间的要求。其次，还要协调学生之间的教育影响，有时学生自行组织的一些教育活动也需要班主任做一些协调工作，尤其是学生之间产生矛盾，要通过班主任协调，才能化解学生的矛盾。此外，班主任为组织学生开展丰富多彩的活动，需要对班级的教学和教育活动统一协调、妥善安排，以发挥良好的教育作用。

3. 班主任是沟通学校与家庭、社会教育力量的桥梁

当代社会，互联网走入千家万户，大众媒体每天传递着各种信息。学校已不再是封闭的象牙塔，学校已成为开放性的教育机构，来自家庭和社会的各种影响时刻都在与学校的教育力量抗衡。班主任必须要面对各种信息，要考虑到学生是处在学校、家庭、社会三种教育的交互影响下，要善于协调各方面对学生的影响，要选择和利用家庭、社会各种影响中的各种积极因素，最大限度地抑制不良思想对学生的影响，因此，班主任是沟通学校、家庭、社会教育力量的桥梁。

（二）班主任工作的任务

班主任最主要的任务是培养一个积极向上的班集体。因为班集体不仅是教育的对象，而且具有巨大的教育力量，班集体是促进学生个性发展的一个重要因素，班集体还能培养学生的自我教育能力。为此，班主任要对班级发展的总体设计和常规管理；要对班集体的各项活动的组织和领导；要对本班学生进行思想品德教育，这既是班主任工作的主要职责，也是班主任工作的任务。

二、班主任工作的地位与作用

（一）班主任的地位

班主任在学校教育教学工作中的地位举足轻重，因为学校对学生的教育管理工作的途径就是通过班主任进行的。班主任所承担的任务比一般教师更为艰巨复杂，责任比一般教师更加重大。从这个意义上说，班主任是学校领导进行教导工作的得力助手。

在学校中，贯彻落实党和国家的教育方针政策，开展各项工作和组织各种活动都需要通过班级工作完成；同时学生在学校的健康成长也与班级工作有密切联系，职业学校班主任比其他教师接触学生时间多，谈话多，对学生个性形成与发展产生重要影响。所以，班主任是学校各项教育工作的骨干，是学校教育力量的主力军。

班主任工作平凡而光荣，他们的努力工作受到党和国家的重视，受到社会、家长的支持和理解，也得到学生的尊重。由于班主任社会地位不断提高，使班主任在享受自己辛勤劳动乐趣的同时，又得到社会对自己工作的鼓励与肯定，更加深了他们对自己劳动价值的认识，鼓舞他们加倍努力工作。

（二）班主任的作用

班主任作为班级成员之一，主要具有以下作用。

1. 班主任承担学生全面成长的责任

班主任的角色决定了他们对学生的全面发展负有主要责任。一是教育责任，班主任要教育学生学会做人，学会做事，学会与人相处。二是发展责任，班主任要利用校内外各种教育力量，创造各种条件，提升班级学生整体素质，促进学生健康和谐地发展。三是发现和挖掘责任，班主任要善于发现班级学生的不同个性特点、兴趣爱好、特殊才艺等，提供学生表现自我的机会和条件。还要深入挖掘学生的潜力，激发学生的进取心，调动学生健康的积极的欲望，给予他们成功的体验，使他们的个性得到充分的展示和发展。四是基础责任，班主任要为学生的终身发展奠定坚实基础，使学生在德、智、体、美各个方面具有可持续发展的能力。

2. 班主任是班级的领导者

班主任受学校和校长的委托，对班级行使管理职责，是班级组织的领导者。班主任要把国家的教育方针政策和学校的教育要求转化为班级的教育内容，落实在班级工作中，班主任要带领班委会讨论和制订班级活动计划，因此班主任在班级工作中起着主导作用。但是班主任在行使其领导职能时，注意避免成为班委会议的主持者和班委会工作计划的包办者，而应把班委会视为自己工作的最得力助手、最实在的核心层；在班级活动中，班主任应发挥学生自我管理的积极性，避免成为班级活动的直接的指挥者，而应是班级活动的参与者和鼓舞者。此外，班主任要注意用自己的学识、修养、工作艺术打动学生，真正赢得学生的理解、信任和尊重。

三、班主任素质的要求

班主任的素质和能力是决定其教育工作成败的关键因素，班主任必须明确从事教育工作应具备的素质和能力。

（一）班主任的素质

班主任工作承担着学生的全面发展教育，要求班主任有较高素质，具体如下。

1. 具有高尚的思想道德情操

班主任应有崇高的思想道德品质，热爱班主任工作，对工作始终充满热情，具有永不止息的进取精神。班主任作为学生的教育者和引路人，要做到言行一致、表里如一，能为人师表、言传身教。只有班主任具备高尚情操，才能在学生心中树立崇高的威信，才能成为学生学习榜样，对学生产生强有力的教育影响。

班主任要平等对待班级每一个学生。热爱学生是班主任做好工作的基础。学生的教育和管理工作有一定难度，教育学生工作不是一帆风顺的，班主任要认真对待学生缺点、错误出现反复的现象，对待学生要有耐心，要尊重和信任学生，与学生平等相待。同时班主任对全班学生要一视同仁，善于发现每个学生的长处，善于调动学生的积极因素，启发学生克服消极因素。班主任既不偏向好学生，也不漠视落后学生。在教育学生时不讽刺、挖苦、辱骂、体罚学生，要保护学生的自尊心。

2. 具有坚定的教育信念

作为班主任要具有坚定的教育信念。教育信念是班主任成功进行教育工作的关键。只有班主任相信教育的力量，相信自己能把班级学生教育好，才能有信心做好教育工作。班主任要坚定认为班里每个学生都有闪光的地方，他们都是可以教育好的。特别是班主任对某些缺点和错误较严重的学生，更要对他们不放弃，做深入细致的思想教育工作，坚信能把他们教育好。班主任只有树立坚定的教育信念，才能在工作中不怕困难，坚持工作，取得教育工作的累累硕果。

3. 具有科学的现代学生观

班主任要具有现代学生观，才能教育好学生。班主任的学生观体现在：学生品德观、学生学业观和学生个性观。学生品德观是班主任对学生品德行为的认识。在当今社会，人们的观念已发生改变，良好品德不仅应该具有优良品质，还必须勇于开拓改革，是富有个性的人才。班主任要在复杂的社会生活中，能保持清醒的头脑，不断研究新情况新动向，不断发现新的问题，解决新的问题，培养创新型人才。班主任的学生学业观主要是如何看待学生学习成绩，也就是以什么样的标准衡量学生的学习成绩？班主任既要重视学生知识的学习和掌握，也要呵护学生的创造性。班主任的学生个性观主要体现在如何看待学生的独立性和反抗性。由于学生有"逆反"心理，有时会表现出对班主任教育的反抗、不接受。作为班主任要正确认识和看待学生的独立性和反抗性。总之，班主任只有树立正确的现代学生观，才能培养出具有创新精神的新一代社会建设者。

4. 具有渊博的知识，娴熟的专业技能

在学校中，班主任至少承担本班一门课程的教学工作。班主任要对自己所授学科的理论和基础知识融会贯通、基本技能精益求精，要熟悉本门学科的历史、现状及前沿成果，了解本学科与其他相关学科的联系。同时还要广泛涉猎，具有广博的知识面。此外，要具有教育科学方面的知识，掌握教育规律，正确运用教育方法。

5. 具有家长的心肠

班主任的角色要求其有时对待学生要像家长待孩子一样，集严父与慈母二任于一身。一方面班主任要对学生的思想、学习、生活等全面负责，严格要求学生，纠正和批评学生的缺点与错误；另一方面也要无微不至地关怀学生，真诚地爱护学生，对待学生要宽容、慈爱，当学生顶撞自己或是故意与自己作对时，要善于克制自己的情绪，注意以自己宽广的胸怀和气度去影响学生，用爱的力量去感化学生。这样学生容易与班主任彼此信赖、建立深厚的情感。如果学生感受到班主任对他们的深情与期望，那么他会更亲近班主任，并主动接受教育，从而使班主任的工作获得更大成效。

6. 具备多方面的兴趣与才能

学生本身活泼好动，他们的兴趣与爱好具有个别差异性，只有开展各种各样、丰富多彩的活动，才能满足他们发展的需要。为此，班主任需要具有广泛的兴趣与多方面才能，这样才能与学生有共同语言。一般来说，性格活泼开朗、兴趣广泛、多才多艺的班主任，容易与学生打成一片，也容易引来学生的爱戴和信赖，有利于班主任开展工作。反之，沉默寡言、不爱活动的班主任容易脱离学生，学生对其缺乏信任，不利于班主任深入了解和教育学生，从而影响班主任开展工作。

7. 善于待人接物

由于班主任要协调各种关系，包括家长、任课教师、校外辅导员和企事业实习人员、有关社会单位等，因此，需要班主任善于接人待物。实践证明，只有那些善于交往、亲和力强的班主任，才能很好地协调各方面的教育力量，班主任工作才能做得出色。

8. 具有良好的心理素质

良好的心理素质，是班主任顺利开展班级工作的重要条件。班主任良好的心理素质包括三方面：一是乐观、豁达的心态。班主任无论是管理班级工作、教育学生，还是与各个方面协调，都会有遇到困难和挫折的情况。对待困境，只有保持乐观、豁达的心态，才能不灰心、不气馁，以平常心对待工作难题，并想方设法战胜困难和挫折。因此，班主任要锻炼自己乐观、豁达的心态。二是富有幽默感。幽默感是一种综合的积极情绪。班主任幽默、风趣的语言，可以起到调节班级气氛、增添乐趣的作用，使学生在积极情绪中受到激励和鼓舞。教育工作中恰到好处的幽默还可

以缓和紧张的局面，会拉近班主任与学生之间的心理距离，使班主任的教育工作事半功倍。三是善于自我控制情绪。有效地控制和调节自己的情绪是班主任良好心理素质的一个重要标志。班主任教育工作烦琐、复杂，难免会遇到情绪失控的情况，特别是年轻的班主任更容易陷入这种状况。班主任不理智的情绪状况会导致其威信降低，影响其教育工作效果。因此，班主任要不断提高自己的修养，利用各种挑战磨练自己的意志。当自己情绪不稳定时，要学会用理智、意志控制自己的情绪，尽快稳定自己的情绪。

（二）班主任的能力

1. 具有与学生进行思想沟通的能力

与学生进行思想沟通能力是班主任具备的首要能力。班主任一般与学生都存在年龄差距，班主任和学生之间会存在着心理距离，特别是当今社会发展迅速，新观念层出不穷，使得班主任与学生之间容易形成"代沟"。同时职业学校学生身心发展迅速，精力充沛，活泼好动，有旺盛的求知欲和广泛的兴趣爱好。他们对自己心目中的班主任形象有自己的要求，他们渴望班主任是良师益友，尤其是在交流思想中更希望教师是他们的大朋友，给予他们更多的理解；也希望班主任同他们的爱好一样，参与他们的活动。为此，班主任与学生交流思想时，要真诚、友善，使学生真切感受到班主任对他们的教育要求是为了他们健康发展，使学生乐于接受帮助；班主任要善于利用与学生的活动中，用自己特长赢得学生喜欢，来树立自己的威信，以增强对学生的影响力；班主任还要善于向自己的教育对象学习，在与学生的相互交流中，不断学习新事物、新思想，让学生感受到班主任"童心未泯"，使学生乐意与班主任交流思想。此外，班主任在与学生交流思想时，要保护他们的隐私，启发引导学生自觉进行自我教育。

2. 具有良好的沟通能力和组织协调能力

现代学校的开放性决定了学校与社会联系更加紧密。班主任的班级管理和学生教育工作都不仅限于校园内，需要班主任具备与校外教育力量的沟通和协调能力。因此，学校会有大量的校外组织协调工作靠班主任去完成。班主任要负责学生社会实践、劳动等各种实践活动的联系与组织工作，这需要班主任具有良好的沟通能力和组织协调能力。此外，班主任还要与各科教师和学生家长进行沟通和协调。正是由于班主任工作内容决定了其要具备较强的沟通能力和组织协调能力，班主任要自觉锻炼和不断提升自身的这种能力。

3. 善于更新知识的能力

班主任每天面对的是几十个思想活跃、奋发向上、充满活力的青年学生，这要求班主任的思想与知识必须与时俱进，跟上时代步伐。一方面班主任要关注社会科学技术发展的前沿信息，努力学习新观念、新知识，不断更新自己的知识结构；另一方面班主任要在工作中向自己学生学习，从学生那里了解流行、时尚的潮流和思想，充实自己的知识结构。只有这样班主任才能更好地与学生打交道，把学生培养成自强不息、勇于开拓的新时代的建设者。

4. 具有开展班级工作的多种能力

开展班级工作能力是班主任必备的基本能力，班主任除具备一般教师的教学能力和课堂组织管理能力外，还必须具备班级管理方面的能力。一是组建班集体的能力。组建班集体是任何一个班主任最基本、最重要的基本功。班集体是班主任开展工作的基础，否则任何教育工作都无法进行。二是了解学生与因材施教的能力。在一个集体里，由于生物因素、社会因素和个体因素的综合影响，产生学生之间的个别差异性。班主任要深入了解学生，善于因势利导，扬长避短，因材施教。三是较强的组织能力。善于组织学生开展活动是教育学生的重要条件。成功的集体活动是促进学生自我教育的重要途径，没有活动，就没有教育，就没有学生生动活泼主动的发展，集体就会缺少凝聚力。所以，具有较强的组织能力对班主任来说，是必不可少的。班主任要善于开展丰富多彩的活动，使自己的教育意图和期望在活动中内化为学生自我成长的内心要求，从而达到教育的目的。

第二节　班集体的培养

一、班集体的教育功能

班级是学生群体的简单组合，是学校对学生进行教导工作的基本组织，学校有关教育、教学工作机构对学生的管理工作，都离不开班级这层组织。在学校工作实践中，班集体是在班级这一简单的学生群体基础上产生的有机的集体。它同班级的区别在于，班集体是有组织性、纪律性，有共同奋斗目标和凝聚力的学生集体，通常认为班集体有这样几个方面的特点：一是有共同的奋斗目标；二是有严格的纪律；三是有坚强的组织领导核心；四是有正确的舆论和良好的班风；等等。只有教育教学活动组织好的班级，才能使学生德、智、体、美、劳等方面全面发展，进而提高全校的教育质量。由此可见，班集体工作开展得如何，对学校整个教导工作的质量有重要的影响。

由于班集体是学校学生组织结构中最基本、最重要的基层单位，因此，学校中的团队基层组织等都是在班级或班集体的基础上发挥作用的；班集体是沟通学生个体和学校整体（教师集体和学生集体的总和）的纽带，因而，班集体对学生的教育和影响是巨大的，具体讲有如下几方面。

（一）班集体是一种重要的教育力量和手段

苏联著名教育家马卡连柯在长期的教育实践中，对学生班集体工作总结出了宝贵的经验，认为班集体不仅是教育的对象，而且是教育的巨大力量。他说："我自己从十七岁起就当教师，我曾长时间地想过：最好先把一个学生管理好、教育好，然后再教育第二个、第三个、第十个，当所有的学生都教育好了的时候，那就会有一个良好的集体了，可是，后来我得到一个结论：……要采取这样的方式——使每个学生都不得不参加共同的活动。这样一来，我们就教育了集体，团结了集体，以后集体自身就能成为很大的教育力量。"❶ 我们知道，一个班的学生群体还不能称为

---

❶ ［苏联］马卡连柯. 论共产主义教育：第3版［M］. 北京：人民教育出版社，1962：404.

真正的班集体，学生群体需要培育，需要注入班集体所需的各种必要的因素，比如，团结、友爱、纪律、理想目标等，才能形成班集体。可以说，班集体是学生群体发展的高级阶段。班集体一旦形成，它便成为教育的主体，会产生巨大的教育力量，成为学校和教师实施教育的重要手段。

班集体能够成为教育的重要手段，这是由其基本特征所决定的。首先，一个真正的班集体具有其成员一致认同的奋斗目标，这个奋斗目标既是班集体发展的方向，又是这个集体成员理想和信念的体现。班集体的奋斗目标往往对学生的思想感情和意志行为等发挥着巨大的激励、鼓舞作用。其次，班集体严格的规章制度、纪律和行为准则作为一种规范和控制力量，会对集体中每个成员产生约束作用，影响着每个成员对社会、对他人所应采取的行为方式，影响着每个成员本人价值观念的取向和思想的形成，体现严格的纪律和健康精神的班集体的风气风貌，作为一种无形的力量，它时时刻刻地作用于每个学生，使学生自觉养成良好的行为规范。再次，班集体成员之间既相互依存又相互竞争的关系，能够对每个成员产生一种向心力，增强每个成员的集体和合作观念，同时，也能够激发每个成员个性和潜能的发展。班集体成员之间的这种关系，无疑会培养学生正确处理社会、集体和个人三者之间的关系，使学生懂得，个人的进步和发展离不开社会和集体的力量，而要为社会、为集体作出更大贡献，就必须刻苦努力，充分发掘自身潜能，增长为人民服务的才干。

（二）班集体是学生品德形成、发展的一种基本环境和条件

我们知道，学生品德的发展，需要基本的环境和条件。马克思主义的唯物论告诉我们，客观存在决定人们的主观意识，也就是说，物质形态的环境和条件决定人们的意识观念。班集体作为学生品德形成、发展的一种基本环境和条件主要表现在两个方面：一是班集体是一个缩小了的社会，社会普遍遵循的道德价值观无例外地反映到班集体中，因此，班集体成为社会道德价值观的物质载体；二是班集体是学生学习、生活和活动的主要场所，学生在班集体中摄取社会知识包括伦理道德知识，同时，学生在班集体的影响和作用下逐渐形成自己的思想品德修养，因此，班集体又是培养学生品德修养的媒体。

班集体既是社会道德价值观的载体，又是社会道德价值观的媒体，其所具备的这种双重性，使班集体成为促进学生品德社会性发展，培养学生品德行为符合社会道德规范要求的良好环境和条件。

（三）班集体是满足学生参加社会集体生活和人际交往需要的场所

每个人都有参加社会集体生活和人际交往的需要与愿望，作为青少年学生，其天性合群，喜欢参加集体活动，愿意结交朋友，他们往往富有集体荣誉感、友谊感和自荣感，并且重视班集体的活动、舆论、要求及同学之间的情谊，而班集体对学生个人的尊重、关心、要求和评价，也使学生珍惜自己在班集体中的地位、声誉和应负的责任，从而去主动关心、爱护班集体，通过班集体的生活，学生成为班集体的力量。学生归属于班集体的这种需要和意识，恰恰表明班集体是满足学生社会性需要的场所，在班集体所提供的社会集体生活和人际交往的环境条件下，学生品德便会健康地发展和完善。

同时，在班集体的各种活动中，学生行为的相互交往、思想的相互交流，对学

生个人的思想品德、行为规范会产生互动的影响。学生通过相互的交往、交流，自然会将自己的品德行为同其他学生进行比较，在这个过程中，学生会不断地对自己的品德行为进行审视、取舍，发扬自己的优点，克服自己的不足，从而使自己的品德行为符合社会道德价值的要求。

（四）班集体能有效地培养学生自我教育的能力

班集体是学生自己的集体组织，其本身具有自律性和自治性，这就要求学生必须学会自己管理自己、自己教育自己。比如，学生自主地制订班集体的活动计划、提出班集体活动的目标、开展各种工作等，通过鼓励学生这些自主的行为，班集体能够使学生学会调整个人利益与集体利益的关系，提高学生独自承担工作的能力，培养学生自觉地维护班集体的荣誉，增强学生自我调整，控制思想情感、行为和自我评价的能力，并能使学生自觉地抵制危害班集体的不良现象等。所有这些无疑能够有效地锻炼和提高学生的自我教育能力。因此，教师要注重发挥班集体的自我教育功能，以便于培养和提高学生的自我教育能力。

二、学生群体

在每一个班级中存在着学生群体，正确认识学生集体与群体之间的联系与区别，是班主任开展班级工作、培养班集体的基础。

在班级中，不仅存在每一个学生都必须参加的班群体，还会有诸多比较正式的群体和非正式的群体。如果让学生自愿选择，班级里每个学生参与的群体也会出现较大不同，也有的学生会选择与他心目中向往的不一致群体。这样，会造成班上出现比较复杂的人际关系和群体之间的关系，并会深刻影响班级每一个学生志趣与品德的发展。所以，了解学生各种群体的特点、作用及其相互关系，对做好班主任工作十分必要。

（一）正式群体

正式群体，是在学校行政机构、班主任或社会团体的领导下，按一定规章程序组织起来的学生群体。它一般包括两个方面：一是班学生群体、班共青团和少先队等，负责全班性活动的组织与开展；二是为配合开展班集体活动，因完成某一方面的任务而组织起来的班级学生小组，如学科小组、文体小组、班刊编辑小组、学习小组等，这也是一种正式群体。以前在班级工作中，教育者不注意区分班学生正式群体和班集体，没有看到两者有严格区别。班集体是由班正式群体发展而来，而且班级中存在不同正式群体，因而必须区分和认识。

正式群体是在学校的支持下，由班主任和有关教师的领导。它的成员稳定，有明确的目的与任务，有一定的组织纪律与工作计划，经常开展活动。如果班级正式群体组织得好，就能有力地团结、带动全班学生共同前进，在一个班级的学习和生活中发挥重要作用。

（二）非正式群体

非正式群体，是学生自发形成或组织起来的群体。它包括因志向、兴趣相同，感情融洽，或因邻居、亲友、老同学等关系以及其他需要而形成的学生群体。因此，非正式群体的类型呈现多样化。

　　非正式群体的主要特点：一是自愿组合，三五成群，人数不等，一般偏小；二是成员性情相近，志趣相投，有共同的需要；三是由较有威信与能力者成为核心人物；四是活动由大家商量确定或核心人物根据大家需要而决定，易调动成员的积极性；五是交往与活动频繁，有活力。但是非正式群体组织较松散，通常没有组织机构或活动计划，成员有一定的流动性，容易受群体内、外部环境和条件变化的影响，尤其当核心成员变化（如退出或有新的参与）时，有可能导致它的活动受影响，群体可能会解体与重组。

　　尽管非正式群体是自发形成的、不稳定的和易变的，存在时间长短不一，但是它有活力，是班级里学生进行学习、娱乐、生活和交往所必需的，是班级正式集体活动的补充。每个学生除了参加班级集体活动外，还需要过一些非正式的小群体生活。这不仅满足学生个人交往的需要，也使班群体的生活充满友情与快乐的氛围。所以，班级里非正式群体与正式群体共存，对学生身心发展的影响不可忽视。

　　班主任要客观、公正、热情地对待各种学生群体，对正式群体和非正式群体一视同仁。班主任要关怀和尊重非正式群体，看到它的主要积极一面。在班级工作中，班主任要善于引导非正式群体的发展，使它与正式群体（包括班集体）的奋斗目标一致起来，对在非正式群体中涌现出来的有威信、有能力的学生，要选拔出来，让他们担任正式群体中的适当工作。这样，可使正式群体与非正式群体之间关系融洽、目标一致，为了集体的共同目标和利益，积极地发挥各自的作用。

　　不可否认，非正式群体也存在盲目性消极的一面。例如有的非正式群体成员过分关注小群体活动，对班集体不关心，不参加集体的活动，也不愿担任班里的工作；有的则在班上闹不团结；还有的讲究吃喝玩乐，甚至恶作剧、违法乱纪等。对于非正式群体的消极方面，需要班主任真诚地关怀和帮助他们，做耐心细致的工作，最大限度地缩小其不良影响，化消极因素为积极因素。要避免班主任对非正式群体的忽视，尽量不要把它视为小圈子、小集团而横加打击，那样会人为地迫使它与班的正式群体对立（主要是与班集体对立），以致对班级活动的开展和班集体的发展产生不利影响。

　　（三）参照群体

　　参照群体，是学生个人自愿把其他的目标、标准和规范作为自己的行为动机、调节自己思想和行为的一种群体。实际上，参照群体就是学生个人心目中向往和崇尚的群体。

　　班级中的每个学生在生活中都将同时参加不同的正式或非正式的群体。但是这些群体在他心目中的位置是不同的，他会按个人的价值观把它们排列成一定的顺序，分别加以对待。排在靠前的一个或数个，是他个人力图与其思想行为上保持一致的参照群体。而排在末尾的则是被他看成不重要的，或没有兴趣的或令人厌烦的群体。

　　学生选择不同参照群体的原因是多方面的：有追求方面的，如向往少先队、共青团；有兴趣方面的，如有的想参加合唱队、舞蹈队和运动队，有的则想参加学科与科技小组等。由于各种内外因素的影响，学生对参照群体的选择也会发生变化。一般而言，低年级学生常以高年级学生组织的某些群体为参照；而高年级学生则多以社会上受尊敬的领袖人物、科学家、英雄模范或某个先进单位和集体为参照群体。还有的学生不是以他个人所属的群体、现实生活中的群体为参照群体，而是以文学、电影、电视或道听途说的主人公和团体作为自己追求的参照群体。由于通过学生选择的参照群体，可以间接了解学生的内心世界、他的志趣与倾向、他的价值观、他的生活动力，有利于班主任预测学生的个性发展，有针对性地对他们进行引导和教育，因此，了解班级每一个学生的参照群体十分重要。

由于学生选择的和心目中向往的参照群体与他实际参加的学生正式群体往往不一致，因而给教育工作造成了极为复杂的情况。一种情况是，选择与学校教育和班集体的发展方向是一致的参照群体。如学生是以少先队、共青团、先进班集体、高年级优秀生，乃至英雄与伟人为崇尚对象。班主任要帮助他们巩固与提高，使他们的追求更加自觉、明确、强烈。另一种情况是，选择的参照群体与学校的要求和班集体的活动常常不一致。如有的学生以科技小组、体育训练队或文学艺术团体为学习榜样，这就可能导致因迷恋有趣的活动、运动、游戏、文艺而与集体产生尖锐的矛盾与冲突。这时，班主任要善于因势利导、长善救失，发扬其积极因素和抑制其消极因素，根据学校的制度与纪律来安排、调节这些个人的感兴趣的活动，以利于个人和集体的发展。值得注意的是，有的少数学生选择的参照群体具有极大的危害性而与教育要求背道而驰。如有的以武侠人物为膜拜对象导致离家出走，或以犯罪分子为效法样板而热衷于械斗。面对这种情况，班主任稍有觉察就要立即制止，并做好思想转变工作，做到禁于未发。

在班级里，有极个别学生可能同时参加两个性质相反的参照群体：如学科小组和械斗集团。他既努力争取优异成绩，又积极参与同伙作案，以自己的长处、优点掩饰其劣迹。这就是"尖子"学生犯罪问题的一个重要由来。尽管这种情况比较特殊，且往往情况十分隐蔽，因此需要班主任要深入、细致地了解学生，弄清学生选择的参照群体，了解他们的内心世界和追求，才能使教育工作有的放矢，防患于未然。

三、集体的发展阶段

一个班级，从刚组建到发展为坚强的集体，要经历一个发展过程。这个过程可主要概括为三个阶段。

（一）组建阶段

班级从组织上刚刚建立起来。班主任是班的组织者，是集体的核心和动力。班主任要对学生提出明确的集体目标和应当遵守的制度与要求，并引导学生积极开展活动，促进集体的发展。这时集体对班主任有较大的依赖性，不能离开他的监督独立地执行他的要求。所以，如果班主任疏于管理，不严格要求，班级就会变得松弛、涣散，难于形成好的集体。

（二）核心初步形成阶段

该阶段的特点是：师生及同学之间相互有了一定的了解，彼此形成一定的友谊与信赖；学生积极分子涌现并团结在班主任周围；班级的组织与功能较健全，班级的核心初步形成，班主任与班干部一起履行集体的领导与教育职能。此时，班集体已经能够在班主任指导下积极进行班级工作与活动的组织和开展；班主任开始从直接领导、指挥集体的工作与活动，逐步过渡到向班干部提出建议，由他们具体组织和开展。

（三）集体自主活动阶段

该阶段的特点是：学生积极分子队伍壮大，学生普遍关心、热爱班集体，能积极承担集体的工作，参加集体的活动，自觉维护集体的荣誉，形成正确的舆论与良好的班风。此时，班集体已形成，它已成为教育的主体，具有教育力量。班集体能够主动地根据学校和班主任的要求以及班级实际，自觉地向集体成员提出任务与要求，自主地开展集体活动。

在教育实践中，班集体的形成过程比较复杂，很难把这三个阶段截然分开。因此，了解集体的发展阶段，是为了使我们认识班集体形成的规律，并根据规律判断班级的发展水平，以便采取相应措施，建立一个坚强的班集体。

四、培养班集体的方法

我们知道，自然班级是学生群体，但不能称为班集体。班集体应该是具有明确的奋斗目标，健全的组织系统，严格的规章制度与纪律，强有力的领导核心，正确的舆论和优良的作风与传统的学生群体。班主任要组织和培养一个良好的班集体，需做好以下几方面工作。

（一）确定班集体的共同目标

班集体的共同奋斗目标是全班学生发展的统一方向和动力，班集体目标的确定与实施是班级管理的基本要素。通过这个目标能够吸引和鼓舞全班学生团结起来，积极行动，为班集体的创立贡献自己的力量，因此，班主任要根据集体的实际情况，结合学校的工作要求，为学生精心设计发展前景，提出适当而又具有激励作用的奋斗目标，正如马卡连柯所说的，"培养人，就是培养他获得未来快乐的道路"❶。

班主任在确定班集体目标时，要考虑到国家教育方针、学校培养目标的要求和班集体本身的任务等因素，发动全部同学积极参与制订班级目标。需要说明的是，如果是一个新生班级或后进班级，班主任应果断地不容置辩地提出要求作为集体必须实现的目标。职业学校班主任确定班集体目标时，从时间角度可分为近期、中期、远期目标；这三种目标彼此相互联系，前后衔接，组成一个连贯的目标体系。一般而言，近期目标应在半年之中达到，内容应以学生身边最具体的事情为主，如建立良好的课堂教学秩序，或者创造优美的学习环境等，使学生尽快取得"成功"，尽早得到"快乐"的体验。中期目标可在一年内实现，主要以外部的要求作为学生努力的方向，如争当优秀班集体等，中期目标是在近期目标实现的基础上提出来的。长期目标往往在一年至两年内实现，是以比较综合的、长远的要求作为主要内容，如要求全班每个学生成为全面发展的好学生。以上三种目标都是相对的，近期目标实现后，中期目标就成为近期目标，长期目标实现后，将会提出新的、更高的目标。从目标内容角度，可包括以提高素质、发展个性为导向，制订适合班集体实际水平

❶ [苏联] 马卡连柯. 论共产主义教育：第3版 [M]. 北京：人民教育出版社，1962：199.

的发展目标，依据班级发展目标制订各科教学、班级教育工作、班级活动目标体系，引导学生制订自主学习、自我教育、自我发展的学习和发展目标等。班集体目标的提出应当由易到难，实现一个目标后，立即又提出一个更高的目标，以推动集体不断向前发展。

组织实现集体奋斗目标时，要做好舆论宣传工作，目的是唤起全班学生对集体的巨大热情，使集体的奋斗目标深入人心，形成一股全体共同努力奋斗的凝聚力。同时，对各种奋斗目标善于归纳成鲜明、响亮的口号，以达到鼓舞人心的作用。

（二）挑选和培养班级干部，形成班集体强有力的核心

培养班集体必须注意健全集体的组织与功能，使其能正常开展工作、发挥应有的作用，其中非常关键的是要做好班干部的选拔与培养工作。首先，班主任要善于观察并发现班级中的骨干分子，通过了解，班主任应将吃苦耐劳、作风正派、热心为同学服务、学习或文体方面成绩突出、在同学中有威信并具有较强组织能力的学生，选拔为班干部，建立班集体的核心和骨干队伍。其次，班主任要培养一个团结、坚强的班集体。一方面，班主任要教育班干部懂得团结在开展班级工作中的重要意义，使班干部之间团结一致、认识一致、行动一致。只有核心队伍的团结，才会使班级形成坚强的班集体；反之，班级就会涣散。另一方面，班主任要尊重和信任班干部，充分发挥这些骨干在自我教育中的重要作用。学生随着年龄的增长，表现出较强的独立性和自信心，班主任要放手让学生独自地去想、去做，培养和锻炼他们自我管理和自我教育的能力，在集体教育中充分发挥他们的独立性和创造性；同时，班主任可担任"导演"或"参谋"的角色，给学生以指导和帮助。再次，班主任要全面关怀和教育班干部。由于班干部既要完成繁重的学习任务，又要做好班主任工作，他们所承受的负担较重，压力较大，因此，教育者要多关心他们的学习和工作，多体谅他们的困难；同时，要向他们传授工作方法，帮助他们正确处理好学习与工作、个人与集体的关系。班主任还要教育班干部树立为集体、为大家服务的思想，告诫他们不能有"当官优越"的想法，不能搞特殊化，要珍惜为同学服务的机会，多为班集体做工作。最后，班主任要注意为班集体核心发展后备力量。每个学生都是班集体的主人，都有为班集体作贡献的责任和义务。班集体中的大部分学生具有关心集体、为集体工作的积极性，因此，班主任要随时注意发现和培养新的积极分子，在保证班集体健康有序向前发展和班集体核心相对稳定的条件下，采用班干部定期轮换制，以便更多的学生能有机会承担班主任工作，使班集体的骨干力量不断扩大。

（三）有计划地开展班级活动

班级活动不仅是班集体形成和发展的整合因素，也是开发学生身心素质潜能的时空条件。班级活动的内容和形式多种多样，主要分为两大类：一类是课外文体活动、社会公益活动和生产劳动；一类是班主任和团队组织的主题集会。这两类活动都是培养学生集体、教育学生个人的有效途径。班主任要通过有计划、有步骤地开展班级活动逐步形成班集体，实现班级目标。在班级活动中，全班学生能够充分交往、互相了解、建立友谊，形成班级学生之间的情感基础。同时在实现班级目标的教育活动中，调动全部学生的积极性，全班学生分工协作、齐心协力，能激发学生内在优良品质，帮助学生学会处理各种关系，培养学生的集体主义精神、责任感、

荣誉感，形成班集体的凝聚力。班主任在开展班级活动时，一是应有明确的目的性。要从班级的实际情况出发，以培养和提高学生的思想品德和道德判断力、巩固和发展班集体为指导思想。活动的内容、形式及方法要紧紧围绕着目的，为目的服务。二是应有周密的计划性。详细而周密的计划是顺利开展班级工作的有力保证。组织班级活动时，要考虑活动的总体内容和安排，尤其对活动的实施方案要全面考虑，做到前后衔接，左右配合，上下协调。三是应知识性、趣味性、多样性相结合。要依据班级奋斗目标，主题贴近社会生活，活动内容的选择和组织要能适应并促进学生的发展，活动类型要丰富多样，活动中要发挥学生的主体作用，使班级每个学生都能在集体活动中得到锻炼与提高，引导班集体朝气蓬勃地向前发展。

（四）培育积极健康的班级文化环境

班级文化环境包括显性的班级环境布置、隐性存在的班级人际关系和班风，以及介于二者之间的班级制度与规范等。班级文化环境对学生的发展起着潜移默化的影响，也影响班主任教育工作的有效性，班主任要重视班级文化建设。班主任在培育班级文化环境时应主要做好以下几方面工作：

一是创设文化性物质环境。包括班级中的标语、墙报、板报、图书资料、学习园地、展示角、光荣榜以及教学设施等。这些布置会对班级学生心理发展产生经常性的影响，起到"润物细无声"的教育作用。

二是营造良好的人际环境。交往是班级人际关系形成和发展的主要途径，班主任指导班级学生正确交往，首先指导学生形成正确的社会知觉，鼓励积累积极的交往经验，掌握交往技能；其次要通过班主任创设和组织学生活动，形成一个工作性交往与自主性交往、班级内部交往与开放性交往、学生间的交往与学生和教师集体、成人社会的交往相互渗透、交互作用的多渠道、多层次、多维度的交往系统。

三是打造正确的舆论和班风。一个集体只有形成了正确的舆论和良好的班风，才能识别是非、善恶、美丑，才会扶正抑邪、发扬集体的优点、抵制不良思想的侵蚀，集体才会具有巨大的教育力量，成为教育者的主体。因此，正确的舆论、良好的班风有很高的教育价值。所谓舆论，是指大家的言论，集体舆论是班集体多数成员的言论，而班集体正确的舆论就是班集体多数成员根据是非标准，对正确的言行予以肯定，对错误的言行予以批评和谴责。正确的集体舆论对集体成员有巨大的控制和教育作用，它会熏陶、感染和制约每个集体成员，它是集体的"凝聚力"，是衡量集体形成和巩固的重要尺度。所谓班风，顾名思义是指班级的风气，是班集体长期形成的，能影响其成员思想、行动和言论的一种共同的倾向。良好的班风是指班级学生普遍认同的，符合社会道德规范要求的价值观念、行为方式等。良好的班风反映出班级学生在观念、情感、意志、言行和精神风貌方面的一种健康的倾向。班风对班集体中的每个成员具有很强的影响力和约束力，是班级每个成员健康成长的重要条件。优良的班风是培养、巩固、发展班集体的重要手段。在集体中形成了正确的舆论与良好班风，集体才能识别是非、善恶、美丑，扶正抑邪，发扬集体的优点、抵制不良思想习气的侵蚀，才能使集体具有巨大的教育力量，成为教育的主体。这两者是一个坚强集体的重要标志。

四是培养班级健康的心理环境。心理环境是指具有积极健康的目标导向，能激发学生进取向上精神的环境。班级如果是一种积极的心理环境，就能对学生的发展起到心理上的暗示作用，让学生在班级生活中不断地受到自我激励和同辈群体激励，最终达到对现有发展水平的超越。

五、做好个别生的教育工作

班主任在工作中要做好个别教育工作，包括优秀学生的教育和需要帮助学生的教育工作。

班主任要善于发现和培养品学兼优的学生，教育时做到以下几点：一是要坚持全面发展的观点教育优秀学生。对优秀学生教育时，不能只看优点，或人为放大优点以掩盖缺点；在肯定他们长处的同时，也要指出其存在的问题。二是对优秀学生更要高标准，严要求。常言道"百尺竿头，更进一步"，要让他们做到谦虚谨慎，严格要求自己。三是要把握教育尺度。在对优秀学生进行表扬和批评时，既不能过分夸奖，使其有自满心理，也不能过度批评，损害其自尊心。

班主任在班级工作中，更要关注一些落后学生，要针对落后学生的实际情况，采取有效措施，帮助他们尽快转化。在工作中要注意几点：一是坚持正确的学生发展观。对落后生进行教育时，不能把他们看得一无是处，班主任要坚信任何学生身上都有闪光点，学生不是一成不变的，是处在发展变化过程中的，要相信教育转化工作的力量。二是保持落后学生的自尊心，培植他们的自信心。由于落后学生往往受到教师、家长的批评多，而且学习上受到挫折较多，自尊心、自信心受到伤害，容易产生破罐子破摔的思想。在教育过程中，班主任要非常注意保护他们的自尊心，要努力创设活动和条件，让落后学生能够不断体验成功喜悦。通过让学生获得成功的体验，进一步培养和增强落后学生的自信心，这是班主任转化落后学生教育工作的基础。三是努力掌握有效转化后进学生的技巧和方法。一方面班主任在教育转化落后学生过程中，要以诚心、耐心、信心，从思想、工作、学习、生活等各方面关心、感化和引导他们，启发觉悟，长善救失，坚持不懈地进行教育转化工作，从而唤醒他们心灵深处的自尊，使他们受到震动和影响，主动接受班主任的教育和帮助；另一方面班主任可以积极而科学地开展批评与自我批评，这是班主任对落后学生进行教育转化的有效方法。

第三节　班主任工作内容和方法

一、班主任工作的内容

（一）了解和研究学生

1. 班级学生基本情况

一是班级基本情况。包括学生总人数、男女生比例、班级学生来源、家长职业状况、文化程度、家庭经济条件、家庭结构等。二是班级学生的发展状况。如班级优秀、一般、需要教育帮助学生的人数比例，思想品德、行为习惯表现等不同层次比例，各不同层次表现的特点，学生状况、学习风气、班级学生优势和弱点，各科成绩、平均成绩、身心健康状况等。三是班集体发展状况。包括学生对班级目标的确认以及达标的努力状况；学生干部队伍的状况；学生自己管理班级的状况；班级中的人际关系；班级的规章制度建立和执行情况；班级的集体荣誉和凝聚力状况等。

2. 学生个人基本情况

一是学生的自然状况，包括学生的姓名、年龄、政治态度、思想观点、道德品质、行为习惯、兴趣爱好、智力水平、知识程度、学习能力和方法、性格特征、学习动机和态度，学生课堂学习情况，实践和操作活动情况，文体活动情况，学习潜质、身体素质、身高体重及健康情况。二是学生家庭状况，包括学生家庭住址，家长的职业、工作地点（单位）、文化水平、政治面貌、思想作风，家庭经济情况，家庭主要成员，学生与家庭成员的关系等。

班主任在研究学生时，既要了解学生一般情况，又要了解学生个性心理特征，还要了解学生在德、智、体等各方面发展情况和学生生活环境情况；了解时既要注意广度，也要了解深度。总之，职业学校班主任无论对学生个人还是学生集体，都要历史地、系统地和全面地了解和研究，同时还要处理好了解和研究二者之间的关系，了解是为了研究，研究需要了解，二者互为条件，互为补充，其目的是做好班级教育工作服务。

（二）合理组织班会活动

班会是班主任向学生进行思想品德教育，培养班集体凝聚力的一种有效形式和重要阵地，有计划地组织与开展班会活动是班主任的一项重要任务。

（三）课外活动、校外活动和课余活动的组织与指导

课外活动与校外活动是课堂教学的延伸、拓宽和补充，对培养学生的志趣、才能，锻炼学生的实践技能，丰富和活跃学生生活，促进他们德、智、体全面发展都有重要意义，因此，职业学校班主任要做好班级课外活动、校外活动和课余活动的组织与指导。

（四）安排与组织学生劳动

生产劳动教育是全面发展教育的重要组成部分，也是学校教育教学的内容。班主任要根据学校教学计划的规定，做好安排和组织工作。一方面做好准备工作，包括劳动准备、思想准备和组织准备。二方面做好组织与教育工作，使班主任与学生沟通渠道畅通，以利于班主任对学生的指导。三方面做好总结工作，抓好劳动总结是巩固全班劳动成果向学生进行思想教育的重要一环，班主任应当重视并动员全班学生搞好总结工作。

（五）协调校内外各方面对学生的要求

班主任要主动调节和统一校内外各方面对学生的要求，这是有效教育学生的重要条件，也是班主任工作的一项重要内容。班主任的这项工作包括如下两个方面：一是统一校内教育者对学生的要求。为了使校内各方教育要求互相配合，形成有利于学生身心发展的教育合力，班主任要根据教育目的和班级学生的实际情况，协调

和统一校内各方面对学生的要求。二是协调学校与家庭、社会对学生的要求。班主任是学校与家庭联系的纽带，他通过家访、书信、电话和家长会等形式，同家庭联系，做家长工作，与家长在教育学生上统一认识、要求和互相协作、配合；同时，班主任还要关注社会对学生的影响和要求，要善于将社会的积极要求转递给学生，促进学生的发展。

（六）学生品行评价工作

品行是指学生的德、智、体、美、劳等方面的综合表现。品行评价就是指对学生一个学期（或一个学年）的各方面发展变化情况的分析和评价。学生的品行评价一般在学期（或学年）结束时进行。步骤和做法大致是：先组织学生学习评定标准，回顾班级工作计划，进行初步自评；然后进行民主评定，并征求学科教师的意见，在此基础上，班主任把各种意见汇集后写成操行评语；在最后确定学生品行等级之前，将操行评语反馈给学生，进一步引导学生自评和征求意见。学生品行评价是班主任的日常工作。

二、班主任工作的主要方法

（一）了解和研究学生的方法

1. 观察法

观察法是直接了解和研究学生最常用的重要方法。职业学校班主任观察学生时，既可以采取在自然状态下进行的经常性观察，也可以进行有目的、有计划、有步骤的专项观察。经常性观察有三种做法：一是通过上课、课外辅导、考查考试、作业操作等直接与学生接触的教学环节观察学生。二是深入到学生的课余活动、生产劳动、团队活动、班集体文体及旅游活动中，广泛接触学生，与学生打成一片，在自然状态下观察学生。三是给学生布置特定的工作或学习任务，通过对学生完成任务的过程和结果的全程观察，以达到了解学生思想品德、工作能力和责任感、学习能力和态度等目的。专门性观察一般用于了解特殊学生的情况。职业学校班主任使用这种观察方法时主要的步骤是制订观察计划、进入观察领域、开始观察和记录、结束观察，分析观察记录等。

2. 谈话法

谈话法是班主任通过与学生面对面谈话来深入了解学生情况，是了解学生思想的基本方法。通过谈话法了解学生，可以打破使用观察法时所带来的时间和空间的限制，并且能够有目的地了解学生的各种情况。班主任与学生谈话时要做到：一是谈话前做好充分准备。包括确定谈话内容，明确谈话的目的；二是注意谈话过程的方式。谈话时要望、闻、问等方式有机结合，交替进行；三是注意学生个别差异性。班主任要善于根据每个谈话学生的个性特点进行，以增强谈话的针对性，提高谈话效果；四是注意谈话态度，这是谈话成败的关键。谈话时班主任态度必须真诚、亲切，做到动之以情，晓之以理；同时认真倾听学生的心声，与学生平等对话交流。

3. 资料分析法

资料分析法是班主任了解学生过去和现在情况的一种方法，是间接了解学生的方法之一。班主任查阅学生的资料包括三个方面：一是学生档案资料，如学籍卡、历年的成绩和品行评定记录、体检表、有关奖惩记载等；二是班级记录资料，如班级日志、班会和团支部会议记录等；三是学生的一些活动成果，如作业、作文、考试试卷、个人总结、日记等。这种方法优点是可以在较短时间内获得大量的学生信息。通过查阅资料，班主任不仅系统获得学生的学习、思想、生活、个性等方面的状况，还从中了解到其他任课教师教学的一些情况、学生的家庭情况等。通过查阅资料，班主任可以全面掌握学生综合发展的情况、历史和现状，把握学生未来发展的趋势等。同时班主任还可以与观察及谈话获得的情况相互参考或印证。班主任查阅学生资料时：一要熟记和摘录重要信息，以方便以后工作；二要将第一手材料与第二手材料有机结合；三要注意鉴别材料的真实性；四要做好保密工作，以保护学生的隐私。

4 访谈法

访谈法是一种间接了解学生的方法，它是班主任通过访问相关人员，了解学生情况，并将了解的情况与已获得的情况进行比较和印证。班主任访谈的对象一般包括：当事人的同学或同伴、任课教师、有关领导、家长、当事人在社会上常接触的人。班主任访谈可采用的方式有单独谈话、开座谈会、书面问卷、电话采访等。

5. 整体研究和个案研究

班主任要对调查了解的情况进行分析和研究，一般包括整体研究和个案研究两种方法。

整体研究是班主任对全班学生情况进行分析和研究，把握班级的整体情况。整体研究时，班主任要把班集体看作一个整体，多角度地研究学生。整体研究时班主任应注意如下问题：一是对班级全体学生要做出总体评估，分清班级状况的主流与支流；二是对班级学生的具体问题作具体分析；三是对班级存在的问题进行分析时要实事求是、合情合理；四是要用全面、发展的眼光认识班级存在的问题。整体研究是职业学校班主任开展工作的基础。

个案研究是班主任在对班级状况进行整体研究的基础上，对班级中的个别学生或个别事件采取的进一步研究的方法。这种方法主要适用班级较个别的学生，如班级非常优秀的学生或较落后的学生。个案研究是借鉴心理学的个案研究法。班主任使用个案研究，是为了进一步分析班级个别学生的自身身心发展状况、思想现状、家庭及社会对其影响等方面情况，以利于班主任更好地对他们因材施教，促进个别学生的健康发展。

6. 社交测量法

这种方法又称莫雷诺社交测量法。通过这一方法，可以使教师了解班级中人际关系和团体结构的状况。具体做法是，让班级的每个学生根据自己意愿选择愿意或不愿意同某些同学共同工作、学习、游戏、交往等，每个学生被选择次数的多少，就是衡量其在班级中地位的指标。这种方法所提供的社交方面的客观指标也是了解班级非正式小团体结构的一种迅速而有效的方法。

7. 集体主义自决法❶

这是一种通过对集体进行测量，以了解集体发展的水平、个人对集体的态度的

---

❶ [苏联] 彼得罗夫斯基. 普通心理学 [M]. 朱智贤等，译. 北京：人民教育出版社，1981：158.

方法。这种方法通过对前后两次被试者就主试人所提出问题作出肯定或否定的表态进行分析，可以看出团体中哪些人因受团体的影响而表现出受暗示性、顺从性；哪些人则表现出遵循理想、目标和价值定向，对任何影响（包括团体的影响）持有选择态度，个人有能力在冲突情况下，抗拒与集体目的和价值相矛盾的"团体压力"，这就是集体主义自决，也是集体形成的标志。

教师在了解和研究学生时，要注意通过多种方法，从不同侧面掌握教育对象的情况，这是做好班级教育工作的前提，也是提高教育工作效率的条件。

（二）班主任的自我教育

班主任作为一种教育因素，对班集体和学生都会产生影响。一方面班主任以自身修养为基础，通过自己的价值观念、人品、学识、态度、行为习惯等潜移默化地感染班级学生；另一方面班主任通过做好班级管理工作，使学生受到更多更好的教育。班主任在促进学生发展的同时，又要不断发展和完善自身。同时班主任的自我发展意识也是影响其做好班级工作的重要因素。因此，一个有事业心的班主任，应该认真学习教育管理理论，潜心研究班级管理工作，及时更新教育管理理念，不断调整班级管理策略。此外还要不断加强自身修养，以自身的素质树立榜样，以实际行动来教育学生。基于此，班主任自我教育提出以下建议：一要主动构建新型的知识结构；二要不断提高自身的文化修养；三要有较高的教育理论素养；四要有较强的人格魅力；五要有自我教育、自我约束的能力。

第四编

德育论

　　德育理论简称德育论，它研究德育的一般问题，揭示青少年思想品德教育的客观规律，确定德育的任务和内容，探讨德育的过程以及实施德育原则、方法和途径等，以指导德育实践。因此，对德育的研究和探讨十分必要。

第十七章　德育的任务和内容

德育理论是教育理论的主要组成部分，德育也是我国学校教育的重要工作。

第一节　德育概述

一、德育的概念

（一）德育的定义

1. 我国古代德育的含义

在我国，"德"字早在商朝的甲骨文中就已经出现了。"德"，在汉代许慎的《说文解字》中解释为"升"，在清代段玉裁的《说文解字注》中解释"升"为"登"（"登"读作"得"），"德"意为用力徙前。段玉裁的《说文解字注》说："内得于己，身心自得也；外得于人，谓惠泽使人得之也。"❶ 这里"德"即"得"，"得"通"德"，"得""德"相通。朱熹对德行的解释是："得之于心，故谓之德"，"施之于身，故谓之行"。❷ "德"指的是人的内在思想、感情及其外在行为表现的善心善行，即合乎道的思想行为。"育"在许慎的《说文解字》中解释为"育，养子使作善也"，育是涵养熏陶品德，是培养人的品德，即培养人的善心善行。在我国古代教育史上，与"德""育"或"德育"意义相同、相近、相似的字、词，有"教""道""学""教育""教学"等。

可见，我国古代"德"的基本含义是指人的合乎道即符合事物发展规律、社会规范的内在思想、感情和外在行为。"育"的基本含义是指培养人的品德，即培养人的善的内在思想、感情和外在行为。

2. 德育的定义

德育作为人的全面发展教育的重要组成部分，是人类最早的教育现象之一。最广义的德育，泛指一切影响人的品德的活动。

一般说来，德育是教育者和受教育者传习一定的社会意识、社会规范，形成受教育者一定品德的活动。

具体说来，德育是教育者根据一定社会或阶级的要求和受教育者品德形成发展的规律，在教育者施教传道和受教育者受教修养的相互作用过程中，将一定社会或

---

❶　转引自胡厚福. 德育学原理［M］. 北京：北京师范大学出版社，1997：103.
❷　孟宪承. 中国古代教育文选［M］. 北京：人民教育出版社，1979：274.

阶级的思想政治准则和法纪道德规范转化为受教育者思想、政治、法纪、道德品质的活动。用通俗形象比喻的话说，德育是教人学做人的活动。简言之，德育是培养人的品德的活动。

学校德育，是指教育者根据一定的社会要求和青少年思想品德发展规律，有目的、有计划、有组织地发展受教育者的思想、政治、道德、法纪、心理等方面素质的系统活动。

我国德育组成部分有不同的观点，"一要素说"认为德育就是道德教育；"二要素说"认为德育就是思想政治教育的同义语；"三要素说"认为德育就是思想政治教育和道德品质教育，或者说是"政治教育""思想教育""道德教育"；"四要素说"认为在政治教育、思想教育、道德教育之后还应加一项法纪教育；"五要素说"主张在上述四要素之后还应加上心理健康教育。

实际上，我国的德育是"大德育"。从内容范围上看，德育包括道德教育、思想教育、政治教育、法纪教育和心理健康教育五个方面。道德教育指道德品质的培养；思想教育指世界观、人生观、价值观等方面的教育；政治教育主要是政治立场、政治态度等方面的教育；法律教育指学法、懂法、守法的教育；个性心理品质教育指品格、意志、性格等方面的教育。

需要指出是，随着社会的发展，德育的内容和任务可能会越来越多，比如青春期教育、职业和生活指导教育等已经进入德育范畴。而在西方社会，比如美国，德育（moral education）仅指道德教育。

从学校德育的目的上看，德育一方面要使个人的思想、行为逐步适应一定的社会要求，为社会所接受，即个体道德的社会化；另一方面要使一定的社会要求为个体所接受，将社会道德个体化。目的性是学校德育区别于一般社会影响的根本标志，其目的就在于使受教育者养成符合一定社会要求的思想品德。

从学校德育的性质看，德育是被一定社会条件决定的。首先具有历史性，即德育以一定社会意识和道德规范为内容，随着社会制度的变革而变革；其次具有阶级性，即在阶级社会里，人们总是按照自己阶级的利益、愿望和要求去培养教育人们，使之成为符合本阶级利益和意志要求的思想道德行为主体；再次具有历史继承性，即历史上又存在一些人类共有的思想道德规范。我们是社会主义国家，我们学校的德育必须是社会主义性质的德育，培养学生的社会主义品德，为社会主义建设服务。

（二）德育的任务

我国学校要以立德树人为根本任务，具体完成以下任务。

1. 弘扬和培育以爱国主义为核心的伟大民族精神

以增强爱国情感为起点，对广大青少年深入进行中华民族优良传统教育和革命传统教育、中国历史特别是近现代史教育，引导广大青少年充分了解中华民族的历史和优秀传统，懂得近代以来中华民族的深重灾难和中国人民进行的可歌可泣的英勇斗争，使青少年从小树立身为中国人的民族自尊心、自信心和自豪感。

2. 树立和培育正确的理想信念

以确立远大志向为目标，加强对广大青少年进行我国革命、建设和改革开放的历史与国情教育，引导广大青少年正确认识社会发展规律和国家的前途与命运，能够把建设祖国、振兴中华的光荣使命作为自己人生奋斗目标，自觉践行社会主义核心价值观，自觉把个人的成长与建设新时代中国特色社会主义伟大事业和祖国的繁荣富强紧密联系在一起。

3. 养成良好道德品质和文明行为习惯

以规范行为习惯为出发点，大力普及爱国守法、诚实守信、团结互助、勤俭自强、敬业奉献等社会主义基本道德规范；积极宣传集体主义精神和社会主义人道主义精神，引导广大青少年牢固树立心中有祖国、心中有集体、心中有他人的观念，懂得自觉遵守社会公德，养成文明生活的基本素养，学会与人、与社会、与自然和谐相处。

4. 促进青少年的全面发展

以提高基本素质为切入点，积极培育青少年的劳动意识、创新意识、公平意识、环保意识和法律观念，大力培养他们的进取精神和科学精神，努力增强他们的动手能力、自主能力和自我保护能力，引导青少年保持朝气蓬勃、精力充沛和积极向上的精神状态，鼓励他们奋发有为、刻苦学习、大胆创新、勇于实践，使他们的思想、道德、文化、心理素质和身体素质得到全面提高。

延伸阅读：

我国中小学德育任务及目标

小学德育是社会主义精神文明建设的奠基工程，是我国学校社会主义性质的一个重要标志。它贯穿于学校教育工作的全过程和学生日常生活的各个方面。中共中央办公厅、国务院办公厅在《关于适应新形势进一步加强和改进中小学德育工作的意见》中指出，小学德育工作主要是对学生进行以"爱祖国、爱人民、爱劳动、爱科学、爱社会主义"为基本内容的社会主义公德教育、社会常识教育和文明行为习惯的养成教育。中小学都要加强心理健康教育，培养学生良好的心理品质。通过加强法制教育，不断增强学生的法制意识和法制观念，使他们从小就养成遵纪守法的良好习惯。以此为依据并以《小学德育纲要》中制定的德育目标为基础，小学德育总体目标应是：培养小学生初步具有爱祖国、爱人民、爱劳动、爱科学、爱社会主义的思想感情和良好品质；遵守社会公德的意识和文明行为习惯；良好的创造个性品质；良好的意志品格和活泼开朗的性格；自己管理自己，帮助别人，为集体服务和辨别是非的能力。为使他们成为有理想、有道德、有文化、有纪律的跨世纪人才，奠定初步的思想品德基础。

中学德育目标是中学德育工作的核心，中共中央办公厅、国务院办公厅在《关于适应新形势进一步加强和改进中小学德育工作的意见》中指出，中学德育的基本任务是把学生培养成为热爱社会主义祖国的具有社会公德、法制意识、文明行为习惯的遵纪守法的公民，引导他们逐步树立正确的世界观、人生观和价值观，不断提高爱国主义、集体主义和社会主义思想觉悟，为他们中的优秀分子将来能够成为共产主义者奠定基础。以此为依据，以《中学德育大纲》明确提出的德育目标为基础，按照整体构建学校德育体系关于德育目标体系构建的原则和要求，中学阶段的总体德育目标应是：热爱祖国，具有民族自尊心、自信心、自豪感；立志为祖国的社会主义现代化建设而努力学习；初步树立公民的国家观念、道德观念、法制观念；

具有良好的道德品质、劳动习惯和文明行为习惯；遵纪守法，懂得用法律保护自己；讲科学、不迷信；具有自尊自爱、诚实正直、积极进取、不怕困难、开拓进取等品质和一定的分辨是非、抵制不良影响的能力。

高中（中职）学生已经步入青年，基本完成由少年向青年的转变，这一阶段的德育对于高中（中职）学生而言尤为重要。中办、国办在《意见》中指出，中学特别是高中，要注重有针对性地对学生进行马列主义、毛泽东思想和邓小平理论基本观点教育，辩证唯物主义和历史唯物主义基本观点教育。要加强国情教育，帮助学生了解我国改革开放以来取得的巨大成就，正确认识当前存在的矛盾和困难，以及党和政府努力解决这些问题的决心和措施，进一步坚定社会主义信念。职业学校还要加强职业道德教育、职业理想教育和创业教育，帮助学生树立正确的择业观、创业观，培养良好的职业道德素养。以此为依据，以《中学德育大纲》提出的德育目标为基础，高中（中职）阶段德育总目标是：教育学生热爱祖国，具有报效祖国的精神，拥护党在社会主义初级阶段的基本路线；初步树立为建设有中国特色的社会主义现代化事业奋斗的理想志向和正确的人生观，具有公民社会责任感；自觉遵守社会公德和宪法、法律；养成良好的劳动习惯和职业道德，健康文明的生活方式和科学的思想方法，具有自尊自爱、自立自强、开拓进取、坚毅勇敢等心理品质和一定的道德评价能力、自我教育能力。

——摘自詹万生主编《整体构建德育体系总论》，教育科学出版社 2001 年 4 月版，第 290 页、293～294 页、296～297 页。

二、学校德育的基本功能——人格塑造

德育的功能主要包括社会功能和个体功能。德育不仅促进社会发展、进步，而且可以促进个性充分发展，使个体获得自我实现的满足，得到精神上的愉悦和享受，主体意识得到积极发挥。个体功能是基础，社会功能是建立在个体功能基础上的。过去学校德育工作的失误和低效，很大程度上在于没有很好地重视学校德育的个体功能，而是一味地求高、求大，忽视了德育的基础和根本功能。

从德育的个体功能来看，德育就是育德，是构建一种道德境界。具体到学校德育，就是形成学生正确的道德认知和道德观念，培养他们的道德情感和道德习惯，树立他们的道德信仰，使学生自觉产生道德行为。所以，德育的基本功能就是塑造完善的人格。

人格是具有一定倾向性的心理特征的总和，主要是个体能力、性格、气质、动机、兴趣、理想、信念、态度等方面的特征，体现一个人的整个精神风貌。品德是个人的道德品质，是个人依据一定的社会道德原则和规范行动时所表现出来的稳固的心理特征和倾向，是个体与外部环境作用的产物。品德与人格在形成过程中是相互依存的。离开了个体的气质、性格等人格因素，品德就无法凭空产生。相反，没有相应的品德的形成，人格的形成就会失去方向和灵魂。因此，德育所要培养的品德就不能仅仅局限于反映社会意识的道德品质、政治品质和思想品质，还必须包含个性的心理品质，如气质、性格和品德等方面，德育的实质就在于塑造学习者完善的人格。

道德教育的最高目的就是完善人格的追求。因此，德育的根本功能在于人格塑造。

三、时代特征与学校德育

随着我国改革开放，我国社会的各个领域都发生深刻的变化，在人们物质生活大大提高的同时，人们的价值观念也发生变化，这些对我国传统的学校德育提出挑战。

（一）与市场经济体制相适应的社会主义道德体系有待完善

改革开放以前，我国长期实行计划经济体制，并在此基础上形成相适应的道德体系。但社会主义市场经济建立后，大大促进了人们思想解放，产生了一些新观念，如竞争观念、开放观念、民主与法制观念等。与此同时，人们的价值观念也发生改变，例如义利观的转变，由原来重义轻利转变为义利兼顾、合理得利、见利生义，现在人们主张合理的个人利益应该得到满足和保护。可见，人们的价值取向多元化。

同时，由于社会主义计划经济向社会主义市场经济转轨过程中，经济环境的混乱和新旧观念交替，导致"道德真空"出现，社会出现道德滑坡现象。金钱至上、极端个人主义、享乐主义，及黄、赌、毒、腐败等现象蔓延。因此，社会主义市场经济体制下的道德体系的建立和完善，是时代发展给学校德育提出的课题。

（二）科技的功利性使人对道德与科学关系的认识产生分歧

第三次工业革命给人们的生活带来巨大的改变，科学技术在改善和提高人们生产和生活条件方面产生的巨大作用，使人们在感叹科技力量伟大之时，又会出现对自身尊严与价值的低看的现象。一种观念认为，科技的发展必然带来道德沦丧；另一种观点认为，科技的发展必然促进道德水准的提高。因此，如何看待科技进步与社会道德的关系是时代留给学校德育的又一个课题。

（三）开放的社会信息传播造成文化环境优劣并存

由于计算机网络的应用与普及，人们在享受其快速获取信息优势的同时，以网络作为平台的开放性信息世界也呈现在青少年面前，传播着各种健康与非健康的信息。越来越多的沉迷于网络游戏和受网络色情、暴力信息毒害而犯罪的青少年问题直面挑战学校德育，学校德育又该如何有效抵御网络信息对青少年的不良影响呢？这是迫切需要解决的又一问题。

（四）经济全球化趋势与民族性和国际性教育

当前经济全球化趋势越来越影响着我们的工作和生活，不同文化传统、价值观念、生活方式在相互交流与碰撞。如何使青少年守住中国本民族优秀文化传统和价值体系？如何使青少年尊重和包容不同质文化的价值观念，以开放的姿态应对国际事务也是学校德育要解决的问题。

上述时代发展现状，对学校德育提出了现实的问题，需要学校德育积极、认真应对这些挑战。

四、当代学校德育问题与对策思路

面对当前社会的快速发展，我们学校的德育必须与时俱进，但是，我们学校德育仍存在一些不足，表现在：第一，学校道德教育价值取向与学生现实取向的功利化相对立；第二，学校德育效果大大低于社会多元化对学生的影响；第三，学校德育目标脱离实际；第四，学校德育关注道德知识的灌输，忽视道德情感、道德意志及道德行为的实际锻炼。针对上述问题，学校德育建设的对策是：

（一）建立多样化的德育模式

社会生活的多样化，使得德育必须突破单一模式，走向多样化。多样的教育培养目标，多样的教育内容，多样的教育形式，多样的教育手段和方法，已经越来越多地被人们所接受。

多样化德育模式的建立，至少应贯穿两种思想：第一，教育者要改变以往思维模式，要与青少年共同研究德育问题。教育者必须紧跟时代步伐，不应用原有眼光看待新问题。第二，要树立青少年在道德教育中的主体地位。要"目中有人"。

（二）引导青少年建立社会主义的主导价值观

社会必须有主导的价值观，而学校承担着弘扬社会主导价值观的责任。第一，要重视发展青少年的道德思维和探究能力，使他们具有鉴别和获取社会主导价值观的能力。第二，教师在新形势下要自觉地与社会主义价值观保持一致，通过言传身教影响学生主导价值观的建立。第三，学校应整合全社会的德育力量，形成尽可能大的德育合力，以优化影响德育效果和环境。

（三）加强德育实践活动

青少年思想品德的形成离不开社会实践和道德活动，道德活动是促进外界德育影响转化为学生自身思想品德的基础。学校德育实践活动应体现以下要求：第一，学校开展各项德育实践活动时，要想方设法吸引青少年参加。第二，德育实践活动要激发青少年的主体性及对实践活动的兴趣和愿望，促进他们积极进行自我教育。第三，创造条件让青少年走向社会，让社会成为德育的实践基地，在社会服务中体验道德情感，收获道德行为。

（四）思想品德教育要有层次性

由于青少年身心发展具有个体差异性，他们思想品德形成必然会存在差异性和层次性，学校道德教育也应该有差异性和层次性，形成不同年龄阶段实施不同目标内容的思想品德教育序列。第一，真正贯彻落实现行中小学德育目标。第二，针对中小学学生特点开展德育，注意不同阶段德育的衔接工作。

第二节　德育内容

德育内容是学校进行思想品德教育的依据，是完成德育任务、实现德育目标的重要保证。党和国家的方针、政策是国家和社会对学校教育工作的总要求，直接影响学校教育的培养目标，也必然影响学校的德育内容。因此，学校德育内容必然遵循党和国家的方针和政策。2002年1月中共中央办公厅、国务院办公厅下发的《关于适应新形势进一步加强和改进中小学德育工作的意见》，2004年2月中共中央、国务院下发《中共中央国务院关于进一步加强和改进未成年人思想道德建设的若干意见》，2014 年教育部印发了《关于培育和践行社会主义核心价值观 进一步加强中小学德育工作的意见》和 2018 年习近平总书记在全国教育大会上的重要讲话以及教育部发布《中小学生守则（2015 年修订）》《小学生日常行为规范》和《中学生日常行为规范》等，这些都是我国中小学德育内容的重要依据。

我国学校德育的内容包含两个层次。一是我们要注重德育的现实性。这就是说，现阶段的学校德育要反映社会主义初级阶段的社会特征，德育内容体现社会主义社会公民应具有的道德品质。在学校中，为建设社会主义现代化国家服务，是对青少年学生的基本要求，要求学生普遍遵循、切实做到，并养成所需的品德。二是我们也要讲德育的理想性。这就是说，我们的德育也要注重社会主义向共产主义高级阶段前进的历史运动，提倡共产主义的理想和精神，鼓励学校中有这种追求的优秀学生学习和实践。总之，第一层次是现实的、基础的、要求普遍遵循的，是面向全体学生的；第二层次则是理想的、提高的，是面向学生中优秀分子。

一、爱国主义教育

爱国主义是中华民族的优秀历史传统，它是人们长期形成的对自己祖国的一种最深厚感情或热爱态度。爱国主义是一个历史范畴，具有历史性。同时，在阶级社会中具有阶级性，它在社会发展的不同历史阶段和不同的国体国度里具有不同的内容。但各个历史时期，爱国主义也有共同的内容，如维护国家主权和领土完整、反抗侵略、保护和发展民族文化等。我国爱国主义是中国共产党领导下的全国人民对社会主义祖国深切热爱的情感，是为祖国的独立、统一、繁荣、富强贡献自己一切的崇高精神。同时，它也和国际主义紧密结合，反对霸权主义，维护世界和平。爱国主义是团结我国各族人民的巨大内聚力，是全国人民和青少年都要具备的基本品德。

（一）培养青少年热爱祖国的深厚感情

要引导青少年从热爱家乡、母校、亲人、师友、祖国风光等周围事物开始，逐步了解和热爱祖国的悠久历史，灿烂文化，勇敢、勤劳、智慧的各族人民，形成他们与祖国人民同呼吸、共命运的情感和祖国利益、人民利益高于一切的思想。

（二）教育青少年增强国家和民族的意识

教育青少年不要忘记自己是中国人、炎黄子孙，有中华民族的自豪感，培养青少年国家意识和公民意识，有"国家兴亡、匹夫有责"的义务感，要引导青少年了解中国是一个多民族国家，要尊重兄弟民族，遵守民族政策，维护民族团结和祖国的统一。

（三）发扬国际主义精神，维护世界和平

要使青少年懂得爱国主义与国际主义是密切相关的。中国的建设和发展是世界发展的一部分。要教育青少年关心国际形势，同世界各国人民和平友好、平等互利，互相支持与学习，为反对霸权主义、维护世界和平、争取全人类进步而斗争。

二、革命理想与革命传统教育

理想是人们对未来美好事物、生活或目标的想象、向往和追求，是人生的奋斗目标，是人们奋进的巨大动力。理想不同于空想或幻想，它是人们建立在对事物发展客观规律科学认识基础上的、经过奋斗可以实现的事物或目标的想象或希望。青少年富于理想，理想是他们形成人生观和世界观的起点，因此要引导他们树立远大理想。

理想教育与革命传统教育有很紧密的联系。我国老一辈无产阶级革命家为实现建立新中国的理想进行长期、艰苦的斗争，他们留下了不怕牺牲、艰苦朴素、勇于奉献等优秀革命传统。今天，我们在建设富强、民主、文明的社会主义现代化国家时，仍然要继承和发扬革命传统。

（一）引导青少年树立远大的理想

要加强对青少年进行个人理想教育，对青少年进行正确的个人理想导向。要引导学生把个人理想与自己的特长、兴趣和祖国的需要结合起来。同时，要教育青少年正确认识社会发展的客观规律和人生的崇高意义，从而使他们的理想建立在科学世界观的基础上。

（二）教育青少年继承和发扬革命传统

要通过各种形式，使青少年具体认识和感受老一辈革命家为实现革命理想而进行艰苦卓绝斗争的历史，让他们深切了解前辈留下的宝贵的光荣传统，使他们懂得只有继承和发扬革命的优良传统，才能把老一辈开创的革命事业推向前进，也才能完成我国各族人民建设有中国特色的社会主义，把我国建设成为高度文明、高度民主的社会主义现代化国家和经济接近发达国家水平的共同理想。

（三）使青少年将远大的理想与个人的学习、实践紧密联系起来

理想是美好的，但实现理想的过程是艰辛和曲折的。一方面，要教育青少年从大处着眼，从小处着手，从我做起，从现在做起，从身边的每一件事做起，要把远大理想与日常的学习和生活联系起来；另一方面，要引导青少年参加各种形式的社会实践活动，在实践中，不断丰富充实自己的理想。

三、集体主义教育

集体主义是社会主义和共产主义道德的核心，是区别于一切非无产阶级道德的根本标志。集体主义反映无产阶级和劳动人民的整体利益，是体现个人利益和社会集体利益的辩证统一。在我国，集体主义是处理社会主义成员之间以及个人、集体、国家之间关系的根本原则和基本行为准则，它制约着社会主义道德的其他规范和范畴，是学校道德教育的核心内容。

（一）培养青少年具有为人民服务的思想

使青少年正确地认识个人、集体、国家之间的关系，懂得社会主义社会里个人利益与集体利益在根本上是一致的。要兼顾个人利益和集体利益。要形成集体主义的观点和情感，树立大公无私、为人民服务的思想，当个人、集体、国家利益相冲

突时，个人利益要服从集体和国家利益。反对和抵制个人主义、自私自利等思想影响。

（二）教育青少年关心热爱集体，养成集体生活的良好习惯

要帮助青少年树立集体荣誉感和责任感。要对青少年因势利导，教育他们既要尊重自己的人格权利，爱惜自己的身体和名誉，又要关心和尊重他人的人格和权利，同情和关心他人的困难、疾苦，要互助友爱、乐于助人，勇于承担集体工作，自觉维护集体的荣誉，能与危害集体的行为作斗争，成为集体的积极成员。

要教育青少年习惯于集体生活，养成个人服从集体、少数服从多数、执行集体决议、自觉遵守集体纪律的习惯，培养在集体中自己管理自己的能力和为集体服务的独立工作能力，使集体成为发展青少年个性、施展他们个人聪明才智的舞台和天地。

（三）养成尊重群众的观点

要通过集体活动，使青少年逐步学会联系群众、团结群众和依靠群众搞好工作和活动。要学会善于听取群众意见和建议，避免主观武断、脱离群众。要学会"从群众中来，到群众中去"的工作方法，养成相信、尊重和依靠群众的观点。

四、劳动教育

劳动教养是让青少年树立正确的劳动观点和劳动态度、热爱劳动人民、养成劳动习惯的教育。生产劳动是人类社会赖以生存和发展的基础，群众是创造历史的主人。在原始社会中，人唯有劳动才能生存。但阶级出现后，脑力劳动和体力劳动的分离和对立，出现剥削阶级看不起劳动和劳动者的社会现象。而在社会主义中国，人民当家作主，劳动是每一个公民的权利和义务。各尽所能、按劳分配是社会主义的基本原则。每一个有劳动能力的公民都应以自己的辛勤劳动为社会主义现代化建设作出贡献，并以自己的诚实劳动获取应得的合法的劳动收入，以维持自己及其家庭的生存与发展。

同时，我国多年来实行独生子女政策，独生子女普遍被父母娇生惯养，缺乏劳动意识和习惯，如不加强劳动教育，必将影响我国未来劳动者的培养。

（一）教育青少年热爱劳动和劳动人民

要教育青少年热爱劳动、热爱劳动人民、爱护公共财物，培养劳动人民的美德。组织青少年参加多种社会活动，比如生产劳动、社会公益劳动、自我服务劳动等，培养他们的劳动习惯。帮助青少年树立以劳动为荣，以好逸恶劳、贪图享受、奢侈浪费为耻的良好风气。

（二）教育青少年勤奋学习，树立爱科学、学科学的良好风气

教育青少年要树立爱科学、学科学、用科学的新风气。让青少年懂得学习也是一种劳动，是一种紧张而又复杂的脑力劳动，也需要付出艰苦的意志努力。教育青少年要通过勤奋学习科学文化知识，磨炼自己的意志品质，形成自己的良好品质，掌握建设社会主义现代化的本领，为将来参加社会主义现代化建设做好准备。

（三）教育青少年正确对待升学和就业

要引导青少年正确认识和对待社会的劳动分工。毕业后无论升学还是就业都是

国家的需要，都是光荣的。使他们懂得劳动只有岗位之分，没有高低贵贱之分，无论到哪一岗位都是为社会、国家和人民作贡献。

五、民主、纪律与法制教育

纪律是指一定社会条件下，一定的阶级、集团、团体对其成员提出的必须共同遵守的秩序、规则、章程等。社会主义社会实行的自觉纪律是建立在个人、集体和国家利益基本一致以及人们对社会的高度责任感和充分认识到遵守纪律的基础上的，是依靠人们内在信念维持的、独立的、主动的、自觉自愿遵守的纪律，是同志式的、团结互助的纪律，也是真正严格的铁的纪律，社会主义学校纪律既是学校顺利进行教育教学活动的重要条件和保证，又是培养具有高尚的道德品质的一代新人的重要条件和方面。

民主是一个历史的和阶级的概念。在人类历史上，民主和自由、平等、博爱的观念，是新兴资产阶级和劳动人民在反封建专制制度的斗争中形成的，是人类精神的一次大解放。但资产阶级民主是为维护资本主义制度服务的。社会主义为实现人民当家作主，将把民主推向新的历史高度。民主和法制不可分。法制通常理解为法律和制度。社会主义法制体现人民的意志，保障人民的合法权益，调节人们之间的关系，规范和约束人们的行为，制裁和打击各种危害社会的行为。1988年12月25日《中共中央关于改革和加强中小学德育工作的通知》中指出："要从小学开始进行民主、法制和纪律的教育。"江泽民同志在2000年2月1日发表的《关于教育问题的谈话》中也指出："要经常地在学生中开展纪律法制教育，增强他们的纪律法制观念，使他们懂得遵纪守法的道理。"我们要建立民主法制的社会主义国家，应当对青少年一代加强法制纪律教育。

民主、纪律与法制教育的主要内容是：

（一）培养青少年的民主思想和参与意识

要逐步提高青少年的民主思想，懂得民主就是尊重人，维护人的合法权益，允许人进行独立思考和发表不同见解，以发挥人的积极性与创造性。要使青少年了解民主的程序，懂得民主的权利，能够运用少数服从多数、下级服从上级的民主集中制，善于通过民主的方式来处理问题，正确解决民主与集中、自由与纪律的关系。要培养青少年的参与意识，鼓励他们关心班级和学校工作，提出合理化建议，积极参与民主管理和监督，主动关心国家大事。

（二）要求青少年掌握法律常识，严格遵纪守法

青少年已是社会的积极成员，开始广泛地参与社会生活，进行社会交往，他们应当懂得遵守法纪。否则，在不良思想行为的影响下，他们中少数品德和意志薄弱者就可能违法犯罪，为此，有必要对青少年加强法制教育。要有计划地向青少年普及法律基础知识，引导他们从遵守公共秩序、交通规则等做起，严格遵守国家的法律。

（三）提高青少年对自由与纪律的认识，养成遵守纪律的习惯

正确理解自由与纪律、民主与集体的关系，提高遵守纪律的自觉性。教育青少年严格执行纪律要求，在学校要听从教师的教导，履行学校和教师的要求，自觉遵

守学校的各项规章和制度。在校外能遵守社会公德，维护公共秩序，具有高度的纪律性，能自觉地与无纪律的不良现象作斗争。

六、科学世界观和正确人生观教育

世界观是人们对待世界的根本态度，包括对事物所持的基本观点和方法。它对人的思想与行为起着最高层次的调节作用，形成科学世界观是人生极为重要的问题。人生观是世界观的一部分，是人们对待人生问题的根本观点和态度。人生观影响人们的思想和行为，制约人们对人生方向与道路的选择。形成正确的人生观十分重要。在阶级社会里，不同阶级有不同的世界观和人生观。辩证唯物主义是无产阶级世界观，无产阶级人生观是人类历史上最进步最高尚的人生观，是无产阶级世界观的组成部分。

（一）对青少年进行辩证唯物主义和历史唯物主义基本观点教育

要使青少年懂得一点唯物论和辩证法，知道世界是物质的，精神是物质的反映，要尊重事实，相信科学，实事求是，注意按客观规律办事，不迷信，不主观，不意气用事。知道实践是认识的源泉、途径，是检验真理的标准，使他们重视实践，注意将理论学习与实践活动结合起来。懂得事物是对立统一的，相互联系、相互作用，并且是不断发展变化的，学会全面地、发展地看问题，对具体问题作具体分析，克服绝对化、片面性。懂得社会发展的规律，学会初步运用唯物史观分析社会历史现象。

（二）教育青少年认识人生的崇高目的和意义

使青少年明确人生的最大价值在于为祖国、为人民、为人类作出贡献，推动社会进步。帮助青少年树立实事求是和革命乐观主义的人生态度，树立正确的生死观、苦乐观、荣辱观等，正确处理好个人前途和国家前途、当前利益和长远利益的关系，正确对待和处理学习、工作、理想、事业、友谊、荣辱、幸福和生死等人生课题。还要进行生活方式教育，生活方式应文明、健康、科学，确立正确的生活目标和态度，善于利用闲暇；通过有益的活动，促进个性和谐发展。

七、人道主义和社会公德教育

人类在长期的共同生活和交往中逐步形成了公共的道德风尚，主要有文明行为和人道主义等。这些道德是人类共有的基本美德，既是人类自身发展和自我完善的道德基础，也是社会发展与进步的重要条件与标志。特别是人道主义，是一种重要的公德。它主张尊重人、信赖人，提倡人与人之间的友爱、平等与互助，重视人的价值与地位，强调发展人性。

（一）教育青少年发扬社会主义人道主义精神

要引导青少年从小懂得尊重人、爱护人、平等待人，对人的困难、疾苦和遭遇不幸富有侧隐和同情之心，能善意对人，热情待人，乐于助人；使他们懂得尊老爱幼、帮助鳏寡孤独和残疾人；还要教育他们为了主持正义、保护善良，敢于挺身而出，扶正压邪、除暴安良，维护社会的共同利益，具有社会主义人道主义精神。

（二）培养青少年的文明行为

要严格要求和反复训练，使青少年具有基本的文明行为，如讲规矩，有礼貌，爱整洁，尊敬师长，说话和气，举止文雅、大方，语言美、行为美等。要帮助青少年提高对文明行为的认识，感到它的价值，养成文明的习惯，能够自觉抵制和明确反对不文明的行为。

（三）帮助青少年养成良好的品质

要使青少年懂得养成良好的基本品质，是一个人提高修养的基础，是他在事业上取得成就的重要条件；要引导青少年日常注意锻炼自己的基本品质，形成诚实、热情、谦虚、朴素、勇敢、果断、沉着、耐心等优良品质。

八、心理健康教育

现代社会生活一个显著特点是发展迅速，变化复杂，竞争激烈，生活和工作节奏加快，对每个人来说，不但机遇与挑战同在，而且往往成功与挫折并存，这就需要有较强的心理适应性和心理承受力，对于生活在社会转型的年代而且大多为独生子女的青少年来说，拥有健康心理就显得格外重要。

随着改革开放和市场经济的发展，青少年在升学、择业和人际关系方面出现了新的困惑，他们的心理承受能力和适应能力不足，往往出现悲观、失望、沮丧、怅惘、忧郁、自卑等不良心理状态，造成神经衰弱、精神分裂，甚至出现自杀现象。因此，广大青少年非常需要心理健康教育。

心理健康教育是对青少年进行有关心理健康方面的知识性教育、咨询性教育和良好行为训练。其目的在于培养学生良好的心理素质，提高他们的身心健康水平，促进他们全面而和谐的发展。

（一）培养青少年的人际交往和合作能力

帮助青少年建立人与人之间完全平等和相互依存的观念，教育他们保持和谐的人际关系，乐于与人交往，能够以尊重、信任、友爱、宽容和谅解的积极态度与他人相处共事。与他人相处共事中，既要勇于竞争，又要成果共享；既要严于律己，又要宽以待人；既要经得住委屈误会，又要学会沟通和理解。教育青少年处理好同学关系、亲子关系、师生关系及与他人的关系，还包括指导他们正确与异性交往。

（二）帮助青少年热爱学习，并掌握如何有效地学习思考的知识和技能

要善于激发青少年学生的学习动机，帮助树立学习自信心。要做好学习环节和方法的指导，重视青少年创造性思维的培养。要重视养成青少年良好的学习习惯，要求他们独立完成作业，刻苦认真学习，守时惜时，学习有序、有计划，勤于思考等。还要加强青少年学习中的心理卫生指导，反对疲劳战术和突击战术，提倡科学用脑，指导学生在学习中学会自我调节。

（三）帮助青少年完善个性

要教育青少年自尊自爱、自立自强、开拓进取，客观正确地自我认识，既不妄自尊大，也不妄自菲薄。教育他们保持情绪稳定，心境开朗，养成健康生活情趣和健全人格，培养训练他们的坚强意志、耐受挫折能力、适应能力，形成良好的社会适应能力。

第十八章　德育过程、原则、方法和途径

探讨德育过程的内在规律和组织德育活动的基本原则，了解国内外德育的基本方法，以及学习德育的途径，对于深入认识和理解德育问题，树立现代德育观念，以及用正确的理论指导德育实践，都是非常有价值的。

第一节　德育过程

德育过程理论是德育的基本理论，它主要研究德育行为的客观过程。

一、德育过程的概念

德育过程即思想品德教育过程，是教育者有目的、有计划、有组织地对受教育者施加社会思想道德的影响，并通过受教育者思想道德内化和外化机制，促使其养成教育者所期望的品德的教育活动过程，也就是把一定社会思想道德转化为受教育者个体的品德的过程。

思想品德教育过程不同于思想品德形成过程，二者既有联系，又有区别。

联系：德育必须遵循品德形成过程的规律，才能有效地把社会思想道德转化为学习者个体的品德，促进其发展；而人的思想品德的形成发展在很大程度上是与德育活动有密切联系的。

区别：德育过程是一种教育活动过程，是教育者和学习者双方统一活动的过程，是有目的地培养受教育者形成良好品德的过程；而品德的形成过程属于人的发展过程，是指个体的品德的知、情、意、行从简单到复杂、从低级到高级、从量变到质变的矛盾运动过程，影响这一过程的实现包括生理的、社会的、实践的等多种因素，德育仅是社会因素中的一种因素。二者属于教育与发展的关系。因此，我们既要看到德育过程和品德形成过程的联系，也要看到它们之间的区别，不能将它们混淆、等同起来。

二、德育过程规律

（一）德育过程是培养学生知情意行统一发展的过程❶

学生的思想品德是由道德认识、道德情感、道德意志、道德行为（简称知、情、意、行）四个基本因素构成的。任何一种思想品德只有当知、情、意、行都得到相应发展时，这种思想品德才算形成。因此，学生思想品德的形成和发展也即是

---

❶　王道俊，郭文安．教育学：第7版［M］．北京：人民教育出版社，2016：277－279.

知、情、意、行从低级到高级，从简单到复杂，从旧质到新质，从不平衡到相对平衡的发展过程。

知，即道德认识，是指人们对一定社会道德关系及其理论、规范的理解和看法，是对是非、善恶、美丑的认识和评价，以及在此基础上形成的道德观念、信念和评价能力。学生思想品德的发展总是以一定的品德认识为必要条件。道德认识水平的提高，可以调节人的行为，加深情感体验，增强意志和信念。

情，即道德情感，是指人们根据一定的道德标准，去评价自己和别人的行为时所产生的一种内心体验和态度。如爱好、憎恶、愉快、悲伤、同情、失望等。道德情感是一种巨大力量，它使道德认识向内部升华为信念，向外部转化为行为的中间环节。当人们的道德认识与相应的道德情感发生共鸣时，便形成道德信念，信念是行为的强大动力。正确的道德情感可以成为思想品德发展的动力，能促进求知，坚持正确的行为方式，错误的道德情感则相反。

意，即道德意志，是指人们在实现一定的道德行为过程中，克服一切内外的阻力和困难所做出的自觉顽强的努力。人们为了实现自己的品德理想或为了改正某种错误行为，就要克服种种来自内部和外部的障碍，就需要有坚强的意志。意志坚强的学生能经受各种考验，坚持履行正确的道德规范。意志薄弱的学生，在行为上缺乏毅力，在顺利条件下可以暂时实践自己的信念，一遇到困难便容易动摇不前，在品德修养上进步缓慢而多反复，成为一个"没常性"的人。在德育过程中，要重视对学生意志的培养：一方面，要提高他们的认识，培养坚强的信念、崇高的义务感和责任感，以增添意志力量；另一方面，还要重视实践锻炼，让学生在克服各种困难的过程中磨炼意志。

行，即道德行为，是人们按照一定道德规范，对他人和社会做出的反应和采取的行为。道德行为是衡量一个人道德修养水平的重要标志，也是德育的最终目的。德育过程中要重视道德行为的培养，认真组织和引导学生参加实践活动，在实践中对他们的行为提出严格要求，进行严格训练，使他们通过实践，认识道德行为的意义，提高调节自己行为的能力，养成良好的行为习惯。习惯是一种不再需要意志努力和监督的自动化行为。只有形成习惯，才表明学生思想品德的形成已达到较高的水平。

德育要注意发挥知、情、意、行的整体功能。知、情、意、行几个方面是相互联系、相互制约、相互渗透、相互促进的。即在实践的基础上产生一定的道德认识，在道德情感和意志的调节下发展为信念，推动人们把品德认识付诸行为，行为的反复，导致形成一定的行为方式和行为习惯，此时，某一思想品德就形成了。"行"的继续，又能增"知"、促"情"、炼"意"，使知、情、意、行在新的基础上达到新的统一，促使人的思想品德进一步发展提高。因此，组织德育过程，要做到"晓之以理，动之以情，导之以行，持之以恒"，使四要素相辅相成，全面和谐地得到发展。这样才能最有效、最牢固地培养学生的思想品德。

知、情、意、行具有相对独立性，也就是说，知、情、意、行是不能相互代替的。例如，知不等于情，"知"是对客观事物的认识，"情"是主观对客观的态度，有了正确的认识不等于就有了正确的态度；而有了正确的态度，也不一定有正确的行为习惯。因此，德育具有多种开端性。即进行德育时，应从薄弱环节入手，有时可以从知或情的培养入手，有时又可以从意志或行为的锻炼开始。但无论从何开始，都要注意同其他因素配合，因为知、情、意、行的独立是相对的，它们之间的不平衡是绝对的。

（二）德育过程是教师主导下学生能动的活动和交往的过程❶

人既不是"性本善"，也不是"性本恶"。在一定意义上可以说，人生来就是一张白纸，他在后天与环境及自己参加实践活动的相互作用中，不断发展和改造自己的品德、思想和个性。学生的思想品德就是在学校及环境中的多种因素综合作用下而形成的，尤其是在教师有意识的指导下，发挥他自己在活动和交往中的主体能动性而形成的。因此，学生在学校中的活动和交往，成为他的思想品德的源泉和基础。

学生的思想品德在活动和交往中形成（内化），又在活动和交往中表现出来（外化）。因为学生的品德是社会道德规范的反映，作为一种思想体系和意识形态的社会道德规范，它是不会自动作用于人的，它只能在人与人的交往中，在人接触这种思想体系和意识形态的某种物化形式的活动中，形成一定的道德认识，产生一定的道德情感，形成或改变一定的品德或品德结构体系。因此，活动和交往是促进外界思想品德教育的影响转化为学生自身品德的桥梁。正因为如此，从思想品德产生的根源上说，活动和交往是学生思想品德形成的基础。不仅如此，学生的思想品德也只有在活动和交往中才能表现出来受到检验。看一个人的某种品德是否真正形成，不仅要看其内在的思想情感和动机，而且要看其实际行为表现。检验、评价一个人品德的发展程度及其优劣的真正标准，主要也是看其在社会活动和交往中的行为表现。

活动和交往的性质、内容、方式不同，对人的影响性质、作用也不同。德育过程中的活动和交往与一般的活动和交往不同，是一种教育性活动和交往，其主要特点是：第一，德育过程中的活动和交往是在教育者指导下开展的，具有明确的目的性和组织性，而不是自发的、盲目的、随意的。第二，德育过程中的活动和交往的内容和形式主要是德育实践中的活动和交往，而不是一般的广泛的社会活动和交往。在学校德育过程中，组织学生活动和交往的内容和形式是多种多样的，如学习活动、劳动、社会政治活动，各种体育、文艺活动等，这些活动及其中的交往都能使学生获得社会道德经验，得到实际锻炼，但是，学生的主要活动是学习活动，主要交往对象是老师和同学。因此，学校中的德育实践活动和教师与学生群体构成了学生思想品德形成的基本环境。要在学校中积极开展德育活动，并充分发挥它的德育作用，要认真组织和形成教师集体，并充分发挥教师集体的教育作用；特别要充分发挥班级、团、队正式团体的教育作用，防止非正式团体包括校外邻里团体的消极影响。第三，德育过程中的活动和交往是按照学生思想品德形成的规律和教育学、心理学原理组织的，因而能更有效地影响着学生思想品德的形成。

（三）德育过程是促进学生思想品德发展矛盾的积极转化过程❷

学生个体品德的形成和发展离不开外部德育的影响，但外部德育的影响只有通

❶ 南京师范大学《教育学》编写组. 教育学 [M]. 北京：人民教育出版社，1984：263 - 264.

❷ 富维岳，唱印余. 教育学 [M]. 长春：东北师范大学出版社，1991：272 - 274；王道俊，王汉澜. 教育学：第2版 [M]. 北京：人民教育出版社，1989：365 - 369.

过主体品德内部矛盾斗争才能发挥作用。这种主体品德内部矛盾，是受教育者反映当前德育要求产生的内部品德发展需要或状况与原有品德发展水平或状况之间的矛盾。原有品德发展水平或状况，即所谓内部品德环境，有其相应的品德结构。从根本上说，它也是在外部环境和教育影响下形成的，但它形成以后，就具有相对独立性和主观能动性。当德育影响反映到受教育者的主观世界，便与原有的品德状况或结构形成矛盾关系。这种矛盾关系多种多样：个人倾向（动机、兴趣、意向）与教育要求的矛盾；认识上的知与不知、全面与片面的矛盾；思想意识上的正确与错误、先进与落后的矛盾，知、情、意、行各心理因素发展水平的平衡与不平衡的矛盾；内部动机与外显行为上的矛盾。由于每个受教育者都有自己独特的内部品德环境或品德结构，因而他们常常按照自己的态度来对外在教育影响做出肯定的、否定的或中立的评价和筛选，形成自己特有的品德内部矛盾，并以"自己的方式"解决这些矛盾，从而引起品德结构的某种变化，或形成新的品德结构，或对原有品德结构作某些调整，或使原有品德结构更加巩固和完善。

学生品德正是在不断产生和不断解决其主体品德内部矛盾斗争中形成发展的。因此，在德育过程中，要注意从多方面激发和促进学生思想内部的矛盾斗争。第一，要全面分析学生的思想实际，摸清学生的思想矛盾，使思想矛盾的激发具有针对性；第二，在运用各种方式激发思想矛盾时，不应忽视学生的内因条件。应在分析学生思想矛盾时注意发现并调动学生内在的积极因素，使之在思想矛盾斗争中不断得到增强和强化，促进思想矛盾的正向转化。第三，在激发思想矛盾时，应重视引导学生进行思想矛盾的自我激发和自我转化，使教育和学生的自我教育结合起来。

（四）德育过程是一个长期的、反复的、逐步提高的过程❶

学生的思想品德内容、形式和能力是从简单到复杂，从低级到高级的矛盾运动中发展的，是一个复杂多变的过程，往往要经过长期的和不断的培养和积累。

第一，思想品德的形成是知、情、意、行从简单到复杂，由低级到高级，以旧质到新质的矛盾运动过程。人的思想品德水准是在不断提高的，它总是通过活动和交往，产生心理内部矛盾运动，再通过活动与交往，产生心理内部矛盾运动的螺旋上升过程。这个过程也是思想品德不断塑造和改造的过程。

第二，一种新品质的真正形成，实质上是形成一种相应的稳定的心理特征，这必须经过长期的、反复的教育和培养。不能认为受教育者按照教育者的要求，完成了某一品德行为，就已形成相应品德了。只有当他不止一次地，反复完成某一品德行为，并根据经验和实践，确信他的这一行为是正确的，以致这种行为已成为他稳固的个性特征时，才能称他已经形成了这方面的道德品质。至于道德习惯的培养，更是一个长期的过程，不可能一次完成。只有在多次的、相互交错的活动中，动机才能变成行动，行动变成习惯，习惯和行动方式变成了个性。至于改造不良品德，特别是改造不良积习，更必须经过长期反复的过程。

第三，学生是社会成员，与社会交往是不间断的，而且是多方面的，家庭、集体、社会、国家、政党及各种事物都给予学生影响，学生的反应也是多种多样。社

---

❶　南京师范大学《教育学》编写组．教育学［M］．北京：人民教育出版社，1984：266－267．

会对学生的这些影响是非常复杂的，有正面的，也有负面的，任何负面影响或教育上措施的不得力，加上青少年学生思想品德还不稳定，都会使学生思想品德的形成出现反复。因此，只有经过长期的、反复不断的提高、培养和教育，才能促使学生思想品德不断地形成和发展。

根据思想品德形成过程的长期性、反复性这一特点，在实际工作中，不能期望"立竿见影""毕其功于一役"的奇迹，也不能指望"一劳永逸"，必须坚定教育信念，把集中的教育和分散的、经常的教育结合起来，反复抓，抓反复，一以贯之，持之以恒，循序渐进，才能收到良好的效果。

第二节　德育原则

德育原则是教师对学生进行德育教育必须遵循的基本要求。它是根据学生思想品德形成和发展的客观规律和德育任务以及青少年身心发展的特点提出来的，也是思想品德教育实践经验的概括和总结。目前，我国中小学普遍运用的德育原则主要有如下几个。

一、现实性与方向性相结合原则❶

这一原则是指德育工作既要从社会现实出发，又要与社会未来发展的方向相一致，二者要有机结合，以保证现实向未来发展中社会性质的连续性。

德育要为社会服务，并受社会制约。任何社会都要求德育不仅要满足社会现实的需要，同时也要与社会未来发展的需要相适应。我国学校德育必须坚持把现实与未来共产主义结合起来，必须面对我国改革开放的实际，进行社会主义的现实教育和方针、政策教育，以保证现实的现代化宏伟目标的实现，为向共产主义方向发展奠定坚实的基础。同时，又要对青少年一代进行共产主义理想教育，以保证我国现实发展的方向性。

贯彻这一原则的要求是：

第一，要从社会现实及未来发展的方向上把握好德育的连续性。在教育思想上，既要反对完全把德育当作"未来生活的准备"这一倾向，又要反对完全把德育变成应付"现实生活"的实用主义倾向。必须坚持面向现代化，面向未来，使现实教育与未来教育在德育过程中得到有机协调和统一体现。

第二，在德育过程中注意克服和避免"一刀切"的做法。在思想品德教育中要坚持和体现层次性，要针对学生身心发展和思想品德发展的年龄特点及时代特征进行教育，使他们成为"具有社会公德、文明行为习惯的遵纪守法的好公民"。同时，又要"引导他们逐步树立科学的人生观、世界观并不断提高社会主义思想觉悟，使他们中的优秀分子成为坚定的共产主义者"。

第三，要引导学生把自己日常的学习、生活、工作和劳动同建设社会主义现代化强国、最终实现共产主义的理想联系起来。教育者要善于由小见大、由近及远、

---

❶ 富维岳，唱印余. 教育学 ［M］. 长春：东北师范大学出版社，1991：278 - 279.

就事论理，紧密结合中国社会主义现代化建设的实际，而不是生搬硬套共产主义的词句和现成的结论。要教育学生从大处着眼，从小处着手，立足当前，放眼未来，从我做起，从现在做起，从小事做起，使社会主义、共产主义的理想道德渗透到他们的日常学习、生活等各个方面，成为推动他们前进的动力。

二、知行统一原则[1]

这一原则要求教育者把理论教育和组织实践活动结合起来，把提高学生思想认识水平同培养良好的行为习惯结合起来，培养学生言行一致、表里如一的优良品质。

学校德育必须以马克思主义理论武装学生，提高学生的思想品德认识水平，以指导学生的正确思想品德行为，防止盲目行动的产生和错误行为的出现。同时加强实际锻炼，以便学生在活动和交往中使理论不断巩固、加深和发展，防止其变成空洞的教条。只有这样才能使学生思想品德的知与行一致起来，促使其思想品德的知、情、意、行全面和谐地发展。

贯彻这一原则的要求是：

第一，理论学习要结合实际。学校应该对学生进行比较系统的马克思主义基本理论和社会主义道德规范教育，以使学生掌握马克思主义关于世界、社会、人生、道德问题的基本立场、观点和方法，掌握社会主义、共产主义道德的基本原则和规范，掌握明辨是非、善恶、荣辱、美丑的正确标准，并学会运用它分析、评价、解决社会现实生活中，包括自己思想行为中的问题，从根本上提高他们的社会主义觉悟。为此，学习马克思主义理论必须紧密结合社会主义现代化建设的实际，现实生活实际，学生的学习、生活和品德实际。

第二，要组织学生参加多种实践活动。德育要以实践为基础，引导学生积极参加集体生活、公益劳动、社会服务、社会政治活动与社会主义建设等活动。通过各种社会实践活动丰富学生的情感，磨练学生的意志，训练和培养学生的道德行为，把认识转化为信念并贯彻到行动中去，做到言行一致，知行统一。

第三，教师要以身作则，言行一致。这对学生的言行一致、知行统一是个榜样，具有重要的教育作用。

三、说理疏导与纪律约束相结合原则[2]

这一原则要求德育必须说理启迪，疏通引导，启发自觉，调动受教育者的积极性，同时辅之以必要的纪律约束，以使学生品德健康发展。

学生品德的形成和发展过程充满着矛盾和斗争，处理和解决他们头脑中的品德矛盾和斗争既需要教育者细致地工作，又需要学生自觉主动地努力，因此应把学生当作主人，通过说理启迪，讲清道理，疏通引导，启发自觉，调动其积极性。切忌简单粗暴、讽刺、挖苦、侮辱谩骂，更不可体罚和变相体罚。在说理的同时还要伴

---

[1]　富维岳，唱印余. 教育学［M］. 长春：东北师范大学出版社，1991：279 - 281；南京师范大学《教育学》编写组. 教育学［M］. 北京：人民教育出版社，1984：273 - 274.

[2]　南京师范大学《教育学》编写组. 教育学［M］. 北京：人民教育出版社，1984：276 - 277；富维岳，唱印余. 教育学［M］. 长春：东北师范大学出版社，1991：288 - 290.

随必要的规章制度的约束，以使他们健康成长。

贯彻这一原则的要求是：

第一，要正确说理，疏通引导，启发自觉。要通过讲道理，使学生掌握马克思主义的基本理论，并经过疏通和引导，启发学生自觉地分辨是非、善恶、美丑。只有这样才能使学生知理明理讲理，打通思想，改过从善，提高品德认识水平。必须避免使用那种不讲道理、压服学生的方法。

第二，要善于以学生的积极因素克服消极因素。学生思想品德的形成和发展就是优点与缺点、正确与错误、公与私等矛盾斗争的过程。教师要善于发现和依靠学生性格和行为上的优点去克服他们的缺点，对贯彻这一原则是大有作用的。

第三，对于学生一时难以理解或想不通的问题，要抓住问题的关键，因势利导，予以疏通。教育必须善于运用开启心灵的钥匙，巧妙地解开学生思想上的疙瘩，或以丰富多彩又具有吸引力的教育活动，积极主动地将其精力引导到正确方面上去，以达到疏导的效果。

第四，要建立合理的规章制度。把耐心说服与合理约束结合起来，使学生经常自觉地据此调节自己的行动，通过实践逐步养成良好的品德行为习惯。

四、集体教育与个别教育相结合原则[1]

在集体中并通过集体来进行教育是德育的重要原则。但集体是由个人组成的，集体中的每个成员又各有其特点，所以在对集体进行教育时，要注意个别教育。通过集体的活动、舆论、优良风气和传统教育个人，又通过对个别学生的教育，促进集体的形成和发展。这就是集体教育与个别教育的辩证关系。

学生集体既是教育的客体，又是教育的主体。在德育过程中，不仅要发挥教师的作用，而且要充分发挥学生集体在教育中的作用。如果在学校或班级里没有一个团结一致和组织健全的学生集体，教师的教育努力就会收效甚微。因为集体对于培养人和人的精神上的发展是重要的和强有力的手段。学生的集体主义精神、团结互助的高尚思想品德，只有在集体中，并通过学生集体的生活与活动，才能形成和巩固。集体就是这样作为巨大的教育力量促进个人的发展。"不管用什么样的劝说，也做不到一个正确组织起来的自豪的集体所能做到的一切。"[2] "只有在集体中，个人才能获得全面发展其才能的手段。"[3]

贯彻这一原则应注意以下几个方面：

第一，注重培养和建设良好的班集体。要以切实有效的教育活动努力促进学生集体的形成和发展。因为"教育了集体，团结了集体，加强了集体，集体自身就能成为巨大的教育力量"。[4] 培养学生集体的过程，是一个教育和提高学生的过程、促进他们品德发展的过程。所以，许多优秀教师和班主任都把建立和巩固班集体作为一项重要任务。组织和培养班集体，不仅要教育学生热爱关心集体，激发集体荣誉

---

[1] 南京师范大学《教育学》编写组. 教育学 [M]. 北京：人民教育出版社，1984：274－276；富维岳，唱印余. 教育学 [M]. 长春：东北师范大学出版社，1991：286－288.

[2] 马卡连柯全集：第3卷 [M]. 北京：人民教育出版社，1957：56.

[3] 马克思恩格斯全集：第1卷 [M]. 北京：人民出版社，1972：82.

[4] 马卡连柯全集：第5卷 [M]. 北京：人民教育出版社，1956：228.

感和责任感，还要善于利用集体的目标、纪律，骨干队伍舆论风气等方面不断巩固提高集体、强化集体力量。

第二，充分发挥学生集体的巨大教育作用。要通过集体活动培养集体，并充分发挥共青团、少先队、学生会组织的职能作用。还要注意集体环境建设，诸如文化环境、人际环境、卫生环境、心理环境、学习环境等的建设，以之陶冶学生情操，潜移默化地影响学生。

第三，抓好个别教育，并通过个别教育来巩固和发展集体。任何一个个体都有丰富而独特的内心世界。如果单纯抓集体教育，则往往忽略学生的个性发展。因此，必须抓好个别教育，并以此促进集体的巩固和发展。

五、发扬积极因素、克服消极因素原则❶

这一原则要求德育必须依靠和发扬学生品德中的积极因素，克服消极因素，并化消极因素为积极因素，促使学生品德健康顺利地形成发展。

每个学生的品德中都是既有积极因素又有消极因素。德育过程就要促使学生品德中的缺点、弱点等消极、落后的因素转化为积极、先进的因素，从而促使学生的品德由不良变为优良，由优良变为更优良。

贯彻这一原则的要求是：

第一，要全面地、辩证地分析和了解学生，做到扬长避短。既要看到他们品德中的缺点、弱点和短处，更要发现他们品德中的优点和长处，任何学生都有"闪光点"，特别是对于后进生，更要善于发现他们的"闪光点"，使其扩大"光源"，进而用它去克服缺点。对于比较先进的学生，品德中的优点、长处是主要的，但也不能"一好百好"，要注意所存在的缺点和弱点。教师必须充分发扬他们积极向上的优点，同时指出他们品德中的缺点和弱点，使他们正确认识自己，严格要求自己，不断向更高目标前进。对于学生集体也要一分为二，既要注意发现学生中良好的品德倾向，加以鼓励提倡，以期形成新的思想道德风尚，也要注意及时发现学生中的不良品德倾向，抓紧教育，积极引导，把它克服在萌芽状态之中。

第二，要引导学生正确认识自己、自觉开展品德内部矛盾斗争，自我修养，自我提高。学生思想的进步、道德水平的提高，主要依靠他们自觉地开展品德矛盾斗争，有效地实现品德矛盾的解决和转化。解决这种矛盾斗争的前提是要对自己的品德水平和状况有一个全面正确的认识。因此，教育者要善于帮助学生全面正确地认识自己品德中的优点和缺点，并促使他们自觉地开展品德矛盾斗争，发扬优点，克服缺点，不断进步。

第三，要根据学生的特点，因势利导，化消极因素为积极因素。青少年学生的一个重要特点是精力旺盛，活泼好动，如不正确引导，就可能把旺盛的精力用到不正当的活动中去，造成不良的品德后果。因此，教育者要积极组织开展各种健康有益的活动，把学生旺盛的精力引导到健康有益的活动中去，使他们在活动中得到发展，并在活动中受到教育。同时，教师要仔细地分析学生品德中的缺点、弱点和短

---

❶ 富维岳，唱印余. 教育学 [M]. 长春：东北师范大学出版社，1991：281 - 283；王道俊，郭文安. 教育学：第 7 版 [M]. 北京：人民教育出版社，2016：286 - 288.

处，从不足中找长处，并发现其中某些可以转化为优点的积极因素，通过教师耐心、细致、巧妙的工作，引导其向积极的方面发展，促使其向进步的方向转化。

六、严格要求与尊重学生相结合原则❶

这一原则是指进行德育要把对学生思想和行为的严格要求与对他们个人的尊重和信赖结合起来，使教育者对学生的影响与要求易于转化为学生的品德。

严格要求与尊重热爱学生是辩证统一的。没有严格的德育要求就没有品德教育。没有对学生的尊重热爱就不能有效地对学生进行品德教育，同时也不可能提出更高、更严格的德育要求。严格要求本身包含着对学生力量和能力的信任，对学生的尊重和热爱。也只有对学生严格要求，教师才能获得学生的尊敬，建立自己的威信，才能为有效地进行品德教育创造条件。只有尊重、信任学生，才能真正了解学生，才能提出切合实际的要求。也只有与严格要求相结合的对学生的尊重热爱，才能激起学生的自尊心、上进心和自信心，才能成为一种鼓舞力量，才能促使学生克服困难，自觉履行教师所提出的德育要求，并在执行过程中逐渐形成坚强的意志和性格。

贯彻这一原则的要求是：

第一，要坚持对学生提出严格要求。严格要求是促进学生成长和发展的一个基本要求。只有具有良好学风和严格的组织纪律，才能给学习提供重要保障。对学生的缺点和错误丝毫不能放松教育，不能因其事小，或因其年轻而原谅、姑息，要注意防微杜渐，从小培养。对学生的要求一旦提出，就要不折不扣，坚持不懈地引导与督促学生做到，决不放松，只有这样才能形成学生的良好品德。

第二，教育者要尊重信任学生，对他们发展的可能性要充满信心。尊重和信任是一种非常有效的教育力量。教育者要以平等态度对待学生，尊重他们的人格，特别是对犯有错误的学生、后进生，不能歧视，更不能侮辱和体罚，要"让每个学生都抬起头来走路"。同成年人一样，青少年也有着强烈的被人尊重和信任的需要，他们常常以教师对自己是否尊重信任的情感体验来决定是否接受来自教师提出的各种要求。学生总是爱亲近尊重信任他们的老师。"亲其师"，才能"信其道"。

七、教育影响一致性和连贯性原则❷

这一原则要求各种教育力量互相配合，协调一致地对学生施加统一的、系统连贯的德育影响。

学生的思想品德是在学校、家庭、社会等各方面的长期教育影响下发展的。把各种教育力量统一起来，相互配合，协调一致，就能产生巨大的教育力量，取得良好的教育效果。现代社会，科学技术的进步，使学生活动和交往的范围扩大，通过书刊、影视接受的信息大大增加。因此，要有效地教育学生，必须加强学校对各方面教育影响的控制和调节。

---

❶ 王道俊，郭文安. 教育学：第 7 版 [M]. 北京：人民教育出版社，2016：288 – 290；南京师范大学《教育学》编写组. 教育学 [M]. 北京：人民教育出版社，1984：279 – 280.

❷ 王道俊，郭文安. 教育学：第 7 版 [M]. 北京：人民教育出版社，2016：293 – 295；南京师范大学《教育学》编写组. 教育学 [M]. 北京：人民教育出版社，1984：281 – 282.

对学生的教育应系统地连贯地进行，因为学生的观点、信念及行为习惯等都不可能在短时期内形成。随着学生知识的增长，教师应逐步提高对他们的要求，并且长期坚持，使之形成的良好行为习惯更加巩固、完善。

贯彻这一原则的要求是：

第一，校内各方面德育影响要一致。要在学校党政领导下，统一校内各方面教育力量，使全体教职工和各种学生组织，按照统一的培养目标，德育要求、内容和计划，分工合作，共同对学生进行教育。在一个班上，班主任、各科教师和团队组织对学生的德育影响必须一致。特别是班主任要积极主动地争取各科教师的配合，各科教师要自觉地承担起既教书又育人的责任，紧密配合班主任做好品德教育工作。

第二，学校和家庭的德育影响要一致。学校要发挥专门教育机构的职能，同学生家庭进行多种联系，向家长宣传教育科学和方法，介绍学校教育的情况，共同分析研究学生的表现，对家庭德育进行指导，协调一致地做好学生的品德教育工作。

第三，学校与社会的德育影响要一致。学校要采取措施，对社会的影响加强控制和调节，把社会中的积极因素组织到德育中来，特别是学校要与校外教育机构及社会各部门、各团体加强联系，共同研究、协调对青少年的教育，指导学生的校外活动，安排好学生的假期生活，开展学生所喜爱的丰富多彩的品德教育活动，充分发挥校外教育机构和各部门、各团体的德育作用，使社会德育与学校德育相一致。

第四，要加强德育的计划性和连贯性。德育内容的确定要尽可能切合学生品德发展的顺序和水平。注意使小学、中学、大学之间，以及各年级之间，在德育要求、内容、方法和活动上，既有所区别，又加强联系，互相衔接，使之前呼后应，步步加深。各种内容的教育和各种德育活动的开展都要有计划、有步骤、有系统地进行，使之既有内在逻辑联系和连贯性，形成一个不断扩展和加深的进程，又能有条不紊地顺利进行。

第五，要把经常教育和集中教育结合起来。德育的系统连贯性与坚持性是密切联系的。对学生的品德教育应该一以贯之，连续不断、持之以恒地经常进行，以使学生的品德从微小的量变发展为质变。对学生的思想和行动要经常检查和督促，帮助其提高认识，正确行动，并坚持到底。同时要根据形势任务的需要和学生中出现的带有普遍性的或重大的品德问题，有针对性地集中重点地进行某一方面的教育，以帮助学生解决品德认识上的问题，克服前进中的障碍，并促使学生的品德发生某种程度的质的变化。

八、教育和自我教育相结合的原则

这一原则要求德育既要发挥教育者的主导作用，积极地对受教育者进行道德教育，又要发挥受教育者的主体作用，自觉主动地进行自我道德教育。

德育过程是教育者和受教育者双方自觉能动的矛盾统一过程。在这一过程中，既有教育者的施教传道活动，又有受教育者的受教修养活动，双方都有自觉能动性，因此必须发挥教育者和受教育者双方的积极性，并把教育者的教育和受教育者的自我品德教育结合起来。贯彻这一原则的要求是：

第一，要充分发挥教育者的主导作用，积极认真地对学习者进行品德教育。教育者要充分认识自己在德育过程中的地位和作用，自觉地主动地认真地承担起教育的责任，增强培养教育好学生的事业心和责任心。要根据社会的要求、受教育者品德形成发展的规律和原有的品德水平，正确地确定德育目标和内容，选择德育方法和途径，调整、控制好德育过程，引导学生的品德向着自身需要和社会要求相统一的方向发展。要加强自身的学习和修养，努力提高自己的思想业务水平和能力，掌握科学育人的知识、本领和艺术，努力提高德育的效率和效果。要以身作则，身体力行，以自己的先进思想和模范行为去教育影响学生，引导他们前进。

第二，要充分发挥学习者的主体作用，指导帮助他们进行自我教育。要帮助学生认识自己既是德育的客体，又是德育的主体，提高他们对自我教育的认识，激励他们自我教育的愿望，启发、调动其进行自我教育的积极性、主动性和自觉性，以充分发挥受教育者品德修养的主体作用。要帮助学生掌握社会思想道德要求和标准，指导他们对自己的品德进行自我认识、评价和反省，在此基础上，帮助其确定自我品德教育的目标、内容和方法，制订自我品德教育的计划。要推动学生执行自我教育计划，指导、帮助他们进行自我的品德转化和行为控制，促使其长善救失，提高自我品德水平，发展和提高自我教育的能力和水平。

第三，要把教育和自我教育结合起来。在德育过程中，教育与自我教育是相辅相成的。教育是自我教育的基础和前提，它能启发、调动受教育者自我教育的积极性，培养发展自我教育的能力，帮助其调整、控制自我教育过程，掌握自我教育方法，加速其品德的形成、发展和内部品德环境作用的充分发挥。而自我教育是教育赖以实现的内部因素、动力和实际结果，并对教育不断提出要求，它制约着德育目标和内容的确定、方法的选择、途径的采用，乃至德育的整个进程。

以上八个原则不是彼此孤立的，而是互相联系，相互渗透的，形成一个完整的系统，开展任何德育活动，都必须全面考虑和综合、灵活应用德育原则。

第三节　德育方法

德育方法是达到德育目标、完成德育任务、实施德育内容的手段，是教师与学生相互影响、相互作用的媒介和桥梁。可以说，德育目标、任务及内容确定以后，方法的运用成为影响德育效果的重要因素。

一、国内常用德育方法

（一）国内常用传统德育方法

1. 说理教育法

（1）说理教育法的含义

说理教育法是通过摆事实、讲道理，提高学生思想认识的方法。说服教育法是德育的基本方法。向学生进行德育，首先要提高他们的思想认识，启发他们的自觉性，这就需要以理服人，而不是以力服人，对于不同年龄阶段的学生，不管采用何种德育方法，往往都离不开说理教育。

（2）说理教育的方式

①讲解与报告。这是比较系统地阐述政治、思想、道德等问题，提高学生认识水平和思想觉悟的一种方式。如向学生讲清马克思主义的基本观点，解释社会主义的道德规范，说明某项规章制度和行为要求等。讲解既可以是简短的说明，也可以是系统的理论传授；既可以口头讲解，也可以通过墙报、广播进行。报告与讲解不同，它适用于专题性的内容，如形势问题、纪律与法制问题等。当学生思想认识上有一些带普遍性的问题需要解决和共同要求需要满足时，采用报告的方式进行说服比较适宜。报告可以帮助学生较全面系统和深入地认识一些问题。

②谈话。这是通过师生对话的方式对学生进行教育，一般多用于交流思想情感、了解学生的情况，帮助学生领会道德行为标准。谈话不受时间、地点和人数的限制，在课内课外，对个人或集体都可采用。谈话内容既可以结合课堂教学，也可以针对当前事件和学生普遍存在的问题进行。通过个别谈话能深入细致地了解学生，使说服更有针对性，把思想工作做到学生心坎上。

③讨论。讨论是在教师的指导下，学生就某个思想品德问题各抒己见，经过讨论和争辩，得出正确结论，以提高思想认识的说理方式。当学生对某些社会或道德问题有些看法，但又不够明确、存在问题和争论时，通过讨论能使问题解决得更好。讨论能培养学生追求真理的志趣，使学生交流思想，互相切磋，共同提高。

④参观、访问、调查。参观、访问、调查是引导学生接触社会实际，用具体生动的事例进行说理教育的一种方式。这种方式直观性强，使学生耳闻目睹，因而具有很强的说服力。

（3）说理教育方法应注意的问题❶

说理教育要有民主性，要平等、公正地对待学生，不能用空洞的大道理去压学生。说理教育要有针对性，要符合实际情况和学生特点，既要针对缺点，更要关注优点。说理教育要有真实性，要善于把理论变成学生可感、可知、可信的事实。说理教育要生动有情，富有感染力。

2. 榜样示范法

（1）榜样示范法的含义

榜样示范法是教育者以他人的高尚思想、模范行为和卓越成就影响学生，促使其形成优良品德的方法。

这种方法的特点是把抽象的道德规范和高深的政治思想原理具体化、人格化、以生动具体的典型形象影响学生心理，使教育有很强的吸引力、说服力和感染力。榜样是无声的语言，而这种无声的语言往往比有声的语言更有力量。青少年学生的可塑性大，模仿性强，有了生动具体的形象作为榜样，便容易具体地领会道德标准和行为规范，容易受到感染，容易随着学、跟着走。这样就有助于他们养成良好的道德品质和行为习惯。

（2）榜样的类型

①伟人的典范。历史伟人、民族英雄、革命导师、著名科学家等各方面的杰出人物是民族的优秀代表、人类的精英，为千万人所瞩目。他们传奇的人生、深邃的

---

❶ 富维岳，唱印余. 教育学［M］. 长春：东北师范大学出版社，1991：295 – 296.

思想、伟大的业绩、崇高的品德和光辉的形象对学生有极大的吸引力，容易激起对他们的敬仰之情，应以他们为榜样，激励自己积极上进。

②教师的示范。教师肩负着培养青少年的重任，其言行、举止、仪态、作风、为人处世和各方面的表现，都对学生起着示范作用，产生潜移默化的深远影响。而学生又具有向师性的特点，很自然地将自己的老师作为效法的楷模。

③学生的样板。青少年学生是正在发展和成长中的人，因此，学生中的样板不可能很完美，也不可能表现得一直很稳定。但因为他们与全体学生朝夕相处，为大家所亲近和熟悉，容易引起大家的关注和学习。学生的样板并不是高不可攀，与一般学生相比，有很多相同点，使人感到更真实、更亲切，因此容易引起共鸣，容易使榜样的力量得到更好的发挥。

（3）榜样示范法注意事项❶

运用榜样示范法应注意广泛性和层次性。即要给学生提供各层次、各类别、各方面的典型榜样，既有伟人，也有平凡岗位上的普通人；既有思想道德方面的，也有学习方面的；既有遵纪守法方面的，也有生活自强方面的。

运用榜样示范法应注意让学生理解并学习榜样的内在品质和精神，而不是单纯模仿榜样的行为。运用榜样示范法应注意榜样的宣传要实事求是，切忌人为拔高、虚假宣传、不切实际。运用榜样示范法教育者也要注意搞好自身言行的示范。

引导学生正确地对待榜样。"金无足赤，人无完人。"榜样人物，也是在社会生活中成长起来的，他们也未必事事先进处处发光。我们学习榜样，正是"择其善而从之"。

3. 自我修养法

（1）自我修养法的含义

自我修养法是指在教育者的启发和引导下，受教育者对自己的思想品德表现进行自我认识、自我克制、自我激励、自我评价、自我调节等以提高自己的思想品德水平的方法。

自我修养是一种自觉的思想转化和行为控制的活动，它贯穿于思想品德形成的整个过程。受教育者的自我修养与教育者的思想品德教育是相辅相成的。只有把教育者的教育和受教育者的自我教育在思想品德教育中统一起来，教育者的教育才有效果。进行思想品德教育的目的，不仅是为了培养学生具有一定的思想品德，更重要的是提高他们自我修养的能力，成为能独立进行自我修养的人。

（2）自我修养的方式

①内省。道德是人类精神的自律。"内省"是人们由他律的道德向自律的道德转化的标志，它表明个体道德心理的发展进入了自觉阶段。学生个体通过不断的自觉内省，从而对道德规范有了较多和较全面的认识，使道德情感趋于生动深刻，使道德意志作用显著增强。要引导学生反求诸己，严于解剖自己，进行正确的自我评价。

②践履。人们只有在社会实践中，在各种现实的人际关系中，才能认识到自己的哪些行为是道德的，哪些行为是不道德的。同样，人们的道德行为或不道德的行为，只有在现实的人际关系中才能表现出来。只有在实践中，才能提高认识能力，

---

❶　富维岳，唱印余. 教育学 [M]. 长春：东北师范大学出版社，1991：298－299.

丰富情感，磨练意志。要引导学生通过实践获得其道德水平不断提高的精神能源，进行自我改造，身体力行，不断健全自己的道德人格，提高自己的道德境界。

③慎独。"慎独"的意思是一个人在深居独处或单独活动的时候，必须谨慎不苟，随时警惕自己，严格要求自己，决勿存私心杂念，甚至出现违背道德和法律的行为。"慎独"是一种崇高的思想境界，也是一种重要的道德修养方法。要达到"慎独"的境界，首先要注重基本的道德品质的自我培养，其次要不断提高自己的精神境界。在无人监督和个人独处的情况下，能自觉按照一定道德要求规范自己、反省自己。

（3）要求❶

引导学生自我修养，应注意使学生产生自我修养的内在需要。要使学生在对榜样事迹的景仰中产生自我修养的内在需求。同时，要帮助学生在确信自己能够教育自己的基础上产生自我修养的内在需求。

引导学生自我修养，应注意帮助学生确立正确的修养目标和方向。提倡和鼓励学生按照社会主义的思想准则、道德要求进行积极的自我修养。

引导学生自我修养，还要避免出现脱离社会、脱离实际的闭门思过。要帮助和引导学生积极参与各种实践活动，在实践中加强修养。

4. 品德评价法

（1）品德评价法的含义

品德评价法是指通过对学生已经形成或正在形成的思想品德给予肯定或否定的评价，以引导他们不断上进，促进其品德积极发展，预防和克服不良品德滋长的方法。

（2）品德评价的方式

①表扬与奖励。表扬一般分为赞许和表扬两种方式。赞许是教师对学生的思想行为表示赞同或称赞，既可以用口头表示，也可以用点头微笑等表情来表示。表扬是对学生思想品德行为作出好评，可以是口头表扬，也可以是书面表扬，目的是增强学生的上进心和自信心。奖励是对学生特别的突出的优良思想品德行为作出肯定的评价。奖励的方式一般有：颁发奖状、发给奖品、授予光荣称号等。奖励通常在举行庄重的授奖仪式中进行。表扬与奖励既可用于个人，也可用于集体。用于个人时，不仅个人受到教育，也使集体受到教育。用于集体时可以巩固集体的成果，培养学生集体主义精神。

②批评与惩罚。批评是对学生不良思想行为作出否定评价，以中止其不良的思想品德表现。批评的方式可以个别进行，也可以当众进行。惩罚是对学生严重不良行为的否定。当学生的不良思想行为经过反复说服、教育无效时，为维护集体利益，也为教育本人，必要时应该给予一定的强制，直到给予某些惩罚。目的是限制其不再发展下去并从错误中扭转过来。惩罚能引起学生内疚的痛苦和不愉快的情感，并使学生学会用意志努力去克服自己不良的行为习惯，从而培养学生意志品质。惩罚的方式一般有谴责与处分两种，处分只对错误严重而又屡教不改的学生采用。处分一般为警告、严重警告、记过、留校察看、开除学籍等。

③操行评定。操行评定是在一定时期内对学生思想行为所作的比较全面的评价。它以德育大纲中的德育目标为评价标准，以"学生守则"等为基本内容来考查学生

---

❶ 富维岳，唱印余. 教育学［M］. 长春：东北师范大学出版社，1991：304－305.

平时在课内课外、校内校外对待学习、社会活动、劳动及对待集体和同学等各方面的表现，从而作出概括性的总结。操行评定一般是一个学期作一次，分为操行等级与书面的操行评语两种形式。

（3）要求❶

进行品德评价要注意体现和发挥它的教育功能。一定要客观、全面评价，要注意发现学生的"闪光点"。

进行品德评价要符合实际，评语要有针对性，不应进行笼统评价，避免千篇一律。

进行品德评价要体现民主性。要注意个人评价与集体评价相结合，教师评价与学生评价相结合。

品德评价要考虑评价对象的年龄特征和个性特点，因材施教。

（二）国内德育新方法

近些年我国德育工作者一改一味地灌输而忽视学生身心发展特点的德育方法，创造了很多具有时代特色、适合初中学生特点的、比较成熟的新方法。比较有代表性的是：角色扮演法、情境陶冶法、实践活动法等。

1. 角色扮演法

每个人在社会中都扮演着不同的角色。角色控制着行为。由于每个人角色的不同，则具有相应的责任、义务及权利，因而就有不同的行为方式。从而角色扮演成为道德学习的一种方式，它有助于学生社会化，学生通过这种活动学习各种不同的社会行为方式。❷

在课堂上再现社会现实生活中可能发生的各种伦理道德问题，使学生以参与者或观察者的身份，卷入这种真实的问题情境，引发学生通过设身处地地思考所扮演的某一生活角色面临的各种道德问题，从而可以由自己的切身体验出发而能很好地理解他人的立场、感情及内心感受，有利于加深对伦理道德问题的理解，以及形成解决人际或社会问题的技能和态度。如在扮演行动不便的老人的过程中，可使学生体验到老人需要他人的帮助的心情，从而促使学生理解老人、尊敬老人、帮助老人；扮演父母的角色，可使学生体会到父母的艰辛、对儿女的精心照顾和无私的关爱，从而使学生能更好地尊重父母、关心父母、回报父母；等等。角色扮演不仅可以活跃课堂教学，生动有趣，而且可引入现实生活实际，加深对理论知识的学习，收到很好的效果。

2. 情境陶冶法

情境陶冶法是指通过设置一定的情境让学生自然而然地得到道德情感与心灵的熏陶、教育的一种方法。❸"润物细无声"的教育会对学生良好品德的形成产生深远影响。近些年，我国以语文特级教师李吉林为代表的教育工作者所开展的"情境教学法"就属于陶冶教育的方法。

---

❶ 富维岳，唱印余. 教育学 [M]. 长春：东北师范大学出版社，1991：303－308.

❷ 黄向阳. 德育原理 [M]. 上海：华东师范大学出版社，2000：173.

❸ 檀传宝. 学校道德教育原理 [M]. 北京：教育科学出版社，2000：156.

具体而言，情境陶冶法可以分为人格感化、环境陶冶和艺术熏陶三大类。❶

人格感化：教育者以自身的品德、情操和对受教育者深切期望的态度来感染对象。教育者的人格、思想、作风是影响受教育者的重要因素，自觉的、理智的、高尚的情感是陶冶感化的基本要素。

环境陶冶：通过学校的物质文化和精神文化环境使学生受到熏陶、感染。要因校制宜地搞好校园的教育设计，创设优美、舒适、整洁、安静、方便的学习和生活环境，形成优良的校风、班风，建立积极向上、和谐融洽、团结友爱的人际环境。

艺术熏陶：通过音乐、美术、舞蹈、雕塑、诗歌、文学、影视等艺术活动，使学生潜移默化地接受影响。可以组织学生阅读文学作品、朗诵诗歌、聆听音乐、欣赏画展、观看影视等，进而组织学生自己去创作、表现、演出，从中受到熏陶感染。

运用陶冶法的要求：

第一，教师必须恪守教师道德，处处以身作则，使学生能在教师较高的师德修养中受到熏陶感染。

第二，教师要善于按照教育目的，有计划地运用教育艺术和机智，精心选择或设计教育情境，并充分利用情境中各种良好的条件对学生进行熏陶和感染。陶冶的效果在长期的熏染中产生，所以陶冶必须经常化。

第三，引导学生参与情境的创设。良好的情境不是固有的，也不是自然存在的，需要人为地创设、构建。应当组织学生为自己创设良好的学习生活环境，使其在创设情境中接受教育，在日后更加珍重情境的价值，增大教育效果。

3. 实践活动法

人的品德与实践活动密不可分，实践活动所要求的道德内化于人的品德，人的品德又外化于实践活动。单纯靠说教、灌输很难培养品德高尚的人，必须通过实践活动来强化和检验一个人的品德。基于上述共识，我国道德教育注重采用实践活动法培养学生的品德。

所谓实践活动法，就是通过精心创设各种贴近学生、贴近生活的"学习性实践活动"，有目的有计划地培养和训练学生优良品德行为习惯、发展学生实际道德能力的方法。❷ 从中可见，道德实践活动一定要符合教育规律，是与学生身心发展特点联系很紧密的，同时，它还应该是生活化的，但由遵循"源于生活而高于生活的原则"。因此可以说，教育性、生活化、实践性是实践活动法的本质所在。

实践活动法的基本形式有：模拟活动、社会实践和日常规范训练等。❸

运用实际锻炼法的基本要求：

第一，使学生充分认识实际锻炼的意义，启发他们自觉地进行锻炼。锻炼主要是学生的活动，只有激发学生的主动性、积极性，使他们产生内在的锻炼需要，才能在锻炼中严格要求自己，刻苦自励、经受考验，收到巨大的锻炼效果。

第二，严格要求并及时督促检查。任何良好品质的形成，都需要长期的反复锻

---

❶ 鲁洁，王逢贤. 德育新论 [M]. 南京：江苏教育出版社，1994：315.

❷ 檀传宝. 学校道德教育原理 [M]. 北京：教育科学出版社，2000：160；赵翰章. 德育论 [M]. 长春：吉林教育出版社，1987：134；刘京铎，权利霞. 德育学教程 [M]. 西安：陕西师范大学出版社，1992：379.

❸ 檀传宝. 学校道德教育原理 [M]. 北京：教育科学出版社，2000：160.

炼。所以，必须严格督促检查，引导学生持之以恒。

第三，要不断总结经验体会，及时表扬与批评，提供反馈信息，使学生从实际效果的反馈中，加深情感体验，巩固道德认识，增强实际锻炼的信心和决心。

总之，德育工作是一个复杂而又重要的工作，不同方法有其适用性和针对性，各有侧重点，使用者应结合实际需要灵活、综合选用，以便增强德育方法的有效性，发挥德育的整体效用。

二、国外德育新方法介绍

20世纪50年代以来，西方发达国家道德教育理论研究如火如荼，各种流派百花齐放，相应地创造了各种操作性很强的德育方法，这极大地开阔了德育工作者的视野，也很好地促进了学校道德教育实践活动。概括而言，国外比较有代表性的方法主要是道德两难故事法、公正团体法、价值观澄清法等，这些方法对我国道德教育有很大的启发价值，下面分别予以介绍。

（一）道德两难故事法❶

道德两难故事法是由美国心理学家、教育学家柯尔伯格（L. Kohlberg）等人从皮亚杰（J. Piaget，瑞士心理学家）的经典对偶故事法发展而成的，以道德两难故事作为基本材料，让儿童对故事中的人物事件进行讨论，并回答提出的问题，以此判断儿童道德发展水平与阶段。

柯尔伯格编制的两难故事最典型的是《海因茨偷药》的故事。故事讲一位欧洲妇女因患有一种难治愈的病而生命垂危，她丈夫海因茨听说有位药剂师新发明的一种药可以治疗她妻子的病。但一剂药却要2000美元，比制造成本高10倍。海因茨向每个认识的人借钱，但他只能借到1000美元，只是药价的一半。他向药剂师说明自己的妻子快要死了，并且恳求药剂师便宜一点把药卖给他，或者以后再还他所欠的那一半药费。但药剂师坚决不同意，并公开表明他发明此药就是为了赚钱。海因茨绝望了。于是，在无其他有效办法的情况下，海因茨铤而走险，晚上撬开库房门偷走了药剂师的药。

在向儿童讲完故事后，提出一系列问题让儿童回答，例如，"海因茨该不该偷药？为什么？""药剂师不卖给海因茨药对不对？为什么？""法官该不该判海因茨罪？为什么？"，等等。

如前所述，通过一系列容易引起两难冲突的问题，道德两难故事法最早用于判断儿童道德发展水平与阶段。

此后，美国的两名实践教育工作者系统总结了美国学校教育过程中应用柯尔伯格道德两难推理的经验，向第一线的教师提供了可操作的道德教育实践策略，使道德两难故事法成为一种道德教育方法。为具体表明两难问题讨论过程的阶段性，他们将全部活动过程分为四个特定阶段。

（1）面对一个道德两难问题

教师应提供给学生面对道德两难问题的情境，讲给学生一个两难故事，使学生

---

❶ 本部分主要引自袁桂林. 当代西方道德教育理论［M］. 福州：福建教育出版社，1994：61-65.

复述故事情节，并对所有词汇正确解释，使学生确实理解故事中心人物所面临的两难问题是什么。

（2）陈述对一个假设的见解

教师给学生提供一个机会，使学生在两难故事中陈述他尝试性的见解。

首先，应有一定时间思考在两难故事中应站在什么立场上。

其次，需要机会作出个人的立场选择，通常用书写方式写下见解及理由和依据。

再次，教师应确定全组学生在道德两难问题上各是什么立场。

教师最终应采用举手或投票等方式确认是否全组学生的见解都是故事中心人物所面临的实际的矛盾冲突，教师甚至可以给学生机会表达他们为什么持有该见解。这些均有助于确认每个人的见解。

（3）检验推理

教师应选择合适的方式，提出合适的问题，促使学生对两难故事中的问题充分展开讨论。组织各种小组，使学生在组内就故事中的主人公面临的两难问题相互交换意见，小组的组织目的是帮助每个学生有机会表述自己的推理，并且为全班集体讨论做准备。经过一段小组活动，接下来教师应组织一个全班讨论，在小组讨论基础上使学生参加大范围的讨论，教师在其中应给予指导。

（4）反思个人的见解

在班级讨论最后结束前，教师应帮助学生再重新反思一下他们个人对两难故事的见解，可提问学生让他们归纳讨论中他们听到的推理，或在听了别人的意见后重新说出自己的见解。虽然某些同学在讨论中改变了自己最初的见解，但讨论的目的不是求得一致意见，或者对故事中主人公到底应怎么办得出一个集体结论。讨论过程应有开放结局。应鼓励学生继续思考各自的见解，并应考虑讨论中同学们对此问题的评论。

需要指出是，道德两难故事法发展到今天，一些学者和一线教师主张故事不应是随意编写或选取的，而应是学生自己生活、学习中所体验到的、接触到的真实故事，这样更有利于通过讨论等活动，引起学生们的共鸣，起到更好的教育效果。可以通过发动学生等方式，让每个人都编写自己所体会到的发生在身边的真实的两难故事，这既可以很好调动学生参与的积极性，又可以更好地引导学生向更高一级的道德水平发展。

（二）公正团体法[1]

公正团体法是柯尔伯格于20世纪70年代在实验基础上提出来的一种道德教育方法。其内容主要通过教师和学生的民主参与活动，创造一种公正的集体氛围，以促进个体的道德发展。此法要求在一定的组织中施行（表19-1）。

表19-1 公正团体法组织构成

机构	成员	任务
议事委员会	8~10名学生 1~2名教师	选择问题，制定议事规程

[1] 班华. 现代德育论［M］. 合肥：安徽人民出版社，2001（2）：235-237.

续表

机构	成员	任务
顾问小组	1名教师 8~10名学生	使大家畅所欲言，就议事委员会制定的道德问题开展讨论
集体会议	全体师生	讨论解决问题，制定规则，上诉违纪事件
纪律委员会	5~7名学生 1~2名教师	听取违纪事件和人际非礼问题，决定奖惩，促进人际理解

一般人数在50~80人，再加上4~5名教师，就构成团体的规模，其主要活动是每周一次集体会议，时间约为两节课，内容包括制定有关的规则和纪律，计划集体活动和政策，处理违纪事件。其核心思想是民主参与。无论是教师还是学生，大家对问题的表决都是先进行审议，杜绝权威或官僚主义的解决方式。纪律委员会一般是劝告和引导违纪者以后要遵守纪律，只有在确认合适的情况下，才能给予惩罚。如果谁对惩罚不服，可向更高的集体会议申诉。

在具体操作过程中，公正团体方案可根据具体情况有所改变，但其基本目标是培养学生的民主参与意识和集体感。公正团体法的作用主要有以下几个方面。

（1）促进学生的道德判断发展

这是公正团体的主要目标，此法要求学校建立积极的道德环境，影响学生关于集体、公正、秩序等方面的观念。班级和学校的道德环境是道德教育的关键所在。此法要求学校向学生提供各种角色承担的机会，激发学生对民主和集体的理解。道德发展取决于个体在社会和团体中的角色承担，社会关系对个体道德发展产生很大的影响，把公正团体法和我们以往的讨论法结合起来，能够有效地促进学生的道德发展。

（2）通过民主参与培养学生的集体感

要达到德育的目的，就必须提倡学生的民主参与。民主参与是集体意识的表现，它能给学生提供更多角色承担机会和较高的道德判断水平，而且通过民主决定和公正解决实际问题能促进学生的道德推理和道德行为的发展。公正团体建立了一种参与制度，通过民主讨论解决学校的实际问题。它要求同学们互相关心，具有集体责任感。这种道德环境有利于学生向较高的道德阶段发展。民主参与是达到教育目的的有效手段，只有授权学生做出有实际意义的决定，他们才能感到自己是学校的真正主人。

（3）实现道德责任

公正团体对学生现实生活的行为要求更加严格。公正团体通过赋予学生一种集体的民主权利意识，加强了他们的道德责任感，使他们力图达到权利和义务的统一。公正团体努力创造条件来实现学生的道德责任。学生有责任维护自己达成的规则和纪律，有责任从集体利益的角度对现实生活中的问题做出判断并躬行践履。实践证明，公正团体的学生愿意以"我们"的思维模式考虑集体事物及其规章制度，对学校的集体利益表现出更大的责任心。

总之，公正团体的最突出特征就是强调建立一种集体意识。这种集体意识不仅是公正的要求，而且是共同利益的要求。

（三）价值观澄清法❶

所谓价值观澄清法，就是强调道德或价值观不是靠教导获得的，而是经过自由选择、反省和行动澄清出来的。❷ 价值澄清法的基本理论依据来自美国重要的道德教育理论派别之一——价值观澄清学派。价值观澄清学派对西方道德教育产生重大影响，其代表人物有拉斯思（L. Raths）等人。该学派认为，我们生活在一个纷纭复杂的社会里，在每一个转折关头或处理每件事物时都面临选择。例如，下面一些问题就是人们常面临选择的问题：

"学校太乏味了，我能不去上学、自己另找更好的教育吗？"

"我将选择什么职业呢？"

"我还蓄发吗？"

"为什么有时我会因没做某事而感到不安和内疚呢？"

人们在做出选择时从理论上讲是依据人们已有的价值观，但实际上常常不清楚所持的价值观是什么就已经做出选择了。

这种现象不仅年长者有，年轻人也有，对青少年来说表现更为突出。因此，价值观澄清学派认为，创造条件，利用一些特别的途径和方法帮助青少年澄清他们选择时所依据的内心的价值观，对他们今后正确选择具有重要意义。随后，该学派提出了价值观澄清过程。价值澄清过程由 3 部分 7 阶段构成：

第一部分：选择

包含三个阶段：分别是"完全自由地选择""在尽可能广泛的范围内自由选择"和"对每一个选择途径的后果加以充分考虑之后进行选择"。

第二部分：赞赏

包含两个阶段：分别是"喜爱作出的选择并感到满足"和"乐于向公众宣布自己的选择"。

第三部分：行动

包含两个阶段：分别是"按作出的选择行事"和"作为一种生活方式加以重复"。

上述 7 个阶段只有完全被经历之后才算真正澄清并获得了价值观。

基于上述认识，价值观澄清学派把精力集中于学校价值观教育，并对学校价值观教育提出了各式各样的实践策略和具体的操作方法。

价值观学派对每一个阶段实践操作进行了研究。他们总的观点认为教育者和学生的对话应作为主要操作模式。他们把这种模式称为"澄清问答"。每一个阶段提出问题各不相同，让学生在没有外部压力、暗示状态下回答。每阶段教育者应该提出一些什么问题呢？举例如下：

阶段 1：

①你想一下，你在哪里最早开始有那种想法了？

②你的那种感觉已经有多长时间了？

③如果你没有按你承诺的去做，别人会怎么说呢？

---

❶ 袁桂林. 当代西方道德教育理论［M］. 福州：福建教育出版社，1994：86－12.

❷ 朱永康. 中外学校道德教育比较研究［M］. 福州：福建教育出版社，1998：306.

④别人在帮助你吗？你还需要更多的帮助吗？我能对你有什么帮助吗？

⑤你是你的伙伴中唯一有这种感觉的人吗？

阶段2：

①在作此种选择之前你还考虑了些什么？

②在作出决定之前你还认真考虑多长时间？

③作出决定很难吗？到底什么使你作出此决定？谁帮助过你？你还需要更多的帮助吗？

④你考虑过别的选择的可能吗？

⑤选择后你觉得有可靠依据吗？

阶段3：

①每种可能的选择的后果各是什么？

②你是否非常充分地考虑了这个问题？你的想法是怎样产生的？

③你说的就是……（解释学生作出的陈述）吗？

④你的意思是指……（故意曲解学生的陈述，以考察其是否能很清楚地纠正这种曲解）吗？

⑤你在选择中包含了哪些假设？让我们看一看是否包括……

阶段4：

①你喜欢这样的感受吗？

②你想得到它已有多长时间了？

③它能带来什么益处吗？它为何种目的服务？为什么它对你很重要？

④是否每个人都会按你的这种方式处理这件事？

阶段5：

①有时你能把你自己的感受告诉全班吗？

②你愿意签字证明你的观点吗？

③你是说你相信……（重复陈述）吗？

④你的意思是你并不相信……（重复陈述）吗？

⑤我能毫无顾忌地把意见说给那些相信你的人吗？

阶段6：

①我了解你赞赏什么，现在你能为此做些什么呢？我能有所帮助吗？

②你首先要干什么？然后再干什么？等等。

③你宁愿拿出一些钱来实现你的想法吗？

④你考虑过你行为的后果吗？

⑤有和你目的相近的组织吗？你想参加吗？

阶段7：

①你是否有过这种感觉？

②过去你已经这样做了吗？你经常这样做吗？

③你还想做更多吗？你的打算是怎样的？

④你愿意让别人对此感兴趣并且参加进来吗？

⑤对此花时间和钱财值得吗？

上述问题并非要求实践中教育者把原话记下来向学生提问，而是制订一个大体的提问轮廓，有教育者结合不同的背景材料，不同的受教育者，不同的澄清策略灵活运用，根据具体情况调整提问的方式和顺序，务使学生感到亲切自然。该学派坚信，引发学生无忧无虑地表述心理活动，表述出来与公众见面，作出选择前仔细比较各种后果，付诸行动可以作为生活方式反复出现，这一系列过程就制约着学生价值观选择的方向。不用教育者特别强制限定，学生也会最终走上正确的价值观选择之路。

为了保障价值观澄清过程的成功，拉斯思他们还提出了澄清过程应注意的 10 个事项，主要强调不应灌输，不应采取强迫命令式地要求学生，甚至学生回答"错误"时也不给予纠正。

为了更好地发挥价值观澄清法的作用，该学派提出了非常多的价值观澄清策略。从名称上看，这些策略都有一个较醒目的标题，例如填价值单、价值观投票、20 件喜欢做的事情、后果搜寻、填写名片、价值观地理、角色游戏、群体谈话、时光日记、百分比的问题、生活的馅饼、两个理想的日子、给编辑的信，等等。

下面以"填写价值单"为例来了解价值观澄清法的策略：

①目的：价值单是为了帮助学生了解自己而设计的。通过填写可以看清自己重视什么，自己的特征是什么，并且把自己的价值观公之于众。

②程序：首先每个学生准备一张纸，纸的中央写上自己姓名。然后教师把事先准备好的问题念给学生，要求学生按教师的指令填写。

③样例：教师准备问题可以多种多样的，以下给学生的指令就是一例。

左上角写出日常生活中最羡慕的三个人的名字和最反感的三个人的名字。

左正中简要概述出你最欣赏的三种气质和品格。

左下角画一幅图画，用一种物体来代表你目前的感受。

右上角写出别人目前对你气质可能作出的三种评价。

右正中写出你目前对自己气质的三种认识。

右下角用天气变化的术语描述你的感受。

正下方写出你最反感的一件事。

④补充建议：填写完价值单后学生可以自己保存、自我分析和了解自己。同时，教师也可让学生相互传阅，可以展开讨论，让学生发表意见，说说是否喜欢其他人的价值单。

此项价值观澄清策略，还可以在参观了某项活动之后、看了某个电影之后，以及一个学期学习生活结束之后结合总结来进行。教师设计问题时要充分考虑儿童的年龄特征。

第四节　德育途径

德育的途径是由德育的任务、内容和原则决定的。由于德育的任务、内容和原则是多方面的，因此德育途径就有多种。下面阐述几种德育主要途径：

一、教学

"教学具有教育性"，教学是德育的最基本途径。通过教学实施德育，主要是通过传授和学习科学文化知识实现的。因为各科教材中都包含有丰富的德育内容，只要充分发掘教材本身所具有的德育因素，把教学的科学性和思想性统一起来，就能在以系统的科学文化知识武装学生的同时，使学生受到良好的品德教育。由于各科教学的目的、任务、内容、性质各有不同，在品德教育中所起的作用也不同，要根据各门学科的特点对学生进行生动活泼的品德教育。

要利用品德课和政治课的教学，对学生进行系统的马克思主义基本理论知识、国内外形势以及党的方针、政策的教育。可以说，品德课和政治课的教学在诸途径中居特殊重要地位，对帮助学生树立正确的政治方向、正确的人生观和思想方法，培养良好品德起着导向作用。

要注意各学科的德育渗透。各学科教学是教师在向学生传授知识的同时进行德育的最经常的途径，对提高学生的政治思想道德素质具有重要的作用。各科教师要教书育人，为人师表，认真落实本学科的德育任务要求，结合各学科特点，寓德育于各科教学内容和教学过程之中。

二、班主任及班集体

班主任和班集体对学生道德发展有重要作用。班集体是学校进行德育的基层单位，具有巨大的教育功能，一个良好的班集体对学生的发展产生多方面的影响。班主任工作是培养良好思想品德和指导学生健康成长的重要途径。班主任是德育的直接实施者，通过有计划地开展教育活动，组织和建设好班级集体，做好个别教育工作，加强班级管理，形成良好的班风，为学生健康成长营造良好氛围。在班集体建设中，班主任要注意促进学生全面发展和良好个性发展，要注意发挥学生的主观能动性，培养他们自我教育和自我管理的能力。要协调本班各科教师的教育工作，密切联系家长，积极争取家长与社会力量的支持配合。班主任要自觉完成德育任务，并能创造性地开展工作。

班主任尤其要注意做好主题班会工作。班会是以班集体为单位的以一定目的为指向的班级会议，是一种重要的德育教育活动形式，是班主任的一项常规工作。主题班会是针对某种问题对学生进行教育的重要形式，也是班主任实施教育的重要手段。主题班会要有鲜明的主题和明确的目的，班主任要根据德育工作计划，结合学生发展的实际，选准班会主题，设计班会形式，明确班会目的，在主题班会课中提高学生的认识能力，培养学生的自我教育能力；加强班集体的建设，建立正确的集体舆论，统一班集体的意志，形成良好的班风。

三、共青团、少先队和学生会组织的活动

共青团、少先队和学生会是学校中学生的集体组织，它们所组织的活动是调动学生自己教育自己的最好形式，是学校德育工作中一支最有生气的力量。学校应充分发挥这些组织的德育作用，通过健康有益、生动活泼的活动，把广大学生吸引到组织周围，调动学生的积极性和主动性，培养他们自己教育自己、自己管理自己的

能力。特别是这些组织的实践活动富有丰富的德育因素，是达到德育目标的有效形式。学校应加强对这些组织的领导、指导和帮助，保证它们的活动时间，尽可能提供必要的条件，引导组织的活动具有思想性、知识性和趣味性，支持并具体指导这些组织根据学校德育计划，独立地开展多种形式的适合青少年学生特点的活动。在活动中注意充分发挥他们独立自主的精神和自己教育自己的特殊作用，使这些组织成为学校实施德育的有力助手。

四、通过课外与校外活动进行德育

课外、校外活动的范围很广，主要包括各种科技、文娱、体育、学科兴趣组及班团队活动等，内容丰富多彩，方式灵活多样，学生有充分的自主性和自愿性，能满足学生的不同兴趣，是促进学生身心健康发展，培养良好道德情操、意志品质和生活情趣，提高他们的审美能力的重要途径。课外、校外活动比较适合青少年学生身心发展的特点，往往受到他们的欢迎。

总之，上述途径各有特点，可以互相补充，相辅相成。教师应根据德育的具体任务和内容，根据学生的实际情况和学校的条件，灵活地选用适当的途径。

主要参考文献

[1] 王坤庆. 教育学史论纲 [M]. 武汉：湖北教育出版社，2000.

[2] 成有信. 教育学原理 [M]. 郑州：大象出版社，1993.

[3] 教育学教学参考书总论分册 [M]. 北京：人民教育出版社，1985.

[4] 王道俊，郭文安. 教育学：第7版 [M]. 北京：人民教育出版社，2016.

[5] 裴娣娜. 教育科学研究方法 [M]. 合肥：安徽教育出版社，1995.

[6] 全国十二所重点师范大学联合编写. 教育学基础 [M]. 北京：教育科学出版社，2014.

[7] 扈中平，李方，张俊洪. 现代教育学：新编本 [M]. 北京：高等教育出版社，2000.

[8] 袁振国. 当代教育学：修订版 [M]. 北京：教育科学出版社，1999.

[9] 陈桂生. 教育原理：第2版 [M]. 上海：华东师范大学出版社，2000.

[10] 庆武. 职业分工与人的发展 [M]. 南京：南京出版社，1992.

[11] 金林祥. 教育学概论 [M]. 上海：华东师范大学出版社，2002.

[12] 沈适菡. 实用教育学 [M]. 北京：北京师范大学出版社，1997.

[13] [美] S. 鲍尔斯，H. 金蒂斯. 美国：经济生活与教育改革 [M]. 王佩雄等，译. 上海：上海教育出版社，1990.

[14] 傅维利，刘民. 文化变迁与教育发展 [M]. 成都：四川教育出版社，1988.

[15] 李树德，李玉江. 创世纪：人与文化论 [M]. 济南：山东教育出版社，1993.

[16] 王善迈. 教育投入与产出研究 [M]. 石家庄：河北教育出版社，1996.

[17] 鲁洁. 教育社会学 [M]. 北京：人民教育出版社，1990.

[18] 叶澜. 新编教育学教程 [M]. 上海：华东师范大学出版社，2003.

[19] 毛祖桓. 教育学的系统观与教育系统工程 [M]. 成都：四川教育出版社，1988.

[20] 王天一，夏之莲，朱美玉. 外国教育史：上册 [M]. 北京：北京师范大学出版社，1984.

[21] 杨少松，周毅. 中国教育史稿：古代、近代部分 [M]. 北京：教育科学出版社，1989.

[22] 张宇燕. 经济发展与制度选择——对制度的经济分析 [M]. 北京：中国人民大学出版社，1992.

[23] 金林祥. 中国教育制度通史：第6卷 [M]. 济南：山东教育出版社，2000.

[24] 吴立岗. 教学的原理、模式和活动 [M]. 南宁：广西教育出版社，1998.

[25] 吴也显. 教学论新编 [M]. 北京：教育科学出版社，1991.

[26] 李剑萍，魏薇. 教育学导论 [M]. 北京：人民教育出版社，2000.

[27] 傅道春. 情境教育学 [M]. 黑龙江：黑龙江教育出版社，1996.

[28] 王策三. 教学论稿 [M]. 北京：人民教育出版社，1985.

[29] 夏之莲. 外国教育发展史料选粹 [M]. 北京：北京师范大学出版社，1999.

[30] 柳海民. 教育原理：第2版 [M]. 长春：东北师范大学出版社，2000.

[31] 陆明玉，孙霞. 现代教育学 [M]. 北京：北京邮电大学出版社，2014.

[32] [日] 筑波大学教育学研究会. 现代教育学基础 [M]. 钟启泉，译. 上海：上海教育出版社，2003.

[33] 陈坤华，等. 现代教育学 [M]. 湖南：中南大学出版社，2008.

［34］肖北方．教育学：第 3 版［M］．北京：北京大学出版社，2010.

［35］袁仕勋，吴永忠．教育学新编［M］．成都：西南交通大学出版社，2016.

［36］陆明玉，孙霞．现代教育学［M］．北京：北京邮电大学出版社，2014.

［37］罗正华．教育学［M］．北京：中央广播电视大学出版社，1989.

［38］杨颖秀．教育法学［M］．北京：中国人民大学出版社，2014.

［39］袁兆春，宋超群．教育法学［M］．济南：山东人民出版社，2014.

［40］高家伟．教育行政法［M］．北京：北京大学出版社，2007.

后记（第三版）

《现代教育学教程》（第二版）于 2013 年 7 月出版后，北京联合大学师范学院在"十三五"的发展中办学定位有了较大调整，转向为北京市培养小学和学前教师为主，《教育学》课程教材的使用者毕业后主要是面向小学就业，因此，被北京联合大学评为校级精品教材后，我们产生对该书进行再次修订的想法。

今年，《现代教育学教程》（第三版）获批北京联合大学"十三五"教材建设项目，使本次修订工作得以完成，修订版终于能够如愿以偿得以出版。

在此，感谢北京联合大学十三五教材建设项目经费支持，感谢北京联合大学专业建设项目经费支持。

衷心感谢知识产权出版社石红华老师为出版本书给予的支持和帮助！

由于我们水平和经验所限，书中难免存在纰漏，我们再次恳请各位专家、同仁和读者不吝赐教。

编者
2019 年 10 月

后记（第二版）

《现代教育学教程》2009年7月被北京联合大学评为校级精品教材后，我们产生对该书进行修订的想法，但是当时苦于资金问题，修订计划一直耽搁下来。今年，在学校有关项目支持下，《现代教育学教程》修订版终于能够如愿以偿得以出版。

在此，感谢北京联合大学精品教材项目经费支持，感谢北京联合大学精品课程项目经费支持，同时本书为北京联合大学人才强校计划人才资助项目。

衷心感谢中国质检出版社刘晓东老师为出版本书给予的支持和帮助！

由于我们水平和经验所限，书中难免存在纰漏，我们再次恳请各位专家、同仁和读者不吝赐教。

编者
2013年5月

后 记

经过我们两年多的努力，本教材终于完成了，这之中凝结着我们辛勤的汗水，也承载着我们从困惑至解惑的喜悦。由于我们水平和经验所限，书中难免有纰漏，我们恳请各位专家、同仁和读者不吝赐教。

本书编写分工如下：李娟华负责第一编第一章、第四章，第二编第七章、第九章、第十章、第十三章，第三编第十五章，第五编第十八章；刘彦文负责第一编第六章，第二编第八章、第十一章、第十二章，第三编第十四章，第四编第十七章；都丽萍负责绪论，第一编第二章、第三章、第五章；刘彦文和刘志辉共同负责第四编第十六章，第五编第十九章。

在此，我们要感谢北京联合大学精品课程项目经费支持。正值北京联合大学喜迎建校三十周年之际，谨以此书贺其华诞！

另外，我们对中国计量出版社刘文继老师为本书出版给予的帮助表示感谢，她为教材的编辑出版做了大量的工作！

编者
2008 年 5 月